《吉首市志》丛书

吉首市民族志

《吉首市民族志》编纂领导小组

方志出版社
Publishing House of Local Records

图书在版编目(CIP)数据

吉首市民族志/ 吉首市民族志编纂领导小组编
北京:方志出版社,2015.7
ISBN 978-7-5144-1644-2

Ⅰ.①吉… Ⅱ.①吉… Ⅲ.①民族志—吉首市—
Ⅳ.①K280.643

中国版本图书馆 CIP 数据核字(2015)第 159447 号

吉首市民族志

编　　者:吉首市民族志编纂领导小组
责任编辑:冯　松

出 版 人:冀祥德
出 版 者:方　志　出　版　社
　　　　　北京市朝阳区潘家园东里 9 号(国家方志馆 4 层)
　　　　　邮编　100021
　　　　　网址　http://www.fzph.org
发　　行:方志出版社发行中心
　　　　　(010)67110500
经　　销:各地新华书店
印　　刷:武汉兴德林工贸有限公司

开　　本:889mm×1194mm　1/16
印　　张:30
字　　数:711 千字
版　　次:2015 年 7 月第 1 版　2015 年 7 月第 1 次印刷
印　　数:001～500 册

ISBN 978-7-5144-1644-2　定价:180.00 元

《吉首市民族志》编纂领导小组

顾　　问：	秦国文（汉族）	刘珍瑜（土家族）	李卫国（苗族）
组　　长：	滕树静（女 土家族）		
副 组 长：	宋建萍（女 苗族）	周吉潭（汉族）	
成　　员：	石昌麟（苗族）	陈千往（苗族）	刘　琳（土家族）
	曹彩云（女 汉族）	向仍乾（土家族）	徐绍平（土家族）
	宿　波（土家族）	康　军（土家族）	杨建军（土家族）
	萧秋宾（女 土家族）	田光玉（女 土家族）	

《吉首市民族志》编写及工作人员

主　　编：	周吉潭（汉族）	
副 主 编：	刘　琳（土家族）	韦先群（土家族）
总　　纂：	石昌麟（苗族）	刘　琳（土家族）
副 总 纂：	陈千往（苗族）	张　凯（女 土家族）
工作人员：	钟海琳（女 土家族）	杨先贺（苗族）
	时海洋（汉族）	
编　　写：	石昌麟（苗族）	陈千往（苗族）
电脑操作：	陈千往（苗族）	
校　　对：	石昌麟（苗族）	陈千往（苗族）

《吉首市民族志》稿评审小组

组　　长： 周吉潭（汉族）

副 组 长： 刘　琳（土家族）

成　　员： 石家文（苗族）　杨昌顺（土家族）　魏家瑶（白族）
田仁利（土家族）　龙　杰（苗族）　曹彩云（女 汉族）
石元常（苗族）　杨选民（土家族）　石绍刚（苗族）
向民航（苗族）

《吉首市民族志》审稿人员

吉首市史志办公室	曹彩云（女 汉族）
吉首市保密局	曾　晨（汉族）
中共吉首市委统战部	向仍乾（土家族）
吉首市档案局	萧秋宾（女 土家族）
吉首市统计局	宿　波（土家族）

方志出版社评审人员

初　审　冯　松（女 汉族）

复　审　卫家雄（汉族）

终　审　冀祥德（汉族）

序

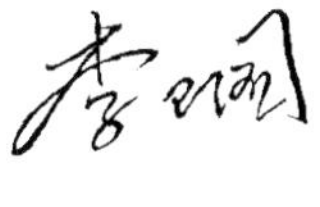

首部《吉首市民族志》成书问世。这是全市各族人民的一件大事好事，可喜可贺！

在编写《吉首市民族志》的过程中，编写人员坚持以马克思列宁主义、毛泽东思想、邓小平理论、“三个代表”重要思想、科学发展观和社会主义民族观为指导思想，坚持实事求是，坚持以提高质量为重点，确保志书内容全面，史料翔实，观点正确，特点突出，特色鲜明，体例完备，文字精练，语句流畅，融政治性、思想性、资料性、科学性和可读性于一体，是一部内容丰富、真实、具体、可信、可读的民族地情书。

《吉首市民族志》中的《湘西土著民族考察报告书》《历届（代）苗族女鼓王》《民族自治地方改革开放试验区》《民族旅游文化》《民族优惠政策》《民族团结建筑物》《城市少数民族流动人口服务管理》《民族文化旅游精品打造》《民族文化产业开发》《民族特色村寨建设》等章、节的设置具有创新意识，符合吉首的实际，突出时代特征、民族特色和吉首特点，充分反映吉首人无我有、人有我优、人优我精的州府优势和区位优势，是一部珍贵的不可多得的民族史料。

《吉首市民族志》是一部综合性民族志书，是《吉首市志》丛书之一，同样具有存史、资治、教化功能。志书以大量篇幅记述吉首苗、土家、回、白、侗、瑶等少数民族习俗、禁忌、信仰和崇拜，使人们更加自觉地尊重少数民族的风俗习惯并热情地引导、帮助他们进一步破除迷信，解放思想，建设社会主义精神文明，坚信“不靠神仙皇帝，全靠我们自己”，坚持科学发展观，继承和弘扬优良的民族习俗，开拓创新，锐意进取，发展民族经济，治穷致富奔小康；志书以大量篇幅展示全市苗族、土家族等民族历史悠久、丰富多彩的民族文化，为我们挖掘、传承、保护和弘扬优秀的民族文化提供了丰富的史料；志书设置《民族经济》篇，通过对民族工业和交通、民族贸易、扶贫开发和民族自治地方改革开放试验区的记述，充分说明只有着力发展民族经济才能有效地解决民族自治地方的各种困难和问题，为中共吉首市地方组织和各级人民政府扬长避短，发挥优势，加快扶贫攻坚步伐，发展民族经济提供了扎实的依据和历史借鉴；可以帮助汉族等其他民族全面了解、正确认识苗族和土家族、民族自治地方的历史和发展情况，促进各民族相互了解，广泛交往，共同发展，共同繁荣；志书可以帮助苗族和土家族人民正确地认识自己的历史和现状，继承和发扬本民族的优良美德，振奋民族精神，励精图治，跨进先进民族之林；志书记述市域苗族和土家族人民在封建社会倍受民族压迫和民族歧视的史实以及他们保家卫国、抵抗外扰、反抗民族压迫、推动历史前进而浴血奋斗的英雄业绩是进行革命传统教育和民族政策再教育的乡土教材；志书包涵民族学、民俗学、民族史等内容，为民族研究和民俗研究提供珍贵的档案史料。希望全市各族人民和各级干部读志用志，以史为鉴，以志为鉴，在武陵山片区区域发展与扶贫攻坚试点工作中，快步"行"，大胆"试"，敢于"创"，敢想敢做，创新思想，创新措施，创新机制，全力打好"三张"牌。用区位优势规划发展，把区域中心变成经济中心，营造武陵山区核心增长极，在武陵山区打好区位牌；深入研究，用好、用足、用活、用透民族政策，凸显湘西自治州和吉首市在省内的特殊地位，努力将民族优势转化为发展优势，把发展优势变为发展成果，在省内打好"民族牌"；充分挖掘、整理、保护、传承和开发民族传统文化，发挥民族文化特有优势，用文化"软实力"提升产业竞争力和城市影响力，将文化优势转化为经济优势，实现文化率先发展，经济后发赶超，在省外区外打好"文化牌"。通过打好"三张"牌，推进全市民族经济发展，民族团结进步，为武陵山片区区域发展和扶贫攻坚发挥示范引领作用。

编写《吉首市民族志》时间短，时限长，任务重，要求高。市民族局统筹安排，精心策划，加强领导，做到机构、领导、人员、经费和办公条件五到位，确保修志工作顺利进行。两位编写人员年老多病，攻坚克难，潜心于志，呕心沥血，默默笔耕，为世修志，为业存史，为人写传，不胜光荣之至，难能可贵。在此，我谨代表全市干部和各族人民对编写《吉首市民族志》付出辛勤劳动的编写人员和主管部门深表谢意！

神秘湘西，谷韵吉首，梦圆吉首，吉首的明天将更加美好！

2014 年 10 月 1 日

作者李卫国系苗族，中共吉首市委副书记、吉首市人民政府市长。

凡　例

一、本志志名为《吉首市民族志》。

二、本志以马克思列宁主义、毛泽东思想、邓小平理论、“三个代表”重要思想、科学发展观和社会主义民族观为指导思想，坚持运用辨证唯物主义和历史唯物主义的观点，坚持共同发展和共同繁荣的民族工作方针，以巩固和发展平等、团结、互助的社会主义民族关系为宗旨，客观如实地记述吉首市少数民族的历史和现状，力求融思想性、资料性、科学性、时代性、民族性和可读性于一体。

三、本志为官修通志，上限事物发端，下限2012年；照片收集延至志书出版前。

四、本志行文中时限，清朝及其以上朝代年限用朝代纪年，括注公元纪年；民国时期用民国纪年，括注公元纪年；中华人民共和国成立后用公元纪年。

五、本志述、记、志、传、图、表、录诸体并用，以志为主。

六、本志篇目设置主要遵循社会分工的科学分类原则和现行管理体制，个别事项根据实际情况适当作升格或降格或归并或单列处理。篇、章、节、目均以事命题。

七、本志遵循志书横分、纵述的原则，纵述史实，不断主线，反映事物发展变化的基本情况；横分门类，不缺要项，不缺失当地的主要事物、事物的主要方面及其发展的重要阶段。详记当地主要的、特色的事物；简述当地次要的、共性的事物。

八、本志设人物篇，人物传坚持“生不立传”的原则，人物立传对象为苗族、土家族和其他民族的杰出代表、民族民间能工巧匠或有一技之长的佼佼者。民族事务篇列市民族局历任局长（主任）、副局长（副主任)名录。

九、本志选用档案等部门提供的资料,入志资料不涉及国家机密、商业秘密和个人隐私。所用数据为统计部门公布的法定数据;统计部门没有统计的,则采用有关业务主管部门的数据。

十、本志采用规范的现代汉语语体文记述,行文力求规范、严谨、朴实、简洁、通俗、流畅。

十一、本志中各种名称首次出现时用全称,以后用简称。

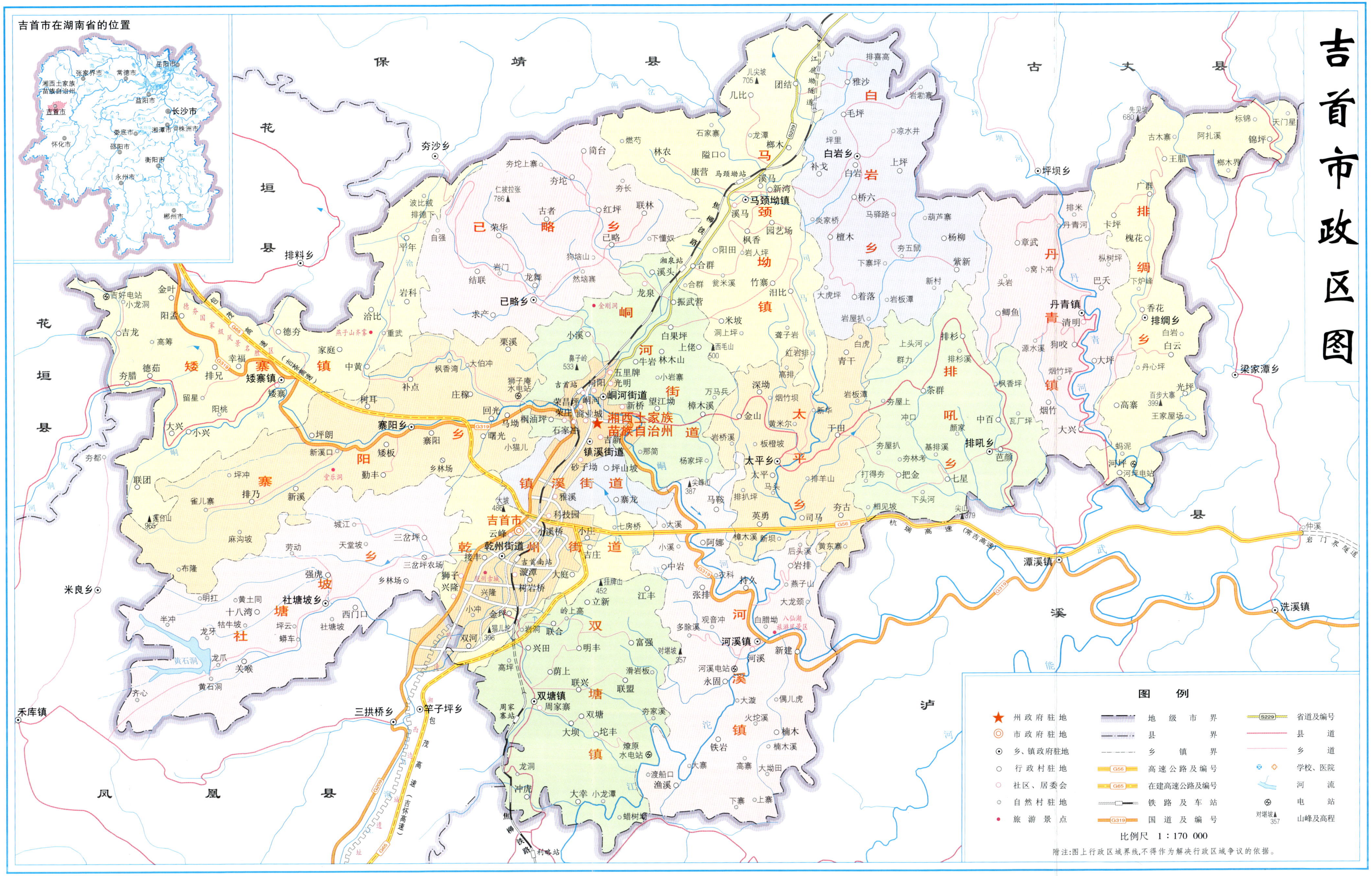

吉首市人民政府编制

审图号：湘S（2012）25号　湖南省地图院制作　二〇一二年三月

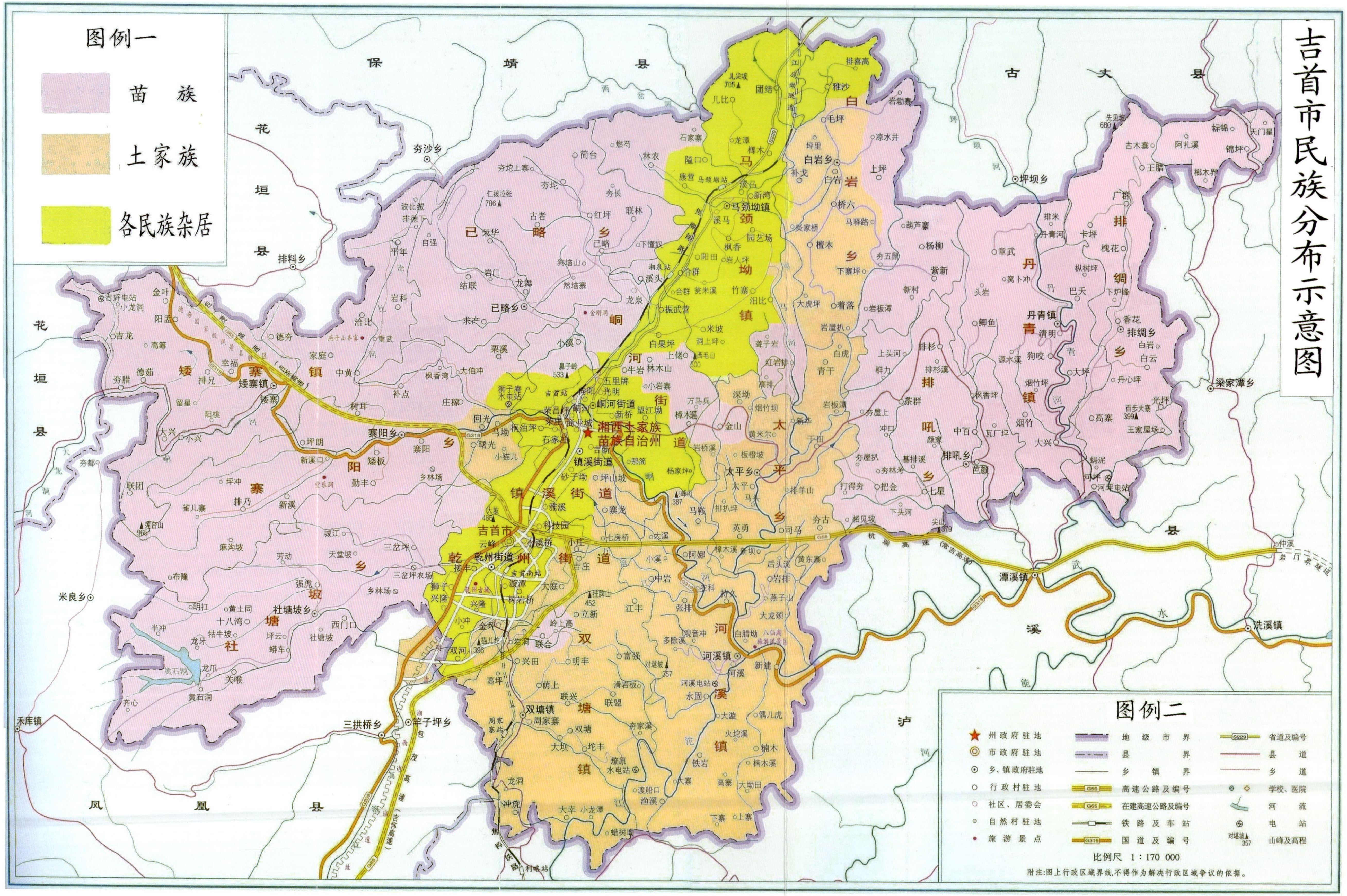

《吉首市民族志》编写人员制　　2014年10月

【城镇新貌】

吉首老城区　　何强德摄

乾州新区　　石昌麟 陈千往摄

【领导视察与调研】

1983 年 2 月 15 日，中共中央总书记胡耀邦访问寨阳公社苗族社员杨昌南家

市史志办提供

2013 年 11 月 3 日，中共中央总书记习近平视察湘渝高速公路矮寨特大悬索桥

市民族局提供

2001 年 4 月 7 日，中共中央政治局常委、国务院总理朱镕基（前右一）在湘西自治州州长武吉海（后右一）等人陪同下视察吉首市时在矮寨镇阳孟村苗族村民杨再保家了解农村经济和村民生产生活情况　　市史志办提供

1995 年 9 月 11 日，中共中央政治局常委、全国政协主席李瑞环（右三）和湖南省政协主席刘正（右二）在吉首乡振武营为全州百所希望小学落成典礼揭幕　　市档案局提供

2013 年 9 月，湖南省民委主任徐克勤在矮寨镇家庭村看望苗族贫困户

市民族局提供

2011 年 7 月，中共湘西州委常委、中共吉首市委书记
秦国文（前右一）看望慰问矮寨镇家庭村苗族老人

市史志办提供

2014 年 8 月，中共湘西州委常委、中共吉首市委书记刘珍瑜（前左二）在矮寨镇排兄村调研旅游产业发展和景区项目建设情况

市民族局提供

2011 年 11 月，市人大常委会主任唐虎（左）在马颈坳镇隘口村查看黄金茶专业合作社建设情况

市史志办提供

2011 年 11 月，中共吉首市委副书记、市长李卫国（右二）调研黄金茶产业建设情况

市史志办提供

2013 年 7 月，市政协主席李家慧（左二）在矮寨镇中黄村调研少数民族特色村寨建设情况

市民族局提供

2013 年 8 月 5 日，市委常委、市委统战部部长陈刚（前左四）在太平乡青枫村检查修通村公路情况

市委统战部提供

2014 年 2 月 17 日，副市长滕树静（后右三）调查乾城小学开学情况

市民族局提供

【旅游风光】

德夯大峡谷　　石昌麟 陈千往摄

矮寨公路奇观　　向民航摄

德夯苗寨　　向民航摄

湘渝高速公路矮寨特大悬索桥　　向民航摄

德夯流纱瀑布　市旅游局提供

乾州文庙　　石昌麟 陈千往摄

乾州古城　　石昌麟 陈千往摄

凤凰县籍艺术大师黄永玉捐款建设的肥桥、爱桥、花桥、醉桥和万溶江鹭桥。

石昌麟 陈千往摄

▲ 肥桥

爱桥▶

◀ 花桥

醉　桥

万溶江鹭桥

文峰楼

石昌麟 陈千往摄

【苗族鼓舞】

第一代苗族女鼓王龙英棠　　向民航摄

第二代苗族女鼓王石顺民

向民航摄

第四届苗族女鼓王龙菊献　　向民航摄

矮寨镇苗族女子鼓舞队表演苗族集体鼓鼓舞　　石绍刚摄

【民族风情】

社塘坡乡苗族妇女　　宋大文摄

己略乡苗族妇女　宋大文摄

丹青镇苗族妇女　　宋大文摄

苗家打糍粑　　石绍刚摄

丹青清明歌会　　聂元松摄

八人秋　　向民航摄

上刀梯　　石绍刚摄

乾州春会　　宋大文摄

双狮登高桌　石绍刚摄

农历正月十五，河溪土家族钢火烧龙

向民航 摄

【民族经济】

2012年3月31日，交通部部长李盛霖（右四）、中共湖南省委副书记、省长徐守盛（右二）、省委副书记梅克保（左四）为湘渝高速公路矮寨悬索桥通车典礼剪彩。 向民航 摄

市民族局扶贫联系点排吼乡排杉村椪柑基地 石绍刚摄

苗家腊肉　　　　向民航摄

乾州板鸭　　　　石昌麟　陈千往摄

鸟瞰乾州农贸市场　　　　石昌麟　陈千往摄

老爹果王素　　　　向民航摄

神秘湘西牌原香醋　　　向民航摄

酒鬼酒　　　石竞舟摄

竹鼠　　　石昌麟 陈千往摄

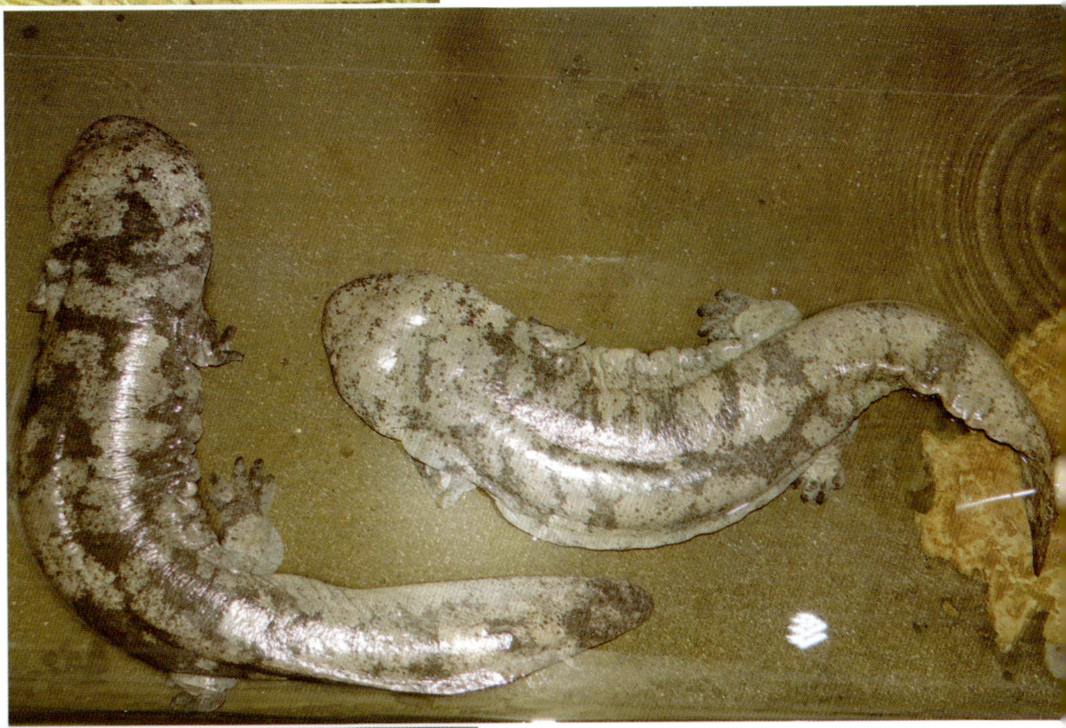

娃娃鱼

石昌麟 陈千往摄

民族特需用品定点生产企业——吉首市民族五金厂生产的部分银饰品

石昌麟 陈千往摄

【民族教育】

矮寨民族中心小学　　　　宋大文摄

吉首市民族中学　　　　石昌麟　陈千往摄

吉首大学师范学院　　石昌麟 陈千往摄

吉首大学校园　　宋大文摄

【民族体育】

农历六月六，河溪土家族龙舟赛　　向民航 摄

白岩乡上坪村乐队“打家伙”　　石昌麟　陈千往摄

【民族事务】

湖南省少数民族特色村寨矮寨镇中黄村重武古苗寨　　市民族局提供

吉首市普通高校考生民族成分资格审核工作会议　　市民族局提供

吉首市与古文县边区民族团结亭
石绍刚摄

市民委主任魏家瑶(右)在
椪柑基地检查椪柑生产情况

魏家瑶提供

市民委主任石家文在椪柑
基地检查椪柑苗木生产情况

石家文提供

市民委主任石长忠(左二)在白岩乡杨柳村检查通村公路建设情况

石长忠提供

民族局局长李莉(右一)在白岩乡檀木村检查药材种植情况

市民族局提供

市民族局局长周吉潭(左)在社塘坡乡齐心村调查民族特色村寨

市民族局提供

【修志掠影】

《吉首市民族志》稿评议会参评人员合影

前排（从左至右）：陈千往　魏家瑶　杨昌顺　张明渊　田仁利　石昌麟　石绍刚

后排（从左至右）：钱水友　向民航　张　凯　曹彩云　龙　杰　石元常　刘　琳

陈千往摄

目　　录

第一篇　苗　　族

第四篇　民族经济

第五篇　民族教育　广播　电视

第六篇　卫　　生

第七篇　民族文物古迹　民族旅游文化

第八篇　民族事务

第九篇　人　　物

附　　录

总　　述

一

吉首市位于湖南省西部、湘西土家族苗族自治州南部，地处北纬28°08′～28°29′、东经109°30′～110°04′，是州府驻地。市域与州属泸溪、凤凰、花垣、保靖、古丈五县接壤，总面积1078.33平方千米。

秦朝时，市域属黔中郡。南朝梁时，从沅陵县分出。唐至元朝时，属泸溪县。清康熙四十三年(1704)，设乾州厅，厅治乾州。民国元年(1912)废厅，设乾县；次年，乾县改名为乾城县。1949年11月5日，乾城县和平解放，县人民政府设在乾州。1950年12月中旬，中共乾城县委、乾城县人民政府及其所属机构先后从乾州迁至所里。1953年4月1日，按苗语称“所里”为“吉首”，乾城县改名为吉首县。经国务院1982年8月3日批准，是年11月30日，撤销吉首县，设立吉首市。1949年11月至1952年8月，乾城县隶属沅陵专区。从1952年8月起，吉首市(县)先后隶属湘西苗族自治区、湘西苗族自治州、湘西土家族苗族自治州，吉首先后为区府、州府驻地。

2006年，调整行政区划，吉首市辖社塘坡、寨阳、己略、白岩、太平、排吼、排绸7个乡，矮寨、马颈坳、河溪、双塘、丹青5个镇，峒河、镇溪、乾州3个街道。2010年12月，设立吉凤街道。2012年，全市辖7个乡、5个镇、4个街道、138个行政村、39个社区，总人口29.57万人。其中：苗族11.16万人，占37.74%；土家族11.1万人，占35.54%。

二

市域西部苗族自称为“果雄”，东部苗族自称为“梭”。历史上，苗族族称发生多次变化，且有“红苗”“黑苗”“青苗”“花苗”等多种称谓。20世纪50年代初，中华人民共和国中央人民政府按苗族人民的意愿将苗族各种称谓统称为苗族。

远古时代，许多氏族逐渐形成黄帝族、炎帝族和蚩尤族三大部落，苗族属蚩尤族部落。蚩尤族部落居住在黄河流域，蚩尤被炎帝和黄帝联军打败后，其所属部落九黎族(含苗族)的一部分留居北方，加入炎黄联盟，成为中原地区主体居民的一部分；另一部分退居长江和汉水以南，分布于湖南洞庭湖、江西鄱阳湖等地。后又被迫西迁。迁徙湘西的苗族主要分布在今吉首、花垣、凤凰、保靖、古丈、泸溪、麻阳七县市。苗族是中国历史上迁徙数次最多、迁徙路程最长的民族。

清康熙四十三年(1704)设厅时，全厅2557户中苗族1900户，占74.31%。乾城县和平解放后，苗族人口逐年增加。1951年，全县97604人中苗族47204人，占41.26%；1954年7月1日零时，全国首次人口普查登记，吉首县10.38万人中苗族42731人，占41.17%。1956年土家族被中华人民共和国国务院(以下简称"国务院")确认为单一民族后，苗族人口增加而所占比例下降。1957年年末，全县11.85万人中苗族47426人，占40.01%；2012年年末，全市29.57万人中苗族11.16万人，占37.74%。主要分布在排绸、排吼、己略、寨阳、社塘坡、白岩六个乡和丹青、矮寨二个镇。姓氏以吴、龙、石、陈、张、杨姓为主。

武陵五溪地区的苗族不堪忍受历代封建王朝的压迫和剥削，多次举行或参加反帝反封建斗争以及新民主主义革命。其中规模最大、影响最大的是清朝乾隆五十九年至嘉庆元年(1794～1796)，吴八月、石柳邓、石三保领导的苗民反清起义(史称"乾嘉苗民起义")。民国25～27年，市域苗民参加永绥县(今花垣县)苗族吴恒良、梁明元等人发动的湘西苗民抗日革屯运动，迫使作为政治制度的"屯政"不复存在。20世纪初，市域苗族人民踊跃捐钱捐粮，支援抗美援朝；一些苗族青年应征入伍，参加中国人民志愿军开赴朝鲜前线，抗击美帝侵略朝鲜。

中国历代封建王朝在湘西少数民族地区推行民族歧视、民族隔离和民族压迫政策，使苗族人民处于极不平等的地位。中华人民共和国成立后，中共吉首市各级地方组织和各级人民政府宣传、贯彻、落实中共中央的民族政策，加强民族团结进步工作，开展民族访问活动；在工作中化解历史上遗留的民族隔离和民族歧视，反对大汉族主义和地方民族主义，禁止民族歧视，禁止对苗族的各种贬称；培养、选拔和使用少数民族干部；确定、恢复、更改和审核少数民族成分；加快发展民族经济，逐步改变少数民族地区的落后面貌和贫困状况，实现并巩固各民族人民政治上的一律平等，确保各族人民在各个领域的合法权益，建立并巩固发展平等、团结、互助的社会主义民族关系。

苗族文学历史悠久，有口头韵体文学和散体文学，书面文学出现较晚，史籍见于明代正德年间，主要是诗歌和散文。韵体文学的代表作苗族史诗《鸺巴鸺玛》，充分反映苗族历史上迁徙次数多、范围广、路程远、饱受风霜，千辛万苦的特点和动人场景以及大无畏精神。书面散文始见于清光绪年间苗族公益事业家石文魁写的《新修鬼者道路记》。作者以优美简练的文字、形象生动的语言描述鬼者坡(今矮寨坡)的险状，记述自己出巨资新修鬼者道路的原因和经过，其善举令人赞颂。书面诗歌始见于明朝正德年间辰溪州上涝(今峒河街道上老村)苗族教育家吴鹤作的《游江南访家庙》。苗民爱唱苗歌。婚庆时，娘家婆家的苗族男女歌手夜晚对唱苗歌，通宵达旦。

苗族艺术丰富多彩，傩愿戏流行最广，木叶、包包锣、竹析、苗唢呐、牛角号为最具苗族特色的乐器。20世纪80年代后，苗族书法和摄影人才层出不穷，作品曾参加各级书法展和影展，有的获奖或在各级报刊上发表。吉首苗族鼓舞名声远扬，颇享盛誉。1957年4月，龙英棠是第一个在北京表演苗族鼓舞受到毛泽东、刘少奇、朱德、周恩来等中共中央和国家领导人接见，是第一个把苗族鼓舞带进北京高等学院校园的苗族鼓舞女鼓手，被称为第一代“苗族女鼓王”。1986～2012年，第二代、第三至第五届苗族女鼓王均为吉首市苗族女鼓手，第一届至第三届猴儿鼓王为男猴儿鼓手。

苗族民间工艺最具特色的是织花带、刺绣、苗绣、挑纱和打制银饰品，所成的工艺品图案复杂，工艺精细，色彩艳丽。刺绣是苗族妇女最精湛的手工艺，图案繁多，特色鲜明，体现人与人、人与自然的和谐之美，是苗族妇女衣裤、腰部必不可少的装饰品、外在标志之一。挑纱（数纱）是排绸、排吼、丹青一带苗乡特有的手工艺。包挑纱头帕是东部苗族的主要标志。

市域西部西北部为苗族聚居区，喀斯特地貌发育典型，形成奇瀑、奇谷和人文景观奇路、奇桥、奇寨，各具特色，集自然风光与苗族风情于一体，民族旅游文化浓厚。矮寨德夯风景名胜区是全省十大热点旅游区之一，为国家级风景名胜区。21世纪初，市委、市政府面对新的历史机遇，打造并逐渐形成颇具影响力、吸引力和震撼力的德夯奇观景区、乾州古城、国家级峒河湿地公园三大核心景区。乾州古城“城、园、坊”三位一体的发展格局基本形成。

市域苗族使用苗语、汉字。随着苗区政治、经济、教育、文化事业的发展和苗民同汉民交往的频繁，会讲汉话和懂汉话的人渐多。

苗族体育主要有武术、跳鼓、耍狮、舞龙、荡八人秋、绝技。以耍狮、舞龙最为流行和精彩、绝技最为惊险。

中华人民共和国成立前，市域苗区盛行苗医苗药。民国时期，传入少量西医。20世纪50年代后，西医逐渐发展，中西医结合，苗医苗药也得到相应发展。无医无药的历史一去不复返，缺医少药的状况大为改观。

饮食中的米粉酸肉、米粉或小米酸鱼、酸汤豆腐为苗家三大特色佳肴。苗族妇女服饰较男性精美复杂，梳古氏发型，打独辫，发不外露，一年四季包头帕。西部苗族妇女衣服过腰大而长，衣袖大而短，满襟，无衣领，胸前、袖口、裤口滚花边，腰系花带和腰裙。东部苗族妇女衣有领，衣过腰和衣袖小，不滚花边。20世纪80年代后，苗族服饰发生了很大变化，着汉装、时装者渐多，多数人穿从市场购买的成衣，布料为各档机织布，购买机绣滚花边，衣身、衣袖、裤脚改小、贴身，长短适宜，体现线条美，出现演出、竞赛、表演和礼仪型服饰。除重大节庆活动和接待外，包头帕、佩戴银帽、挂扣、牙签、后尾者极少，普遍穿机织袜、解放鞋、迷彩鞋或皮鞋或旅游鞋，除银饰外，还有金饰、珠宝饰，有的将戴银项链改戴金项链、珠宝项链，更加漂亮，更具魅力。国家机关和企事业单位人员中苗族男女服饰装束与汉族同。

中华人民共和国成立前，市域苗族穷多富少，住房不一，绝大多数为木质结构平房，少数富户建楼房或砖瓦房，无房户、危房户、拥挤户和茅房户较多。至21世纪初，少数民族住房条件明显改善，“四房户”极少，建砖房（“小洋楼”）的渐多。

直至20世纪50年代，苗族姑表、舅表可婚，姨表不婚。此后，仍传承换记、定标、拦门讨歌、不拜堂、脸上抹黑、断煞、唱合事歌（有的不唱）和苗歌、有正客和副客之分、吃排家饭、谢客仪式、婚庆期间，新郎新娘不同房、归门等习俗。新郎新娘归门和以后在娘家行亲均不同房。女儿不能在娘家分娩。

市域苗族节庆主要有春节、调年、三月三、清明歌会、四月八、看龙船(五龙)、六月六、吃新、七月七、赶秋、跳香,各地大同小异。苗族很讲究礼貌,幼辈见长辈、长辈见幼辈、平辈相见体现礼让和尊老爱幼风尚。

除麻风病患者尸体行火葬外,其余死者均行土葬。父母临终断气时,子女守在床前"接气"。停柩期间,每日行道事,绕棺诵经,跳绕棺舞(很精彩)、捉道士,通宵达旦。非正常死亡者(西部苗语叫做"达加"、东部苗语叫做"达巧")尸不进寨进屋,不在屋内停尸,用白棺浅葬倒埋,不留坟头,不开墓门,不挂坟扫墓,丧户及族人寨人和亲朋均不呼其名和称谓;死亡时,族人家将家里坛中酸菜全部倒净抛弃。

苗族崇拜有自然崇拜、图腾崇拜、祖先崇拜和多神崇拜。苗族认为"龙"是自己的图腾,在堂屋内安"龙室",例行"接龙"祭祀活动。苗族还崇拜始祖神"傩公"、"傩母",从自然崇拜发展到有社会属性的神崇拜是宗教发展的一个新阶段。苗族在其历史发展中一直处于多种信仰和多神崇拜的阶段,尚未进入高层次的"一神教"阶段。

苗族禁忌较多,有忌言、忌行、忌食。忌讲"破口话",忌客人与主人家闺女开玩笑,忌骂娘,忌给别人起混名,忌以身体缺陷代替他人的名字;忌踩火坑里的三脚架,忌在夜里和家里打口哨,忌在"夯告"放屁、吐痰、吐口水,忌震"龙室";父母健在,晚辈忌包白头帕;除夕吃年饭时,忌用汤泡饭(农民家庭),苗巫师、苗医忌食五爪类肉和斋粑。

三

春秋时代,土家族田文轩奉王命由山东经安徽、浙江、江西进入湘西峒河流域,建衙门,镇边邑,子孙一部分定居河溪,繁衍生息。后来,有的迁居乾州和凤凰县竿子坪,有的迁居今花垣、保靖、古丈等县。元末至明朝,有的先后由江西迁居乾州、马颈坳、所里(今吉首)、司马溪(今太平乡司马村)、老树村(今太平乡干田村)和太平村,另几个分支祖爷由保靖、凤凰等县迁居今马颈坳、白岩等乡镇。

1957 年 1 月 3 日,中共中央统战部行文确认土家族为单一民族。9 月,吉首县有土家族 2779 人,占全县人口 2.34%。此后,人口渐增,所占比例上升。1958 年,普查认定全县有土家族 13918 人,占 11.64%。2012 年,11.1 万人,占 37.57%。主要分布在太平乡、河溪镇、双塘镇、白岩乡、马颈坳镇和乾州街道,姓氏以张、向、田、杨、高、黄、罗姓为主。

市域土家族口头文学主要有《十变歌》《十接情郎》《妹不架桥哥要来》《十送情郎》等情歌,这些情歌反映土家族青年男女的爱情生活,生动活泼,含蓄幽默。流传较广的神话有《天、地、人的传说》,人物传说主要有《罗荣光炮打一只虎》。故事传说主要有《梅山阿打的故事》《懒杆子》。"改土归流"后至民国年间,逐渐产生土家族书面文学。中华人民共和国成立后,土家族文人辈出。市籍土家族作家田雁,市政协原副主席、州诗词学会常务理事、市诗词学会会长杨昌顺等人创作了许多好诗。土家族是一个能歌善舞的民族,有民族特色鲜明、乡土气息浓厚的音乐、舞蹈和戏剧。音乐较流行的有《劳动号子》;打击乐颇具特色的是白岩乡上坪村的"打家伙",吹打合一,节奏多变,表现力和旋律很强。戏剧主要有"傩戏""花灯戏"和"阳戏"。曲艺主要有“三棒鼓”。“花灯戏”是一种歌颂爱情和劳动生活的民族民间歌舞剧，曲调节奏简明、流畅欢快，唱词和道白均为地方口语。

市域土家族曾有自己的语言，叫做“土家语”(Disisa)。交通较便利、经济社会发展较快的乡镇和城区土家人与汉民交往频繁，受汉民影响很大，早已改用当地汉语，土家语已不复存在。

土家族民间体育主要有“摔抱腰”“抵杠子”“踢毽子”“板手劲”“扳手指头劲”“划龙船”“打三棋”“五子飞棋”“打秋千”“捡子”“抽陀螺”等项目。

“改土归流”后，市域土家族逐步与当地汉族融合，与汉族无异。土家族和苗族一样喜吃糯米粑粑，“腊月二十八，忙打糯米粑”；同样喜辣、酸、腊三味，“一天不吃辣，做事打哈哈；三天不吃酸，走路打闹穿”。土家人也“好酒”，同样是“无酒不成席”。逢农历腊月大或月小，市域土家族有的分别以二十八、二十九为岁，比汉族、苗族提前一天或二天过年，叫做“过赶年”。

四

市域汉族历史上称为“客民”或“民人”，前身是华夏族。汉朝时，称为“汉族”，西部苗语称其为“果咱”。自明洪武三十年(1397)设镇溪军民千户所后，汉族人口渐增。随着苗族、土家族和其他少数民族人口的增加，汉族人口占全市人口的比例呈下降趋势。清乾隆三十年(1765)，乾州厅38714人中汉族24554人，占63.42%；2012年，69530人，占23.51%。城区和乡镇社区人口中汉族人口居多，有的行政村汉族与苗族和土家族杂居。汉族同苗族、土家族和其他少数民族风雨同舟，休戚与共，为保卫国家、建设国家，为开发吉首、建设吉首，为民族团结进步做出了重大贡献，谱写了光辉的历史篇章。

1961年，县统计部门统计全县有回、满等其他少数民族人口30人，多系原乾州厅军政人员后裔。1990年7月1日零时，全国第四次人口普查登记，市域其他少数民族人口2136人，占全市人口0.95%。其中人口超过100人的有白族、回族、侗族、满族、瑶族，主要杂居于吉首城区和乾州。2012年年末，全市其他28个少数民族3606人，占全市人口1.19%。

五

古时，市域属武陵五溪苗族地区。春秋战国时，归入楚国版图，较早受到中原文化的影响。自东汉至宋朝时，加速阶级分化。元至清初，原始氏族社会逐渐解体，越过奴隶社会，直接过渡到封建社会的初级阶段，产生和形成以租佃制为特征的封建地主经济和男耕女织、手工业与农业相结合的自给自足的小农经济。由于自然条件恶劣和交通闭塞以及封建王朝的封锁和隔离，经济发展缓慢，以农耕为主，耕作粗放，“火耕水耨”或“刀耕火种”，同内地汉族地区的差距越来越大，在某些方面比土司地区还落后。

清康熙中叶，清政府在苗族地区推行“改土归流”政策，建治设官，疏浚河道，开设集场，沟通苗汉交易，引进和推广汉族地区的生产技术，在一定程度上促进了苗族地区经济的发展。耕地和灌溉面积扩大，农作物种类增多，产量增加。副业、手工业、商品流通和交换有所发展。苗民中开始有淡薄的商品意识。清嘉庆元年(1796),清政府将乾嘉苗民起义镇压后在山多田少的湘西苗区乾城、凤凰、永绥、保靖、古丈、泸溪、麻阳七厅、县推行“均田屯丁”制,改变了土地占有状况和剥削关系,形成“屯租”形式的封建剥削制度,广大苗农变成封建国家的“佃户”,又陷入贫困的深渊。

在1840年鸦片战争后的30多年里,帝国主义侵略势力深入苗区较内地汉区晚,苗族地区经济仍在改土归流的条件下继续沿着封建化的道路发展。清同治十一年(1872)至20世纪初叶,帝国主义势力深入苗区,使苗区经济逐步向半封建半殖民地经济转化,封闭式的自给自足的自然经济受到冲击而发生一定程度的解体,商品经济有极微弱的发展。牛耕和施肥虽较普遍,刀耕火种现象减少,但耕作技术仍不如汉区精细。家庭副业仍以自纺自织、自产自用为主,缫丝织绢者较少。苗民渐将矮机席地而织改为与汉民一样高机坐织,且拓宽了布面。农林牧业中的商品生产尤其是桐油、木材、山货、毛皮增多,民国时期曾一度出现兴盛景象。榨坊、染坊、碾坊等手工业相应有所发展。城乡集市贸易也因商品经济的发展而较前繁荣,地主经济有所发展,产生屯田地主(相当于汉区的“二地主”)和苗官地主,官僚地主和地主兼工商业者增多,农民愈加贫困。

1950~1956年,中共吉首县委、吉首县人民政府领导全县各族人民有步骤地实现从新民主主义革命到社会主义革命的转变,迅速恢复国民经济。1956年,全县工农业总产值2738万元(按1980年不变价格计算,下同),比1950年增长1.2倍,年均增长12%。

1957~1966年4月,开始进行全面的社会主义建设。认真贯彻中共中央关于既反保守又反冒进,即在综合平衡中稳步前进的经济建设方针,取得了解放以来最好的经济效果。全县工农业总产值达3001万元,分别比1950年和1956年增长1.4倍和7.95%。在1958年5月中共八大二次会议前后,全县共产党员和各族人民在生产建设中发挥了高度的社会主义积极性和创造精神,取得了一定成绩。但由于各级领导干部对经济建设发展规律认识不足,急于求成,对社会主义建设缺乏经验,在“大跃进”运动和农村人民公社化运动中搞高指标、瞎指挥,刮浮夸风和“共产风”,使经济建设受到很大损失。中共八届八中全会后,又开展“反右倾”斗争。主要由于“大跃进”和“反右倾”,加上当时的自然灾害,全县国民经济在1959~1961年发生了严重困难,工农业总产值由3834万元减至2256万元,年均下降23.3%。1963~1965年初,县委、县人委会贯彻落实中共中央关于对国民经济实行“调整、巩固、充实、提高”的方针,使社会主义建设逐步出现繁荣兴旺景象,国民经济得到比较顺利的恢复和发展。1965年,工农业总产值2757万元,比1961年增长22.21%,年均增长5.1%。

1965年5月至1976年10月的“文化大革命”运动使社会生产力遭到严重破坏,国民经济受到巨大损失。由于全县各级党组织和各族人民在“文化大革命”运动中同极“左”错误和林彪、江青反革命集团作艰难曲折的斗争,使这种破坏受到限制,社会主义经济建设得以继续进行并有所进展。全县工农业总产值5523万元,比1966年增长1.4倍,年均增长8.4%。1976年10月至1978年,在中共中央粉碎江青反革命集团胜利的鼓舞下,全县共产党员、干部和各族群众以极大的热情投入经济建设工作,其中虽然存在急于求成和其他一些“左”倾问题,但工农业生产仍然得到较快的恢复和发展。1978年,工农业总产值7032万元,比1976年增长

27.32%。

1982年撤销吉首县设立吉首市正是中国改革开放深入推进之年。市委、市政府顺应历史潮流，把工作重心转移到经济建设上，带领全市各族人民负重拼搏，奋力进取，持续推进以家庭联产承包责任制为基本内容的农村经济体制改革、以"抓大、靠大、放小"为基本取向的国有企业和集体企业体制改革以及宏观经济体制改革，确立社会主义市场经济体制模式，实行广泛而深刻的社会变革，民族经济进入全面建设新阶段。"八五"计划末的1995年，全市生产总值(按当年价格计算)首次突破10亿元大关，达10.35亿元，比1991年增长1.5倍，年均增长20.2%，占全州生产总值的21.71%，由1982年居全州第三位升至第一位；人均生产总值4100元，比1982年多3698元。1997年，社会消费品零售总额首次突破10亿元大关，达10.03亿元，比1995年增长23.19%，年均增长11%。1996年，地方财政收入首次达1亿元，比1991年增长1.6倍，年均增长16.2%。

21世纪初，吉首经历了诸多困难和挑战。面对新机遇、新环境、新使命，市委、市政府紧紧抓住加快发展这个主题，实施《民族自治地方改革开放试验区试验方案》，突出基础设施建设，突出生态环境建设，加快建设步伐，吉首经济社会步入快速发展新征程。2012年，全市生产总值(按当年价格计算)96.32亿元，比2000年增长3.8倍，年均增长15.6%，占全州生产总值24.23%，由2000年的第三位跃居首位，居全国30个少数民族自治州州府县市(以下简称为"州府县市")第16位、武陵山片区71个县市区(以下简称为"武陵山片区")第18位；人均GDP31537元，比2000年多24307元，比全州多16081元，居首位，居州府县市第12位、武陵山片区第4位；社会消费品零售总额56.51亿元，比2000年增长3.8倍，年均增长15.4%；财政收入7.12亿元，居全州首位、全国州府县市第17位、武陵山片区第21位，比2000年增长6.8倍，年均增长20.6%；城镇居民年人均可支配收入17980元，居全州首位、州府县市第20位、武陵山片区第10位，比2000年多12788元；农民人均纯收入4823元，居全州首位、州府县市第21位、武陵山片区第25位；城乡居民储蓄存款95.51万元，居全州首位、武陵山片区第5位，比2000年增加85.03万元；城市化率72.21%，居全州首位、州府县市第4位、武陵山片区第3位，比2000年提高26.78%。

夏至清朝(约公元前2070～公元1911)，市域交通闭塞，仅以便道与外地沟通，陆运均为步行，肩挑背驮，"山高路小插云霄，千年扁担压断腰"。民国26年2月，湘川公路(长沙至重庆)基本竣工，市域段长58千米，今为国道319路段。是年3～6月，修筑所里至乾州长8千米、宽3米的路段，今为国道209路段。1950～1957年，市域仅有公路2条，总长69千米。至1989年，增至38条，通车里程135.5千米。2012年9月，长沙至吉首、吉首至重庆、吉首至凤凰高速公路全线通车。至年末，公路通车里程1338千米，138个行政村有134个通公路、4个通水路，所有苗族、土家族聚居行政村和汉族与土家族、苗族杂居的行政村均通公路，12个乡镇通客班车。吉首至长沙和重庆进入4小时经济圈。以铁路、高速公路、航空、河运为支撑的现代立体交通网络逐步形成，被列为国家西部大开发范围和中部崛起范畴，成为泛株三角经济圈的重要连接点和传递地带。市民深有感慨地说："要想富，先修路；要快富，修好路！"肩挑背驮的历史一去不复返。

六

在漫长的封建半封建半殖民地社会里，市域教育事业十分落后，私塾少，塾师少，塾生少。民国时期，教育事业有所发展，教育改制，开办“边胞小学”、特区短期义务小学、国民中心小学、湖南省屯区各县联立初级中学、省立十三中、湘西特区师资训练所、乡村简易师范学校、省立第九师范学校，实施湘西特区二年制短期义务教育。

乾城县和平解放后，市域教育事业有了较大发展。至2012年，各级各类学校由1949年的7所小学发展到1220所，在校学生由1032人增至11.21万人。其中小学24所、中学19所（民族中学3所）、中等专业学校10所、高等院校3所，在校小学生25454人、中学生21941人、中专生16661人、高等院校学生36526人；毕业生31491人，其中小学4819人、中学6491人、中专4474人、高等院校8558人。市（县）人民政府开展扫盲工作。1982年，全市脱盲率由民国时期的0.5％升至97.2％，达到省政府规定的无文盲县市标准。1996年，全市青壮年非文盲率达99.6％。2010年11月1日零时，全国第六次人口普查登记，全市六岁及其以上28.42万常住人口中未上过学的13451人，占4.73％。其中：苗族101470人，未上过学的7301人，占7.2％；土家族100155人，未上过学的3691人，占3.69％。六岁及其以上和人口超过100人及其以上的回族、白族、侗族、瑶族、满族等其他26个少数民族3225人中未上过学48人，占1.49％。

七

20世纪50年代，重点宣传、学习、贯彻、落实《中华人民共和国共同纲领》中关于“中华人民共和国各民族一律平等”的规定，实行民族自治和土家族苗族联合自治的重大意义。20世纪80年代至21世纪初，制定吉首市民族法制宣传第四个、第五个和第六个宣传规划，重点宣传、学习、贯彻、落实《中华人民共和国民族区域自治法》《民族自治条例》《国务院实施〈中华人民共和国民族区域自治法〉若干规定》、《湖南省实施〈中华人民共和国民族区域自治法〉若干规定》和民族政策理论知识，宣传改革开放中的吉首20年、吉首30年，宣传民族团结进步模范集体和模范个人，全市城乡形成讲民族团结进步的良好氛围。2011年5月，市民族局被国家民委评为“2006～2010年全国民委系统法制宣传教育工作先进集体”。

乾城县和平解放后，全市各级党委和人民政府、各级干部和汉族人民尊重少数民族风俗习惯、信仰崇拜和禁忌，积极帮助少数民族继承和发扬优良习俗，摒弃陈规陋习，保护、弘扬和发展少数民族优秀文化，推进民族地方社会主义政治文明、精神文明、物质文明和生态文明建设。

从1952年起，市委、市政府以及市民族局、财政、金融、民贸等部门用足、用好、用活财政、纳税、民贸、帮扶、金融、考生等优惠政策，帮助少数民族克服生产生活困难，推进全市经济快速、持速、稳定发展，实现转型发展、科学发展和跨越发展。

1957～2012年，市民族局按国家民委有关通知精神对市域居民民族成份进行调查、确定、更改，切实做好少数民族考生民族成分的审核工作。配合组织部门认真做好少数民族干部的培养、选拔和使用工作，一批一批少数民族干部脱颖而出，走上各级领导岗位。采取各种措施，切实做好民族团结进步工作，助推全市经济社会发展。1998年，市民委分别被国家民委、省政府和省民委评为“全国民族团结进步模范集体”、“全省民族团结进步模范集体”。开展扶贫开发工作，收到了很好效果。万亩椪柑基地建设对吉首市椪柑支柱产业的形成起到示范和拉动作用；椪柑产业服务体系的创办为贫困山村的少数民族农户摸索出一条发展适度、规模经营、开发支柱产业、发展商品经济的好路子；“公司＋农户”扶贫模式被国家民委定为全国十大扶贫模式之一，向全国推介；技术扶贫项目联产承包责任制的实行增强了边远贫困山区少数民族的商品意识，把“想富不得富”变为“想富得富”；“43331”扶贫工程被特困乡村少数民族誉为“民心工程”；挂点扶贫和联系点扶贫、特困村建设和小康示范村建设使贫困村少数民族找到了治穷致富的路子，逐步改变贫困面貌；参与武陵山片区区域发展与扶贫攻坚试点工作，先行先试先创，积累经验，不仅对吉首市进一步实现转型发展、科学发展和跨越发展起到推进作用，而且为全国扶贫攻坚发挥示范引领作用。配合州市有关部门和乡镇政府开展“百狮会”、正月十五“钢火烧龙”、“清明歌会”、“四月八”等民族传统节日活动和民族旅游“椎牛”活动，资助组队参加汨罗世界龙舟赛、全国和全省少数民族传统体育运动会，举办吉首市首届民族传统特色饮食文化周活动和苗族传统特色美食展示活动，与市妇联联合举办“庆三八、迎市庆”民族文化演艺活动，与寨阳乡政府联合举办寨阳乡第四届民族文化艺术节活动，与市体育局联合举办“庆五一、迎市庆”干部职工广播体操赛，参与市政府主办第六届全国体育舞蹈公开赛暨吉首市首届广场健身舞比赛，参与市庆30周年活动；创办民族文化进校园试点，开展民族教育工作，办苗文教学和“双语”教学试点；资助边远民族特困乡村修建校舍和乡镇卫生院，资助少数民族病人治病。与市文化局、市教育局、市旅游局等相关部门紧密配合牢牢把握改革开放的大好时机进行民族服饰改革和推广工作，打造民族文化旅游精品，发展民族文化产业，建设民族特色村寨，开展民族古籍收集、民族信息和民族调研工作，以歌舞等民族形式举办民族民间艺术节、苗歌节和苗族鼓文化节。乾州古城已形成旅游精品格局、凸显特色。社塘坡、寨阳、矮寨三乡镇先后获“中国民族文化艺术之乡”称号。收集整理民族古籍237万多字。改造典型民居建筑物1650栋，实施全州最具典型性和代表性的苗寨、全州少数民族原生态保存最完好的古苗寨之一矮寨镇中黄村重武古苗寨建设工程。收集民族工作信息570条，被各级报刊和网络采用336条；撰写调研文章、调查报告53篇，被各级报刊和网络采用34篇。加强宗教事务管理，对滥建庵堂寺庙进行了清理；对宗教问题及时排查，妥善处理；对宗教人员进行宗教法规政策宣传教育，使他们增强自我管理、自我约束的意识，自觉遵守宗教法规，服从政府管理。

专　记

中共中央总书记胡耀邦视察吉首市

1983年2月15日7时(农历壬戌年正月初三),中共中央政治局常委、中共中央总书记胡耀邦乘坐的专列缓缓驶进吉首站。胡总书记神采奕奕地走下专列和前来迎接的州委书记宁生、州人大常委会主任向和友、州长吴运昌一一握手,亲切问候。

8时30分,州委书记宁生在州委接待室召开会议,向胡总书记汇报湘西自治州经济社会发展基本情况特别是农村实行经济体制改革后的巨大变化。州委、州人大常委会、州政府、州政协、吉首军分区、吉首大学负责人吴运昌、郝瑞华、向和友、黄杰臣、石玉珍、石元机、李仲喜、林宝珍、瞿爱梅、杨正午、杨国湘、刘志刚、龙再宇、陶孝忠、黄辛夷,市委书记佘中佑、市长石绍清参加汇报会。胡总书记边听边插话提问,最后作重要讲话。他在讲话中要求少数民族地区的各级党委和人民政府要扎扎实实地为少数民族办些实事,目前要认真解决他们的衣食住行问题。他说,苗族、彝族、布依族过去都住在高山上,住房太差。解放30多年了,连个栖身的地方都没有,一定要解决好。湘西自治州少数民族30多万户,没有房子住的、房子风吹雨打、人容易生病的有多少户、多少人,要调查一下,看有多大的面,怎么解决。"六五"(第六个五年计划1981～1985年)搞不完,"七五"搞完。到解放40年还解决不了住房问题,那就不好说话了。湘西自治州小学学生入学率95%,中途退学的人多,及格率只有25%。我看解决住房问题比办小学更重要,总要有个窝窝嘛。房子问题不解决,你能强迫他子女上学?

胡总书记讲到发展少数民族地区商品经济时强调指出,山区经济要搞活,除中央放宽政策外,还要允许发展商业专业户、商业联户和运输专业户,这是现在最重要的环节。他说:"解决山区流通问题,光靠国营商业不够,加上集体商业也不够,还要发展个体商业,或挑或背,或几户联合买汽车搞运输联户,把很多山货运出去,把日用百货运进来。我家在浏阳,我父亲就是挑脚的,挑一担谷子到东乡卖掉,挑一担煤回来,来回几天只得一块大洋,那好辛苦啊。以前,我们把长途贩运叫做剥削,其实那是很辛苦的。你不发展运输专业户,饮食服务业专业户也发展不起来。当然，要自愿，自负盈亏，给他发个营业执照。你们60万户，发展6000户也只占1%，改变不了社会主义性质嘛。”

14时20分，胡总书记与州委、州人大常委会、州政府、州政协、吉首军分区、市委、市政府负责人和州离休干部及全体接待工作人员合影留念。

14时30分，胡总书记健步登上109级楼梯的州政府招待所后栋，走到五楼屋顶边，饶有兴趣地观看市政府举办的迎春活动“吉首之春”，不时发出笑声，不断向浩浩荡荡的迎春游行队伍挥手致意，并称赞：“这个办法好！”他一直站了35分钟，待迎春队伍全部走过武陵东路武陵山至吉首汽车站路段后才离开屋顶平台。

15时15分，在州市领导干部的陪同下，胡总书记乘车到寨阳公社寨阳大队（今寨阳乡寨阳村）苗族社员杨昌南家访问。他下车后向在门外迎接他的苗族社员一一握手，祝他们新春快乐。

胡总书记走到杨昌南家门口时看到门口两边和上方分别贴着“春回大地风光好”、“福满人间喜事多”“喜气盈门”，称赞：“这副对联写得好！”

胡总书记走进堂屋，看到堂屋里放着缝纫机和自行车、天花板楼条上挂满玉米棒，便问杨昌南：“这些东西都是你家的吗？”杨回答：“都是我家的。”胡总书记走到火坑边，看见炕架上挂着很多腊肉，桌上摆满糯米粑粑、炒米、柚子等食品水果，高兴地说：“好，很好！”杨昌南彬彬有礼地请总书记在客座上就座，杨的家人陪坐在总书记的身边，几位身着苗族服饰的女社员在周围坐着。杨昌南敬请总书记品尝苗家的糖水泡炒米、糯米粑粑和柚子。此时，杨的儿子杨春生从吉首回来，一进屋就认出是胡总书记在自己家里做客，非常激动地说：“啊，是总书记！”总书记惊讶地问：“你是怎么认识我的？”“我经常看报看电视，是从报上和电视里认识你的。”杨昌南又向总书记敬送炒米、糯米粑粑。总书记请大家都吃，并风趣地说：“我们把它都吃光，好吗？”春生说：“党的政策好，越吃越有。”

胡总书记问昌南：“你家有多少人？”昌南答：“7口人，4个劳力。”总书记问：“今年承包多少田土？”昌南答：“6亩2分田、2亩5分地、5亩油桐林、3亩责任山、4亩自留地。”总书记问：“去年收了多少粮食？”昌南答：“7500斤，上交800斤。”总书记问：“钱呢？”昌南答：“3200元，现有存款2400元。”总书记问：“多种经营抓什么项目？”昌南答：“缝纫、基建、养猪。”总书记问：“长途贩运搞不搞？”昌南答：“没有搞。”总书记对在座的人说：“他怕。”昌南说：“搞不得！”总书记说：“可以搞嘛。”接着问：“苗族除了春节，还有什么节日？”昌南说：“还有端午节和中秋节。”总书记称赞：“你们很爱干净。”接着又问：“你们最高兴的是什么？”昌南、春生回答：“党的政策好，符合我们的心愿。”

杨昌南取下女儿的银项圈，亲手给总书记佩戴，以表达苗族人民对共产党的无限深情。总书记问：“这都是用银子做的？是哪里生产的？要花多少钱？”昌南回答：“都是用银子做的，是吉首市民族五金厂生产的，要两百来块钱一副。”总书记说：“银子我们有，少数民族所需要的银子我们一定要保障供给。”

胡总书记即将离开杨昌南家时，苗族女歌手田冬花情不自禁地唱了一首苗歌，歌词大意：唱首苗歌送客人，句句深表苗家心；中央放宽政策实在好，苗族人民喜盈盈；努力生产夺丰收，生活富裕万年春。

16时，胡总书记与在场的人一一握手告别，离开杨昌南家；众人依依不舍，目送他上车。

16时30分，总书记乘专列离开吉首，前往大庸(今张家界市永定区)。

全国政协主席李瑞环参加湘西自治州百所希望小学落成庆典纪要

1995年9月11日，州委、州政府在吉首市吉首乡振武营村(今属峒河街道)希望小学举行湘西州百所希望小学落成庆典。

8时35分，身着民族服饰的土家族、苗族代表列队以热烈的掌声、悦耳的歌声、清香的“拦门酒”欢迎中共中央政治局常委、全国政协主席李瑞环一行参加庆典活动。李主席满脸笑容，高兴地接过“拦门酒”，一饮而尽。

8时40分，升国旗，唱国歌。少先队员走上主席台向在台上就座的全国政协主席李瑞环，省委书记王茂林，中共中央统战部副部长郑万通，省委副书记储波、省政协主席刘正，省委常委、省委秘书长胡彪，省政协副主席龙禹贤和州市领导干部献红领巾，向庆祝大会献词。

州委副书记、州长向世林主持庆典仪式，州委书记李大伦致欢迎词。捐资单位代表上海贝尔公司副总经理李大来、吉首乡党委书记丁云凡先后在庆典仪式上讲话。

9时20分，李瑞环和王茂林为百所希望小学落成揭幕。刻有省内外捐资单位和捐资个人名字的“希望工程纪念碑”呈现在人们的面前。

共青团中央第一书记李克强，国家教委民族教育司、省国土测绘管理局向百所希望小学落成发来贺电。

庆典仪式上，李瑞环和夫人向州希望工程基金会捐款4000元，郑万通捐款1000元。

李瑞环对州委、州政府和市委、市政府负责人说：希望工程大有希望。这几年，你们做了很多工作，要总结经验，继续前进，省委要组织当地党政部门和社会各界定点支援贫困地区办教育。这种办法很好，可以在短期内取得明显成效，应该总结推广。

国务院总理朱镕基视察吉首市

2001年4月6日黄昏，一南行列车缓缓地停在吉首站。在省委书记杨正午，省长储波，省委常委、省委秘书长谢康生的陪同下，中共中央政治局常委、国务院总理朱镕基和夫人劳安以及中央直属有关部门负责人健步走下火车。

4月7日晨，朱总理一行从下榻的州民族宾馆乘汽车去花垣。汽车开到矮寨时沿着蜿蜒的319国道爬上矮寨坡顶停了下来，朱总理回头一望，只见一段6千米长以15道回头曲线呈“之”字形盘旋而上的路段像一条巨龙在崇山险坡上蠕动，不禁回首57年前自己经此地到永绥(今花垣)求学的情景，便对身边的人说：“当时，我是从所里坐木炭车到永绥的，读书去的时候路过这里一次，回去时路过一次，这是第三次路过这里。”他指着“湘川公路死事员工纪念碑”关切地问：“修这条公路死了多少人？”身边的人回答：“死了200多人。”他便问：“怎么死了这么多人？”身边的人回答：“不少员工是得痢疾死的。”总理触景生情地说：“我在永绥读书时，也得了痢疾，差点死了，好在当时才发明的青霉素救了我的命。”

4月7日下午，朱总理一行从花垣返回吉首途中汽车停在矮寨镇阳孟村，总理兴致勃勃地走到苗族村民杨再保家里，他和夫人劳安同杨再保夫妇在火坑边并排而坐，亲切地拉家常。他指着火坑中间用生铁铸成的三脚架问道：“三脚架是做什么用的？”杨再保笑着回答：“是用来架鼎罐煮饭、架锅子炒菜的，冬天还可以用来烧柴火取暖。”朱总理似有忧虑地说：“用三脚架长期烧柴煮饭炒菜取暖，森林怎么保得住？生态环境怎样改善？要下决心保护生态环境，推广烧煤，推广沼气。”

4月7日下午，朱总理乘专车从阳孟返回吉首。17时50分，专车在无数双期盼眼睛的注视下缓缓地开进吉首大学校门，停在图书馆门前，朱总理走下专车，经省委书记杨正午介绍，同校党委书记马本立等校领导干部一一握手问候。早已在图书馆前台阶等候的1000多名师生抑制不住激动的心情，雷鸣般地欢呼：“总理，您好！您辛苦了！”朱总理笑容满面地向师生们挥手致意。然后，一边视察校园，欣赏草木葱茏、湖光潋滟的校园景色；一边听学校负责人汇报和介绍。不一会儿，来到横跨风雨湖的玉虹桥。湖岸上、桥的台阶上大学生越来越多，人山人海，掌声、欢呼声响成一片，风雨湖变成了欢乐的海洋。省委书记杨正午向师生们做了一个“停”的手势，掌声和欢呼声便立刻停下来。朱总理面带笑容，大声地向师生们问候：“老师们好！同学们好！”掌声和欢呼声又响成一片。朱总理拉长声音大声地说：“吉首大学是湖南的骄傲！”师生们闻此称赞，欢呼雀跃，掌声雷动。朱总理接着说：“老师们、同学们！你们很热情，也很守纪律，我希望你们好好教学，好好学习，中国一定富强！中华民族一定会屹立于世界东方！希望寄托在你们身上！”师生们报以热烈的掌声。

4月8日上午，朱总理听完州、县、市主要领导干部的汇报后谈论的第一个问题就是要改善环境。他语重心长地说：“当前，湘西州包括张家界市和怀化市关键是要改善生态环境，除了退耕还林这个很重要的政策措施外，还要抓农村能源结构调整。湘西地区如果到处都是葱茏草木、参天大树，旅游业发展起来是最大的门路，到凤凰去游历史文化名城，才有兴趣呢。”

4月8日下午，朱总理一行坐汽车离开吉首。

第一篇 苗 族

市域西部苗族自称为"果雄",东部苗族自称为"梭"。历史上是个迁徙最频繁、路程最长的民族。2012年,全市苗族11.16万人,占全市人口的37.74%,主要分布在丹青、排吼、排绸、己略、矮寨、寨阳、社塘坡等乡镇。

在漫长的封建社会里,历代统治者对苗族实行民族压迫和民族歧视政策,苗族处于不平等的地位。中华人民共和国成立后,贯彻落实民族政策,加强民族团结工作,实现并巩固各民族人民政治上一律平等,发展平等、团结、互助的社会主义民族关系,促进市域各民族共同发展和共同繁荣。

市域苗族民间文学源远流长,有口头和书面、韵体和散体文学。《鸺巴鸺妈》是韵体口头文学的代表作;《交恋歌》、《等郎等到五更头》等情歌较流行,《官占田来民占坡》《月亮圆》等时政歌和儿歌童谣时代特征突出,情趣浓厚;人物故事《石老财》在市域西部一带影响大;苗歌在苗区很流行,内容丰富,民族风情浓厚;市籍知名苗族学者石启贵遗著《湘西土著考察报告书》是不可多得的苗族志、珍贵的民族档案史料。苗族戏剧主要有傩戏。包包锣、牛角号、木叶等乐器极具民族特色。苗族鼓舞特别是女子单人鼓舞久负盛名,一至五届(代)苗族女鼓舞王均为市籍苗族女鼓手。织花带、刺绣、挑纱、苗绣是苗族最出色、最具独特民族风格的手工艺。

苗族使用苗语、汉字,与汉族交往用汉语。

苗族体育主要有武术、跳鼓、跳桌、要狮、舞龙,在传统节庆盛行要狮舞龙活动。咬犁口、踩犁口、上刀梯绝技令人胆战心惊,赞不绝口。

20世纪50年代前,市域苗区盛行苗医苗药。此后,苗区普遍建立卫生院、卫生室,实行医疗保险,以西医为主,中西医结合,苗医苗药相应发展。

苗族有饮食、服饰、住房、婚嫁、家庭、生育、节庆、礼仪、丧葬等习俗。酸鱼、酸肉、酸汤豆腐是苗家待客的美味佳肴。东部和西部苗族妇女服饰有别,各具特色,是外在特征的显著标志。苗族建瓦屋时例行上梁、抛梁粑、抢梁粑、念上梁祝词,别具风采风味。婚嫁奉行讨话、订婚、过礼、讨红庚、摸黑、不拜堂、念合事祝词(有的不念)、婚期新人不同房、夜对唱苗歌、有"正客"和"副客"之分、吃"排家饭"、埛塞等婚俗。苗族传统节庆主要有调年、三月三、清明歌会、四月八、吃新、赶秋、跳香。丧葬行送"落气钱"、"接气钱"、做道事、"热井"、撒"富贵米",非正常死亡者不进寨进屋,薄葬等习俗。夜行道事,绕棺诵经、跳绕棺舞、"捉道士"是苗族做道事超度亡灵的四大特点，特别是跳绕棺舞尤为精彩，甚富观赏性和娱乐性。

苗族信仰崇拜有自然崇拜、图腾崇拜、祖先崇拜和多神崇拜，在其历史发展过程中一直处于多种信仰和多神崇拜的阶段，尚未进入高层次的“一神教”阶段。

苗族禁忌在夜里和家里打口哨，忌踩三脚架，忌在“夯告”（东部苗族在堂屋设“家先”，无“夯告”）处打闹、泼水、吐口水、吐痰、鼻涕、放屁；新娘进屋后在火坑边就座时忌面朝北；忌震“龙室”，忌讲破口话，忌骂娘；父母健在，儿女忌包白头帕；小孩忌食鸡爪、忌摸雏鸟；忌他人给自己起混名；忌他人仿学自己讲汉语。随着经济社会的发展进步、苗汉交往的频繁，苗民外出打工人员的增多，见多识广，受汉族影响大，很多方面渐与汉族融合，发生了重大变革。

第一章　族称　来历

第一节　族　称

《说文》记载：“苗草生于田，从草从田。”“苗”此处指初生种子植物，“苗”古时特指“禾”。苗民喜务农，黄童白叟皆勤于农耕，种五谷，育秧苗。从这个意义上便派生出苗族族称。西部苗族自称“果雄”，东部苗族自称“果所”。

在原始氏族社会开始解体向阶级社会过渡时期，苗族是在作为一个共同体被分化瓦解的“三苗”（红苗、青苗、补笼苗）时代形成的。随着封建王朝的更迭、社会的动荡、苗族的兴衰，苗族族称曾发生多次变化。从商朝至唐朝（公元前1600年至公元907年），因“三苗”集团被分化瓦解，苗族族称长期不见载于史册而被概入“蛮”或“南蛮”的多民族统称中。周朝时（公元前1046～公元前221年）的“荆蛮”“蛮荆”“楚人”“群蛮”“百濮”“黔中蛮”，汉朝时（公元前206至公元220年）的“武陵蛮”“五溪蛮”“盘瓠蛮”都包括苗族的先民，甚至许多原始民族还以苗族为主要构成部分。唐朝时（618～907），苗族力量有所增强，史料中又出现“苗族”的称谓。宋朝时（960～1279），随着“五溪”（雄溪、樠溪、酉溪、潕溪、辰溪）地区苗族实力的增强和反抗斗争的加剧，汉文史籍遂将苗族和其他少数民族区别开来，正式称为“苗族”。元朝时（1271～1368），史籍中“猫”、“苗”互见，并始见“生猫”（黑苗）一词。明朝时（1368～1644）至清朝时（1644～1911），史籍对苗族的记载颇多。《大明一统志》又有“苗族”称谓，但仍有以“蛮”代“苗”的含糊称谓。就狭义而言，按土司管辖的情况称为“红苗”“花苗”“青苗”“黑苗”“白苗”“长裙苗”“短裙苗”“雅雀苗”，一直沿袭到中华人民共和国成立前夕（1949年9月）。湘西苗族有红苗、黑苗、青苗、白苗、花苗等族系。系红衣带者为红苗，缠脚并用黑布者为黑苗，缠脚并用青布者为青苗，缠脚并用白布者为白苗，着衣裙并缠绣花脚布者为花苗，旧方志统称为“红苗”。20世纪50年代初，中央人民政府按苗族人民的意愿将苗族各种称谓统称为“苗族”。

第二节　来　历

远古时代，中国黄河流域居住许多分散的人群。这些人群按亲属关系组成氏族，许多氏族逐渐形成黄帝族、炎帝族和蚩尤族三大部落。黄帝部落最早居住在今陕西省黄陵县一带，炎帝部落生活在今陕西省岐山县一带，九黎部落生活范围主要在山东、河南和安徽一带，是最早进入中原的部落。后来，黄帝部落定居今河北省涿鹿县一带，炎帝部落迁居山东。

黄帝、炎帝和蚩尤分别是三大部落的首领。黄帝姓公孙，后改为姓姬，名轩辕，史称为“轩辕黄帝”。传说炎帝牛头人身，教民农耕，是农业生产的创始人，号神农氏，称为“神农黄帝”。传说蚩尤人身牛蹄、四目六手、头长尖角，耳边长发直竖似剑戟，凶猛异常。

传说炎帝和蚩尤两部落为了争夺黄河流域肥沃的土地曾发生一次战争，炎帝战败，遂向黄帝部落求援，炎黄两部落组成联军向蚩尤部落进攻。蚩尤有81个兄弟，均是铜头铁额、兽身人面，能吃砂石，打仗时非常勇敢。蚩尤及众兄弟率领大军浩浩荡荡地从东方杀向逐鹿，与炎黄联军在逐鹿决一死战，史称“逐鹿之战”。当双方军队在原野上激战正酣时，蚩尤呼风唤雨，吹烟喷雾，顷刻漫天遍野的大雾把炎黄联军团团围困，炎黄联军辨不清方向。危急中，黄帝手舞宝剑，大声喝令：“冲呀！冲呀！冲出去呀！”冲来冲去，冲了半天，还是被白茫茫的大雾包裹着，不得脱身，惊恐万状。黄帝谋臣风后用鬼斧神工很快做成一辆“指南车”用来辨明方向。黄帝靠指南车的指引，亲擂战鼓，指挥将士奋勇冲杀，终于冲出蚩军重围，打败蚩尤。

蚩尤战败后率领部众逃到北方，虽请夸父族帮忙，再与黄帝决一死战，但谋略不如黄帝，寡不敌众，陷入重围，终于战败，被擒杀，葬于逐鹿，苗民尊称他为“祖公”。炎黄联盟打败蚩尤后便破裂，后来又结成联盟。蚩尤所部九黎族（含苗族）的一部分加入炎黄联盟，成为中原地区主体居民之一，与炎黄两部落共同开发黄河中下游两岸地区，逐渐形成“华夏”族（汉族的前身），另一部分南迁。华夏族代兴，建汉国家。封建王朝派兵南征，九黎族退居长江和汉水以南，分布于湖南洞庭湖、江西鄱阳湖、安徽、福建、广东等地。南北朝至清朝（386～1911年），常有征苗事起，大部分苗族为求生计，走湘西，折入黔、滇、川。迁徙湘西的苗族主要分布在今吉首、凤凰、花垣、保靖、古丈、泸溪、麻阳七县市地域，多僻居于崇山峻岭。

第二章　人　口

第一节　总　量

清康熙四十三年（1704）设乾州厅时，厅署统编户籍，全厅2557户中苗族1900户，占75.41％。乾隆二十九年（1764），全厅户籍7704户中苗族2595户，占33.68％。

1949年11月5日，乾城县和平解放。随着经济的发展、社会的安定和卫生条件的改善，苗族人口逐年增加。1951年，全县97604人中苗族40274人，占41.26%。1953年7月1日零时，全国首次人口普查登记，全县10.38万人中苗族42731人，占41.17%。1959～1962年，国民经济严重困难时期，全县人口由11.94万人减至10.42万人，苗族人口由50424人减至41572人，所占比例由42.23%减至39.9%。1963～1965年，国民经济逐步恢复和发展，全县人口由10.89万人增至11.65万人，其中苗族由44655人增至47812人，所占比例由40.02%升至41.06%。1964年7月1日零时，全国第二次人口普查登记，全县110981人中苗族46541人，占41.94%。1966～1976年“文化大革命”期间，计划生育工作失控，全县人口由12万人增至16.1万人，其中苗族由48998人增至65690人，所占比例40.83%降至40.8%。1977～1981年，加强计划生育工作，控制人口增长，苗族人口66383～68382人，占全县人口比例40.8%～38.9%。1982年7月1日零时，全国第三次人口普查登记，全市苗族人口71925人，占全市人口39.92%。1990年7月1日零时，全国第四次人口普查登记，全市苗族人口97864人，占全市人口39.41%。2000年7月1日零时，全国第五次人口普查登记，全市29.43万人中苗族11.29万人，占38.35%。2001～2012年，推进城市化建设，实施州市同建同治州府吉首战略，全市人口由27.8万人增至29.57万人，苗族人口由81854人增至11.16万人。所占比例由39.93%降至37.74%。2010年7月1日零时，全国第六次人口普查登记，全市30.21万人中苗族10.9万人，占36.08%。

第二节　分　布

市域苗族主要分布在丹青镇、排吼乡、排绸乡、己略乡、矮寨镇、寨阳乡、社塘坡乡、白岩乡、吉首乡。2005年，丹青镇苗族6677人，占全镇人口的99.64%；2012年，7032人，占99.7%。2005年，排吼乡苗族6700人，占全乡人口的98.78%；2012年，6681人，占99.98%。2005年，排绸乡苗族7816人，占全乡人口的98.49%；2012年，8133人，占99.51%。2005年，己略乡苗族8130人，占全乡人口的98.44%；2012年，8226人，占98.98%。2005年，矮寨镇苗族14735人，占全镇人口的96.42%；2012年，15633人，占96.95%。2005年，寨阳乡苗族9185人，占全乡人口的82.47%；2012年，9420人，占82.86%。2005年，社塘坡乡苗族7533人，占全乡人口的78.65%；2012年，7734人，占78.97%。2005年，白岩乡苗族5396人，占全乡人口的47.67%；2012年，5232人，占47.98%。2005年，吉首乡苗族3264人，占全乡人口的43.71%。2006年，调整行政区划，吉首乡并入峒河街道和镇溪街道，万溶江乡并入乾州街道。2012年，镇溪街道苗族23309人，占街道总人口的29.83%；峒河街道苗族22635人，占43.52%；乾州街道苗族12439人，占43.13%。

市域苗族以吴、龙、石、陈、张、杨姓为主。吴姓主要分布在双塘镇联合、乾州街道狮子、兴隆，社塘坡乡关喉、三岔坪，峒河街道小溪、上老、白果、振武营，寨阳乡新溪、排乃、勤丰，己略乡己略、龙舞、红坪、夯坨、云华等村寨。陈姓主要分布在排吼乡各村，排绸乡白云，丹青镇鲫鱼、烟竹，白岩乡紫金，乾州街道接丰，太平乡深坳等村寨。石姓主要分布在寨阳乡和矮寨镇大部分村寨，马颈坳镇团结、林农、红岩排、汨比，己略乡简台、古者、联林、自强，镇溪街道小溪、樟木溪、岩寨，乾州街道云丰，白岩乡沙坪等村寨，杨姓主要分布在矮寨镇平年、阳孟、吉龙、阳桃、重武，己略乡简台、古者、结联，白岩乡杨柳等村寨。

第三章 民族关系

第一节 反抗斗争

东汉建武二十三年(47)十月，“武陵蛮”(含武陵山区苗族)精夫相单程发动反东汉王朝的起义。吴黄龙二至三年(230～231)，武陵“五溪蛮”起义，反抗孙吴“清定南土”的高压政策。晋永嘉初年(307～308)，天门、武陵等郡诸“蛮”起义。南北朝时期(420～589)，徭赋苛重，苗民苦不堪言，先后爆发湘西苗民起义。唐宪宗元年和六年(806、811)，辰州和锦州苗民在张伯靖的领导下开展反暴政斗争。元朝元世祖忽必烈统治期间(1264～1294)，湘、鄂、川、黔四省边区土家、苗、汉各族人民多次开展反元斗争，朝廷令四川南充宣慰使李忽兰和参政曲里吉思等人分兵平息。明嘉靖二十五年(1546)，镇溪(今吉首)苗民起义，反抗土官和地方官的欺诈剥削。明崇祯十六年(1643)，农民起义军领袖李自成下荆襄，另一起义军领袖张宪宗入湖南，湘西苗民响应起义，攻州县，予以配合和支援。

清康熙四十三年(1704)，清政府对湘西地区实行“改土归流”，在土司辖地实行“流官”建制。苗民大量田土被流官、地主、奸商、高利贷者侵占掠夺；入驻苗区的文武官吏、弁兵、差役任意欺压和敲诈勒索，使苗民耕地减少，贫困者增多，生活日艰，民族矛盾日深。乾隆五十九年(1794)十二月二十四日，乾州厅(今吉首市)吴八月、吴隆登，松桃厅(今贵州省松桃土家族苗族自治县)石柳邓，永绥厅(今花垣县)石三保等人在凤凰厅(今凤凰县)鸭堡寨聚会，歃血盟誓反清。乾隆六十年正月初四，石三保、石柳邓、吴八月、吴天半等人在永绥厅黄瓜寨开会，议定二月初六正式起义，正月十六日至二十一日，各路苗民相继起义，乾嘉苗民起义在松、乾、永、凤四厅全面爆发，义军势力日盛，清廷大为震惊。乾隆皇帝先后命云贵总督福康安、四川总督和琳、湖广总督福宁带兵会剿，命领侍卫大臣额勒登保、德楞泰“往赞军务”，并调云南、贵州、湖南、湖北、四川、广西、广东七省兵力分三路向湘、黔边区苗疆进剿，义军被迫后撤，所占区域缩小。吴八月在镇竿城保卫战中负伤；吴天半在鸭堡寨保卫战中被俘，后被解入京，凌迟处死。十一月三日凌晨，吴八月被叛徒吴隆登出卖，落入清兵之手，被脔割致死。嘉庆元年(1796)二月，清军将领福康安从云南、四川、广东、广西调兵共20500名，于三至四月加强对义军中心根据地、吴八月的家乡平垅的攻势。二月二十九日，和琳继任清军征苗统帅。八月三十日，和琳在军中染病身亡，额勒登保继理军务，将军明亮、提督鄂辉赴湖南，于十月五日抵达乾州军营，配合额勒登保向平垅发动总攻。十二月五日，明亮、额勒登保率清兵分四路进攻石隆。义军多次突围，均被击退，最后全部牺牲。嘉庆十年二月，辰沅道伊傅鼐会同绥靖总兵魁保率兵镇压义军余部，乾嘉苗民起义告败。

乾嘉苗民起义蔓延湘、鄂、川、黔四省边区，时间长达10年之久，参加起义人数达20余万人。义军先后攻占湘、川、黔3省6府13个厅、县，并摧毁部分政权机构。清政府先后调动湘、鄂、川、黔、滇、粤、桂7省共18万清兵进行镇压，大小战斗100余次，清军损兵折将，在乾、凤、永、松四个主战场病死或被击毙的总督、提督4名，总兵、副将、参将、游击、都司、守备、千总、把总等官佐220名，士卒不计其数；耗资甚巨，仅湖南就耗白银700多万两。此次起义动摇了清朝的统治基础，史家称之为“清代的中衰之战”。

清道光二十六年(1846)、二十七年，乾州厅连遭水灾，屯田多被水冲沙压，加之虫灾、干旱，粮食歉收，而官府和汉、苗地主仍催租如故，不稍减免，苗民难以为生。农历九月，石观保、杨光明、杨长贵等组织苗民制刀矛，筑城堡，武装抗租，号召各里屯田佃户不纳租，临近的凤凰厅、永绥厅苗民纷起响应。清道光二十七年十一月一日，他们领导抗租苗民筑成阳孟寨城堡，先后攻下永绥厅子儿、排料和岩落三寨，开屯仓，出屯谷分给众苗民；十五日，石、杨等人带领数千苗民聚于三岔坪，在距乾州厅城四里的一度水伐木作栅，准备进攻厅城乾州。厅同知孙时瀚重金收买苗民头领，分化抗租苗民，使其渐散。下旬，辰沅道伊吕恩湛调镇竿镇标兵和营兵各300名，道标练勇200名，辰州提标、沅州协标数百名，亲率练勇400名，相继到乾州厅防守和镇压苗民。十二月一日，石观保、杨光明、杨长贵复聚数千苗民攻入凤凰厅鸭堡寨。接着，带领苗民进攻抱木营，与护仓屯丁激战。五日，清兵、练勇2000名分路进剿，苗民受挫败散。八日，厅同知又以“美其衣食，许以官职”为诱饵，诱捕石观保、杨光明、杨长贵。二十四日，三人解省遇害，抗租运动失败。

民国元年(1912)元旦，湘西军政分府宣布成立。此后，湘西各府厅州县也先后宣布光复。民国5年1月1日，袁世凯称帝登基，其复辟帝制的丑剧遭到全国各族人民的强烈反对。是年12月25日，湘籍、云南省原都督蔡锷和继任都督唐继尧通电反袁，宣布云南独立，组建护国乾军，出兵川、湘、黔、粤、桂，讨伐袁世凯，保卫共和国体。乾城县苗、土家、汉各族人民组织护国军，兵分两路，一路从乾州向古丈进攻，迫使袁军退出古丈；一路沿武水东下，配合护国黔军进攻泸溪、沅陵。3月22日，袁世凯在全国人民的讨伐中宣布取消帝制。

民国时期，任国民革命军第十九独立师师长等职的陈渠珍坚持“屯租制度”，以“营屯子弟”为兵源、“屯田岁收”作饷源。民国24年(1935)，凤凰、永绥、乾城、古丈、保靖、泸溪、麻阳有屯七县共交屯谷65500石，苗民苦不堪言。民国25～27年，永绥苗民吴恒良、梁明元等人发动有屯七县苗民开展抗日革屯运动，史称“湘西苗民抗日革屯运动”。此次运动迫使湖南省政府撤销屯租机构，改变屯租性质和用途，减轻屯佃苗民负担。“屯政”作为政治制度已不复存在。

第二节　封建社会民族关系

中国历代封建王朝为维护其统治，对少数民族地区实行复杂多变的民族压迫、民族歧视和民族掠夺政策。在湘西苗族地区，长期推行“蛮不出境，客不入峒”的民族歧视和民族隔离政策，苗族人民处于不平等的地位，陷入贫穷痛苦的深渊。尽管如此，各族人民之间共同反抗封建统治和抵御外国侵略、进行经济社会建设和文化交流、联姻缔结血缘纽带等方面曾互相交往、互利互助、相互依存友好的关系。

明朝时期(1368～1644)，镇溪军民千户所境内的苗、汉等民族间亲密友好。在长期交往中，少数汉人因亲缘关系，迁居苗寨，汉族小商贩肩挑背驮，深入苗区，贩卖食盐、针线、鱼苗，收购山货。苗民称汉人为“客人”，汉人称苗民为“老庚”“老表”“朋友”，称其妻为“庚嫂”、“表嫂”，称其闺女为“阿姐”或“阿妹”。客人入寨，苗民待为上宾；出寨，青壮年苗民持器械护送数里或十余里。苗、汉民之间有的互相结拜兄弟，收纳义子、义女或拜认“寄娘”“寄爷”。每逢春节，苗、汉间互相玩龙舞狮拜年。

清初，由于八旗兵在湖南掳掠烧杀，镇溪所苗汉族人民反清情绪日高，为防苗民造反，清政府对苗民采取怀柔政策。清康熙二十四年(1685)八月，朝廷派八旗兵进剿镇溪所、竿子坪、五寨司等地苗民，禁止苗汉民通婚，差役和士兵随意闯入苗寨，戏辱妇女，敲诈钱财，民族关系日趋紧张。康熙三十二年(1693)，官府丈田征粮，增加租税，加重苗民负担，引起苗民反抗。为缓和民族关系，清雍正八年(1730)，朝廷准许苗、汉、兵之间通婚，民族关系渐趋缓和。乾隆二十九年(1764)，朝廷虽再次“弛民苗结亲之禁”，苗民和汉民可互为姻娅，工匠和贸易交往频繁，但土地兼并却日趋严重，部分苗民破产失业，终于在乾隆六十年(1795)爆发苗民起义，清政府派大军镇压，一些与苗民关系密切的汉民多被官兵当作“汉奸”论处，兵祸中不少汉民被苗胞保护而幸免于难。清政府再次禁止苗汉通婚，对已通婚者虽故免离异，但不许违例嫁娶，苗民进城或赶集由寨长监视。

民国时期，国民政府推行“铜不沾铁、苗不沾客”的政策，民族歧视仍严重。苗族和汉族不通婚，偶然通婚，情属特殊，为数甚少；汉族和苗族纵有情礼往来，也多被时人鄙薄；苗民被辱为“苗子”，日用品用具和粗糙物品皆冠以“苗”字，极为诋毁；苗族受语言歧视，苗民说汉话多带苗音，往往被人仿学讥讽或嘲笑；征兵派款，偏重苗寨；差吏下乡，每到苗区则放肆滋扰，狐假虎威；机关团体公务人员中苗族人士极少；每有优惠待遇，往往不惠及苗民，加上交通闭塞，自然条件恶劣，致使苗族地区经济社会长期处于落后状态。

第三节　社会主义民族关系

中华人民共和国成立后，中共吉首市(县)各级组织和各级人民政府宣传、贯彻中共中央的民族政策，开展民族访问活动，加强民族工作，在工作中疏导化解历史上遗留的民族隔阂和民族歧视，反对大汉族主义和地方民族主义，禁止民族歧视，禁止对少数民族的各种贬称；注意培养、选拔和使用少数民族干部；确定、恢复、更改和审核民族成分；落实民族优惠政策，扶贫开发，振兴民族经济，逐步改变少数民族地区的落后状况。通过一系列政策措施，实现并巩固各族人民在政治上一律平等，确保各族人民在经济、文化等领域的合法权益，不断推进民族团结进步。清朝政府将乾嘉苗民起义镇压后，没收乾州厅和凤凰厅万溶江两岸苗民的土地，把东岸的苗民赶到西岸，以江为界，制造民族隔阂，禁止两岸苗汉交往。20世纪50年代初，通过宣传中共的民族政策，揭露封建统治者推行民族歧视和民族隔阂的本质及其危害，两岸苗汉人民提高了觉悟，团结一心，积极配合人民解放军、地方党委和人民政府剿匪反霸，开展土地改革运动，多年积怨得到了化解、历史遗留的民族隔阂得以消除。他们唱起民族团结之歌："千年仇恨找到根，官僚恶霸是敌人；苗汉结成亲兄弟，五指相连共手心！"

1950年春节，中国人民解放军第四野战军第四十七军一三九师四一六团一些官兵身着苗族服装，载歌载舞，参加乾州"游春"活动，欢庆苗族人民政治上翻身得解放。乾州、所里机关、学校和团体秧歌队中均有苗族队员。苗汉联姻日多，一些节庆活动变成了民族联欢。1951年，全县各族人民团结一致，积极投入剿匪反霸斗争，踊跃参军参干。苗族政治地位迅速提高，民族杂居区群众多推举苗族青年当农会主席、村长或民兵队长。1952年8月，苗族青年石元星深得县人信赖，通过民主选举，当选为乾城县县长。在抗美援朝运动中，乾城县各族人民游行示威，参加和平签名运动，捐钱捐粮，支援抗美援朝。在朝鲜前线，乾城县籍各族官兵浴血奋战，战友间建立了牢不可破的血肉关系。农业合作化运动中，苗汉杂居区乾州苗族劳模石德明成立苗汉两族联合互助组、初级社。全县以"团结""同心""联合"等命名的生产合作社均由苗汉两族农民联手建立。将湘川公路吉首镇路段取名为"团结路"，象征全市各民族团结进步。1954年10月，中国人民解放军一汉族干部认苗族姑娘为养女一事被传为佳话。1956年10月，土家族被国务院认定为单一民族，苗族、土家族、汉族之间的民族团结不断加强，民族间的交往日益频繁，各族人民团结共事，互相学习，亲密无间。1958年，合作修建万溶江乾州拦河坝、跃进水库和狮子庵电站。20世纪70～80年代，合作建成黄石洞水库和河溪电站；一些山塘也由苗族、土家族、汉族共建。马颈坳公社江底坳生产大队苗族、土家族、汉族杂居，20世纪70年代初修建的凼坨水库改名为"团结"水库，生产大队改名为团结大队。中共十一届三中全会后，随着改革开放步伐的加快，苗族、土家族人民走出山寨，以土特产品入市交易，参加劳务输出，民族交往密切，民族团结进一步加强。1984年，全市评选出6个民族团结进步先进单位、20名民族团结进步先进个人参加省、州民族团结表彰大会。1984～1992年，市政府在吉首承办湘、鄂、川、黔四省边区第一至第九届商品交易会；2000～2005年，市个体私营经济协会在鸦溪民营经济小区承办第一至第六届西部开发·湖南吉首经济贸易洽谈会暨商品展销会，促进民族地区间的经济交流和民族交往，增进民族团结进步。20世纪80～90年代，吉首市先后与上海市南市区、广州、深圳、南京、哈尔滨等市建立横向联系进行经济协助和人才、劳务各方面的交流，使苗族、土家族等少数民族人民扩大眼界，增长见识，推动本地区经济社会发展进步。1987年5月3日、4日，市政府与湖南省社会科学院历史研究所在吉首联合举办苗族历史文化学术讨论会，与会各民族专家学者进行学术交流，共商民族团结进步大事。1987～2012年，市民族局先后与云南、贵州、四川、青海、海南等省的少数民族地区建立友好联系，同周围的花垣、凤凰、保靖、秀山、铜仁、遵义等地县市进行经济合作，互利互盈，共同发展。

1990～2012年，市委、市政府以发展平等、团结、互助的社会主义民族关系，促进各民族共同发展和共同繁荣为指导思想，贯彻中共中央总书记江泽民1990年在新疆维吾尔自治区考察时所作的“汉族离不开少数民族，少数民族离不开汉族，各民族之间也相互离不开”的指示精神，促进全市和周边地区的民族团结进步。

第四章 文 学

第一节 民间文学

一、口头文学

韵体文学

苗族史诗主要是湘西苗语西部次方言地区流传的《鸺巴鸺玛》。全诗主干部分有5000多行，由《创世纪》（开天辟地及射日射月）、《长途大迁徙》（跨江跨湖、爬山涉水）和《定居》（立宗立祖及建村建寨）三部分组成。

第一部分《创世纪》。

此部分描写古代人类社会的状况：

从前天上云昏昏，　　古时地上黑沉沉。
伸手不见五指，　　移脚难走五分。
白天黑夜分不清，　　春夏秋冬分不明。
这样，地上才做土秤石秤，　　天上才造日秤月秤；
地上去称果酥果尖，　　天上去称果松果打；
才定一十二个太阳来照晒，　　才定一十二个月亮来照明。
太阳照得太凶了，　　月亮照得太狂了。
树木枯干了，　　青草枯尽了。
岩石溶成岩浆了，　　草木晒焦成灰了。
地上的人坐不得了，　　天下的人住不成了。
阿剖果酥才来射日射月，　　阿剖果尖才去砍日树月树。
……

传说古时候的太阳和月亮是生在树上的。日树月树很高很大，从地上一直长到天上。太阳和月亮是长在树尖尖上的，它们之间相距没有好远。阿剖果酥和阿剖果尖两人爬到日树月树上面去砍日砍月。可是，他们砍了又长，长了又砍，总是砍不掉。之后，他俩商量用弓箭来射日射月。可是，射了又长，长了又射，总是射不完。最后，阿剖果尖留在树上，坚持砍日砍月；阿剖果酥下到地上，坚持射日射月。他俩一个在树上，一个在地下，上下互相配合，坚持战斗，终于取得了胜利。

只留下一个太阳、一个月亮以后，太阳和月亮互相称王称霸，争夺天下，终于打起架来了；

打来打去，碰在一块，天垮下来了。又分不清楚白天、黑夜和天上、地下了。于是，人们又重新开天辟地，重创世界，慢慢繁衍起来，才恢复天下的原貌。苗族史诗从侧面反映了创世纪这一伟大主题。

与此主题相似的史诗有湘西州政府顾问、原副州长、苗族作家龙文玉翻译，杨昌鑫、龙文玉整理的《板东辰》，载于贵州民族出版社1991年6月出版的《武陵苗族古歌》一书中。《板东辰》歌颂苗族先民英雄明那雄战胜凶恶的火鸟，箭射八个假太阳，为了人间的幸福安详，自己化为“板东辰”（辰明星）站在东方，接日迎月，不争光夺艳的高尚品格。他与中国各族关于“射日”的传说都不相同，具有鲜明的苗族特色和浓厚的苗乡气息。

第二部分《民族大迁徙》。

此部分是这部史诗的核心。根据历代传说和记载，苗族的先民最早生活在黄河流域一带。后来，因战乱和生活所迫才不断迁徙。史诗对这方面的记载非常详细。

第一段，讲的是第一次大迁徙的原因及其历程。原因是受他人欺负才被迫迁徙；历程即沿河水而下，到了寅河寅尾和厚吾厚西以后，“别人立了一城，他人竖了一碉，封得死死紧紧，立得实实牢牢，七支长枪杀不到，七门大炮轰不倒”。而且，到了那里，“别人不再认兄，他人不再认弟；女的不再认亲，男的不再认戚”。于是，苗族先民只好“又大商量小计议，才打马回程，才拨船后退”。

第二段，讲的是第二次大迁徙的情况。此次迁徙的历程，即从寅河寅尾和厚吾厚西出发，沿着务穹稀务穹萨而上，“一路人马，忧心忡忡；男女相跟，老少相从；走在一起，休戚与共”。尽管在行程中遇到了重重障碍，他们却紧紧拧成一股绳，克服一个又一个困难。最后，终于到达一个新的天地即占楚、占菩。

第三段，讲的是苗族迁徙到占楚、占菩以后的情况。苗族先民刚迁徙到占楚、占菩时，虽然两手空空，一无所有；但是，他们用自己的双手辛勤劳动，白手起家，年长月久，终于在这个地方建立了自己第一个自由幸福的乐园。

由于“生活慢慢宽裕了，忧虑慢慢消除了”，所以他们才“姊妹磋商，兄弟商议；磋商要削筶祭祖，商议要制鼓集会”。于是，他们分工合作，“女的绩麻纺线，男的猎兽打鱼；小的养蚕养桑，老的酿酒造蜜”。这样，他们“选定了好日，择定了好时”，举行了轰轰烈烈的第一次鼓社鼓会。

第四段，讲的是第四次大迁徙即苗族被迫离开占楚、占菩向崇山迁徙的情况。史诗在追述这次大迁徙的起程及其途中所经过一些主要地方时，这样写道：

人间坐不安宁，　　世上住不成家；
一帮代熊代蚩代酥，　　一群代穆代来代卡，
又挟老携幼上迁，　　又拨船继续上划。
从务浪务嚷上来，　　从务流务池上来；
从洞务洞党上来，　　从洞焦洞湾上来……
跨江跨湖上来，　　穿云破雾上来；
行水依水上来，　　走山靠山上来；
猎兽打鱼上来，　　开山开土上来……

传说苗族迁徙队伍到了人烟稀少的梅花堤梅花峒，曾在此住了一段时间，重新整理队伍，鼓舞志气，慢慢又繁衍起来。在七名头领的率领下，分成七路，迁到天国崇山。传说崇山就在辰州附近的沅水和澧水之间，即今张家界市永定区辖地。

第五段，着重叙述苗族开发崇山，在崇山聚居的情况。

崇山，苗语叫做"高戎霸凑"，传说是龙和麒麟的故乡。从史诗中得知，那里"泉水潺潺，绿树茵茵；伸手可以揽月，张嘴可以咬星。驴马自由奔跑，男女歌舞不停"。因此，苗族曾经在那里聚居很长一段时间，建设自己迁徙以来的第二个乐园，在那里举行过几次鼓社鼓会，繁荣轰动一时。

第六段，讲的是第六次大迁徙即从崇山迁到泸溪峒泸溪岘的情况。

泸溪峒泸溪岘是苗族迁徙到湘西以后的第二个主要居住地。在那里，他们"男的又来立家立业，女的又来绩麻纺线；又住了许久，又住了多年。繁衍如鱼如虾，收获堆积如山；五谷丰登，六畜兴旺。炊烟绕过九十九岭，歌声响彻万里长天"。在那里，他们又用自己的双手建设自己迁徙以来的第三个乐园。

由于生活的逐步宽裕，他们又"男女相商，老少共议；相商要继续削笞祭祖，共议要继续制鼓聚会。要使祖宗看到高高兴兴，要让后代看到欢欢喜喜"。于是，他们又分工合作，"女的又酿酒造蜜，男的又猎兽打鱼......"接着，他们又举行了一次空前盛大的鼓社鼓会。

第七段，讲的是敌人疯狂破坏鼓社鼓会，苗家奋起反抗的情况。

第八段，讲的是第七次大迁徙的原因及其历程。由于战争的创伤，苗族的主要队伍决定另择生活之地；历程是从泸溪峒泸溪岘迁到各个地方。

苗族迁徙队伍的各个支系分成若干个集团向各处迁徙。代熊一支分成两个系统，人数少的一个系统分散隐居于辰河两岸，人数多的一个系统沿武水和峒河而上，代来、代卡跟着代熊的主力上了武水。代酥一支大部分留在泸溪。其他支系继续沿着辰河辰水而上，最后到达贵州和其他地方。

第三部分，讲的是苗族定居湘西各地后，立宗立祖和立村立寨的情况。

此部分尽管各地传说不尽相同，但是宗系分明、来去清楚、艰苦创业、追求幸福的说法基本相同。

市域较流行的苗族传统民歌有传说歌、生活劳动歌、仪式歌、情歌、时政歌、儿歌。传说歌有《傩神起源歌》《八月歌》和干支雨水歌。傩神即傩公傩娘，苗语分别称其为"巴傩""乃傩"，是楚地巫教中的主神。相传他俩是伏羲氏兄妹，苗族敬奉其为人类祖先。傩公的形象是红脸黑须，双耳圆垂，服饰如皇帝；傩娘白脸，细眼眉，头戴凤冠，身着如皇后，仪态慈祥。市域普遍有他俩的神话传说。苗族、土家族和汉族都信仰傩神，首先向傩神"求子""禳灾""祈福"叫做"许愿"；如愿以偿即请巫师酬傩神，叫做"还傩愿"，西部苗语叫做"巧弄"。"还傩愿"最后一道程序是演傩堂戏，唱傩神起源歌，举行结束仪式，即"倒傩"。市域流传的《傩神起源歌》的主要内容是湘西少数民族关于创世、雷电、洪水等方面的神话，反映人们对诸多神秘自然现象的神话认识。

傩神起源歌

说起当日初民事，　　水有源头树有根。
男女相传于世上，　　空有天下又无人。
野蛮兽行先统系，　　天上人伦分不清。
到处都是荒凉土，　　四方八面没有人。
天上窝耸管世界，　　地下禾壁创乾坤。
二人都是神明子，　　法术几有一般能。
一在天来一在地，　　怀恨不睦果是真。
禾壁是苗名和姓，　　窝耸是雷公姓名。
素习法术得真妙，　　各显本领显道神。
雷公降下三年雪，　　禾壁雪上露赤身。
雷公又晴三年久，　　禾壁烤火谓冷人。
因是雷公不服劲，　　用斧要劈禾壁身。
禾壁知道其中意，　　忙把房屋建完成。
就用桦皮来盖屋，　　假意说报雷公听。
先落三天三夜雨，　　才能劈破我原身。
哪知桦皮被雨湿，　　先滑屋架后滚人。
雷公闪火降下地，　　撞着屋顶落地坪。
就被禾壁捉住了，　　关在仓内拘其身。
想用盐腌雷公死，　　急往集市寻一寻。
趁着禾壁店铺去，　　雷公闪火亮光明。
禾壁儿女亲眼见，　　看见亮光本是真。
忙去仓边齐去看，　　雷公话吐一番情。
若承送火一碗水，　　再来做个好分明。
二人哪知其中意，　　要降出来现原身。
两人听了雷公话，　　急忙转身把火寻。
水火一齐都送了，　　雷公吩咐听原因。
赐你两颗仙瓜种，　　好好储存放在身。
后刮狂风下大雨，　　忙把仙瓜种下地。
若是洪水滔滔涨，　　快往瓜内躲其身。
说罢一声火光现，　　用斧劈破仓板门。
一朵黑云化身去，　　即时天上显神灵。
禾壁转到中途上，　　知道雷公脱了身。
双手捶着胸口叹，　　这番冤恨雪不成。
雷公腾云空中望，　　看见禾壁路上行。

想用斧头劈他首，　　恐怕法术又不深。
只是大仇从缓报，　　知道禾壁妙法真。
有株大树三丈围，　　禾壁手槌断树心。
拿打道旁清露水，　　真有这样好本领。
雷公无法雪此恨，　　才放洪水淹他身。
忙使鳌鱼来塞海，　　鳌鱼塞住海中心。
鳌鱼塞住四海口，　　五湖海水不流行。
急起狂风下暴雨，　　七天七夜雨纷纷。
才把洪水滔滔涨，　　一时涨齐到天门。
凡间之人无处躲，　　男女老少命归阴。
兄妹记得雷公话，　　急把仙瓜种下地。
先把葫芦瓜种了，　　马上生长就牵藤。
跟着发叶结瓜大，　　结一大瓜空中心。
兄妹二人瓜内躲，　　飘飘荡荡到天门。
雷公炉内去打铁，　　打成快箭四五根。
盘古把箭拿在手，　　立刻把箭射水门。
一箭射出消海水，　　二箭射出见山林。
五湖四海射五箭，　　箭箭射在海中心。
齐天洪水方消了，　　二人脱身瓜内存。
兄妹双双存世上，　　但看凡间没有人。
一来禽兽都死了，　　二来人人尽归阴。
山上未闻鸟声叫，　　地下未见有人行。
猪羊牛马都绝迹，　　遍地荒凉冷清清。
兄妹二人惊呆了，　　无计商量忧在心。
男女只剩我两个，　　处处山头没有人。
哥哥起了妹心意，　　要与小妹来结婚。
心中要想与妹婚，　　开口说给小妹听。
依理说来不可改，　　本是同父共娘生。
只因世上无人了，　　变更礼法也得行。
拜问小妹如何说，　　借口传言说一声。
小妹听说回言答，　　哥哥在旁听原因。
你我同父共娘养，　　不是别个外来人。
要我与你成婚配，　　断然不依半毫分。
哥哥听说回言道，　　小妹侧耳听原因。
你说同父共娘养，　　话不虚传果是真。
并作世上人多广，　　到处商量到处行。

只剩你我人两个，　　此处无缘可订婚。
不如我两为婚配，　　合成夫妇一双人。
搭早成婚好生养，　　免得日后绝人根。
小妹听说回言答，　　哥哥且请听原因。
二人园里去砍竹，　　将竹劈破两边分。
各把一块破头去，　　山顶放下到地坪。
如果竹子合成了，　　兄妹二人便成婚。
哪知哥哥其中意，　　先把竹子合同心。
二人才把竹块放，　　放下竹块看分明。
下去看竹真合了，　　小妹无言叹一声。
左思右想出妙计，　　再滚磨子看分明。
如是磨子又合了，　　自愿与你结成婚。
二人抬磨上山去，　　各把一块往下滚。
滚下磨子又去看，　　看它合心不合心。
未知哥哥先用计，　　先把磨子合完成。
才把磨子滚下去，　　去看果然又合心。
小妹看得无言答，　　想来也是命生成。
即时心中出一计，　　准备逃走不成婚。
妹妹急忙往前跑，　　哥哥紧紧随后跟。
如把小妹拿着了，　　绝无言语结成婚。
走了三天三夜半，　　肚饿一刻不留停。
用尽平生好力气，　　只见行踪难拢身。
后来赶到一狭路，　　遇见狮子向前行。
撞着狮子拦了路，　　只得向后打转身。
哥哥见妹回身转，　　急忙追赶往前行。
双手将妹身抱住，　　青天白日结成婚。
抱着小妹无话说，　　姻缘前世命中定。
从此兄妹成婚配，　　天作之合一双人。
成婚一年生一子，　　两年三载连连生。
时代繁衍年久远，　　黄河流域尽是人。
百家姓根从此起，　　分成部落创乾坤。
后来子孙多发达，　　二皇究系原始人。
二皇确系原始祖，　　因此崇拜傩堂神。
凡间之人来供养，　　年年秋后敬为尊。
傩歌唱到这里止，　　水落滩头停一停。

生活劳动歌有《翻身歌》《十八姐九岁郎》《十二月怀胎歌》《我家吃饭用手抓》《年轻莫爱野花红》《劝郎莫赌博》《拜年客》。

年轻莫爱野花红

年轻莫爱野花红，　野花里头有癫虫；
如若迷上癫虫气，　六亲不认发癫疯。
年轻莫爱野花红，　抬你锄头做你工；
哪个做工哪个有，　哪个贪花哪个穷！

劝郎莫赌博

东南西北路四边，　妹劝情郎莫赌钱；
赌场是个窝罗害，　行多夜路被鬼缠。
劝郎莫去赌场边，　立春雨水到春天；
早把犁耙打扮好，　落雨抢犁和尚田。
二劝情郎莫赌钱，　桃花李花开满园；
赌场当作桃源洞，　秋来无米又无盐。
三劝情郎莫赌钱，　拐骗偷抢不能干；
乖人莫信呆人哄，　郎不学好万人嫌。
四劝情郎莫赌钱，　四月立夏到热天；
秧苗起节变野草，　到处挖葛混一年。
五劝情郎莫赌钱，　嫖赌逍遥是烂船；
田中生满牛毛草，　地里钻进竹马鞭。
六劝情郎莫赌钱，　糯米糍粑了半边；
田丢黄金地丢银，　哪日才会转团圆？
七劝情郎莫赌钱，　金黄谷子要开镰；
开水冲茶难当饭，　卖屋下瓦去换钱。
八劝情郎莫赌钱，　月到中秋人团圆；
秋收秋种无人做，　哪得灶口冒青烟？
九劝情郎莫赌钱，　重阳烤酒古名传；
人勤喝酒连心美，　赌头吃的苦黄连。
十劝情郎莫赌钱，　坛干水尽输得惨；
独木桥上走不稳，　人看不起狗都嫌。
冬月劝郎莫赌钱，　丢工了日得一年；
剥得桐子场中卖，　添置家具买衣穿。
腊月劝郎莫赌钱，　郎养牛羊妹纺棉；
牛羊成群猪满圈，　一家好过快活年！

仪式歌有《迎客歌》《傩歌》《椎牛歌》《上梁歌》《拦门歌》《丧葬歌》《开缸歌》《喜乐怀》。仪式歌具有浓厚的民族特色和神秘色彩。

送客歌

走走停停，送客出山难分手，　千言万语，多少话儿在心头。
堤坝再高也难不断长长流水，　难舍难分，留下一片深情悠悠。
客人挥手告别就要走，　只想多看几眼记心头。
山路上撒下你们的情和爱，　水井里常把你们的身影留。
风送白云越去越远了，　灯草当绳怎把大船留。
但愿来年桂花开满树，　贵客哟，苗家接你再重游。

情歌有《粗茶淡饭哥莫嫌》《交恋歌》《等郎等到五更头》《七星北斗伴嫦娥》《十二月诉情歌》《冷汗流来湿枕头》《送郎歌》《忧也莫忧哭也莫哭》《十打》《夫妻吵架莫记仇》。情歌从各个侧面讴歌苗族青年男女的纯真爱情和对美好生活的向往，情真意切，感人肺腑。

交恋歌

男：妹妹有心把歌排，　怕你爹娘想不开；
世间难免闲言语，　碰到闲言也难挨。
女：情哥切莫想不开，　哥装聋子妹装呆；
两人结下情和义，　哪怕雷劈来分开。
男：虽然歌是那样排，　口讲无凭难下台；
相逢虽说情义好，　今后心思也难猜。
女：和你情郎话讲开，　劝郎不要起疑惑；
情哥若怕我心变，　送你一双绣花鞋。
男：情妹送郎一双鞋，　双手接鞋喜心怀；
把鞋拿回家中去，　收进皮箱常打开。
女：小乡女子盖蠢呆，　连双鞋子做不乖；
鞋子送哥莫嫌丑，　上坡下地当草鞋。
男：这双鞋子巧又乖，　龙飞凤舞逗人爱；
夜里抱鞋一起睏，　白天箱子收起来。
女：知哥情义送双鞋，　哥得花鞋莫丢开；
若是情哥想着妹，　见鞋如见我身来。

等郎等到五更头

女：等郎等到五更头，　一无灯草二无油；
扯根眉毛做灯草，　接点眼泪做灯油。

男：竹子当抠你要抠，　　笋子当留你要留；
睏到三更想着妹，　　泪流床底变成沟。
女：前头无路我想修，　　路边又想来开沟；
修路我怕无人走，　　开沟又怕无水流。
男：干田无水理阳沟，　　白费灯草枉费油；
舀水有个前和后，　　何必四处去结仇。
女：悄悄送郎到码头，　　伸手抓住你衣兜；
情郎讲要分开去，　　咬破口皮看水流。
男：一也莫丢二莫丢，　　拿坨泥巴捏成牛；
泥牛放在高坡上，　　哪年吃草哪年丢？

清朝和民国时期，清王朝和国民政府在湘西苗区永绥（今花垣）、保靖、乾城（今吉首）、古丈、凤凰、泸溪、麻阳七厅县实行均田养勇制度，广大苗民失去土地所有权，变成封建国家的“佃户”，被套上“屯租”剥削的枷锁，在吉首和花垣苗区一带曾流行《官占田来民占坡》时政歌。

中华人民共和国成立前，市域时政歌有《民国三十七年》《点兵歌》《苗家穿肉鞋》《一双裹脚是传家宝》《官吃米我吃糠》《初一酸汤下葛粑》《骂千户》《官家大户活该埋》《只要留得青山在》等歌。

官占田来民占坡

官占田来民占坡，　　苗家撵到山窝窝，
挖锄做犁锅做耙，　　篓打包谷袋收禾。

苗家穿肉鞋

官家穿布鞋，　　苗家穿肉鞋；
布鞋一年换四次，　　肉鞋烂了长起来。

一双裹脚是传家宝

一条裤子穿三代，　　一件蓑衣五人盖，
一双裹脚是传家宝，　　外婆缠了外孙戴。

官家吃米我吃糠

官家吃米我吃糠，　　官家打牌我插秧。
六月炎天我舀水，　　官家大户忙乘凉。

初一酸汤下葛粑

官家过年把猪杀，　　苗家过年洗南瓜；

腊月三十无米饭，　　初一酸汤下葛粑。

骂千户

千户过年好开颜，　　狗娘狗崽大团圆，
九缸烧酒嫌不够，　　九桶甜酒骂不甜。

官家大富该活埋

好田好地是我开，　　好谷好米官家抬。
儿孙一代接一代，　　官家大富该活埋。

只要留得青山在

官兵剿寨满天云，　　死人失寨莫灰心。
莫看今夜雷声大，　　明日落雨又会生。
只要留得青山在，　　总有一天树成林。

中华人民共和国成立后，有《叫花翻身歌》《跃进歌》《一季稻谷胜两季》《生产队天天扯》等时政歌。

在市域苗区儿童中流行一些长短不一、深浅适度的儿歌童谣供儿童说唱游戏娱乐，启迪儿童智慧，培育儿童美德。《中国民间歌谣集成卷·吉首资料本》搜集苗族儿歌《一抓金二抓银》《棉花树寸寸高》《椿木颠》《月亮粑粑》《扁担户担梭梭》《月亮圆》《大雨落》《清早条起白头霜》等11首。最长的一首《月亮粑粑》25行共175个字；最短的一首《麻雀雀穿红鞋》仅4行、28个字。童谣有《叠字谣》《老鼠谣》《棉花谣》《子规谣》《拜年谣》。

月亮圆

月亮圆，月亮光，　　哥哥出来做篾匠。
嫂嫂出来打鞋底，　　丫头出来舂糯米。
舂得糯米做汤圆，　　阿公阿婆好喜欢，
你一碗，我一碗，　　胀死丫头我不管。

叠字谣

排排坐，吃菓个；　　菓个圆，买黄连。
黄连苦，买鸡肚；　　鸡肚香，买辣姜。
辣姜辣，买枇杷；　　枇杷甜，买川盐。
川盐淡，买个罐；　　罐又深，买颗针。
针又尖，抛上天；　　天又高，买把刀。
刀又快，好切菜；　　菜又长，买只羊。

杀羊吃，大家吃；　　大家吃得饱肚皮。

拜年谣

一只篾篮两面黄，　　好装粑粑好提糖；
好提腊肉和细面，　　提送外婆尝一尝。
新春拜年行个礼，　　贺喜年高寿延长；
先拜大舅和二舅，　　后拜老表和舅娘。
连同姨娘都拜了，　　送钱给我买衣裳；
买件西装新式样，　　颜色鲜艳亮堂堂。
西装合身针脚细，　　穿出家门好风光；
展劲读书心向上，　　长大跨海过大洋。

其他歌谣有《数字排比歌》《叠字歌》《对对歌》《啄啄歌》。

对对歌

天上排云云对云，　　地下花开春对春；
鸟在空中舞对舞，　　鱼在河中群对群。
大路行军兵对兵，　　街上起屋门对门；
渔翁钓鱼竿对竿，　　屠夫卖肉斤对斤。
秤匠做秤两对两，　　妇女绱鞋针对针；
磨子堂屋配碓窾，　　舂米对到推磨人。

民谣的内容、语言、表现形式及手法都较具特点，饶有风趣。

打金戒指谣

石榴花开月阴乌，　　姐姐打个金戒箍；
打得箍子手上戴，　　颜色光亮现龙珠。
一打蛤蟆跳下井，　　二打鲤鱼跳龙门；
三打黄龙三转身，　　四打海马奔朝廷。
五打五子行孝礼，　　六打童子拜观音；
七打天上七姊妹，　　八打神仙吕洞宾。
九打天上莲花现，　　十打十月小阳春。

市域苗族谚语、谜语和歇后语多与其生活环境、伦理道德、勤劳俭朴、农事活动密切相关，言简意赅，押韵或对偶、形象生动。谚语有喻事明理谚、社会杂议谚和农事谚。很多谚语与土家族、汉族等民族的相同。

谚 语

出门看天色，　进屋看脸色。

亏人是祸，　　亏己是福。

禾怕包胎旱，　人怕老来穷。

无风不起浪，　无事说不像。

衣少加根带，　饭少加碗菜。

有米无柴，煮熟饭米；有柴无米，烧破锅底。

心里有鬼心里怯，心里无鬼硬如铁。

不到家中坐，不知饱和饿。

不在被窝歇，不知冷和热。

吃尽山坡不过田，穿尽绫罗不过棉。

牛肉炒韭菜，各人心里爱。

人看长久，水看长流。

行善流芳百世，作恶遗臭万年。

打狗要看主人面，打架要听旁人劝。

少时好玩，老来喊难。

细水长流，吃穿不愁。

每晚洗个脚，胜似吃补药。

没有大粪臭，哪有五谷香。

冤家少做，朋友多交。

钱财不落空地，酒饭不养闲人。

早睡早起，陈谷烂米。

三天不吃酸，走路打闹穿。

不是灯草不沾油，不是夫妻不强求。

高山出好水，平地开好花。

雷打冬，十个牛栏九个空。

六月落长雨，遍地是黄金。

年年有个六月旱，六月不旱吃饱饭。

小满不挖蒜，蒜在园里散。

阳雀叫到七月半，高坡田水不要看。

禾好不要看，秧好得一半。

早红夜落，夜红干断河。

月明星稀，干断河溪。

二十三四，月亮出来鸡拍翅；二十五六，鸡叫月初。

歇后语

高山打鼓——响(想)得宽。

两头染蓝布——左也蓝(难)右也蓝(难)。

黄狗坐轿子——不识抬举。

癞蛤蟆打哈欠——口气大。

谜语短小精干,寓意甚深,能启发人的思维,增长知识,引发兴趣,娱乐消遣。农闲或在喜庆之夜,苗民常围坐火坑旁猜谜语。

谜　语(谜底见附录七)

物谜:1.空筒树,叶渣渣,先结子,后开花。

2.一屋兄弟多又多,先生老弟后生哥,轻工老弟做,重工靠大哥。

3.头戴锦鸡毛,身穿紫龙袍,怕人看见它,躲在岩板桥。

4.指头大个宝,满屋装不了;壁缝钻出去,棒头打不倒。

5.长的少,短的多;脚一踩,手一摸。

6.活活二神仙,茅草盖上边,送客千里路,不出大门前。

7.一朵牡丹头上开,锦衣不用剪刀裁,虽然不是英雄汉,叫得千家万户开。

8.地上千株篙,长大比人高,胡须像丝线,结子象珠宝。

9.头插千把剑,身穿万重纱,安分终生站,被割一身疤。

10.四四方方一个洲,敲锣打鼓闹春秋,文武官员不到老,恩爱夫妻不到头。

11.两脚立地站得齐,身上动得脚不移;每天晚上得相会,每天早上又分离。

12.好个仙女往上飘,一身轻轻上九霄,一心只想天堂去,奈何凡人把手招。

13.头似凤凰头,尾巴像剪刀,住在泥巴里,离地三丈高。

字谜:

14.千字不是千,八字排两边,好个红颜女,跪在鬼门前。

15.一点一横长,一飘飘南洋,上十对下十,日月陪太阳。

16.二人力大冲破天,猜他是女还是男。

祝　词

祝词是苗民在节庆、起屋、婚嫁、生育的贺词,只褒不贬,良言美语,极尽颂扬,夸张比喻,娓娓动听。

苗族新娘抵达男家门前时,经合师用鸡公拦煞后(有的人家不用合师),在鞭炮声中轻步进屋。进屋后,不拜堂,端坐在窗户边火坑旁,面朝内。新娘对面放一张四方桌,桌上摆酒肉和香米利市,合师站在桌前诵道:"奉请天合仙师、地合仙人,年合仙师、月合仙人,日合仙师、时合仙人,十二合仙师、十二合仙人。男人化为鸡公,女人化做鸡娘;鸡公鸡娘爱情好,时时刻刻挂心肠。早不离堂，晚不离房；夫妻合好，地久天长。女是太阴，男是太阳；日月同晖，诸事吉祥。口和口，心和心，夫妻相合创乾坤；手和手，脚和脚，夫妻相合同快乐。和口和心生贵子，和手和脚降麒麟！”

东部苗族上屋梁祝词：上三步，中三元，刘备关张访大贤；南阳有个诸葛亮，三顾茅庐下高岗。上十步，十美十全，张郎鲁班下凡间；修起高楼和大厦，主东富贵万万年！.......

散体文学

市域苗区流传的神话除湘西苗区普遍流传的《果索果苯》《砍日树月树》《射日射月》《张果老射日月》《张果老砍神树》《果颂果莩》等神话外，还流传《七个太阳和七个月亮》、《阿湿木和太阳打架》《牛星》和《落天女的故事》。这些神话反映远古时代人们对一些自然现象的朴素认识和粗浅理解，反映苗族的自然崇拜和他们与天斗、与妖魔鬼怪斗、与毒蛇猛兽斗的情况，内容丰富，想象力强，引人入胜，发人深思。

阿湿木和太阳打架

往日，太阳隔地下近，毒得很，人都要晒出油。日子也长得很，人到田里做工夫累了，瞓一觉眼皮醒过来，篱笆上长了菌子还没夜。那时候，小黄冬雀儿有鸡大，岩鹰有晒簟大，时常叼人吃。有一回，阿湿木（马桑树）带它的兵（一些大大小小的树）和太阳打架。阿湿木打赢了，太阳退得高高的，像现在这个样子，世界上才分出四季，黄冬雀和岩鹰都变小了，树木长起来了，变成了森林。

牛 星

晴日的清晨，群星隐去了，东方露出了熹微的红霞，天边还挂着一颗锃亮的明星。这星，汉族同胞叫做启明星，苗族却叫它“牛星”。它一出现，人们就会相邀：“牛星出来了，该犁田了。”或者说：“牛星出来了，该放牛了。”为什么叫牛星呢？这里面有一段故事，请听：

在那混沌初开的年月，世界一片沉寂，只有光秃秃的山，红殷殷的地。那山，除了一层被太阳烧焦了的薄土外，就是坚硬的岩头；那地，除了滚滚的红尘外，就是晒裂了的硬土。风来了，漫天飞沙；风去了，到处是死一般的寂静。玉帝是个仁慈的大帝，对这个还没有苏醒的世界十分关心。有一天，他召集各路天神到天宫商议下界之事，他关切地说：“我们的下界应该住人了。住人，就得有山、有水、有树、有草，特别是粮食，那是必不可少的。我这里有两包种子，一包是五谷种，一包是树种和草种，这两包都要撒下去。列位，哪一位愿效劳啊？”说完，他环视众神；众神默默无声。玉帝又看了看众神：“嗯，谁去呀？”天神中有一位叫“牛星”的竟自告奋勇：“我去！”玉皇大帝听了很高兴，便马上交代牛星：“此事至关重要，你务必牢记地上需要三分树草、七分五谷，不可大意啊，去吧！”牛星向玉帝鞠了一躬：“小的遵命！”转身便走。

牛星走出天门，一阵阵热浪直往上冲，叫人气闷。牛星什么都好，办事很热心，就是有一个爱瞓觉的毛病，不管到什么地方都要先瞓一觉再办事。这么热的天，他照例一倒下就瞓着了。等他醒来时，太阳已经当顶，他才迷迷糊糊地想起玉皇大帝的圣旨，见时辰不早，便大手大脚地撒起种来。他撒完种便回到天宫，玉帝正要嘉奖他，土地佬儿上气不接下气地赶到天宫禀报说："回陛下，坏事了！你去看看，地上到处长的都是树和草，哪有什么五谷啊！"玉帝一听，马上跑到南天门往下界看了又看。果然，山上到处都是郁郁葱葱的森林，地上到处长着绿油油的青草，而五谷却稀稀拉拉，哪有七分呀！玉帝摇头叹气："牛星啊，牛星，你太粗心了，若是你照我说的办，撒了七分五谷种，人就够吃了。可而今，地上五谷那么少，你看，该怎么办？"牛星低头往下一看，吃惊不小，喃喃自责地说："我大意了！好吧，自己做事自己当！我甘愿下到凡间去，把草地翻过来种五谷，将功补过。"玉帝说："你肚子大，吃得多，就是翻地种五谷也不够吃呀！"牛星想了想，说："我不吃五谷，吃草吧！我做错了事，人们千刀万剐吃我的肉，我也毫无怨言。都怪自己瞌睡多，瞓觉瞓糊涂了。"玉帝说："也只好这样了。"

牛星来到人间后变成了现在的牛。它从来不吃粮食，只是大口大口地吃草。春天犁田耕地，它在前面背犁，人在后面掌犁，手上还拿根竹条子不时地往它身上打呢，它都老老实实背犁干活；连五六岁的伢儿牵它的鼻子，拉它、打它、骂它，它一声也不吭，从不生气。误事的原因是爱瞓觉，所以，牛在躺着的时候特别小心，口里总是嚼着草，心怕瞓着了误事。

牛星归位后子孙遍布人间，千百年来，一直是农家宝。

传　说

市域苗族的传说除口头流传的以外，1986 年 9 月至 1987 年 10 月，市文化馆组织文化专干和文学爱好者深入苗区调查访问，搜集、整理、出版《中国民间故事集成湖南卷・吉首市资料本》，搜编 40 万字、236 个民间故事，其中苗族传说 54 个。54 个中：《吴八月故事十四则》《杨岳斌故事二章》等人物传说 3 个；《吴天求起事跳仙》《腊卓的两个仙姐》等史实传说 3 个；《黄石洞的传说》《铜鼓坡的传说》《流纱瀑布》等地方传说 15 个；《五谷种的来历》《蚕儿》等动植物传说 6 个；《苗家吃牛打花鼓的来历》《鼓社鼓会》《苗家接龙的传说》《跳香节》《丹青及清明歌会的来历》《花带的传说》《苗家三脚架和花头帕的由来》等风俗传说 27 个。

黄石洞的传说

某旱年，社塘坡龙爪溪断流，苗民请一黄姓巫司进洞祈龙求雨。黄率众徒进洞擒得龙王外孙小白龙为人质，大雨骤降。雨足，庄稼获救，五谷丰收，苗民皆喜。黄携苗民银项圈作谢礼，只身送小白龙回洞。临行前，嘱咐众人在洞外要紧锣密鼓，若见草鞋在洞外相斗，立即击大鼓防止封洞，不可怠慢。黄入洞半个时辰后，洞外草鞋果然恶斗，众人吃惊，竟忘黄所言，息鼓围观，洞口便渐渐缩闭，黄被困死于洞中。苗民为纪念黄求雨殉职便将此洞叫做"黄司洞"，后演化为现名。

流纱瀑布

距德夯苗寨 3 千米处，有一挂瀑布从 216 米高的悬崖上飞落直下，飘飘拂拂，活像一缕缕白纱挂在悬崖上，极为壮观。

这挂瀑布原本小得很，只有手杆那么粗一股溪水。瀑布附近有一座苗寨，寨子里有一户人家只有母女两人。女儿名叫黛吉，长得眉清目秀，心灵手巧。一年四季，母女俩靠挑花绣花、纺纱织布过日子。

有一年春天，溪沟里涨了大水，瀑布下面九龙潭里的龙太子带着一伙虾兵蟹将逆水而上，游山玩水，刚好碰到黛吉浣溪纱。龙太子一见黛吉两只眼睛就转不动了，自言道："哎呀，想不到这凡间尘世竟有这么漂亮的女子！龙宫里仙娥美女成百上千，竟没有一个能比得上她！"言罢，再也没有心思游山玩水了，立即命田螺婆婆到寨里说媒提亲。

田螺婆婆背着满满一篓金银珠宝，还按照苗家的风俗提满满一坛子甜酒到黛吉家，当着黛吉母女说明来意，要黛吉当天就随她去龙宫与龙太子圆房成亲。

黛吉的阿妈听后又怕又急，半天说不出话来。黛吉却面不改色心不惧，想了想，便不慌不忙地对田螺婆婆说："难为你老到我家来。龙太子的厚意我晓得，他的为人我也清楚，只是我们苗家人穷志不穷，我黛吉宁愿在人间受苦受累，也不愿到龙宫穿金戴银，请你老转去报龙太子，叫他死了这条心吧！"

田螺婆婆转到龙宫，把黛吉的话添油加醋地学给龙太子听。龙太子听后眼睛都怄鼓了，咬着牙巴骨骂道："哼，好一个不识抬举的贱货！"

第二天，龙太子悄悄地来到寨子前面的溪沟边，没等好久，就见黛吉背着一篓棉纱走向溪边。黛吉走到溪边，像往常一样把纱篓墩在跳岩上，就忙着洗纱。不晓得怎么的，那墩得稳稳的纱篓竟突然"哗"的一声倒进水里。黛吉连忙踩水去捞，哪晓得那纱篓不沉也不浮，越流越快，黛吉赶了几脚，便身不由己地倒在水里，被龙太子抢到龙宫去了。她洗的那篓棉纱也顺水流到悬崖边，挂在崖壁上，变成了瀑布。从此，黛吉再也没有回来。她的阿娘常时走到溪边痛哭；一哭，小溪沟就要涨大水。后人为纪念黛吉便把这瀑布叫做"流纱瀑布"。

三月三

"三月三"，又叫做"龙花会"。是吉首、泸溪、古丈三县市交界地区苗族人民的传统节日。农历三月初三，春暖花开，鸟语花香，俊俏的后生家、漂亮的姑娘家，成群结队，会集椰木界。有的在白果树下，有的在绿林里，有的在花丛草地上，或站或坐，或蹲或卧，双双对对，谈情说爱，载歌载舞，好不快乐。

很久以前，吉首与泸溪两县交界处有张、向两姓人家，为了争占"雷公坡"、"团鱼咀"两处风水宝地，常常扯皮，双方抬菩萨，喝猫血，动手打架。起初，打架只有几户人家；后来，发展到十几个寨子，几百人拿着火铳、梭镖、勾勾刀、搭耙、木棒棒、长烟袋大打出手，不可开交。从此，山两边的人便结成了仇，互不往来，连亲戚也不走了。再后来，有一对青年歌手，在椰木界上搭了歌台，日夜唱歌，慢慢地把两边的人唱了拢来，把多年的冤仇化解了。从此，两姓人亲密无间，友好相处，便兴起了一年一度的"三月三"歌会。

"三月三"这天，椰木界分外热闹，除了苗家之外，还有土家、客家人前来赶会。做生意买卖的、耕田做阳春的，还有骑马坐轿的阔佬倌、贵少爷、千金小姐都来了，连县城里的美国传教士也来看稀奇，借机传教。

椰木界上，青年男女相聚成堆，唱情歌；老年人坐成一堆，唱历史故事歌；中年人坐成一堆，唱盘歌。不管哪一堆都在对歌比赛,谁唱得好,得到听众的称赞,谁当场就可拿到银牌。

这银牌是组织歌会的热心人事先向大家募捐银子,请手艺最好的银匠打成的。著名的歌手胸前往往挂满银牌,走起路来银光闪闪,"叮叮当当",好不威风。

除了赛歌之外,还有唱高腔,演阳戏、傩愿戏等地方戏,有的还表演打苗拳、舞苗棍。

跳香节

跳香又叫做调香,是泸溪、吉首、古丈、沅陵四县市交界地区苗族人民隆重的传统节日。一般在农历十月十一日左右分村寨举行。时间少则一天一夜,多则三天三夜,在专门修建的地方"太"进行。

相传,西汉(公元前206～公元8年)马援统领大军到湘西征剿"五溪蛮",经过几场恶战,马军打败了仡氏娘娘等"蛮"头领后,又去攻打"南海"(湘西南与广西毗邻的地方),在一个山沟里遭到南海军的伏击,被打得落落大败。马援带着残兵败将逃到一座古寺里,正碰上仡氏娘娘在静坐养神,便威逼仡氏娘娘带兵与他同去攻打南海。仡氏娘娘想,南海是我们的邻居,俗话说:远亲不如近邻,我怎能去攻打自己的同胞呢?为了应付马援,仡氏娘娘口头答应,暗地里却派人送信给南海军。马援军与仡氏娘娘队伍到达南海时,仡氏娘娘突然反戈一击,与南海军一同消灭了马兵。仡氏娘娘得胜归来,正是农历十月十一日。苗民为了庆祝胜利,在庙中设宴慰劳将士,家家户户做香豆腐,打糯米粑粑,分给将士们吃,人们载歌载舞,沉浸在无比的欢乐之中。年复一年,农历十月十一日便成为这一带苗族人民的传统"跳香节"。

"跳香节"的另一种说法:湘西山区雷公田、泥沙地、挂牌土多,十年九旱,难得个好年成。住在高山峻岭上的苗族人民,面朝黄土背朝天,劳累终年,不得温饱。遇上好年成,九月、十月间,山上粮食已收回家中,油菜、麦子刚种下地,进入农闲季节,人们盼望来年又有个好年成,便聚众敬菩萨,祈祷"玉皇大帝""行雨龙王"保佑湘西风调雨顺,五谷丰登,人畜兴旺。

为什么要敬"玉皇大帝""行雨龙王"呢?他们认为,天上的"玉皇大帝"是管天地神灵的总菩萨,"行雨龙王"是管雨的,由"玉皇大帝"降旨,龙王遵旨执行。湘西山区晴个五天七天下一场雨才是好天气,所以特别需要"玉皇大帝"和"行雨龙王"帮忙。

市域苗族民间故事颇多,仅《中国民间故事集成湖南卷·吉首市资料本》搜集整理的就有54个。其中:《天梯》《螺蛳姑娘》《砍柴郎和龙女》《二姑娘和蛙哥哥》《田边草》《白姑娘》等幻想故事12个;《老鸹和叮叮雀》《牛虎斗智》《猫》《蚂蚁子》《枞树油桐树和棕树》等动植物故事14个;神话故事《侯道士脱难星》《狐狸精的故事》《枫香树精》精怪故事3个;《上梁》《麻姑抗租》《吴姓的来历》《三兄弟的铁匠铺》《世上由人不由命》等生产生活故事11个;《石老财》《幌江山故事十一则》《翻江山打鬼》《翻江山偷羊》乐善和机智人物故事4个、12则。这些故事以各种形式从各个方面反映苗族人民的信仰崇拜、理想追求、纯贞爱情、勤劳勇敢、聪明才智、乐善好施的精神风貌。

砍柴郎和龙女(幻想故事)

从前,有个后生穷得瓦无一片,地无半指,一年四季靠砍柴卖柴养活他的瞎子阿米(母亲)。

有时，尽管阿米啰啰嗦嗦他几句，他总是笑眯眯的，从不发气。

一天，后生卖柴回来，还没走进屋就高兴地喊道："阿米，阿米，我在一座山脚下砍柴，看见一个很大的山洞；进去一看，哎呀！洞里竟有一个宽宽的水池，池水又清又甜。我们的屋又烂又小，不如搬到洞里去住吧。那里冬暖夏凉，又有水，多好呀！"阿米听儿子这么一说，便高高兴兴地答应了。后生忙将家里东西收拾好，便背着母亲到山洞里去住。

有一天，后生砍柴去了，水池里"咕噜噜"一响，金光闪闪，一个漂漂亮亮的姑娘钻出水面。姑娘提着饭篮子，轻轻地推开竹门，走进去，见到后生的阿米，亲亲热热叫了一声"舅娘"，放下竹篮，揭开盖在上面的绣花手巾，取出香喷喷的饭菜，送到老人的手里。老人问："你是哪个？"姑娘笑盈盈地说："我是您家的邻居，见您的儿子还没回来，怕您饿了，就送点饭菜给您老人家，请您老人家趁热吃吧。"阿米高兴地把饭菜吃了。姑娘临走时又对阿米说："这件事就不必告诉您的儿子了。"

后生砍柴回来，一见阿米就关切地问："阿米，你一定饿坏了吧？"阿米摇摇头："没饿。"

后生忙烧火煮饭，饭煮熟了，端给阿米。阿米说："我不饿，我不想吃。"后生只当阿米身体不舒服，自己胡乱吃了几口。第二天、第三天、第四天，一连好几天，天天都是这样，阿米不吃不喝。后生发愁了，问老人家是不是病了，阿米说："没病，没病。"他想，到底是为什么呀？难道是阿米有病不愿讲，怕我没钱给她买药？想到这里，他又伤心了，阿爸死得早，全靠阿米把我拉扯大，现在阿米不吃不喝，若有个三长两短，叫我怎么办呢？这下子真把后生愁得没一点儿主意，哪有心思砍柴呢！

无奈，他只得上山去砍柴。走到半路，想起了阿米，腿也懒得动了，坐下来歇一阵子，便没精打采地向山洞走去。刚走到洞口，那平静的水池里泛起一圈圈的波纹，一道金光闪过，那个仙女般的姑娘提着饭篮子钻出水面。他感到很奇怪，便急忙走进洞里，推开竹门，情不自禁地拉着姑娘的手，不知说什么才好。姑娘用那双俊秀的眼睛盯着他说："我是这水池里龙王的女儿，爱慕你勤劳善良，孝敬老人，特来和你做夫妻的。"后生高兴得只是一个劲地笑，阿米也高兴地连声说："我的好媳妇！我的好媳妇！"泪水一串一串地流了出来。

第二天起来的时候，山洞变成了宽敞明亮的房屋，门前屋后都是水池，屋里摆满了亮晃晃的家具，样样齐全。阿米醒来，眼睛见路了，看见自己的儿子和媳妇，笑得合不拢嘴。此后，小两口生儿育女，一家五口过着勤劳幸福的日子。

老鸹和叮叮雀(动物故事)

谁都晓得老鸹的叫声"哇、娃……"，叮叮雀的叫声"嘀嘀、嘀嘀、……"，却不晓得这些叫声是什么意思。

老鸹有一张贪馋的嘴。平日，那张嘴常常偷吃农夫下的粮种，早不偷，迟不偷，偏偏等到种子暴了芽芽时才偷，有时还啄田里的小鱼，甚至连小鸡小鸭也不放过。偷了吃了，还不认账，被发现了还"我啊、我啊"地抵赖，真叫人讨厌。

有一年天旱，地里的庄稼干焦了，田里的鱼儿泥鳅也干死了。老鸹一连几天吃不上东西，喝不上水，口干舌燥，难受得很。太阳火辣辣的，老鸹热得头发晕，口渴得要死，挨不住了，只好伸着颈根，张开那又尖又硬的嘴哀叫："渴啊、渴啊......"。

正好远处田后坎有一只叮叮雀在歇着，听见老鸹叫得可怜，尾巴一点一点地暗示："有点水，有点水......"老鸹迫不及待地飞下树来，飞到田后的石罅边。嘿呀，好一潭清水！剪刀草肥嫩嫩的，翠云草绿油油的，灯芯草、水兰草活鲜鲜的，好像大地根本没发生干旱一样。老鸹刚要伸嘴壳子去喝水，叮叮雀就急忙发出警告："莫馋嘴！莫馋嘴......"

老鸹一看，原来水潭里有一只拳头般大小的田螺，又鲜又美的螺肉尽露在外面，一双肥胖胖的触须微微地动着，一点没发觉周围有什么危险，竟忘记叮叮雀的警告，不顾一切地张开馋嘴，用力一啄，哪晓得那田螺早有防备，壳盖一收，将那馋嘴紧紧挟住不放。老鸹大吃一惊，慌忙用全身力气才把田螺拖出水来。嘴脱又脱不得，翅膀飞又飞不起，拼命拍着；脚跳又跳不高，拖又拖不动，费了九牛二虎之力，怎么也扯不出嘴来，只得听天由命等着饿死、渴死。在生的绝望和死的恐怖中，老鸹发出了哀鸣："害我、害我......"

叮叮雀急得团团转，帮忙帮不到，飞走又不忍心，踩了一脚水。突然灵机一动，大叫"快拖下水！快拖下水......"老鸹恍然大悟，赶忙把大田螺往水里拖。其实田螺也累得要死，壳盖一松，老鸹急忙扯出尖嘴飞上枝头，半天喘不过气来。歇了一会儿，它想起刚才的凶险，不禁心惊肉跳，回过头来又想起叮叮雀的机敏，不由得点头称赞："是话！是话......"

可是，老鸹并没有汲取教训，馋性不改，照样偷吃农夫播下的种子、饲养的鱼儿，有时还偷农家的小鸡小鸭。因此，叮叮雀每次在田里碰上它都要羞羞地骂它一吨："馋嘴！馋嘴......"老鸹每次总是装聋卖傻，张着大嘴回几声"啊、啊、啊......"

石老才(书名石文魁　人物故事)

永绥厅下十里止耳寨(今花垣县排料止耳寨)有个叫石老才的，家有九千九百九十九运谷子，还有好多好多的金银财宝呢，是子儿寨一带有名的大户人家。

石老才认为他有万贯家财，打算到京城禀报朝廷，请皇上封他个"员外"当当。他主意已定，便打了个金脸盆带在身边，动身上京去了。走了十天，才走到常德，在一户人家借宿。这户人家是四合大院，屋里好宽敞。主人听说他是湘西大财主，要到京城申报"员外"，便好酒好肉招待他。饭后，主人问他有好大的家产，老财讲了自己的家产，得意地取出金盆"亮彩"。心想，一般有钱人家有副金耳环、金戒指，最多有个金佩簪、金镯子什么的就算了不起了。哪晓得主人听了后扑哧一笑，连看都不看金盆一眼就吩咐家人打扫马房，送石老才去睏觉。老财听说要让他睏马房，心里好不舒服，实在怄气，心想：我这样的大户人家，让我睏马房，未免太看不起人了；回过头来又想：出门在外，有什么办法呢？将就点吧。只好忍气吞声去睏马房。哪晓得走进马房一看，满屋金光闪闪，亮灿灿的，哎呀！原来尽是金马、金牛，眼睛都看花了，惊得发呆，了了(方言，惊叹语)，好富啊！

第二天早上，他问主人："你是不是'员外'？"，主人说："我们这一带比我富的人家多得很，我这点家底算什么，哪里敢去申报员外呀！"老财一听，感到自己跟人家比相差万里，人家都不敢去申报，我自不量力，如何报得上啊？他觉得自己不好意思，就转来了。

回到家里，老才想，既然报不上"员外"，我要这些金银财宝有什么用，不如把它都拿出来请人修一条上鬼者坡（今矮寨坡）和铺一条从寨阳到乾州的岩板路，给乾州城墙加三层岩还好些。他想好了，马上就行动。清道光八年（1828），他负责石工，鬼者（今矮寨）苗守备石有能负责土工，组织附近苗民施工，两条岩板路终于修成了、铺好了，乾州城墙也加高了。鬼者路长七千丈，路虽然直了一些，但是陡了很多，后经整修，人走路不再害怕了。寨阳到乾州的岩板路估计有十来里。乾州城墙长五百五十四丈，原来高一丈八尺，石老才加了三层，将近有二丈三尺高。他的善举被后人传为佳话。

市域苗区流传的童话较多，主要有《为雅死》《老鸹为什么全身是黑的》《蚂蚱、毛虫和辣子》《蚂蚁子》《冬瓜和茄子》《南瓜为什么是扁的》。

苗族人民也爱讲笑话，以笑寓教，以笑为乐，笑话《矮子、长子和麻子》便是一例。

矮子、长子和麻子

有一天，乾州厅坪郎的矮子、马颈坳的长子和凤凰厅竿子坪的麻子碰到一起打平伙，三人商量好了：各人凑五斤猪肉，规定讲四言八句，哪个讲赢了，肉就归那个。矮子性子急，先开口为强，抢先打头讲："矮子本姓矮，坐着大如官；只有官来吃百姓，哪有百姓来吃官？"一讲完就急忙伸手去提肉，长子马上站起来伸出右手拦住："慢颗儿！听我讲：长子本姓长，坐着像皇上；只有皇上来吃官，哪有官来吃皇上？"话音刚落，他暗地里想：世间皇上最大，这下矮子和麻子还有什么话可讲，我赢了，肉归我了！便伸手去取肉。哪晓得，麻子急忙站起来："喂！喂！慢颗儿！我还没讲呢。"只见他不慌不忙地讲："麻子本姓麻，你讲你像皇上。我是皇上牙（方言，即父亲）；世上只有牙吃儿，哪有儿吃牙？"矮子和长子站在门口眼巴巴地望着麻子去取肉，虽认输了，但心服口不服，"啪"地在地上拍了一掌，异口同声地说："麻子你点子多，算你狠！"麻子赢了，得十五斤肉，高高兴兴回家过年去了。

据一些年纪较大的苗族老人介绍，市域苗区和湘西其他苗区一样，说唱文学主要是《农业沙都》即《吃牛歌话》和《堂楚怂楚沙都》即《接亲嫁女歌话》，都比较长，且特色鲜明，引人入胜。《吃牛歌话》说唱结合，边讲古边唱歌；《接亲嫁女歌话》边朗诵边唱歌或者边讲古边朗诵、边唱歌。

二、书面文学

散体文学

市域传存的苗族书面散文见于清代道光年间苗族公益事业家石文魁写的《新修轨者道路记》。作者以优美的文字、形象生动的语言描述轨者坡（今矮寨坡）"高峻逼天，登临近日"的险状，记述自己出巨资新修轨者坡道路的原因和经过，令人赞颂。

新修轨者道路记

乾属轨者之阳有山，曰十里坡，高峻逼天，登临近日。有路，曰千层径，下达乾凤，上通永绥城土疆要道也。每逢上宪巡阅，递送公文以及客商夫役至此，见其山窈而深，路远而曲，慄慄危惧，不徙有灾肤鞍，足为日患，患且不免颠坠，爱诗人谓之蜀道之难，难于上青天者。殆不过是，特以穷乡僻壤，故修者不得其人，又以俭于紫标黄榜而止。魁世居于此，几阅百年矣。先父生平好善，有志未遂，先居子继父志，亦未克偿願，惟易箦时，犹谆谆以此为嘱。魁承先人遗命，未敢或忘，但朝夕相阴阳，机诸形势终不获，另择一处以开通道路，心甚惶然。忽一日，有樵子告予曰，轨者坡南，去约计里许，有小径焉，直通岩板桥，中有石屋可憩，有清泉可濯可饮，就此改建新路如何？余闻之，跃然而起，趋至其处，板藤萝履，巉石盘蛇而上，审视良久，日之所寓，悉如樵子言异，但欲介然成路，则有需员土累石者六七穴，有需壁山拓土者十余处。荆榛梗塞，有需人力剪险者，则不可以胜数，工程浩大，独力难支，因归而谋诸。乾轨者土守备石君，约与石君任其事，石君欣欣乐从，不复推诿，时酌议甫定。幸值本府仁宪胡，由永、乾目击山路崎岖，恻然心动，欲定行人，避险而夷，实原德然仁口碑载道，魁等迎接后，即批示准修，笈督众兴工。届吉经始，路之资，名石工者，魁任之；路之资，于土工者，石君任之。越数月而工告成，并幼诸名，盖以号逢盛世，同履荡平，周道如砥之崎，窈愿形诸歌咏也，何敢以急公一念，谓有补于济人利物哉。至后，之人与魁志嗣而葺之，使行路之人不致视为畏途，则又魁之所深幸也云耳。

韵体文学

市域韵体文学作品始见于明代正德年间辰州镇溪上涝（今峒河街道上佬村）苗族哲学家、教育家吴鹤所作的《游江南访家庙》：

寻尽江南路，　迟迟杨柳依；
只缘家庙访，　惹得世人讥。
阅谱心如射，　扬鞭骑欲飞，
几番姬巷过，　四顾节坊微。
禾黍疑相似，　逢蒿记又非；
金陵无所有，　惟载玉梅归。

清道光二年(1822)至光绪十六年(1890)，乾州厅冲角营（今寨阳乡曙光村）苗人、陕甘一品总督杨岳斌于同治六年(1867)五月托病辞职还乡，忆昔抚今，铺笺挥毫，抒发情怀，留下《归峒河作》：

青年提剑走西东，　百战余生万念空；
今日归来何所有，　半船明月半帆风。

市籍苗族学者石启贵从事湘西苗族研究工作 30 余年，民族感情极为深厚，对封建社会十分痛恨，对社会主义非常热爱，创作了许多诗歌，曾汇编成《解放民歌集》和《跃进水库诗歌集》，惜诗稿集已散佚。在《湘西土著民族考察报告书》和《湘西兄弟民族介绍》稿本中也收录其诗作。1982 年，中央民族学院民族研究所和吉首市档案馆成立石启贵遗稿整理小组，由石启贵长子石健忠、媳麻树兰执笔整理出版的《湘西苗族实地调查报告》一书选录石启贵诗歌40首。

本志选录其中三首：

钱塘观潮

江潮喷起海门生，　　不断飞花作怒情。
岸激声惊千万户，　　涛翻势倒万山倾。
空中燕鸟忧何在，　　水上鱼龙恨未平。
赢得游人斯踏浪，　　雁行齐叫暮天横。

湘边设屯压迫苗族有感

兴屯压迫众黎苗，　　丈七留三生活凋。
早出暮归勤有计，　　男耕女种苗无卿。
丰收入骨心肠快，　　搬运完粮肚里焦。
倘遇凶年成欠租，　　饥荒还着役征徭。

革命成功有感

革命成功任自由，　　历年仇恨一时休。
推翻叛党排山倒，　　击溃骄兵付海流。
遍地腾欢新气象，　　普天同庆国旗悠。
莺歌燕舞升平乐，　　共祝中华万万秋。

市籍苗族、中共吉首市委副书记、吉首市人民政府市长李卫国参观乾州古城兰花展览，颇有感受，兴作《乾州古城兰花展有感》：

灵异奇草数兰花，　　山野都市俱为家。
养身修身展古城，　　君子之气绿天崖。

第二节　歌　谣

一、西部苗歌

矮寨、寨阳、社塘坡、己略、白岩五个乡镇的苗歌称为西部苗歌。西部苗歌的语言以西部苗语为主，同时夹杂少量不可用苗语表达的汉语和时代新词汇，为七言句式，每首歌长短不一，最短的四句，长的十余句至数十句，犹如汉诗歌的长诗。每首歌均为双韵，即单句与单句押韵，双句与双句押韵，要重唱一遍，重唱时单句一字不变，双句适当变字，且须换韵。每两句为一个调式，唱歌时，一首歌自始至终重复这一调式。

苗语歌词	汉译
(一)如雅蒙如果声沙，	美丽的姑娘好歌声，
匠汉沙声太融来，	放起歌声太动人，
(二)匠汉沙声告外融。	放起歌声我心动。
(一)匠声如同唔落阿，	歌声好比泉水流，
必巧唔劳入大海，	好比水流入大海，
(二)必巧唔劳入洞庭。	好比水流入洞庭，
(一)沙声盖居全天下，	歌声盖过全天下，
超过昔略刘三姐，	超过昔日刘三姐，
(二)超过昔略帕祝英。	超过昔日女祝英(祝英台)。
(一)画眉动沙吉敢尬，	画眉听歌不敢叫，
阳雀动沙各声歹，	阳雀听歌叫声歇，
(二)阳雀动沙几碰声。	阳雀听歌不啼声。
(一)干那动沙拿穷八，	月亮听歌羞红脸，
然尬加度恰来凯，	躲进云里怕出来，
(二)然尬加度吉敢炳。	躲进云里怕露容。
处浓动沙拿尬哈，	为郎听歌心惊诧，
(蒙朗)沙声江同唔尬歹，	(你的)歌声甜如蜜糖水，
各起吉碾同乃桶。	心中激动起彩虹。
(一)他拢如同到崩挂，	我今天好像开桃花，
必巧腊欧桃花开，	好似二月桃花开，
(二)必巧腊欧桃花红。	好似二月桃花红。
(一)动蒙处沙年轻化，	听你唱歌我年轻化，
各杯高居牙厂拐，	头发白了又转黑，
(二)各杯高居牙厂命。	头发白了又转青。
(一)他拢动雅搞沙岔，	今天听姐把歌唱，
处来吉动拿值得，	为人在世也值得，
(二)处来吉动沙拿桶。	不枉活在人世中。

西部苗歌按唱歌的场所分为“沙旮处”(“沙”即歌，“旮处”即山野)和“沙堂炯”(“堂炯”即屋里)两大类。“沙旮处”只在山野唱，其内容均为男女爱情，称为“情歌”。“沙堂炯”是在大庭广众场合所唱有关喜庆、庆典、叙事等内容的苗歌。这两种苗歌的唱腔稍有差别。“沙旮处”的声调舒缓、委婉，延音稍长；“沙堂炯”的唱腔稍平直，延音稍短。“沙旮处”歌词多用生动的形象比

喻抒情，少用直白语言，有“声补”（“平腔”）和“声唔”（“水腔”）两种不同的唱腔。“水腔”原流行于吉首峒河上游一带，相对于花垣、凤凰县相邻坡头一带的苗歌唱腔而言。坡头一带无溪河，称为“声补”（陆地之声）；“声唔”即水边的声音，故称为“水腔”。“水腔”高亢豪放，婉转悠扬，有8～13度音差，适合音域广、音色美的歌手唱，多用高音演唱，故又称为“高腔”。“高腔”是吉首苗歌最优美的腔调，歌唱者多为女歌手，男歌手很少唱“高腔”。唱“高腔”一般在山野唱，在家中不唱，在大场合或舞台可作表演唱。寨阳乡排乃村吴腊保是善唱“水腔”的著名苗族女歌手，她的歌声嘹亮，清脆圆润，每当她上台演唱时，常博得听众的热烈喝彩和掌声。苗歌“声补”唱法比“高腔”平缓，音差在3～5度之间，“沙旮处”和“沙堂炯”均为平腔，流行范围广。

苗歌有鲜明的时代特征，不同历史时代的苗歌有不同的时代内容，兼容自然界和人类社会两大层面中的一些现象、哲理，形成内容纷繁的古歌、苦歌、反抗歌、生产时令歌、礼仪歌、祭祀歌、情歌、喜庆歌、哭丧歌、时政歌、天文地理歌等苗歌。这些苗歌又可分成许多种。古歌分为开天辟地歌、齐天洪水歌、迁徙歌；祭祀歌分为吃牛歌、吃猪歌等歌；喜庆歌分为嫁娶歌、酒宴歌、拦门歌、起屋歌。这些苗歌声调丰富多彩。

苗乡在各种民族民间节日活动场地上搭歌台，安装高音喇叭，让苗歌手登台演唱苗歌。丹青镇从20世纪80年代起，镇政府常在清明节举行清明歌会，周边苗族歌手会集镇政府驻地清明村对唱苗歌，歌声悠悠，周边一带苗族群众聚于此地听歌。农闲季节，在城区公园里，每天都有苗歌手对唱苗歌，引来众多游人围观旁听，歌声伴合着曲艺弹唱声、喜笑声，一片欢乐景象。市文化部门常在城区团结广场和人民广场、农村墟场组织苗歌手演唱苗歌宣传党的方针政策。一些音像录制者把苗歌对唱情景录制成影碟光盘出售，苗歌爱好者购买光盘，在家中播放。

至20世纪中叶，吉首苗歌处于鼎盛时期，苗乡多数人会唱苗歌、爱唱苗歌、爱听苗歌。会唱苗歌的青年男女倍受青睐。20世纪90年代至21世纪初，爱唱苗歌和爱听苗歌者多为中老年人，青年人多外出打工，苗歌歌手屈指可数，苗歌传承面临困境。

二、东部苗歌

除白岩、马颈坳、己略、社塘坡、寨阳、矮寨6个乡镇的苗族外，市区其他乡镇的土家族、汉族和东部排吼、排绸、丹青3个乡镇的苗族流行唱东部苗歌。内容涵盖自然、生产生活、人情世故、爱情婚姻等内容。涉及爱情婚姻内容的又称为情歌。山歌一般在野外唱，喜庆、人情世故内容的歌在家中或大庭广众之中唱。东部排吼乡、排绸乡和丹青镇的苗民唱东部苗歌以苗语为歌词，七言句式，每首歌四句，首句出韵，二四句押韵，内容广泛，苗语称为“爬可连”。

“爬可连”歌词	汉译
你也生方私生方，	坐也心慌站心慌，
没辟阿到乃商量；	有事没得人商量；
各欧扎乃忙奴米，	河里见人去拿鱼，
打来打偶搞毛堂。	单身独汉搞慌张。

东部苗民与汉民交往密切，以汉语为歌词唱的歌谣普遍流行，以爱情为主，故又称为情歌，声调平和委婉，音差3～5度，首句先发“唷”字音再唱词，每句落句稍延音，每两句为一调，每首为两调，结束句音拖长，由强到弱。唱情歌均是异姓平辈男女对唱。对唱时，双方须同韵，即男唱某韵，女也跟着唱某韵，如同汉诗歌的步韵诗，男方歌声刚落，女方歌声即起。

相　思

男：天天想妹妹不来，　　口吃龙肉胃不开；
　　三天没吃两餐饭，　　身上肉瘦像干柴。
女：天天想哥哥不来，　　阿哥牵心妹挂怀；
　　三天没梳头一个，　　愁眉苦脸颜难开。
男：日夜想妹妹不来，　　想妹想得实难挨；
　　睡在床上冷如冰，　　烧堆大火也不热。
女：日夜想哥哥不来，　　爹娘不准把脚抬：
　　想写书信带给你，　　又怕别人把信开。
男：带信莫让老鸦带，　　毛黑嘴尖口乱开；
　　东边喊来西边叫，　　无的叫出有的来。
女：想写书信不敢带，　　想要看哥不敢来；
　　又想对娘讲实话，　　干田螺蛳口难开。
男：船靠码头慢慢来，　　水深过河莫乱踩；
　　若是爹娘不答应，　　今后难得拢边来。

山歌还有一种叫“抓抓歌”的对唱方式。“抓抓歌”，按汉语应称为“啄啄歌”，即像斗鸟或斗鸡一样，用嘴去啄斗，“啄”字吉首方言读“抓”(第三声)，故称为“抓抓歌”。“抓抓歌”是歌手双方斗才斗智的对歌。相传，有一对男女歌手在两岔河处相遇，男歌手明孝戏谑三姐，便唱：

“三人碰到两岔河，看你引个妹坨坨(三姐的女儿)；不像三姐和李四(三姐丈夫)，竟像我明孝脱的壳(指三姐女儿长相和明孝一模一样)。”男方歌声刚落，女方即还唱：“三人碰到两岔河，小小妹妹爱撵脚；一娘生你(指明孝)两兄妹，不像哥哥像哪个?”他本想戏笑女方，哪知反被女方占了便宜，于是双方便展开唇枪舌剑般的对唱，从中午一直唱到日落西山方散去。“抓抓歌”的对歌方式类似20世纪60年代电影《刘三姐》中的刘三姐与陶、李、罗三秀才之间的对唱方式，只是《刘三姐》中双方对歌并未步韵，而“抓抓歌”对歌须同韵。唱“抓抓歌”的歌手识多见广，思维敏捷，善于抒情，嗓音圆润。

第三节　《湘西土著民族考察报告书》

民国22～27年(1933～1938)，市籍知名苗族学者石启贵深入乾城(今吉首)、凤凰、永绥

(今花垣)、保靖、古丈、泸溪、麻阳七县苗区实地调查研究，于民国29年写成《湘西土著民族考察报告书》(以下简称《报告书》)。《报告书》遗稿设80章、446节，共36万多字，原配有黑白照片76幅，均散佚。《报告书》对民国27年前湘西苗族经济社会作了全面、系统、真实的记述，反映湘西苗区政治、经济、文化发展情况，体现湘西苗族人民征服自然、改造社会、继承和发扬民族文化的艰苦创业精神。

作者立足于民族团结，坚持以“为沟通苗汉，化除隔阂，集中意志，统一行动，促成苗汉之间自由联合，以期团结，共奋起来”为宗旨，认为湘西苗族的历史既是湘西苗族人民艰苦奋斗、可歌可泣的历史；又是湘西苗汉各族人民共同斗争和互助互携的历史。因此，他在调查研究、搜集资料、撰写书稿的过程中十分注意民族关系问题，坚决摒弃封建正统观念和地方民族主义，主张国内各民族一律平等，正确地反映当时湘西的民族关系。扼要地记述历史上湘西苗族、汉族等各族人民之间经济文化交流和共同斗争的友好关系，着重反映封建社会的民族歧视、民族压迫和民族斗争的史实，并无情地揭露其产生根源，呼吁社会各界为消除民族隔阂和民族歧视做出积极贡献。

《报告书》雍容大雅，史料翔实，内容丰富，脉络清晰，大体包括地理概貌、历史纪略、政治司法、经济状况、信仰习俗、文学艺术、语言文字、教育、医药、体育、苗疆建设等内容，以历史纪略、经济状况、信仰习俗、文学艺术为重点，章节多，篇幅大，内容尤为丰富。

《报告书》在表现共性的同时，还特别注意突出地方特点和民族特色，寓共性于个性之中。经济上，苗民以农耕为业，“地瘠人耕石，山高马踏云”，工商未有，终岁勤劳，不得一饱。政治上，备受历代封建统治者的压迫和歧视，政治地位低下，民族隔阂尤深，“苗汉不通婚，情理无往来”。文化上，口头文学丰富多彩，流传甚广；书面文学终于填补空白；土竹枝词数量多，苗语汉语兼用，语言流畅，韵味无穷，形象生动。艺术和民间工艺方面，苗歌、苗族鼓舞、刺绣、织花带历史悠久，流传很广，独具风格。医药方面，苗族奇验良方扼要灵活，加工简易，疗效较好。武术方面，一手两防，一攻五变策手技法是苗族武术的精华；神打(点穴)是苗族武术的绝招；花拳是苗族武术的主要内容。民间体育方面，耍狮子“取红包”“爬桌子”惊险又精彩。生活习俗在《报告书》中占有很大篇幅，地方气息浓郁，民族特色鲜明。服饰是苗族的外表特征，女性服饰式样最多，穿长裤、无领大襟衣，镶花边，银饰种类繁多，有头饰、肩饰、颈饰、胸饰、首饰、足饰。酸鱼、酸肉、腊肉是苗区佳肴，待客上品。在婚姻、礼仪、丧葬、祭祀、信仰、崇拜等方面都有许多特殊之处。

《报告书》是一部特点突出、内容丰富的湘西苗族综合性志书，同样具有“资政、教育、存史”三大功能，是不可多得的民族史料。《报告书》记载的大量史料说明湘西苗区山高林密，交通闭塞，农业生产落后，人民生活贫困，这为后人扬长避短，加强民族自治地方经济建设，加快扶贫攻坚步伐提供了扎实的依据。《报告书》以大量篇幅展现湘西苗族悠久、丰富多彩的民族文化，为后人挖掘、传承和发扬优秀的民族文化遗产提供了丰富的史料。《报告书》以较大篇幅介绍湘西苗族的习俗、信仰崇拜和禁忌，使后人更加自觉地尊重少数民族的风俗习惯并热情地引导、帮助他们破除迷信、解放思想，科学发展，锐意进取，发展民族经济，治穷致富。《报告书》内容全面，史料翔实，可以帮助汉族等其他民族全面了解、正确认识苗族的历史、政治、经济和文化，促进各民族间相互了解，推进民族团结进步。同时，帮助苗族人民正确认识自己的历史和现状，继承和发扬本民族的优良美德，振奋精神，不断开拓前进，圆中国梦，跨进先进民族之林。《报告书》记述湘西苗族人民在封建社会备受民族压迫和民族歧视的史实以及他们为保卫祖国、抵抗外扰、反抗民族压迫、推动历史发展而浴血奋斗的英雄业绩是我们进行革命传统教育和民族政策再教育的乡土教材。《报告书》是一部包括民族学、民俗学、苗族历史等多种学科的著述，为民族研究和民俗研究积累、保存、提供了不可多得的档案史料，对其价值和作用不可低估。

中共十一届三中全会后，《报告书》受到党政领导干部、有关部门和社会各界的关注。1982年，中央民族学院民族研究所和吉首市档案馆成立《湘西土著民族考察报告书》和《湘西兄弟民族介绍》整理小组，由在中央民族学院民族研究所工作的石启贵先生长子石健忠、媳麻树兰执笔将这两部遗稿整理成《湘西苗族实地调查报告》；1986 年，由湖南人民出版社出版，使沉睡 46 年的遗稿重获新生，发挥应有的作用。1987 年，《湘西苗族实地调查报告》获中南地区人民出版社“优秀图书奖”。1989 年，获中央民族学院“哲学社会科学优秀著作一等奖”。1992 年，获“湖南省首届社会科学优秀成果二等奖”。历史最终对石启贵对民族学和民俗学的贡献给以客观公正的评价。

1987 年 9 月 7 日，中共吉首市委、吉首市人民政府、吉首市人大常委会、吉首市政协联合召开献书大会。会上，石启贵的五个子女将先父的《湘西土著民族考察报告书》和《湘西兄弟民族介绍》手稿献给市人民政府，市人民政府给石启贵子女颁发献书荣誉证书，并将两部手稿交给市档案馆珍藏。

第五章　艺　术

第一节　戏　剧

一、傩愿戏

傩愿戏历史悠久，流传很广，具有浓厚的宗教色彩。苗民为嗣或因病，常请苗老司为其向傩公傩娘求嗣或消灾除病；若如愿以偿，则必还愿，叫做“还傩愿”。还傩愿时，苗老司在神堂用苗语或半苗语半汉语唱“傩愿戏”，酬神悦人。傩愿戏剧目有 100 多个，最流行的有 24 出，分上、中、下各八出。上八出有先锋、白旗、开山、扎寨、造殿、化工曹、桃源洞、传茶，中八出有始皇登殿、姜女下池、观花、晒衣、绣花、八郎出生、求嗣、团圆，下八出有土地、寻失、差金兵、父女别、姜女登仙、龙宫三姐、打判官、开宫锁。傩愿戏主要戏目有孟姜女、庞氏女和龙王女三部连台本，俗称“三女戏”。此外，还有开路郎君、算命、师娘、送子添仙、传书等连台本。傩愿戏唱腔有夺板、平板、摇板、姜女板、小生板、老生板、绣花板、三花板、老旦板、先锋板、鲁板、数板、土地板、跑场板、观花板、住寨板、梅花板、训女板，有出调、赞场调、四平调、平调、半边花调、先锋一字调、悲调、贵州调，有高腔、四平调等30多种板腔。主要伴奏乐器有大鼓、大锣、钹、牛角号。乾城县解放后，增加古箫、洋琴、竹唢呐、木叶、牛角琴、二胡、三弦、纸胡。根据人物性格和剧情使用服装和道具，表演形式有戴傩面具表演或不戴傩面具而化妆表演。一般演出一天一夜。

1952～1979年，因傩愿戏宗教色彩浓厚，还愿的目的在于向傩公傩娘求子或求财消灾，被视为封建迷信活动而被禁止。20世纪80年代后，因其戏曲唱腔具有较强的艺术性，市文化部门对其音乐曲牌、戏剧进行搜集、整理和革新，铅印专套集成。

二、苗语剧

1954年，县文化馆在三岔坪、寨阳、龙舞等苗寨组织苗歌手、苗鼓舞手创作苗语剧，演员用苗语道白，着苗族服饰，唱词通俗易懂，节奏明快，唱腔多用苗歌平腔和高腔，动作具苗族民间舞蹈形式，根据剧情的变化，以唢呐、长号、木叶、竹析、包包锣、小锣伴奏，高潮时鼓乐齐鸣，铿锵有力。此剧未流行。

20世纪50～60年代，排吼乡下百户寨组织业余戏剧团，在重阳节演唱高腔《薛丁山》等剧目。

第二节 乐 器

一、打击乐

鼓 有大鼓、小鼓和手鼓。大鼓高70厘米左右、直径1.4米左右，用杉木或楠木制成鼓框，两头紧蒙一层硝黄牛皮，敲打时，“咚咚”作响，声音很大，尾声长，有震天动地之感。小鼓和手鼓大小不一，木制鼓框，多用牛皮或羊皮作鼓面，轻敲声小。

锣 有大锣、小锣和包包锣，均为铜质。大锣1米宽、0.3厘米厚，声音宏亮浑厚，尾声长。小锣35厘米宽、0.2厘米厚，声音清脆。包包锣、圆框、深边，约0.2厘米厚、27厘米宽，锣正面中央有一圆凸起似包包，故名“包包锣”，只击凸起处，“咆咆”作响，声带鼻音，悠扬独特，与鼓、钹配合使用，打击时先打鼓，后击钹，再敲包包锣，发出“咚、咚咚、卡(Qia)，咚、咚咚、卡，卡咚卡咚、咆”的组音，是苗族打击乐中最具民族特色的乐器，在“吃牛”(椎牛)、“吃猪”(椎猪)和“接龙”祭祀活动时使用。

钹 有大钹、中钹、小钹和无绳钹，均为铜质帽形，有绳钹厚5～7毫米，大钹宽20厘米左右、中钹宽16厘米左右、小钹宽13厘米左右，每片钹中央鼓起，鼓起处正中有一小孔，作穿钹系带用。无绳钹隆起部倒圆椎形，正中无钹孔，手直握隆起处。各种钹打击时响声各异，数名钹手配合打击，节奏感强烈。组合打击时，分头钹、二钹、三钹，闷打、闪打、边打，重打、轻打，慢打、快打，配合默契，节奏多变。祭祀时，钹和锣鼓配合打击，悦耳动听，以做道事打绕棺的打击乐最为精彩。

苗铃 铜质钟形，铃口直径10厘米左右，口薄底厚，铃底有可动铃柄，手执柄摇铃便发出“嘱叮、嘱叮”的响声，故苗民把苗铃叫做“嘱叮”(近音)。

竹柝 苗语叫做“熊”或“戏”，用一节长60厘米、直径10厘米左右的桂竹制成。制作时，先把竹节分成三段，用锯子将第一段和第二段中部锯断，使两头成17厘米长的空间，再用雕刀将中段雕成三空两实，形成两根2分米宽且相等的条子作竹管弦子。弦子做好后，用刀将两只带脚杆皮的水牛蹄壳上方按蹄壳的大小留皮旋割一周，也按上方一样将蹄壳下方旋割一周，然后连皮带壳将蹄壳套在竹弦和竹节疤临近处箍牢。待牛皮干后，用小铁棒把竹弦撬起，安两个竹码子并将其拨到竹弦的两头绷紧竹弦，竹柝便告成。最后，将一根长50厘米左右的竹片削成一头长3厘米、宽2厘米、厚0.5厘米、柄长47厘米的敲柝棒，执棒敲柝，便发出“叼、叼、叼”的声音，令人忧感。苗老司在行吃猪吃牛、“喜响吐昂”(固定苗巫师术语，无相应汉语翻译，是一种寻亡、安亡、敬祖祭祀活动)时坐櫈敲竹柝，边敲边念，聚祖安亡，催人泪下，颇具民族风格。

二、吹奏乐

唢呐 用抱桐树制成。制作时，先将一节长35厘米左右的抱桐树凿削成上粗下细的木管，再在管的正面开6个孔，上密下稀，背面开一小孔(后孔、后门)，然后在木管上端安装圆盘小铜嘴，铜嘴上安一个小哨子；管下端套上一个可上下移动的铜质喇叭。下方第一个孔为底音，音阶顺推，第一至第四孔较密，第五孔至第六孔较稀。吹奏时，两手持管，左手在上，右手在下；食指、中指、无名指在上，指头按住管孔；拇指在下，按住后门；各指时按时启，此起彼伏，吹奏各种曲调，声音刚、脆、响兼备，相得益彰，音色、音质、音量、音调别具风格和民族特色。苗族嫁娶、接龙、吃牛等喜庆祭祀活动均吹奏唢呐。矮寨镇苗族盲人唢呐师石巴四唢呐吹技尤精，擅长吹奏喜怒哀乐各种曲调，善吹传统曲牌《步步高》《迎宾接客》《美女梳头》《娘送女》《金鸡啼鸣》《麻雀争窝》《蚂蚁上树》《蜜蜂过坳》《牵山江水》《落地开花》等800多首曲调，被誉为“吉首的阿丙”。1954年，湖南省音乐家协会用专车接他到长沙吹奏传统曲牌，录音资料收藏于省群众艺术馆。1957年，省音协委员、社塘坡乡三岔坪村苗族唢呐师吴国兴在北京举办的全国音乐周大会上吹奏苗族唢呐乐曲，深受欢迎。

双管唢呐 这是苗族吹管乐中最具民族特色的乐器。其制作是选择两节一样大小、笔直、长17厘米、直径1.2厘米的山竹，将其一面削平(切勿削通削破)，上开六个小孔，上密下稀，背面上方开一后孔，即成唢呐管；另用两节一端有圪的小山竹削制成簧嘴，将其插入唢呐管的上端，然后将两根唢呐管捆在一起，即成双管唢呐。吹奏时，两管同声、同调、同拍，声音清脆，格调丰满。苗民男牧童有的自作双管唢呐，在山间吹奏，常引来百鸟争鸣，行人驻足倾听。

牛角号 既是号、又是乐器。这种民族乐器上品是选用近半圆形，上下两端大小相差不悬殊的母水牛角，削平磨光，锯丢牛角尖见孔，在上端边套一铜箍，安一漏斗吹管，即成“牛角”号，西部苗语叫做“记业”，东部苗语叫做“勾尼”，以母白水牛角最为名贵。“牛角号”吹起来声音特别宏亮圆滑，铿锵有力。巫师在做“还傩愿”、上刀梯、开“天门”或其他祭祀时吹牛角号。“还傩愿”时，两人合吹，共鸣，声音更加洪亮。

海角号 在海螺尾端开一小孔作哨口即成。苗民举行接龙祭祀或耍狮子时吹奏，“呜呜”作响，如虎啸龙吟。

竹笛 长33厘米左右，有6个或7个吹孔(含一个膜孔)。小管竹笛管细孔密，笛音清脆；

大管竹笛管粗孔稀，笛音洪亮。

长号 苗语叫做“喇叭”。由两节从小到大、长 1.5 米的铜管套接而成。下节铜管下端形成直径约 5 厘米的喇叭口，上节上端安一铜质口盘哨子。吹号时，双手上下执号筒，斜对空吹起，“嗡嗡”响，声音沉闷，令人肃静。

椿皮号 是苗族青少年在山野放牧砍柴时自制自吹的土乐器，使用寿命很短，树皮干即号毁。此号是用刀把一根挺直并且无芽眼疤痕的嫩椿木树树枝围绕圈割断后，左手握紧下部不用的一头，右手从上到下扭动树皮，再从下向上抽出木质部(树心)，将树皮作号筒，然后用刀在一节嫩油桐树枝分叉处环割树皮，用手扭动，扯出树皮作哨子，将哨子插进号筒上端，筒下端缠绕嫩树皮作喇叭口即成椿皮号。用类似方法也可制作形似牛角号的椿皮号。

木叶 苗族青年选摘一片纺锤形、厚薄适度、较嫩的树叶，用左手拇指和食指将木叶按在上下唇之间，上松下紧，轻轻吹动，可吹奏各种音调，声音清脆颤抖，悦耳动听，别具风格。

第三节 书法 绘画 摄影

市籍苗族书法家、中国硬笔书法家协会会员、中国书画家协会会员、吉首大学副教授舒开，9 岁时就开始学书法，久习“二王”和文徵明，曾从师林时九先生研习硬笔书法，学有所成。1985～2012 年，其书法作品先后四次参加全国硬笔书法展并获奖。

市籍苗族版画家吴成群先后参加湖南省美术家协会、中国美术家协会，现任中国版画家协会理事、省美协常务理事、副秘书长、二级美术师。1960 年、1962 年，黑白木刻《苗岭丰收》参加全国美术展览会，被选入《中国十年版画作品选》。其水印木刻《泉》获全国少数民族美术展览佳作奖、《庄稼卫士》获全国科普美展三等奖、《绣湖洲》被选入 1962 年全国美展，获 1963 年湖南省美展一等奖；参加 1982 年日本“中国现代版画展”，收藏于日本神奈川近代美术馆。《鸟语花香》获 1979 年湖南省美展二等奖，被收入全国大型版画集《中国当代版画家新作选》。《稚》获 1984 年湖南省美展二等奖，先后在《人民画报》(中英文版)、《版画艺术》等刊物上发表。《金凤凰》参加 1987 年香港举办的“中国现代版画展”并收入展览画册。《映山红》《雀儿》分别获 1991 年、1992 年全省美展铜奖。

民国 22～27 年(1933～1938)，市籍知名苗族学者、民族学家石启贵深入保靖、永绥、凤凰、泸溪、古丈、乾城、麻阳七县苗区考察时实地拍摄大量黑白照片，其中有 76 张收入《湘西土著民族考察报告》，从侧面反映苗区自然风光、生产、生活、宗教信仰、文化、体育等情况，可惜这些照片全部散失。20 世纪末至 21 世纪初，经济社会空前发展进步，人民生活水平不断提高，生活质量相应改善，苗族中爱好摄影的人越来越多，石绍刚、向民航、张铁好、陈绪新、吴鹃等人就是其中的佼佼者。石绍刚从事业余摄影 40 年，足迹遍及全市城乡，实地拍摄大量作品，多次参赛参展或在报刊上发表。1990 年 5 月，其摄影作品《激战》获湖南省第三届体育摄影大奖赛一等奖；1999 年，摄影作品《公路奇观》和《藤缠树》在香港《大公报》上发表。1996 年，吴鹃(女)摄影作品《鼓魂》获湖南省“四风”摄影美术比赛银奖；1997 年，该作品获《湖南画报》双月赛一等奖；

2001年，其摄影作品《风雪无阻》在湖南省“交通杯”摄影展览入选展出；2004年，论文《最有特色的艺术才是最受欢迎的艺术》入选《湖南省第七届群众文化论文集》，并获三等奖。1997年、1998年，向民航的《山舞银蛇》、《苗族织花带》等12幅摄影作品在香港《大公报》、《文汇报》和《澳门日报》上发表；2001年，其摄影作品《山舞银蛇》入选省摄影家协会主办的“湘西风情”赴澳门展出，还入选省摄影家协会主办的“湘西民俗风情摄影展览”展出；其摄影作品《闹元宵》参加湖南省“湘西民俗风情摄影展览”和“湘西风情摄影展览”赴澳门展出；2005年，其摄影作品《筒车悠悠情》在《民族画报》封面上发表；其摄影作品《阳春小唱》获湖南省群众艺术馆和湖南省文化馆业务人员技能竞赛银奖。2001年，张铁好新闻摄影作品《苗族姑娘喜订新年报刊》在《人民日报》上发表；2002年，其新闻摄影作品《〈公民道德建设实施纲要〉宣传进苗乡》和《土家族苗族喜迎春》在《人民日报》上发表；新闻摄影作品《风雨师生情》在《湖南日报》上发表；摄影作品《百年古井流清泉》在《中国水利报》上发表；摄影作品《采春》在《脱贫致富》封面上发表。2003年，摄影作品《街头推广普通话》在《中国教育报》上发表，新闻摄影作品《山乡美景入画来》在《湖南日报》上发表并获“小康湖南”新闻摄影赛一等奖。

第四节　苗族鼓舞

一、源　流

苗族鼓舞源远流长，起于何时、何人首创，无考，传说较多。有的说，古时，一苗族男子在庙里上香时见一群猴子偷食祭品，边食边在佛前大鼓嘻跳，抓耳搔腮，东张西望，自娱自乐。他悄悄观看，既感好奇，又受启发，回家后制作一大鼓，模仿猴子动作，击鼓而舞，村民围观，鼓掌叫好，仿效传承。因此，人们把苗族鼓舞统称为“打猴儿鼓”。有的说，历史上苗族是一个迁徙频繁、迁徙路程最长、历尽千辛万苦的民族。每次迁徙时，他们以击鼓为号，在预定地点集合；遇敌时，擂鼓为令，奋勇杀敌。迁徙到占处、占菩时，他们辛勤劳动，白手起家，建立自己第一个乐园，举行首次鼓社鼓会，众男女边击鼓，边手舞足蹈，伴以唱苗歌。在崇山聚居时，他们举行几次鼓社鼓会，庆祝苗家繁荣昌盛。迁徙到泸溪峒泸溪岘时，他们举行一次空前盛大的鼓社鼓会。这样久而久之便逐渐形成苗族鼓舞。

二、传统苗族鼓舞

单人鼓舞　男女鼓舞手舞姿动作不同，女单人鼓舞以苗族播种、栽秧、收割、薅草、挑担、梳头、洗脸、舂碓、推磨、蒸包谷粑等生产生活的动作为主，把这些动作有机地组合成一整套鼓舞模式。表演时，一人双手各持一硬木槌敲鼓边，一手快敲，一手慢敲，有节奏地敲出“呱打、呱打、呱打”之声，叫做“敲边边鼓”。鼓舞表演者双手紧握系飘带的鼓槌敲鼓面，一手敲鼓，一手舞动，鼓点声与鼓边声相融合，发出“呱打呱打咚、呱打呱打咚、呱打咚、呱打咚，呱打呱打咚打咚”的悦耳声，变化多端，轻快明朗。鼓舞者双足左右前后交替原地跳动，身子时俯时仰，时而正面击鼓舞跳，时而侧身击鼓舞跳，时而高抬大腿，手从腿下穿过击鼓舞跳，表演各种动作，舞姿优美，动作古朴典雅。男子单人鼓舞无妇女梳头洗脸等动作，比女子单人鼓舞刚健，鼓点有力。

双人鼓舞　双人表演，各击鼓的一面，动作舞姿与单人鼓舞同，双方动作协调一致，节奏较缓慢。

群体鼓舞　根据舞蹈人数的多少场中置几面或 10 面以上牛皮大鼓，伴以吹奏苗族唢呐，敲小锣，10 余人或数 10 人结队按乐器声的节奏绕鼓而舞，两脚前后进退，左右移动，缓步前行，双手按规定的动作挥舞摆动，舞姿动作整齐，每人行至鼓前敲响大鼓。群体鼓舞突出表现队列整体舞姿的形象美，无激越的鼓点节奏，气魄大，场面热烈。

猴儿鼓舞　苗族同胞称之为“抱隆播揽”，即“打猴儿鼓”。猴儿鼓舞由男子一人或两人表演（均击鼓的同面），鼓点节奏不明显，鼓声也不强烈。整个舞蹈动作无固定格式，鼓舞者凭想象装扮猴子模样，表演猴子攀树摘果、水底捞月、抓耳搔腮、嬉戏打闹等动作，着力突出猴子诙谐有趣的行为，把猴子的动作表演得惟妙惟肖。

三、现代苗族鼓舞

吉首市第二代“苗族女鼓王”石顺民在几十年的苗族鼓舞生涯中克服各种困难，矢志不渝，孜孜以求，在龙英棠传统苗族鼓舞的基础上推陈出新，把传统苗族鼓舞与现代舞蹈元素和体操元素融为一体，使传统苗族鼓舞艺术臻至炉火纯青的地步，逐渐形成独特的现代苗族鼓舞。1964～1986 年，她四进北京表演现代苗族鼓舞，现代苗族鼓舞在国家最高艺术殿堂多次展现，大放异彩。1978 年，她以《喜迎火车穿山来》为题表演现代苗族鼓舞，第一次把湘西现代苗族鼓舞搬上银幕，向全国人民展示其风采。1986 年 10 月，她在香港表演现代苗族鼓舞，受到观众的赞赏，一位美国朋友情不自禁地挥起臂膀说：“ok，真是难得一见的东方古老艺术！”

石顺民表演现代苗族鼓舞独具风格。她一上场，面带微笑，腰身摇摆，手挥彩带鼓槌，绕场一周，向观众致意，然后走到牛皮大鼓前，忽沉身腰，挥臂划出一道美丽的弧线，鼓声随着“咚”的一声响，圆润而悠长。接着，表演各种精彩的动作如同百花绽放，时而转体翻腰，时而俯仰轮回，舞姿婆娑，人影迷离，有如雪花纷飞，恰似惊鸿起舞，令人眼花缭乱，目不暇接。那激越的鼓点声似万马奔腾，如电闪雷鸣，舞至高潮时戛然而止，真是来如雷霆声震怒，止像江海凝青光，使观众看得如痴如醉，神魂飘荡，不禁迸发出热烈的掌声。

石顺民的鼓技舞姿深深地影响喜爱苗族鼓舞的年轻人。20 世纪 80 年代，她在矮寨文化站工作时兼任德夯旅游景区苗族鼓舞教练，培养出一批批苗族青年鼓舞手。她的鼓舞套路和舞姿风采成为吉首新一代苗族鼓舞手的典范，形成湘西现代苗族单人女子鼓舞的独特风格。2010 年，她被确定为国家级苗族鼓舞传承人。

四、传统苗族鼓舞和现代苗族鼓舞的区别

（一）传统苗族鼓舞鼓手击鼓的一只手呈半伸屈状态，只在头部左右或身侧小幅度挥舞；现

代苗族鼓舞鼓手根据舞姿所需，手在头上和身侧前后大幅度挥舞，使鼓槌上的彩带形成一道道弧形或一个个螺旋状圆圈，鼓舞锦上添花，给观众增加美感和动感。传统苗族鼓舞鼓手击鼓时一手击鼓，一手半举挥动，交换进行；现代苗族鼓舞鼓手击鼓时，左右急速跟击填捶，形成强烈的鼓点节奏。传统苗族鼓舞鼓手击鼓时左手击完一节奏后才交换右手击一节奏，双足在鼓前左右前后交换，原地跳舞，以跳动为主；现代苗族鼓舞鼓手双足在鼓前左右移动跳动，时进时退，身体大幅度移动转动，双足活动范围很大，舞蹈动感很强。

（二）传统苗族鼓舞鼓手击鼓动作以敲鼓为主，力度较小，鼓点声较弱；现代苗族鼓舞鼓手击鼓有劈、打、击、敲等动作，形成轻重缓急、快慢强弱的鼓点节奏，突出轰鸣热烈的氛围。

（三）传统苗族鼓舞鼓手基本舞姿为立式鼓前原地跳动（故称“跳鼓”），少有前俯后仰、大幅度转体的动作，舞蹈动感、美感效果欠佳；现代苗族鼓舞鼓手身腰灵活，呈现仰、俯、扭、折、翻、转各种姿态，女舞手有时下坐两腿成“一”字形，仰面击鼓，变化多端，舞蹈动感和美感效果极佳。

现代苗族鼓舞女子单人鼓舞艺术刚柔结合，既有刚健之雄风，又有婉柔之美姿，形成一招一式的崭新风格。

现代苗族鼓舞还出现一种类似群体鼓舞的大型集体鼓舞，场中置数十面乃至百面大鼓排列成弧形或圆形，每人一鼓，表演单人鼓舞的动作，整齐划一，气势磅礴，场面恢宏，气氛热烈，有如雷霆万钧之势。

第五节　历届(代)苗族女鼓王

一、第一代苗族女鼓王龙英棠

第一代苗族女鼓王龙英棠（又名龙桂香），民国19年（1930）出生，己略乡龙舞村人，长大后嫁到矮寨镇平年村。

龙英棠童年时就爱看别人打苗鼓，喜欢跟别人学打苗鼓，平时勤练苗鼓；看得如痴如醉，学得聚精会神，练得炉火纯青。18岁时，成为农村俱乐部苗族骨干鼓舞手。她表演的鼓舞融进苗族男子鼓舞的特点，动作大方、节奏缓慢，以犁田、插秧、割稻、打谷、挖地等生产劳动和纺纱、织布、推磨、舂碓等家务劳作以及洗脸、梳头、穿衣、洗澡等日常生活动作为主，原汁原味，属传统苗族鼓舞。

1957年，她参加在北京举行的全国音乐戏剧舞蹈观摩会演，表演“苗家鼓舞”，演唱《苗歌声声歌颂党》分别获得优秀演出奖。1958年，她应邀到中央民族学院武汉分院传授苗族鼓舞，在8个月的时间里给学生传授“苗族四季鼓舞”“双人花鼓”“育花鼓”等10多项苗族鼓舞，深得分院师生的尊重和赞赏。

1959年，她被湘西土家族苗族自治州歌舞团特聘为苗鼓苗歌专职演员，搜集、整理、自编、自演“养蚕鼓”“育花鼓”“猎鼓”等20多种苗族鼓舞项目。在短短的一年多时间，她随州歌舞团上山下乡搭台演出，在湘鄂黔川四省边区留下串串足迹。有一次，她随团到国家主席刘少奇故乡湖南省宁乡县花明楼演出，当地观众好奇地围在她身边，亲切地称她为“龙大姐”。从此，“龙大姐”这一称呼在四省边区叫开了。

1960 年 7 月，她出席全国文学艺术工作者第三次代表大会，受到毛泽东、刘少奇、周恩来等中共中央和国家领导人的亲切接见并合影留念，后称她为第一代“苗族女鼓王”。

1982～1995 年，她先后在吉首大学和寨阳、己略、矮寨等乡镇举办 20 多期苗族鼓舞培训班，培训苗族鼓手 1000 多人次，他们中多人在国家和全省少数民族运动会以及国内外各种大型民族艺术节活动中表演苗族鼓舞，将苗族鼓舞艺术推向全国和世界。

二、第二代苗族女鼓王石顺民

第二代苗族女鼓王石顺民于民国 32 年(1943)11 月生，己略乡求产村人，中国民间文艺家协会会员，湖南省舞蹈家协会会员，湘西自治州政协第六届、第七届委员，吉首市文化馆苗族鼓舞辅导员。国家级湘西苗族鼓舞代表性非物资文化遗产传承人。

石顺民出生于苗鼓之乡，生长在苗鼓之家。她的母亲龙凤英是己略乡一带远近闻名的苗族女鼓手，1957 年 9 月湘西土家族苗族自治州(以下简称“湘西自治州”)成立时曾在吉首参加苗鼓表演。石顺民深受母亲熏陶，从小喜爱苗鼓、学习苗鼓，孜孜以求，学有所成。1959 年，她被选送到吉首县戏剧学校学习戏剧基本步法和动作。1961～1962 年，任湘西自治州京剧团演员。1963 年，被精减回家务农。在家务农期间，坚持苦练苗族鼓舞，在龙英棠打法的基础上把现代舞蹈和体操元素融入传统苗族鼓舞套路和技法，形成独具特色的现代苗族鼓舞。她跳的现代苗族鼓舞代表作有“庆丰收”“迎宾鼓”“团圆鼓”等鼓舞。

1964～2012 年，石顺民参加的苗鼓活动不计其数。五次进京表演苗族鼓舞，四次参加全国少数民族传统体育运动会，在中央电视台综合频道“星光大道”栏目、湖南电视台“越策越开心”栏目表演苗族女子单人鼓舞。1964 年 12 月，她在北京参加全国少数民族文艺观摩会演时表演苗族女子单人鼓舞，当所有会演节目表演结束后，毛泽东、朱德、刘少奇、周恩来等中共中央和国家领导人走上舞台接见全体演职人员并与大家合影留念，中央首长坐在第一排，毛主席坐在中间，石顺民等人坐在第二排毛主席的背后。毛主席等人和他们一一握手问好。石顺民紧紧握着毛主席的手，激动得热泪盈眶。1982 年 8 月，石顺民参加在内蒙古自治区呼和浩特市举办的第二届全国少数民族传统体育运动会，获鼓舞表演赛第一名。1986 年 8 月，参加在新疆维吾尔自治区乌鲁木齐市举办的第三届全国少数民族传统体育运动会，获鼓舞表演赛第一名，被国家体委、国家民委誉为“苗族女鼓王”，湘西自治州《团结报》在报道中把她称为“中国苗族女鼓王”。因为她比龙英棠小 19 岁，属晚辈，市文化部门便把她列为第二代苗族女鼓王。1989 年 1 月，石顺民应邀随湘西自治州歌舞团参加香港葵青区第二届艺术节。1990 年 4 月，被《当今农民》杂志社民间艺术联谊会吸收为会员并入选《中国现代艺术人才集》第一集。2005 年 3 月，应香港特别行政区康乐及文化事务署邀请随德夯民族艺术团在港表演“鼓工献艺”。

石顺民在苗鼓生涯中除参加全国、全省、全州、全市各种赛事和节庆活动外，还创办湘西苗族鼓舞传习所，致力于苗族鼓舞的传承、研究、教学和辅导工作。先后为德夯苗族文化风情园、吉首大学音乐舞蹈学院、湘西自治州民族歌舞团、怀化驻军艺术团、湖南电视台等单位培训苗族鼓舞学员 1000 多人，第三届苗族女鼓王龙菊兰、第四届苗族女鼓王龙菊献俩姊妹就是她的高徒。全国一些高等艺术院校、旅游景区、艺术团体都有她的学生，连她的儿女、孙子、外孙女都是她的学生。她称自己家庭是“苗鼓之家”。21 世纪初，她的 200 多名学生因有苗族鼓舞特长而考取全国一些大专院校。

石顺民还积极配合市民族局在矮寨镇民族中心完全小学、市民族实验小学、寨阳中学、市民族中学等学校开展“苗族鼓舞进校园”活动，市实验小学苗族学生苗鼓队参加全国儿童体育运动会获得金奖。

三、第三届苗族女鼓王龙菊兰

第三代苗族女鼓王龙菊兰于 1975 年生在矮寨人民公社德夯生产大队（今矮寨镇德夯村）。1986 年，她在德夯风景名胜区餐厅洗菜、洗碗、端盘子。稍有闲暇就跟文艺活动部姐姐们学跳苗族鼓舞。先后拜龙英棠和石顺民为师，虚心学习她俩的精湛鼓技，孜孜不倦，锐意进取，精益求精，几度春秋，终于脱颖而出，技压群芳，成为德夯风景名胜区最杰出的苗族女鼓手。1990 年 8 月、1994 年 8 月，在全国第四届、第五届少数民族传统体育运动会上，她矫健、奔放的鼓舞博得观众阵阵喝彩，分别获得银奖和金奖。1994 年 1 月，湖南省第三届少数民族传统体育运动会在长沙举行，龙菊兰代表湘西自治州参赛，一路过关斩将，夺得苗族鼓舞竞赛金奖，为家乡德夯赢得殊荣。在 1995 年中国旅游产品展览会和上海桂花艺术节上，她出尽风头，让大都市的观众大开眼界，特色浓郁的吉首苗族鼓舞震撼大江南北和神州大地。

1998 年，中国民间艺术团出访新加坡，龙菊兰凭借苗族鼓舞绝技被破例选为团员。穿戴绚丽的苗族服饰在新加坡共和国首都新加坡舞台上一亮相就成为晚会的一道亮丽风景。新闻记者撰写《打鼓打到狮城来》的专题报道，配以她表演苗族鼓舞的大幅彩色照片在新加坡日报上发表后，中国民间艺术团的演出场场爆满，苗族鼓舞的特殊韵味、龙菊兰的艺术魅力一时成为狮城市民街谈巷议的热门话题。回国后，被推选为第三代苗族女鼓王。

四、第四届苗族女鼓王龙菊献、第五届苗族女鼓王黄娟

第四届苗族女鼓王龙菊献（龙菊兰妹，第一、二、三代苗族女鼓王年龄差大，故以“代”称；从第四届起，年龄差很小，不应以“代”称，只能称“届”）于 1976 年出生在苗鼓之乡矮寨镇德夯村一个苗族农民家庭。从小和姐姐龙菊兰一起学苗族鼓舞，先后拜龙英棠和石顺民为师，潜心学习苗族鼓舞，吮吸苗族鼓文化的精华，勤学苦练，越学越好，功到艺熟，脱颖而出。1997 年，长沙民俗文化村招募苗族演员时一眼就相中了她。外面的世界使她开阔了眼界，她凭着自己的悟性在苗鼓传统打法的基础上揉进了在民俗文化村学到的现代舞蹈技艺，加上下叉、翻腰、踢腿、跳跃、旋转、翻滚之类舞蹈动作和技巧，打完引鼓部分后，直接进入快板鼓，节奏越来越快，到高潮时戛然结束。这种打法更加打出苗族鼓舞的气势，更能体现苗族人民坚韧不拔的精神和气质，使苗族鼓舞更具感染力，更富艺术性和观赏性。1999 年，她放弃外地的高薪工作，回到家乡为苗族文化的传播及发扬贡献自己的一份力量。她与景区的鼓手们互相交流经验，共

同研讨鼓技，使苗族鼓舞这朵民族奇葩大放异彩，游客慕名而来观看她和鼓手们表演苗族鼓舞，掌声不断。她以优异的工作成绩、对民族文化和民族旅游业所作的突出贡献当选为湘西自治州政协委员，多次代表德夯风景名胜区外出表演苗族鼓舞。2002 年 4 月，她率领德夯民族艺术团参加在南京举办的全国旅游展销会；2003 年 3 月，参加在北京举办的全国旅游招商洽谈会，以其精湛的鼓技征服参会人员。在 2002 年 9 月中国湘西德夯苗鼓节上，她以灵活多变的打鼓技巧，闪、挪、腾、跃的精彩动作和花样繁多的打鼓式样技压群芳，一举夺魁，成为第四届苗族女鼓王。

2005 年 6 月 28～30 日，中共湘西自治州委、湘西自治州政府，中共吉首市委、吉首市政府在国家级德夯风景名胜区举办“德夯·中国鼓文化节”，德夯风景名胜区民族艺术团苗族鼓舞队苗族女队员黄娟被评为第五届“苗族女鼓王”。

第六节 民间工艺

一、织花带

花带，西部苗语叫做“稀曼”，东部苗语叫做“來排”。织花带是织锦的一种，是湘西苗族用于系腰、系裤、系裙、系头帕、背小孩的一种生活用品，也用作嫁妆、礼品和信物。织花带是苗族姑娘必具的一项本领，是心灵手巧的一种表现，她们往往从七八岁就开始学织花带。

织花带工具是一架用硬木做的 X 形织架和一把用母水牛角或铜制的挑刀，材料是青白棉线或彩丝。织时，用青白线或彩丝作经线牵在织架上绷紧，用单色线作纬线，右手用挑刀勾线，左手放线，按图案或腹稿用刀尖回转勾线织成两色或彩色花带。花带图案多为虫、鱼、鸟、兽、花、草及文字，常见的是“双龙戏珠”和“双耳格”，一般长一米左右，由 10～20 个不等的节带组成，两头织“王”字，两端留股线。年轻人特别是青年妇女自用，作礼品或信物的花带多用彩丝编织，图案复杂，工艺精细，色彩艳丽。老年妇女和男子用的花带多用青、白两色棉线编织，粗旷结实，黑白鲜明。

20 世纪 80 年代后，发展旅游业，开发旅游产品，矮寨及周边村寨的一些苗族妇女既织花带，又推陈出新，对织花带进行改革，将花带织成花带式领带，供游客购作装饰品或作领带。

二、织 锦

苗族织锦（简称“苗锦”），东部苗语称为“芭排”，用作牛肚被面，是花铺盖等纺织品的一种挑织工艺。这种工艺多见于东部排绸乡、排吼乡和丹青镇苗寨。20 世纪 90 年代至 21 世纪初，苗锦在东部苗寨被其他织物取代而渐少。丹青镇烟竹村张显兰仍传承这种古老的苗族织锦工艺。

苗锦图案精美，色彩鲜艳，制作工艺比较复杂，经线多用红、兰、黑等色棉纱，纬线用染色棉纱、家蚕丝或野生柘蚕天然色丝，纺捻、染色、倒线、穿线、梳线、挑织等 10 多道工序全为手工操作，工效低，每人每天只能挑织几寸长。传统图案30余种，动物图案有鸟、蝴蝶、鱼等种类；植物图案有梅花、映山红、牡丹花、蔷薇花等种类；生活器物图案有升子、棋盘、箩筛等种类；文字吉祥图案有"万"字格、"寿"字等种类；几何勾纹图案有勾花、铁勾纹和双勾纹等种类。

三、刺　绣

刺绣，西部苗语称为"芭培"，是矮寨、寨阳、己略、白岩、马颈坳、社塘坡等乡镇苗族妇女最精湛的手工艺。常用剪纸(民间称为"凿花")将图纸粘贴在绣布上或把图案直接绘在绣布上，然后用小花架绷紧绣花布，以彩色丝线描图刺绣。刺绣有平绣、辫绣、牵线绣、打子绣等种类，有"五谷丰登""鸳鸯戏荷""鱼水相伴""孔雀开屏""百鸟争鸣"等图案，还有民间传说故事图案。苗族女服装的衣袖、衣肩、围胸、背带、裤筒是刺绣装饰的主要部位。苗族妇女采用多种针法，以长短交错的线条和多种色彩绣出一幅幅美丽的图案。动物图案有龙凤、蝴蝶、喜鹊、蝙蝠等种类；植物图案有牡丹、百合、荷花、兰花等种类。这些图案造型美观，饱满，特色鲜明，色彩鲜艳，生动地表现苗族妇女的聪明才智和审美观。20世纪80年代，矮寨镇大兴村龙妹英、社塘坡乡坪云村时四香的刺绣品曾在省民间工艺展览会和上海民间工艺博览会上展出，她俩成为吉首苗族刺绣的典型代表人物。

四、挑　纱

挑纱又叫数纱，流行于丹青、排绸、排吼一带苗乡。

挑纱一般以青、兰、白布作底，用对比色较强的棉线作挑花线，图案简朴大方，有"双龙抢宝""丹凤朝阳""狮子滚绣球""喜鹊闹梅""福寿康宁""迎亲抬轿""罗盘八卦"等种类。挑纱制品既可用作头帕、被面、门帘、帐帘，又可用作小手帕、围兜、衣边、裤脚边，还可作礼品或信物，很受人们喜爱。

20世纪90年代至21世纪初，民间挑纱妇女和挑纱制品越来越少。1994年，排绸乡标锦村张富珍挑织的纱头帕，在新加坡国际民间工艺交流展览会上展出。21世纪初，市域东部较有代表性的苗族挑纱老艺人除排绸乡的张富珍外，还有该乡的陈付娣、张家美，丹青镇的陈祖红、陈秋歌等人。民间歌谣称赞苗族挑纱："白布帕子四只角，四只角上绣雁鹅；帕子烂了雁鹅在，不见情妹见手脚。"

五、凿花剪纸

苗族凿花花匠用一块长30厘米、宽24厘米、厚5厘米的硬木板作凿花板，在板的一面凿深3厘米、宽20厘米、长24厘米的板槽，将黄腊和松香粉熔化倾注于板槽内均匀压平、冷却，便成凿花板。凿花时，将五六十张凿花纸置于槽内，四角用钉子固定，用锋利凿刀凿成各种图形的凿花，工效比剪纸高10倍左右，且不走样。凿花有画稿子、裱糊、穿钉、加固、刻凿、揭张六道工序，所得凿花上市或坐家出售，供苗族妇女作绣花样稿，图形夸张，古朴生动，线条简洁流畅，纤细玲珑，清丽灵秀，具浓郁的民族特色和很高的艺术价值，堪称苗族工艺珍品。

剪纸也有专门艺人，代代相传。剪纸用作刺绣底样，图案与凿花相似，但条线不如凿花纤细玲珑流畅，工序少，工效低，且易走样。

六、苗　绣

市域苗绣经过几千年的传承和发展，形成本民族独特的风格。苗绣针角分为绣、插、捆、洒、点、挑、串七种，用色质朴，讲究冷暖对比，色调强烈，色彩艳丽，多用彩丝、彩线。绣花图样、图案多样，有龙、麒麟、狮子、鹿、猴子、狗等兽类，有凤凰、喜鹊、锦鸡、鸳鸯、画眉、燕子等鸟类；有桃、李、牡丹、玫瑰、梅花、芙蓉、佛手、石榴、蔷薇、牵牛花等花草类，有福、禄、寿、喜、康、万等字类，还有生产工具、生活用品、建筑物、仙人善神之类，反映人和自然的和谐和环境友好型以及苗族人民对美好生活的追求和向往。绣品多用作服装、门帘、窗帘、被面、背裙、枕头、床单、荷包、褡裢、童帽的装饰品。绣品色调因人制宜。中青年妇女服装和其他生活用品所用苗绣多用各种彩丝、彩线绣成，色彩艳丽；老年人服装和劳动服装多用蓝、黑、紫线绣成，古朴典雅。

七、编　织

苗族编织主要有竹编、麻编、草编和藤编。竹编有晒簟、睡簟、米筛、灰筛、簸箕、撮箕、箩筐、斗篷、饭篓、背篼等种类，仅背篼一项就有打柴割草用的、背米用的、洗衣用的和背小孩用的四个种类，特别是背小孩用的花瓶背篼轻巧美观，造型奇特，经久耐用。

麻编有渔网、鸟网、虾网、各种绳套和麻板草鞋等种类。其中最具民族特色的是麻板草鞋。这种草鞋是用青线做鞋耳，纯麻做鞋底的多耳“麻草鞋”，朴素美观而耐用。家庭较富裕的苗族青年男女在热天集会、做客和赶场时穿上这种草鞋，显得阔气潇洒。

过去有的地方藤编有藤篓、藤椅，现存的藤编工艺多是编织斗篷和花圈。

草编主要有编草鞋、蒲墩、坐垫、卧垫。

八、银　饰

苗族银饰类别繁多，主要有银冠、银珈、项圈、披肩、项链、手镯、戒指、耳环、髻簪、牙签。苗族银饰是一种特别精致的手工艺术品，有专门的工匠（银匠）制作。经工匠精心设计和加工，件件银饰品各具特色，令人交口称赞。那重达1500～2000克的大项圈，四棱突起，绕如螺旋，活像青藤缠树，是苗族男女青年相爱相恋的象征。因此，项圈是苗族青年男女结婚时的必备之物。银冠和牙签的工艺尤为复杂和精湛。牙签除了要制作数个薄而明亮的牙签外，还要配制有四到八条由几百个直径不到二毫米的小银环连缀而成的银鍊和一定数量的银铃。牙签造型古朴，常见图样有表现男女爱情的“鸾凤交颈”“双凤朝阳”“并蒂桃”；有赋予人们美好愿望的“鲤鱼跳龙门”“梅花满场”；有表现生活情趣的“针筒”“猴子喜桃”“狮子滚绣球”。一副牙签具备形美、声脆、色亮、情深、实用等优点，为不可多得的苗族艺术珍品。

九、雕　刻

苗族雕刻多见于床、饭桌、衣柜、碗柜的雕花和傩面具，图案多为花鸟之类。市籍吴氏傩面具雕刻第三代传人、工艺美术大师吴兴知长期从事扎、剪、画、雕民间工艺品制作，既保留湘沅巫傩文化的基本特征，又吸收汉文化中神鬼的造型特色，在苗族巫文化的基础上融进和衍生自己独有的五谷神跳香傩面谱系，形成多品种、多造型、多用途的傩面具特色。他雕刻的苗族跳巫傩面具系列作品文化底蕴深厚，古朴典雅，造型独特，曾获省、州工艺美术展览金、银、铜奖，被国家博物馆和省博物馆及有关专家学者收藏。

第六章　语言文字

第一节　语　言

市域苗族使用苗语、汉字。1950 年以前，多数苗民尤其是孩童妇孺不会讲汉话。随着苗区政治、经济、教育和文化事业的发展和同汉民交往的频繁，懂汉话和会讲汉话的人渐多。

市域苗语属湘西方言，分西部和东部两种语言。东西部两种苗语差异虽大，但语音互有对应，语法也有共性，词汇多同源。语音主要相似之处：(一)两者声母几乎为韵母的五倍。(二)音节构成都有两种。一是声母加韵母加声调，声母 P 加韵母 e，同时加 44 调，就得 Pe 即“满意”。二是韵母加声调，西部苗语把“水”读为 u(午)，东部苗语则读 O(喔)。三是声调较多，两种苗语各有八个声调，语法上最突出的特点是：合成名词的构词规则一般是修饰成分置于被修饰成分之后，“猪肉”苗语叫做“肉猪”；对长辈称呼，当面呼唤时，须在称呼词前加 a(阿)，西部苗语称“祖父”为 aPou(阿剖)，东部苗语称 aPu(阿浦)。对比自己年长的平辈称呼也加“阿”，“阿雅”(阿姐)、“阿浪”(阿哥)，晚辈之间称呼不加 a(阿)；名词在单独使用时，常在名词前加一个无实际意义的词头，西部苗语加 gO(果)，东部苗语加 gu(古)，“锅”，西部苗语为 gowang(果弯即锅子)，东部苗语为 guwai(古歪)；指示代词常置于数量词之后，“这个”，西部苗语为 alenig，东部苗语为 alerue"即“一个这”；动物(含拟动物)名词单独使用时，西部苗语须在名词前加 da(达)，“羊”叫 dayong(达庸)，“水牛”叫“danie(达聂)，动词或形容词前加助词 ma(麻)时，词意则改变，例如“吃”叫 nong(农)、加 ma 为 manong(麻农)、意即“食物”，“红”叫 Qi(启)，加 ma 则为 maping(麻启)、意即“红颜色的物体。

苗语句子结构与汉语大体相同，一般是主—谓—宾结构，但在形容词做谓语的句式中，苗语主谓倒置，汉语说“衣黑了”，苗语说“黑衣服了”。

市域苗语有用汉语词汇的现象。解放后，苗汉交往日益频繁，促使苗语在政治、经济、文化、科学等方面的新词术语直接借用汉语词，从而增加一些声母和韵母。西部苗语中无 TIAN(tian)、TUAN(tuan)、YUAN(yuan)、JUN(jun)、DI(di)的发音，故将“天”读成“千”、“团”读成“谈”、“元”读成“盐”、“鱼”读成“一”、“军”读成“斤”、“地”读成“记”，忌他人尤为汉人仿说和讥笑。东部苗语中，Z、C、S 分辨不清，容易误读。

第二节　语　音

一、结　构

固有词的每个音节由声母、韵母和声调构成。部分音节仅在韵母前带一个喉塞音(喉塞音不看作声母),所以该音节只由韵母和声调组成,例如"祖父",西部叫 apui,东部叫 apu。

二、声　母

东部和西部苗语都有双唇的清浊音 p、p,b、b,舌尖中的清浊塞音 t、t,d、d,舌根音 k、k,g、g 和舌塞音 q、q,G、G(东部缺 G),都有清浊塞擦音 ts、ts,dz、dz,都有鼻音 m、n、n、g 和边音 I 以及清鼻音 m、n、n,清边音 I 东部读音是清边擦音 I,都有舌尖前的清擦音 S 和舌面前的清擦音 C、Z,都有颚、腭化唇音和唇化的小舌音 pj、pj、mj 和 kw、Kw、gw、GW。

两者不同之处是西部苗语有舌尖后清浊塞音 t、t,d、d,东部苗语则有舌面前的清浊塞音 i、t、d、d;西部苗语有舌尖后清浊擦音 s、z,东部苗语则有舌根清浊擦音 x、y;西部苗语有舌面中清浊塞音 C、C,于、于,东部苗语则只有 C、于;西部有复辅音 pz、pz,bz、bz、mz,东部无复辅音。

三、韵　母

苗语一般只有一个鼻音音韵尾,接在前元音后时读作 n,接在后元音后时读作 g,无塞音 p、t、k 作韵尾。元音不分长短、松紧,作韵音时,无前后之分。引用部分现代汉语词汇作专用韵母,但东部苗语把 an 读作 ang,如把"台湾"读作 daiwang。

四、声　调

因声母清浊不同,将平、上、去、入四个声调分为阴平、阳平、阴上、阳上、阴去、阳去、阴入、阳入八个声调(见王辅世主编《苗语简志》第 5 页),分别用 1、2、3、4、5、6、7、8 表示。两种苗语的调值虽有差异,但调类一致,同源词的声调对应十分完整。对所引用的汉语词汇按苗语声调体系读音。

五、声母、韵母、声调

西部苗语以矮寨、寨阳话为基础,声母 68 个、韵母 17 个。东部苗语以排吼、丹青话为基础,声母 64 个、韵母 14 个。两种苗语各有 8 个声调。

六、词　汇

苗语词的构成与汉语的构成大同小异。单纯词分单音节和多音节。前者西部苗语有 he 人、u 水、tIu 土、da 打、Lu 二、we 我等,东部苗语有 ne 人、O 水、du 土、pa 打、u 二、wei 我等。后者西部有 leda 谷子、东部有 lepa。

合成词由基本成分和附加成分构成。附加成分前缀(词头),西部苗语常用 a、qo、ta、(amog 岳母、qodu 树木、taba 猪),东部苗语常用 apu(apu 祖父、gudo 树木)。附加成分后缀(词尾),西部苗语有 qwawewe 白、白蒙蒙等词,东部苗语有 guawaiwai 白、白晃晃等词。后缀的重叠音有的前后声调有变化,在一定的语言环境中赋予情貌感。由两个基本成分组成的词有五种构词形式。并列式,西部的 zuku 姊妹、tbuso 多少,东部的 gepa 妹、oujiou 多少。注释的词置前,被注释词置后,西部的 yaba 肉猪(即猪肉),东部的 yapa 肉猪(即猪肉),东西部相同。

苗汉民之间的交往,特别是解放后其交往日益频繁,随着经济社会的发展,苗民使用的大量新词术语大部分借用汉语,有的全借,有的半借,且全借的比重渐增。全借即苗汉语皆同,拖拉机、飞机、火车、解放军(苗民将“军”读成“今”音)。半借即前半部或后半部分用苗语,后半部或前半部分用汉语。

市域苗语分两个土语区。西部苗语矮寨话,根据词义及其在句子中的作用,分为名词、代词、指示词、数词、量词、动词、形容词、副词、介词、连词、助词和叹词。东部苗语的语法与西部苗语基本相同。

七、句　子

苗语句子分为单句和复句。单句又分为单部句和双部句,复句分为并列复句和偏正复句。

tasogzo“响雷了”(直译为“炸雷了”)、qweazo“赃衣服了”(黑衣服了)等句为单部句,monglong“你来”、wesei“我会”、tanengpzanela“今天初五”(今天五日)、azagipatbagsa“姐姐是歌手”(姐姐是匠歌)、wLudLutabe“她织花带”、wLukangLuonglabe“她送你花带”(她送你索带)、mongGbangwLunEnetulje“你叫他喊人煮饭”(你差他喊人煮饭)、weqewLupeGuu“我见他们洗澡”(我见他们赴水)、wLuKOKOpebatLu“他拿锄头打野猪”(他拿锄头打猪土)、wLutangtcutolatobaqapsLu“他钱不花,也得妇女进屋”(他钱不花,也得爱人进屋)、tuGongwlagjetatawwlaGje“话苗他也知话汉他也知”(苗话他也懂得汉话他也懂得)等句为不带补语、定语、壮语的双部句。

TeKWhweitoZo“弟弟走得了”、aLuitugeljemangzo“母亲煮熟夜饭了”(母亲做熟夜饭了)、wLupEmongpudo“他喊你三声”、wLuKepegdetbanggjlongtgipe“他拿本书放在上面桌子”(他把书放在桌上)、tekLurnokoljonggo“弟弟帽子大了”、mepgLuaGeggeitoatgiGeiba“你们家大嫂扯得一背菜猪”(你们家大嫂扯得一背笼猪草)、melangtangnongtGite“你们慢慢吃饱”、menaqomeGetGeLudEeoqweba“你们大哥刚才缝成两件衣白(白衣)、twGengtbLutbeLulepGLube“对门坡上建成两个屋新”(两栋新屋)等句为带补语、定语、壮语的双部句。

apLupjidaepjiGamGa“爷爷边解衣服边扇扇”等句为并列复句。Wwqalongtbupu,qotGinatGitGine“他嘴巴不说,心里却特别高兴”等句为偏正复句。

第三节　文　字

中华人民共和国成立前,苗族无文字,订契约、写对联、竖墓碑、记账、通信均用汉字。清末民初，始用汉字的读音记录苗歌和苗族礼词以及苗语、汉语相杂的竹枝词，但由于苗语的声母、韵母、声调与汉语的差别较大，不可能用汉字的读音准确地全部将苗语写出，记录的东西也只是本人能看懂，不能在苗区约定俗成。有识之士想创造苗文，但因历史的局限，始终未成功。

中华人民共和国成立后，中国科学院语言研究所和中央民族学院民族研究所以及有关单位曾先后组织民族语言调查工作队到苗区对苗语进行调查研究。1954 年 10 月，在贵阳召开全国第一次苗族语言文字问题讨论会，吉首县有 10 人参加这次会议，会议讨论、通过《苗文方案(草案)》。

《苗文方案(草案)》湘西方言是以西部苗语为基础，以花垣县吉卫苗话为标准音而创出的拼音文字。开始使用字母 29 个，其中拉丁字母 25 个、国际音标 3 个、俄文字母 1 个。1957 年《汉语拼音方案》在全国推行后，苗文字母全部用拉丁字母。

根据湘西苗语吉卫苗语的实际情况，除少数音节由韵母带声调即可组成外，其余均为声母加韵母再带声调构成。苗文声母有 48 个(包括借用汉词的 F)、声介合母 20 个、韵母 14 个、声调 6 个。

湘西西部苗族语言苗文声母与汉语拼音方案和国际音标对照

表 1—6—3—1

苗文声母	汉语音标	国际音标	例句	苗文声母	汉语拼音方案	国际音标	例句
b	b	p	Boub 我们	b	p	p	Peub 挖
nb		mb	Nbad 补	np		mp	Npad 妇女
bl		p	Bloud 房屋	pl		m	Plob (口)吹
npl		mp	Nplad 量米	m	m	m	Mex 有
hni		m	Hmangt 夜	ml		m	Mloul 鱼
w	w	w	Wel 我	f	f	f	Fend 分(钱)
z	z	ts	Zead 见		o	nts	Obu 添
nz		nts	Nzandt 骑	no		ntys	Noant 锈
s	s	s	Sead 歌	d	d	t	Dcad 硬
t	t	t	Tanb 置放	nd		nt	Ndoud 长
nt		nt	Ntad 解(衣)	n	n	n	Nex 人
hn		n	Hneb 太阳	l	l	l	Led 短
hl		l	Hlat 月亮	zh	zh	t	Zhet 碗
ch	ch	t	Chud 做	nzh		nt	Nzhangd 回(来)
nch		nt	Nchedt 能干	nh		n	Nlol 鼓

续表 1—6—3—1

苗文声母	汉语音标	国际音标	例句		苗文声母	汉语拼音方案	国际音标	例句	
sh	sh	s	Sheub	跑	r	r	z	Foub	岩头
j	j		Jut	年	q	q		Qeub	羡慕
aj			Njoud	盐	ng			Ngind	血
x	x		Xanb	油	y	y	z	Vangl	多余
g	g	k	Geud	领受	k	k	k	Keub	关(门)
ngg			Nggad	药	nk			Nkeud	裤
ng			Ngoub	学	gh		q	Ghad	借
kh		q	Khuol	窟窿	ngh		nq	Nghad	剪(动)
nkh		nq	Nkhed	看	h	h		Hand	编织

声介合母

表 1—6—3—2

苗文声介合母	汉语拼音方案	国际音标	例句		苗文声介合母	汉语拼音方案	国际音标	例句	
bi	bi	pj	Bianb	变	pi	pi	pj	Pianb	劈(树皮)
nu	mi	mj	Mianb	面条	nj	nj		Nianl	薄
gi		o	Gieb	燃	ki		o	Kianb	子弹
nggi		no	Nggieb	金子	nki		no	Nkiand	送药
li	li	lj	Lies	要	hli			Hliet	饭
gu	gu	kw	Guang	茄子	ku	ku	kw	Kuango	圈圈
nggu			Ngguit	顽皮	nku			Nkuant	小狗叫声
ngu			Nguix	女青年	ghu		qw	Ghuangl	大
khu		qw	Khuout	陷下	nghu		nqw	Nghueb	睡眠
akhu		nqw	Nkhuout	(头)	hu	hu	kw	Huanb	腻烦

原方案未将介音和声母拼在一起而是把介音合在基本韵母里，所列出的韵母要多一些，通过教学实践，认为把介音合在声母里方便些，故把声介合母另外列表。

韵母与汉语拼音方案和国际音标对照

表 1—6—3—3

苗文韵母	汉语拼音方案	国际音标	例句　苗文方案	汉语拼音方案	国际音标	例句	
a	a	a	Bad 雄性	ao	ao		Baod 告诉
o	o	o	Lol 米	ea			Beat 百
e		e	Bed 满	eu	e		Beut 睡觉
ou			Boub 我们	ei	ei	ei	Deid 黄豆
an			Dand 到	en	en	e	Denb 地方
ang	ang		Bangb 稗子	ong	ong	ong	Bidbongb 杏子
i	i	i	Bid 果子	u	u	u	Bud 开(门)

表 1—6—3—3 中,声母 j、q、y 以及 nj、ng 和韵母拼音时,须将韵腹 e 改写为 i。例如:j—enb—jinb 黄蜡、ng—end—nqind 血。凡声介合母与韵母 en 拼音时,均须将韵腹 e 省略。例如:ni—ent—nint 男、ghu—en—ghunb 鬼、nggu—ei—ngguit 顽皮,在辨别一个音节的声、韵、调时,不能把介音 i 或 u 列为声母。

声调字母与调类、调值对照

表 1—6—3—4

声调字母	b	x	d	l	t	s
调类秩序	1	2	3	4	5	6
调　值	35	31	44	33	53	42
例　词	Deb 小孩	Dex 处所	Ded 蜜蜂	del(量)	Det 断	Deus 破

字母作词号表示调类,不读出音。

花垣县吉卫苗话的调类有 6 个,吉首市矮寨苗话的调类有 8 个。吉卫苗话的 D 调包括矮寨苗话的 3 个调和第七调,吉卫的 L 调包括矮寨第四和第八调。吉卫苗话的调值虽与矮寨苗话的调值不同,但调类排列顺序相同。

吉卫苗话与矮寨苗话值对照

表 1—6—3—5

<table>
<tr><td colspan="2">词　类</td><td>1</td><td>2</td><td colspan="2">3</td><td colspan="2">4</td><td>5</td><td>6</td></tr>
<tr><td rowspan="2">调值</td><td>吉卫</td><td>35</td><td>31</td><td colspan="2">44</td><td colspan="2">33</td><td>53</td><td>42</td></tr>
<tr><td>矮寨</td><td>53</td><td>21</td><td>44</td><td>7
12</td><td>33</td><td>8
11</td><td>35</td><td>24</td></tr>
</table>

1957 年,《苗文方案(草案)》经中央民族事务委员会批准试行。1958 年,吉首县人委选派 43 名学员到设在吉首大田湾的湘西自治州苗文学校学习苗文。1983 年,市人民政府在矮寨镇阳孟和补育两个村试办业余苗文短期训练班。1986 年,市民委在德夯风景名胜区办成人苗文学习班。

第七章　体　育

第一节　体育项目

一、武　术

苗族武术源远流长,历史悠久,分为徒手和器械两大类。战时,用于抗敌,保家卫国;平时,习武健身护身。苗民习武术,先习拳术,后习棍法,再习单刀、双刀、尺、锏、钯、叉、流星等器械。不仅男子甚至有的女子也习武术。

市域苗族武术拳派多属武当南拳派范畴。矮寨镇、白岩乡上坪村等地苗族武术套路和手法为小手拳和大夹小,讲究礼让三先,后发制人,以柔克刚,四两拨千斤,尤以手法见长,防守严密,虽脚功不足,但脚桩稳当,以走三角、打四方,走五花、跑圆场为主,通称为"苗拳"。苗拳分为花拳、套头、策手、点穴。花拳又叫做"花架子",包括四门拳、六合拳、六同拳、八合操、钉术、观音坐莲、开四门、闭四门、斜四门、穿四门、大插花、小插花共 12 种套路。策手又叫做"硬手",是防攻、擒拿的过硬功夫,有 36 攻、72 防,变化多端,出其不意,攻其不备,击其要害,主要套路为大闯红门的直进直退、以防为攻的旁敲侧击,攻中有防,防中有攻,亦攻亦防,一攻三防五变。点穴又叫做"软打",根据 12 个时辰和人生气血运行部位定位点穴。精通点穴者少,一般不用此法,武术界把点穴视为缺德,很少传授徒弟。矮寨镇大兴寨苗族石把志精通苗族武术,十八般武艺皆能。老拳师韩鼎臣把少林拳和南拳融为一体,自成套路。矮寨镇苗族二级拳师龙元生于 1980 年参加湖南省武术表演,获拳术优秀运动员称号。

苗族武术器械有棍、棒、锏、挡、镗、刀、剑、叉、流星、斧、矛、戟、鞭。棍常用坚韧的救兵粮树、木绣花树、青枫树或铁管、铜管制成。棍术有“策棍”和“花棍”，策棍分为单头棍和双头棍。单头棍有朝天一炷香、隔山棍、老牛摆尾、一棍破九州、古树盘根策击法；双头棍有黄龙缠腰、双剥皮、五马破槽策击法。花棍有小四门、大四门、单六合、双六合、雪花盖顶、四路冲程、八卦棍、猴儿棍、鲤鱼撑天等打击法。苗民喜用且善用钩钩刀。钩钩刀为长柄小镰刀，柄长 1.5 米左右，手法近似棍，以拖拉动作为主，使用时得心应手，清乾嘉苗民起义之苗兵曾使用此刀，杀伤力颇大，有“不怕枪来不怕炮，只怕苗族钩钩刀”的说法。

二、跳 鼓

苗族跳鼓历史悠久。据《乾州厅志》记载，早在明清以前就盛行。至近代，跳鼓注重技巧性和灵活性。只有动作上难易之分，而无神态上喜怒哀乐之别；只求套路规范，技术熟练，功夫精深，气质刚毅，而不带任何感情色彩。跳鼓时，脚跳、手击、腰旋、体转，讲究气质，多用内功，动作连贯，体力消耗大，利于健身强体。

三、跳 桌

场地选在沙滩或坪场，选择数张宽高 1.2 米的大方桌。跳桌有跳、跨、飙三种动作。跳分连张跳和隔张跳，连张跳可跳两至四张，根据参赛者能力酌情增减。起跳时只许两手接触桌面，两脚越桌，跳过者为有效，跳过桌子张数最多者为胜；隔张跳即搬掉中间一张桌（留空），跳法与连张跳相同。跨即两脚腾空跳过一张或两张桌子。飙即头先脚后，腾空越过一至数张桌子，越过时身体与桌面几乎平行。此外，还有切角、单手贴桌翻等跳法。

四、耍狮 舞龙

耍狮 市域耍狮，历史悠久。耍时，先以武术队“开路”或“开堂”，一人耍“宝”，二人耍狮，一人扮罗汉，海螺、长号、唢呐高奏，锣、钹齐鸣，有的还配有彩灯。耍“宝”人表演苗拳中的一招一式，耍狮者根据乐器节奏进行表演，最精彩的场面是狮子爬高桌。四方桌（餐桌）少则 10 几张，多则 66 张重叠成塔形，最上一桌，四脚朝天，狮子在耍“宝”人引领下，先绕桌塔一周，再层层穿爬，直至“塔”顶，踩桌脚，表演狮子滚球、古树盘根、大鹏展翅、鲤鱼漂滩、乌龟爬沙、老鹰罩地、一炷香、翻筋斗等动作，令人叹为观止。20 世纪 50 年代初期和中期、70 年代末期至 21 世纪初期，农历正月，矮寨镇政府在大兴寨（场日）举办一次“百狮会”。1978 年农历正月，吉首、凤凰、保靖、花垣四县相邻社队的 113 匹狮子聚会大兴寨，各显神通，互比高低，最具苗乡风情的是“抢狮子”。百狮会将要结束时，狮子还在狂舞，一苗族男青年突然推开观众，直奔“狮子”，趁“狮子”不备，将其“抢"走。被“抢”一方立即追赶，被对方拦阻，如不能将“狮子”追回，则集合队伍，敲锣击钹，吹海螺、唢呐，随“抢狮”队伍鱼贯入寨作客。进寨后，各户献酒、肉、苡米、粑粑，款待客人。客人吃饱喝足后，讨回“狮子”，挨家挨户拜年，主人置障碍，以试耍狮人技艺，并“盘狮”“问狮”，“狮子”如不能回答，则拜主人为师。临别时，“狮子”爬桌致谢，主人报之以猪腿或羊腿等礼物，彼此难分难舍。21 世纪初，矮寨镇农民体育协会在矮寨村平滩办耍狮试点，对苗族传统耍狮进行改革，揉进现代体操和舞蹈动作，增强耍狮的竞技力和观赏性。2004 年春节期间，市体育局、州体育局、矮寨镇政府联合在矮寨举办“百狮会”，市域及周边县乡镇 15 支近百匹狮子参加比赛，观众近万人。2005 年，在市个私协会举办的湘、鄂、黔、渝四省市边区耍狮高台竞技中，矮寨村男女两支耍狮队力挫群雄，双双夺冠。2007 年 1 月，矮寨镇大兴村村委会举办“苗族迎春百狮会”。

舞龙　苗语叫做“舞戎”。苗族对龙特别崇拜，认为龙是吉祥幸福的象征，能给人带来好运和康宁，能帮人消灾免难。这是苗族“万物有灵”和自然崇拜的一种表现。相传源于汉朝（公元前 206 年至公元 220 年），某年天旱，苗民自制龙头、龙尾，以长布作龙身、木棒作龙脚，数名或一二十名青壮年男子持棒舞动，祈求龙神降水救灾。后发展为民族民间体育活动。龙由龙头、龙身和龙尾组成，龙身一般 7 或 12 节，多的达 30 多节。清代，厅域元宵舞龙，送龙灯。民国年间，舞龙活动在农历正月初三至十五日进行。正月初九日和十四日为乾州赶场日，周边苗民赶场舞龙、耍狮玩年。舞龙者多为青壮年男子，一人耍“宝”，一人扮罗汉，多人舞棍棒、挡耙，敲锣打鼓击钹，吹海螺，表演龙抢宝、翻滚、脱皮、腾空、盘身等动作。20 世纪 50 年代，舞龙较盛行。1958 年“人民公社化运动”至“文化大革命”期间（1966.5～1976.10），舞龙被视为封建迷信活动、“旧思想、旧文化、旧风俗、旧习惯”而停止。1978 年 12 月中共十一届三中全会后，舞龙活动被视为民族民间体育活动，逐步得到恢复。市文化局、市体育局、市民族局常于春节期间联合在城乡组织开展舞龙活动，城郊龙灯进城舞龙，到机关单位拜年。

五、荡八人秋

苗民爱荡秋千。逢“赶秋”节，男女老少身着盛装，参加荡八人秋活动。秋千上悬坐四男四女，秋千架上立一男一女扮“立秋老人”。“立秋老人”先念四言八句，唱开秋歌，地上转秋人将秋千转动。当秋千转至秋千架顶端时，两“立秋老人”对唱苗歌，适时转动秋千，如此循环往返，尽欢而散。苗族传统节日“四月八”“百狮会”也开展荡八人秋活动。20 世纪 80 年代，荡八人秋更为盛行。市体委和市旅游局在德夯风景名胜区安装一架电动铁制八人秋，铁秋转动均匀，转速可快可慢，倍受苗民喜爱，为游客增添乐趣。

六、绝技

咬犁口　将烧得通红的犁口置于地上，傩巫师用司刀将犁口头套住端起，口中念念有词，“呸”的将“法水”喷在犁口上，将犁口左右摆动，便张口咬住犁尖，原地旋转三周后，便若无其事地把犁口放在地上。

踩犁口　把数张烧红的犁口每张相距约 30 厘米“一”字形置于地上，苗巫师作“法事”后即赤足飞快踩着每张犁口前行，观众胆战心惊，有的还发出“哎哟”的惊讶声。1978～1993 年，社塘坡乡文化站原站长、坪云村苗族吴氏家族巫傩文化第十三代传人吴牛振（1949 年生）随父从师学咬犁口、踩犁口、上刀梯绝技，功到艺成。1994～2009 年，他培养苗族绝技学徒 10 余人；参加民族民间文化体育活动 1000 余次，其中州庆和市庆活动 5 次，表演咬犁口 12 次、踩犁口

114 次。2003 年春节期间，他在长沙“世界之窗”表演咬犁口和踩犁口，《潇湘晨报》以新闻照片予以报道。

上刀梯 源于苗巫师授业结业盛典，凡学傩巫者均须过上刀梯和踩犁口两大测试关方可结业，获得“上刀山下火海”资质。上刀梯原为人酬神驱鬼消灾；20 世纪 80 年代后，逐渐演化为苗族传统体育项目。原在农历正月元宵择寅、戍煞日举行；后在六月六或其他重大节庆举行。届时，巫师穿红衣、包红帕、戴冠叉、插马鞭、肩挂柳旗，右手执牛角号，左手拿司刀，掌坛师用一只公鸡放煞，进行“封刀”和“开刀”法事，口念咒语。念毕，咬破鸡冠，用鸡血染刀刃，以保上刀梯安全无事；然后，赤足踩刀口先上，一名或数名新坛弟子后上，一步一步地踩 36 把梯刀接踵而上。掌堂师上至牛角形梯顶时，面向正殿，吹牛角号，诵咒语，作鞠磕头。礼毕后，表演倒挂金钩、大鹏展翅、观音坐莲、古树盘根等惊险动作。演毕，后上先下，依次到油火台鱼贯般踩犁口。这一系列惊险绝技令观众赞不绝口。1994～2009 年，社塘坡乡坪云村吴氏家族巫傩文化传人吴牛振在民族民间文化体育和州庆、市庆活动中表演上刀梯 23 次，次次成功。

七、其他民间体育项目活动

少年儿童爱好踢毽子、打陀螺、跳绳、踩高脚、揽子儿、顶“牛角”，青壮年男子喜欢扳手劲、扭扁担、摔跤、打飞岩，中年男人爱好下三棋、五子飞、和尚棋。

第二节 运动会

一、少数民族传统体育运动会

1982 年 8 月、1986 年 8 月，市籍苗族女鼓舞手石顺明在国家民委和国家体委联合分别在内蒙古自治区呼和浩特市和新疆维吾尔自治区乌鲁木齐市举办的第二届和第三届全国少数民族传统体育运动会上表演苗族鼓舞，均获第一名，被国家民委、国家体委誉为“苗族女鼓王”。1985 年 5 月，石顺明参加省民委、省体委联合在吉首举办的湖南省第一届少数民族传统体育运动会，获苗族鼓舞女子单打第一名。1991 年 3 月，在省民委和省体委联合在长沙举办的全省第二届少数民族传统体育运动会上，吉首市男子抢花炮队获抢花炮第二名，矮寨镇龙菊兰和寨阳乡时红英获苗族鼓舞女子双打第一名。在 1994 年 1 月全省第三届少数民族传统体育运动会上，吉首市苗族鼓舞队、己略乡杨胜国、矮寨镇龙菊兰分别获得苗族鼓舞团体总分第一名、苗族鼓舞男子单打第一名、苗族鼓舞女子单打第一名，男子抢花炮队获男子抢花炮第二名。2002 年 10 月，在邵阳举办的全省第五届少数民族传统体育运动会上，市游泳中心李建和获押扣第一名。2006 年 10 月，在全省第六届少数民族传统体育运动会上，矮寨镇舞狮队获第一名。2010 年 10 月，由 78 人组成的吉首市少数民族体育代表团参加在郴州举行的全省第七届少数民族传统体育运动会，参加秋千、高脚、蹴球、押加、毽球、板鞋、射弩、陀螺共 8 个项目的竞赛，获 7 金、6 银、1 铜共 14 枚奖牌，金牌总数名列全省甲组第三、团体第四，代表团获体育道德风尚奖，金牌总数超过本市历届代表团所获金牌数之和。

二、四省市边区民族团结杯运动会

1960年10月，四川省秀山县人委会承办首届湘、鄂、川、黔四省边区篮球运动会(以下简称“边运会”)。1963年10月，吉首县人委组队参加贵州省松桃苗族土家族自治县人委会承办的第二届边运会。1971年10月，吉首县革委会承办第三届边运会，在15支男队中，吉首县男队和州直男队并列第二名。1973年12月，湖北省咸丰县革委会承办第四届边运会，在14支女队中，吉首县女队名列第三。1974年10月，四川省酉阳县革委会承办第五届边运会，吉首县组队参赛。1975年8月，湖南省花垣县革委会承办第六届边运会，在15支男队中，吉首军分区队获男队第一名；在14支女队中，吉首县女队获第二名。1976年10月至1980年7月，吉首县均组队参加第七至第十一届边运会。1983年9月，保靖县人民政府承办第十二届边运会，在10支女队中，吉首市女队获第二名。1984年8月，湖北省利川县人民政府承办第十三届边运会，在11支女队中，吉首市女队获第二名。1986年10月，龙山县人民政府承办第十四届边运会，在10支女队中，吉首市女队获第一名。1988年10月，四川省秀山县人民政府承办第十五届边运会，吉首市女队名列第二。从第十六届起，边运会改名为“湘鄂川黔边区县市民族团结杯篮球运动会”(简称“边区民族团结杯篮球运动会”)。1991年，在贵州省松桃苗族土家族自治县举办的第十六届边区民族团结杯篮球运动会上，吉首市男女篮球队分别获第一名和第二名。1995年，在吉首市举办第十七届边区民族团结杯篮球运动会上，吉首市男女篮球队再次分获第一名和第二名。此后，边区民族团结杯篮球运动会停办。

第八章　风俗习惯

第一节　饮　食

市域苗区山多田少，中华人民共和国成立前，富少贫多，贫者不得温饱，苗谣称：“可怜可怜，边疆‘苗蛮’；岩多于土，山多于田。春种秋收，苦不堪言；每逢腊冬，无米过年”。贫富不均，食不一致。食净米饭者30%左右。杂粮以玉米、小麦、红薯，辅以高粱、小米、荞麦、豆类。社塘坡、寨阳、己略、矮寨四个乡镇苗民食玉米占全部食粮40%左右。他们将经加工的黄玉米颗粒或白玉米粉(前者好于后者)与大米混煮成饭，叫做“包谷饭”；或将玉米用开水浸泡，磨成糊状，揉成圆粑贴在铁锅上蒸熟，叫做“包谷粑”。用黏米和糯米合蒸或煮成饭，尤为可口。寒冬，多在火坑用鼎罐架在三脚架上煮饭，叫做“鼎罐饭”，饭清香可口；夏秋，多用灶锅煮饭，锅巴香脆。婚丧建房、还傩愿、吃牛等重大喜庆祭祀活动用木甑蒸饭，口感也佳。大米加工工具为舂碓或水碾。居住山坡高地缺水的苗民用臼舂米或玉米，或用石磨磨玉米，妇女起早贪黑，花工费时，不辞辛劳。居溪河边、水源较好的村寨在溪河边建石碾(又叫“水碾”)将稻谷碾成大米，省工省力，碾成之米米白糠细，称为“碾子米”或“熟米”。市域粮食不能自给，一从凤凰、永绥（今花垣）两厅县输入调剂，二从常德、桃源、沅陵等地采购运进。

20 世纪 50 年代初，苗民生活得到改善，食大米的人家渐多，饮食习俗同前。1958～1981 年，农村缺粮，每年有春夏荒。1982 年，农村实行家庭联产承包责任制，苗区普遍种植杂交水稻，稻谷产量大增。21 世纪初，退耕还林，山坡耕地面积减少，杂粮产量锐减，苗民主食大米，少食包谷、红薯等杂粮，偶食麦面。有的用打米机、打粉机加工粮食，用水碾、磨、碓加工粮食渐少，有的用电饭煲或高压锅煮饭，保护生态环境。

食油以菜籽油为主，猪油为辅，有的地方兼食茶子油。冬春食菜以萝卜、白菜、莴笋为主，辅以蕨菜、山竹笋、枞菌、野葱、菜豆腐、酸菜，夏秋以豆荚、瓜类、番茄、辣椒为主，酸汤四季皆有。肉类和豆腐多在节庆和待客时食用，以猪肉为主，辅以鸡、鸭、鱼、牛、羊、狗肉。冬至后，用猪肉腌成腊肉，常腌酸鱼、酸肉，泡酸汤，晒干豆荚，作淡季备用或待客佳肴。酸菜系列有酸肉、酸鱼、青菜酸、白菜酸、芋杆酸、豆荚酸、萝卜酸、葫葱酸、蕨菜酸、包谷酸。米粉酸肉、米粉或小米酸鱼、酸汤豆腐、菜豆腐、桃花虫和水蜈蚣是苗家特色佳肴。

米粉酸肉 将五花猪肉切成 3 厘米片状，用炒香磨碎的米粉加适量食盐与肉片拌匀，放进瓿水坛中，盖实，盖边着水以密封，密封时间春冬长、夏秋短，一般半月至月余即成。食用时，开坛取出米粉酸肉，在炒锅中放入少许食用植物油将切成约一厘米长的干红椒和蒜苗炒香，即将酸肉倒入翻炒出味，沿锅倒少量清水，盖锅盖用文火将酸肉闷熟，装盘上桌，色、香、形、味俱佳，别有风味，是苗族待客之美味佳肴之一。另一炒法，将适量食用植物油倒入炒锅内加热，再放入酸肉加盐翻炒至干脆，倒出多余的油，然后将细青椒粒或红干椒段、大蒜段倒入合炒出香味而成。此菜香、脆、辣而不腻，十分可口。

酸鱼 将 150～250 克的鲜鲤鱼洗净，从背部自上而下切开（勿切腹部），去内脏（勿洗），每 500 克鱼用 50 克食盐拌匀，将鱼放入缸中腌三四天，取出腌好的鱼，用米粉或小米（最佳）将鱼腔填满、鱼身裹满，将鱼放进瓿水坛中盖实，月余即可。炒法与炒酸肉前一种炒法基本相同，要用菜籽油炒，炒成后，酥、酸、辣、香味俱佳，是苗菜中之珍馐、待客之上品。三年的酸鱼肉呈红色，可生吃。

酸汤豆腐 在锅中放入适量菜籽油，将干红椒段、大蒜段和花椒粒炒香，即放入青菜酸或芋杆酸（后者最佳），再放入切成块状的嫩豆腐（又叫做“水豆腐”），加盐，用清水煮沸五六分钟，放入少许味精或高汤精即可装碗上桌。此菜酸爽开胃去腻，妙不可言，负名餐席，为苗家三酸佳肴之一。

菜豆腐 将黄豆舂碎，粗细兼有，倒进锅里，加适量冷水，搅匀，放入切成一厘米长的青菜，倒入适量醋或酸汤，煮沸，勿盖锅盖。食用时，放少量熟菜籽油，盐适量，此菜香滑，常用于待客。

桃花虫、水蜈蚣 春、冬季节，用铲锄钩翻河滩水中石头，使藏在石头下的桃花虫、水蜈蚣流入三角形的网络中，去除杂草，一天可得 500 克左右。炒法：食用植物油适量，放入桃花虫或水蜈蚣，慢火焙至有砂子滚动之声，放入盐、姜丝和干红辣椒段，滴数滴水焖，然后放入野葱或大蒜。此菜香脆，味浓，为苗家佳肴极品。

第二节　服　饰

古代，苗族男女服饰差别很小，崇尚古装，色彩斑斓，上身均着花衣，下着百褶裙（礼裙），头蓄长发，包青黑色头帕或赭色花帕（今社塘坡乡苗民），脚穿船形花鞋，佩戴各种银饰。清代雍正年间“改土归流”后，服饰变化较大，男女有别，男性服饰趋向简化，较简单，苗汉杂居区镇溪（今吉首）、乾州等地苗民改着汉装。老年人穿对襟衣者少，穿满襟衣者多；青年穿对襟衣者多，穿满襟衣者少。衣服为青花格、全青或全蓝布，衣短袖长而小，安布扣五对。有的喜着过腰大、袖口大、下摆宽的服装，裤短而大，脚缠青色布裹脚。有的青年男子讲究穿着，喜在胸前、袖口、衣领处滚花边，色彩艳丽。头留长辫，包青帕或花帕（今社塘坡乡苗民），帕长 3～9 米，缠绕头部 5～10 道，前后成“人”字形，大如斗笠，放顶露外，悬帕一端于耳边。温暖季节，不包头帕，出门除行亲做客外，赤足或穿草鞋。寒冷季节，裹腿布履；雨雪天，穿“钉鞋”，戴斗笠，穿蓑衣。

民国时期，男子均剃光头，穿滚边绣花衣者少见。均以黑帕缠腰。若穿白布袜或蓝布袜套上麻履，则武夫赳赳，犷悍抖擞，气宇轩昂。读书人或教书先生，有的剪发，着汉装，穿长衫套马褂和机织袜（时称“洋袜”），打雨伞（时称“洋伞”）。

苗族妇女服饰较男子精美复杂。不剪发，梳古式发型，绹独辫缠于头部，发不外露，一年四季均包头帕，头帕各地有别。社塘坡一带苗族妇女喜包青色或青紫色花格头帕，加包短帕一拱，帕长 9 米许，由额头包至脑后，耳不外露，整个帕型高且上下大小几乎无异，形似小水桶，坐立或行走时稳如泰山，令人称奇。寨阳、矮寨、己略、马颈坳等乡镇苗族妇女喜欢包黑头帕，将黑头帕折成长 5～10 米、宽约 7 厘米的带状，缠绕头部，脑后叠层次，脑前恰齐额门，不偏不斜。排吼、排绸、丹青三个乡镇的苗族妇女喜包白色底绣花头帕，帕上绣四对青色花蝶，朴素美观大方，别具风格，有“头上帕子四只角，四个角上绣飞蛾”之美誉。服饰也有差异。西部苗族妇女衣服过腰大而长，衣袖大而短，袖口大 35 厘米左右，满襟，无衣领，胸前及袖口滚花边，加上栏杆花瓣于其间，有的还在开衩和放摆前后两面边缘刺绣挖云钩，腰系花带和腰裙。腰裙长而宽，折叠，下脚边缘绣满花纹，缀花瓣，色彩艳丽，系围下身，行走时翩翩起舞，风度娉婷，俗称“百褶裙”。“改土归流”前，苗族妇女普遍系此裙；后渐弃，只在吃牛、接龙大型祭典活动时围系，成为礼裙。鞋绣花，头尖口大，不出边，后跟有鞋耳，便于拉穿。还有一种用彩缎连缀而成的草鞋，很美观。寒冷季节，平日包青色或蓝色布裹脚；做客或喜庆之日穿蓝色面、上白底、边钩三针的布袜。有的人穿衣服套胸前镶花边、挖云钩的青色领褂（背心）。老年妇女衣裤滚边用青、蓝、绿单色线绣花鸟图案，系麻裙，不佩戴银饰品。

妇女银饰首饰有银帽、银簪子、银梳、银花、耳环，颈饰有轮圈、扁圈、盘圈，手饰有手镯、戒指，胸饰有挂扣、牙签、链子，腰饰有围裙链子，背部饰有后尾。

银帽　称为接龙帽，俗称雀儿窠，苗语叫做“纠”或“木信”为富户之女出嫁或接龙盛典引龙主妇戴之。需银 900～1550 克，手工精细，工序复杂，花工 25 天左右。先用厚布壳制成帽坯，上钉九块银薄片，再将银制之虫、鱼、鸟、兽、牡丹、芍药、菊、桂等花卉系在银丝上端，连缀成一朵朵银花，满植于帽上，帽缘上置二龙抢宝或其他花纹，吊飞蝶花蕾，用水银泡子连成网状，银吊长约 14 厘米，吊至眉额。帽后，用银制虫、鱼、鸟、兽、花卉层层连缀，长约 70 厘米，吊齐衣边。此帽类似于汉族凤冠。戴此帽行走时，"叮III"有声，恰如花开兽走、鸟飞凤鸣。

轮圈　西部苗语叫做"果公根"，是项圈主要饰品、苗族订婚时必需之聘礼。小轮圈每根重 300 克左右，大的 700～1800 克。此圈制法是先将银锭煅打成一条中间是四方体、两头是圆形或扁状的圈坯，再将坯中段扭成螺旋状，坯两端制成公母套钩，钩柄上缠绕一二十道凸状银瓣，加以点缀，以求美观。戴时，将公母套钩套上；取时，先紧后松将套钩放开。寨阳、矮寨、己略、马颈坳、吉首城郊一带苗族妇女多戴轮圈，单戴或双戴，或加扁圈、盘圈。

扁圈　西部苗语叫做"哈高"，即吊勾之意。每套五匝，为项圈中层饰品，重 300 多克。将银条打成扁形，圈心制成一根筋脉状，其间钻满花草，两头大，中央小，两端制成公母套钩，以便扣戴于胸前。

挂扣　是用银制梅花串接成链子，故又称之为梅花链。先用银子打制成三四十朵至百余朵梅花，再将一朵朵梅花连成一长链即成。梅花链分为四面梅花链和两面梅花链。前者四面均用梅花，共百余朵，重 280 克左右；后者两面用 80～90 朵梅花、100 余个银圈组成，重 180 克左右。梅花链两端为梯形或半圆形花瓣，里安挂钩。佩戴时，将其挂于扣上，悬于右襟边。梅花链又分为独链和花链。独链即独条梅花链子，花链即在链的两端挂钩下方加缀一两层花瓣花束以增美。

牙签　上端为一小银圈，用于套挂胸扣上；中央连缀虫、鱼、鸟、兽、花草；下端吊耳挖、牙签、马刀等物品，共需白银 150 克左右。

围裙链子　由一条花链子和两三层麒麟、狮子、鱼虾、昆虫、花瓣构成，两端银钩，勾于裙耳，链条挂在颈上或项圈上。另一种裙链取代花带，用以系腰。

后尾　苗语叫做"写兔"，宽约 13 厘米、长约 84 厘米，重 300 克左右，由一些银花草藤叶和小动物连缀而成，吊于背后。银饰完备后，方配制后尾。

银花银蝶　为零星单独饰品，图案多为八宝花卉、麒麟鱼龙，钉在衣服及围裙上，锦上添花。

幼儿银饰品　帽上钉银八仙及姜太公像，手镯吊玉印、金瓜葫芦和小银铃，胸佩挂银盾、银锁，小腿与足部相连处戴脚镯，镯上有小银铃，行走时"丁丁当当"，天真可爱。

东部排吼、排绸、丹青三乡镇苗族妇女喜穿五花六格紧身小袖有领不滚边的衣服，头包长 5.33 米、宽 0.4 米的白布数青纱花帕，整齐折叠，从脑后缠至前额，扎成三个"人"字形，其中额门一个、左右耳上方各一个。胸系彩线数纱、浅蓝色底胸裙，右上方挂银扣。腰系五色花带，带穗须垂于左右衣角处。手戴三根带、三根丝笼头银手镯和九连环戒指。脚穿绣花布鞋。

中华人民共和国成立后特别是中共十一届三中全会后，随着苗区经济社会的发展，人民生活的改善，农村青年苗民外出务工的增多，苗汉等民族交往的频繁，受汉族影响日深，苗族服饰发生了很大变化，着汉装、时装者渐多，绝大多数人穿从市场上购买的成衣。对传统苗族服装进行改革，布料为各档机织布，花边为机绣(购买)，衣身、衣袖、裤脚改小、贴身，大小长短适宜，体现线条美，出现文体演出型、表演型和礼仪型服饰。中青年男女剪烫各种时髦发型，除重大节庆活动外，包头帕、佩戴银帽、挂扣、牙签、后尾者极少。普遍穿机袜、胶鞋、迷彩鞋（解放鞋）或皮鞋、旅游鞋及各式凉鞋。首饰不仅有银饰，还有金饰、珠宝饰，有的将戴项圈改戴金银项链或珍珠项链、玉手镯，他们在外表上与汉族无异，西部苗语叫做“炝果查”即像汉人。

第三节 住 房

市域苗族聚族而居，少则数户，多则几十户至百余户。村寨多位于山腰或山脚，少数位于山顶或平坝。因地制宜建房，多数坐南朝北，房地较窄的村寨房屋廊檐相接，但不成街巷。

中华人民共和国成立前，苗区穷多富少，住房不一。按家境贫富，住房有“A”字棚、杉皮屋、茅屋、瓦屋，绝大多数为木质结构平房，少数富户建楼房或砖瓦房。

“A”字棚结构简单，为赤贫人家住房，将若干根树用竹篾捆牢，树干上端交叉，下端着地，上尖下阔，呈“A”字形，俗称“茅棚棚”，矮小，仅开一门，人畜混居棚中。

有杉木树的地方修建杉皮屋，多为三柱六挂，上盖杉木皮，故名，为次贫人家住房。

茅屋多为三柱六挂或三柱两棋筒，一间或两间。建屋时，将两根长木料末端凿成公母马口，插木栓套成剪刀架柱，在剪刀架上用竹片或小木条缠成蛛网状，盖上茅草或稻草，屋四面筑土墙或以竹木作壁，前开一门，为贫困人家住房，优于“A”字棚而劣于杉皮屋。

瓦屋普遍为五柱八挂三间，也有五柱九挂、五柱十挂、五柱六挂、三柱六挂、三柱四挂，少则一间，多则五间。屋高 3.4～6.3 米，“人”字顶，盖小青瓦，后和左右编小山竹糊泥为壁，前以木板油桐油为壁，或左右和前以木板油桐油为壁，开大门和侧门各一个、窗户两个，正堂装木板隔成两部分。前部较大，为堂屋。东部苗族在堂屋设“家先”，不设“龙室”。西部苗族在堂屋正中掘一小土坑作“龙室”，室内置一碗“龙水”，上盖石板；后为厢房，供长辈住。屋左或右（按姓氏各有不同）第一间有的装地楼板，楼板中央开 1.5 平方米火坑（堂），内置铸铁三脚架，供煮饭炒菜用。火坑与中柱间为“夯告”1.5 平方米即祖宗之位。富庶人家砌砖墙。因地形关系，居住在傍水处或山崖间的苗民建吊脚楼，为两层重檐木质卯榫结构，楼上有走廊，走廊与中堂相连，上下方便。建瓦屋例行上梁，抛梁粑、抢梁粑习俗。

中华人民共和国成立后特别是中共十一届三中全会后，苗区经济稳定发展，苗民生活水平不断提高，无房户普遍建新房。1983 年 2 月 15 日，中共中央总书记胡耀邦视察吉首时在讲话中要求少数民族地区的各级党委和人民政府要扎扎实实地为少数民族办些实事，目前要认真解决他们的衣食住行问题。他说，苗族、彝族、布依族过去都住在高山上，住房太差。到解放 40 年还解决不了住房问题那就不好说话了。我看，解决住房问题比办小学更重要，总要有个窝窝嘛。全市各级党委和人民政府认真贯彻落实胡总书记的讲话精神，在发展民族经济的同时统筹兼顾，将解决少数民族地区住房问题列入议事日程，通过自筹、扶贫、以工代赈、省、州、市财政拨款等途径筹集资金，加强农村基础设施和住房建设，少数民族居住条件大为改善。1988 年，全市农村有住房 80689 间，总面积 191.63 万平方米，人均 13.07 平方米。其中：木房 71065 间、165.26 万平方米；土屋 219 间、5923 平方米；砖房 9241 间、25.4 万平方米；其他 164

间、3656 平方米。2005 年，全市农村住房 41829 栋、139416 间、335.42 万平方米，人均 26.1 平方米。其中：木房 19285 栋、56666 间、147.88 万平方米；土房 3733 栋、10558 间、21.22 万平方米；砖房 18254 栋、70716 间、158.91 万平方米；其他 557 栋、1798 间、66063 平方米。2009～2011 年，市财政共投入 2877 万元农村危房改造资金，帮助 1918 户无房户、因灾倒房户、危房分散供养五保户、低保户、贫困残疾人、重点优抚对象及其他困难户改造危房或新建住房10.66 万平方米。2012 年，全市农村住房 44268 栋、153744 间、391 万平方米，人均 30.5 平方米。其中：木房 19985 栋、59676 间、157 万平方米；土房 3033 栋、8358 间、16 万平方米；砖房 21250 栋、85710 间，218 万平方米。

2005 年吉首市农村住房情况

表 1—8—3—1　　　　　　　　　　　　　　　　　　单位：栋、间、平方米

乡镇名称	栋	间	面积		房屋结构											
			合计	人均	木房			土房			砖房			其他		
					栋	间	面积	栋	间	面积	栋	间	面积	栋	间	面积
合计	41829	139416	3354208	26.1	19285	56666	1478773	3733	10558	212200	18254	70716	1589145	557	1798	66063
吉首	7197	28012	346033.8	24.4	731	2068	72001	8	16	315	6458	25928	273717.8			
万溶江	4901	16969	536170	26.63	513	1507	39881	102	301	8142	4085	14638	457814	201	523	30333
社塘坡	2023	6802	307645	32.12	251	513	24187	678	1458	65610	974	4584	206706	120	247	11142
寨阳	2373	8562	304481	21.5	1720	5445	210921	4	13	410	649	3411	93150			
己略	1789	5094	139229	19.7	1580	4411	117891				209	683	21328			
白岩	2246	6501	132127.2	18.76	2137	6122	125753				109	394	6374.2			
太平	3356	10068	151020	20.4	846	2538	38070	2380	7140	107100	130	390	5850			
排吼	1422	4186	99368	16.2	1319	3865	91888				103	321	7480			
排绸	1655	5210	141648	17.9	1603	4884	131868				52	326	9780			
马颈坳	4537	15381	367455	19.71	3028	8984	227100				1509	6397	140355			
河溪	2621	8116	218985	17.5	1251	3744	100981	87	233	4500	1278	4127	113216	5	12	288
矮寨	3437	10285	280620	18.1	2345	7046	164200	48	102	2410	1044	3137	105980			
双塘	2837	10171	212863	16.2	704	2158	46282	426	1295	23713	1476	5702	118568	231	1016	24300
丹青	1435	4059	116564	16.2	1257	3381	87750				178	678	28814			

说明：社塘坡、寨阳、己略、排吼、排绸、矮寨、丹青 7 个乡镇为苗族聚居乡镇。

第四节　婚姻　家庭

一、婚　姻

1949 年 12 月以前，市域苗族一般一夫一妻，个别富户或无嗣的富庶之家一夫多妻。女性婚龄 16～18 岁、男性婚龄 18～20 岁，俗称“男大当婚，女大当嫁”，少数男小女大，个别男孩 10 岁左右就结婚，个别家庭有童养媳。婚姻虽遵从“媒妁之言，父母之命”，但父母及社会舆论对

婚恋问题不妄加干涉，婚姻较自由，奉行讨话、订婚、过礼、结婚、回门等礼仪。个别强行牵手订婚，叫做“抢亲”，他人不可染指。

1952年后，贯彻落实《中华人民共和国婚姻法》，男女恋爱自由，婚姻自主，有的仍由媒人介绍，经结婚登记，领取结婚证，缔结良缘。

男青年或其父母看上某家女子，男青年征得父母或父母征得儿子同意，便请媒人到女家说亲“讨口风”。有的青年男女在赶场、三月三、看龙船、四月八、六月六、赶秋等苗族传统节庆活动中相识，彼此看中，便约定在“边边场”相会，互表意愿，达成共识。有的约会于山野，吹木叶传情，唱山歌叙衷肠，若情投意合，经多次接触，彼此了解且有意，男即赠手巾、女送花带作信物，叫做“换记”。后两种情况男方同样要请媒人到女家说亲。如此往返多次，最后一次，才开门见山，正式提及婚事，喝“放口酒”。求婚次数越多越好，认为“亲以多求为贵”。喝了“放口酒”就算正式订婚。从此，男女双方分别改口称对方父母，西部苗语称对方父母为“阿来”、“阿蒙”即岳父、岳母或叫阿家、阿妈或爹、娘。东部苗语称“阿课”“阿嫚”。

订婚后，男家择定吉日，在过礼前一个月由媒人通知女家过礼日。届时，男家房族人等帮忙背挑糯米粑粑、腊肉、包谷酒、糖果等礼品，由订婚青年的父亲带领前往女家过礼。走到女家住的村头时，放鞭炮报信。女家听到鞭炮声，喜出望外，立即率族人出来迎接，双方互相道贺，喜笑颜开精神爽，主人恭请客人进屋就座，稍事休息，递烟送甜酒，请客人慢用。当天下午，女家办宴席，宴请客人及女家众族人，能歌者唱苗歌，助兴娱乐。这些礼仪叫做“过礼”或“定标”。

过礼后一年半载，男方派媒人到女方家问清订婚女子的生庚八字即出生年、月、日、时，叫做“讨红庚”。

男家讨得“红庚”后请人根据“红庚”择定娶亲佳期，并派媒人向女家通报；女家则要媒人转告男家所需抬轿及挑抬嫁妆人数，双方各负其责，筹办婚事。

娶亲时，路程远的，娶亲队伍在前一天赶到；路程近的，则在当天黎明前赶到女家。娶亲队伍带两把用红纸圈包的火把和一只灯笼，抬两台大轿前往女家接新娘。走到女家门前时，女家关门“拒”之于门外，双方同时放鞭炮。鞭炮毕，一接亲者将一“红包”从门缝塞进屋里，叫做送“开门礼”。关门人收到“开门礼”后即开大门，请客人进屋就座。有的地方先对歌，后开门，叫做“拦门讨歌”。客人稍息片刻即就早餐。早餐时，新娘未婚姊妹乘打灯笼者（苗语叫做“官催”）等接亲男人（抬轿人员除外）不备，用桐油调锅烟灰将其脸抹黑（苗语称“黑”、“官”为“怪”），叫做“打发”，表示吉祥如意，新郎前程无量。早餐后，新娘家发亲，新娘由其胞兄弟或堂兄弟一人打伞、一人背着出门上轿。出门时，将两把火把点燃放在门槛上，一把朝内、一把朝外，表示娘家婆家都兴旺发达。

新娘和一“引亲娘”分别上轿就座后，“官催”打着火把在前，走在前面开路驱邪，另一“引亲娘”手持红伞在后，花轿和一骑马“引亲郎”紧跟其后，轿后是伴嫁之新娘兄弟姊妹、女友、送亲族人和女歌手，抬嫁妆者后行。一路吹吹打打，浩浩荡荡，喜气洋洋。

娶亲队伍走到男家门口时，抬轿人将轿子放下，合事师用一只大公鸡“断煞”（有的不行“合事”仪式）。“断煞”后，新娘下轿，由新郎背着跨过大门中央一小堆火，送亲队伍从火堆边绕行进屋，表示烧掉途中所沾邪气。新娘进屋后不拜堂，坐在靠窗户火坑边，面朝内，忌朝外。礼司将两碗酒、一碗肉和利食香米置于方桌上。合事师将酒肉给新人同饮共食，表示同甘共苦，百年好合，再送一盆草药水给新人洗脸，驱除面目鬼煞。事毕，合事师炯炯有神，念念有词："奉请天合仙师、地合仙人，年合仙师、月合仙人，日合仙师、时合仙人，十二合仙师、十二合仙人：男人化为公鸡，女人化做鸡娘，鸡公鸡娘爱情好，时时刻刻挂心肠。早不离堂，晚不离房，夫妻和好，地久天长。女是太阴，男是太阳，日月同明，诸事吉祥。口合口，心合心，夫妻相合创乾坤；手合手，脚合脚，夫妻相合同快乐。合口合心生贵子，合手合脚降麒麟……日吉时良，天地开张；新人入房，大吉大昌。"念完合事辞，婚礼毕。当天（非雨天），新娘由女伴及男家一女族人陪同在寨上观村容寨貌，熟悉寨情。午时，主家宴请宾客，"正客"（送亲之人）先入席，然后"副客"（男家贺喜之人）入席。席间，有的主家抛喜糖、喜钱，众人争抢。晚上，男方女方歌手对唱苗歌，有的还讲故事。20 世纪 90 年代后，有的还放影碟、唱革命歌曲和现代歌曲；有的还打麻将，以娱乐度夜。唱歌由男方男歌手先唱，女方女歌手应唱。开始时，双方唱的歌词为互相谦让、恭维、道喜之类，接着唱结婚正歌，你唱我对比高低。唱到深夜时，听众面露倦容，打呵欠，伸懒腰，主人见状，添柴升温，分发糖果。双方歌手振作精神，提高嗓门，放开歌喉，停唱接亲正歌，改唱故事、谜语，绘声绘色，妙趣横生，听众顿消倦意，聚精会神听歌，常鼓掌欢笑，高潮叠起。午夜 12 时左右，"正客"宵夜，"副客"不宵夜。宵夜后，唱收场歌，散场。有的地方或人家继续唱歌至天明。第二天或第三天晚上，男家歌手与"副客"歌手对唱苗歌。贫寒人家有的不唱歌。唱结婚苗歌不能唱在山野唱的情歌。

根据家境情况，婚庆时间不一。家境好的，三天两夜；家境一般的，两天一夜；家贫者，一天一夜。三天两夜或两天一夜者，第二天，男家房族单家或联户宴请客人，例行"正客"先吃，"副客"后吃，不收礼物，西部苗语叫做"农列上"或"农列高"，即吃"排家饭"或"排寨饭"，是亲族喜事互帮的一种形式。

散客天早餐由新郎家自理。早餐后，新郎家在中堂摆长桌，设"堈塞"（jiōngsè 即座席），桌上置菜肴、包谷酒、各式衣物鞋袜和布料之类物品，举行谢客仪式。席间，主家请一能歌会道者陈述礼词，女方家也有一能言善歌者答唱。双方时而唱苗歌，时而陈述礼词。礼词和歌词内容多为父母养育儿女的艰辛及婚姻事宜。男方家分别送礼品给女方家父母、舅父、伴娘和媒人，另酬谢女方母亲养育女儿的"奶钱"。"奶钱"视家境，可多可少，少的数百元，多的数千元至万元，金额尾数一般为"八"，意为"要想发，不离八"。女方家对男方家送的"奶钱"不全数收下，须返赠男方家一部分作回礼。新娘家另送礼品给新郎家公婆和亲戚作答谢礼。每酬谢一份礼品时都陈述一段言词或唱一首谢歌。

婚庆期间，新郎新娘不同房。散客当日清晨，新娘由新郎家一女性族人引路去水井挑一担水（少量）回家倒在水缸里，路上这担水不能外溢，表示勤快，不"扒外"。早餐后，由一主妇陪同回娘家住一宿，叫做"回门"或"归宁"。回到婆家当晚方为新郎新娘花烛夜。新娘先入房，新郎待家人都就寝后才入房与新娘同床共枕度良宵。三日后，新郎陪新娘回门三日，两人分睡，不能同房。此后，两人在娘家行亲时均恪守此规。

20 世纪 50 年代末，历次政治运动特别是"文化大革命"运动"破旧立新，移风易俗"，不再坐轿，婚仪从简。20 世纪 80 年代后，挖掘民族民间传统文化，尊重少数民族风俗习惯，苗族婚俗得以恢复和革新，交通方便的地方有的用汽车接亲，不用轿，嫁妆新式高档，贴婚联，宾客盈门，婚宴丰盛。晚上，收看电视、放影碟，唱苗歌，打麻将，谈论国家大事，交流农村建设情况。21世纪初，农村青壮年及中年人多数外出打工，寨上老人多、少儿多，出现"空巢老人"和"留守儿童"的状况。婚仪又从简，聘礼为礼金，少则五六万，多则八九万及至十几万元，婚宴更丰盛，中餐后即散客。

20世纪50年代前，苗族婚姻姑表舅表可婚，姨表不婚。石、龙、吴等姓，汉姓同而苗姓不同，可通婚。石姓"仡瓜"为大石，祀奉祖先是"吃牛"("椎牛")；"仡卡"为小石(时)，祀奉祖先是"吃猪"("椎猪")，两姓通婚。龙姓分为"禾边"即大龙、"禾列"即小龙(隆)，不属一系统，不同祖宗；吴姓有大吴与小吴(伍)之别，这些姓氏汉姓同而苗姓异，可婚。石姓大石与廖姓同属"仡瓜"系统，汉姓异而苗姓同，不可婚。秧姓与杨姓、石姓与田姓也不婚。姑表舅表属近亲，20世纪50年代后，按《婚姻法》均不可婚，姑表舅表间结婚现象渐少，但未杜绝。国家机关、企业和事业单位的苗族干部职工及其子女中有的汉姓不同而苗姓同者也通婚。

二、家　庭

苗族家庭与汉族家庭基本相同。有三代同堂的，也有四代同堂的，四代同堂的极少。家庭人口一般5～8人，丈夫是家长，父亲去世后，长兄为"父"。有劳动能力的家庭成员都参加劳动。农村7岁的在校学生在假期上山放牧，8岁或9岁的放牧时还要砍柴割草，捡野粪，参加一些力所能及的田间劳动；成年男子主要从事田间劳动和其他一些重体力劳动；妇女主要是做家务、放牧、捡柴、打猪草，兼做部分地里活等较轻微的劳动，伺候老人，抚育子女；老人除丧失劳动能力外都主动做一些轻微的家务。

家庭中如有两个及其以上儿子，儿子结婚后要"分家"，由父母分配耕地、房屋和其他财产。分家后，父母一般跟未婚的小儿住，由小儿赡养。女儿无继承权，出嫁后无赡养父母的义务。无儿子的家庭极少"招郎上门"。

中华人民共和国成立后，男女平等，重男轻女的传统观念逐渐被革除，法律规定子女都有赡养父母的义务，都有继承权。1959～1981年农村人民公社期间，妇女参加地里和田里劳以及其他劳动，和男子"同工同酬"。逐步淡化传宗接代、无后为大的传统生育观念，逐步树立晚婚晚育、少生优教育、生男生女都一样，女儿也是传后人的新型婚育观念，建立和谐美满的幸福家庭。

第五节　节　庆

一、春　节

市域苗民同样盛行过年，西部苗语叫做"呱见"(guajian)，东部苗语叫做"呱责"(guazei)。农历腊月二十三日，扫堂霉，门窗挂乌泡茨和十大功劳驱邪。除夕，在"夯告"处即火坑正上方摆酒肉，烧香纸祭祖。祭祖后，全家围坐餐桌。晚餐后，全家人围坐火坑边，烧大火，表示烧掉田地里的杂草和害虫，说古道今，猜谜语。宵夜后，晚辈就寝，老人守夜至天明。黎明时，大人叫小孩赶快起床放鞭炮"抢年"，寓意长大后是个勤快人。家里购置电视机后，全家人看中央电视台综合频道直播的春节联欢晚会节目。

二、调　年

清顺治六年(1649)农历正月十五日，镇溪所东部(今吉首市排绸乡)苗民聚集河坪寨和铜鼓坡(今排绸乡河坪村、香花村属地)围圈打鼓，舞龙耍狮，庆贺新春，祈求来年风调雨顺，五谷丰登，人畜兴旺，叫做"调年"。至清末，每年正月十五日例行调年活动。民国年间，调年活动中断。1957年恢复。20世纪50年代末至70年代，再度中断；20世纪80年代，市文化部门发掘民族民间文化遗产，恢复调年活动，调年活动成为排绸一带民族传统节日。

三、三月三

传说很久以前，排吼、排绸、丹青，泸溪县梁家潭、潭溪，古丈县河蓬、坪坝等乡镇交界处的苗民常为争占雷公岩、团鱼岩、椰木界一带山水林地闹纠纷甚至发生械斗。某年三月三日，边区村寨头人约定到排绸乡椰木界协商解决边区纠纷问题，各寨派代表在椰木界一带实地踏界画线，召开协商会，制定村规民约，矛盾终于得到化解。从此，边区人民和睦相处，团结友爱，遂将三月三视为民族团结纪念日。每年农历三月三，他们欢聚椰木界，搭歌台，唱歌、赛歌、对歌，吹木叶，议农事，话家常，问温暖。一美丽苗族姑娘张开樱桃嘴，左手梳理吊在右眼角上的白布数青纱花帕穗须，用蜜蜂腔唱道：

三月歌会阿妹来，　　来早露水打湿鞋；
花开花落年年有，　　有心花儿长久开。

只见一男青年从人丛中脱颖而出，对唱：

和你相邀椰木界，　　打喂歌唱笑颜开；
你欢喜来我也愿，　　青山绿水歌常在。

这样久而久之，三月三便成为三县边区苗民的传统节日。

四、清明歌会

清明歌会又叫做"看清明"。排吼、排绸、丹青三乡镇苗民多居住在崇山峻岭之中。旧时，要到较远的墟场去交换日用品，既费时又不方便，且常受骗。为改变这种不利状况，他们便相约在清明节到今排吼乡排杉村以歌会友，交换物资，有的唱到夜幕降临时仍不歇歌散场。歌会时，树荫丛中，一对青年男女以歌为媒，男唱女和，此起彼伏，相互倾吐爱慕之情。

男唱：水伴游鱼鱼伴岩，　　单身约伴女裙衩；

水恋河沟沟恋水，　　荷花朵朵藕上开。
女唱：情深义重不离开，　　好比山伯会英台；
干柴见火青烟起，　　有情倒向郎中怀。
男唱：大山砍柴不用刀，　　大河挑水不用瓢；
你有情来我有意，　　只要闪眼动眉毛。
女唱：你想恋来就快恋，　　不需媒人来开言；
爹娘由我来作主，　　我俩今天订姻缘。

从此，当地苗民在清明节例行歌会，并传承至今。

民国初年，歌场改设在丹青寨(今丹青镇清明村)。

1954年3月，县人民政府责成第五区区公所和县文化馆筹办乾城县解放后首次清明歌会。清明这天，乾、泸、古三县毗邻村寨苗民聚集丹青清明沙坝坪，观看赛歌、花灯和阳戏演出以及要狮舞龙。

苗歌手唱道：

丹青河滩满歌堆，　　歌郎歌娘喜相会；
苗家哪怕路途远，　　踩烂花鞋也欢喜。
节日到处是歌声，　　宣传生产是中心；
政府鼓励我唱歌，　　唱歌宣传要认真。

20世纪50年代末至70年代，清明歌会中断；20世纪80年代，丹青乡人民政府、市文化局、市民委联合在丹青清明村举办清明歌会。是日，丹青、排吼、排绸三乡镇和泸溪、古丈两县边区村民会于清明村参加清明歌会。歌会以对歌为主，与会者围成一个个人圈听中青年和老年男女歌手赛歌。此外，还进行篮球赛和文艺演出，观众近万人。21世纪初，仍行清明歌会，但因大批青年男女乃至中年人外出打工，对歌赛歌多为中老年人，停止篮球赛，看热闹的人大为减少，氛围也不如前热烈。

五、四月八

清代，每年农历四月初八，今矮寨镇家庭村苗民歌手在村边旷野处赛歌，兼赛吹唢呐。男女老少踏青游乐，或坐或立，或蹲或卧，喜笑喝彩助兴，谈古道今，任其自便。凡有好服饰者均穿戴显美示富。有的未婚青年男女以此为约会佳期。这天逐渐成为这一带苗民传统节日。民国初年，此节被废。

20世纪50年代后，苗民在这天休息，多数人家也让耕牛休息，并用盐水洒嫩草或掺和玉米喂牛，以示慰劳。若这天落雨急于抢水犁田，便被斥为“四月八抢水犁田，逗万人嫌”。1982年5月4日，国家民委将农历四月八日定为苗族传统节日。1987年四月八日(公历5月5日)，市人民政府在南郊区砂子坳唐家岭举行盛大椎猪活动。1万余人参加或观看活动。其中：省内和云南、广东、广西、贵州、四川、湖北、北京、上海等省、区、市部分高等院校、民族事务、历史研究、文化等部门单位的领导干部、教授、专家、学者以及工作人员170余人；特邀花垣、凤凰、保靖、古丈、泸溪五县为“大舅”、“二舅”、“三舅”、“四舅”、“五舅”苗族代表400人；吉首城区及郊区各族干部群众9500余人。全国人大常委会民委、湖南省人大常委会民委、中共吉首市委、吉首市人民政府负责人在庆典上讲话，贵州省省长王朝文致贺电。活动内容有拦门对歌、“吃猪”、荡八人秋、上刀梯、跳柳旗舞、接龙舞、苗族鼓舞、对歌等节目。四月八活动前夕，湖南省社会科学院历史研究所和市人民政府联合在吉首召开苗族历史文化学术讨论会，全国各地研究苗族的专家学者和各界苗族代表共170余人参加讨论会。会后，市民委和省社科院历史研究所编辑出版《苗族文化论丛》一书，选编苗族历史文化学术论文33篇共30.4万字。

六、看“五龙”

吉首、泸溪、古丈三县市毗邻乡镇苗民从农历三月谷雨日算起，将逢辰日视作“龙日”，称为“头龙”。十二日轮转辰日，称为“二龙”，依此类推至“五龙”。每年“五龙”日，这一带村民聚集泸溪县潭溪看爬龙船。

七、端午节

农历五月五日端午节也是苗族重大节日之一。是日，家家户户在门两边上方挂菖蒲或过岗龙草驱邪驱蚊，在房屋阴暗处和厨房内洒雄黄酒消毒和防蛇虫进屋，舂糯米粑，杨姓苗族还包粽粑祭祖先。晚上，备米饭酒肉，合家共进晚餐，过端午节。

八、六月六

过农历六月六是苗族远古遗俗。一说是纪念苗族祖先盘瓠与辛女所生六男六女；一说是纪念六月六日一苗族神箭手射刺皇帝而遇害；一说丰收在望，休息娱乐，预祝五谷丰登。无论何说，这天男女老少欢聚一处，玩龙灯、舞狮子、上刀梯、荡秋千、对歌，表演歌舞和武术，尽情欢乐。

九、吃　新

农历六月第二个卯日即从小暑后巳日算起，过十日逢卯日便是苗族俗定“吃新”日。苗民多以农耕为主，年年盼个好收成，他们常说：“难瓜阿奈见，难农阿奈现”，意即难得过一个年，难得吃一次新。每到吃新之日，男女老少皆大欢喜。他们除备足米饭酒肉外，还特地从田地里采摘禾胎、包谷棒、长豆角、茄子、辣子、苦瓜等谷物蔬菜回家蒸炒，餐前将这些谷物蔬菜各取一份，盛米饭和包谷酒各一碗，置于饭桌上，先敬看家狗，传说狗曾给苗族带来谷种，苗民知恩图报，吃新必敬狗。所以“吃新”节又叫做“吃新感恩节”。敬狗后，家人分尝禾胎、嫩包谷和新鲜蔬菜，再大碗吃饭，大碗喝酒、大块吃肉，饱餐一顿，预示五谷丰登，丰衣足食。

十、七月七

农历七月七日，苗民身着盛装，欢聚鼓场，击节打鼓，唱歌起舞，纵情欢乐，欢度传统鼓会。

此习俗以矮寨镇金叶、阳孟、排兄、幸福和古丈县河蓬乡穿洞一带最为流行。

十一、赶　秋

每年农历七月初为苗族大型节庆赶秋。赶秋有的说是赶“立秋日”，有的说是“赶秋千”。相传很久以前，苗族男青年巴贵为人正直，武艺高强，深受苗民敬慕。一天，他上山打猎，忽见一只山鹰从空中掠过，便随手拉弓，将鹰射中落地，同时落下一只绣工精巧的花鞋，一看便知是出自聪明美丽的苗家姑娘之手，于是决心要找到这位做花鞋的姑娘。在乡亲的帮助下，他设计制作一架可同时坐八人、形似风车、可转动的坐具，取名“八人秋”。立秋这天，他邀请周边男女青年到秋场玩耍荡八人秋。他想苗族姑娘爱荡秋千，那位做花鞋的姑娘闻讯一定会来赶秋。不出所料，美丽姑娘果然来了。他俩以秋千为媒，以苗歌传情，通过多次荡秋千、对唱苗歌，建立深厚的感情，缔结良缘，幸福美满。从此，苗民沿袭此传说，立秋之日，停做农活，身着节日盛装，邀友结伴，兴高采烈地从四面八方走进秋场，参加“赶秋”盛会，有的青年男女在秋场相识，终成佳偶。市域传统秋场设在矮寨。

十二、跳　香

农历十月初一，排吼、排绸、丹青三乡镇苗民以村寨聚会，由苗巫师主持跳跳香舞，用蒸酒和豆腐供奉五谷神和神农皇帝，庆祝丰收，预祝来年好年成，当地苗语叫做“bia 酿”。1962 年，跳香改在国庆节举行，1982 年，恢复在九月初三举行，定为民族传统节日。

第六节　礼　仪

苗族人民世世代代居住在偏僻山乡，思想纯朴，十分讲究礼貌。

幼辈见长辈　凡是幼辈见长辈，不论是男是女、不论是相识还是初次相见均须说话诚恳，行为恭敬，笑脸相迎，并要用一定的尊敬词语相称。若是幼辈正在行走，见了老人或长辈立即站起问好；若是幼辈在座，长辈来了，幼辈立即让坐。双眼平视，双手放下。如遇到不相识的年纪比自己大的，西部苗语称呼男的为“阿郎”或“阿哥”，称女的为“阿姐”或“阿娅”。东部苗语称呼男的为“阿哥”，女的为“阿娅”；年龄再大一点的，西部苗语不论男女都称呼为“能果”（老人家）；东部苗语称呼为“木告能”。称呼完毕后，幼辈才坐下或告别。

平辈相见　同姓则按年龄大小，不论性别，年纪大的西部苗语一律称年纪小的为“代勾”（弟弟或妹妹），东部苗语对男的称为“勾勾”，对女的称为“勾帕”。年纪小的女性称年纪大的男性为“阿哥”或“阿郎”，称年纪大的女性为“阿娅”或“阿姐”。不相识的，先互通姓氏，同姓者则按上述称呼；异姓者不论性别，年纪相差不大的互称“布粗”（老表）；对老年人称其为“果能”（西部)或“木告能”(东部)。

长辈见幼辈　长辈见幼辈，一般都要行点头礼。相识的按固定称谓相呼；不相识的，如果是壮年，称男的为“得那”，称女的为“阿娅”。如果对方是幼年.无论男女，均称其为“代勾”(弟弟或妹妹)。

老人或长者与青年或幼辈一起走路时，青年人或幼辈让老人或长辈走在前。老幼同桌吃饭时，上坐老人，下坐幼年，两边，为其他人座位。老幼同在火坑边围坐烤火叙谈，靠近中柱的那一方，让客人、长辈或老人坐，其余座位可随意就座。

第七节　丧　葬

除癞风患者尸体行火葬外，其余死者均行土葬。清嘉庆元年(1796)以前，苗民多以家族或村寨划定公用墓地。传说，清乾隆末年至嘉庆元年(1795～1796)，清政府在镇压乾、凤、永、松苗民起义时为解心头之恨，令清兵挖苗民祖坟爆尸。苗民为避免日后祖坟被挖，遂请地理先生(风水先生)在离寨较远的高坡处择墓地安葬，约定俗成，后人不知其缘由。

清同治末年以后，父母临终，子女守在床前，以便在父母断气时“接气”；断气时，即烧三斤六两钱纸(旧制十六两为1斤即500克)作“落气钱”，用布袋盛纸灰系于死者身上作“阴间钱”。

死者上“柳床”后，头部朝火坑，请一异姓苗人到溪河或山泉提一罐溪河水或泉水用桃树叶或菖蒲煎汁浴尸。男尸剃发须，寿衣单数，寿裤双数，按死者年龄数棉线搓成裤带系裤。棺尾朝大门，棺头内叠瓦片作枕，阴置两叠各七片，中间阳放一片枕尸头。入殓时，举家探视，与遗体告别，晚辈女性泣哭，忌嚎啕，以免泪沾尸体及棺材。入棺后，晚女辈伏棺痛哭致哀，边哭边述死者的一生和为人。设灵堂，较富裕人家扎孝堂，请道士做道事。地理先生根据孝家家人生辰八字及家境情况择定葬日。富家，停柩时间长，十天半月，冬天两三个月；贫家，两三天或四五天。

停柩期间，通宵守灵，零时宵夜。较富裕户给致亲家族晚辈和亲朋晚辈(即班辈小)发“孝帕”，戴孝治丧。请道士做道事，大葬前一晚“打绕棺”，通宵达旦。开吊日，杀猪宰牛(丧失役力之老牛)，寨人及远近亲朋前来吊唁，放鞭炮，以粮食或钱币、香纸吊丧，叫做送“白事礼”。主人放地铳或鞭炮迎接，设“丧宴”款待。

当晚，道事更加隆重。道士众多，道服艳丽，道具齐全，宾朋满座，寨人围观。道事行至深夜，一道士手拿经书缓步绕棺诵经，众孝男跟随其后陪经，叫做“打绕棺”。绕棺毕，一掌坛道士手执佛杖率数名身强力壮道士绕棺击钹起舞，时慢时快，忽前忽后，忽左忽右，来回穿梭跳跃，舞姿惊险，场面热烈，令人眼花缭乱。这叫做跳“绕棺舞”。“绕棺舞”后，一青壮年道士在前，一善跑孝子紧跟其后，绕棺缓行两圈，道士突然起步飞跑，孝子穷追不舍，若“捉住”道士，则孝子胜,“捉道士”告毕;否则,再跑圈决胜负。夜行道事、绕棺诵经、跳绕棺舞、“捉”道士,通宵达旦,这是湘西苗族做道事超度亡灵的四大特点。开吊次日凌晨6时出殡,将棺材抬至屋外坪场放在两条长凳上,捆固两根抬棺杠。矮寨镇苗民在早餐前抬灵柩上山安葬,其他地方苗民在早餐后才将灵柩抬至墓地安葬。出丧时,地理先生放一只大公鸡站在棺盖头部上方,不加任何捆缚。一人行前撒钱纸“开路”,众孝男孝女戴孝帕随其后,迎灵柩,遇险路,磕头跪拜,祈祷平安,化险为夷。八人抬灵柩跟在孝男孝女后,口呼“毫哇毫哇喂”,遇坡坎时,众人在前面用粗绳拉扯棺材帮忙,抬丧人向丧家女婿“闹抬丧酒”或“闹抬丧烟”,道士敲锣击钹在后送葬到墓地或半途,连路放鞭炮。如路途远,抬丧换人不停棺。至墓地时,一孝子用孝帕铺在地上,抬丧人将棺材横压孝帕停放,抬丧大功告成,一路平安,众人松了一口气。

停棺后,地理先生烧钱纸“热井”,再用大米在穴底画八卦图,将公鸡放入穴内啄米煞邪。公鸡啄米毕,将灵柩放入穴内,地理先生将罗盘针置于棺头顶定向后,众孝男孝女孝孙背朝穴尾弯腰跪着,将孝帕披在背上打一折,以便接“富贵米”。地理先生口中念念有词:“脚踏亡人棺,子孙发万年;寻得真龙地,儿女做大官。此米此米,不是非凡米,昔日唐僧去取经,带得金砂米二升。东主将来画爻卦,西主将来庆龙神;庆着龙头龙开口,五龙在地护子孙。从今亡者安葬后,家发世代斗量金。二十四山听我言,七十二龙听我宣,吾今不是寻常客,乃是江南北鹤仙。今日神仙来点穴,拨开龙口葬圣贤;听师抛撒金砂米,儿孙世代有余钱。手拿金米撒上东,东方龙神听吾封,安葬亡者已过后,子孙代代入朝中。手拿金米撒上北,北方龙神听我说,安葬亡者已过后,子孙代代佐朝国。手拿金米撒中央,中央龙神赐吉祥,安葬亡者已过后,库满金银仓满粮。米撒上,富贵荣华家兴旺;米撒下,子孙后代多发达。”地理先生问:“借问孝家要富还要贵?”众孝子孝女孝孙答:“富也要贵也要。”地理先生说:“要富者,赐你富,富如石崇;要贵者,赐你贵,贵如陶公。左右两山山水好,前后俱是贵人逢。一赐一品当朝,二赐加官晋爵,三赐连升三级,四赐四季发财,五赐五子登科,六赐禄位高升,七赐七子团圆,八赐八仙过海,九赐久长久远,十赐十全十美。”众孝男孝女孝孙跪地用孝帕接米,他人从孝帕上取米送给他们嚼食,以示承接前辈衣禄,青出于蓝而胜于蓝。念毕咒语,一孝男手执挖锄,挖三锄土盖棺后,几名男青壮年挖土撮土覆土盖棺,堆砌坟头。有的人家立即安碑,有的以后安碑,有的贫困人家不安碑。安葬毕,安葬人员及所有到墓地者均返回孝家正堂,用餐后方散去。城乡安葬亡人日,乡亲街邻老少均到孝家吃“丧事饭”。亡人安葬毕,点墓灯三晚,满三朝,孝子到坟上添土。19世纪前,父母亡故,孝子守孝三年,结庐守墓,未婚者满三年方结婚。20世纪初至90年代,守孝者蓄发百日,一年后方可结婚。20世纪90年代后,孝子不再蓄发守孝。

“达加”、“达巧”者(“达加”西部苗语,“达巧”为东部苗语,即非正常死亡,死得不好)尸不进寨进屋,用白棺浅葬倒埋,不留坟头,不开墓门。丧户及族人将家中坛子酸菜全部倒净抛弃,家人和亲友以及寨人不再呼其名及称谓,而以死因称之,对吊死者称为“那个吊颈人”,被电击死者称为“那个着电打的人”。清明时,不扫墓挂坟。对早夭折者用木匣装尸,当天死当天埋。

第九章　信仰崇拜　禁忌

第一节　信仰崇拜

一、自然崇拜

在原始时代，人类由于认识的局限，对支配和影响自己生产和日常生活的各种自然现象不能做出科学的解释，很难将自己同周围的自然界区别开来，常常把自己与自然现象、自然物体和外部力量视为一体，混为一谈。当他们看到某种自然现象、自然物体和外部力量时，往往误认为自己也能呼唤和创造这些自然现象、自然物体和外部力量；同时，又常把仅为人所有的能力付诸自然界和外部物体，把自己的生命也加到自然界和自然物体中去，形成最原始的"万物有灵"观念。苗族先民也是如此。他们把天上的日、月、星、雷电、狂风、日食、月食，地上的树木、花草、溶洞、奇山巨石、泉井、深潭、虎、豹、虫、蛇、牛、犬，水中的鱼、虾、蟹等动植物和自然现象以及自然物体人格化，认为它们和人一样会说话，有喜怒哀乐和善恶之分。苗族文化《古歌》和《古老话》充分反映了所谓"万物有灵"的原始观念，从这种原始观念中产生了自然崇拜并长期留有遗迹，直至近代，在苗族生活中还能看到各种自然崇拜的习俗。湘西苗区祭祀有36堂神、72堂鬼，其中"龙公龙母""龙子龙孙""白鹤仙子""白虎仙人""阿仆阿代""阿娘守那"（日父神、月母神）这些名目繁多的"神"和"鬼"实际上是从"万物有灵"观念和原始自然崇拜演化而来的。湘西苗族所祭祀的"神"和"鬼"中有许多是自然现象和自然物体。时姓在举行"吃猪"祭典时，祭的是"雷鬼"。传说"雷公"最怕盐，所以祭"雷公"时所有的供物均忌用食盐。他们错误认为泉里和河里有"泉鬼""河鬼"，喝了泉水和河水如得病就要请巫师祭"泉鬼"或"河鬼"，叫做"了贵"即"赎魂"。还错误认为有什么"古树鬼""风鬼"，如家人久病不愈均须请巫师祭"树鬼""风鬼"。

湘西苗族对"龙"特别崇拜，认为"龙"是吉祥幸福的象征，能给人带来好运和康宁。他们举行"接龙"祭祀活动时，诵"龙经"，唱"龙歌"，跳"接龙舞"，身着盛装的苗族妇女左手拿伞，右手提一块长彩布作"龙身"，走在最前面一长辈主妇为"龙头"，最末一晚辈为"龙尾"，苗巫师摇铜铃在前引领，吹唢呐，敲包包锣，一路长蛇阵，从溪河边或井泉边将"龙"接回家，安置在房屋中堂的"龙室"内，让"龙"给主人带来幸福安康。市域东部苗民举行"跳香"活动，祭祀"五谷神"，祈求它给苗民带来一年好收成。凡此种种，这些祭祀和崇拜活动在某种程度上都具有原始崇拜的色彩。20世纪80年代后，这种色彩逐渐淡化，主要是作为民族民间文化娱乐活动。

二、图腾崇拜

图腾崇拜，意为"他的亲族"。在原始时代，人们相信人同某种动植物保持着一种特殊的关系，甚至认为自己的氏族部落起源于某种动植物，因而把它们视为氏族部落的象征和神物加以崇拜。这无疑是一种源于“万物有灵”的原始宗教信仰。苗族和世界各个民族一样早期都产生这种崇拜。苗族由于历史上迁徙频繁，分布地域广，各苗族地区差异较大，所崇拜的图腾不止一种而是多种。

湘西苗族先民以神犬即“盘瓠”为自己的图腾。湘西苗族地区流传的《古老话》中有《奶夔父苟》的传说故事。苗语东部方言“阿奶”即母亲，“夔”即官宦人家女儿，“奶夔”按含意汉译为“皇家公主”或“公主母”；称父为“爸”，称“犬”为“苟”，“爸苟”即“苟父”。《奶夔爸苟》说：男国王养豆来（女），女国王养王基（男），豆来养奶夔，王基养爸苟。奶夔和爸苟生下七个儿子。他们长大后不知道谁是自己的父母，便到处寻访，水牯（公水牛）告诉他们：奶夔是你们的母亲，爸苟是你们的父亲。后来，众兄弟误杀爸苟。奶夔知道后十分气愤，定要儿子为爸苟抵罪陪情，儿子们无奈，说是水牯吐露了真情。母子议定以水牯抵命赔罪，于是捉它来捆，捆它来杀；杀它来抵爸苟命，杀它来祭爸苟魂。从此以后，苗族世世代代都要杀水牯祭祖。苗族“吃牛”（“椎牛”）习俗便由此而来。东汉人应劭，其祖父和父亲长期在武陵郡为官，应劭从小生活在武陵、五溪地区，对这一地区的风俗民情十分熟悉，显然是他为《后汉书·南蛮》和《风俗通义》“奶夔爸苟”这类传说提供了素材。《后汉书·南蛮》的作者将它演化和渲染成高辛帝女配神犬盘瓠的故事，至今湘西地区还留存一些盘瓠庙和辛女宫遗址。吉首市社塘坡乡擒头坡、九龙沟、凤凰县三拱桥乡刺岩寨、茶山、补丁寨、麻冲和禾库乡雀儿寨、地良坡等地为武陵山腹地、武水之源，山高万仞，尚可耕作。山半有盘瓠石室，可容万人，室中有石床和盘瓠行迹。

湘西苗区还传说人由龙演变而来，大地上先有龙身人头的“龙人”，由“龙人”生育人类始祖，故将“龙”作为自己的保护神，例行“接龙”祭祀活动，这是图腾崇拜的一种反映。

三、祖先崇拜

“万物有灵”观念的进一步发展便引申出灵魂和肉体分离的观念，先民们认为人有“灵魂”并且可以脱离肉体，永恒存在。人类在此基础上很早就产生了祖先崇拜，认为自己的始祖和列祖列宗的灵魂永不灭没，他们生活在另一个世界里，后代只要虔诚崇敬和经常祭祀，他们就会保佑子孙幸福，消灾免难，全家安宁，兴旺发达。苗族关于始祖的传说并盛行各种祭祖和祭亡人（正常死亡）的活动便是原始祖先崇拜的遗俗。

市域苗族同样崇拜始祖神“傩公”“傩母”。“傩公”“傩母”苗语叫做“芭傩”“乃傩”，“芭”即公，“乃”即母，“傩”即神圣。“芭傩乃傩”即“圣公圣母”。传说他俩原是兄妹，因涨齐天大水，人类被淹没遇难，唯他俩人避于一高山之巅，幸免于难。大水消退后，为拯救人类，他俩将公母磨盘抬到山顶上，双方议定：将磨盘滚下山，若两磨盘合，则结为夫妻，遂将磨盘滚下山，至山脚平地处，两盘果然合拢，俩人只得结为夫妻，生儿育女，繁衍人类。据近人考究，这兄妹二人便是传说中的伏羲、女娲。人如无后或家人不安、六畜不旺、五谷不丰、财运不通、瘟疫流行或其他灾难便请巫师向傩神许愿，若如愿以偿，秋后则请巫师在在家中堂屋设“傩堂”“还愿”，叫做“还傩愿”，又称为“腊祭”，西部苗语叫做“敲农”。东部苗语也称为“还傩愿”。

市域西部苗族历史上还有一种祖先崇拜祭祀活动叫做“敬家先”，一般一年一祭，秋后举行，地点在屋内火坑与中柱间，苗语叫做“夯告”即祖宗神位，请苗巫师念咒打筶，祈求祖宗降福子孙，保佑全家安宁。其咒云："簸箕内摆的五碗酒、五碗肉和许多粑粑都送给你们，请你们吃了。"念毕，烧纸钱送祖宗，又念道："你们吃完了酒肉，现在烧纸钱给你们，不烧是纸，烧了是钱，多少平分，你们回去后，要做好鬼，不要想到人间，我们早晚吃饭都要喊你们，听到就来，在阴间晓得我们有什么灾难就要尽力解救。"东部苗族祖先崇拜祭祀活动在堂屋，安有神龛。

四、多神崇拜

人类进入阶级社会后，人们对社会制度造成的各种悲欢离合、成功与失败、幸福和灾难、富贵和贫贱等社会现象无法理解，因而对支配人们生活的各种社会力量产生了神秘的幻觉，把社会力量加以神化，创造出各种各样具有社会属性的神崇拜。从自然崇拜发展到具有社会属性的神崇拜是宗教发展的一个新阶段。苗族在其历史发展中也达到这一阶段，但一直处于多种信仰和多神崇拜的阶段，尚未进入高层次"一神教"发展阶段。在他们的多种崇拜中有"土地神""飞山神""公安神"，又叫做"五智神""四官神""阎老大神""五姓伤亡鬼"。他们崇拜的这些神鬼是进入阶级社会后基于"万物有灵"的观念，是对社会现象和社会力量神化的产物。

苗族对社会力量的神化最典型的是对白帝天王(又称为"三王""天王")的崇拜和祭祀。关于白帝天王的传说有三：一说"白帝天王"是汉田疆保境拒王莽的三儿，二说是竹王三子，三说是镇压苗民的乾州厅鸦溪(今吉首市镇溪街道辖地)杨氏三兄弟。从有关方志记载看，以三说居多。杨氏系何许人也，众说纷纭，据《泸溪县志》(旧方志)载，白帝天王系乾城鸦溪人，南宋年间(1127～1279)，鸦溪有一杨氏女子浣溪时忽感水中瑶光受孕，晚上梦见一位骑白马穿白袍的老者和一位跨金龙穿白袍的老妇人送给她三个婴孩。一年后，她一胎生三子，三子长大后都神勇过人。时逢红苗作"乱"，兄弟三人同红苗作战，一直杀到奇梁洞口(今凤凰县奇梁洞)，杀死数千人，苗民被镇压。皇帝得知后，即下圣旨召见三兄弟。三兄弟怕功高盖主，将"三人杀九千"奏称"三十六人杀九千"。皇帝及满朝文武大臣见他们相貌英俊神武，称赞不已，皇帝赏赐。不料，皇帝疑心大，见他们名声很大，恐日后造反，夺取皇位，便命宫人暗中在御酒里下毒，吩咐三兄弟回家后再饮。回家路上，三兄弟迫不及待，误饮御赐鸩酒，中毒身亡。时人哀鸣，于清道光十六年(1836)建庙于鸦溪，名"鸦溪三王庙"，又名"天王庙"，供人祭奉。

关于杨氏三兄弟另一传说与上述说法基本相似。传说，鸦溪富户杨老栋家有一独生女杨穆英，长得花容月貌，年方二八，尚未婚配。

一天，穆英于鸦溪水井洗衣，不慎将金戒指掉入井中，忙伸手捞取，不料被金龙卷入水中，带回龙宫，与其婚配，后生三子。

三兄弟自幼习武，成人后武艺超群。某年，众匪聚于奇梁洞内，杨氏三兄弟得知，主动请缨前往奇梁洞剿匪，杀匪九千，匪患灭，民安宁。

皇帝闻知大喜，召三兄弟进京赏功。帝听谗言，唯恐三兄弟日后生变，难于制服。于是，赐鸩酒一坛、财宝若干，且吩咐三兄弟回到家中再开坛饮用。

三兄弟喜归，回到桃源白马渡时，酒兴大发，遂开坛饮酒，大哥饮少，面呈黄色；二哥次之，面呈红色；三弟饮得最多，面呈黑色，均倒地身亡。

三兄弟尸体被当地人抛入河中，逆流而上，直至鸦溪溪中。母见子尸，悲痛万分，口喷鲜血而死。

三兄弟虽身亡，然其阴魂不散，怒气冲天，到皇宫与帝论理。帝惶恐不安，只得分封三兄弟为宣威助顺灵应保安靖远王、绥远王和镇远王，分别授黄、红、黑旗一面，令其各领一方，管天地，管阴阳，谥封其母为太后。

百姓感恩三兄弟除暴安良有功，建三王庙于鸦溪，以作纪念，供人祭祀，传袭至今。

据史籍记载，“苗中天王庙甚多，在乾城鸦溪者最大，苗人视为圣地，如无天王庙之苗寨......可请天王出巡”。可见，苗族对白帝天王的敬奉和信仰十分虔诚。每年以小暑节前辰和巳两日为禁日（传说此两日为三王遇害之日），祀天王，禁屠沽，止钓猎，不穿红，不作乐，开禁后方恢复正常生活。旧时禁日期间，湘西以及川、黔、填、桂苗民不远千百里到鸦溪天王庙祭祀三王。平时遇兵灾、匪患、天灾、重病或打官司败诉等凶险不利之事都诉禀阴状向天王许愿，如愿以偿，则备祭品到庙还愿。苗民起义前要到天王庙歃血盟誓和领旗。苗民因事相争，是非难辨或遇冤忿不能自白时就到天王庙吃血酒，当着三王塑像刺猫血滴入酒中饮血盟心，发誓：“你若冤我，我大发大旺；我若冤你，我九死九绝。”事无巨细，吃血酒发誓后绝不反悔。苗民对白帝天王如此敬奉，一来出于对这种被神化的社会力量的虔诚信仰即神崇拜；二来与历代封建统治者有意提倡神崇拜密切相关。他们力图借助神力来维护自己的统治。清政府在镇压乾嘉苗民起义时，凤凰厅同知傅鼐曾捏造天王“显灵”的谎言，目的就是在于此。民国年间，湘西苗民掀起“革屯”抗日运动，为平息此次运动，湖南省政府主席何健特遣湘西专员公署专员余范传率公署全体人员到鸦溪三王庙敬献金字大匾，举行“隆重”献匾典礼，妄图借助神力来威慑苗民。

民国元年（1912），庙被毁，翌年重建。20世纪50年代末，庙被拆除。1993年，再次重建，但规模不如前大，祭祀人数也较前少，仅限于市域及周边县城乡一些信奉“三王”的居民。

第二节　禁　忌

一、忌在夜里和家里打口哨、忌踩三脚架

苗民认为夜里打口哨会刮凉风，各种妖魔鬼怪随风而至作祟。在家里打口哨会引鬼进屋缠身，使人失魂，家门将不幸。

苗族家庭火坑里放着一幅铁铸三脚架，用来架锅子和鼎罐煮饭炒菜，任何人坐在火坑边时都不能踩三脚架。为何忌踩三脚架？一说三脚架是由三位苗民护火祖先变成的，一说三脚架是苗民祖先的头盔，任何人都不得踩三脚架，否则对祖先不恭，必受惩罚。这无疑是祖先崇拜的一种表现。

二、忌坐“夯告”、新娘坐火坑边忌面朝北

“夯告”为苗民祖先神位，设在火坑右边（背向为北，面向为南）中柱脚处，苗民叫做“夯告”，

只有家中或族里长者可入座，其他任何人不可坐此处烤火。忌在此处打闹、泼水、吐口水、擤鼻涕、放屁；否则辱祖，将受先祖惩刑，或盲、或聋、或哑。这是祖先崇拜的另一种表现。

新娘进屋要坐在火坑北边，面要朝南，忌朝北；否则将会“吃里爬外”，于男家不利。

三、忌震“龙室”

苗族堂屋中央掘一方形小土坑作“龙室”，室内放一碗经“神化”的清水，接“龙”时将“龙”安置于清水中栖身，室上盖一块青石板，不可震动之，以免惊动室中之“龙”；否则，“龙”将弃主飞走，家人无“龙”保平安，会遭不幸。这是图腾崇拜中对龙崇拜的一种表现。

四、父母健在晚辈忌包白头帕

苗民视白头帕为“孝帕”，包白头帕者示父母去世。父母健在，晚辈忌包白头帕，祝福父母长命百岁；如包，则咒父母早殁，被视为不孝之子，受人耻笑。

五、忌 言

早晨起床至早餐前，忌说龙、蛇、虎、豹和鬼。春节、婚嫁等喜庆之日忌说“破口话”即不吉利话；否则，兆头不好。在女性长辈、晚辈或姐妹面前忌说痞话；否则，被视为没大没小，没家教，没脸面。前者是自然崇拜的一种表现，后者体现苗民语言美，作风正派。

六、小孩禁忌

小孩忌吃鸡爪、忌捉或摸雏鸟；否则，将来读书写字手发抖或像鸡爪抓，写不好字，考不起学。

七、其他禁忌

除夕吃年饭时，忌用汤泡饭；否则，开春种包谷时会下雨。正月初一，忌扫地，以免扫财出门；忌挑水，以免遭水灾。家有孕妇忌在家里钉钉子、搬床铺等各种敲打搬动，以免惊胎堕胎。苗巫师、苗医等艺人认为五爪类动物与人同祖宗，因此忌食狗肉和其它五爪肉，否则，法事、药效不灵。忌用灶煮狗肉；否则，有辱灶神。忌扛锄头进屋，忌将筲箕倒扑在堂屋里，因为这些是埋人迹象，不吉利。忌挑空箩筐、空水桶、空粪桶进屋；否则，办事将一场空。忌站在他人背后吃饭，使人“背时倒霉”。客人忌和主人家闺女开玩笑或挨身坐在一起，否则，被视为作风不好，居心不良，不尊重主人。孕妇忌在娘家分娩；否则，家生异姓，使娘家人丁不兴旺。忌在坟上撒尿；否则，会歪嘴驼背；忌食坟上长的野果；否则，会掉牙。忌虐待父母、忌糟蹋米饭；否则，会遭雷劈。忌食斋粑；否则，会被狼咬。夫妻忌在娘家同房同床，认为这是丑事。忌骂娘，特别忌骂“狗娘养的”“狗杂种”，因为湘西苗族先民以“神犬”即“盘瓠”为自己的图腾，流传高辛帝女配神犬盘瓠的故事，这样骂有辱苗民的祖先和父母，使人痛恨，有时会遭打骂。忌给别人起混名、忌以他人的身体或生理缺陷当面直呼“矮子”“跛子”“麻子”“聋子”“哑子”“瞎子”“呆子”，击人痛处，使人不悦或自卑，情理不容。

第二篇 土家族

土家族在不同的历史时期有不同的称谓。从宋代起，从古时泛指的“蛮”族中逐渐形成独具特征且较为稳定的民族。1956 年 10 月，土家族被国务院认定为单一民族。

1957 年 9 月，经调查，市域有土家族 2779 人，占全县人口 2.34%。此后，人口逐年增加，至 2012 年年末，增至 11.1 万人，占全市人口 37.57%。主要分布在太平乡、双塘镇、河溪镇、白岩乡和乾州街道。

市域土家族与汉族交往历史悠久，关系密切，渐与汉族融合，在语言、服饰、习俗等方面与当地汉族无异。

第一章 历史概况

第一节 族 称

土家族多居于与中原华夏文化发达地区接壤地带，与汉族交往历史悠久，关系密切。在汉文史籍中，土家族族称不同历史时期有不同的称谓。秦朝前，按首领名称为“廪君蛮”，按使用武器的独特称为“板楯蛮”，按赋税称为“賨人”。这些称谓与当时的生产和习俗密切相关。秦朝时，族称多冠以行政建制名，居住在巴郡、南郡者称为“巴郡南郡蛮”，居住在武陵郡者称为“武陵蛮”或“澧中蛮”“溇中蛮”“零阳蛮”“酉阳蛮”“武溪蛮”。唐、宋时期，朝廷在土家族等少数民族地区推行羁縻制，土家族地区多以某一大姓或族所形成的自然区域确定州名，故史籍上土家族族称与羁縻州联系，按州名分别称为“溪州蛮”“天赐州蛮”“奖州蛮”“辰州蛮”。古代这些“蛮”往往包括土家、苗、瑶、侗等民族。宋至清代，史书上出现“土兵”“土丁”“土人”等名词专指土家族。宋代至民国时期，土家族从古时被泛指的“蛮”族中逐渐形成独具特征且较为稳定的民族。

1956 年 10 月，土家族被国务院认定为单一民族。1957 年 9 月 20 日，湘西土家族苗族自治州成立，州府设在吉首。

第二节　来　历

春秋时代(公元前770～公元前476),齐国宰相田文(孟尝君)第十代后裔田愈之子田文轩受任上司官职兼边疆团练,奉王命由山东经安徽、浙江、江西入峒河流域,建衙门,镇边邑,子孙定居河溪,繁衍生息,分为八房,第一、三、六、七、八房被世人称为“土蛮子”,迁居河溪镇大庄、河溪、阿挪。第二房迁居乾州街道田家园、小庄村,凤凰县竿子坪。第五房迁居花垣县紫花、尖岩,古丈、保靖等地。明朝初(1368～1372),黄姓由江西吉水迁入湖南省麻阳县茶溪后,一部分由黄士宝、黄士举率领迁居乾城县两斗田、喜鹊营,后分支定居所里和凤凰县得胜营。张姓来历,一说是元末明初(1368～1369)由江西迁入乾城县司马溪,另一说是明嘉靖年间由江西迁居老树村。向姓于明洪武年间由沅陵莲共花池迁居乾城县夜愁坪(今太平乡向家寨),另几个分支祖爷迁居龙山、永顺、保靖等地。彭姓由江西迁居峒河流域,另有分支由保靖、凤凰等县迁居乾城。

第三节　人　口

1957年9月,吉首县人民委员会进行民族调查,县域有土家族2779人,占全县人口2.34%。1958年,通过普查认定,土家族增至13918人,占全县人口11.64%。1960～1962年,国民经济困难时期,土家族人口也有所减少,由1959年的13910人减至1962年的12344人,所占比例由11.64%升至11.84%。1964年7月1日零时,全国第二次人口普查登记,吉首县11.1万人,其中土家族15829人,占14.26%。1966～1976年“文化大革命”期间,人口保持在20025～27964人,所占比例为16.69%～17.37%。1978年后,改革开放,国家在招干、提干、招生等方面给少数民族优惠政策待遇,土汉通婚,部分人更改、恢复、确定民族成分;吉首地处湘、鄂、黔、渝四省市边区物资集散中心的区位优势,是湘西土家族苗族自治州州府驻地,全州政治、经济、交通、文化中心,魅力吉首吸引大批外地土家人到吉首安居乐业,全市土家族人口发展较快。1978年33006人,占全县人口19.93%。1982年7月1日零时,全国第三次人口普查登记,吉首县17.98万人,其中土家族39544人,占22%。2010年7月1日零时,全国第六次人口普查登记,吉首市30.21万人,其中土家族10.8万人,占35.75%。2012年年末,全市29.57万人,其中土家族11.1万人,占37.57%。

土家族主要分布在太平乡、双塘镇、河溪镇、马颈坳镇、白岩乡、乾州街道。2005年,太平乡土家族5888人,占全乡人口的83.7%;2012年,5841人,占84%。2005年,双塘镇土家族11137人,占全镇人口的83.44%;2012年,11648人,占84%。2005年,河溪镇土家族7292人,占全镇人口的59.5%;2012年,7664人,占60%。2005年,白岩乡土家族3426人,占全乡人口的30.27%;2012年,3326人,占30.5%。

土家族姓氏以张、向、田、杨、高、黄、罗姓为主。张姓主要分布在太平乡司马、干田、青㭎，双塘镇双塘、坨丰、江丰，河溪镇铁岩、马鞍，马颈坳镇大部分村寨。向姓主要分布太平乡太平、新华，寨阳乡曙光等村寨。田姓主要分布在乾州街道树岩桥、吉庄、小庄、大庭，双塘镇立新，河溪镇大庄、阿挪等村寨。杨姓主要分布在寨阳乡冲角营，镇溪街道鸦溪，河溪镇楠木、新建，乾州街道金坪，双塘镇大坝、兴田等村寨。高姓主要分布在河溪镇持久、百里、五斤坪、永固，乾州街道吉庄，双塘镇冲虎等村寨。黄姓主要分布在乾州街道古城社区、两斗田，马颈坳镇团结村、米坡村。罗姓主要分布在镇溪街道鸦溪、寨阳乡平朗、平冲，社塘坡乡社塘坡、河溪镇张排等村寨。

第四节　抗倭和抗击帝国主义入侵

一、抗　倭

明嘉靖年间，倭寇在中国东南沿海地区肆行骚扰破坏。明朝廷命张经总督东南各省军务，征调湖南土兵和广西狼兵赴东南沿海抗倭，保家卫国。嘉靖三十三年(1554)冬，湘西土兵、苗兵1万余人携粮草兵器，步行3000余华里到江苏苏州府桃江地区抗倭。次年，倭寇侵犯聚胜墩，湘西土兵将倭寇包围，南北夹击，将其击败，毙敌300余人。是年四月，侵占常熟三丈浦的倭寇活动频繁，气焰嚣张，兵备副使任环调湘西土兵4000余人，三路围攻，土兵浴血奋战，毙俘倭寇280余人，土兵和官兵无一人伤亡。是月九日，盘踞柘林(今江苏奉贡)老巢的2000多名倭寇出金山独山，占嘉兴。总督张经会同浙江巡抚胡宗宪调湘西土兵从泖河遏敌前路，敌不得进，遂退守墓亭，三面为水所阻，被土兵和官兵毙1000余人，仅余500余人逃至柘林。五月，侵占柘林之倭寇出动4000余人又犯嘉兴。总督张经派遣参将卢镗督土兵、狼兵、官兵水陆两路击敌，倭寇败走平望(今吴江之南)。副总兵俞大猷令湘西土兵及官兵拦路截击，倭寇受重创，败走王江泾。土兵乘胜追击，倭寇腹背受敌，陷入重围，被斩被俘1980人，溺水者不计其数，只有少数残兵败将窜逃柘林。《明史·湖广土司》称“王江泾之战盖东南战功第一”。明世宗皇帝赐土兵统领彭翼南、彭荩臣三品服，授昭毅将军，加右参政，管理宣慰司事，并赐银币；赐彭明辅银两，赐彭守忠冠带。七月，侵占松江柘林的倭寇出动1000多人侵犯苏州一带。彭荩臣、彭翼南率土兵与俞大猷、任环所部官兵跟踪追击，包围倭寇于苏州陆泾坝，土兵官兵英勇奋战，擒敌枭帅，敌溺水者甚众。

嘉靖三十五年(1556)四五月，倭寇徐海等海盗1万余人聚浙江乍浦，焚舟誓死战。新任总督胡忠宪派兵将敌包围，然各以狃卑林三败，逡巡惶怖而敢逼。八月，湘西土兵先后到达。二十日，土兵、官兵对倭寇发起总攻，直捣敌巢穴，擒斩敌1200余人，焚死倭贼不计其数，徐海投水自尽，土兵割下首级示众。

嘉靖三十七年(1558)二月，侵占宁海舟山的倭寇负隅顽抗，官兵久攻不克。彭显宗等人率麻僚、大剌、镇溪(今吉首)、桑植6000多名土兵和容美宣慰田世爵带领的土兵先后抵达，俞大猷指挥土兵趁雷雨四面进攻，焚倭营，将大部分倭寇烧死，舟山之战告捷。至此，江浙沿海一带的倭寇全部被肃清。

二、抗击帝国主义入侵

清道光二十年(1840)六月,英国为在中国贩卖鸦片而发动侵华战争,史称"鸦片战争"。镇竿总兵祥福率湘西600余名土兵、苗兵前赴广州,驻守距广州60华里的乌涌,命土兵、苗兵、官兵及附近乡民修筑工事。是年八月,英军进攻乌涌,祥福指挥湘西土兵、苗兵反击,经激战,击毙英军200余名,打退英军第一次进攻,火药已尽,英军趁机发动第二次进攻,祥福阵亡,所率官兵伤亡100余人。在危急关头,200余名镇竿土兵及时赶到增援,毙英军数千名,土兵也伤亡较多,只得撤退,乌涌失守。

清光绪二十六年(1900),义和团运动蓬勃兴起,反对帝国主义瓜分中国。尚未赴任的新疆喀什噶尔提督、原天津镇总兵、湖南省乾州厅鸦溪(今吉首市镇溪街道鸦溪社区)土家族罗荣光上书朝廷,获准留守大沽,保卫海防,率清军守卫大沽炮台,浴血奋战,因寡不敌众,炮台失守,罗以身殉职。

三、支持辛亥革命和反蒋斗争

民国5年(1916)1月1日,袁世凯称帝。湘籍、原云南省都督蔡锷,继任都督唐继尧通电反袁,宣布云南独立,组织护国军,出兵讨伐袁世凯,保卫共和国体,湘、鄂、川、黔、桂、浙、陕等省纷纷响应,护国黔军进驻湘西,市域土家族、苗族、汉族等族人民积极参加讨袁运动,支持护国黔军在泸溪、古丈等县打败袁军。

民国26年(1937)7月7日,日本帝国主义制造卢沟桥事变(史称"七七事变"),全面发动侵华战争。蒋介石消极抗日,积极反共,激起全国人民的极大愤怒。市域土家、苗、汉等各族人民采取各种形式参加抗日战争。抗日战争胜利后,蒋介石实行独裁统治,发动反共反人民的全面内战,市域各族人民同国民党反动派和地主恶霸斗争。1949年11月,乾城县和平解放。

第二章　文学　艺术

第一节　文　学

一、口头文学

韵体文学

哭嫁歌　有《哭媒娘》《哭梳头》《哭戴花》《离娘饭》《哥嫂酒》《姊妹宴》《拜祖宗》《穿上轿衣》《撒筷子》《哭上轿》等哭嫁歌,是土家族妇女力作,语言朴实,句式明快,感情真挚,感人肺腑,催人泪下。“改土归流”前，土家族婚姻较自由，相爱欲婚的青年男女只要征得土老司同意就可成亲，娘家不苛求钱物，新娘不坐花轿，不存在对婚事的评定，“哭嫁歌”具礼仪性。在“改土归流”后漫长的封建社会里，未婚土家族青年男女与汉人一样恪守“媒妁之言，父母之命”，讲究“门当户对”，“哭嫁歌”除“哭”父母养育之恩、兄弟姐妹骨肉之情外，在很大程度上还增加了重男轻女、男尊女卑、包办婚姻、痛骂媒人等内容，既具礼仪性，又具揭露性、谴责性和批判性。哭诉持续天数少则七八天，多则一个月甚至两三个月。

离娘饭 新娘在娘家吃最后一餐饭，称为“吃离娘饭”。新娘“吃离娘饭”时哭别父母，哭得最伤心。

女哭娘：

吃了离娘饭， 眼泪难断纤；
吃了离娘饭， 要比咽糠难。
一来年又轻， 二来骨头嫩；
头发未长好， 指头未长轮，
不知天高和地厚， 离了爹娘若果了？
离了爹娘若果行？

娘哭女：

燕子崽崽长齐毛， 自己就要学着去飞了； 麻雀儿儿出窝了，
自己就要田里啄谷了。 娘的乖乖女儿懂事了， 不能把你装在娘荷包；
不会做人学着做， 不会挑担学着挑。 麻线都是搓成的，
见识都是捡来的！

女哭娘：

我的爹呀我的娘！ 命苦的女儿生得贱，世上养女不值钱。
屋檐滴水落现眼， 墙上跑马古来悬。
铜锣花轿催得紧， 出门容易进门难；
贵气的日子今天满，作贱的日子到眼前；
你们“去”字加“丢”字，我张口坐着“哭”皇天。

娘哭女：

我的闺女我的心， 闺女出闺娘伤心。
我的闺女我的肉， 女儿出闺娘心苦。
舍不得我的亲闺女 丢不开我的亲骨肉。

女哭娘：

我的爹呀我的娘！ 只怪你们养了苦命女；
你们受尽几多苦， 鸡孵鸭儿白费力。
鸡公还未叫开口， 露水打湿爹娘身上衣；

别人爹娘烤炭火，　　我爹娘上山还未回。
吃了几多冷菜饭，　　挨了几多冷风吹；
脚板踩熔岩板路，　　扁担磨破肩膀皮。
春荒年成到处讨，　　夏荒日子挨家借；
指望女儿长成人，　　爹娘不吃留儿吃。
盘儿养女爹娘苦，　　白头累断骨头筋；
养儿长大有指望，　　养女长大枉费心。
灶灰筑墙靠不住，　　花费钱米白操心。

娘哭女：

女呀，女！娘劝女儿快收声，　　不是为娘不知情；
皇帝养女也兴嫁，　　讨吃也要两姓人。

女哭娘：

我的爹呀我的娘！
女儿难报爹娘恩，　　你们为女操尽心；
热天为女来打扇，　　冷天棉衣一身新。
女儿穿破娘又做，　　纺纱织布拿手教，
打柴煮饭娘先行。　　把女苦盘十八岁，
头发白了一层层；　　把女送到远乡去，
哪个再来待双亲？　　砍柴喂猪哪个代？
年老病痛靠何人？　　弟妹年小谁照顾，
你叫女儿怎放心？　　女儿在家孝未尽，
为何把我送出门？

娘哭女：

我的乖儿我的女，　　你是娘的随身宝，　　你是娘的罗裙带，
你是娘的心肝肝，　　你是娘的命根根。　　我的乖女在家里，
不进厨房饭也香，　　不拿扫把地也光。　　我的闺女出嫁了，
为娘怎么不心伤！

女哭娘：

我的爹呀我的娘！　　你们可怜的家女，　　就像香炉一堆灰；
爹娘身边来做女，　　寸步与娘不分离。　　如今女像嫩雀鸟，
长大就要离娘飞；　　雀鸟离娘声声叫，　　今朝飞去几时回？
离爹一时像一天，　　离娘一天像一岁；　　三天没见爹娘面，
口吃蜂糖也不甜。

娘哭女：

我的闺女我的乖，　　到了婆家莫挂怀；
八月燕子飞去了，　　春天又转现楼台。

女哭娘：

我的爹呀我的娘！　　女儿是个草子命，　　岩上也要去牵根；
好花都要朝阳开，　　只有爹娘不会栽。　　一栽栽到背阴土，
六月太阳晒不到，　　寒冬霜雪深深盖。　　铁打心肠的爹啊，
钢打心肠的娘啊，　　硬把你女儿丢火坑。

娘哭女：

我的心肝女儿呀！　　你到了人家廊场，　　要顺着人家爹娘；
你只能墙上加土，　　不能雪上去加霜。　　爹娘面前可任性，
公婆跟前要留心；　　人家就是重口讲，　　你呀也要轻轻应。
搬起板凳让人坐，　　走到窄处让人行；　　老的面前要听话，
少的面前要关心。　　我的心肝女儿呀！　　金盆打水清又清，
你的言行要谨慎；　　莫让别人讲闲话，　　莫给爹娘添伤心！

新娘哭诉道：

莫叫伤心越伤心，　　莫叫流泪越流泪。　　滴到衣上衣要烂，
滴到岩上岩要断，　　滴到高山山要崩，　　滴到平地淹成潭。

娘哭女：

我的女儿我的心呀，　我头上金簪取一根，　　我手上戒指取一双；
饿了你拿去买饭吃，　渴了你拿去买水尝，　　衣烂你拿去买衣穿，
裙破你拿去买裙换。　上山要走老坎路，　　切莫踩到路边边；
坐船莫坐头尾边，　　船头船尾船一偏，　　叫娘怎么得心宽！

女哭娘：

我的爹呀我的娘！　女不要戒指不要簪，　戒指金簪难去我愁颜。
离山离水容易离，　离爹离娘痛心肝。　今日与爹娘分了手，
不知哪天再相见！　只恨天高路又远，　不知何日走到边？
高山隔了几百座，　路长竟有千里远，　有脚难走千里路，
有翅难飞万重山。　我的爹啊我的娘！　女和你们难团圆。

哭哥嫂酒　在“离娘席”上，哥嫂陪伴着爹娘，向妹妹敬酒，相互哭别。

妹哭哥：

哥哥呀，哥哥！　你我兄妹同根生，　你我兄妹两样命；
哥哥生来富贵相，　妹妹命是下贱人。　哥哥在家香火旺，
妹妹出门离双亲；　只怪生来女儿命，　神龛写字也无名。

哥哥呀，哥哥！　　今晚你要早早睡，　　明早起来送妹行，

送到他乡去受罪。　送到半路一砣岩，　　莫在半路转回来；

送到路边一条沟，　莫在路上把妹丢。

中华人民共和国成立后，男女平等，婚姻自由，“媒妁之言，父母之命”已不复存在，“哭嫁歌”除保留礼仪性外，还具有对比性、歌颂性和憧憬性。1978 年 12 月，中共十一届三中全会后，改革开放，民族地区经济发展，社会进步，“哭嫁歌”日趋淡化，渐被革命歌曲（“红歌”）、民族歌曲、流行歌曲所取代。

劳动歌　反映土家人不违农时、勤劳和团结互助的精神。市域土家族村寨较流行的劳动歌谣有：

烂田烂地莫抛荒

烂田烂地莫抛荒，　　撒点绿豆和高粱；

绿豆煮饭强过米，　　高粱烧酒满屋香。

二月过了上三月

二月过了上三月，　　犁田打草忙不彻；

好似春风少年姐，　　勤脚舞手打叶叶。

青山不老我不闲

抬把锄头上青山，　　青山问我几时闲；

我问青山几时老，　　青山不老我不闲。

阿妹栽秧不要忙

阿妹栽秧不要忙，　　太阳才到头顶上；

放下秧儿歇歇气，　　秧栽不完我帮忙。

雷公干田莫放荒

雷公干田莫放荒，　　我家黄牯正登罡；

黄牯耙你干田内，　　耙得满田水汪汪。

清明三早贵贵阳（杜鹃）

清明三早贵贵阳，　　夫也忙来妻也忙；

我夫抬犁打先走，　　妻走后头铲田坎。

情歌　是山歌的一种，反映土家族青年男女的爱情生活，包括初恋、赞美、结交、深情、相思、离别、忧虑等内容，情真意切，生动活泼，含蓄幽默，耐人寻味。

十变歌

男：郎思姐来姐思郎，变蔸杨柳变蓬桑；变蓬桑树姐来采，变蔸杨柳郎歇凉。

变蔸杨柳变蓬桑，变蓬桑树在路旁；桑叶青青妹来采，就在树下结成双。

女:变蔸杨柳变蓬桑,情郎是个大木匠;斧头落地砍断树,把树甩下养鱼塘。

男:把我甩下养鱼塘,变个鱼儿游三江;等到妹妹来洗衣,一手抓住就成双。

女:变个鱼儿游三江,情郎是个打鱼郎;撒起渔网捞起你,吃你肉来喝你汤。

男:吃我肉来喝我汤,变根骨头卡你讲(颈);你若把我卡死了,你我二人难成双。

女:变根骨头卡我讲,我哥是个大药匠;只要一碗鸬鹚水,把你打下茅屎缸。

男:把我打下茅屎缸,变个蚊子飞上墙;只要妹妹墙上坐,轻轻落在你身旁。

女:你若落在我身旁,顺手就是一巴掌;三下两下打死你,叫你伸脚见阎王。

男:叫我地府见阎王,变个将军站门旁;有朝一日妹找我,阳不成对阴成双。

十接情郎

站在对门山坡梁,一箭射到姐闺房;大姐出来把箭捡,见箭如见远乡郎。

远乡郎来树下藏,蚊咬狗吠你莫慌;等到半夜人睏尽,穿衣点亮来接郎。

接郎接到一重房,一对狮子蹲两旁;抬脚莫踩狮子尾,狮子摇铃响叮咚。

接郎接到二重房,一对黄狗守两旁;我郎莫踩狗尾巴,免得黄狗咬情郎。

接郎接到三重房,一对金鸡站两旁;劝郎莫踩金鸡尾,金鸡啼醒梦中郎。

接郎接到四重房,洗脸铜盆放两旁;切莫碰到铜盆架,铜盆落地响叮当。

接郎接到五重房,公婆房中睏得香;高高抬脚轻轻放,只怕惊醒老“龙王”。

接郎接到六重房,此房正是爹娘房;轻手轻脚走过去,莫等爹娘晓得郎。

接郎接到七重房,此房就是哥嫂房;小心翼翼轻轻走,哥嫂晓得难下场。

接郎接到八重房,兄弟房里亮堂堂;外面装的金格子,弟在房中读文章。

接郎接到九重房,这里是我三妹房;八尺绫罗身上穿,妹在飞针绣鸳鸯。

接郎接到十重房,十重房中会情郎;二十四床花被子,喜欢哪床盖哪床。

十送情郎

送郎送到踏板边,取双鞋子送郎穿;穿双鞋子不要紧,吃酒莫向外人传。

送郎送到床当头,打破灯盏倒泼油;打破灯盏不要紧,就怕是个凶兆头?

送郎送到房门边,手摸不到房门闩;开门请郎莫开眼,门闩不傍抱柱边?

送郎送到火塘边,方方正正四块砖;团团圆圆四块瓦,缺少一块不团圆。

送郎送到堂屋中,三碗腊肉两碗葱;郎吃三碗脸带笑,妹吃一口卡喉咙。

送郎送到堂屋边,手牵手来泪涟涟;来时接郎眯眯笑,去时像刀割心肝。

送郎送到大门边,不见门闩喊皇天;青天皇天你莫喊,不到左边到右边。

送郎送到阶檐边,手拖情郎下阶檐;一步一步轻轻走,莫让脚踩岩头尖。

送郎送到屋檐角,风也吹来雨也落;左手帮郎打雨伞,右手帮郎理衣角。

送郎送到门外头,郎骑白马妹上楼;郎骑白马眯眯笑,妹上楼梯泪长流。

妹不架桥哥要来

风不吹柳柳不摆,雨不洒花花不开;不是哥喊妹不应,不是哥叫妹不来。

东街望了望西街，只见人双不见乖；四面八方不见妹，暗中悄悄把泪揩。
情妹要来快快来，莫到屋前屋后挨；花开正时若不到，怕人移花别处栽。
妹是鲤鱼乖又乖，鲤鱼红嘴又红腮；手拿丝网江边等，不见阿妹游过来。
天干地焦花难开，劝哥开沟多砌岩；妹是旱地花一朵，哥不引水花不开。
昨夜做梦梦得乖，梦见打伞又穿鞋；打伞是个团圆梦，穿鞋莫会要分开？
妹妹讲来又没来，叫我难想又难猜；芝麻和错油菜籽，几多心事隔不开。
多久没见我的乖，时常挂记在心怀；心想唱歌无人伴，眉毛上锁难打开。

岩板种花花不开

妹是鲤鱼乖又乖，摇头摆尾上滩来；哥哥没有吃鱼命，手拿细网撒不开。
昨夜风吹细雨来，雨洒牡丹花盛开；别家花园走成路，妹家花园起绿苔。
得蔸好花无处栽，岩板种花花不开；园中花儿开得好，粗脚粗手没敢挨。
命苦不招外来财，穷死烂衣唧当捱，麻雀过路无土打，谷壳哄鸟鸟懒来。
劝你好酒吃不来，送你腊肉你不抬，好花栽在岩洞里，不见日头怎么开？
不是情哥欠勤快，好花开了人人爱；情哥心里想烂了，好花没得好土栽。

生活歌 是反映土家族生活的歌谣。旧社会，市域较流行的有《背水歌》、《长工歌》、《劝媳歌》、《赌博歌》、《楼手歌》、《比狠歌》、《挖苦歌》。他们常在村头寨尾、山坳河边、田头地角、火塘院落围着唱歌、听歌、逗歌，以歌为乐。有一人独唱，也有二人对唱或多人联唱。二人对唱时，先以歌头互探虚实，激发歌兴，接着针锋相对，由低到高，由慢到快，由柔到刚，高潮迭起，妙趣横生。

长工歌

正月里来正月中，背起包袱去写工；三言两语写成了，好似索穿牛鼻孔。
二月里来二月中，主人酒醉桃花宫；三更半夜雷公响，催起长工去翻冬。
三月里来三月中，后门阳雀叫哄哄；一来又催阳春早，二来主人好派工。
四月里来四月中，四月腰杆弯像弓；人家栽田有肉酒，长工栽田喝凉风。
五月里来五月中，五月龙船响咚咚；别人邀我把船看，主人要扣一天工。
六月里来六月中，六月太阳像火烘；主人打起洋罗伞，长工戴个烂斗篷。
七月里来七月中，主人看禾守田垅；上垅打到下垅转，都是长工扛戽桶。
九月里来九月中，九月重阳杀鸡公；鸡腿鸡身老板吃，鸡头鸡脚给长工。
十月里来十月中，十月打霜白朦朦；主人穿着鞋和袜，长工脚板包匹棕。
冬月里来冬月中，杀猪宰羊谢傩公；主人四季把财发，长工骨髓都熬空。
腊月里来腊月中，老板算盘敲长工；七扣八折精卵光，长工空手回家中。

时政歌 是一种带政治色彩、具鲜明时代特征的歌谣。

民国世界乱纷纷

民国世界乱纷纷，蒋委员长抽壮丁；年轻后生抓去了，老人如何做阳春？

叫花子翻身歌

吃也愁，穿也愁，破篓挂在拐棍头；哪条街前我不到？哪条巷子我不游？财主凶恶如狼虎，开口就骂“叫花头”。

想过去，满街游，不由眼泪唆唆流；破庙当屋睡一夜，草窠当作破枕头；恶霸吃尽穷人血，穷人流落在街头。

看今天，有救星，破篓拐棍齐抛丢；吃不愁，穿不愁，衣裳晒到九间楼；吃的尽是珍珠米，穿的尽是广东绸。

成立联合自治州

荷花吐艳正逢秋，传来喜事乐悠悠；千年喜事今天到，成立联合自治州。

孝歌　是在老人去世后，请度亡歌郎在灵堂一边打鼓一边唱的歌，有起鼓、哀亡、烟竹、劝活着的人孝敬父母、送神等词。

哀亡词

帝帝皇，帝帝皇，人生一世，草死一场；草死一场根还在，可怜人死不还阳。借问亡老几时病？初一得病，初二倒床；初三初四茶饭不尝，初五初六手巾包米去拈香；初七初八去问卦，卦中难保老年亡；初九初十，亡老一命往西方。合家孝男孝女殡殓停柩在堂，当即四方挂榜，招请度亡歌郎。请得第一歌郎，张牌头李矮子，头戴一个斗篷，脚穿草鞋一双，身背破鼓一面，手拿枹木鼓槌一双，来到孝家门口，连敲三槌哀鼓，鸡也乱啼，犬也乱吠，又有黄丝来打搅，又有九牛来造丧。这样歌郎不算歌郎，三槌哀鼓，被赶出歌场，另行挂榜。再请歌郎，第二歌郎，头戴金盔大帽，脚穿坐朝高筒靴一双，身背花鼓一面，手拿红漆鼓槌一双，来到孝家门口，连敲三槌哀鼓，鸡不乱啼，犬不乱吠，没有黄丝来打搅，没有九牛来造丧。这样歌郎才算歌郎，三槌哀鼓请进歌场。

歌郎歌郎，何不早来？初一要来，一不成双；初二要来，二虎排羊；初三要来，三羊开泰；初四要来，四不吉祥；初五要来，五龙聚会；初六要来，六合同春；初七要来，七九不行船；初八要来，八仙过海；初九要来，九牛造丧。歌郎选得初十，前来孝家哀歌悼故亡。

借问歌郎，您从何处到来？“我从田头地尾来。”听到什么叫？“听到青蛙叫。”青蛙怎么叫？“青蛙夸夸叫。”来者莫夸，夸者莫来。

得了歌郎，缺少何方？缺少鼓皮一张。鼓皮出在何处？出在渭川老山羊。大哥拦头截坳，二哥放狗搜山，三哥脚长手也长，一箭射死老山羊，羊肉拿来街前卖，羊皮拿来做鼓皮一张。得了鼓皮，缺少何方？缺少鼓腔一堂。鼓腔出在何处？出在西弥山上枹木林，砍来抬回家中，不要短来不要长，只要一尺二寸长，加工中央胀胀，两头弯弯，正好拿做鼓腔。得了鼓腔，缺少何方？缺少鼓钉。出在何处？出在铁洋州铁洋县，一碗米买四坨毛铁，张李二铁匠去炼，炼得一头大一头尖，用来钉住鼓边。得了鼓钉，缺少鼓槌一双，鼓槌出在何处？出在甲乙木大山上。歌郎上山去砍树，用作鼓槌一双，用来打鼓，追悼故亡，轻敲细打陪亡鼓，鼓声响亮悠扬，想来唱首山曲子，灵前不可能用，不免唱首烟竹词。

烟竹词(来字韵)

烟竹破篾软奶奶，　　破开两绺撑船来。
一船要装两样货，　　一头蔸脑一头柴。
柴也原来是蔸脑，　　蔸脑原来也是柴。
借到古人来比喻，　　贤臣拜相上金阶。

烟竹破篾软奶奶，　　破开两绺撑船来。
一船要装两样货，　　一头磨子一头岩。
岩原来也是磨子，　　磨子原来也是岩。
何时古人来比喻，　　李氏二娘把磨挨。

烟竹破篾软奶奶，　　破开两绺撑船来。
一船要装两样货，　　一头破片一头鞋。
鞋原来也是破片，　　破片原来也是鞋。
何时古人来比喻，　　赛金小姐绣花鞋。

不唱烟竹犹自可，　　烟竹唱起有原来。
龙汉元年栽竹子，　　张郎挖竹李郎栽。
先生一对黄壳笋，　　却被蝗虫蛀坏胎。
后生一对红壳笋，　　枝叶繁茂长排排。
烟竹根由唱不尽，　　提头撩尾要歇台。
且把烟竹收住韵，　　灵筵好请汉神来。
汉神请在灵筵坐，　　好把陪亡鼓来开。
今宵追悼人多广，　　慢听松风竹韵来。

请神(人字韵)

灵筵哀鼓吊亡魂，　　烛焰荧煌香气芬。
行的人来坐的人，　　借口传言转一声。
想请厨房大师傅，　　烹菜煮饭费劳神。
一请歌父许家子，　　二请歌母女仙人。
三请田增并田广，　　三郎田宝一齐迎。
四请董州董矮子，　　麻田姊妹一齐迎。

五请地藏行孝道，　　六请南无观世音。
七请取经唐三藏，　　八请文宣孔圣人。
另有前朝歌师傅，　　屋檐童子一齐迎。
众神顶礼相迎请，　　下降灵筵作证明。
一二从头安座位，　　灵筵超度故亡魂。
歌父请坐金轿椅，　　歌母请坐绣花墩。
众位汉神各有座，　　听我歌郎一二分。
灵檐童把香烟受，　　主证人间行礼人。
孝眷今宵开大悼，　　报答劬劳养育恩。
冥阳二府云临集，　　皈依三宝具虔诚。
从此请神已过后，　　陪亡打鼓再迎宾。

赞女婿孝心(摘录)

养儿方知娘辛苦，　　养女才知父母恩。
你的岳母生前日，　　四时八节有礼行。
常行年月来探看，　　送有腊肉无数斤。
如今岳母身忘故，　　又来吊孝送人情。
几宿东床具伴子，　　岳父岳母应该行。
虽然人来可不少，　　但无一个打空行。
养生送死都有礼，　　尽得忠孝两传名。
好的礼物数不尽，　　还要金歌伴亡魂。
女婿情词送过去，　　又来相请亲家们。
好木拿来做仓底，　　好亲放在后头行。
除了栗木没好火，　　除了后辈无好亲。
花费钱财来吊孝，　　抬的抬来迎的迎。
灵前蜡烛似桅杆，　　酒缸恰似海样深。
抬的抬来扛的扛，　　笋子拿来送人情。
也是高亲志量大，　　阳雀过界远传名。
再有姑嫜并姨妹，　　连亲共眷添厚情。
月月并排有朋友，　　立木添见有真亲。
客无亲疏都一礼，　　个个都是孝门亲。
众亲路路多热闹，　　轻吹细打闹沉沉。
幡旗对对龙摆尾，　　桶旗对对纵麻林。
鞭炮烟雾遮天地，　　彩旗灼灼似彩云。

孝歌(摘录)

（一）

度此托化香世界，　　菩提路上见慈尊。
慈母度往逍遥境，　　孝门福寿永康宁。

七宝池中成妙果，　　九莲台上听佛声。
佛乘指引升方路，　　音容与众不分离。

慈母别了儿和女，　　故母恩情挂在心。
劝上孝男并孝女，　　须知慈母有日分。

可怜不见生前面，　　白枉空留纸上名。
守孝不知红日落，　　思亲自望白云腾。

一拳打破青铜镜，　　慈母音容定长存。
去也去也真去也，　　船开回首岸上人。

恩重如山永不断，　　孝子不忘慈母恩。
人老要去总得去，　　转论台上后牒文。

（二）

盘儿养女真辛苦，　　一言难讲苦中情。
父母恩情如海深，　　恩情似海重千斤。

上坡就像挑重担，　　下坡行走肚皮挺。
身怀有孕做工夫，　　四肢无力没精神。

是儿是女生下地，　　好比放下担千斤。
把儿抱在心窝上，　　累痛抛到九霄云。

想起盘儿养女苦，　　不知费了几多心。
一尺五寸来摸大，　　怀中抱睡养成人。

干床干被与儿睡，　　湿床湿被母安身。
左边湿了放右边，　　右边湿了放中心。

左右床铺全湿了，　　双手抱儿怀中吟。
怀中抱来口头哄，　　常常不睡到天明。

十冬腊月下大雪，　　河边可怜母洗裙。
手在水中冷不过，　　常常呼气把手温。

如是小孩有病灾，　　父母担忧挂在心。
回去请医来医治，　　只想孩体早安宁。

小孩吃药病体好，　　母把担心换喜心。
养儿养到七八岁，　　把儿送进学堂门。

盘了一个又一个，　　盘了一人又一人。
父母盘儿养女子，　　心里哪会分重轻。

儿女都是母身肉，　　身肉掉下娘痛心。
父母恩情如天大，　　切记莫忘养育恩。

孝敬父母要记住，　　赡养老人要耐心。
双亲健在不孝敬，　　去世之后悔不及。

好儿好女孝父母，　　好儿好媳孝双亲。
你孝父母重一两，　　今后你儿孝一斤。
若是论你福寿享，　　你儿会念你恩情。

送神(摘录)

一片花飞减却春，　　风飘万点正愁人。
一阵风花一阵雨，　　一道标题一路文。
才看桃开迎客到，　　又惊枫落送行人。
鼓打陪亡歌一夜，　　善果遇隆又送神。
牛皮鼓响迎客到，　　高粱白酒送神行。

酒醴拼盘桌上摆，　　金纸银钱用火焚。
众神饮过上马酒，　　各归原位起云程。
装车备马莫停歇，　　他方有事另相迎。
灾殃祸患带回去，　　福寿康宁留孝门。
左边拆下金轿椅，　　右边拆下绣花墩。
东方拆下木城寨，　　南方拆下火城营。
西方拆下金城寨，　　北方拆下水城营。
只有中央我不拆，　　留与孝眷镇乾坤。
万丈高楼平地起，　　土生万物有黄金。
孝歌唱完后，歌郎一脚把鼓踢倒。

新风歌

文明礼貌树新风，　　神州处处展新容；
大地只觉春风暖，　　人欢鸟唱花更红。
虎比雄风龙比威，　　鲜花比艳鸟比飞；
十亿人民比文明，　　神州处处捷报飞。

儿歌　取材于生活，贴近儿童，拟人拟物，想象力强，文字朴实，寓意深刻，语言流畅，易唱易记，适合儿童说唱。

叮叮雀

叮叮雀，敲牛角。牛角尖，敲上天。
天又高，打把刀。刀又快，好切菜。
菜又甜，好过年。年又丑，买只狗。
狗有花，打吃它，骨头骨脑丢掉它。

烟子烟(一)

烟子烟，莫烟我，我是天上梅花朵，
猪挟柴，狗烧火，猫儿洗脸笑死我。

烟儿烟(二)

烟儿烟，烟东天；　　大娘骑马二娘牵。
牵到河边看龙船。　　龙船破，两边坐，
老鸦挑水桥上过。　　什么桥？楠木桥。

什么楠？蓝（楠）麻线。　麻线拖地长又长，
阿婆喂得肥猪娘。　猪娘肥得有多少斤？
八百八十无秤称。　问你阿婆杀不杀？
请来屠夫我就杀，　杀给蛮蛮吃嘎嘎（“嘎嘎”即肉）。

苦菜花

苦菜花，苦涟涟，　随娘女，到那边；
堂屋梳头哥哥骂，　灶房洗脸嫂嫂嫌。
哥哥嫂嫂，　你莫嫌，
妹妹跟你坐不得三五年。　哥哥打发红丝袋，
嫂嫂打发红绸鞋，　绿绿边，花花轿，到门前。
随娘女，被人撵，　泪水直往肚里咽。
哭爹三声背上轿，　喊妈三声锁轿门；
哥哥哭的假姊妹，　嫂嫂哭的假人情。
哥哥送到十字街，　嫂嫂送到大门外；
哥哥问妹几时来？　金花开，妹不来，
银花开，妹不来，　铁树开花妹回来。
嫂嫂问妹几时来？　娘在情在常常来，
无娘情断永不来；　莫讲我是随娘女，
根根骨头硬如铁。

巴姊苦

巴姊苦，巴姊苦，　过年煮豆腐。
豆腐没有盐，　园里摘菜尖。
菜尖没有油，　田里翻泥鳅。
泥鳅没有醋，　地里挖土豆。
土豆没有粉，　山里挖葛根。
葛根锤不烂，　去取雀儿蛋；
蛋还没有到，　风吹树倒了，
巴姊摔下地，　老鸹围着叫；
门板抬回来，　身上卷稻草；
大喊三声不应，　巴姊眼闭了。

上梁辞

四月清和雨乍晴，南山当转布分明；天清地泰风光好，东君大造正落成。

伏以，国恩家庆，日月光明；亲友齐来贺喜，门外星君光临。星君四面观看，此地水秀山明；后面来龙远大，前头去水长清。真是天时地利，风光四季如春；正好东君兴大厦，地灵人杰见文明。

新屋告落成，鲁班师傅技术精；绳墨高标准，施工费精神。造成大厦真善美，结构配合天地人；堂第光华美，主东享福人。俗言说到此，转题起下文：平地摆磉礅，磉礅平又稳；两位师傅两同心，同创大功成。年月吉庆今朝好，高架金梁趁良辰；星君千里来到此，架梁庆贺主东君。星起步进堂所，华堂喜庆满堂人。左边耳听锦鸡叫，右边耳听凤凰鸣；东西云梯高架起，星君连步好腾云。

伏以，左手扎罗衣，右手攀云梯；手攀云梯步步高，脚踏云梯上九霄。手攀一疋川，天也方地也圆；手攀二疋川，富贵两齐全；手攀三疋川，华堂万万年；手攀四疋川，四季进财源；手攀五疋川，五位福星到堂前；手攀六疋川，六亲满堂前；手攀七疋川，七星北斗照堂檐；手攀八疋川，八方八面进财源；手攀九疋川，九州风景送堂前；手攀十疋川，十全十美长方圆。贺喜东君缘分好，富贵荣华万万年！今朝年月连黄道，金梁玉柱配齐全。梁尾梁头分两边，梁头梁尾两相连；头配天来尾配地，有天有地配方圆。

请问梁头先生，既是金梁有头有尾，头配天尾配地，必然梁头坐人，梁尾坐人。请问：梁头坐的是谁人？

答：问者先生听分明，梁头坐的是文曲星。坐在梁头来请问：梁尾坐的是谁人？

答：问者先生听分明，武曲星君坐梁尾，梁中高坐紫薇星。文武星君头尾坐，各吟诗句贺东君。

请问梁尾先生：竖柱喜逢黄道日，上梁正遇紫薇星。又说喝茶要说茶缘故，喝酒说酒源根。今天来到东君华堂上，又请梁尾先生把金梁说分明。

答：问者先生听分明，我把金梁说源根，昔日混沌分天地，昆仑山中木一根，根蟠天地通云路，枝枝茂盛叶长青，凤凰飞舞百鸟来朝，张良走马云中过，看见此木真贵重，好作栋梁木一根。张良说与东君听，东君及时办礼行，择定吉时伐梁木，前往昆仑山上行。东君用斧轻轻一砍，梁木顺风倒向东方，请得八方子弟，轻吹细打迎入马场；木马一对，好似鸳鸯。鲁班长尺来比，短尺来量，金梁玉柱配合方。鲁班用斧一覛，覛得行行成路；用刨一刨，刨得路路成行。又将美术点画，画得乾坤八卦，画得日月阴阳，画得吉祥如意，画得花样文章。我把金梁说到此，恭请先生说梁粑。

答：先生要我说梁粑，梁粑说起有根芽，上古有个神农氏，发明五谷种庄稼。以后农业有进步，后稷提高好办法。历代农业用科学，田中产量更增加。现在许多好品种，真如锦上又添花。其中有粘又有糯，两样品种都如法。粘的拿来煮饭吃，糯的拿来打梁粑。我把梁粑说到此，恭请先生说酒根芽。

答:问此酒,说此酒,出在仪狄杜康手,仪狄造酒刺激大,杜康接着又造酒。杜康造酒味调和,从此流传成美酒。平日造酒宴宾客,今天用作上梁酒。我把美酒说到此,恭请先生说梁肉。

答;问梁肉,说梁肉,我把梁肉说根谱。上古崑山有野猪,张公拿得公猪喂,李公拿得是母猪,两家一起合作喂,养得小猪肥胪胪。平日杀猪待宾客,今朝好做上梁肉。我把梁肉说到此,恭请把金盘说一番。

答:问金盘,说金盘,张良托下鲁班镶。两边镶起八仙对,中央镶起卧龙蟠;上配天来下配地,金杯玉盏摆中央。平日用来待宾客,今朝拿来好上梁。我把金盘说到此,恭请先生说玉筷。

答:讲此筷,说此筷,此筷名曰象牙筷。一双筷子分两支,两支能合又能开;合拢金杯配玉盏,分开两支雁鹅来。象牙筷子盘中摆,上梁酒礼都齐全。闲言你我撇开去,礼当需要奠梁神。

奠酒(梁头先奠)

一杯酒,奠梁头,　　金梁玉柱合千秋;
二杯酒,奠梁中,　　玉柱金梁家兴隆;
三杯酒,奠梁尾,　　子孙为官清如水。
梁头梁尾三杯酒,　　玉柱金梁相成就。
美轮美奂大厦成,　　竹苞松茂天地久。
再有东君听我言,　　赐你财宝归仓库。

赐　宝

请问东君要富还是要贵?答:富贵都要。

一赐你,荣华富贵,庭栽栖凤竹,池养化龙鱼;二赐你,早有摇钱树,天天进财宝;三赐你,金堆平北斗,玉积满南山。赐得不多又不少,东君得宝好喜欢。上梁君子讲喝酒,盘子酒肉实在香。上梁人嘴最馋,口水流得几多长,看的人跟后吃,我把肉酒先来尝。下面的爱肉又爱酒,今后你们学上梁。肉吃饱,酒喝醉,再把梁粑抛四方。我喝东君一杯酒,贺喜东君年年有;三杯美酒喝过后,二月桃花开笑口;我吃东君一块肉,厨官师傅早办熟。把肉吃得几大块,吃得满福又满禄。贺东君从此后,年年喂得大肥猪,喝酒吃肉在梁上,看的人来等慌张,老少三班不要忙,这里梁粑几大盘,各人眼睛朝上看,抛到哪堂抢哪堂。

收　题

良辰吉日架金梁,　　贺喜东君大吉祥。
星君高驾祥云去,　　上梁君子转华堂。
金盘化作金满斗,　　米箱化为白玉盘。

结婚拦门礼辞(摘录)

门内：手执鸳鸯一把瓶，　于归请我来拦门；
桌上摆的金玉盏，　欢迎门外众来宾。
一杯美酒敬红鸾，　洞房花烛喜洋洋；
鸾凤和鸣同地久，　鸳鸯比翼共天长。
二杯美酒敬月老，　二美团圆登科早；
秦普两国已为婚，　朱陈二姓今结好。
三杯美酒敬冰人，　三星在户喜迎门；
金屋人间传二美，　银河天上度双星。
三杯美酒敬团圆，　礼官先生请上前；
拦门敬献接风酒，　金牙玉口早开言。

门外：掌朝先生是大贤，　衔酒接风不敢沾；
借你金杯斟玉酒，　三杯敬奠玉阶前。
一杯美酒色泽清，　酒中照见一双人；
左边出武将，　右边出公卿。
二杯美酒状元红，　酒中照见一双龙；
左边出宰相，　右边坐朝中。
三杯美酒玉琼浆，　酒中照见柴微郎；
在左人间出富贵，　在右朝廷作栋梁。
夫妇生贵子，　文武上金銮。
一张桌子四四方，　拦门敬酒礼应当。
三杯敬酒饮完毕，　金杯玉盏退回堂。

门内：外门红旗闪闪，　蓝旗飘飘；
好像状元出府，　又如宰相出行。
人夫骄马一大队，　灯笼稿把在前行。
身背包袱雨伞，　到我寒舍门庭。
有何贵干说原因？
门外：掌朝先生请听言，　黄道吉日开九天。
银河天上双星度，　金屋人间二美传。
特来迎娶千金女，　为何拦在大门前？
虽然礼节不周到，　希望原谅照顾全。
门内：金屋二美喜团圆，　千里姻缘一线牵；

莲理枝头新雨露，　参差荇菜旧山川。
礼官礼行带得有，　你看桌上摆秤斗；
有金有银拿来量，　何必要我来开口。
门外：桌子上面有秤斗，　看你像个生意手；
懒到站外绵时间，　礼典放满秤和斗。

门内：秤称银子斗量金，　人生在世照古人。
轻吹细打放鞭炮，　桌子移开请众宾。

主：黄道吉日是这天，　嫁娶欢乐得利年；
人夫骄马宾来此，　满堂宾主聚团圆。
行路难来费一天，　跋山涉水没休闲；
众客带有歌师傅，　早开玉口吐金言。
客：黄道吉日开九天，　朱陈二姓结良缘；
足穿草履入贵府，　潦草舌窄陪贵言。
主：足穿靴子进寒檐，　迎宾失礼不周全；
只因嫁娶多辛苦，　难免要熬一夜间。
客：圣主出词奉吟言，　万卷书册难看全；
白衣秀士装花脸，　言粗语糙众人嫌。
主：行船俩要往中间，　中心歌诉伴婚联。
门前鞭炮连天响，　忘记给亲递支烟。
客：亲家哥哥莫言烟，　肉炖坨坨只见添；
一砣竟有七八两，　吃来像扯马褡裢。
主：开亲结眷情义连，　莫论贫寒吃与穿；
化眉配做阳雀伴，　叫来声音也值钱。
客：贫亲入府结良缘，　没抬肉酒没抬钱；
抬肉都是跟人借，　瘦肉就像几坡烟。
主：你一歌来我一言，　总要休息抽袋烟；
云横五岭家何在，　雪拥篮美马不前。
客：主客同唱看时间，　莫行夜路去摸天；
马行力乏该因瘦，　停蹄住马莫扬鞭。
主：眼望歌郎是大贤，　习练多日文武全；
初出茅庐成大器，　那能怕我用双鞭。
客：战场交战要英贤，　各为其主保疆边；

有心要骑千里马，　　莫靠今朝这半天。
主：同住山脚共块天，　　为婚接嫁两其全；
水内养鱼鱼伴水，　　鱼水相合万万年。
客：孔孟本是圣人贤，　　我俩平时是种田；
当时若不登高望，　　哪个知道海中间。
粗一言来细一言，　　难得读透古诗篇；
谁人当面不夸奖，　　蜂糖甘草一般甜。
主：五更鸡叫看时间，　　新手难弹归归棉；
念在唱歌同教点，　　敲打铜锣莫伴边。
客：东也一言西一言，　　不久鸡鸣要亮天；
筒车打水节节过，　　一筒过去二筒连。
主：高师歌唱莫歇偏，　　蜂糖口甜也心甜；
辞归让与他人唱，　　愚人听听口边言。
日月交媾照凡间，　　佳偶天作万古传；
共贺鸳鸯同地久，　　花开并蒂永相连。

散体文学

土家族散体口头文学主要有神话、传说、故事、笑话和寓言。

神话　产生于远古时代，反映土家族先民对自然界的朴素认识和与恶劣环境作斗争的坚强意志。市域土家族地区流传较广的有《天、地、人的传说》《人之初的故事》《蛇落壳，人兴死》。这些神话一个突出的特点是围绕山区风貌充分发挥想像，寓意深刻。

天、地、人的传说

远古时，天和地像鸡蛋里的蛋清和蛋黄一样，紧紧连在一起，世界混混沌沌的。

有个力气很大的人叫盘古。他认为天地连在一起，神仙和人分不清，天上的事和地上的事混成一团，太不成体统了，必须把它们分开，于是拿了把大斧头朝天地之间"嚓、嚓、嚓"地砍了起来。砍了一阵子便将斧头把往地上顿了几下，砍了一阵子又将斧头把往地上顿几下，高山平地就是顿斧头把顿成的。盘古砍了三年零六个月，虽然把天地砍开了。可是，天和地仍是混混糊糊的分不清。他脾气来了，用力朝天上砍了一斧头，朝下砍了几斧头。哪晓得天被砍了个大孔，不断漏水；地被砍了好几个大凹，冒出水来。现在地上的湖、海就是这几斧头砍成的。尽管这样，天地之间还是模糊不清。盘古急躁了，正要举斧头再砍，太上老君赶来说："天地已被你砍开了，你还砍什么？"盘古说："你看天地还这么模糊，不砍怎么行啊？"老君哈哈大笑，说："这就不是动斧头的事了。来，看我的吧！"说着，他鼓气一吹，雾全被吹散了，天地从此分得清清楚楚。

老君抬头一看，大惊失色地喊了起来："哎呀！不好了，你闯大祸了。看，天被你砍通了，地被你砍破了。天上漏水，地下冒水，如何得了？"千里眼和顺风耳也大声喊："不得了，不得了，赶快动手扎吧！"天上大大小小的神仙搞得手忙脚乱，不论怎么扎也扎不住，水越漏越大，涨成齐天大水了。玉皇大帝急得要命，怕水涨到天上，就命女娲娘娘赶快补天。女娲起初炼石补天，补了又通，通了又补，始终补不好。后来，她苦苦炼了五年，炼出一种又软又绵的五彩云虽然把天孔补住了，但是浸水，时不时要漏下来，这就是现在天上下雨。可是，地上的人早就被齐天大水淹死了，怎么办呢？红君老主走过来说："地上没有人怎么成世界？"便决定找伏羲兄妹商议解决办法。当时，伏羲兄妹一个在东岳泰山修道，一个在南岳衡山修道。红君老主要他兄妹弃道成亲，为地上造人。兄妹俩不肯。红君老主提出从东山和南山各滚一扇磨盘测天意，若两磨盘重合了，就不能推辞。兄妹俩以为东山与南山相隔无远八远，绝对不可能重合，也就答应了。哪晓得一滚，两扇磨盘果然在华山脚下重得合缝合缝的。他俩无话可说，只好成亲。

一年后，他俩生了一男一女。红君老主前来祝贺，说："感谢你俩为地上造了人，只是像这样的生儿育女太慢了，地上成个世界要到何年何月去？我看这样吧，你们拿宝剑把这两个伢儿剁成千颗万颗撒到四面八方去，就会变成成千上万个人，这些人再配成对，地上就成一个世界了。"伏羲兄妹有些不忍心，红君老主催促他们说："这一对伢儿是人种呀，这是人世的需要，地上等着他们呢，赶快按我所讲的去做吧！"伏羲兄妹忍着痛苦把伢儿剁成了细颗细颗的，东边撒几手，西边撒几手，北边撒几手，南边撒几手，其余的就往中央撒。撒去的肉颗颗真的一颗变成一个人，从此，地上就有了人①。

伏羲兄妹为地上造人有功，被封为岳王傩神。人们称他俩为东山圣公、南山圣母。人们为了纪念伏羲兄妹，常常杀猪宰羊请老司设傩堂来祭祀他俩。哪家缺儿少女，可以向他们许愿求子；如愿以偿，便设傩堂还愿。还愿规模，按家境来定，根据红君老主的要求分三种情况：大富人家还愿，百马、百牛敬傩神；中等人家还愿，红猪、白羊敬傩神；下等人家还愿，手提四瓜敬傩神。傩堂正中所敬的傩神叫做傩公傩娘，就是伏羲兄妹。

在还愿中，老司唱道：

"自从盘古分天地，三皇五帝治乾坤，......

红君一教传三友，老君一气化三清。

昔日女娲把天补，伏羲二仙造人伦......。"

传说 有人物、地名、动植物、风俗等传说，主题突出，爱憎分明。

罗荣光炮打一只虎

夜幕低垂，山雨欲来。罗荣光（乾州厅鸦溪人，1883 年生，天津总兵）严令五营六哨各就各位，准备迎敌。

---

① 这是神话传说故事，兄妹结婚为近亲结婚。中华人民共和国公民绝不可以此为近亲结婚的根据，绝不能违反《中华人民共和国婚姻法》，不可近亲结婚。

这时，英、美、法、俄、德、日、意、奥八国联军的炮舰正在秘密运动，有三艘驶向大沽南口岸，另有三艘向北岸炮台逼近；开进海口的五艘敌舰则驶入海河，偷偷靠近南岸主炮台，躲在河边的几栋民房后边；还有几艘停在海神庙附近用炮口对准清军大营。清光绪二十六年(1900)六月十六日深夜十一点，敌人所有战舰突然电灯齐亮，朝南北两岸炮台猛烈开炮，“八国联军”陆战队乘小艇分左、中、右三路直逼南岸炮台，一场激烈的战斗开始了。

主炮台上，罗荣光沉着镇定，指挥士兵瞄准敌舰，奋勇还击，炮声隆隆，一发发炮弹拖着一根根红线从海面上划破夜空。一艘敌舰被打伤，燃着烈火，冒着滚滚浓烟逃走了。突然，一串炮弹从后侧飞来，落在主炮台下边的营房里。罗荣光马上拿起“千里眼”(望远镜)观察，发现在密密麻麻的民房后边藏着沙俄的“机略克”号。这是八国联军最大的一艘军舰，上午骗进海口后，仗着舰大炮多火力猛，在海河上横冲直闯，舰上水兵还走上岸来为非作歹，老百姓恨之入骨，给它取个名字叫做“一只虎”。这“一只虎”阴险狡诈，开炮时才露舰身，开完炮后就躲到民房后。炮台上的士兵调转炮口正准备开炮，罗荣光马上制止说：“使不得！使不得！我若开炮，炮弹不长眼，民房里的百姓就要遭殃。”兵勇们迫不及待地要求道：“大人，‘一只虎’对我们炮台威胁太大了，毁坏几间民房也值得呀。”罗荣光大喝一声：“闪开，让我操炮！”说时迟，那时快，只见他大步走上炮位，待“一只虎”从民房后驶出时，横腰开了一炮，“轰”的一声响，“一只虎”中弹，偏了半边，不能行驶，罗荣光从正面又连开几炮，“一只虎”“咕噜、咕噜”到海底里见龙王去了。

南岸海字炮台的兵勇们见主将亲自操炮，士气倍增，越战越勇，又打沉一艘敌舰，北岸左营炮台也打伤一艘。罗荣光见敌人乱了阵脚，立即抽调一百多名兵勇增援。战士们拉炮上墙，夹攻海河里的敌舰，打得敌人晕头转向，狼狈不堪，落荒而逃。

天马山的传说

传说唐玄宗驸马张垍不知是何原因得罪了岳父大人，被贬到湖南辰州府任司马官。当时，吉首市域属辰州府泸溪辖地。一天，张垍骑着他岳父所赐的高头大马沿峒河而上，沿路考察。不料，走到楠木坨(今太平乡辖地)时，河里涨大水，他只好住在村民家里，等水消了再走。哪知道，水消后，那匹天子所赐的马却在他的眼皮底下不见了。他越看，对面的山越像一匹马，便惊讶地长叹道：“此地真神奇，天马化着山！”遂对寨中人说：“把那座山叫做天马山，把这个寨子叫司马溪，把这条河叫司马河，算是对我这个司马官和我的这匹天马作个纪念吧。”寨人称谢不已，并选强悍水手用木船将他安全送回州府衙门。

古枫树的传说

天马山马鞍处有一株五六个人合围的古枫香树，枝繁叶茂，冠盖如云。深秋时节，枫叶红了，远远看去，一位妙龄女将仿佛从天而降，身披云霞，骑在天马上，飒爽英姿。传说古时司马溪有位年轻人做生意经过常德时遇到一位鹤发童颜、神清气爽的婆婆讲话声音极像司马溪人口音，便问她家住哪里，老人回答家住湖南乾城司马溪。又问她姓什么，她说姓“枫”。问她到常德做生意来多长时间了，她回答记不清了。年轻人回到家乡后遍问寨人，寨人说，除娶进的人以外，全寨人都姓张，从来没有姓“枫”的人家。后来，一位读过书的老人忽然想起，莫非天马山那株古枫树变成人了？唉，真是不可思议啊！此后，全寨人都对这棵大枫香树敬之若神。真是：一根大树柱长天，雨雪风霜视等闲；经历千年犹伟俊，长留浩气在人间！

月亮山的传说

传说在司马溪月亮山上丛林中有一块奇石。白天，这块奇石和一般石头一样；晚上，竟放出灿烂的光芒，照得全寨通亮，如同白昼，寨人称之为“月亮岩”。某年，一个江湖术士从这里路过，看到这里的风水太好，恐出强人，便想方设法进行破坏，跟寨人讲：犀牛望月都望痴了，这不利于寨子的兴旺。寨人不知是计，认为有理，便派人到山上将月亮石掀下河去。不料到了晚上，那石头竟爬到山上去照得满河通明，一连好几天都是这样。那术士又道，要想月亮石不再爬上山去也容易，只要在它上面涂些狗血就行了。村人依计，果然被掀下河中的月亮石就再不爬上山去了。后来，才知是上了那术士的当，真是悔之晚矣！

犀浦潭的传说

司马溪寨前有一深潭，名叫犀浦潭。平时，潭水平静，涟波潋滟；涨水时，河流湍急，激流拍打山下石壁，发出窾坎鞳鞜之声，漩涡层层。下游没砌坝时，有人将一丈八尺长的竹篙投入漩涡处，竹篙一会儿就不见了；过了好一阵，才在潭下不远的地方被浪花甩出九尺多高，并发出“瞿瞿”的声音。古时，村人传说有 99 头水牛下潭游泳，一犀牛因恋伴被夹在其中。人在岸上数，硬有 100 头水牛。犀浦潭因此得名。犀浦潭又叫泼金潭，说法有两种：一说是当年吴三桂造反，见司马溪山环水绕，关锁层层，地势险要，易守难攻，因此想在此地储藏军饷，于是派爱将运七船金七船银进来。不料船行到犀浦潭时，船里金银都变成了水鸡儿，一只只跳进潭中不见了。那大将看到天不从人愿，只好自杀了事。二说是月亮岩照得满河金光闪烁，就像洒入潭中的金银财宝。

故事　是土家族口头文学的大宗，内容广泛，情节生动，栩栩如生。有人物、幻想、动植物、精怪、生产、生活等故事。幻想故事有《梅山阿打的故事》《月亮上的故事》《角尺和鲁班的独眼龙》《穷老庚和富老庚》《雷公和木匠打架啦》；人物故事有《千千计的故事》等故事；生活故事有《王庆智斗钱百万》《马蛋》《赵大宝疼娘》《三个女婿拜寿》《败家媳妇反成当家婆》《老大和老二》《一女许三郎》；动植物故事有《鸡和鸭的故事》《桐油榨》《蛤蟆告状》《冬瓜和葫芦》；精怪故事有《青蛙精》《藤精树精》《人见人怕，鬼见鬼愁》。

梅山阿打的故事

小时候，听阿婆摆古，说我们土家人出了一位杰出的女英雄，名叫梅山，乡亲们都叫她梅山阿打("阿打"为土家语,即姐姐)。梅山阿打从 8 岁起就跟阿妈纺线绩麻,坐机织布,由于聪明好学,15 岁时,手艺就闻名周围十八岭了。她织的花带捆在腰上,让你能增添力气;她编织的"西兰卡普"(土家语,即花被面)冬天盖起来有火,夏天盖起来生风。这个消息像春风一样吹遍土家山寨,也传进了土司王府。白鼻子土司王便派几个土兵、土将到梅山家里,他们嬉皮笑脸地说:"阿打,你长得比山上的桐花还白还乖啊! 王爷几多喜欢你哟,再过几年,接你到王府去享福。"阿打气哭了,哭着骂这些喽啰狗仗人势;母亲怄哭了,哭着骂土司王比五步蛇还毒;父亲急中生智,决定带梅山上山打猎,练几手硬功夫,日后好与土司斗打。

梅山阿打是土家的一颗明珠,不管摆在什么地方都会发光。几年后,只要看到野兽的脚印,她就晓得野兽是什么时候路过这里,是什么兽,有多少,有多大,朝什么方向去了,会住在什么地方。她的箭法很准,能射中在天上飞的山鹰脑壳,能射穿山坡上狼的眼睛。当时,土家族地区最大的野兽是人熊。人熊的样子和人差不多,比人稍高大一点,浑身长着长毛,会模仿人的动作,还会含着烟袋抽烟,但不会说话,不会爬树;它吃人肉,喝人血,有时还走进你的家里,找烟袋抽烟。梅山阿打的箭法好,每年她都要为土家人射死几十只人熊。还跟金鸡岭的铁匠利巴阿可制造明火啄子鸟枪,在铁制的枪管里装上火药和用铁锅水做成的铁砂子,将火药点燃,借着火药燃烧产生的冲力,把铁砂子冲出去打中目标。当人熊进你屋时,你先把枪管当烟杆递过去让人熊抽烟,人熊把枪管含在嘴里,你就假装给它点烟,火药着火,"轰"的一声,人熊就被打死了。

再说,白鼻子土司王左盼右盼,一年盼一年,天天就想着和梅山阿打成亲。白天,想得口水长流;晚上,想得睡不着觉。他左思右想,又心虚梅山阿打的超群武艺。如何是好? 想来想去,觉得用硬办法不行,是自讨苦吃,只好用软办法才行。于是,派媒人去梅山家说亲,不料媒人被骂回来了;送金银财宝去买和,金银财宝被梅山撒得满山遍野。白鼻子土司王便起了歹心,决定对梅山阿打下毒手。一天,土司王派土兵、土将埋伏在梅山阿打打猎回家的路上,等她一进埋伏圈就万箭穿心,把阿打射死了。他们剥下她的衣裤,抢走她的猎枪和猎物,把她的尸体甩进天坑,还造谣威胁妇女:"女人上山打猎,违犯了王法,玉皇大帝派白虎下凡,扯烂了梅山的衣裤,把她甩到天坑里。今后,看哪个女的还敢上山打猎!"

梅山阿打被害后变成了神,她的英灵呵护土家打猎人。从此,土家猎人每次打猎得野肉,都要先割下一块"血码子"敬祭梅山阿打。

张一尊断案的故事

司马溪牛形地和月形地(平里河)两大屋场的人虽说都是一公子孙,但因田头地角闹点矛盾也在所难免。一次,平里河有家人在月亮山砍柴烧炭,被牛形地人制止,砍柴烧炭人不服,双方争执不下,告到乾州衙门。衙门老爷判平里河人输,平里河人不服,便去找自己寨上在外地当大官的张一尊撑腰。张一尊指出月亮山既是司马溪的照面山,又是司马溪的风景山,我们都有责任保护它,你上山砍伐山林是错误的。那人心服口服,于是自觉上山栽树,恢复山林。

水重阳树的故事

河溪镇百里(河溪社区)有一株水重阳树,古铜色的根和古藤的根交织在一起,盘根错节,犹如龙爪,钳入大地;主干拔地而起,约五人合围的腰身有凸显的菱角、凹陷的沟槽和隆起的疙瘩,呈现狮子形态;树枝特别粗壮,横着像大吊车的铁臂,长达数十米,被古藤(凉粉子)缠绕着,一排一排的藤条悬挂在空中,随风摇曳,宛若龙须;竖着的根像根根玉柱,像大货轮的桅杆,直指苍穹;树叶繁茂,像一把巨大的绿伞,遮天蔽日,盖了半个河滩。人在树下,有身置于巨伞之感。依树而生的古藤,一个人都合抱不拢,寄生在树上的植物种类多,可谓古树、古藤和古寄生植物"三古一体"。它们相互依偎越千年,经风雨,熬霜雪,苦度春秋,和谐相处,共存共荣,难能可贵。

经林业部门测算,这株古重阳树已有1600年的树龄。其中有一段离奇的故事。相传,曾家油坊老板,要买这株重阳树做油榨,价都谈好了,要请百里村的舒氏去砍树,送三斗米做砍树的工钱,舒氏答应了。哪知,当晚舒氏就病倒了,直到三斗米吃完,病才好。曾老板又送两斗米给他,并强调必须把树砍倒。舒氏走到树边,刚抡起斧头,突然打了个寒颤,全身无力,又病倒了。他先后吃了五斗米,树没砍成,只好到曾家油坊做长工抵米钱。过了两个月,曾老板又安排绰号叫"歪口二"的长工去砍树,可不到半个时辰,家里用来背油坊碾子的一头健壮大水牛竟莫名其妙地突然病倒。经兽医抢救无效,不到三个时辰就死了。曾老板是个聪明人,意识到事出有因,可能与砍古重阳树有关。想到这里,毛骨悚然,从此患下了一个心病,再不敢提砍树的事了,古树保住了。1958年"大跃进"大炼钢铁时,百里村砍了很多大树,最后将这棵古重阳树也列入砍伐计划之中。说来也怪,树根部四周竟流出了血一样的树液,流了三天三夜,用手沾一点捻捻,还黏黏糊糊的,把河水染红了一大片,村民们议论纷纷。村里一位老人说:这树砍不得啊!你们听说曾家油坊砍树的事吗?现在你们要砍它,它哭得流了血泪,央求你们饶它一命。我们要保护它才对啊!话一说完,老人就面对大树跪下,深深地磕了三个响头,古树又一次被保住了。从此,再也没有人再提砍古树的事了。

笑话 土家人也爱讲笑话,滑稽幽默,常让人捧腹大笑。

懒杆子

从前,有一个外号叫懒杆子的人,特别特别的懒,懒到捉虱子吃,算是懒到功了。

一天,懒杆子四脚长伸地睏在李子树下,张着大口,等待着李子掉进嘴里来。等了老半天,一颗李子也没掉下来,他只好眼睛轱辘辘地盯着脑壳头上的李子流口水。一阵风吹来,毕竟还是落了一颗李子,可是并没有掉进他嘴里,而是打到他的脑壳上滚开了。这时,一个过路的人走过来,懒杆子忙喊:"大哥、大哥,请你把那颗李子捡起来喂到我嘴里!"这人白了他一眼,就用脚趾头儿挟起那颗李子放进他嘴里。懒杆子叹了一口气:"唉!你这个人连手都怕伸一下,人家讲我懒,我看,你比我还懒!"

二、书面文学

湘西土家族书面文学又称为文人文学。“改土归流”后至民国年间，官府在土家族地区设立府学、县学、书院、学宫、学校，富户办家塾、私塾，鼓励土童入学；设考棚，开科取士。这在一定程度上促进了土家族地区文化事业的发展，逐渐形成土家族书面文学。

中华人民共和国成立后，土家族地区教育文化事业空前发展，文人辈出，书面文学日新月异，小说、报告文学、儿童文学、传记文学、散文层出不穷。

20 世纪 80 年代，吉首市文化馆组织文学专干和文学爱好者通过调查、搜集、整理，编印《中国歌谣集成湖南卷·吉首市资料本》，将民间口头歌谣变成书面歌谣，共整理、选编歌谣 714 首。2014 年 9 月，40 余万字的民歌集《东歌》(上、下卷)由湖南人民出版社出版。市籍土家族作家和诗词业余爱好者体验生活，感悟人生，推陈出新，创作一批具时代特征和民族特色的诗词。司马河一带土家族诗人也创作了许多脍炙人口的诗词。

司马溪明代摩崖石刻律诗

位于司马溪村后一古井石壁上，明嘉靖年间，东川张宸题刻赞石泉水井七言律诗三首。第一首《石泉吟》、第二首《石泉歌》、第三首《吟与晓泉歌》，赞前人开井，泉水叮咚，流出深山，清凉甘甜，可供人去热洗尘，可作东海沧溟水。石壁为红砂岩，经凿平磨光，三首诗并排相邻而刻，刻面 52×210 厘米，楷书阴刻，保存完整，有数字漫漶不清。

石泉吟

潺潺石髓似琴鸣，　昼夜无穷漱玉声。
李广不须将剑刺，　任君从此把杯倾。

石泉歌

洪荒之世谁凿开，　渊源深长难可猜。
冷含冰玉清且甘，　世代与人解炎埃。
草树芳浓水气踵，　夜来时有老龙吟。
叮咛切勿人濯足，　留与壮士洗甲兵。
若教流出此溪去，　能作东海沧溟水。
此井原来非盗泉，　孔子当年何不饮?
万年万年复万年，　世情兴废在眼前。
桑田几度为沧海，　崖门依旧对苍首。

吟与晓泉歌

斯源混发山下豪，　滔流今古无终穷。

祝融南来鞭火龙，　　蕴隆重重烧天空。
时乎此际真瘦隆，　　皆云斯源可怡□。
等闲憩止多人庬，　　爱□□恨难久容。
故令按时分坐隅，　　今人久侈苏实猥。
厌上尘机凭涤洗，　　悠悠白昼随江水。
可以歇肩□从轻，　　皇阻池亭水阁真。
燕语都言坐者迷，　　歌当忆斯君石晓。

张一尊诗词四首

池　鱼

青草池塘水，　　不容透网鳞。
待雷霆兮跃龙门，沧海碧波万里春！

题放木图

山溪夏日长，　　云树两苍茫。
泼墨写林海，　　根根皆栋梁。

辞职诗

水有龙兮山有仙，　　宦途归去爱林泉。
等闲学得丹青法，　　笔带风云墨带烟。

中华人民共和国成立后，张一尊任湖南省第一届美术家协会主席期间出席中南区高级知识分子会议时填词。

踏莎行·重阳

客里重阳，秋容带笑，流溪河畔疑春到。
花开万紫与千红，温泉彻夜天如晓。
半月流连，感恩应召，谈心论道抒怀抱。
百家文采汇天南，争夸形势如今好。

枫香坡

张耀君

枫香坡上四徘徊，　　万里山河入眼来。
排吼太平友谊处，　　弟兄花愿永恒开。

国庆前夕忙收获

（1975 年 9 月 29 日）

向旭阳

苦战山区不畏艰，　　秋收之际送青年。
披星戴月凌晨动，　　背负肩挑下夕烟。
笑语增添幸福日，　　民歌唱断晚霞天。
欢度国庆开新曲，　　革命潮流永向前。

神仙谷

张太铨

深山穹谷富风情，　　行处花香并鸟鸣。
早出采山或钓水，　　晚归书画又弹琴。

自勉诗

张定国

世人笑我老来勤，　　我笑世人不懂经。
人生总觅一乐事，　　锻炼身体陶冶情。

农村新貌

张正忠

土地承包看故乡，　　朝晖满地灿金光。
几多荒岭成芳圃，　　到处新楼替旧房。
电视千家春意闹，　　粮田两熟稻花香。
时装熠熠人如画，　　一曲山歌奔小康。

天马山

向庆云

天马行空独往来，　　纵观司马栋梁材。
一尊画笔风雷动，　　平化功勋锦绣开①。
喜见后昆出俊彦，　　驰骋国外展雄才②。
地灵人杰山川美，　　起凤腾蛟冠九垓。

①“文化大革命”运动期间，湖南省某“造反派”要批斗中共湖南省委书记张平化，曾到司马“调查”张平化的历史和社会关系。他们声称张平化祖籍是司马溪。是否属实，未考证。

②“雄才”指司马村张正高之子张文静，武汉水利学院毕业，工程师，现在马来西亚工作。

司马河赞

张治东

司马河流水势洪，　　官名为号志先宗①。
景区隘口民风朴，　　总统秘书笔力雄②！
狗脑山中文士显，　　皇封扁上御恩隆③。
一尊元虎威名远，　　画马挥戈震宇空④！

①自唐玄宗驸马张垍被贬至泸溪任司马官时，始命司马河名。

②民国六年，五龙寨向昌吉任北京总统府文秘、大公报编辑等职。

③张成业被御赐为进士，皇扁至今尚存。

④张一尊，又名张耀定，著名的将军画家。与徐悲鸿、梁鼎铭、沈逸千为驰名海内外的中国“画马四杰”。张元虎，是明朝的昭勇大将军，正三品武将。

吉首赋

张治东

云贵东驰，精华聚于武陵；山川围固，灵气钟于吉首。南有炮台竿子之雄，北倚天门高岩之险，西据吕洞喜鹊之峻，东望巴斗阳桥之奇，控西进之门户，居五省之通衢。十里盆地，万家霓虹。巍巍乎吉首，浩浩乎州府！

放眼吉首，山川秀美：三潭凝碧，溮水环青，烟雨小桥，云岚仙岭。四水并流，至吉首而湾环。溶江、峒河，涛声拍岸；司马、清明，源远流长。积高山之清泉，入洞庭而奔长江；仰日月之星斗，洒甘霖而润一方！西北西南，群山环抱，高耸挺拔，层层推来，形成天然弧形屏障；东南东北，山丘鳞鳞，星罗棋布，如微风鼓浪，展现一片开阔原野。城外星峰卓卓，真如插戟设垣；面前垅埠累累，唤作排衙唱喏。华表捍门居水口，楼台鼓角列罗城。群丘涌浪迎秀于前，叠峰奔腾侍从于后，值严冬而不冷，虽酷暑而犹凉。龙盘虎踞，气象万千！

巷陌幽幽，青石板街，历经着数千年风雨磨洗更光滑；庭院深深，朱漆楼阁，闪烁着数百载历史文化之光辉。雕梁画栋中，挥不去能工巧匠巧夺天工之智慧；明砖清瓦里，道不完可歌可泣惊天动地之事功：杨宫保捐建考棚，游县长巧救贺帅。大夫第，将军府，门成八字；风筝节、迎春会，欢跃万民。百姓护城，川军知难而退；乾嘉起义，苗岭壮烈悲歌。白马报主恩，垦荒救社稷。立诚书院讲学，才气横飞；铁匠码头送兵，情意悱恻。贞节牌坊溢妙趣，“三门开”内藏玄机。朱总理夫人读书，贺捷生儿时寄养.....一个个，一串串，扣人心弦，撼我心魄！弹痕累累，兵家必争之地；人潮涌涌，商旅趋集之都。百姓民家，栽培盆景，技艺精巧，形态逼真。巧呼峨嵋来院内，妙移秦岭进湘州。菊竹梅兰，斗艳争奇，明主人淡泊高雅之志趣；庵堂庙宇，香烟袅袅，显国家国泰民安之祥和。太虚山头望云霞，江山如画；九福堂内赏民俗，赞叹唏嘘！观音阁上凭栏，话武陵儿女人丁兴旺；状元桥头怀古，数吉首文臣武将高超：杨岳斌，跃马横刀，驰骋千里收台岛；罗荣光，叱咤风云，热血洒海护金瓯！张元虎靖国安邦，勇冠三军；田耕之武汉抗日，为国捐躯；石邦藩驾机歼倭，岂惧断臂！石启贵，“不慕浮名不畏难，芒鞋竹杖遍山间”。“启迪同胞满腔热血浇苗岭，弘扬民俗连篇巨著映五溪”。张一尊，“等闲学得丹青法，笔带风云墨带烟。”画艺惊人名海内，天马行空任驰骋！滕芷香，“甘作寒酸村学究，不求奉班立朝堂”。重教爱民，芳名扬海内，桃李泛苗疆！若夫吴鹤传湘学，味蔬雕名砚，晖廷育人文，“凤飞千仞，薪传八方”均名垂百代，香溢千秋！

昔日，国难当头救同胞，溶江抗日把名彪，巍巍武陵胸怀广，藏龙卧虎敌魂消！今天，人民政府斥巨资，修故道，复古迹，建锦绣城池，领一代风骚！

历史悠久，文化神秘。踩铧犁，衔赤炭，吞竹签，上刀梯……刀山火海，岂能阻挡吉首英雄儿男？司马河，山歌声声传天外；德夯冲，苗鼓阵阵动地来；百年路桥奇观，将难于上青天之蜀道化为坦途；千年苗寨风情，乃中国苗族文化之活化石；万年峡谷风光让你领悟大自然鬼斧神工之奥妙！南乡戏里，七十二种变化，台里台外演透千般人物风流文采；北村狮子，三十六张方桌，桌上桌下展尽万种豪情睿智雄风！乾州迎春，春姑娘花枝招展；河溪烧龙，好男儿赤膊翻腾。民风淳朴，物产富饶。椪柑销全国；蔬菜进名城。乾州板鸭香千里；河溪香醋溢神州。酒鬼酒“不可不醉，不可太醉”；湘泉酒“人生百年”最难忘。“老爹”系列产品远渡重洋；吉凤工业园物品令人神往！

溶江悠悠，壮古城文脉；小溪漾漾，聚新区财源。市政大楼，雄踞高览，激扬文字，指点江山；世纪广场，绿树成荫，姹紫嫣红，花香鸟语。北国南疆，异域风情，融合湘西民俗，展示时代风采——和谐开拓、科学发展！龙神坡下，桐木溪边，大型边贸市场，物流畅达通四海，堪称物质集散中心；万山丛中，小溪河畔，湘州人民医院，治愈百病民安康，实乃人们疗养胜地。双河两岸，西部大学正在崛起；盘龙山前，花园楼房鳞次栉比！大中小学，星光闪烁，育祖国花朵，铸社会栋梁！铁路贯南北，飞机穿东西，公路连万家，大小车辆蜂簇蚁聚，日夜不停，穿梭其中！高楼幢幢平地起，嘉宾四面八方来！各形湖泊，碧波荡漾；大小公园，霞蔚云蒸；黄永玉大师捐建五桥，塑艺术之精华，寄爱乡之深情。文峰楼文笔欢畅，九合塔万众一心。小桥流水，绿杨芳草，云淡风轻，鹭飞鱼跃，亭台轩榭，美景良辰。人们于此，或登山寻野趣，临水钓柔情；或闲庭信步，园内下棋；或树下读书，湖畔起舞……岂能不激情满怀，惬意无限，其乐融融乎？

想我吉首，发展迅速，盛况空前，因何而得？皆因当政者以人为本，高瞻远瞩统全局，运筹帷幄善指挥。设计专家旁征博引，胸藏万壑铺富路，笔走千山绘宏图。依山川而造势，凭人文而设方。吉首文化历史悠久，积淀深厚，广大民众鼎力支持，集腋成裘，方有和谐都市屹立于前！

浩浩乎吉首，古老而崭新，大西南园林都市雏形已成；巍巍乎州府，美丽而精神，五省市边区生态重镇已就。而今，大湘西文化圈重要节点已成定势；中外游客集散中心初具规模！

无限风光奔眼底，万般美景入画图！

魅力吉首展吉首魅力，湘西首府壮首府湘西！

2012 年，该赋在《民族论坛》上发表，选入本志时，作者稍作修改。

市籍土家族作家田雁创作许多诗歌，讴歌筑路工人和交警战士，讴歌民族团结，讴歌神秘湘西，讴歌美丽人生。

路工惊叹号

我不愿作平庸的小点，　右下方伸出尖腿一条，
专择人们喘息的瞬间，　在那儿驼背哈腰。

我不愿作俗气的圆圈，　蜷曲的首尾难以分晓，
不为人们提供新的信息，　却截断了前进的通道。

若允许我进行挑选，　我便作出郑重的宣告：
在人生的征途上，　愿作一个醒目的惊叹号。

在九曲连环的路旁站岗，　在悬崖陡坡地段放哨，
头顶"火球"不觅浓荫，　腿陷冰窟直立通宵。

凝结全部的信息，　唯有前进的警觉，
公路延伸到哪里，　那里就有平安的微笑。

此诗曾获湖南省首届公路征文一等奖。

土家苗家唱新歌

武陵山啊坡连坡，　峒河水也波连波，
山高水长情意深也，　土家苗家唱新歌。
一条铁路穿山过，　好像彩带从天落，
火车飞奔通四海哟，　幸福运进咱山窝窝。
峒河上面修电站，　撒下明珠千万颗，
马达催动机器转哟，　白帆往来如穿梭。
武陵山是万宝山，　油桐油茶遍山坡，
牛羊成群猪满圈哟，　五谷丰登贡献多。
土家苗家唱新歌，　"四化"宏图在心窝，
打起猴儿鼓吹起金唢呐也，　建设各族人民的好生活。

土家苗汉心相连

峒河水啊波浪翻，　金花银花香两岸，
金花银花一条藤，　土家苗汉心相连，

同饮一股清泉水，　　同住一座桐花山，
同唱一首欢心歌，　　同撑一条顶风船，
同走一条阳光道，　　一步一重艳阳天。
姐妹山上花果艳，　　锦鸡画眉叫声欢，
锦鸡画眉一个音，　　土家苗汉心相连，
同开一片珍珠坡，　　同耕一重好梯田，
同播一框幸福种，　　同收一坝粮万担，
挽手一同打花鼓，　　举杯同庆丰收年。

我们应该和谐地生活

天上的星辰有多少颗，　　请您问一问银河。
地上的男女有多少个，　　请您来问一问我。
天上的星辰地上的人，　　彼此和睦相处多么欢乐。
您给我一束光照耀前程，　　我送您一把火温暖心窝。
天上的星光齐闪烁，　　汇成了无边的银河。
地上的人们齐奋发，　　绽放出绚丽的花朵。
发光的星辰不会坠落，　　成功者的奉献不会埋没。
您和我心相连创造未来，　　人类就应该这样和谐地生活。

此诗曾获全国第五届“新世纪之声”《中华颂歌征文》银奖。

2004 年 5 月，田雁在他的报告文学《扭转乾坤》(获全国第五届“新世纪之声”《中华颂歌》征文报告文学金奖)中写道：古城得以恢复，那当年在这里求学的国立八中、国立商学院的学子们定会再次来拜访他们奠定人生观的文庙，寻找当年的记忆。因为他们爱古城，在返回故乡时满怀深情地留下了《我歌颂湘西》：

我歌颂湘西，　这片美丽的山野，
有绿的丛林，　有青青的田畦，
有险的河滩，　有静的小溪。
我爱他人民的爽直，
爱他那山冈的雄伟，
爱他村童牧歌的悠扬，
爱他那苗山跳月的旖旎。
我爱湘西，　从故乡流浪到这里。
这儿春天也有桃花，　秋天也有枫叶，
千万种鸣禽歌唱，
山谷中杜鹃哀鸣。
我纵爱湘西，　　我必须分离，

我要回到故乡， 见兄弟姐弟。
用满腔的欢笑， 我歌颂湘西，
这一片美丽的田野。

吉首市政协原副主席、湘西自治州诗词学会常务理事、市诗词学会会长杨昌顺(市籍、土家族)酷爱诗词,退休后老有所学,老有所为,撰写很多诗词,出版《读史感悟赋诗》和《锦绣乾城颂》诗集,歌颂小康吉首、文化吉首、生态吉首、神秘吉首、人杰地灵吉首、锦绣吉首。

农村建设胜天堂

苗乡土寨奔小康， 岁稔粮丰稻谷香。
画阁朱楼描锦凤， 歌台舞馆奏丝簧。
西洋别墅红砖瓦， 文苑书亭仿古墙，
改革春风吹绿地， 农村建设胜天堂。

临江仙·狮舞与苗鼓

下界金狮除害， 妖魔鬼怪遭殃，
苗家祭奉祷天王。 百狮金凤舞，
祈福拜穹苍。
擂鼓华街幽巷， 椎牛合鼓兴乡，
傩堂还愿拜师娘。 双龙花鼓跳，
福寿喜呈祥。

南乡子·生态吉首

所里万溶江， 李绿桃红杏橘黄。
碧水青山飒飒,芳香， 广植梧桐引凤凰。
城镇与乡村， 清染排污治垢塘。
低碳能源空气爽,清凉,云淡天高映艳阳。

风入松·看吉首的山与谷

莲台山陡峭壁雄， 山岳锦云锦云重。
苍茫林海参天树， 郁森森,绿荫浓。
山有珍奇物种， 林藏猛兽长虫。
德夯峡谷雾迷蒙， 谷应洞生风。
仰观峡缝天一线， 瀑如练,撼谷鸣钟。
削壁激流泉涌， 峡长婉若游龙。

鹧鸪天·罗荣光

渤海波涛恶浪凶， 沉敌舰,马追风,
翻江倒海弥太空。 男儿浩气贯长虹。

津门要塞千帆集，　　鞠躬尽瘁京江畔，
血雨腥风万里红。　　一代英明颂罗公。

望海潮·锦绣乾城

乾城灵秀，苗疆重镇，风光艳丽如葩。
烟雨小桥，三潭印月，枫林落日栖鸦。
垂柳绕堤纱，陡滩喷飞雪，波浪悬崖。
溆水环清，霁云仙岭夕阳斜。
荷塘月色人家，看将军府第，公署官衙。
青石板街，深幽巷陌，秦砖汉瓦奢华，楼阁映朝霞。
画栋描龙凤，梁柱雕花。
都市园林如画，风物景绝佳。

小说　20世纪后期至21世纪初，一些市籍土家族作者深入实际，研究历史，体验生活，创作一批时代特征鲜明、民族特色浓厚的小说。湖南省作家协会原主席、第七届和第八届全国人大代表、土家族作家孙健忠从事文学创作40多年，成绩卓著。著有长篇小说《死街》《醉乡》，《醉乡》获第二届中国少数民族文学奖；中篇小说《五台山传奇》《倾斜的湘西》《猖鬼》《乡愁》《甜甜的刺莓》《留在记忆里的故事》，《甜甜的刺莓》《留在记忆里的故事》《倾斜的湘西》分别获全国首届中篇小说奖、全国首届少数民族文学奖、全国第四届少数民族文学奖。一些作品曾在国外发表、被翻译或推介。

散文　土家族国家三级青年女作家聂元松著有散文集《湘西叙事》；州作协会员张治东的《龙盘虎踞乾州城》《矮寨赏奇》《神奇的司马溪》《婆媳情深》等散文在《团结报》和《团结报(神地)》上发表。

报告文学　知名市籍土家族作家、文学创作多面手田雁斐然成章，硕果累累，成绩卓著。其报告文学作品代表作有《一枝花》获1984年全国煤矿文学征文报告文学一等奖，并在全国多家报刊上发表；《彩绸明珠》获1987年湖南公路文学一等奖；《金花怒放》获1988年福建鼓山杯文学奖；《脊梁》获1995年《人民日报》报告文学三等奖；《路兮代代魂》获1995年《人民日报》“大地”三等奖；《志在必得》获湘西自治州第三届文代会一等奖；《路嫂》获1997年《中国作家》、《人民日报》一等奖；《踏平坎坷成坦途》获1998年《人民日报》二等奖；《闻而得福》获全国第二届“时代新闻人物”征文报告文学奖、2002年全国“中流砥柱”三等奖；《供血大动脉及其他》获2004年全国报告文学一等奖；记述州府吉首巨变的报告文学《扭转乾坤》获2004年全国第五届“新世纪之声”《中华颂歌》征文报告文学金奖；《银河落在我的故乡》和《在北京开往吉首的列车上》获2007年中国西部“颂歌新世代”大型文学征文金奖。

儿童文学　中华人民共和国成立后，国家重视幼教，儿童文学应运而生。市籍著名土家族作家孙健忠儿童文学作品有小说《小皮球》《阿大阿二》《笛帕》《木脑壳风波》《映山红》《一镶银的冬冬奎》《橘子红了》。他还根据民族民间故事编写《毕兹卡的诞生》《小水獭的故事》《谁最美》《狐狸仙人》《猴子种包谷》等童话，汇编出版儿童文学集《小水獭的故事》。湘西自治州文化局原副局长、省作协会员、省文联委员、州文联原主席周文光(吉首市人、土家族)1963年在州卫校任教时写的儿童文学处女作《三支柳木箭》在《湖南文学》上发表。此后，发表儿童文学作品 20 余篇，其中《清溪河的娃娃鱼》获全国首届少数民族儿童文学创作奖，《赶秋》获 1982 年湖南文艺创作优秀作品奖，《我的朋友水生》获 1986 年湖南首届儿童文学大奖。

三、音乐　舞蹈　戏剧　曲艺

土家族是一个能歌善舞的民族，有丰富的民族特色鲜明的音乐、舞蹈、戏剧和曲艺。

音　乐　吉首市土家族音乐主要有声乐和器乐。

声乐　声乐主要是土家族民歌。土家族民歌受《诗经》影响，在演唱中多采用赋、比、兴的表现手法并运用排比、比喻、夸张、对偶、双关、反复、对比、拟人、引用等修辞形式，配以优美的唱腔，生动活泼，回肠荡气，情真意切。

今朝出门好彩头

（东乡原生态民歌）

张清茹　记谱
张　龙　歌词
张官仁　审定

注：“下”是指“背篓”。

器　乐　分为吹奏乐和打击乐。吹奏乐与市域苗族的相似，主要有木叶、唢呐、笛子、树皮号、树皮喇叭。打击乐主要有锣、鼓、钹，在不同的场合有不同的打击法。

“打家伙”（“打溜子”）流传于白岩乡上坪一带。逢年过节、婚娶喜庆之日，打击手表演“打家伙”。使用的乐器有马锣、头钹、二钹和大锣。马锣为领衔乐器和指挥乐器，头钹和二钹交叉打击，大锣用于填句和定段扫尾。曲牌较多，节奏变化莫测，具很强的表现力和旋律感。打击时，表演者模仿土家人生产生活行为和禽兽声音动作，配以唢呐，吹打合一，绘声绘色，喜气洋洋，演奏出优美和谐的乐章。

舞　蹈　吉首土家族传统舞蹈主要有“舞狮”、“舞龙”、“跳丧舞”和“打九子鞭”，每逢节庆活动，土家人把玩龙灯，舞狮子与“蚌壳灯”、“采莲船”、“金钱板”和“九子鞭”配合，相得益彰，十分精彩。历史上还有“摆手舞”、“打家伙”舞蹈。

戏　剧

傩愿戏　又称为“傩剧”或“神剧”，也是土家族酬神悦人的宗教仪式剧。很早，该剧就在土家族地区流传。起初，演唱的是宗教迷信，插入一些民间故事，唱腔和曲牌都不固定。经过长期的演变，分出角色和唱腔。剧目有“搬先锋”“搬开山”“搬算匠”“搬铁匠”“搬师娘”“搬郎君”“搬八郎”“搬四洲和尚”“搬判官”等10多个，形成戏中有祭，祭中有戏的特点。还有《姜女戏》《龙女戏》《鲍家庄》等剧目。《姜女戏》分成《姜女下池》《姜女晒衣》《姜女寻夫》等场，《龙女戏》也叫《柳毅传书》。还有小戏《狗老爷招亲》《张俏子打鱼》等戏。这些剧目唱词通俗，道白风趣，具有强烈的地方色彩。

阳　戏　又称为“阳春戏”。在剧目、唱腔、表演方面与傩愿戏虽有许多相似之处，但已跳出傩愿戏的酬神祭鬼氛围，步入坪场戏台，吹、打、弹器乐具备，生、旦、净、丑角色皆有的戏剧特色。

民国初期，由凤凰县得胜营（今吉信镇）老艺人文天送的徒弟侯乔保（泸溪县解放岩人）传入大化乡吴家寨（今双塘镇联合村吴家寨）。民国中期，风靡全县集镇墟场。艺人在吴家寨、上下琴盘、双塘、大坝坪、坨峰、土姜坡、坳口溪、杨家寨、两斗田、麦田、西门口、大兴寨、鸦溪、文溪、新街堡等地立堂授戏，学戏者多为手工业者、小商贩、农民、巫师。这些人忙时从工、从商、从农，闲时临时组成戏班子，串乡走寨演出。内容多以反映爱情、家事、农活为主。传统剧目有《捡田螺》《捡菌子》《三保舞龙》《三看亲》《雷交锤》《丁狗儿讲书》《丁瞎子闹馆》《杉木湾整驼》《双卖纱》《刘海砍樵》《湘子化斋》《双怕雷》《绣楼配》《磨房会》《楼台会》《火烧三官堂》《断机教子》《四下河南》《四姐闹东京》《陈世美不认前妻》《大审白玉霜》《雪梅吊孝》《三请三休》等正本戏和折子戏。

阳戏唱腔曲调分男女正宫调、河伏调、阴阳扇、贾妖风等10多种原始曲牌，旋律优美，真假嗓音相结合，唱腔圆润，朴素粗犷，唱词、道白均系地方口语，乡土气息浓厚，深受群众喜爱。伴奏乐器以瓮筒（长筒琴）为主，根据唱腔变化，加以换把滑音，柔弦指弹，配合剧情，惟妙惟肖。

打击乐以花灯戏锣鼓点为主，间以其他剧种锣鼓点。

1953年，县文化馆建站铺网时，在双塘乡大坝坪、联合、坨峰等村组建“业余阳戏团”。1956年，吴庆忠、杨躲老在湖南省第一届农村业余文艺戏剧会演大会上，演出阳戏传统剧目《捡田螺》、《三保舞龙》，获创作整理奖和演出奖，湖南人民出版社和《群众艺术报》将剧本铅印发行。县文化馆收集整理阳戏剧目55个、音乐曲牌70多首。

杨秀早，男，1950年4月生，土家族，初中文化，吉首市双塘镇人，双塘镇周家寨社区业余阳戏团团长，2012年，被确定为湖南省首批省级非物质文化遗产项目湘西阳戏传承人。

杨秀早从小酷爱传统阳戏，15岁便拜周开端为师，开始学艺。表演的传统阳戏，以湘西土家族的生产生活作为基础，完整传承和发扬传统的阳戏表演技法，唱腔优美，动作敏捷，表演风趣幽默，有较强的艺术观赏性，有独特的表演艺术功底和特色。此外，还兼表演“花灯”、傩堂等戏，主要剧目有《拾田螺》《三宝舞龙》《捡菌子》《正月闹元宵》《姜朗休妻》《哑子劝妹》。他在从事阳戏艺术的40余年中，剧团曾先后到凤凰、泸溪、麻阳、辰溪等县进行演出，培训和传承徒弟达120余人。1983年，他在全市举办的戏剧文艺会演中获优秀演员奖，1995年，周家寨阳戏剧团获全市戏剧演出团体第三名。2004年，协助湘西电视台《湘西走玩》栏目拍摄专题片《吉首阳戏》。2005年，参加市文化局民族民间文化遗产挖掘录制《湘西阳戏》和《傩堂戏》。剧团有演职员28人，演出服装、道具、灯泡、音响等设备齐全，固定资产近4万元。

曲　艺　市域土家族地区的曲艺有“三棒鼓”、“莲花闹”、“渔鼓”和曲艺型的花灯小调。其中以“三棒鼓”流传较广。

三棒鼓　又称为“花鼓”，表演者边唱边敲锣鼓；同时，表演抛棒、抛刀、抛杈等节目，技艺熟练，语言生动诙谐，唱词内容丰富，五、五、七、五四句同韵，《天宝图》中的《大闹黄花院》《青云楼》《李三宝打槌》《三打祝家庄》《抓壮丁》等传统节目。演唱历史传说、山川景物、男女爱情等节目可即兴而作。《抓壮丁》这一节目有120多首，真实地反映国民党发动反共反人民战争时期抓壮丁的暴行和土家族男青壮年对抓壮丁的厌恶和反抗精神。

花灯戏　是一种歌颂爱情和劳动生活的民族民间歌舞剧。曲调节奏简明，流畅欢快，唱词、道白为地方口语。主调一个，用笛引，锣鼓伴奏，一般表演《小放牛》、《单盘花》、《摘菜薹》、《打猪草》、《十二月采茶》等小型节目。大都在正月元宵节前后演出，无固定舞台，在街衢通道、屋前坪院摆两张大方桌即可作戏台演出，故称为“矮台戏”和“二小(小丑、小旦)戏”。小丑头扎“冲天钻”发型或包一米长的青丝帕(燕年帕)，画蛤蟆图脸谱。步法有猴跳步、鸭子步、矮子步、跑马步、碎步、梭步、骑马桩、剪桩。小旦由男扮，包“人”字形头巾，顶挽云髻，再包青丝帕垂于脑后，戴耳环、插纸花，面部涂脂抹粉，画眉擦唇，右手持花纸扇，左手持手巾，袅袅娓娓，姗姗多姿，神采动人。有云步、游步、踏步、叠步、碎步、摆步、摇步、交叉步等步法。有燕子衔泥、鹭鸶采莲、隔帘相见、心花怒放、蛤蟆歇凉、凤穿牡丹、白鹤展翅、狮子滚球、喜鹊噪梅、观音坐莲、蝶恋花等动作。花扇为主要道具，分单扇、双扇、上身扇、下身扇、引扇、打扇、招扇、亮扇、折扇、推扇、罩扇、绕扇、倒扇、竖扇、插扇、遮扇、游扇、挽扇、合扇、拔扇、劈扇、夹扇、飞扇、丢扇、莲花扇、扑地扇等扇法，由其组成“踩四门”“踩一字”“踩四角”“走八字”“走圆圈”“走半边月”“大三绕”“三步半”“雪花盖顶”“蜜蜂采花”“边鱼上滩”“飞蛾扑灯”“鸭子扑水”“白鹤亮翅”“柳暗花明”等花扇套路，水乳相融，栩栩如生。

中华人民共和国成立后，县域三棒鼓艺人编写《打垮湘西土匪》《坚决镇压反革命》《土地改革好》《歌唱婚姻法》《群众跟党走》等花灯戏剧目，20 世纪 50 年代，在城乡演唱，收到很好的宣传教育效果。

1979 年，州民族歌舞团采用花灯调形式编演舞蹈《十二月采茶》向中华人民共和国成立 30 周年国庆献礼。20 世纪 80 年代初，市籍土家族作家田雁创作的花灯戏作品《看山员坐飞机》获 1982 年湖南省首届文学艺术优秀作品奖。

第二节　工艺　绘画

乾州土家族杨味蔬(1879～1945 年)，是民国时期金石书画大师。他用乾州特产水冲石雕刻的水冲石砚集绘画、书法、雕刻于一石，为艺术珍品，可与端砚媲美。民国 20 年(1931)，他雕刻的“老子骑牛过函谷关”水冲石砚(湖南省主席何健在砚上题字)在巴拿马国际博览会上展出，大放异彩，获金奖。此砚在美国纽约存展。生于 1949 年的国家非物资文化遗产传承人乾州杨氏家族水冲石砚雕刻世家第三代传承人、杨味蔬侄孙、市域唯一从事水冲石砚雕刻工艺术家杨光三雕刻全国最大的一方水冲石砚“峒河金秋”砚。砚长 60 厘米、宽 45 厘米、厚 0.5 厘米，砚面露出晶莹矿粒，闪闪发光。作者以峒河两岸自然景观和人文景观为主题，将峒河劈为墨堂，把“一心阁”刻于砚额；飞檐高翘、古色古香的潕溪书院镂于砚右；全国落差最大的德夯流纱瀑布飞泻直下砚左碧潭；峒河公园、向阳坝、古渡码头、文溪石拱桥、苗家吊脚楼“乔迁”砚上，收入眼底。深浅浮雕、镂雕互见，相得益彰。作者推此巨砚参加在福建省福州市召开的中国民间工艺美术学会第十四届年会，在会上发表《水冲石砚浅探》学术论文。2000 年，在湖南省首届工艺美术精品大赛中获银奖，“蟹趣”砚、“蜻蜓荷叶”砚获铜奖。其作品外销日本、缅甸、马来西亚、韩国等国家和港澳地区。

编织分为藤编、草编、竹编三大类。藤编按生活习惯和适用编织成藤箱、藤篮、藤椅、藤盘、藤席。草编有稻草编草鞋、草垫。竹编品种最多，工艺最精，与生活关系更为密切，有箩、筐、簟、床、椅、架等大型用具，图案多种多样，工艺精巧，结实耐用，特别是竹背篓使用更为广泛，山区土家人“篓不离背，背不离篓”。

除专事绘画者外，土家族木雕石雕老艺人都会绘画，俗称“画匠师傅”，给人作壁画、刻画、绘神像，工艺精细，形神兼备，造诣甚深。花样多，图案美。

20 世纪 20 年代起，涌现一批土家族画家。市籍著名土家族画家张一尊(1902～1972)，先后在重庆、成都、贵阳、桂林、南京、上海、杭州、武汉、长沙、衡阳等地举办个人画展，在报刊上发表作品，出版《张一尊画集》，行家评价其画马作品为上乘佳作，笔法苍劲，生机盎然，独树一帜，被誉为中国画马四杰之一。著名作品有《百骏图》《马鸣风萧萧》《关山驮马》《嘶风图》《二月筒车响峒河》《三骏图》《八骏图》《万马奔腾》。中华人民共和国成立后，他曾任中国美术家协会湖南省分会主席。市籍土家族大写意画家、《人民美术》杂志常务副编辑苏高宇(1966 年生)师从当代著名大写意花鸟画家郭石夫，擅长画兰、竹、菊、梅、荷、牡丹、玉簪、梨花，作品多次参加国家级展览，并在国内多家刊物上作专题介绍，著有《写意花鸟百家》《当代名家技法图例经典·苏高宇写意花鸟》《中国名画家画库花鸟卷·苏高宇》等著作，被誉为中国最受市场欢迎的百名画家之一。

第三章　语言　文字

第一节　语　言

土家族有自己的语言。这种语言叫 pitsisa，称为"土家语"。"改土归流"前，土家族人用土家族语作为社会交际的主要工具。土司政权时期，一些土司、土官虽懂汉语，但仍操土家语为主。清康熙四十二年(1703)"改土归流"后，汉族人大量进入土家族聚居区，使土家族语言不断受到汉语的影响。加之土家族原来没有文字，在普遍创办汉文学校、土家人入学人数逐渐增多后，汉语汉文使用范围日益扩大，讲汉话的人渐多，讲土家族语的越来越少。

市域交通较为便利，经济、文化发展较快的乡镇土家人与汉民交往频繁，受汉民影响大，早已改用汉语，讲当地汉话，土家族语言已不复存在。

第二节　文　字

1983 年春，为发展土家族聚居区的文化、教育事业，开展"土家语和汉语教学"(简称"双语教学")。吉首大学民族研究室土家族学者彭秀模、叶德书采纳州人代会代表的意见，按照周恩来总理提出的创造少数民族文字的原则和根据土家语北部方言的语音系统，以龙山县猫儿滩镇星火村为标准音点，制定《土家语拼音方案》。是年秋，彭秀模、叶德书对《土家语拼音方案》进行修订；1984 年 1 月，在《吉首大学报》上发表；1987 年，中国社会科学院民族语言研究所将《土家语拼音方案》编入《中国少数民族文字》一书出版。

《土家语拼音方案》说明标准音点的选取，对现代汉语借词的处理。字母全部采用拉丁字母，土家语有 21 个声母，有 24 个韵母，有四个基本声调，一个变调，采取标本调不标变调。

声　母

声 母	b	p	M	d	t	l	g	k	ng	h	hx
例字	Bav 看	Pox 放	Mor 猫	Daf 穿	Taf 烤	Lav 路	Gar				
乌鸦	Kax 过	Ngaf 我	Har 打	Hxaf 写							
声母	j	q	n	x	z	c	s	r	y	w	
例字	Jier 喊	Qief 踢	Nix 找	Xief 有	Zay 拿	Cav 纺车	Sav 冷	Rax 飞	Yir 见	Wuf 牛	

说明：n—l 为变值音位，以 l 为代表；N 拼 i 行韵母，读作[n]

韵母

	I　jir 脚	U　wuf 牛
A　daf 穿	Ia　qiaxpaix 麻雀	Ua　waf 训牛
O　gof 他	Io　jiof 被	
E　mef 天	Ie　jiev 追	
ai　baiv 小孩		Uai　kua　ir 椅子
ei　anxbeix 叔叔		Ui　gofguix 表姐
ao　baofqir 野鸡	Iao　bixtiaox 平坝	
Ou　axkoux 角落	Iu　biuf 女儿	
An　banf 鹰	Ian　jianf 容易	Uan　suanv 小
En　enxqiv 鼻子	In　xinfgac 绿	Un　kunf 囵
Ong　rongf 妹		

说明：韵母 i 接声母 z、c、s、r 时，读作[k]

声　调

调　序	1	2	3	4
调　型	高平	低降	高降	高升
调　值	55	21	53	35
调　号	x	r	v	f
例　字	dax 滴	dar 下	dav 欠	daf 穿

说明：用声调字母标调法，紧接在韵母后面的字母就是声调字母；双音节调中高平调连接时，最后一个音节调值降成中平调，这就是变调，如 mima（蜜蜂）读成 mima

字母书写范例：

Partair partai kaxpuv tav,
Ngaf scf covnicr lixhongx gav;
lofpuv curcur laxnicx bav,
gngvgar der lavsuv sifdix tav.

汉译：扒台扒台织土花，我在你后檐把土挖；
两眼直望到日西斜，中饭都不来送一下。

第四章 体 育

第一节 竞技类

有“摔抱腰”“抵杠子”“踢毽子”“扳手劲”“扳手指头劲”“抵捶头颈”“划龙船”等项目。

摔抱腰 即摔跤。分一对一“花腰摔”、一对多“抢快摔”、多对多“自由摔”。

抵杠子 用一根长约2米的杂木棒，两人各持棒一头，抵于小肚上，两足前后分开，屈膝下蹲，使全身之力“抵”向对方。一方若被抵翻或滑落杠子，即为输。

踢毽子 毽子为铜钱鸡毛毽。踢毽子有磕、蹦、拐、盘四种基本动作，有旋转踢、绕背踢、毽穿圆环踢等多种踢法。踢毽子者双脚灵活，腰身柔软，适合女子踢。

第二节 棋 类

有“打三棋”“裤裆棋”“牛枯眼棋”“猪娘棋”“金木水火土棋”“皇帝棋”“五子飞棋”等项目。棋类活动不受场地、器材限制，随地均可对弈。对弈虽规则简明易懂，但要成为高手，并非一日之寒。

打三棋 首先在地上画大、中、小三个相套的正方形，再画对角线与中线（均不通过小正方形），即为棋盘。两人轮流着子、打三、提子以定输赢。

五子飞棋 由两人对弈，棋盘由四个“米”字形的方长块组成（如图）。

可用任何物体作棋子，但对弈双方的棋子不能相同，以便辨认。对弈前，各持五子，将子布在各自一方的五个交叉点上，一般用猜拳决定谁先走子。走子时，棋走交叉点，在一条直线上，棋子可进可退。一次可走一步，在一条直线上无棋子阻挡时，有必要也可连飞几步，但在连飞时棋子不准走弯路。对弈时，要尽可能多地“吃掉”对方的子（也叫提子），提子的方法有两种，

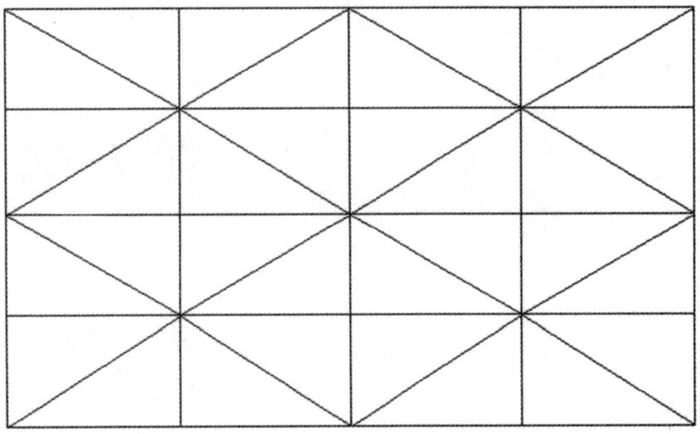

即“夹”和“挑担”。夹是指在一条直线上相邻处有甲、乙各一子时，甲再在乙子的另一边相邻处走上一子，形成在一条直线上甲方两子“夹”住乙方一子的形式，甲方就将乙方的此子提掉，并在被提子的地方换置甲方一子。挑担是指一方的子走进另一方两子之间，形成“一子挑两子”，被挑的两子均被提掉，并换上挑方的两子。对弈中，不论提子还是换子，棋盘上双方棋子的总和始终只是10个。判断输赢的标准是一方将另一方的棋子全部提掉或余下的棋子对方围在棋盘四角的任何一个角上，无处可走时，则这一方告输，结束一局比赛。

另外，中国象棋在土家族地区也普遍流行，纸牌更是老少皆宜的活动。

第三节　游戏活动

有“打铁”“找摸米”“蛤蟆抱蛋”“打秋千”“捡子”“跳房”“偷营”“竹子炮”“蹦蹦劲”“蒙蒙狗”“骑竹马”“滚藤圈”“抽陀螺”“扯密子”“打碑罚跪”等项目。

打铁　两幼儿分别坐在两妇人膝上，一边伸掌互击，一边念儿歌：“张打铁，李打铁，打把剪刀送姐姐；姐姐留我歇，我不歇，我要回家去打铁。打铁打到正月正，正月十五闹花灯；打铁打到二月二，守牛娃儿吹笛笛......打铁打到十二月，杀猪摆手过大节”。妇人既享天伦之乐，又培养幼儿反应灵敏、记忆准确的能力。

蛤蟆抱蛋　选一人扮蛤蟆(青蛙)，四肢触地，守护直径1米圈内的3个石子(蛋)。众人围于四周，寻机抢蛋。“蛤蟆”两手不许离地，只准用脚扫踢护蛋。若蛋被抢光，“蛤蟆”负，被众人提起手足“打油”，放进“水塘”。

打秋千　古时，一首民谣：“绿荫门前打秋千，无数娇娃争上前。忽报一声阿爸到，忙抛同伴躲篱边”。生动记叙了土家少女荡秋千的情景。秋千一般架在晒谷坪上。制作时，用6根10米高的杉树扎成两个三脚架，中间相距3米，在三脚架上横放一根杉树，再用两根7米长的竹子系在横杉树上，竹子间相距1米，用一块木板将两根竹子连接固紧，距地面40厘米高，便是秋架。也可用两根山藤，上端系在树杈上，下面系踏脚板即成秋架。荡秋千，分单人荡、双人荡、四人荡。上秋千后，双手握紧两侧竹竿，屈膝半蹲用力蹬板，身体随秋千在空中前后摆动，往后摆到最高点时屈膝下蹲又迅速蹬腿，向前摆到最高点时舒腿展手，挺胸昂首，如此往返，越荡越高。技术熟练者，能够在空中交换位置。

元宵，河溪和马颈坳两镇文化站在镇政府驻地举行“钢火烧龙”活动，“龙”在钢花火海里作螺旋状行进，舞龙者赤膊上阵，毫不畏惧，观众报以阵阵掌声和喝彩声，场面极为壮观。

第五章 习 俗

第一节 饮食 狩猎

居住在农村的土家族食粮以大米为主，辅以玉米、麦类、红薯等杂粮。煮饭时，将鼎罐置于火炕里的三脚架或用灶锅煮大米饭、大米拌玉米或大米拌红薯的“两合饭”。春社时，将腊肉切成细粒，与糯米和蒿拌和煮成“社饭”，饭香可口。20 世纪 90 年代后，有的改用电饭煲或高压锅煮饭，省柴省时，且利于保护山林。城区土家族以大米为主食，辅以面食。土家族也喜食糯米粑，“腊月二十八，家家户户（农村）打粑粑”，少则 50 千克，多则 250 千克以上，有的挑或背到市场上卖。

土家族和苗族、汉族同样喜食辣、腊、酸，一年四季不离辣。夏秋两季，以辣温胃，食鲜青椒，城区一年四季均有青椒出售。春冬两季，食干红椒。除加辣椒的菜肴外，有时单独炒辣椒或用炭火烧加盐成“烧辣椒”，更加可口。有的把鲜红椒和嫩姜切细，加盐拌匀，放进坛内密封半月左右即酸辣子，俗称“渣辣子”。把老玉米粉和鲜红椒细粒拌匀，放进坛内密封十天半月即成“包谷酸辣子”。把干红椒擂成或打成细粉，用适量菜油炒出香味即成“油辣椒”，是面食、粉食、醋萝卜必不可少的佐料。

酸菜是土家族常食的大宗菜之一，有青菜酸、萝卜酸、洋姜酸、豇豆酸、大蔸菜酸，肉类有酸肉、酸鱼、酸猪肠。

腊肉是土家族喜爱的肉食之一。腊月，农户杀年猪，每户一二头或几家合杀一头，共重 250～400 千克，拌食盐、花椒、五香粉，在缸内腌 10 天左右，挂在火炕上或灶口上熏干呈黑色，然后将腊肉埋在谷壳堆里储存，蒸或炒，精肉红润而肥肉透亮，喷香可口。

土家人喜欢饮用糯米酿制的甜酒和杂粮酿制的白酒。家有客人必以白酒招待，“无酒不成席”成为口头禅。

糖馓 也称团馓。是土家族人娶亲嫁女、走亲访友、看月待客的上等食品或礼品，也是祭祀祖先的祭品。做糖馓，选用又白又圆的糯米，将糯米淘洗干净，放入甑子蒸熟，乘热一坨一坨铲出来，揉压成碗口大小的圆饼，在太阳下晒干或用炭火烘干，用品红品绿写上“福”、“喜”等字，画松枝、花草。然后将这些糯米饼放入茶油中煎炸，糯米饼迅速膨胀呈圆形块状，即为“糖馓”。贵客至家，取出糖馓，掰成几块，放入碗中，加蜂蜜或白砂糖，用开水冲泡，食之解渴又充饥，清香甘甜。

糊米茶 土家族人无论日常待客，还是接亲嫁女、起屋上梁、治丧等红白喜事，经常制作糊米茶。做法是将大米适量放入锅里炒黄、炒焦，盛在碗里，用开水冲泡，加盖，稍等片刻，一碗黑中带黄、香气飘溢的糊米茶就制作成了。糊米茶不仅清香爽口，直沁肺腑，且有清热退火、止渴提神、治疗痢疾等功效。

油茶汤　制作考究。先将茶叶、粉丝、黄豆等物用油炸香，加熟腊肉粒、豆腐颗和玉米泡，再加葱花、姜粒等佐料和烧沸的油汤，喝起来清香爽口，冬可暖身，夏可解暑，提神消乏，疗饥醒酒，许多人四季不离，每日必饮，是土家人自饮和待客的传统民族饮料。

狩猎　上山狩猎，所获猎物，"见者有份"，先清点"见者"人数，然后按人数将兽肉砍成若干块，穿上棕绳，装入背篓，加以遮盖，棕绳头外露。一人端着背篓，转数圈，在场的人各拿一棕绳头，提取兽肉，无论好坏，都无意见。田边、地角、道旁水果成熟后，路人可随意摘食，充饥解渴，但不得带走，叫做"准吃不准带"。

第二节　服　饰

清乾嘉年间，土家族男子穿青色满襟衣，衣立领，衣袖短而大，包白布头帕，捆腰带。嘉庆后，服饰与苗族的相似。头帕改为黑布。着对襟衣，衣袖长而小，袖口滚边，胸前布扣对排，数量在七排以上。脚穿青面白底瓦口鞋，包布裹脚。裤子不分老幼，均为青蓝布筒，白布裤腰，裤裆大，裤脚大而短。

中华人民共和国成立后，土家族男子服饰渐与汉民服饰融为一体。女子服饰比男的多而讲究，衣长大、立领、袖短，袖口边长 40 厘米。胸襟、袖口均镶约 3 厘米宽的花边。裤脚口边长约 33 厘米，镶花边。衣服有左开襟、云勾对胸、银钩、三股筋、挑花对胸、挑花、绣花裤子、八幅罗裙、筒裙、百褶裙等款式。不同年龄的女性服饰又有区别。老年妇女服饰朴素、大方，头包青布帕，身穿矮领滚花边满襟衣、布褂和白裤腰的青蓝布裤子，脚穿布鞋。中年妇女多穿左开襟式或右开襟式的托肩矮领、滚花边、饰云勾和几何图案以及动植物图案的青蓝布上衣，裤子与老年妇女的相似，但裤脚多以对衬色布加边缀饰三条梅花条。脚穿瓦式或立式青布面白布里麻线纳底的布鞋，包青蓝布裹脚。青年妇女穿着较讲究，头发打长辫子，扎红头绳；婚后，将辫子盘起，在脑后挽成一发团，用簪别牢，叫做"巴巴髹"。内穿白色衬衣，外穿青、蓝、绿、红绣花外托肩衣，下着青布或蓝布裤子。脚穿绣花、口滚花边或挑"狗牙齿"图案的布鞋，白布裹脚或穿红袜子。逢喜庆或节日，有钱人家妇女在胸前套绣花围裙，挂银牙签、戴金戒指或银戒指、耳环、手圈等金银饰品。旧时，土家族头帕多为棉织品，长约 3.3 米，宽约 50 厘米，多为黑色。新婚女子多包黑色丝帕，帕长 10 米左右。中老年妇女头帕多为棉织品。成年男子头帕为黑色或蓝色，长 3 米多，宽 40 厘米，帕料一般为家织棉布。家庭中有老人过世，子女、媳、婿等晚辈均包白色头帕，称为"孝帕"。儿童服饰按年龄大小有别，幼儿一般穿花布衣裤，讲究者在素布上绣花。4～5 岁，男孩趋素，女孩趋花。男孩头顶前留方块头发；女孩蓄盖盖头发或蓄满头长发，打小辫。5岁后，女孩穿耳吊黄腊坨；7岁戴瓜子耳环。儿童帽子式样较多，春季，有紫金冠，夏季，有蛤蟆帽、圈圈帽，秋季，有冬瓜帽、八角帽，冬季，有虎头帽、狗头帽、狗尾巴帽、鱼尾帽、凤帽。帽围用丝线绣“喜鹊闹梅”“凤穿牡丹”和“长命富贵”“易养成人”“福禄寿喜”等花鸟文字；钉“十八罗汉敬观音”“文八仙”“武八仙”“二龙抢宝”等银饰品。儿童项圈用金、银或铜等金属制成，缀“长命锁”“如意”之类坠饰。富裕人家用玉雕制项圈，镶珍珠宝石。

第三节 住 房

清康熙四十二年(1703)“改土归流”前，土家族村落几乎是单一民族的氏族村落，同姓同宗为一寨，因而多以姓氏作为寨名。百姓刈木架屋，编竹为墙；舍把头目立梁柱，周以板壁，皆不准盖瓦。如有用瓦者，即治以僭越之罪，民间传说：“只许买马，不许盖瓦”。一般平民住的是木叉搭架，茅草盖顶的茅棚。“改土归流”后，由于杂居局面的扩大而逐步住木房子，屋一般坐南朝北或坐北朝南。一般人家“三柱四挂”或“三柱六挂”或“五柱八挂”；大户人家有“七柱十一挂”或“四合天井”大院。一栋房子一般四排三间，也有六排五间，最多十排九间。正屋中间叫堂屋，用于祭祖先、迎宾客、办理婚事和丧事。堂屋正壁上安祭祖“神龛”，“神龛”下放一张摆祭品的“神桌”。堂屋两边的左右房叫做人间房，人间房以中柱为界分前后两小间，前小间做火堂，后小间做卧室。火堂有一1米见方的火坑，四边用长条石板围着。火坑内架一支三脚架，作煮饭、炒菜时架鼎罐和锅子用。火炕上从楼枕吊下一木炕，作炕腊肉和炕干湿物用。卧室是父母住左边房、儿媳住右边房，若有两个及其以上兄弟，兄弟结婚后分家，兄嫂住左边的人间房，弟媳住右边的人间房或另建住房，父母住神壁后的“抱兜房”，姐妹住楼上。在正屋的左右边，习惯于一头接个“马屁股”，作为打灶，安碓、磨之用，兼作饭堂；一头接个偏刷屋，作猪牛栏及厕所用。

土家族住房最有特色的是吊脚楼。《旧唐书》记载：“土气多瘴疠，山有毒草及沙蛩蝮蛇。人并楼居，登梯而上，号为‘干栏’。”“干栏”即吊脚楼。吊脚楼一般为三排两间，上下两层。下层为厢房、仓库或碓磨坊；上层为女儿所住，叫做绣花楼或姑娘楼。土家族房屋四周一般用石块或泥土作墙，屋前是天井坪，天井坪外靠南边处接围墙开八字朝门。习惯在房屋周围种竹子、果树或风景树。

土家族人建房未动土木前，请风水先生架罗盘看龙脉，择屋场。屋场忌向白色山崖或山巅，认为白崖是白虎卧地，“白虎对堂坐，无灾便有祸”。非要在此建房不可，只好植树造林把白崖挡住，或者在新房大门上挂一个“谷口神”改煞。砍屋柱和梁木前一天，木匠师傅带祭品上山祭山神；砍倒的第一棵树要倒向东方，求得太阳神赐以吉利。选择梁木很讲究，一般选用椿树、紫木或杉树，且要“偷砍”他人之树，树主即使知道也予默认。梁木砍倒后，立即放鞭炮，按需要取材，将红绸布捆在梁木中间，由两人抬回，中途不能停歇。到家后，不得让人踩坐，由木匠制作画梁。梁木正中画太极图，两边分别写“乾”和“坤”两个大字，接着画八卦图，图后两端分别写“福如东海”“寿比南山”八个大字，梁木从中央到两端依次钉上亲戚赠送的银质“梁沧”，画梁告毕。新屋屋架竖立后，主东择吉日良辰行上梁仪式。是日，亲朋好友前往祝贺，放鞭炮，抬屋梁登梯上梁，木匠墨师和贺梁礼官对念安煞、开梁口、扎梁彩、讲瓶、奠酒、上云梯、攀枋、盘梁、理粑根、摔梁粑等上梁礼辞，美言美语，娓娓动听。抬梁木上木梯时，掌墨师口中念念有词：“主东攀龙攀凤之梯，步步登高之梯。何处生得此树，何人造下此梯？”礼官答道：“王母娘娘瑶池赴会之梯，主东云中打马之梯。峨眉山上长此树，山中百鸟树上啼。李郎砍树，张郎划墨，鲁班先师造下此梯。步有一十五步，高有一十五级；步有一尺三寸，宽有一尺一。木匠上东我上西，后院驴马叫唏唏；人人问它叫什么？它说得点状元魁。”屋梁安好后，木匠墨师手端红漆盘，盘里放金壶玉杯、豆腐、猪肝，坐在梁头，念道：“坐在梁头打一望，主东坐的好屋场；后有青山重重岭，前有玉带水汪汪......”念完，向四周甩梁粑让众人争抢，庆贺华堂落成。

20 世纪 90 年代后，经济较发达、交通便利的土家村寨村民建新房多建一二层或三四层新式平顶砖房，无屋梁，无上梁仪式。

第四节　婚嫁　家庭

一、婚　嫁

在漫长的历史发展阶段中，土家族先后实行血缘婚、群婚和对偶婚制，同姓为婚，婚嫁不用轿，背负新人，男女混杂，订婚以猪、牛、羊、银、布、酒等物为聘礼，仍盛行原始社会母权制残余的姑表舅表通婚为亲上加亲应优先婚配的婚俗。凡姑之女必嫁给舅之子为妻，叫做“骨种”。不论姑之女年龄大小，甚至大 10 余岁也必须嫁给舅儿。这种姑女必配舅儿的习俗对舅权来说是“还骨种”。例行“坐床”“填房”。兄亡，嫂优先配弟，弟弟愿意“坐床”，嫂嫂“填房”，不能随意改嫁；若弟弟不愿“坐床”，则嫂可改嫁。

土司时期，土家族婚姻较自由。劳动生产和唱歌跳舞时，青年男女彼此倾吐爱情，只要得到土老司允许，婚前拜敬土司祠，便可成亲。“改土归流”后，以封建道德为婚姻标准，男女婚姻受“门当户对”和“父母之命、媒妁之言”制约，男女婚姻不自由，曾出现买卖婚姻、逼婚、抢婚、强婚等丑恶现象。

中华人民共和国成立后，通过宣传贯彻《中华人民共和国婚姻法》(简称为《婚姻法》)，土家族同样废除了封建婚姻制度，实行男女婚姻自由，喜事新办，举行新式婚礼。20 世纪 80 年代后，随着经济社会的发展进步，土家族青年男女恋爱自由，婚姻自主，在征得双方父母同意后，男家出于礼节仍请媒人到女家“求亲”，过去那种“父母之命，媒妁之言”已不复存在，“骨种”、“坐床”陋习已被《婚姻法》剔除。订婚、拜年、结婚、回门等礼仪仍盛行，礼品除传统的猪肉、糍粑、烟、酒、糕点外，还有家用电器。将坐轿改为步行或坐花轿车，张灯结彩，婚宴丰盛，宾客盈门，高朋满座。

二、家　庭

土家族家庭一般为四代同堂或三代同堂、后者居多，家庭人口一般 4～6 人。在家庭成员中丈夫是家长，妻子处于从属地位。家庭成员都参加力所能及的劳动，成年男子主要从事田间劳动，妇女主要从事家务劳动和抚育小孩。

旧时，儿子结婚后与父母分居，父母分给儿子一份耕地、房屋和财产。女儿出嫁时要送陪嫁妆或"私方田"。父母的财产由儿子继承，女儿无继承权。兄弟分家时，请家族中德高望重的老人参加，先留父母的"养老田"，余下的平分给儿子。分家后，父母一般跟幼子住。父母丧失劳动力后，由儿子共同赡养。父母去世后，"养老田"由幼子继承。年幼子女成年后，其嫁娶由兄嫂操办。

中华人民共和国成立后，男女平等，《中华人民共和国财产继承法》规定子女都有继承权、都有赡养父母的义务。生育观念得到更新，逐步革除传宗接代、无后为大、重男轻女、多子多福等传统生育观念，实行计划生育，树立少生优育、生男生女都一样，女儿也是传后人的新型婚育观念。婴儿出生，皆大欢喜。如是男孩，则拿只大公鸡到外婆家报喜；如是女孩，则拿只大母鸡到外婆家报喜。通过宣传教育，绝大多数育龄夫妇懂得生育科学知识，婚后多年未育便到医院咨询就诊，不请老司架"天桥地桥"，也不向傩公傩母"许愿"求子。

第五节　节　庆

土家族的节日很多，除国务院法定节日外，还有自己的民族节日。

过年　土家人逢农历腊月大，以二十九日为岁；腊月小，以二十八日为岁，比汉族提前一天过年，叫做"过赶年"。其来历说法较多，主要有三说：一说是在明代嘉靖年间，正值年关，突然接到朝廷圣旨，调土家士兵前往沿海抗倭。按路程计算时间，年前必须出发才能按时赶到目的地。为了让出征官兵过年后再出发，便将土家官兵集中起来提前过年。土家官兵在抗倭战争中，立下"东南第一战功"。后人为纪念这次战争的胜利，祭祖颂功，每年都提前一天过年。二说是清代古丈会溪坪有一座山坡，是土王与客王打仗的地方。有一年过年前夕，客王把土王和许多土家族群众包围在这座山坡上，清兵众多势大，土王不能冲出重围，于是决定提前在坡上过年；待客王过年不备时冲出重围。过年后，大家按计划准备武器，砍"野猫树"做长枪。第二天，清兵正在过年，土家人手持野猫树干，吹起"呆呆哩哩"，喊声连天。清兵见山坡上人如潮涌，长枪林立，吓得四处逃窜，土王率部众乘机冲出重围，化险为夷。为了纪念这次战斗的胜利，土家人就提前一天过年，渐成风俗。三说是土家族的祖先家境贫苦，年三十都不休息，为了全家团圆，就提前一天吃年饭。

四月八　这是土家族一大节。农历四月八，土家人杀猪宰羊，打粑粑，请亲戚朋友来家过节。关于四月八的来历，各地说法不一，主要有三说：一说四月八是牛王节。这一天，土家族先民在一次战斗中打了败仗，被赶到河边时，恰逢洪水猛涨，不能过河，十分着急。这时，一大群水牛游过来，急中生计，急忙就拖着牛尾巴过河，脱离了险境。土家族子孙为了不忘水牛的救命之恩，四月八便让牛息耕一天，并喂以精饲料。二说四月十八和土家族先民迁徙有关。传说，彭姓从常德逆沅水、酉水到湘西定居时，有的是四月初八到达，有的是四月十八日到达。为纪念这一天，前者过四月八，后者过四月十八，渐成习俗。三说四月八日是祭婆婆神嫁毛毛虫的日子，祈求婆婆神保佑庄稼不生病长虫，保护五谷丰登。

六月六　这是土家族另一较大节日。农历六月六，土家人杀猪、打粑粑、做豆腐过小年，跳摆手舞祭祀祖先，节日来历传说不一。有的说六月六是姑妈节，把出嫁姑妈接回来"歇伏"；有的说是纪念土家族先民到湘西定居的日子；有的说是茅岗土司、土家族英雄覃垕蒙遇难日，死得很惨，被剥皮致死，为了纪念他，土家人在这天"晒龙袍"。各地土家族过六月六大同小异，晒棉衣、晒龙袍、祭祖颂功是相同的。

第六节　礼　俗

土家人好客。家有来客，热情招待，将烤得两面金黄的糍粑几吹几拍，包白糖或放蜂蜜，笑眯眯地双手捧给客人品赏。客人接糍粑后即吃，不可再吹再拍；否则，主人视为客不尊主，不再烤糍粑给这位客人吃。

昔日，红白喜事，客人到来时，放铁炮迎接。铁炮如大鞭炮一般大小，竖立于铁匣上，放起来震天动地。如果一时没有铁炮，便鸣放猎枪表示欢迎。20世纪60年代后，改放鞭炮迎客，寨上成年人听见鞭炮声，一齐出来迎接。平时，客人到家，主人立即煨茶送烟，做油茶汤招待。主人陪客把盏，敬酒，劝菜，十分热情。给长辈或客人敬酒时，自己端的酒杯或酒碗要比长辈或客人的略低，表示尊敬对方。

第七节　丧　葬

一、葬　式

火葬　唐代樊绰《蛮书》记载："蒙舍及诸乌蛮不墓葬，凡死后三日焚尸。"地方志记载："土民有同姓为婚，停丧火化等习俗。"

岩墓葬　唐代张鷟在《朝野佥载》中记述："五溪蛮，父母死……尽产为棺，于临江高山半岩凿龛以葬之。"保靖、永顺、龙山、古丈、泸溪、吉首等旧地方志也有类似记载。

土葬 土司时期及其以后，土家族实行土葬，墓地多选择在背山向阳之“龙脉”处，前面的山越远越多越好。

二、丧　俗

土家人父母死后，长子或长女先到泉边敬神，取一竹筒泉水为死者洗尸。洗毕，给死者穿寿衣寿裤寿鞋，腰捆一支白线（一岁一根），棺材放在堂屋正中，在棺内撒火灰，铺皮纸，将遗体入殓。一般停柩三天或五天或七天或九天。每天晚上，歌郎歌娘唱孝歌，寨人围坐听歌守灵。葬前一天为“大葬日”，杀猪宰羊作祭奠，主要亲戚送猪头和钱纸，叫做“烧猪头香”，一般亲友吃“烧香酒”，孝男孝女“披麻戴孝”，举行家奠礼，说唱家奠词，哀婉凄切，催人泪下，教人感恩父母，孝敬老人，吊唁亡人。当晚，道士行“散花解结”“解五方灯”“解传灯”“解小灯”“解大灯”仪式，歌师唱“孝歌”，击鼓踏歌，通宵达旦。

出殡后，立即将孝堂打扫干净。送葬时，沿路丢“买路钱”；抬棺歇息时，棺材放在长凳上，不能落地。安葬时，土老司在墓穴内用米画八卦图，洒雄黄酒。棺材入坑，给棺材定向，任何人不能脚踩棺盖。孝子先在棺头挖三锄土盖棺，然后众人挖土搬岩砌坟墓，放鞭炮，安葬毕。

葬后从第一天起，死者亲属连续三夜向新坟送火把；满“三朝”后，堆坟安碑，用酒和“刀头肉”“招魂”，让死者灵魂回到家里；连续三年于农历七月初一接亡。三年内，孝子要包孝帕。每年清明节挂清。墓碑有“单厢碑”和“三厢碑”。“单厢碑”只有一正牌，戴碑帽，配门挂、门耳和拜名；“三厢碑”有一块大正牌，上刻墓主人的姓名、生卒年月及其子孙的名字，两块侧碑刻有墓志铭，碑柱、碑门、碑帽和碑耳雕刻龙、凤、花草、人物之类图案。

20世纪50～80年代，道士、土老司停止治丧活动，孝家开追悼会以示悼念。此后，仍行道士、土老司治丧活动。

第六章　信仰　禁忌

第一节　信　仰

一、崇巫尚鬼

每年农历三月，杀白羊，击鼓吹笙祭鬼；四月十八日、七月十五日夜，祭祖；九月九日，合寨宰牲，过重阳，报土功；十二月二十八日夜，祭鬼。若患疾病，不事医药。歌丧哭嫁，崇巫尚鬼。土家族有崇拜祖先、敬祭土王、迷信鬼神的旧习，没有一个固定的宗教信仰。

二、信奉祖先

土家族认为八部大王和向王天子是自己的祖先。相传，八部即八个部落，八部大王即八个部落的酋长。每年过年时，一小敬，农历正月初九至十一日，土家人在八部大王庙前举行大摆手歌舞活动，纪念八部大王神。此外，还建有“向王庙”，供奉向王天子；有的地方建“土王庙”，每年正月初一至十五日、八月十五日，各寨自行定期祭祀土王。

市域，今已无八部大王庙、向王庙和土王庙。

三、师傅崇拜

土家人尊重鲁班为工匠的祖师爷，木匠在生产活动中要祭祀鲁班。

有手艺的人在喝酒前要用筷子在酒里点三下、往地上洒三下。每点一下，把沾在筷子上的酒往地上一洒，一点一洒连洒三次，表示敬天敬地敬师傅。

四、信奉诸神

土家族迷信诸神，将能为自己消灾造福的“万物”视为相信对象，除了敬奉祖先神、土王神和“梯玛神”外，还敬奉灶神、土地神、四官神、五谷神、梅山神、白虎神等神。

祭土地　土家族人认为土地神是自己的保护神。农历二月初二是土地神的生日。这一天，祭祀土地神更加隆重，家家户户在土地庙祭祀土地神。在土地庙杀鸡，将鸡血淋在土地庙四周，再烧香、纸，作揖，并以这一天的天气占卜当年农业收成丰歉。民谚称：“土地公公出汗，一升荞麦打一石；土地公公打伞，一斗荞麦打一碗。”

神树崇拜　土家族村寨周围是树，土家人认为树老成精成神，古树、大树是神灵的栖身之处，能给人祸福。为了祈求神灵的保佑，例行祭祀古树、大树。

猎神祭祀　相传，梅山女是狩猎能手，土家族信奉她为狩猎之神，称为“梅山女神”。上山打猎时，先行猎神祭祀。祭祀地点在人迹罕至的悬崖下或古树边，用几块小石板或瓦片竖一小屋，压上纸钱，献上素食酒馔，即可上山打猎。打猎归来，献上所获猎物，再祭梅山神，以示酬谢。

第二节　禁　忌

一、忌言　忌行

节日、喜庆、出门和行船等活动禁说不吉利的话。

腊月二十八日或二十九日，不能做针线活，不能洗衣，避免吵架。吃年饭不能泡汤，否则来年大水会冲垮田坎；晚上，不能吃年粑，否则会长疮；三十日，不能吃豆渣和菜豆腐，不能挑水，否则来年要遭水灾旱灾；不能杀牲畜，说是“麻雀也有个三十夜”。正月初一，不泼洗脸水，不扫地，以免把财运洗干净、扫出门。行亲“七不出门，八不归家”；三、六、九、腊四个月的牛日，不能出远门，出门会遇“红煞”，一去不归家。清明、立夏、四月八日不能用牛，否则牛会生病。

二、忌　事

孕妇家里忌动土、忌钉钉子、忌搬床铺，以免惊动胎儿堕胎。忌坐大门坎，否则欺主。忌客人同闺女开玩笑和坐在一条凳子上，否则被视为作风不好。忌端着饭碗站在别人背后吃饭，使别人“背时”。七月，忌打死进屋蛇，只能把蛇赶走，说蛇是土家族祖先的化身。忌用灶煮狗肉，忌用脚踩灶和坐在灶上，忌将衣、裤、袜、草鞋等物放在灶上，以免侮辱灶神。忌踩火坑里的三脚架。忌带死鸟进屋。忌把锄头扛在肩上和挑空水桶、空粪桶进屋。忌把畚箕倒扑在堂屋里，这是埋人的迹象。忌在屋里吹口哨、打呜砰。忌将在外面死的任何人抬进屋，认为是“野鬼见不得家神”。未婚青年男女忌吃猪蹄叉，否则会找不到对象。忌小孩吃鸡爪，否则字写不好。农村草医忌吃狗肉等五爪兽肉，否则草药不灵。

三、忌　食

田姓长子忌吃鸡肉、鸡蛋和狗肉。黄姓忌吃田鸡和黄鳝。传说，黄姓先民率部族逃难途中口干舌燥，难以忍受，忽闻田鸡（青蛙）“呱呱”叫而向田鸡声走去，见黄鳝从田里钻出头来，水随即涌出，众族人方得水解渴，倍感田鸡、黄鳝救助。从此，黄姓世代子孙忌吃田鸡和黄鳝。

随着经济社会的发展进步，绝大多数禁忌已逐渐淡化甚至消失，渐被社会主义政治文明、精神文明和物质文明所取代，建文明村寨，树文明村风，做文明村民。

第三篇　其他民族

市域其他民族主要有汉族、白族、回族、侗族、满族、瑶族。2012 年年末，汉、白、回、侗、满、瑶、壮、黎等其他 29 个民族 73136 人，占全市人口的 24.74%；其中汉族 69560 人，占全市人口的 23.52%；其他少数民族 3606 人，占 1.22%。

第一章　汉　族

第一节　迁　入

市域汉族历史上称为“客民”或“民人”，前身是华夏族。自汉代起，称为“汉族”。

据《苗族吃牛古歌》传诵，远古时期，七个“果咱”（西部苗语称汉族为“果咱”）兄弟和五个“果雄”（西部苗族自称）兄弟一起从洞庭湖沿沅江而上，经艰苦跋涉，迁入武陵境内，在下泸溪峒、泸溪岘安家。后来，苗汉双方为划分地界，分配家产，决定射箭比赛，输者一无所有。比赛结果，苗族兄弟输了，只好空手空脚，向西迁徙至湘西中南部定居，白手起家。

在漫长的封建社会里，由于天灾人祸、戍边屯田、工商贸易或从军从仕至清代“改土归流”，汉族陆续迁居湘西各地。其中“戍边屯田”是汉民迁入的主要原因之一。西汉时期，朝廷开始在武陵郡实行“戍边屯田”，至东汉建初五年(80)，罢武陵屯兵。宋代，在辰、溪、锦、奖等州实行“营屯”，选民人立屯，免其徭役，使其御苗，屯民被称为“弓弩手”，平日则事耕作，缓急以备战守。宋代废屯。明代，筑边墙，设卫制，有卫必有屯，屯丁全由汉民充任。清朝廷将乾嘉苗民起义镇压后，傅鼐在湘西苗区实行“屯田养勇”，大量汉民趁机进入湘西，其中部分留居土家族和苗族地区，成为当地“民人”的组成部分。宋熙宁三年(1070)至清朝，汉族守备、客户陆续在镇溪(今吉首)及其附近定居。明洪武初年，江西部分汉民迁居镇溪。

抗日战争期间，沦陷区 4000 多名难民(多数是汉民)陆续迁到乾州、所里、马颈坳、河溪等地避难。抗日战争胜利后，大部分汉民回原籍，少部分留居县内。

1952年8月起，吉首先后为湘西苗族自治区、湘西苗族自治州、湘西土家族苗族自治州州（区）府驻地后，外地汉民因参军、参干、招工、大专院校毕业生分配或就业、经商办企业陆续迁入市域，成家立业，繁衍生息，成为市籍汉族居民。

第二节 人 口

从古到今，市域汉族人口逐渐增加，随着土家族族别的确定、民族成分的更改、少数民族人口的增加，汉族人口占全市人口的比例呈下降趋势。清康熙四十三年(1704)，设乾州厅，全厅3647户中民人(汉族)2557户，占70.11%。至乾隆三十年(1765)，全厅7704户中民人户5110户，占66.33%；总人口38714人中民人24554人，占63.42%。1951年，全县97604人中汉族57330人，占58.74%。1953年7月1日零时，第一次全国人口普查登记，全县103806人中汉族62866人，占60.56%。1957年9月，湘西土家族苗族自治州在吉首成立，至年末，全县总人口118536人中汉族68331人，占57.65%。1964年7月1日零时，全国第二次人口普查登记，全县110981人中汉族49495人，占44.6%。1982年7月1日零时，全国第三次人口普查登记，全县179783人中汉族68115人，占37.89%。是年11月，撤销吉首县，设立吉首市，至年末，全市180159人中汉族68363人，占37.85%。1990年7月1日零时，全国第四次人口普查登记，全市230614人中汉族67138人，占29.11%。2000年7月1日零时，全国第五次人口普查登记，全市294297人中汉族75112人，占25.52%。第十个五年计划末的2005年，全市286040人中汉族71490人，占24.99%。2010年7月1日零时，全国第六次人口普查登记，全市302065人中汉族81680人，占27.04%；是年是“十一五”计划的末年，至年末，全市290402人中汉族60702人，占20.9%。2012年年末，全市295701人中汉族69560人，占23.52%。

市域汉族主要分布在吉首、乾州，马颈坳镇溪马、团结、几比、榔木、隘口、康云、阳田、合群、竹寨、枫香、新湾，白岩乡雅沙、白岩、檀木、着落，河溪镇河溪，寨阳乡回光、马坳、曙光、寨阳、坪郎等社区和行政村，城区和农村社区以汉族为主，行政村汉族与苗族、土家族，或与苗族，或与土家族杂居。

第三节 开 发

陆续迁入的汉族及其后人同市域苗族、土家族等民族风雨同舟，休戚与共，共同开发吉首、建设吉首。

大部分汉族居住在乾州和吉首，识字者多，擅长商贸和工业技艺，这两地的开发与他们密切相关，功不可没。

乾州为以汉族为主的汉族、苗族、土家族等民族杂居区。明朝万历年间，为屯粮之地；清朝时，为乾州厅厅署驻地，街巷有药铺4家、当铺3家、钱庄1家，万溶江临城两岸有装卸军粮的书院码头和装卸货物的铁匠码头。民国时期，为湖南省第三行政督察专员公署、湘西绥靖公署、湘西屯边使公署、乾城县政府、国民党乾城县党部驻地，有坐商10余家，是全县政治、经济、文化中心、湘西四大古镇之一（另三个是泸溪县浦市、龙山县里耶、永绥县茶洞）。1949年11月至1950年12月，乾州是中共乾城县委、乾城县人民政府驻地。1982年11月，撤县设市，乾州镇改为乾州街道，成为吉首城区的组成部分。21世纪初，乾州是湖南省吉首经济开发区和湘西经济开发区之一，乾州古城是省级历史文化街区、张家界至吉首旅游黄金线中点，吉首至凤凰高速公路从城区经过。从2004年5月起，市委系统机构、市纪委、市人大常委会、市政府、市政协及其大部分工作机构和州政府部分工作机构先后从吉首迁至乾州，乾州已具现代化城市雏形。2012年，乾州街道和吉凤街道有居民28844人，占全市总人口9.74%。

明洪武三十年(1397)，设镇溪军民千户所。清康熙四十三年(1704)，撤销镇溪军民千户所，当地汉民将镇溪称为“所里”，西部苗民称之为“吉首”（“吉”即地方，“首”即生养之意）。民国时期，水运通达洞庭湖，湘川公路经过城区，交通状况有所改善，人口最多时达7300余人，商贸有所发展，成为县内乃至湘、鄂、川、黔四省边区商品集散地。资本最为雄厚的商贾有新老八大家，多经营桐油、山货、粮食、棉花等土特产品和农产品以及日用百货。外国买办商业企业有英属正大公司和美属义瑞公司。沿城区峒河两岸有五个码头，最多日泊桅船60余只，商人用桅船将“洋货”、日用百货运到矮寨、大兴寨，从那里购回粮食、桐油、五倍子、药材、皮毛等土特产品，部分产品再运至浦市、常德、岳阳、武汉销售，从这些地方购回日用百货和副食品。1950年12月，中共乾城县委、县人民政府及所属机构由乾州迁至所里。1952年8月至1955年4月，吉首为湘西苗族自治区人民政府驻地，1953年4月1日，县政府驻地“所里”按苗语改称为“吉首”。1955年4月起，吉首先后为湘西苗族自治州人民委员会、湘西苗族自治州州人民政府、湘西土家族苗族自治州人民政府驻地，成为四省市边区重镇和物资集散中心。2012年年末，所辖镇溪和峒河两个街道总人口13.01人，占全市人口44.01%。

汉族人口较多的马颈坳镇和河溪镇成为农村重镇。2010年，全国第六次人口普查登记，马颈坳镇和河溪镇汉族人口依次为3194人和2459人，分别占当地人口的21.78%和27.23%。

第四节 方 言

一、概 述

市域汉族语言属北京语系西南官话，词法、语法和基本修辞方式虽与普通话相似，市民只要稍加学习，就可讲一口流利的普通话，但在语音、词汇、修辞、语风等方面与普通话区别较大。讲吉首方言易与当地人拉近距离，沟通思想，融合感情，交流信息，提高办事效率。吉首方言具有地域性、传承性和多义性的特点。一方水土养一方人，一方水土孕育一地方言。因地域不同和山水相隔，市域各地汉语方言也不尽相同。方言不同于书面语言，在书中看不到，在字典里查不到，而是当地人在言谈中使用，代代相传，传承至今。有的方言有音无汉字，只能用某些同音或近音汉字或拼音字母代替。“从(còng)上去”，即追赶上去；“耍抸(qiá)”，即蛮不讲理。有的一句方言有几层意思，“秋(qiú)人”，一是指求人时被为难，二是指身体蜷曲，不舒展。“在行(háng)”，一是指老人健康，二是指人能干，三是指小孩听话。

二、日常方言

主要为人的行为、形象、品德、称谓。

从(Còng)上去——追赶上去

跑趟子(paò táng zi)——跑步

撒得快(shá dí kuaì)——跑得快

起股扛(qí gù gǎng)——矛盾尖锐

飚(biāo)——动作迅速、以快速跃越或快跑

扯啰壳(ce luō kuǒ)——闹矛盾

杠筋(gáng jīn)——纠缠，双方互不让步

开歪(kāi wāi)———敲诈人

扩诈(kuó zá)——诈骗

趟(táng)人——骗人

吃合人(qí huǒ rěn)——设圈套，敲诈他人钱财

叫筋(jiǎo jīn)——充狠

筒哥(tóng guō)——无能力又爱讲大话、爱出洋相的人

充象(cōng xiáng)——充能，出风头

冒泡(máo pào)——冒失

猛董(mèng dǒng)——鲁莽，做事不顾后果

乌一忘二(wū yǐ wǎn er)——做事不负责

王龙精(wǎng lǒng jīn)——办事靠不住的人

王家场(wǎng jiā cǎng)——讲话不算数或办事马虎的人

枉蛋(wāng dán)——办事靠不住，不认真的人

加杆(jiā gàn)——权衡，斟酌

搬拾(bān sī)——斟酌

耍抸(suà qiá)——蛮不讲理

横强八拗(huěn qiǎng bǎ ao)——横蛮，不讲理

甲阔(jiǎ kuǒ)——不讲理，傲慢

王魂(wǎng hǔn)——不怕事，不讲理，糊涂

捡梗(jiàn gèn)——多人做的事由一人负责完成并承担后果

贯串(guán cuán)——被盗或遭受经济损失，由不该负全部责任的人负全部责任

夯人(hāng rén)——以强量人、欺人、压人

铺人(pū rěn)——讲大话压人

鏘人(qiāng rěn)——欺侮人

糯米婆(nuó mì pǒ)——讲话做事啰唆的人

喽狗(lōu gòu)——婆婆妈妈，做事小气

在行(zái hǎng)——指老人健康、人能干，小孩听话

惯肆(guán si)——溺爱，娇生惯养

葡塘(pǔ tǎng)——心里有事，急得慌

板膘(bàn biāo)——恃才傲慢

悬惶(xuǎn huǎng)——靠不住，不落实

斗凑(dóu cóu)——给忙着的人添麻烦

嘎兜子(gǎ dōu zi)——走，滚蛋

学人(xiō rěn)——背后议论别人是非

打弄梢(dà lóng sao)——走回头路

翻豆糖(fān dóu tǎng)——互揭短处

不听(bǔ tín)——不好意思

带厌(dái yán)——小孩顽皮

不通皮(bǔ tōng pí)——不知趣，不明事理

倒断(dào duán)——用不吉祥的忌讳语咒骂人

嚼牙巴骨(jiǎo yǎ bā gǔ)——背后讲别人的坏话

日绝(rǐ juě)——斥责，责骂

下伢(xiá eá)——下决心，下狠劲

撇脱(piě tuǒ)———图方便

打狗不会谈狗会(dà gòu bǔ huí tǎn gòu huí)——比喻只会讲不会做

抢(qiàng)——儿童、牲畜生长发育不良，长得很慢

充人(cóng rěn)——用手推人，怂恿人

该歪(gāi wāi)——罪有应得

错手(cuó sòu)——正中(zhòng)

滕坎(tèn kàng)——滚坎，走到尽头

屙软蛋(ō ruàn dán)——泄气，办事中途停止

拐火(guài huó)——办错事，情况糟糕

巴(bā)——烫

蒲(pǔ)——围观乱窜，溢出

抬(tǎi)——拿

况(kuàng)——撞,比

好手面子(hào sòu miàn zi)——会拳术,有武功

挨码子(ǎi mà zi)——必然如此

屙把(ō bà)——屙屎

拉骨头(lā gǔ tǒu)——啃骨头

报你、报我(báo nì báo wò)——告诉你、告诉我

吃闷泡儿(qǐ mén páo er)——吃暗亏、讲不出口

滗米汤(bǐ mì tāng)——舀米汤

刁讲(diāo jiàng)——挑食

就干水(jíu gān suì)——拧干水

吃刁霄(qǐ diāo xiāo)——吃食品中稀少的美食

打落、乃落(dà luǒ/nài luǒ)——掉落、丢失

掉晒(diáo sái)——丢失

赶肉(gàn rǔ)——打猎

歹饭(dài fán)——吃饭

无罗头(wǔ luǒ tǒu)——没有名堂

哈数(há sù)——规矩

哈包、木瓜(hà bāo /mu guā)——蠢、傻

踩蛇尾巴(cài se wèi bā)——做坏事的最后参与者

不张司、不朝司(bǔ zāng si /bǔ cǎo si)——不理睬

处人(cù rěn)——顶撞人

叙毛(xú mǎo)——拿别人开玩笑

臭人(cóu rěn)——以别人短处开玩笑

惹日子(réi rǐ zì)——做事拖拉,混日子

妈你(mā nì)——超过你

向火(xiáng huò)——烤火

得罗头(dǐ luǒ tǒu)——得好处

着不得(zuǒ bǔ dǐ)——厌恶,容不得

布(bú)——窥探,偷看

丁对(dīn duì)——一样有能力的人

坡了(pò liào)——孤注一掷

带哨(dái sáo)——骂娘(多为口头语)

牵眼睛(qiān yàn jīn)——光刺眼睛

犯不着(fān bǔ zuǒ)——不情愿,没有必要,用不着
隆刮(lǒng guǎ)——嘈杂,使人心烦
穿眼闭(cuān yàn bí)——打瞌睡
困告(kún gáo)——睡觉
绹(táo)——捆绑
俩(liǎ)——疲倦
罗(luó)——寻找
铲耳什(càn èr si)——打耳光
卯(mào)——看
捞潮(nǎo cǎo)——嬉闹
忘行(wǎng xǐn)——胆大,肯卖力
腮田(sài tiǎn)——犁田
脱直(tuǒ zǐ)——直爽,不转弯抹角
条起(tiǎo qì)——起来,起床
逗(dóu)——拼合,衔接,凑集
咪开(mī kāi)——掰开
拿牌子(lǎ pǎ izi)——摆架子
装苕(zuāng sǎo)、装槽——假装不知道
炖铜(dún tòng)——设圈套使人上当
刹贴(sǎ tiè)——收拾,打扮
罗连(luò liǎn)——做事啰唆
刷趟(suǎ tǎng)——做事动作快
刹转(sǎ zuàn)——扫尾,结束
落送(luǒ sǒng)——老人体弱,做事差劲
乔把(qiǎo bà)——各说一套,不对头
毛包(mǎo bāo)——糊涂
羊子娘(yǎng zi niǎng)——带头闹事的人
夺头夺脑(duǒ tǒu duǒ lào)——说话做事没有名堂、无头绪
皮堂(pǐ tǎng)——做事拖沓,慢腾腾的
蠢(cùn)——按、摁
香赢(xiāng yín)——便宜
尖、迷矛(jiān /mī mǎo)、过净——吝啬
乌焦巴公(wū jiāo bā gōng)——长得很黑很丑的人
玩堂客(wǎn tǎng kě)——嫖娼

戳孔烂蛆(cuǒ kòng lān qū)——搬弄是非,挑拨离间

逗把(dóu bá)——从中逗趣

受撑(sóu cén)——受穷,困难

鹊泊(qiǒ bo)——滑稽,逗趣或恶作剧

灌米汤(guán mì tāng)——故意奉承人

红钱客(hǒng qiǎn ke)、孤鲁子(gūlùzi)——扒手

王蜡渣(wǎng lǎ zā)——如马蜂惹不得的人,一般指个性强的妇女

化钱炉(huá qiǎn lǔ)——挥霍浪费的人

老庚(lào gēn)——同龄朋友

照溺(záo niě)——可怜

嗲(diā)——父亲

伢(yaǎ)——叔

肥妥妥(fúi tò tò)——肥胖胖

吃空子(qǐ kóng zi)——占别人便宜

浓妥妥(niǒng tò tò)——感情好,如胶似漆

络人(lò rěn)——哄人

大(dá)——姑母

放烂药(fáng laán yǒ)——说别人坏话,挑拨离间

老把式(lào bà si)——老人

秋人(qióu rěn)——求人时被为难,身体蜷曲,不舒展

捞全(lǎo quán)——仅有,总共

好胎(hào tái)——好大

打坨子(dā tuǒ zi)——用拳头打人或打官司时送红包

屋里人(wǔ lǐ rěn)——夫称妻

大人家(dá rěng ā)——妻称夫

夸口(kua kòu)——讲大话

少保(sào bào)——很多

扯飞火(cèi fēi huò)——混人,搪塞,敷衍

乃呆(lāi dài)、派乃(páilài)——脏

扯寡话(cèi guà huá)——讲白话

家公(gā gōng)、家婆(gāpō)——外祖父、外祖母

醒水(xìn sueì)——上当时发觉情况不妙,醒悟了

单另(dān lín)——另外

边筐(biān kuāng)——借钱

刨躁(pǎo cáo)——烦躁

痴天(cī tiīn)——惊呆

郎门的(nàng mĕn dí)——怎么的

饱斋(bào zāi)——讨嫌

饿痨(eó lǎo)——馋嘴

淘人(tǎo rĕn)——费力费时,受限制,不自由,服药使人消瘦

发喔腥(fǎ ŏ xĭn)——咽喉处欲呕不呕的状况

轻筐(qiēn kuāng)——轻狂,故作姿态

喜欢登了(xì huān dēn liaŏ)——喜欢极了

蔸灾星(dōu zāi xiĕn)——生病

好呆了(hào kǎi liào)——好极了

漏人(lóu rĕn)——烦人,食物腻人

秋头怪脑(qiōu tŏu guái lào)——泛指女人打扮得怪模怪样,说话撒娇,故作姿态

化生子(huá sēn zi)——夭折,死在父母先,骂人死短

红黑(hŏng hĕi)——反正,一定

了道(liào dáo)——穷途末路,完蛋了

事物

腊挨(lǎ ǎi)——螃蟹

渣口(zā kòu)——裂口

甜盐(tiǎn yǎn)——作盐合适

点把点(diàn bǎ diàn)、颗颗儿(kòkòer)——点点,很少

旯旯儿(nǎ nǎ er)——缝隙

轮古轮匠(lŭn gù lŭn jiáng)——指不规则不成型的东西

差口(cā kòu)——容器颈小口大

巴水(bā suèi)——热水

卡卡(kà kǎ)——细小杂物

好天(hào tiān)——晴天

冒天(máo tiān)——阴天

乔安儿(qiǎo ān er)——蜻蜓

让水(ráng suèi)——水淹,蓄水

蚱蚂子(zǎ mǎ zi)——蝗虫

熊嘴(xìng zuèi)——猪嘴巴

二马居(ér mà jū)——衣着既不像长衫也不像短衫,做事不行的人

口岸(kòu án)、郎场(lǎngcǎng)——地方

老屋(lào wǔ)——棺材

袍讲(pǎo jiàng)——甲状腺肿大,多余的负担

饱腹(bào fǔ)——母畜怀胎

挖孔雀(wā kòng qiǒ)——猫头鹰

起春(qì cūn)、走草(zòu cào)——母畜发情

第二章　回、白、侗、瑶等民族

第一节　人　口

1961年,吉首县统计科统计,县域满、回、侗、壮、蒙古等民族30人,占全县人口0.03%。满族和回族多系清乾隆至嘉庆年间(1736～1820)乾州厅军政人员后裔。1962年年末,这些民族人口增至35人,占全县人口0.03%。1964年7月1日零时,全国第二次人口普查登记,全县回、白、侗、瑶、壮、蒙古等民族93人,占全县人口0.08%。1982年7月1日零时,全国第三次人口普查登记,全县有回、满、蒙古、壮、瑶、彝、侗、布依等民族318人,占全县人口0.18%,其中人口超过100人的有回族。1990年7月1日零时,全国第四次人口普查登记,市域其他少数民族人口2136人,占0.93%,人口超过100人的有白族735人、回族501人、侗族392人、满族178人、瑶族114人。2000年7月1日零时,全国第五次人口普查登记,市域有回、满、蒙古、壮、瑶、彝、侗、布依等其他少数民族3087人,占全市人口1.05%。其中人口超过100人的有白族、回族、侗族、满族、瑶族。2010年11月1日零时,全国第六次人口普查登记,市域有回、白、侗、瑶、满、毛南、撒拉、壮、蒙古、彝、土、藏、布依、黎、维吾尔、朝鲜、仡佬、畲、哈萨克、傣、锡伯、哈尼、高山、拉祜、仫佬、裕固、纳西、水28个少数民族,共3607人,占普查登记时全市人口1.19%,其中人口超过100人的有回族844人、白族747人、侗族674人、瑶族486人、满族220人、毛南族109人、撒拉族106人、壮族101人。2012年年末,市域有回、满、蒙古、壮、瑶、彝、侗、布依等其他28个少数民族人口3606人,占全市人口1.19%,其中人口超过100人的有回族851人、白族751人、侗族689人、瑶族492人、满族216人、蒙古族109人,主要杂居于吉首和乾州城区。

第二节　回　族

回族,是中国少数民族中历史悠久、人口较多、分布最广、经济文化比较发达的一个民族。

明初，回民沿陆路和水路进入素称“鱼米之乡”的楚湘地区。经六个世纪的内迁外徙，形成10余人的湖南回族。“改土归流”后，一部分回民从事经商活动自常德一带沿沅水而上，迁入市域定居，一部分随军迁入，尔后在市域定居。

市域回族以大米为主要食粮，食牛、羊、鸡、鸭、鹅、鱼、虾等肉类和禽蛋，不食动物的血和妄杀之动物，宰牲须符合特定要求，除活鱼可宰杀外，所有禽畜均要请阿訇或老师傅宰杀；否则，便是“妄杀”。忌食猪肉、猪油和各种猛禽猛兽肉。伊斯兰教信徒忌抽烟饮酒。

旧时，回民不与本民族以外的民族通婚，以保持本民族的“纯洁”。婚前，新人要盥漱沐浴，称为“大净”，更换新衣。婚礼时，请阿訇念诵“尼卡哈”，表示证婚。结婚次日，新婚夫妇回娘家，叫做“回门”。婴儿出生后请阿訇取名。

回族丧事从速从简，当天出葬，最迟在第三天出殡。治丧不讲排场，一般不请客，不收礼，不鸣炮奏乐，不跪拜亡灵。丧礼不分等级，不分贫富贵贱，男女老幼遗体均用白布裹尸，不多占墓地；葬礼仪式一视同仁，死者不带贵重物品随葬。行土葬，不用棺材，只用木椁镶嵌在墓坑内，甚至仅用木盖尸。墓不择地，葬不择时，只要求土质干爽坚实。

市域回族信仰伊斯兰教，习俗在许多方面与伊斯兰教的宗教活动密切相关。主要节日有开斋节、古尔邦节和圣诞节。过节时，众回民到清真寺举行礼拜。

市域回民多居住在城镇，与汉族、苗族、土家族杂居，受汉族影响大，在语言、饮食、服饰、习俗等方面有较大改变，与当地汉族大体相同。

第三节　白　族

市域白族从桑植县迁入，与其他民族杂居于吉首城区和乾州古城，有“民家”之称，自称“白子白尼”，1956年云南省大理白族自治州成立时，才称为“白族”，多为谷、王、钟三姓。

白族语言属汉藏语系汉语中的湘西土语，即湘西汉语，只有少数词汇与大理白族相同。

白族的经济状况与城区汉族、土家族基本相同。

白族人喜欢穿白色衣服，有“爱得俏，一身孝”之称。冬至是他们最隆重的节日，又叫做“祭祖节”。每年冬至，男女老幼身着盛装，聚会祠堂，杀猪宰羊，祭祀本祖。“赶会”也是他们的隆重节日，会期各地不一。届时，他们到指定地点集会，表演文艺节目，交易农副产品。老人去世安葬时，须在其坟前埋五色丝线和五条活泥鳅或以茶叶代替。

白族人喜跳杖鼓舞，道具像杵，两头大，中间细，一般三人一队，旋转起舞，像打糍粑一样，传统节目主要有《野猪戏虾》《兔子望月》《魁星点斗》。他们还喜欢“打花灯”和唱山歌。

入乡随俗，市域白族在语言、服饰等方面与当地汉族基本相同，外表上无白族特征。

第四节　侗　族

湖南省侗族自称为“gaeml”或“Jaeml”，属百越民族的后裔。市域侗族主要来自怀化市通道侗族自治县、新晃侗族自治县、芷江侗族自治县、靖州苗族侗族自治县和邵阳市绥宁县。

侗乡素称“歌舞之乡”。歌曲形成多样，有侗族芦笙曲、多声部复调大歌和喉路歌、粗旷动听的山歌、温柔细腻的夜歌、悠扬动听的侗笛歌、宏亮娓娓的琵琶歌、铿锵有力的牛腿琴歌、深情悠扬的双歌、男女谈情说爱的十八歌和酒歌、茶歌，以芦笙曲、侗族大歌和喉路歌最具民族特色。牛腿琴、芦笙、侗笛独具特色。有芦笙舞、哆耶舞、春牛舞、花扇舞、龙舞、狮舞、蚌壳舞等舞蹈，芦笙舞和哆耶舞具有显著的民族特色和浓郁的地方特色，堪称侗族艺苑中的两朵奇葩。

侗族男装较统一，通常穿对对襟短衫或右衽无领衣，衣有三个小荷包和七至九颗布扣，整齐匀称，做工精细，冬着青蓝、深紫色上衣，夏秋着白色上衣；着便裤，裤脚肥大，便于劳动。裹“团圆形”“角形”“人字格形”头帕。妇女服饰多样化，着紧束型裙、宽松型裙和裤装，系腰带，包白底花格、青质白须、白色头帕。春、秋、冬包青色头帕；夏包白色头帕。上衣多为无领或低领右衽衣，安银扣或铜扣，下穿过膝百褶裙，小腿包扎五色丝线侗锦裹腿，冬春脚穿硬底前端上翘花钩鞋，夏秋穿布底锦带鞋或草鞋。多佩戴项链、项圈、耳环、吊环、头簪、银梳、银冠、银花、手镯等银饰品，以多为贵。

侗族住房廊檐相接，鳞次栉比，多为干栏式木楼，一般三层，高六七米，全用铆榫嵌合，称为“吊脚楼”。鼓楼、凉亭、风雨桥被誉为“侗族三宝”。

赶歌会是侗族青年男女社交的一种方式，行歌坐夜是初恋的侗族青年男女自由交友恋爱的独特方式。婴儿出生后三日、七日、十一日中任选一天为其办喜庆酒，选七日居多。

侗族传统节日丰富多彩。有以农业生产为内容的农历正月正闹春耕、二月二塞田坝水、六月六尝新节，有缅怀崇拜人物和纪念重大事件为内容的农历三月三祭飞山和四月八乌饭节，有以庆丰收、祝胜利为内容的五月五龙舟节、八月中旬芦笙节、十一月初过冻节，有以歌舞、娱乐、恋爱为内容的三月甲戌大戊梁歌会、六月六坡八寨岭歌会、正月为耶唱侗戏、八月中秋坐夜赏月和三至八月青年男女集体“种公地”等节日。

在寨内举行祭祀活动期间，寨口处悬一用芭茅结成“十”字禁忌标志，示外人不可入寨。有村与村、寨与寨互相来往、讲究款约、注重感情、团结友爱、维护社会治安的做客活动。

侗族行土葬，个别地方有停葬习俗，入殡后将棺材停放在村外，等本族与死者同年同辈的人都死后才择日一起安葬。

侗族信仰多神，崇拜古树、巨石、水井、山洞等自然物体，以女神“萨岁”（创立村寨的始祖母）为至高无上之神，每个侗寨都建有“萨岁庙”，供寨人祭奉。侗户内的神龛是侗族供奉祖先的圣地，任何人都不得将各种凶器置于其上，否则被视为恐吓祖先，视祖先为敌，将会受到严惩。

市域侗族杂居于城区，同样受汉族影响大，与汉族无异。

第五节　瑶　族

瑶族是中国最古老的民族之一，与苗族的亲缘关系十分密切。语言同属汉藏语系苗瑶语族；与苗族均为“三苗”后人、“盘瓠之裔”。“三苗”集团战败后，瑶族被列入诸蛮夷之族称中，称为“蛮瑶”或“苗瑶”并称，直至清代仍见之于史籍。

瑶族与苗族同时迁入市域。苗族古歌中常提及几个“代雄代夷”自洞庭湖、彭蠡湖区沿河而上迁至五溪地区定居。“代雄”为苗族先民，“代夷”应为与苗族有亲缘关系包括瑶族在内的其他民族先民，他们主要聚居在泸溪县。宋代开辟九溪十八峒，他们因难以忍受封建统治者的征讨和压迫，大部分南迁至湖南省江华县，广东省连县、连南县、连山县，广西省富川县，小部分西迁至吉首、保靖、永顺、龙山等县市境内，繁衍生息。古时，镇溪寨（后称为“所里”，今为吉首）峒河边有“瑶人屯”。乾城县和平解放后，外地有少数瑶民因工作分配或从事农工商而迁入市内。

古代，瑶族椎髻跣足，衣布斑斓布褐，各自以远近为伍，以木叶覆屋。种禾、黍、粟、豆，截竹筒而炊，暇则狩猎续食。盘瓠崇拜，岁首，杂糅鱼肉酒食于木槽内，扣槽呼号，群舞祭盘瓠。农历十月朔，以部落祭都贝大王。男女成列，“踏瑶歌”，联袂相携而舞。

乾城县和平解放后，市内瑶族傍苗族则从苗俗，傍土家族则从土家俗，傍汉族则从汉俗。

第四篇 民族经济

市域自然条件差、交通闭塞，加上历代封建王朝的封锁和帝国主义的侵略，经济社会发展缓慢，与内地和汉族地区的差距越来越大。

中华人民共和国成立后，中共吉首市委（县）和吉首市（县）人民政府用足、用好、用活民族优惠政策，不断推进民族团结进步，振兴民族经济，加快民族自治地方经济社会发展。1956年，按1980年不变价格计算，吉首县工农业总产值2738万元，比1950年增长1.18倍。1976年，全县工农业总产值增至5523万元，比1966年增长1.09倍。经过10年的努力，民族经济有了较大发展。1988年，全市国民生产总值2.77亿元，比1985年增长1.9倍。1992年，全市生产总值5.43亿元，比上年增长31.38%。2012年，按当年价格计算，全市生产总值96.32亿元，占全州生产总值的24.23%，居首位，在全国30个少数民族自治州州府县市中居第16位，在武陵山片区71个县市区（简称“武陵山片区”）中居第7位；人均生产总值31537元，居全州首位、全国州府县市第12位；社会消费品零售总额56.51亿元，居全州首位，全国州府县市第11位；财政收入7.12亿元，居全州首位、全国州府县市第17位；城镇居民人均可支配收入17980元，居全州首位、全国州府县市第20位；农村居民人均纯收入4831元，居全州首位、全国州府县市第21位。

第一章 民族工业 交通

第一节 民族工业

清康熙四十三年（1704）设立乾州厅前，厅域手工业落后，集镇虽有砖瓦和石灰生产，但规模小，产值少。农村土特产品多以原料出售。设厅后，各业工匠相继流入厅域，传授较先进的手工业生产技术。一些农户就地取材，兼营铁、竹、木、银器生产、纺织、印染和食品加工等家庭手工业，产品均自产自销或自产自用。清嘉庆元年（1796），清廷将乾嘉苗民起义镇压后，乾州和镇溪(今吉首)客商和工匠按籍贯联合成立会馆,招徕同乡艺人,手工业有所发展。光绪十三年(1904)正月,厅署开办全厅首家工场式工艺厂,未几,便倒闭。

辛亥革命(1911年)前后,县域手工业发展仍缓慢,农村各匠亦工亦农。民国6年(1917)10月,右营苗族土守备石明生在矮寨开办以造土纸和丝麻纺织品为主的平民工艺厂。此后,各集镇充斥英、美、日等国“洋货”,地方民族手工业日见萧条。抗日战争期间,江苏、浙江、安徽、山西、河南、湖北、江西等省4000多难民先后流亡到乾州、所里、良章、河溪等地居住,日用百货奇缺,县域民族工业一度兴起。国民政府在县建军工厂,陈渠珍办三一纱厂,苗民、汉民相继办苗布、染坊、民生等作坊,家庭手工业也相应活跃,乾州集市“家机布”由三四十匹增至600余匹,铁器、木器、竹器、土碱、轧花、弹花、纺织、缝纫、擀面等手工业有的改用半机械生产,且出现联营。民国27年,乾州王和顺组建缝纫生产合作社,定居所里的安徽省方望溪等11人开办所里木工营造厂,乾州向玉卿开设三门开木匠铺。民国30年,所里私营业主开办化工厂,年产“白光油”20余吨,供照明和作动力燃料。抗战胜利后,多数难民回原籍;蒋介石发动内战期间,货币贬值,物价飞涨,工厂店铺倒闭,百业俱衰。

1950～1955年,民族工业逐步得到恢复和发展。1952年10月1日,全县首家全民所有制工业企业地方国营乾城县火力发电厂在所里建成投产,供照明用电。至1955年,全县民族工业企业由1952年1家发展到10家,其中全民所有制2家、集体所有制8家;职工由1288人(全民21人、个体1267人)增至1564人(全民34人、集体294人、个体1236人);工业总产值由199.12万元增至633.71万元,占工农业总产值的25.63%。1956年,全县手工业社会主义改造基本完成,民族工业企业发展到34家,其中全民所有制3家、集体所有制31家;职工增至1866人,其中全民76人、集体1786人、个体4人;工业总产值559.77万元,占工农业总产值的20.45%,其中全民336万元、集体223万元、个体0.77万元。

在1958年“大跃进”运动中,大放“卫星”,大炼钢铁,大办工业,大闹“三化”即支援农业滚珠轴承化、手工业生产机械化、手工业组织工厂化,由于忽视客观经济规律,急于求成,盲目上马,全县民族工业企业猛增至285家,其中全民13家、集体272家;而工业总产值却由1957年的606.94万元减至401万元,所占比重由20.51%降至12.51%。

1963年,国民经济开始好转,继续贯彻“调整、巩固、充实、提高”八字方针,调整工业体制,撤销公社办厂矿,加强企业管理,增加产品花色品种,扭亏增盈,收到较好效果。1965年,社会主义教育运动工作队帮助街道发展集体工业企业,街道工业企业由上年的4家发展到15家,全县工业总产值849万元,占工农业总产值的30.79%,其中全民所有制工业总产值671万元,占工业总产值的79.03%。

“文化大革命”运动中,全县各级党组织、共产党员和土家、苗、汉等各族人民坚决同极“左”错误和林彪、江青反革命集团作斗争,大部分干部和职工抵制“停产闹革命”,坚守岗位,坚持生产,工业生产和工业建设在困难的情况下仍有所发展。先后新办民族服装厂、民族家具厂、民族制革厂、民族皮鞋厂、民族布鞋厂、民族五金厂。1976年,全县民族工业企业由1966年的46家增至62家,其中全民19家、集体43家;工业总产值由828万元增至3194万元;占工农业总产值的比重由31.3%升至57.83%。

20世纪80年代初，在改革开放的新形势下，原由政府部门一手包揽建设的一些工厂设备陈旧、技术落后、管理不善、人员素质低、产品成本高、品种单一、多年“一贯制”等弊端暴露无遗。为求生存和发展，市委、市政府首先整顿企业，让利放权，调整充实企业领导班子；各工业企业加强管理，进行技术改造，尽可能地更新设备，提高产品质量，广辟销路，加强职工技术培训，提高其文化和技术素质；同八省市的40个地区建立经济技术协作关系，与发达地区实行跨地区跨行业横向经济联合，一批企业走出困境，得到较快发展。1989年，全市民族工业企业136家，其中国营企业28家、集体企业91家、私营企业17家；全市工业总产值(现行价)3.17亿元。其中国营6244万元、集体3930万元、私营2022万元。

20世纪90年代至21世纪初，市委、市政府实施“工业强市”战略，坚持深化改革和技术创新并举，改造提升传统产业与培育发展新型产业同步，进行产品结构调整，加快转变经济发展方式，构建配置合理、结构优化、特色鲜明、竞争力强的现代产业体系，加速工业优势化，做大做强第二产业。“八五”计划时期(1991～1995)，基本形成以烟、酒、药、化工、电力为主体的产业格局，工业基础弱、底子薄、总量少、规模小制约吉首经济快速发展的瓶颈初步被破解。“九五”至“十一五”计划时期(1996～2010)，逐步形成以特色农产品加工、矿产品加工和生物制品为主的三大产业集群，湖南老爹农业科技开发股份有限公司、湖南酒鬼酒股份有限公司、湘泉制药有限公司、湘西鹤盛原烟发展有限责任公司等一批本土企业成长壮大。华立(吉首)青蒿素制药有限公司、龙昇集团、中联重科、深圳沃华德、三一重工等战略投资者落户吉首，促进吉首民族工业经济健康、快速发展。2012年，全市规模以上工业生产单位49家，其中国有企业4家、集体企业1家(市属)、股份制企业1家(市属)、有限责任公司7家(市属3家)、股份有限公司2家(市属)；私营企业26家(市属19家)；港澳台商投资企业2家。全部工业总产值70.76亿元(现行价格)，比2005年增长2.9倍，年均增长16.6%。

第二节　民族特需用品生产

清代及其前，苗族银饰品由民间银匠制作。民国年间，银匠在乾州、所里开设银匠铺或在农村墟场赶场时临时设铺点制作苗族银饰品。

1953年，城镇个体铜匠和银匠组成五金小组。1955年、1956年，五金小组先后合并成立吉首镇五金生产合作社和乾州镇小五金铁器生产合作社。1958年，吉首镇五金生产合作社改为吉首镇五金厂。

1960年5月，组建地方国营吉首县民族五金厂，厂址在吉首环城路72号。1974年，县民族五金厂被国家民委定为少数民族特需用品定点生产企业，享受国家金银首饰品专营专卖、银行贷款优惠利率等优惠政策待遇。至1996年，获国家民委下拨白银计划指标15000千克；至2001年，获国家民委下拨黄金计划指标共800千克；至2012年，获银行贷款贴息102万元。“文化大革命”期间，民族饰品被视为旧思想、旧文化、旧风俗、旧习惯产物，禁止生产。1975年，县民族五金厂主要生产家用白铁和铝合金制品。1979年，进行技术改造，减少工序，提高工效，逐步实现银饰品和铝制品拉丝、锻压、焊接工序机械化，产品向民族化、多样化、精巧和新颖方向发展。20世纪80年代至21世纪初，再度时兴佩戴金银饰品。1983年2月15日中共中央总书记胡耀邦访问寨阳公社寨阳生产大队（今寨阳乡寨阳村）苗族社员杨昌南家时，杨昌南取下女儿的银项圈给总书记佩戴，胡总书记问："这都是用银子做的？是哪里生产的？要花多少钱？"杨昌南回答："都是用银子做的，是吉首市民族五金厂生产的，要两百来块钱一副"。胡总书记说："银子我们有，少数民族所需要的银子我们一定要保证。"市民族五金厂抓住这难得的历史机遇，发展民族特需金银饰品生产，增加花色品种，改进工艺，提高产品产量和质量。所产苗族银饰品按佩戴部位分为头、颈、胸、肩、手、足类，每类数十个品种，仅妇女头饰品就多达25种。1998年，建成金银饰品全自动加工生产线。2001年，与凤凰县籍著名画家黄永玉合作开发的旅游文化工艺品"金银花"首饰被省工商局认定为湖南省著名商标，实现吉首市著名商标零的突破。

20世纪90年代末至21世纪初，个体银匠在城镇摆摊设点来料加工制作金银饰品。

1995年6月30日，市域州制药厂被湘西湘泉总厂兼并为湘泉制药有限公司。2004年，州政府将该公司划给市政府管理，公司整体迁至鸦溪，改为民营股份制企业。是年10月，产品通过国家GMP认证。2008年4月10日，公司被国家民委定为民族特需用品定点生产企业。经过多年的建设和发展，至2012年，公司占地11公顷，建筑面积3.8万平方米，总资产2.5亿元；有正式员工258人，其中大专及其以上学历149人、高级专业技术职务6人、中级18人、初级62人；有制药厂、中药饮片加工厂、药材基地、劝君酒厂，成为集医药原料药、医药中间体、中西药制剂、中药饮片加工、中药材基地、再生资源利用于一体的综合性医药产销民族工业企业，形成从药材基地到中间体加工和生物制药的产业链，具备年生产中成药能力20亿片、饮片加工能力500～2000吨、皂素生产能力200吨、双烯生产能力100吨、滴丸生产能力75吨、利用药渣酿酒能力400吨。先后与上海中药研究所、湖南中药研究所、湖南中医药大学、西南民族大学、湖南农业大学、吉首大学等科研所和高校建立产学研合作关系，合作研究的"湘西特色中药材精深加工关键技术研究及产业化攻关项目"被省科技厅列为市州引导重大专项、"中药材提取物标准化产品精深加工关键技术研究及产业化"被列为湖南省重大专项并被推荐为科技部科技支撑备选项目，研发国药准字号品种52个、以湘西特色地道药材制定标准的中药饮片30多种，主导产品妇炎康片和肠康片被定为国家二级中药保护品种和湖南省名牌产品、全国医药行业知名品牌，在全国同行业同品种的四家企业中名列前茅。公司先后获湖南省民营企业百家质量信得过单位、湖南省高新科技企业、湖南省小巨人企业、湖南省扶贫龙头企业、国家林业产业化龙头企业、国家农产品加工企业技术创新机构、全国扶贫龙头企业、中国优秀民族企业等称号。湖南湘泉集团和湘酒鬼酒公司原董事长、总经理、党委书记、州人大常委会原副主任，湘泉制药有限公司董事长、总经理、党委书记王锡炳（土家族），从事民族工业30多年，荣获全国少数民族优秀企业家、全国劳动模范，当选第八届、第九届全国人大代表，享受国务院特殊津贴。

2012年,全市有民族特需用品定点生产企业五家即市民族五金厂、湘泉制药有限公司、湘西州长丰纺织有限责任公司、吉首市成诚纺织有限责任公司、吉首市宗南拖拉机制造有限责任公司。

第三节 交 通

夏至清朝(约公元前2070～1911年),市域交通闭塞,仅以便道与外地沟通,陆运均为步行,肩挑背驮,民谣称:"山高路小插云霄,千年扁担压断腰。"

民国时期(1912～1949),交通状况稍有改善。民国26年2月,湘川公路(长沙至重庆)基本竣工,市域段长58千米,东起今河溪镇新建村麻扎鱼梁,经河溪(社区)、持久、张排、阿娜,吉首城区,寨阳乡马坳、回光、曙光、寨阳、矮板、坪朗,矮寨镇矮寨(社区)、幸福、排兄、阳孟、金叶共18个行政村和社区(含吉首城区2个社区),今为国道319路段。民国26年3～6月,修筑所里至乾州长8千米、宽3米的路段,今为国道209路段。

1950～1957年,市域仅有公路2条,总长69千米。至1989年,市域通车公路38条,通车里程165.9千米。2005年,市域通车公路93条(段),通车里程615.3千米。其中:国道2条,市域段通车里程68千米;省道1条,市域段通车里程20.3千米;县乡道9条,通车里程161.3千米;旅游专线1条,通车里程4.3千米;192个行政村中有185个村有通村公路80条,通车里程361.4千米。湘渝(长沙至重庆)高速公路常德至吉首,市域段长16.76千米,于2004年3月25日开工建设,2008年12月18日建成通车。2008年,湘渝高速公路吉首至花垣茶洞段、吉首至怀化高速公路先后动工建设。2012年9月,吉首至重庆、至凤凰高速公路全线通车。至年末,全市公路通车里程1338千米,其中干线公路136千米、县市公路198千米、乡公路236千米,138个行政村中有134个通公路,通车里程696千米;4个通水路。所有苗族、土家族聚居的行政村和汉族与土家族、苗族杂居的行政村均通公路。拥有载货汽车6908辆、载客汽车11870辆,12个乡镇政府驻地通客班车。

1971年1月,铁道部铁四局动工修建湖北枝城至广西柳州铁路(简称"枝柳铁路")。1978年10月1日,枝柳铁路通车,市域段长48千米,北起马颈坳镇、经峒河街道、镇溪街道、乾州街道、双塘镇共2个镇和3个街道,设有马颈坳、湘泉、吉首、乾州、周家寨5个火车站,其中吉首火车站为中等站。

以吉首城区为起点,铁路里程东至长沙602千米,南至怀化103千米、至广州1317千米、至湛江1420千米,北至张家界152千米、至北京1748千米;高速公路旅程东至常德230千米、至长沙378千米,南至凤凰39.25千米、至怀化104.8千米、西至边城(茶洞)76千米、至重庆474千米;普通公路西至湖北来凤263千米、至贵州松桃113千米、至重庆秀山137千米、至重庆863千米。2012年,湘渝高速公路全线通车,吉首至秀山104千米、至重庆488千米,长沙和重庆进入 4 小时经济圈。吉首以铁路、高速公路、航空、河运为支撑的现代立体交通网络逐步形成，被列为国家西部大开发范围和中部崛起范畴，成为泛珠三角经济圈的重要连接点和传递地带。市民深有感慨地说："要想富，先修路；要快富，修好路！"

社塘坡乡十八弯村地处偏僻山区，坐落在海拔 700 多米高的腊尔山台地，是个苗族聚居村，村民下山要步行 7.5 千米长、转 18 道弯的羊肠小道，花 3 个多小时才能到达乾州至社塘坡乡黄石洞公路，大人出行难、买卖难，病人治病难，学生上学难，经济发展难；千难万难，主要难在交通闭塞。为改变这种状况和贫困面貌，十八弯人在村党支部和村委会的带领以及市委、市政府，乡党委、乡政府的支持下，于 2000 年 3 月动工修十八弯通村公路。经过三年多的艰苦奋战，耗资 230 多万元，修通一条长 5.3 千米的盘山公路嘎十线，与黄石洞公路相接。公路通车后，村党支部和村委会转方式，调结构，辟门路，扬优势，把自然优势转化为经济优势。打造"十八弯"金秋梨品牌，开发金秋梨 67 公顷；建设无公害蔬菜基地，种植高山延季蔬菜 13 公顷，年产值 361.5 万元。至 2012 年，完成 5.3 千米长的通村公路路面硬化和 2 千米长的机耕道建设；修建 78 个集雨节水水池和 380 平方米的村部用房；实施乡村清洁工程，全村 70 户、302 人饮用安全的自来水；退耕还林 67 公顷。全村生产总值 176 万元，人均纯收入由 2001 年的 1270 元增至 5832 元，比全市农村居民人均纯收入 4831 元多 1001 元。村民说，"通公路有货，日子才好过。"2012 年，十八弯村被评为"全国文明村寨。"

第二章 民族贸易

第一节 行政管理机构

1958 年，成立吉首县商业局，1961 年 12 月，成立吉首县商业第二局。1963 年 7 月 31 日，县商业局和县商业二局合并为县民族贸易局。

"文化大革命"运动初期，商业行政管理机构受冲击而瘫痪。1968 年 10 月，县革委会生产指挥组财贸组取代县民族贸易局。次年 11 月，成立县民族贸易服务站。1970 年 8 月，撤销县民族贸易服务站，恢复县民族贸易局。

1977 年 8 月，县民族贸易局分为县民族贸易一局和县民族贸易二局，一局主管城市商业，二局负责农村供销工作。1980 年，州革委会将县属吉首镇划为县级镇。10 月，吉首镇革委会设民贸科。1982 年 11 月，吉首镇民贸科随吉首镇复归吉首市而撤销，县民贸一局和县民贸二局分别改为市民族贸易一局和市民族贸易二局。1983 年 4 月，市供销合作联社召开第一次社员代表大会，选举产生市供销合作联社理事会和监事会，保留市民族贸易二局名称，社、局合署办公，二块牌子，一套班子。2005 年，市民贸一局改为市商业行政管理办公室，市供销联社归口市农村工作办公室管理。

第二节 商业网点

一、农村商业网点

中华人民共和国成立前，市域有大兴寨、乾州、马颈坳、河溪、社塘坡、洽比、坪朗和大坝坪八大农村墟场。民国初年，大坝坪墟场因赶场人少而自行关闭。

20世纪50年代中期，关闭洽比、坪朗两墟场。1962年，开设矮寨墟场。1986年，第四次开设丹青墟场。

1978年12月中共十一届三中全会后，民族贸易日益兴旺，农村商业点多、面广、线长，网点多设在乡镇政府驻地、农贸市场周边、大的村寨和人流较多的地方。农村集市有矮寨镇大兴寨市场、乾州农贸市场、马颈坳市场、河溪市场、社塘坡市场、矮寨市场、丹青市场。经营种子、化肥、农药、农具、烟、酒、副食、农副土特产品、砂石、石材、肉食、水产、禽蛋、蔬菜、水果、水泥预制品、日用百货、服装、布匹、针棉织品、日杂用品、五金交电、粮油等品种，金银珠宝饰品、高档商品、品牌产品、家用电器一般要进城购买。服务项目主要有粮油和木材加工、汽车和摩托车修理、打字复印、美容美发、娱乐休闲、网吧、洗浴、保健、餐馆、小吃。

大兴寨场

位于市西27千米处的峒河上游，吉首、凤凰、花垣三县市接合部。

明洪武年间(1368～1398)，朝廷撤夜郎郡，设崇山区，在区内设高岩巡检司，建高岩墟场。清康熙四十九年(1710)，设桃枝汛，高岩墟场迁至营盘附近，苗民携农副产品上市出售，墟场后迁至大兴寨，清末又迁回原址。

民国初年，汉族商人陆续迁居大兴寨，商贾增至21家，收购桐油、土碱、土硝、皮张、五倍子等土特产品，销售棉花、棉纱、彩丝、布匹等日用百货，每场上市5000人左右。因地处三县接合部，附近苗族农民多在墟场出售大米、黄豆，墟场成为县内最大的粮食市场。所里和乾州商人从此地贩运粮食到城区出售。春节前夕，依风俗，还出售活狗。

中华人民共和国成立后，因大兴寨是苗族地区主要墟场之一，农历每月五日、十日、十五日、二十日、二十五日、三十日为场期，县人民政府曾在此设国营贸易小组，引导私商合法经营。1958年“大跃进”运动中，大兴寨墟场被关闭；1961年恢复。“文化大革命”期间，商业活动场所仅限于国营商店和供销合作社，农民之间的余缺调济被视为“资本主义”而被禁止，墟场随之凋敝。中共十一届三中全会后，农村实行家庭联产承包责任制，农村经济发展，墟场复苏，并逐渐繁荣。1988年，市工商局和市民贸二局为促进民族贸易，投资新建大兴寨市场，市场面积5000平方米，有固定营业摊位72间，年交易额70万元左右。1998年，市工商局在该市场设摊位75个，逢场日，个体商贩设临时摊位50余个。上市商品有牲畜、蛋、粮油、肉食、水产、蔬菜、水果、铁竹木制品、种子、肥料、农药、农具、服装、土特产品和日用百货。1998～2012年，场日入市人数7000～9000人，最多达1万余人；旺季日交易额15万余元，年交易额500万元左右。

乾州农贸市场

位于乾州街道北郊，设于明万历二十五年(1597)。清代，乾州为厅署所在地，逐渐繁荣，乾州墟场发展为厅内最大墟场。场期原为农历每月三日、八日、十三日、十八日、二十三日、二十八日，因与相邻的凤凰厅杆子坪场同期，于贸易有碍，遂改为四日、九日、十四日、十九日、二十四日、二十九日。墟场原设在土城内，乾嘉苗民起义后，迁至东门外。

乾州农贸市场历来分行业设摊点，划定家禽蛋品区、猪牛羊交易区、肉食水产蔬菜区、成衣布疋区、铁木竹器区、粮油区、陶瓷区、百货区、熟食区以及棉、麻、丝、茶、晒烟、杂货等固定交易场所。抗日战争期间，乾州场发展成为湘西著名的综合性大墟场，大宗出境商品以桐油、苎麻、生姜、皮张以及陈皮、金银花、大茴等产品为主，民族特需用品有银饰品、丝线、花边、剪纸、印花布等品种。因墟场辐射面广，上市人数达万人左右。

20世纪50年代初，墟场保持繁荣。1958年"大跃进"运动中，墟场被关闭，但农民仍按场期自发在上河街、正街、北门、下河街、简道子等处进行农副产品交易，场址自然迁移。1968年，县革委会学习东北"哈尔套经验"，将乾州墟场作为"社会主义大集试点"，规定所有农副产品只能交售给供销社收购站，严禁社员间自由交易、"搞资本主义"，赶场人数锐减，有的在郊野进行"地下交易"。因弊多利少，半月后，停止试验。1980年，为避免人民南路乾州段交通堵塞，墟场址迁至乾州大桥吉凤公路右侧，并征地建成农贸市场。有关部门在场区建设银行营业所、供销社营业大楼、税务所、工商所。1988年，场内有屠案40余张、场棚56间、货棚130余个，划分行业交易区，上市货物有粮食、油脂、肉食、水产、禽蛋、蔬菜、食杂果品、服装、日用百货、竹木制品、柴炭、牛、猪、羊、中小农具及土特产品共数百个品种，年成交额1054万元左右。

1989年，市工商局投资320万元新建乾州农贸市场，市场占地35958平方米，有一栋五层办公服务楼，固定门面85间、摊位3000余个。场内有供水、供电、公厕、广播、信息、复称台、宣传栏、治安执勤室，设肉食、水产、蔬菜、生姜、水果、花卉、苗木、铁竹木制品、牲畜、粮油、餐饮、服装及日用百货经营区。1991～1998年，四次被省工商行政管理局授予"湖南省文明集市"称号。2000年5月20日，市工商局将乾州农贸市场移交市市场局管理。2003年，乾州农贸市场场址被征用作市人民广场场址。

2004年1月，市市场局投入日元贷款1620万元、国债资金300万元、自筹资金3394万元，在万溶江乡狮子村"头炮台"征地66670平方米，另建乾州农贸市场，修建门面75个、高空大棚15组、384间、停车场1个。12月5日，新建的乾州农贸市场开场，设肉食、水产、蔬菜、生姜、水果、粮油、餐饮、禽畜、副食品、农副产品、铁竹木制品、花卉、苗木、药材、服装、日化、种子、肥料、农药、农具共20个经营区，有个体商户1082户、从业人员1436人。至2005年5月，完成市场环境绿化、停车场和其他配套设施建设，市场占地6670平方米，建筑面积31220平方米。场日不变，交易商品540余种；场日人均流量5000人左右，旺季达万人，交易额3000多万元。

市场辐射湘、鄂、川、黔、渝、粤、桂等省区40多个县市。2005年12月，乾州农贸市场被国家农业部挂牌定为全国500家大型农产品批发市场之一。

马颈坳场

清代，马颈坳场属良章营，位于市北马颈坳镇政府驻地溪马，为吉首和古丈两县市交通要冲，距吉首城区13千米。省道229和枝柳铁路纵贯镇域南北，交通便利，墟场辐射吉首市己略、白岩、太平、丹青、排吼等乡镇和古丈县、保靖县边区乡镇。

清嘉庆二年(1797)，于大河坪开设墟场，以农历每月一日、六日、十一日、十六日、二十一日、二十六日为场期，后迁入溪马境内。场内贸易以猪、牛、木材为主。抗日战争时期，墟场较兴旺，赶场人数3000人左右，最多时5000人左右，上市商品除牲畜、木材外，还有桐油、粮食、食油、肉食水产、铁木制品和日用百货。乾城县和平解放前夕，土匪为患，墟场交易冷落。

乾城县和平解放后，该墟场得到恢复和发展，成为吉、古、保三县市边区农副产品贸易中心。1987年，市工商局对墟场进行改修和扩建，设固定货棚68个，每场参加交易人数达5000余人，最多近万人。1988年，年成交额180万元。1998年，市工商局在市场内设摊位95个，逢场日，个体商户在市场周边设临时摊位300余个。1998～2012年，上市商品有牲畜、鸡、鸭、蛋、粮油、肉食、水产、蔬菜、水果、铁竹木制品、服装、种子、肥料、农药、农具、土特产品和日用百货，入市交易人数8000人左右，最多达1万余人。旺季，日交易额23万元左右，年交易额1200万元左右。

河溪场

位于吉首城区东南20千米处的河溪镇人民政府驻地河溪，与泸溪县潭溪镇相邻，峒河与沱江交会于此，旧有“厅城门户”之称。湘川公路穿境而过，交通便利。明代，设河溪巡检司，附近村寨农民定期赶场交易，互通有无，墟场后被废。清嘉庆五年(1800)，设河溪营，修城垣，复设墟场，场期为农历每月三日、八日、十三日、十八日、二十三日、二十八日，上市大宗货物有大米、食油、芝麻、棉花、鱼虾，赶场人来自乾州、所里、司马溪、双塘、百户寨和泸溪县潭溪、大章、小章等地。民国初年，每场上市2000人左右。抗日战争期间，难民内迁，在墟场沿公路两侧摆饮食小摊，每场上市最多时达3000人左右。

乾城县和平解放后，因辐射面较宽，墟场繁荣。20世纪80年代，日均上市人数5000人左右。1998年，市工商局在墟场设固定摊位45个。逢场日，个体商户在墟场周边设临时摊位200余个。1998～2012年，上市商品有牲畜、鸡、鸭、蛋、粮油、肉食、水产、蔬菜、水果、铁竹木制品、种子、肥料、农药、农具、服装、土特产品和日用百货，入市交易人数6000人左右，最多达8000余人。旺季，日交易额20万元左右，年交易额600万元左右。

社塘坡场　位于吉首城区西南17千米、乾州古城9千米处的社塘坡乡人民政府驻地社塘坡，建于清代，场期为农历每月二日、七日、十二日、十七日、二十二日、二十七日，原属凤凰县善邻乡，1958年，划入吉首县，取消农村集市贸易，停开墟场。1961年，复开墟场。墟场地处苗族聚居区，赶场人多来自本乡各村和凤凰县米良、禾库等乡苗民以及乾州等地个体商贩，每场

500 人左右。上市商品主要有大米、杂粮、马铃薯、包谷粉条、禽畜、服装、土特产品和日用百货。

矮寨场　位于吉首城西 19 千米处的矮寨镇人民政府驻地矮寨，设于湘川公路两侧。1962 年，县人委会为促进苗族地区经济发展，开设该场，定农历每月一日、六日、十一日、十六日、二十一日、二十六日为场期，后改为二日、七日、十二日、十七日、二十二日、二十七日。赶场人多来自本镇附近和周边的寨阳乡、花垣县的一些村寨苗民及个体商贩，每场 1000 人左右，上市商品有肉食、水产、粮油、水果、鸡、鸭、蛋、豆制品、服装、土特产品和日用百货，赶场时间很短。由于德夯旅游业发展，该场日渐兴旺。

丹青场　位于丹青镇政府驻地清明村。民国 37 年（1948），地方绅士倡议开设丹青场，因地处边远，交通闭塞，墟场辐射面小而未成。1951 年、1976 年，仙标乡政府、丹青人民公社管委会拟开设丹青场，均未成功。1977 年 1 月 1 日，长 22.9 千米的潭丹公路（从泸溪县潭溪镇起，经排绸乡和平，丹青镇大兴、大坪、狗咬、至清明）通车，为发展边远苗族地区市场经济提供了有利条件。1978 年 12 月中共十一届三中全会后，农村以家庭联产承包经营为核心，建立健全基本经济制度和市场机制，农民生产经营转向种养并举、粮经齐抓、产销一体的经济发展新路子，拓宽发展农业生产、开辟农业稳定增收的渠道，为开设墟场奠定了基础。1986 年，丹青乡政府第四次开设丹青场获得成功，场期为农历每月二日、七日、十二日、十七日、二十二日、二十七日，赶场人多来自丹青、排绸、排吼和古丈县坪坝乡、泸溪县潭溪镇、梁家潭乡的农民和城镇个体商贩，入市交易人数 500～700 人，最多 1000 余人。上市主要商品有家畜、肉食、水产、粮油、蔬菜、泡椒、禽蛋土特产品和日用百货。

二、城区商业网点

宋熙宁三年（1070），设立镇溪寨；明洪武二十八年（1395），设镇溪军民千户所，镇溪逐渐成为千户所贸易中心。乾州出现旅栈、小商店，成为千户所境内另一贸易中心。清代，乾州南门和镇溪关厢门形成“百日场”，坐商经营油、盐、陶瓷、铁木竹制品、布匹、针线、纸张、糕点等日用百货和南杂货，镇溪成为乾州厅及四省边区商品集散地。乾州为全厅政治、经济、文化中心，商业发展也较快。清廷镇压乾嘉苗民起义期间，乾州土城毁于战事，商业一度萧条。清嘉庆二年（1797），乾州筑石城，商业逐渐得到恢复和发展，南门、衙门前、新街、河街、东门各街衢商店时兴，每日上千人进城交易。镇溪除关厢门外，河街、华司铺、新街堡等地商业较繁荣，成为城乡交易的主要场所。

民国时期，乾城县商业较前发展。所里有峒河水运之便，成为全县商业中心、第一大口岸。乾州开设南货、杂货、布匹、糕点和小百货店，东门、北门、南门饮食店和客栈较多，成为全县第二大口岸。湘川公路通车后，所里逐渐成为四省边区物资特别是土特产品集散地和购物中心。

20 世纪 50 年代初，经剿匪和镇压反革命，社会稳定，商业发展。所里以关厢门“百日场”为中心，向河街和华司铺发展，有坐商 175 家、摊贩 115 家。乾州商店集中在南门、正街、新正街和东门,坐商 93 家、摊贩 47 家。1956 年,对个体私营工商业进行社会主义改造,个体私营工商业加入公私合营或合作组织,坐商、摊贩已不复存在,商业网点屈指可数。1966～1976 年"文化大革命"期间,公私合营企业被改为国营或集体企业,主要生活必需品凭票供应,限制农村劳动力进城交易,市场冷落。中共十一届三中全会后,以经济建设为中心,改革开放,逐步形成多种经济成分并存的社会主义市场经济格局,城区商业迅速发展,网点星罗棋布。

1998～2012 年,吉首街道陆续翻新扩建,两旁房屋由原来的二三层改建成 6～21 层,一二楼为商业场所,三楼以上为办公和住宅。商业网点仍分布在人民路、团结路、武陵路、光明路、文艺路、环城路、红旗路两侧临街面和乾州。

人民路南起乾州农贸市场、北至吉首火车站,长 12.87 千米,为城区中轴商业繁华区,与团结路和武陵路相交,是城区中心地带,有农贸市场、宾馆、服装店、酒店、茶楼、书报店、通信器材商店、药房、民营经济小区、商业广场、建材商店,经营品种主要有副食品、农副产品、建筑材料、五金交电、日用百货、服装、金银饰品、珠宝、中西药品、瓷器、灯饰、油漆、眼镜、钟表、书刊、汽车、日化,服务项目主要有美容美发、餐饮、品茶、住宿、娱乐、休闲、保健服务、网络游戏。

团结路东起红旗门花岛,西至石家冲铁路桥,长 1.29 千米。有商场、工业品市场、超市、商业城、酒家、宾馆、农贸市场、图书城、服装城、五金交电商场、茶楼、宾馆、手机专卖店、药房、文具店、美容美发店、粮店、建材,经营品种主要有副食品、农副产品、中西药品、五金交电、床上用品、服装、鞋帽、饰品、家具、建材,服务项目主要有住宿、餐饮、品茶、美容美发、按摩保健、网络游戏、制作招牌、房屋装修。

武陵路东与环城南路交会,西至石家冲铁路桥,长 1.68 千米,有商店、宾馆、酒店、药房、汽车城、机电产品一条街,经营品种主要有农副产品、副食品、电脑游戏机、五金、机电、建材、汽车、乐器、家用电器,服务项目主要有娱乐休闲、洗浴、美容美发、按摩保健、餐饮、住宿。

光明路东与环城路相连,西与团结路和武陵路交会,有酒店、超市、汽车站、宾馆、农贸市场、服装城、纺织品市场、饭庄、建材商店、汽车和摩托车修理店、茶社,经营品种主要有针纺织品、农副产品、副食品、建筑材料、服装鞋帽、太阳能热水器、汽车和摩托车配件、百货、南杂货、钢材,服务项目主要有娱乐休闲、美容美发、餐饮住宿、网络游戏、按摩保健、洗浴健身。

文艺路北起武陵东路,南至市民族实验小学,长 1.5 千米,两侧临街面有宾馆、农贸市场、种子肥料农药商店、饮食店、美容美发店、茶楼,经营品种主要有农副产品、农药、种子、蔬菜、副食品、百货、南杂货,服务项目主要有餐饮、住宿、网络游戏、歌舞、美容美发、洗浴、按摩保健、娱乐休闲。

环城东路北起光明大桥,南至吉首大桥,有美容美发店、小吃店、再生资源收购站、汽车摩托车修理店。环城南路东与武陵东路交会、南与人民北路相连,有餐饮店、歌舞厅、美容美发厅。保险街有农贸市场。北门巷、东正街、南门口、红旗路主要有林产品市场、小旅社、餐饮店、烧烤店、美容美发店。环城路路段两侧临街面商业网点经营品种主要有日杂货、百货、副食品、饮食品、石材、管材、板材,服务项目主要有修车、洗车、美容美发、唱歌、跳舞、网络游戏。

乾州经济繁华区主要在建新路中心菜市场至树岩桥村路段和人民南路小溪桥路段至世纪大道路段两侧临街面，有农贸市场、菜市场、网吧、美容美发厅、电话超市、酒楼、茶座、药店、商业广场、汽车摩托车修理店、建材经营部、小吃店，经营品种主要有副食品、农副产品、服装、鞋帽、中西药品、种子、肥料、农药、南杂、日杂货、日用百货、汽车、摩托车、拖拉机零配件，服务项目主要有网络游戏、洗车、修车、美容美发、护肤养颜、保健按摩、歌舞、品茶。

1992～2012 年，通过贯彻落实邓小平视察南方重要谈话及中共十二大至十七大精神，全市城乡市场建设进入一个新的发展阶段。市委、市政府按照“各方筹资、多家兴建、谁投资、谁建设、谁所有、谁受益”的原则，依靠社会力量，发展社会主义市场经济，建设一批规模大、档次高、功能全、辐射广的专业市场和批发市场，打破供销部门、民贸系统自成体系、工商部门独家办市场的格局，专业市场、超级市场和综合市场应运而生。至 2012 年，城区有十大专业市场，即副食品批发市场、东方成衣市场、关厢门工业品市场、吉首大布市、吉首水果批发市场、吉首家电市场、吉首林产品市场、吉首布匹市场、吉首机电市场、红旗门家电市场，经营总面积 72612 平方米，摊位门面 2076 个；八大超级市场，即新一佳超市、新起点超市、梅尼超市、金宏商业广场、佳惠超市、火车站超市、阳光超市、市人民广场超市，经营总面积 26171 平方米；六大型综合市场，即吉首商场、市农贸中心综合商场、吉首商业城、湘泉品牌步行街、城中城市场和大湘西商贸城，占地面积 64625 平方米，经营面积 93770 平方米。

附：2012 年吉首市 28 家民族贸易企业名单

湘西自治州边城醋业科技有限责任公司、吉首银世界珠宝首饰有限公司、吉首星辉金属材料有限公司、吉首市朝阳食品有限责任公司、吉首市泰丰农林产业发展有限公司、吉首市汇锋矿业有限责任公司、吉首市白云米业有限责任公司、吉首市金领国际酒店有限责任公司、湘西自治州天下游运输公司、湘西自治州屹立农业科技有限公司、吉首橡胶厂、吉首市石磊文化传播有限公司、吉首市宗南汽车制造有限责任公司、吉首市宗南重工制造有限公司、吉首大庭矿业有限责任公司、吉首鸿远贸易有限责任公司、湘西华立制药有限公司、湘西自治州兄弟玻璃有限公司、吉首市人民医院、湘西州金土地宾馆有限公司、湘西自治州长丰纺织有限责任公司、吉首市葛四民族食品开发有限公司、吉首市华泰国有资产投资管理有限公司、吉首市矮寨景区投资开发有限责任公司、吉首市新天然化工贸易有限责任公司、湘西新金凤凰农业开发有限公司、吉首市鑫立冷饮有限责任公司、吉首市金石材料有限责任公司。

第三节　民族特需用品供应

明代，小商贩持银饰品、丝线、花带等苗族特需用品入苗寨换购土特产品。清代至民国时期，苗族银饰品种类增多，这些银饰品部分来自厅外，部分来自厅内银匠铺。副食品有红片糖、胡椒、红鱼、豆豉、包谷酒，部分豆豉和红鱼在厅内加工，部分来自厅外。彩丝绣边、丝织花边、花带、丝帕等服饰品，三脚架、鼎罐、猎枪、麻草鞋、布伞、油纸伞等苗族特需用品多在墟场供应，乾州和镇溪有的商店和杂货店兼营。

中华人民共和国成立后，县人民政府贯彻执行党的民族政策，尊重少数民族风俗习惯，保证民族特需用品供应。春节期间，组织调运食盐、红鱼、浏阳豆豉等苗族传统年货。1950～1956年，大兴寨、乾州、吉首、马颈坳、河溪等地小商贩采购丝线、花边、花带、滚边布等民族特需用品到墟场出售。1955年，省商业厅和省供销合作总社在丝线、花边、花带、土布等货源上优先供应湘西苗族地区。次年，矮寨供销社设少数民族用品专柜，供应丝帕、花边、滚边布、七彩丝线、银手镯、脚圈、项圈、耳环、戒指等民族特需用品。1958年，为适应苗族、土家族需求，县商业局百货零售门市部设民族用品专柜，出售花边、银饰品、打花被盖等民族特需用品。1961年10月18日(农历九月九日)，排吼人民公社百户寨举行民族传统节日“赶重阳”，吉首、古丈、泸溪三县边区苗民聚会下百户，州县供销部门在下百户举办民族地区物资交流会，供应丝线、锉花等民族特需用品，收购土特产品。由于民族特需用品供不应求，县商业局责成乾州银器社加工银饰品以满足少数民族特殊需要。“文化大革命”运动中，民族特需用品被视为“四旧”，一度被迫停产，停止供应。1975年，县民族五金厂根据国务院关于恢复民族特需用品生产和供应的通知精神，由县人民银行供应金、银生产苗族金银饰品，商业部门复设民族特需用品专柜，以满足少数民族需要。

20世纪80年代，民族用品市场得到恢复和发展，墟场银饰品货源充足，花色品种增多，风格各异，可任少数民族选购。彩色丝线、花边、丝帽、锉花、滚边布、花抹裙等都能满足市场需求。随着经济的发展，国家给民族地区实行专项商品照顾。1980年，分配吉首市缝纫机40台、手表505块；1985年，缝纫机分配数增至80台、手表增至800块。1981年，县民贸局在城区建立民族商店，供应民族特需用品品种600余种，1982年，民族特需用品销售额30余万元。1983年，民族用品品种继续增多，除银饰品、鼎罐、铜壶等品种外，增加民族绣花、成衣、绣花帔裙等品种。其他一些商店也以绣花滚边、丝带等充实民族用品专柜内容。1988年，市场更加繁荣，国家拨给市民族五金厂的金、银原料增加。以妇女饰物为主的民族特需用品较大商店设专柜经营，缝纫机、手表等用品货源充足，能满足需要。

20世纪末至21世纪初，商业较前发达，城区商店特别是超级市场商品琳琅满目，花色品种多，高、中、低档次齐全，能满足苗族、土家族等少数民族的特殊需要，供不应求的时代已一去不复返。苗族除老年人外多着时装，有的将戴银项圈改为戴金项链或珠宝项链，吉首城区金银饰品及珠宝店有湘西金行、银世界、周大生珠宝店、周六福珠宝店、上海老凤祥、百泰首饰店、苗族服饰品商店等楼店，乾州有州非物质文化遗产园内湘西坊、百工坊、湘西民间工艺民族服饰及旅游产品一条街，花色品种齐全，工艺精湛，色彩艳丽，令人目不暇接，爱不释手。德夯和较大的商场(店)有的设金银饰品专柜。

第四节　边贸会及西部开发·湖南吉首经贸洽谈暨商品展销会

民国初年，所里和乾州小商上走四川省秀山、酉阳和贵州省松桃等县，下走常德、汉口等市购进和推销货物。这些地方的商人也深入乾州和所里收购桐油、山货、药材。

1950年春秋，县商业部门在乾州召开物资交流会，川、黔两省边区客商参加交易会。1952年第二季度，所里镇人民政府召开农副产品交易会，成交额4万多元。次年4月，县物资交流会筹备处召开湘鄂川黔四省边区物资交流会，国营商业、供销合作社和私营商业参加交易的人数达25000人，成交额32508元，其中购进农副产品占31.4%，交流物资中桐油、青麻等土特产品占68.8%。全年召开交易会4次。20世纪80年代，为搞活流通，发展经济，增强民族团结，商业部门打破行政区域，与四省边区县进行业务往来。1984年8月12日，湘鄂川黔四省边区吉首市工业品贸易中心和吉首市农副产品贸易中心成立。10月27日，湘鄂川黔边区县、市有关单位及股东召开会议，决定这两个中心为有关单位的经济联合体，经营粮油、肉食水产、竹、木、棕、麻、畜产品、药材、生产资料、布匹、百货、化纤织品、五金、交电、化工原料、日用品及土特产品的购销业务并开展代购代销、代储代运、批零兼营等业务。1988年，吉首市工业品贸易中心和吉首市农副产品贸易中心共注册资金105万元，商品销售额1000万元。

1989年8月20～22日，市政府与湘西自治州民贸一局在吉首联合承办焦柳铁路沿线商业经济协作区第四届、湘鄂川黔四省边区协作区第六届商品交易会，应邀参加交易会的有全国15个省、市、区382个单位的3500余名客商代表，成交总额1.19亿元，其中四省边区协作区2302万元、州直单位1114万元、吉首市4194万元、铁路沿线商业协作区1059万元、其他地区3207万元。

1990～1992年，市政府在城区承办第一至三届七省市九地区名优特产品暨湘鄂川黔四省边区协作区第七至九届商品交易会，会期均为3天。全国政协委员、轻工业部原副部长余建亭、省人大常委会原副主任石邦智等领导干部先后为交易会剪彩。上海南市区、浙江嘉兴等10多个省、市、区发来贺电。省人大常委会副主任吴运昌等领导干部先后出席开幕式并参观各展厅。全国18个省、市、区的100多个代表团、1400多家工商企业、2000多名来宾、1万多名客商参加交易会，交易商品多达16410种，且名牌产品多，价格竞争力强。交易会增设科技劳务交易，展出新技术成果470项，其中专利技术92项；成交科技项目23项，成交金额102万元。这三届交易会商品成交额分别为2.5亿元、3.5亿元、3.8亿元，其中四川省自贡市310万元、湘潭市1863万元、武陵山区协作区7041万元、其他地区815万元、全州8县市地方产品销售额7858万元；成交总额100万元以上的企业57家，1000万元以上的5家，湘泉酒厂成交额2000多万元。

1993～1999年，四省边区商品交易会中断。

2000年9月23～29日，市政府主办、市个体私营企业协会(以下简称“市个私协会”)承办鸦溪民营经济小区首届西部开发·湖南吉首经贸洽谈暨商品展销会。中共中央统战部副部长、中国光彩事业促进会副会长胡德平，中共湖南省委常委、省委统战部部长石玉珍，中共湘西州委书记彭对喜和市领导干部参加开幕式。展销会期间，370多家企业的名优产品进场展销，进货客商5000多人，成交总额1.35亿元，购物群众达13万多人次。

2001年、2002年，市政府主办、市个私协会承办鸦溪民营经济小区第二届、第三届西部开发·湖南吉首经贸洽谈暨商品展销会。州、市领导干部及全市各行各业的个体私营业主代表组成方队参加交易会开幕式，湘、鄂、黔、渝四省市边区32个县、市5500余名客商参加商品展销和经贸洽谈，成交总额1.16亿元。

2003年、2004年，市政府主办、市个私协会承办鸦溪民营经济小区第四届和第五届西部开发·湖南吉首经贸洽谈暨糖酒副食日化建材家居博览会。中共中央统战部副部长、全国工商联党组书记胡德平参加开幕式并讲话。22家厂商代表分别参加开幕式的产品推介和专场推介会。江西景德镇32户瓷器产销商慕名参展。辽宁、北京、上海、重庆、福建、广东、湖北等省市6000多名客商参加交易会，交易会成交总额1.96亿元；签订供销合同132份，金额1.52亿元；签约项目14个，其中吉首市工业项目9个，金额4.06亿元。

2005年9月28日至10月3日，市政府主办、市个私协会承办鸦溪民营经济小区第六届西部开发·湖南吉首经贸洽谈暨商品展销会。州委统战部、市委、市政府领导干部参加开幕式，广东、福建、重庆、长沙、张家界、常德的111名厂商代表参加展销会，成交总额4900万元；签订合同79份，总金额1.41亿元。

1984～1992年吉首市历届四省边区商品交易会情况

表4—2—4—1　　单位：人、万元

届次	时间	到会客商	成交总额	
				吉首
1	1984年8月12～15日	1800	3865	1229.8
2	1985年8月11～13日	1066	3076	1027.7
3	1986年8月17～20日	1526	3499	1174
4	1987年8月16～18日	2467	7805	1626
5	1988年9月4～6日	1300	5400	1497.4
6	1989年8月20～22日	3500	11876	4194
7	1990年8月19～21日	5196	25000	5107
8	1991年7月14～16日	5000	35000	11721
9	1992年8月4～6日		38000	

说明：1989～1992年，市政府承办第六至第九届四省边区商品交易会

2000～2005年西部开发、湖南吉首经济贸易洽谈会暨商品展销会情况

表4—2—4—2　　单位：人、万元

届　次	时　　间	到会客商	成交总额
1	2000年9月23～29日	5000	13500
2	2001年9月28日至10月4日	5000	9000
3	2002年9月28日至10月4日	500	2569
4	2003年10月28日至12月31日	1014	14600
5	2004年10月18～30日	5000	5000
6	2005年9月28日至10月3日	1000	4900

说明：2000～2005年，市个私协会承办第一至第六届西部开发·湖南吉首经济贸易洽谈会暨商品展销会

2011年、2012年，吉首市先后举办第一届和第二届武陵山区农业博览会，来自全国各地的商家参加商品展销活动。

第五节　少数民族生活必需品供应

1950年，县人民政府全力恢复经济。县贸易公司根据民族地区“不赔不赚，有赔有赚，以赚补赔”的经营方针，供应大米88100千克，折人民币22645元；面粉200千克，74元；食盐11.73万千克，60361元；食油323千克，274元；“洋纱”39－6/40件，27266元；百货20241元。“洋纱”价折扣供应新民纺织厂和针织手工业户生产用，由驻所里镇的县贸易公司第一门市部营业。各商店在人民政府帮助下迅速复业，计有食盐、棉布业18家，杂货业38家，糕点、医药、陶瓷、铁业10家，百货、书店、文具业9家，香烟、丝烟、鞭炮业13家，面粉、豆腐业23家，屠宰业15家，各商家向城乡居民供应生活必需品。1951年，县贸易公司销售额18.15万元。各区贸易小组开展经营活动，私商经人民政府指导和帮助，油盐、南货、百货、布匹各业联合组织流动小组下乡，方便苗民。1951年和1952年，供应食盐、布匹、粮食、食油、日用百货等百余种，销售额121.4万元。1952年，销售棉花81837千克、肥皂100箱、胶鞋7200打、成衣92打，人均购买力为18.36元。县贸易公司销售额34.15万元，其中桐油、青麻、毛皮等销售额97785元。

经过三年国民经济恢复工作，1953年，县人民政府进一步调整商业公私关系，向私商宣传党的过渡时期总路线和政策，发展经济，保障供给。土改结束后，人民生活好转，市场对米、油、盐、碗、钵、鼎罐、铁锅、三脚架和日用品需求量增加，国家对粮、油、棉和生猪实行统购统销和派

购，禁止私商经营。1955年2月11日，湘西苗族自治州财委吉首镇市场工作组调处国营商业、供销合作社和私商间的矛盾，安排市场物资供应，教育、引导私商合法经营。1956年，社会消费品零售总额655万元，比1952年增加329万元；苗民由穿家织布改穿机织布，棉布零售量37.77万米，比1952年增加29.95万米；胶鞋零售量29340双，增加22900双；销售煤油50吨，增加45吨；百货类零售额51万余元，增加40万余元。1960年，物资供应更加紧张，猪油、糕点、肥皂、豆制品、香烟、毛线等商品凭票供应，严格控制棉布销售。1962年，物价稳中有降，副食品下降4.41%；其他食品和医药分别下降16.27%和1.93%；白酒下降34.6%；针棉织品、绸缎分别下降15%、17.75%和15.05%；肉蛋禽、水产品、蔬菜和水果分别下降45.3%、50%、48.3%、和26.7%。县贸易公司纯销售额29.71万元，为计划数的1.5倍。1964年，棉布、胶鞋、猪油供应量大幅度增加，布匹凭票供应，造成积压。8月21日，县民贸系统根据州民贸局的通知精神，削价处理47种商品，占总数61%，亏损3959.08元。销售总额487.7万元，占年计划92.02%，比上年下降0.14%，平价供应物资销售额比上年上升20.2%。1965年，为保护民族地区群众利益，县民贸系统根据国家对食盐、煤油、火柴实行最高限价的规定，经营亏损由国家财政补贴。

1972年，县民贸局按规定将棉纱、棉布和针棉织品改由商业部门统购统销，限制生产土纱、土布，禁止私人上市交易，任何单位或个人不得插手经营。11月，全县发放少数民族困难补助布票66700米和寒衣补助布票1534米，造册到人，按年度发放，成为定例。1982年，市内商业实行多种经济成分、多种经营方式、多渠道和少环节的商业体制，市场上个体商户和单位兼营商业、知识青年待业商店增多。市民贸一局系统销售总额1189.2万元，超计划0.68%，比上年减少21000元。1983年，为促销，组织75人次下到土家苗寨，销售额48万元；请上来供货321人次，成交额526万元；开促销会4次，设摊点151个，营业额265.4万元；城镇流动供应和赶乡场营业额41万元。

由于改革开放不断深入，商业企业在市场竞争中增强自身活力。1983年，全市商品零售总额迅速增加。1984年，召开湘鄂川黔四省边区交易会，零售总额大幅度提高。1985年，市民贸系统落实中共中央总书记胡耀邦的指示精神，给60795名苗族、土家族等少数民族赊销纯棉布78.3万米，价值139万元；赊销棉絮67500千克，价值43万元。

1989～1992年，商品流通处于卖方市场，国有商业计划经济体制痕迹明显，商品具专营性质，价格受政府调控，企业资金按计划贷款，职工统一作息，坐店经营，等客上门，举步维艰。

1993年，国家实施“四放开”政策，在商品经营、价格、劳动用工、收入分配方面下放14项权利，扩大企业自主权。各级党委采取优惠措施，鼓励发展个体私营经济。国有商业根据市场需要调整经营结构、经营品种和业务范围，以零售为重点，改善服务态度，开展店外销售和两头在外业务。市糖酒副食品公司将批发部由原来的两库细划为酒类、食糖、食杂三库核算，增加批发网点，批零兼营；市食品公司增设综合经营部和摩托车经营部；市饮食服务公司与市个体劳动者协会联合投资200多万元，改造扩建东方成衣市场。

民贸系统增设网点、装修改造旧网点，改善购物环境，增强竞争力。1993 年，市百货大楼、吉首南北特副食品商场、市五交化批发部和维修部筹资维修改造门面。市糖酒副食品公司投资 400 多万元，建设乾州批发部和第二批发部。

第六节　土产品

一、吉首枞菌

每年 6 月、7 月、8 月，市域山区幼疏枞林中及其附近产红黄枞菌；9 月、10 月、11 月，盛产乌枞菌，均为纯天然菌，无任何污染，特别是乌枞菌香嫩可口，风味独特，堪称山珍野味。21 世纪初，乌枞菌成为俏货，价格走高，每 500 克从 10 余元涨至 20 余元，上等菌高达 40 元以上。

二、己略木材

己略乡是个苗族乡，林业用地 6276 公顷，占全乡面积的 80%，其中有林地 3788 公顷，占林业用地的 60.35%. 活立木蓄积量 13.61 万立方米，年出木材量 200 立方米左右。主要树种是杉和马尾松，珍稀树种有金弹子木和锥栗。

三、白云“贡米”

排绸乡白云村白岩寨后垄地势较平坦，土壤肥沃，水田所产稻谷碾成米米粒如白玉，质尤佳，煮成饭饭柔软异香，曾为贡品，民间流传“白岩寨的米，三角岩的女”。

1950 年 12 月，中共乾城县委、县人民政府曾用此米煮饭招待中南军政委员会兄弟民族访问团和中国人民解放军第四野战军第四十七军一三九师四一六团官兵。

21 世纪初，排绸乡政府和有关部门按统一良种、统一培管、统一收购、统一加工、统一销售的要求建设白云水稻种植基地，改良土壤，合理施肥，引种国家优质二级水稻品种，开发无公害白云贡米，饮誉湘西。

2001 年，经农业部 NYI22－86 优质食用稻米和国家 GB/17891－1999 优质稻谷标准检验测试中心检测，白云村所产稻米为一级优质米，堪称“贡米”。乡政府、市粮食局、市农业局与农户联合组建白云“贡米”生产公司，建设 33.3 公顷的水稻生产基地，年产稻谷 250 吨，产值 48 万元。2004 年，花垣县吉卫大米厂投资 216 万元，成立白云米业公司。2005 年，白云水稻种植面积扩大到香花、光坪、高寨、河坪、槐花等村，种植面积 200 公顷，产量 1200 吨，产值 252 万元。

四、吉首凉薯

吉首凉薯种植历史悠久，双塘和马颈坳两镇、吉首和乾州郊区农村为主产区，马颈坳镇产量最多。吉首凉薯是全州有名的水果之一。绿梗黄皮,皮光泽,果圆形或扁圆纺锤形,主根小,须根少,耐储,皮薄易剥,肉脆细嫩汁多,清甜爽口,既可生吃,又可切成细条醋熘素炒或和猪瘦肉丝拌炒作佳肴。一般三四个500克左右,大的每个重250～500克,生食以小个最佳。每年8～10月,成熟上市。

五、吉首椪柑

椪柑属芸香科柑橘亚科椪柑橘族。吉首市栽培的椪柑品种是市农业局经果技术推广站于1986～1993年经过连续选育而成的"260"株系,果大耐储,色黄且亮,果汁丰满且香甜,果实中富含果胶、纤维素、胡萝卜素、维生素B1、维生素B2、蛋白质、钙、磷、铁等微量元素。

1994年,该项技术获湖南省科技进步三等奖。1998年、1999年,果品参加湖南省优质水果评比,均获金奖。2003年11月,中国果树专业委员会对吉首市椪柑生产情况进行实地考察和论证,授予其"吉首市中国椪柑之乡"称号。

2003年,省政府将吉首市列为湖南省椪柑优势区域建设椪柑生产重点县市之一,全市有4000多公顷椪柑通过无公害农产品产地认定和产品认证。至2005年,苗族聚居的排绸、排吼、丹青3个乡镇,苗族、土家族、汉族杂居的寨阳、马颈坳、河溪、双塘、吉首、万溶江6个乡镇各建椪柑生产基地1个,总面积1000公顷,全市椪柑面积5933公顷,产量40416吨。2012年,全市椪柑面积8732.87公顷,产量86699吨。

六、吉首猕猴桃

猕猴桃为多年生落叶藤本果实,果实似桃,猕猴喜食,故名猕猴桃,又叫做羊桃或阳桃。

1995年,吉首大学选育的吉首猕猴桃品种经湖南省农作物品种审定委员会定为具有原产地域命名权的晚熟优质美味猕猴桃良种,每100克鲜果中含维生素C400毫克,味甜酸且香,是一种既富营养价值又具保健功效的优质果品。2012年,全市猕猴桃种植面积由1995年的6.7公顷增至480公顷。其中镇溪街道110公顷、排吼乡150公顷、丹青镇115公顷、寨阳乡105公顷。

七、隘口黄金茶

马颈坳镇隘口村是个以苗族为主,苗族、土家族和汉族杂居村,青山绿水,土壤、气候宜于种茶。早在明代,当地村民就兼事种茶,所产茶叶质地特优。经加工,茶冲泡后色翠绿清澈,芳香扑鼻,醇厚爽口,味独特,可防治前列腺炎。清朝年间,曾为卿定贡茶,"一两黄金一两茶",故名"黄金茶",是五溪茶族中精品之一。

市政府计划2012～2015年全市种植黄金茶6666.67公顷。隘口茶叶专业合作社注册苗疆隘口黄金茶,开发苗疆毛尖、苗疆绿茶、隘口银茅等黄金精品投放市场。

第七节　特产品

一、乾州板鸭

清宣统元年(1909),乾州厅同知李翊埙随身粤籍厨师谭开球将广式板鸭腌制技术传授给马颈坳卸任把总周洪发。周将广式板鸭改制成"乾州板鸭"。

乾州板鸭以1.5千克左右麻鸭为原料,用食盐、花椒、桂子、大茴、丁香等10多种配料精工腌半个月左右,开缸晒干即成。夏至腌制的称为"热水鸭",冬至腌制的称为"冷水鸭"。两者加工方法相同,仅配料及腌制时间有别。成品形似琵琶,色黄亮,肉质细嫩且耐储存,味香浓而不腻,蒸、炒、炖、或煮熟后凉拌,味均鲜美,是宴席佳肴和馈赠佳品。

民国时期,乾州板鸭曾销往常德、长沙、武汉等地。乾城县和平解放后,远销北京、上海、福州、长沙、广州等市和香港特区,曾被湖南省科委列入"星火计划"。罗氏推陈出新,加工工艺炉火纯青,乾州板鸭锦上添花,成为乾州古城饮食文化一大亮点,堪称乾州饮食一绝。1988年,"星光"牌乾州板鸭获中国首届食品博览会银质奖。

二、吉首腊肉

选用本地生猪,冬至后将其宰杀,割成长条块状,每块重1.5千克左右,先拌熟食盐,再用花椒及香料植物配成的香料腌泡10余天,出缸晾干,然后用木材、柑子皮、柚子皮、甘蔗皮烟熏15天左右即成。农户将腌好的猪肉挂在火炕或灶门上,利用柴煮饭、炒菜、烤火烟熏一两个月,腊肉外表墨黑,将肉皮烧黄洗净,腊肉煮熟后切片,瘦肉红润香软而肥肉清亮不腻,俗称"乡里腊肉"。吉首腌制腊肉较有名的企业有"榜爷""葛四""吴老槐""麻哥"。湘西自治州榜爷食品有限责任公司腌制的土家腊味腊猪肉不添加任何防腐剂和色素,质量上乘,曾获第四、第五、第六届中国湖南国际农产品博览会金奖。2004年,销售土家腊味腊猪肉47吨。是年,在吉凤工业园(后改为湘西经济开发区)兴建年加工腊猪肉、腊猪舌、腊猪耳、腊猪嘴、腊猪肠、精品腊猪瘦肉、香肠榜爷腊味系列产品3600吨和10万只板鸭的生产线。吉首市葛四民族食品开发有限公司选用8个月左右的出槽土猪,采用吉首传统腊味加工工艺,运用湘西天然香料和农家特有的腊猪肉腌制配方浸泡,然后用多种有益植物以文火轮换熏烤40天左右而成"葛四腊肉"。此腊肉色泽金黄,油光发亮,肉质细嫩,肥而不腻,香气扑鼻,口感甚好,产品畅销北京、上海、广州、苏州、西安、长沙等大中城市。2003～2005年连续三年荣获湖南省国际农博会金奖。2004年,被中国商业联合会和商业科技质量中心确认为"中国消费市场食品安全放心品牌"。2003～2007年,连续五年被吉首市消费者权益保护委员会授予"消费者信得过品牌"。2006年,被湘西自治州卫生局认定为卫生AAA单位。

三、苗家酸鱼

清明前后，苗民将鲤鱼苗放到稻田里。秋天收割稻谷时，把田水放干（水源好的地方）捉鱼或用鸡笼罩鱼，一部分上市出售，一部分洗净破肚，取出内脏和腮，用食盐、五色大料腌泡两三天，再用米粉或玉米粉或小米撒在上面，一层米粉或玉米粉或小米一层鱼放入坛内，盖上坛盖，在坛盖周边放满水，密封一个月左右即成酸鱼。只要保持坛口水盘水不干，酸鱼可保存一两年。食用时，将酸鱼取出，用食用植物油（菜籽油最好）小火翻煎致黄色，再加大蒜段和干红椒段拌炒至香即可，味酸香辣而不腻，是苗家待客佳肴。

四、吉首糍粑

将优质纯糯米洗净、泡胀，用甑子蒸熟后（蒸至半熟时要适当洒水，但不可洒得过多，以免“伤水”）立即倒进粑槽里，两人持粑锤趁热轮番将熟糯米打成绒泥状，立即取出，捏成直径约7厘米的粑丸（俗称“粑坨坨”），将粑丸排放在涂蜂蜡的大方桌桌面或木板上，另用一张也涂蜂蜡的方桌桌面或木板将粑丸压成直径约10厘米左右的圆形糍粑。将压好的糍粑移至另一张桌或木板上，不时翻动，以免粘板，待糍粑冷却定形后，将其四个一叠重成一堆。若要上市出售或作礼品，则用薄膜包好；若自食，则将叠粑拆开，让其自然阴干后放进木桶或缸里用冷水浸泡（可放些食盐），并经常换水，可浸泡到农历三四月份，糍粑仍不变软、不变色、不变味。

吉首糍粑细腻，雪白光滑，酥软可口，且便于携带，易储耐储，是吉首市各族人民春节拜年、行亲访友、祭祀活动的传统食品、传统礼品、传统祭品，可煎食，可烤食，也可切块和白菜薹煮食（不可煮糊）。

五、枞菌油

选择10月及其前后疏幼马尾松树林中丛生、直径5厘米左右的新鲜乌枞菌（不可太嫩太老），将其洗净、滤干水。在铁锅里倒进足量茶油或菜籽油，将油烧开，放入枞菌炸干至香，改用文火，放入适量食盐、花椒粒、姜粒略炸至花椒漂香，冷却装罐即成，可储存一年左右。商品枞菌油须精包装，在各大超市或湘西土特产品专卖店出售。枞菌油最宜于煮面和下粉用，香浓味美。

六、苗家桃花虫

为水生物，产于矮寨镇一带，生长于三四月份桃花盛开的时候，故名桃花虫。苗民在此季节将其捕捞、晒干、炒香，自食或装成特产品出售。桃花虫具滋补健身功效，脆且香，烹饪简单，为苗家佳肴珍品。

七、酒鬼酒

市域湘酒鬼酒公司选用湘西特产云雾山糯高粱和香糯米以及吉首北郊振武营龙泉、凤泉、兽泉泉水为原料，传承湘西悠久的民族民间传统酿酒工艺，采用现代酿酒技术，依托吉首独特的自然地理环境和地域文化资源，以小曲糖化、大曲发酵、老窖续糟、缓火蒸馏、量质摘酒、陈年老熟、精心酿制，勾兑而成。

酒鬼酒属兼香型大曲白酒，清澈透明，芳香浓郁，醇和绵甜，后味爽净，入口舒适，回味悠长，兼具浓型之芳香、酱型之细腻、清型之纯净、米型之优雅，香型在中国白酒界独树一帜，享誉中华酒林，其包装为凤凰县籍土家族著名艺术大师黄永玉设计的捆口麻袋型紫砂陶瓶，土中见雅，俗中显奇，奇中含优，新颖、风趣、大方。

酒鬼酒为湘西州著名特产，其商标为中国驰名商标。酒鬼酒是中国高档文化礼仪酒的典型代表。1993 年，为全国人大会议和全国政协会议宴会用酒；2003 年，成为“亚洲博鳌论坛”中国国礼精品和宴会用酒；2008 年，被国务院定为北京奥运会庆功酒。

酒鬼酒曾获法国波尔多世界酒类博览会金奖、比利时布鲁塞尔世界酒类博览会金奖、中国首届食品博览会金奖、中国轻工产品博览会金奖、北京国际经贸会金奖、中国国际新产品新技术博览会金奖、中国白酒典型风格金杯奖，先后获“中国十大文化名酒”“国产精品”“中国品牌消费品”“世界名牌消费品”荣誉称号。

第八节　新产品

一、果王素及果王油

中共湖南省委、湖南省人民政府重点支持的农业产业化龙头企业和重点高新技术企业、国内最大的世界知名猕猴桃专业化生产企业和研发基地、全州唯一拥有省级工程技术中心、建在鸦溪科技园的农产品深加工产业化企业湖南老爹农业科技开发股份有限公司（以下简称“老爹公司”）利用湘西富丰的猕猴桃资源猕猴桃果，依托吉首大学的科技优势和技术力量，采用超临界萃取工艺生产的绿色食品和高科技产品猕猴桃“果王素”，填补国内空白，成果整体居国际先进水平。1000 吨猕猴桃果只能加工 1 吨果王素，年产果王素 30 吨。猕猴桃果王素富含亚麻酸、亚油酸、维生素 E、微量元素硒等营养物质，具有调节血脂、延缓衰老等作用，被质检总局、科技部等五部委局评定为国家重点新产品，美国、日本等国客商争相投资合作开发。

老爹公司生产的果王素牌“果王油胶囊”具有调节血脂、延缓衰老的保健功能。测试表明，服用果王油胶囊两个月，能有效降低血脂中胆固醇和甘油三酯，综合有效率达 80%。受试人群深感舒适、精神好、睡眠好、饮食好，头昏、胸闷、心烦等症状大为减轻，大便通畅，生活质量明显提高，被科技部、质检总局等五部委局批准为国家重点新产品。

二、老爹猕猴桃果汁

老爹公司以湘西“米良一号”富硒猕猴桃为原料，运用高新技术深加工成“老爹猕猴桃果汁”。果汁色翠绿，汁浓透，富含有机硒和人体所需的氨基酸、维生素和微量元素，口感纯正、独特，填补国内空白，年产2万吨，常饮有益于身体健康。

三、“神秘湘西”牌香醋及醋饮料

设于市域的湘西自治州边城醋业科技有限责任公司承前清朝贡品河溪香醋百年传统生产工艺，以优质大米为原料，用中草药植物制曲，经两年以上精酿成“神秘湘西”牌香醋。产品是中国唯一无盐、无防腐剂、无添加色素、无添加香料的香醋、醋行业中唯一通过国家有机香醋认证的香醋，多次获国际食品博览会和国际农产品博览会金奖，被评为湖南省和湘西自治州名牌产品，具有降脂减肥、活血降压、消食醒酒的保健作用。系列产品有“神秘湘西”牌香醋、精品醋、原香醋、有机醋、二星醋、三星醋、醋饮料等50多个，产品畅销北京、上海、天津、重庆等大中城市。

四、国药妇炎康片及肠康片

湖南湘泉制药有限公司用湘西山区药材经科学配方制成妇炎康片和肠康片。妇炎康片对湿热外邪入内、气血郁滞所引起的瘀血闭经和慢性附件炎、盆腔炎、阴道炎、膀胱炎、慢性阑尾炎、尿路感染等妇科炎症有特殊疗效。肠康片的主要原料为盐酸小檗碱、木香、吴茱萸(制)，具清热燥湿、理气止痛功能，用于治疗湿热泻泄、痢疾腹痛、里急后重，疗效甚好。两药畅销全国大中小医院、卫生院和药房，被定为国家二级中药保护品种和湖南省名牌产品、全国医药行业知名品牌，在全国同行业同品牌的四家企业中名列前茅。2008年4月10日，湖南湘泉制药有限公司被国家民委定为少数民族特需用品定点生产企业。

五、青蒿素

全国500强华立集团旗下华方医药科技有限公司子企业、全球规模最大的青蒿素原料药生产基地、坐落于吉庄工业园内的生物化工制药企业湘西华立制药有限公司，利用吉首青蒿素干叶中药材精加工、植物提取技术开发、生产、销售的生产抗虐药青蒿素，年产量13吨左右。产品通过国家药品食品监督局GMP认证，生产工艺处国际领先水平，是湘西自治州首家通过GMP认证的制药企业。

第九节　地方小吃

一、吉首卤鸭

选用本地麻鸭，去毛及内脏、洗净，放入卤水中煮熟而成。其色泽金黄，肉质细滑，卤味十足。可切块热食，也可切块凉拌；既可用来下酒，又可作餐桌上的主菜。全市有卤鸭店37家，红旗门向元瑞的卤鸭最佳，每千克 36 元。

二、吉首醋萝卜

选用本地红萝卜，洗净切片晾干，放入掺有冰糖的酸水中浸泡一两天呈浅红色（时间为冬长夏短）即可取出，脆而不涩，酸中带甜，既可净吃，也可沾油辣椒粉食用，是一道餐桌上的开味解口菜或小吃，女性特别是青年和儿童女性最喜食。吉首醋萝卜远销长沙、武汉、上海、广州等地。

三、吉首灯盏坨

形如小油灯盒的油炸食品，系将大米掺适量黄豆磨成浆装进小铁盒里放入油锅中炸熟而成，坨顶及四周焦黄而底部嫩黄，口感外焦内松，豆香味浓。油炸时，还可将少量酸菜、辣椒、香葱等调味品置于坨中心作馅子，炸出不同的口味，趁热食用，口味尤佳。

第三章　扶贫开发

第一节　恢复和发展生产

20 世纪 50 年代初，中共乾城县委、乾城县人民政府贯彻落实中共中央的民族政策，克服困难，统筹安排财力、物力和人力，帮助苗族人民恢复和发展农业生产。1950～1952 年，给苗民发放肥料贷款 3212 万元（旧人民币，1 万元相当于新人民币 1 元，下同）、贷粮 11642 千克；耕牛贷款 3189 万元、贷粮 3376 千克；水利农具贷款 2206 万元、贷粮 3050 千克；桐油贷款 9000 万元，生产生活辅助贷粮 33000 千克；少数民族福利粮 39000 千克；县人民银行发放苗区生产贷款 2.1 亿元，贷款时限 6 个月（汉区 5 个月）。在县人民政府和金融部门的帮助下，苗区有 2324 户、7823 人克服生产生活困难。培训苗族农业技术员 249 名，其中种植业 40 名、林业 78 名、水利 86 名、养殖业 8 名、其他 37 名。这些苗族农业技术员在苗区宣传农业科技知识，推广先进农业生产技术，帮助苗民改进农业生产技术，指导苗民使用新式农具、农药和化肥，促进苗区农业生产的恢复和发展。1951 年、1952 年，苗区稻谷亩均产量由 1950 年的 150 千克分别增至 180 千克和 190 千克，分别比上年增产 20％和 5.5％。

第二节　少数民族发展资金

1981 年，国务院设立支援不发达地区发展资金，用于少数民族和民族地区改变落后面貌，改善贫困群众生产和生活条件，提高贫困农民收入水平，促进民族地区经济社会发展。1981～1988年，吉首市累计获支援不发达地区发展资金292.16万元，占同期财政收入3.3%，年均36.52万元，年均增长28.2%。1990年，此项资金改为少数民族发展资金。1984～1997年，分为有偿使用和无偿使用两部分；1998年起，改为无偿使用。2001年起，省财政安排湘西自治州的少数民族发展资金不低于全省的40%。少数民族发展资金主要用于发展种植业、养殖业、科技扶贫、修建乡村道路和桥梁、农田基本建设、解决人畜饮水问题，发展农村基础教育、医疗卫生、文化和广播电视等社会事业。

1984～1994年，少数民族发展无偿资金随着少数民族地区经济社会的发展呈减少而有偿资金所占比例呈上升趋势。累计获支援不发达地区发展资金（少数民族发展资金）353.5万元，其中无偿资金194.3万元、有偿资金159.2万元。

1984～1994年吉首市获得支援不发达地区少数民族发展资金

表4—3—2—1　　单位：万元

年份	总金额	无偿资金	有偿资金
合计	353.5	194.3	159.2
1984	40	13	27
1985	53.5	40.5	13
1986	48.5	31.5	17
1987	30.2	17	13.2
1988	26	11.5	14.5
1989	27	12	15
1990	27.5	18.5	9
1991	30.8	19.8	11
1992	26	16.5	9.5
1993	25	8	17
1994	19	5	14

用于支援14个乡镇、123家企事业单位发展工农业生产和社会事业，投资项目161个，其中工业企业项目16个、乡镇企业项目8个、林业项目25个、畜牧水产业项目19个、水利项目9个、交通项目6个，教育项目43个、卫生项目11个、文化项目3个、体育项目2个、科技项目1个，其他项目18个，促进了受援单位经济社会的发展。工业企业增加产值64万元、利税17万元，乡镇企业增加产值77万元、利税23.5万元。开发椪柑394公顷，其中188公顷于1988年移栽面积564公顷，育苗527万株，造林20公顷；购买黄牛544头，繁殖小牛141头，增加产值31000元；购买生猪345头，增加产值68000元；购买山羊6646只，增加产值85000元；购买兔

5300只，增加产值27.92万元；购买家禽1009羽，增加产值21500元。架设电线30.3千米，受益1015户；建设人畜饮水工程4处，解决1302人、339头大牲畜饮水问题；修通村公路9.41千米、桥8座；建校舍18669平方米，维修校舍3500平方米、围墙长600米、其他基建4408平方米，购置教具51套、桌椅床818套，其他设备151件(套)；建文化用房944平方米、卫生院用房2828平方米、维修115平方米，购置医疗器械3大件；建科技用房250平方米，培训技术人员436人；建体育用房4200平方米；修建农贸市场4371平方米；扶贫建房115栋、1625间、38433平方米，为653户2844人解决住房问题。

1987年，吉首市率先使用世界银行贷款396万元作启动资金，开发椪柑666.67公顷，市民委干部深入农村发动群众，与群众一道开沟压绿种植椪柑苗木。1988年，向世界银行贷款22万元，在土家族聚居村万溶江乡双河村开发椪柑80公顷；1990年，第一批椪柑丰收，激发农民种植椪柑的积极性；1994年，该村人均椪柑收入500元；2001年，全村种植椪柑166.67公顷，人均纯收入2702元，其中椪柑收入1700元。

1997年，市民委向省民委和州民委申报并获批准1998年、1999年少数民族发展资金项目6个，省民委批准项目资金113万元。市民委按专款专用、统一研究、统一调度的原则，分期将资金拨付给6个项目指挥部用于工程施工。苗族聚居村、市民委挂点扶贫村排吼乡排杉村灾后基础设施和生产恢复工程项目30万元。1998年，该村暴雨成灾，基础设施被毁，椪柑苗木损失严重。市民委多方为其筹集救灾资金，开展灾后恢复工作。至1999年年末，疏通水渠3千米，恢复水冲砂压稻田9公顷，坡土改梯土7公顷，改造低产田6公顷，修复太平至排吼公路排杉段10千米，修通通组公路3千米、高压线路2.3千米，安装1台50千伏的变压器，建人畜饮水工程3处，补植椪柑苗2000多株，全村实现生产总值98.5万元，其中椪柑产值50万元，占50.76%。苗族聚居村白岩乡杨柳村通村公路工程项目15万元，至1999年年末，完成4千米长的通村公路改线工程。土家族聚居村太平乡英勇村通村公路扫尾工程项目5万元，1999年完工，创直接经济效益30多万元。矮寨镇德夯旅游风景名胜区至吉斗苗寨旅游公路工程项目6万元，工程于1999年竣工。苗族聚居村寨阳乡勤丰村通村公路工程项目20万元，工程于2000年4月竣工，被评为全省村级公路样板工程。土家族、苗族、汉族杂居村马颈坳镇团结村水利工程项目37万元，至2000年4月，安装15千瓦电排1处，架设350米长的引虹管，修通1500米长的水渠，解决100公顷稻田的灌溉、120户2300多人的饮用水和820多头大牲畜的饮水问题。

1998～2012年，市民族局每年组织人员深入乡镇街道对申报项目进行考察、论证，选择一批见效快、辐射面广的项目向上申报，争取项目资金，15年间，累计获批和实施开发项目387个，争取到位少数民族发展资金2511.8万元。其中：基础设施建设项目166个，投入资金977.8万元；国民经济开发项目167个，投入资金1124万元；社会事业项目54个，投入资金409万元。

1998～2011年，各年争取到位的少数民族发展资金分别为：1998年，落实14个项目，安排资金99.8万元。1999年,落实13个项目,安排资金77万元。2000年,落实16个项目,安排资金120万元。1999～2000年,投入15万元,为白岩乡杨柳村修通7千米的村公路;2001年,又投入11万元,修通长8千米、宽5米的村公路。

2001年,落实12个项目,安排资金132万元。2002年,落实13个项目,安排资金141万元。2003年,落实12个项目,安排资金110万元。2004年,落实23个项目,安排资金132万元。2005年,落实18个项目,安排资金169万元。2001～2005年,共向上级争取到位少数民族发展资金684万元,实施项目78个。其中:基础设施建设项目26个,投入资金179万元,新修公路15条、75千米。维修公路12条、51千米,整修村道38千米。人饮水工程23处,架水管35千米,修水池32个,解决4200多人的饮用水问题,改造农网2千米;建沼气池300口,3500多人受益;农业产业开发项目33个,投入资金324万元,开发椪柑基地333.33公顷、猕猴桃120公顷、药材33.33公顷、高山反季蔬菜66.67公顷、大棚蔬菜13.33公顷、佐料八角6.67公顷、长线椒33.33公顷、优质水果苗木基地6.8公顷、金秋梨13.33公顷;社会事业建设项目19个,投入资金181万元,新建、维修乡镇卫生院5所,维修中小学15所,建吉首与古丈两市县边区民族团结亭1座。

2006年,落实15个项目,安排民族发展资金110万元。市民族局使用少数民族发展资金4万元扶持河溪镇永固村购置网箱30个、拦网1个,购买鱼苗15000尾,带动周边3个行政村1980人脱贫致富。使用民族发展资金13万元扶持马颈坳镇团结村开发青蒿素13.33公顷,进行椪柑品质改良和低产改高产33.33公顷。使用民族发展资金3万元扶持乾州养殖场实施种禽养殖与孵化一体化项目,给2户种禽饲养户各购置1台人工智能孵化机,每户养殖种禽1000多羽。使用2万元民族发展资金在排绸、排吼、丹青等乡镇举办5期椪柑培管、猕猴桃和青蒿素种植技术培训班,培训2000多人。使用民族发展资金13万元在排吼乡芭颜村、乡中心完小、太平乡干田村和向阳中学修蓄水池10个,铺设水管5000米,解决9500多人的饮水问题。先后使用民族发展资金51万元帮助苗族聚居村排绸乡高寨村、土家族和苗族村社塘坡乡西门口村、苗族聚居的矮寨镇矮寨社区和白岩乡杨柳村修村级公路15千米、硬化村道3千米、架设桥梁1座。

2007年,市民族局向省民委和州民委争取到位少数民族发展资金186万元,实施专项扶贫项目44个。其中:97万元用于维修村级公路17条,总长21千米,修人饮工程1处、蓄水池7个,铺设水管3000米,修防洪堤1000米,维修校舍1所;59万元用于开发椪柑13.33公顷、猕猴桃10公顷、50口网箱养鱼、饲养山羊300余只,举办农业适用技术培训班6期,培训1000余人次;30万元用于开发特色产业。

2008年,市民族局向省民委和州民委争取到位少数民族发展资金223万元,实施专项扶贫项目33个。其中:96万元用于硬化村道8千米、修通村公路5千米、修建人饮工程2处、水池4个、铺设水管6000米、防洪堤3处计450米、水渠2000米;100万元用于实施农业产业化建设项目16个,开发椪柑20公顷、金银花53.33公顷、罗汉果1.33公顷、椪柑品改低改66.67

公顷，饲养生猪2000头、山羊300只、鸡鸭2万羽，安装养鱼网箱100口，举办农业适用技术培训班5期，培训1000余人次；27万元用于实施民族文化产业建设项目4个，扶持金光民族工艺厂开发水冲石砚、土家族聚居村双塘镇双塘村建篮球场1座、搭阳戏台1座，市民族局订制民族服装600套。

2009年，市民族局使用少数民族发展资金240万元实施专项扶贫项目44个，其中20万元以上的2个。

2010年，市民族局争取到位少数民族发展资金250万元。其中：20万元用于民族团结示范点建设，硬化村道2.5千米、维修农田水利设施1处、开发金银花3.33公顷；23万元用于民族特色村寨建设，铺青石板路1.8千米、维修民族古民居3栋、开展民族文化活动2次；1万元用于民族文化联系点建设，举办一年一度的丹青清明歌会；4万元用于修建以苗族为主的白岩乡紫新村人畜饮水工程建设项目。

2011年，市民族局争取到位少数民族发展资金195万元。其中：49万元用于马颈坳镇团结村、苗族和土家族杂居的白岩乡毛坪村、土家族聚居村河溪镇新建村、苗族聚居村社塘坡乡三岔坪村和土家族与苗族杂居的西门口村、土家族、苗族和汉族杂居的寨阳乡马坳村、苗族聚居的丹青镇章武村、土家族、苗族和汉族杂居的乾州街道接丰社区和兔岩村、苗族聚居的排绸乡香花村、土家族聚居的太平乡太平村等村级公路建设；109万元用于发展种植业和养殖业，包括苗族、土家族和汉族杂居的马颈坳镇隘口村黄金茶种植和溪马社区农业产业化开发、苗族聚居的己略乡龙舞村良种猪养殖场、吉首市亿利德中药材种植等项目开发；9万元用于苗族、土家族聚居的峒河街道望江坳村、土家族聚居的乾州街道吉庄村、苗族聚居的排绸乡香花村的人畜饮水工程；9万元用于农业适用技术培训。

2012年，开展少数民族发展资金项目考察月活动，市民族局组织人员先后深入民族团结示范点、民族文化联系点、建整扶贫点、民族特色村寨和民族工艺品扶持点调查研究，摸清扶持项目，明确扶持重点，落实农村种养专业合作社、特种养殖专业户、库区水产品养殖、红土片林果业（椪柑）开发等48个申报项目，争取到位少数民族发展资金327万元。其中：实施基础设施项目15个，资金86万元；经济建设项目32个，资金232万元；社会事业建设项目1个，9万元。

1998～2012年吉首市少数民族发展资金投放情况

表4—3—2—2　　单位：个、万元

年份	资金投放总额	实施项目数	基础设施建设		经济建设		社会事业建设	
			金额	项目数	金额	项目数	金额	项目数
合计	2511.8	387	977.8	166	1124	167	409	54
1998	99.8	14	58.8	7	26	4	15	3

续表 4—3—2—2

年份	资金投放总额	实施项目数	基础设施建设		经济建设		社会事业建设	
			金额	项目数	金额	项目数	金额	项目数
1999	77	13	45	6	22	5	10	2
2000	120	16	75	10	35	4	10	2
2001	132	12	65	4	54	3	13	5
2002	141	13	18	4	121	8	2	1
2003	110	12	23	5	52	4	35	3
2004	132	23	57	8	59	11	16	4
2005	169	18	16	5	38	7	115	6
2006	110	15	56	9	47	5	7	1
2007	186	44	95	21	61	17	30	6
2008	223	33	96	13	100	16	27	4
2009	240	43	112	20	91	19	37	4
2010	250	46	98	19	78	16	74	11
2011	195	37	77	20	109	16	9	1
2012	327	48	86	15	232	32	9	1

2001年吉首市少数民族发展资金项目实施情况

表 4—3—2—3　　单位:万元

受援单位	项目执行单位	安排资金	实施工程量	受益面	说明
合计		132			
双塘镇联盟村	双塘镇联盟村	5	建校舍 170 平方米	师生 200 人	村小学
己略乡简台村	己略乡简台村	2	建校舍 120 平方米	师生 200 人	村小学
乾州一小和二小	乾州一小和二小	2	校舍维修	师生 200 人受益	
鸦溪村	市民族研究所	2	道路硬化 500 米、架设水管 1000 米	300 人受益	
排吼乡颜家村	排吼乡颜家村	1	修公路 1 千米(公里)	300 人受益	
排吼乡排杉村	排吼乡排杉村	1	修公路 1 千米(公里)	300 人受益	
寨阳乡勤丰村	寨阳乡勤丰村	2	修公路 3 千米(公里)	500 人受益	
太平乡卫生院	太平乡卫生院	2	维修	2000 人受益	

续表 4—3—2—3

受援单位	项目执行单位	安排资金	实施工程量	受益面	说 明
市民族实验小学	市民族实验小学	2	校舍维修	150 名学生受益	
集贸市场	万溶江乡	50	市场建设		
矮寨镇阳孟村	市公安局	3	金秋梨开发 3.33 公顷		
市园艺科技示范基地	市园艺科技示范基地	49		40 个村 9600 户	
排绸乡标锦村	排绸乡标锦村	11	修公路 8 千米(公里)	650 人	

2002 年吉首市少数民族发展资金项目实施情况

表 4—3—2—4　　单位:万元

项目执行单位	开发项目	数　量	资　金
合计	13	7.5 千米	141
白岩乡	苗木培育管理		3
黔中郡公司	蔬菜基地建设		50
社塘坡乡十八弯村	反季节蔬菜建设		3
双塘镇	苎麻基地建设		4
万溶江乡	优质水果科技示范基地建设		49
排绸乡标锦村	修公路	7.5 千米	11
双塘镇联盟村	椪柑、药材等苗木培育		5
马颈坳镇团结村	蔬菜基地建设		5
排吼乡颜家村	修公路		3
吉首乡杨家坪	农电网改造		2
寨阳乡树耳村	修公路		2
丹青镇	椪柑开发		2
排绸乡光坪村	小学校舍维修		2

2003 **年吉首市少数民族发展资金项目实施情况**

表 4—3—2—5　　　　单位:万元、个、人

项目执行单位	项目名称	自筹资金	财政投资	项目效益	
				覆盖村	覆盖人口
合计		86	110	47	22729
万溶江乡吉庄等3村	猕猴桃示范基地建设20公顷	56	34	3	4780
马颈坳镇中心卫生院	医院建设	30	30	32	5000
排绸乡标锦村	人饮工程		11	1	845
双塘镇富强村	蔬菜开发		5	1	540
马颈坳镇团结村	种植水果烟叶建民族团结亭		7	1	6774
丹青、排吼片	猕猴桃开发33.33公顷		6	6	3450
德夯小学、寨阳中学	校舍维修		3	1	340
吉首乡砂子坳村	修路		3		
马颈坳镇林农村	修路3千米、人饮水池2个		5	1	600
吉首市人民医院	医院远程医疗		2		
排吼乡排杉村	人饮工程水管5000米		2	1	400
吉首乡坪山坡村	修路1千米		2		

2004 **年吉首市少数民族发展资金项目实施情况**

表 4—3—2—6　　　　单位:万元、个、人

项目执行单位	项目名称	财政资金	项目效益	
			覆盖村	覆盖人口
合计	23	132	1	1793
矮寨镇小兴村	桥梁建设	5		
吉首乡振武营村	种草养牛	5		674
吉首乡鸦溪村	道路维修	3		
双塘镇富强村	蔬菜、水果种植	5	1	540
马颈坳镇、白岩乡新春村、丹青片	农业综合开发	3		729
吉首市民族中学	维修校舍	1		
白岩乡	修公路	3		
吉首乡坪山坡村	学校建设	2		
马颈坳镇	苗木基地建设	4		
排绸乡白云、光坪、香花等村	修道路	4		

续表 4—3—2—6

项目执行单位	项 目 名 称	财政资金	项目效益	
			覆盖村	覆盖人口
万溶江乡双河、兴隆、狮子等村	修道路	23		
排绸乡标锦村	干鲜果开发	15		
排吼乡颜家村	养殖业	4		
矮寨镇小河片	修公路	10		
双塘镇	修村公路	5		
社塘坡乡三岔坪村	农业推广技术培训	4		
寨阳乡树耳村	猕猴桃基地建设	4		
丹青镇巴夭村	修公路	2		
双塘镇联盟村	苗木基地建设	3		
万溶江乡小溪桥中学	学校建设	12		
吉首乡鸦溪特殊学校	学校建设	1		
社塘坡乡	农业综合开发	10		
马颈坳镇	农业科技推广	2		

2005年吉首市少数民族发展资金项目实施情况

表 4—3—2—7　　　　单位：万元、个、人

项目执行单位	项目名称	建设类型	投资额				项目效益	
				省财政	自筹	其他	覆盖村	覆盖人口
合计			278	114	126	38	77	119892
马颈坳镇	修渠道	维修	10	7	3		1	2547
排吼乡颜家村	发展养殖业	扩建	4	4			1	579
武陵源野生动物繁育开发公司	发展养殖业	续建	10	10				
市民族研究所、吉首、万溶江、己略、排吼、矮寨、丹青五乡镇	民族文化设施建设	扩建	27	27				
市民族中学	体育设施建设	扩建	1	1				
市民族研究所、吉首、寨阳、万溶江、矮寨四乡镇	开发文化产业	新建	59	9	50			
市五小学	学校建设	新建	20	5	15		8	1500
太平乡	人饮工程	新建	8	5	3		1	1500
河溪镇永固村	发展养殖业	新建	33	3	30		3	1980

续表 4—3—2—7

项目执行单位	项目名称	建设类型	投资额	省财政	自筹	其他	项目效益 覆盖村	覆盖人口
社塘坡乡	农业综合开发	新建	8	8			3	2178
太平、己略、丹青、排绸四个乡	林果业开发	新建	8	8			7	1800
马颈坳、矮寨卫生院	卫生院建设	扩建	25	5	20		40	100000
双塘镇富强村	农业综合开发	扩建	5	5			1	780
河溪镇、寨阳乡	修桥梁和村道	新建	47	4	38		2	2028
白岩乡	卫生院建设	新建	3	3			8	4200
排绸乡高寨村	人饮工程	扩建	2	2			1	800
白岩乡杨柳村	修公路	扩建	8	8			1	

2006年吉首市少数民族发展资金项目实施情况

表 4—3—2—8　　单位:万元

项目执行单位	项目名称	数量	资金
合计	15		110
排吼乡芭颜村、七星村	农业综合开发、饮水工程	开发椪柑 66.67 公顷、猕猴桃 20 公顷,建 5000 人饮水工程	14
河溪镇永固村	网箱养鱼	建网箱 30 个、拦网 1 个	4
马颈坳镇团结村	青蒿素生产、椪柑品改	种青蒿素 13.33 公顷,椪柑品改 33.33 公顷	13
乾州养殖场	种禽养殖与孵化一体化建设		3
丹青等乡镇	培训椪柑猕猴桃青蒿素技术员		2
排吼乡芭颜村、中心完小太平乡干田村、向阳中学	水利和饮水工程建设	铺设管道 5000 米	13
排绸乡高寨村、社塘坡乡西门口村、矮寨镇矮寨社区、白岩乡杨柳村	修村级公路、硬化道路,修桥梁 1 座、篮球场 1 个	修村级公路 15 千米(公里),硬化道路 3 千米(公里)	51
吉首、万溶江、矮寨等乡镇	民族民间文化保护		7

2007年吉首市少数民族发展资金项目实施情况

表4—3—2—9　　单位:万元

序号	项目名称	项目地点	项目建设内容	上级安排资金	拨款金额
	合计			186	182
1	基础设施	双塘镇夯家溪	人饮工程	12	12
2	基础设施	己略乡夯坨村	村道硬化	5	5
3	基础设施	矮寨镇平年村	道路建设	2	2
4	基础设施	社塘坡乡西门口村	新农村道路建设	10	10
5	基础设施	河溪镇永固村	修路	2	
6	基础设施	太平乡青树村	修路	10	10
7	基础设施	社塘坡乡齐心村	修路	5	5
8	基础设施	排吼乡	修路	4	4
9	基础设施	排吼乡茶群村	修路	4	4
10	基础设施	丹青镇	修路	2	2
11	基础设施	丹青镇清明社区	修路	1	1
12	基础设施	排绸乡河坪村	修路	4	4
13	基础设施	白岩乡	修路	5	5
14	基础设施	白岩乡紫新村	修路	2	2
15	基础设施	寨阳乡矮板村	修路	2	2
16	特色产业	市民族研究所	民族特色产业开发	5	5
17	基础设施	寨阳乡马坳、曙光、寨阳村	修路	3	3
18	基础设施	马劲坳镇	新农村道路建设	7	7
19	基础设施	马劲坳镇团结村	村道硬化	5	5
20	种植业	排吼乡把金村	种植业	5	5
21	养殖业	河溪镇特种水产养殖	养殖业	4	4
22	养殖业	河溪镇茶叶溪养殖场	养殖业	3	3
23	人员培训	丹青镇	农业适用技术员培训	1	1
24	养殖业	己略乡龙舞村夯坨村	养殖业	1	1
25	养殖业	河溪镇	养殖业	2	2
26	农业产业化	白岩乡	农业综合开发	5	5
27	养殖业	社塘坡乡强虎村	养殖业	2	2
28	养殖业	排吼乡芭颜村	养殖业	5	5
29	种植业	排吼乡排杉村	种植业	4	4
30	人员培训	河溪镇	农业适用技术员培训	1	1
31	农业产业化	排吼乡	农业产业开发	4	4

续表 4—3—2—9

序号	项目名称	项目地点	项目建设内容	上级安排资金	拨款金额
32	种植业	马颈坳镇阳田村、榔木村	种植业	4	4
33	基础设施	矮寨镇平年村	道路建设	2	2
34	特色产业	矮寨镇金光工艺厂	民族手工艺品开发	6	4
35	特色产业	己略乡、双塘镇	民族特色旅游产业开发	5	5
36	特色产业	市个私协、马颈坳镇	民族特色旅游产业开发	6	5
37	特色产业	寨阳乡	民族特色旅游产业开发	5	5
38	特色产业	马颈坳镇	民族特色旅游产业开发	2	2
39	基础设施	寨阳乡栗溪村	卫生、道路基础设施建设	6	6
40	种植业	马颈坳镇榔木村农科示范场	种植业	10	10
41	村道硬化	乾州街道小溪桥社区	村道硬化	4	4
42	种植业	丹青镇狗咬村	山地开发	3	3
43	养殖业	河溪镇	网箱养鱼	5	5
44	学校建设	太平乡希望小学	学校建设	2	2

2008年吉首市少数民族发展资金项目实施情况

表 4—3—2—10　　单位：万元、人

项目执行单位	项目名称	建设类型	中央财政投资	项目效益	
				覆盖村数	覆盖人口
合计			223	84	87160
社塘坡乡西门口村、齐心村	基础设施建设	续建	20	2	3145
双塘镇	基础设施建设	续建	20	7	8134
马颈坳镇团结村	基础设施建设	续建	10	3	5921
矮寨镇坪年村、联团村	修乡村道路	新建	7	2	1876
河溪镇、永固村	修乡村道路	新建	7	3	2174
排吼乡	农业综合开发	扩建	23		2147
太平乡	修乡村道路	续建	8	8	7191
太平乡深坳村	建人畜饮水工程	新建	4	4	3129
寨阳乡勤丰村、马坳村、寨阳村	修乡村道路	续建	3	3	1876
排绸乡锦坪村	修乡村道路	新建	5	2	1678
丹青镇大坪村	修乡村道路	续建	6	3	2145
镇溪街道鸦溪社区	修乡村道路	续建	5		

续表 4—3—2—10

项目执行单位	项 目 名 称	建设类型	中央财政投资	项目效益	
				覆盖村数	覆盖人口
己略乡己略村	修乡村道路	续建	3	3	3129
己略乡龙舞养殖场	发展养殖业	续建	3	5	4523
河溪镇	种植业	新建	5	6	5128
金叶绿色公司	农业产业化开发	续建	3	7	8218
白岩乡毛坪村	种植业开发	续建	5	2	1678
河溪镇铁岩村、永固村	网箱养鱼	续建	4	4	3892
乾州街道双河社区、云丰社区、吉庄社区	种养业开发	续建	7	5	7215
寨阳乡寨阳村	养殖业开发	新建	3	2	1980
吉首市民族局	农业适用技术员培训	续建	5		1241
马颈坳镇阳田村	种植业开发	续建	3	3	3781
金光工艺厂	民族手工艺品开发	续建	4	3	2178
矮寨镇、丹青镇、湘西美术学校	民族特色产品开发	续建	7	7	4781
万溶江金光民族工艺美术厂	民族手工艺品开发	新建	5		
社塘坡乡强虎村种养业开发基地	种养业开发	新建	10		
马颈坳镇榔木村农业科技示范场	种养业开发	新建	10		
太平乡新华村	种植业	新建	3		
市珍稀林木果树研究所苗木基地	苗木基地建设	扩建	3		
寨阳乡栗溪村	种植业	灾后恢复	3		
寨阳乡回光村至栗溪村公路	修乡村道路	扩建	4		
寨阳乡排乃村、新溪村	基础设施建设	灾后恢复	5		
金凤凰农业生物科技有限公司	渔场鱼苗优质品种改良	改建	10		

2009 年吉首市少数民族发展资金项目实施情况

表 4—3—2—11　　　　单位：万元、公顷

项目执行单位	开发项目	数量	资金
合计	43		240
神秘湘西原香醋材料基地	原香醋材料面积	20	10
社塘坡乡西门口村	农村基础设施续建		15
己略乡、峒河街道营庄社区	道路续建		5
河溪镇永固村、中岩村	道路续建		7

续表 4—3—2—11

项目执行单位	开发项目	数量	资金
排吼乡茶群村	人饮工程		4
太平乡太平、司马、金山等村	新修公路		13
镇溪街道坪山坡村	新修公路		3
矮寨镇矮寨社区、马颈坳镇阳田村	新修公路		5
排绸乡、丹青镇大坪村	续建道路		6
社塘坡乡关喉村	新修公路		3
马颈坳镇、湘西州边城醋业公司、吉首市名优果树科研示范基地	新建种植业基地		20
白岩乡紫新村	新建种植业基地		4
白岩乡杨柳村、排绸乡白云村	新建种植业基地		4
吉首市绿原农业有限责任公司	新建种植业基地		3
排吼乡茶群村	新建养殖业基地		3
寨阳乡寨阳村	新建种植业基地		3
马颈坳镇新湾村	新建种植业基地		4
排吼乡芭颜村	新建养殖业基地		4
太平乡干田村、排绸乡锦坪村	新建养殖业基地		4
寨阳乡寨阳村	新建养殖业基地		5
河溪镇永固村	新建养殖业基地		3
乾州街道漩潭社区、吉庄社区、社塘坡乡西门口村	新建养殖业基地		4
河溪镇、峒河街道振武营社区	新建养殖业基地		3
乾州街道古城社区	新建养殖业基地		3
己略乡政府、社塘坡乡三岔坪村	新建种养业基地		3
吉首市金叶绿色产业开发公司、吉首市民族局	农业技术员培训		7
丹青镇、矮寨镇中黄村、双塘镇	民族特色村建设		20
矮寨中学、湘西美术学校、金光工艺厂	民族文化产业开发		7
矮寨镇、寨阳乡	民族特色旅游产业开发		5
吉首市民族局	民族特色旅游产业开发		5
丹青镇鲫鱼村	新修道路		3
矮寨镇金叶村	新修道路		5
排吼乡政府	建人饮工程基地		3
社塘坡乡强虎村	新建养殖业基地		8
寨阳乡	新建养殖业		3
市珍稀林木果树研究所	良种油茶繁育		3

续表 4—3—2—11

项目执行单位	开发项目	数量	资金
社塘坡乡	新建乡村公路		5
双塘镇大兴村	新建乡村公路		5
矮寨镇	灾后恢复基础设施		5
寨阳乡寨阳村、矮板村	新建村道、人饮工程		5
己略乡	新建乡村公路		5
矮寨休闲观光农业示范园	扩建基础设施		5
河溪镇中岩村	新建基础设施		5
双塘水库	整修水库		5

2010年吉首市少数民族发展资金项目实施情况

表 4—3—2—12　　　　单位:万元

类别	项目名称	实施地点	特困村投资及其他资金	是否按规定的用途使用	实施效果群众评价
总计			230		
一、基础设施类	小计		106	是	好
	基础设施建设	白岩乡、太平乡	20	是	好
	人畜饮水工程	排吼乡	3	是	好
	人畜饮水工程	排吼乡排杉村	3	是	好
	道路建设	乾州街道接丰和兔岩两社区	3	是	好
	乡村道路建设	矮寨镇金叶村	10	是	好
	乡村道路建设	马颈坳镇团结村	5	是	好
	乡村道路建设	排绸乡广群村	5	是	好
	山塘维修	马颈坳镇榔木村	4	是	好
	乡村道路建设	排绸乡高寨村	3	是	好
	乡村道路建设	峒河街道小溪村	3	是	好
	乡村道路建设	社塘坡乡关喉村、强虎村	6	是	好
	乡村道路建设	乾州街道兔岩社区	5	是	好
	乡村道路建设	马颈坳镇隘口村	3	是	好
	人畜饮水工程	太平乡夯古村	3	是	好
	乡村道路建设	峒河街道望江坳村	3	是	好

续表 4—3—2—12

类　别	项目名称	实施地点	特困村投资及其他资金	是否按规定的用途使用	实施效果群众评价
一、基础设施类	乡村道路建设	乾州街道古城社区	5	是	好
	乡村道路建设	矮寨镇金叶村	5	是	好
	农田水利建设	马颈坳镇竹科组	5	是	好
	乡村道路建设	己略乡	8	是	好
	乡村道路建设	寨阳乡排乃村	4	是	好
二、种植业和养殖业类	小计		78		
	种植业	市金叶绿色产业公司	5	是	好
	养殖业	寨阳乡湘阳养殖场	5	是	好
	种植业	马颈坳镇团结村	3	是	好
	养殖业	河溪镇永固村	5	是	好
	养殖业	河溪镇河溪社区	3	是	好
	养殖业	峒河街道振武营蛋鸡养殖基地	3	是	好
	养殖业	如意养殖场	5	是	好
	种植业	州缤纷花木有限公司	5	是	好
	养殖业	排绸乡槐花村	5	是	好
	种植业	丹青镇吉于村	3	是	好
	种植业	马颈坳镇米坡村	3	是	好
	种植业	镇溪街道	3	是	好
	养殖业	市金凤凰有限公司	5	是	好
	小龙虾养殖	市金凤凰渔业专业合作社	5	是	好
	中药材基地建设	白岩乡亿利中药材专业合作社	5	是	好
	大棚水果蔬菜基地建设	社塘坡乡西门口村	15	是	好
三、其他	小计		46		
	特色旅游产品开发	巫傩面具坊、燕飞	7	是	好
	旅游产业开发	市民族局	5	是	好
	民族体育基地建设	市民族中学	8	是	好
	旅游产业开发	万溶江金光工艺厂	6	是	好
	民族文化产业开发	矮寨镇矮寨中学	5	是	好
	民族手工艺品开发	元亨民族工艺厂	3	是	好
	民族手工艺品开发	万溶江金光工艺厂	3	是	好
	民族手工艺品开发	金毕果服饰研制中心	4	是	好
	旅游产业开发	市民族局	5	是	好

2011年吉首市少数民族发展资金项目实施情况

表 4—3—2—13　　　　单位：万元

项目类别	项目名称	实施地点	投资金额	是否按规定的用途使用	实施效果群众评价
合计			195		
一、基础设施类	小计		77		
	新农村建设	排吼乡茶群村	5	是	好
	修路	马颈坳镇团结村	5	是	好
	修路	白岩乡毛坪村	5	是	好
	修路	河溪镇新建村、社塘坡乡三岔坪村	4	是	好
	修通村公路	太平乡	3	是	好
	修通村公路	排绸乡	3	是	好
	修路	社塘坡乡西门口村	3	是	好
	修路	己略乡	3	是	好
	修路	寨阳乡马坳村	6	是	好
	饮水工程	峒河街道望江坳村	3	是	好
	维修公路	丹青镇章武村	3	是	好
	民族文化基础设施建设	市民族研究所等单位	5	是	好
	道路硬化	德兴农庄	3	是	好
	人饮工程	乾州街道吉庄村	3		未实施
	道路硬化	乾州街道兔岩社区	5	是	好
	人饮工程	排绸乡香花村	3	是	好
	硬化道路	乾州街道接丰社区	3	是	好
	硬化道路	吉凤街道湾溪小学	3	是	好
	基础设施建设	河溪镇河溪社区	3	是	好
	民族文化基础设施建设	河溪镇、马颈坳镇	6	是	好

2011年吉首市少数民族发展资金项目实施情况

续表 4—3—2—13　　　　单位：万元

项目	项目名称	实施地点	投资金额	是否按规定的用途使用	实施效果群众评价
二、生产发展类	小计		109		
	种植业	马颈坳镇隘口茶叶专业合作社马颈坳镇团结村	5	是	好
	养殖业	鑫程禽业有限公司 市兴民种用畜禽公司	4	是	好
	养殖业	龙舞良种猪养殖场 吉庄良种猪扩繁场	4	是	好
	农业产业化开发	市金叶开发公司	20	是	好
	种植业开发	丹青镇鲫鱼村	10	是	好
	养殖业开发	河溪镇河溪社区	7	是	好
	养殖业开发	排绸乡河坪村、如意养殖场	4	是	好
	手工艺品开发	古城公司、乾州街道古城社区	13	是	好
	旅游产业开发	德夯公司	8	是	好
	蔬菜基地建设	峒河振武营村	3	是	好
	手工艺品开发	州毕果公司	5	是	好
	木雕油漆工艺改造	州元亨公司	5	是	好
	旅游产业开发	湘西卡普卡民族工艺	5	是	好
	中药材种植	吉首市亿利德中药	8	是	好
	黄金茶产业开发	马颈坳镇	4	是	好
	椪柑品种改良	峒河街道	4	是	好
三、科技推广类	农业适用技术员培训		9	是	好

2012年吉首市少数民族发展资金项目实施情况

表4—3—2—14 单位:万元

序号	项目名称	项目实施地点	项目建设内容	上级安排资金	上级拨款金额
	合计			327	313
1	特色产业	马劲坳镇团结村	基础设施建设	5	5
2	特色产业	矮寨镇中黄村	民族特色村寨建设	90	70
3	特色产业	市民族研究所	民族特色村寨建设	5	5
4	乡村道路	太平乡金山村、双塘镇周家寨社区	农村道路建设	4	双塘2、太平2
5	乡村道路	社塘坡乡三岔坪村、丹青镇章武等村	农村道路建设	4	丹青2、社塘坡2
6	乡村道路	乾州街道小溪桥、云峰等社区	农村道路建设	4	小溪桥2、云峰2
7	乡村道路	寨阳乡马坳村、峒河街道望江坳等村	道路建设	6	峒河3、马坳3
8	养殖业	马颈坳镇原生态养殖场	养殖业开发	5	5
9	养殖业	太平乡深坳村竹鼠特种养殖示范场、吉首市深坳天然养殖场	养殖业开发	6	太平3、深坳3
10	养殖业	明鑫湘西黑猪养殖基地	养殖业开发	3	3
11	养殖业	排吼乡茶群村	养殖业开发	2	2
12	养殖业	河溪镇河溪社区	养殖业开发	4	4
13	养殖业	鑫程禽业有限公司	养殖业开发	3	3
14	养殖业	吉翔民生特色肉类开发公司、吉庄良种猪繁殖场	养殖业开发	4	吉庄2
15	种植业	寨阳乡寨阳村、排绸乡锦坪村	种植业开发	3	3
16	种植业	马颈坳镇隘口茶叶专业合作社	种植业开发	4	4
17	种植业	白岩乡人民政府	种植业开发	5	5
18	种植业	丹青镇四季金银花专业合作社、马劲坳镇阳田村	种植业开发	4	丹青2、阳田2
19	种植业	市金叶绿色有限公司	种植业开发	6	6
20	种植业	丹青镇鲫鱼村	种植业开发	10	10
21	人员培训	市民族局、市农业局	农业科技人员培训	4	种子站2、农检站2
22	手工业	万溶江针绣专业合作社	民族工艺品开发	10	10
23	手工业	乾州古城旅游开发公司	民族旅游商品开发	5	5
24	基础设施	双塘镇联合村	房屋维修	3	3
25	养殖业	河溪镇永固村	网箱养鱼	3	3

2012年吉首市少数民族发展资金项目实施情况

续表4—3—2—14　　　　单位:万元

序号	项目名称	项目地点	项目建设内容	上级安排资金	上级拨款金额
26	乡村道路	吉凤街道捧捧坳村	道路建设	5	5
27	手工业	万溶江金光民族工艺厂	水冲石砚开发	4	4
28	人畜饮水	峒河街道樟木溪村	五组人饮工程	3	3
29	手工业	毕果服饰研制中心	民族服饰新产品开发	7	7
30	人畜饮水	丹青镇章武村	啊卜冲组人饮工程	3	
31	乡村道路	排绸乡河坪村	平板桥修建	3	
32	养殖业	椰木水产养殖场	水产养殖	4	4
33	乡村道路	乾州街道兔岩社区	道路硬化	5	5
34	乡村道路	乾州街道古城社区	道路建设	10	10
35	养殖业	马劲坳镇椰木村农业科技示范场	养殖业	5	5
36	乡村道路	排吼乡芭颜村	道路维修	5	5
37	基础设施	市德兴农庄	基础设施建设	5	5
38	特色产业	丹青镇鲫鱼村	民族特色村寨建设	8	8
39	乡村道路	矮寨镇中黄村	公路建设	5	
40	乡村道路	己略乡求产村	道路建设	5	5
41	乡村道路	己略乡联林村	公路建设	8	8
42	养殖业	太平乡金山村优质甲鱼养殖基地	养殖基地扩建	5	5
43	手工业	毕果民族服饰研制中心	服饰品开发	5	5
44	种植业	亿利德中药材种植专业合作社种植基地	药材种植基地建设	4	4
45	种植业	白岩乡茶叶基地	茶叶基地建设	5	5
46	种植业	峒河街道上老村	蔬菜基地建设	4	4
47	种植业	太平乡干亩优质薄壳核桃基地	核桃基地建设	5	5
48	项目管理	市民族局	项目管理	9	
49	基础设施	白岩乡毛坪村	安全饮水工程	3	3

第三节　专项扶贫

1982～1984年，省民族事务委员会（以下简称“省民委”）先后投入27000元、6万元和12万元，扶持边远贫困苗族聚居乡排吼乡发展畜牧业。全乡有232户家畜饲养户共购买耕牛403头（公牛22头）、山羊300只和冷配设备。其中养牛8头的1户、6头的1户、4～5头的15户、2头的179户、1头的36户。3年间，全乡发展耕牛104头。1982年年末，存栏牛876头；1983年年末，存栏牛1057头；1984年年末，存栏牛1001头。牛多肥料多，减少化肥的用量，既改良土壤，又降低生产成本，实现增产增收。每年全乡化肥用量由1981年的300吨左右减至160吨左右，家肥用量由1981年的25000吨增至85000吨。1982年，全乡粮食总产量1960吨，产值66万元，其中畜牧业收入12.07万元。1984年，粮食总产量2004吨，产值103.9万元，其中畜牧业收入18万元。1985～1988年，省民委又给该乡投入23.2万元专项扶贫资金，用于扶持养牛。1988年，全乡耕牛饲养量发展到2064头，户均由0.6头增至1.06头。1987年和1988年共售牛509头，收入22.9万元，养牛户户均160元。

1986年，省民委和州民委给边远贫困的排绸、排吼、丹青3个苗族聚居乡和土家族聚居乡太平乡226户苗族和土家族贫困户投放扶贫资金10万元，资助这些农户购买耕牛109头、山羊180只、长毛兔1507只，使他们增加收入。

1988年，市民委在太平乡干田村办养马桑蚕试点，养蚕21盒，20天出茧，养蚕户户均收入31元。1989年，扶持丹青、排绸、太平、河溪、白岩等乡镇161户苗族和土家族贫困户养蚕485盒，收茧674千克、茧皮174千克，收入4815元，户均30元。

1991年，市民委扶持万溶江乡兴隆村苗族村民石长发养奶牛5头，年收入11000元，全家人均2200元。1996年，扶持己略乡定植优质猕猴桃面积33.33公顷。筹资700多万元修建6000平方米的吉首市椪柑批发大厦，为市区及周边椪柑产区提供销售场所。

1999年冬至2000年春，市民委扶持马颈坳镇团结村整修水渠3000米，建排灌机房1座，添置15千瓦电动机1台，架设高压线路800米、水管200米，使30公顷干旱田变成旱涝保收田，2000年，全村增产稻谷18吨。扶持寨阳乡勤丰村修通3.5千米的省级通村公路。投入15万元扶贫资金，资助边远贫困苗族聚居村白岩乡杨柳村修建7.8千米的通村公路。

2001年，市民族局负责人五下白岩乡园艺场调查，组织技术人员对改造该场进行可行性论证。在此基础上，使用民委财政扶贫资金30万元扶持乡政府将以种柑橘为主的15公顷乡园艺场改造成药材和苗木场。投入5万元扶贫资金资助排吼乡排杉村修通闭路电视和完善村小附属设施。投入11万元扶贫资金帮助边远苗族特困村排绸乡标锦村修一条长8千米、宽5米的通村公路。

2002年，市民族局使用财政扶贫资金100多万元实施林果业开发和基础设施建设项目14个，6万多少数民族贫困人口直接受益。2003年，使用财政扶贫资金110万元实施扶贫项目

12个，当年竣工10个。其中40万元扶持万溶江乡和排绸乡建设猕猴桃基地共40公顷；5万元用于扶持土家族聚居村双塘镇富强村开发长线椒33.33公顷，仅此一项全村就增收43万元。2004年，使用财政扶贫资金132万元实施专项扶贫项目23个，当年竣工21个。2005年，使用财政扶贫资金169万元实施民族地区经济社会发展项目14个，其中4万元用于畜牧业，扶持特困户发展生猪；3万元用于扶持土家族聚居村河溪镇永固村购置网箱30个、拦网1个、购买鱼苗15000尾，带动周边3个行政村1980户少数民族贫困户走上致富路；7万元用于苗族、土家族和汉族杂居村马颈坳镇团结村维修团结水库；5万元用于太平乡修建水池3个、铺设引水管道2000米，解决1500人饮用水问题；5万元资助市五小修建1栋2500平方米的教学楼，改善教学条件；5万元用于白岩乡卫生院建设，修建1栋3层共800平方米的综合门诊楼、1栋4层共1000平方米的职工宿舍；27万元用于吉首、万溶江、矮寨等乡镇民族民间文化保护与开发工程、乾州古城民居改造和保护工程、举办中国德夯苗鼓文化节；5万元扶持金光民族工艺雕刻厂雕刻特色民族民间旅游商品水冲石砚。

第四节　万亩椪柑商品基地建设

吉首市位于湘西武陵山脉南麓，国土面积1078.33平方千米，人均水田面积不足0.05公顷，而宜林宜果特别是干鲜果山地人均却有0.57公顷。1985年，农村人均产粮只有320千克，农民人均纯收入仅229元，低于省定贫困标准的有10万人，占农村人口的74.14%，这些贫困人口多数是苗族和土家族。

农村经济滞后除了自然和历史的原因外，农民商品经济意识淡薄，农村产业结构单一，失误在山也是一个重要的原因。随着改革开放的深入发展，市委、市政府肩负扶贫攻坚的重任，总结失误在山的教训，坚持“坚定不移深化改革，促进农村经济全面发展”的方针，从市情出发，充分利用山地资源优势和区位优势并将其转化为经济优势，把调整农村产业结构，进行山地农业综合开发，发展农村商品支柱产业，加快农村脱贫致富步伐作为农村经济工作的主线。

市民委受市委、市政府委托，紧紧把握这根主线，更新观念，转变职能，切实把工作重点转移到为发展民族经济服务上，转移到扶贫开发上，把建设万亩椪柑基地作为扶贫开发的突破口。1985年，组织人员，用3个月的时间对10个乡镇150个村寨进行实地勘察、调查研究和可行性论证，制定《吉首市万亩椪柑基地建设总体规划》(简称《总体规划》)，经市委、市政府审查同意，计划用5年时间，投资500万元，在吉首、万溶江、双塘、寨阳、太平、排绸、排吼、丹青8个乡和马颈坳、河溪2个镇建成万亩椪柑商品基地，椪柑树挂果盛产后年产椪柑9500多吨，基地设48个项目组，有项目户8100多户、36000多人，人均年增收900多元。

1986年，省计委批准将吉首市万亩椪柑商品基地建设项目立项，将《总体规划》纳入全省计划“笼子”，并同意引进世界银行外资转贷资金395万元人民币。1987年，市民委开始实施

《总体规划》，动工兴建万亩椪柑商品基地。至 1997 年年末，开发椪柑 1458.4 公顷，总投资 1020 万元。其中：利用外资 227 万元，定种植椪柑苗木面积 220 公顷；内资 454 万元、定植椪柑苗木面积 819 公顷；项目户自筹 339 万元，定植椪柑苗木面积 419.4 公顷。经多次检查，95%以上椪柑苗木长势良好。1989 年，部分项目农户开始受益。1991 年，2500 多户项目户的 300 公顷椪柑树开始挂果。1989～1997 年，万亩椪柑商品基地累计产椪柑 33980 吨，收入 5430 万元，户均 6704 元，加上橘园套种生姜、花生、马铃薯、辣椒等经济作物收入 374 万元，共 5804 万元，户均 7250 元、人均 1612 元，有 4700 户脱贫、2400 户达到小康水平。万溶江乡大坡龙项目组科技示范户苗族村民吴宏春于 1987 年定植 0.47 公顷 440 株椪柑苗木，1989 年，椪柑树挂果；1990 年，每 0.07 公顷产椪柑 1.7 吨；1991 年，达 2.4 吨，仅椪柑和椪柑园套种经济作物收入就有 14000 多元。在他带动下，48 户项目户定植椪柑苗木面积 11.33 公顷；1991 年，192 名村民人均纯收入过千元，其中椪柑收入 812 元。对基地 1517 户项目户调查显示：1992 年，椪柑收入在 1000 元以内的有 1079 户、1000～3000 元的 380 户、3000～5000 元的 264 户、5000～10000 元的 131 户、1 万元以上的 103 户。马颈坳镇竹寨村是个苗族、土家族和汉族杂居的贫困村。1989 年，全村 256 户、1262 人，人均纯收入不足 300 元，比全市农民人均纯收入少 116 元。在务尔洞项目组 53 户项目户的带动下，全村进行山地开发，至 2001 年，椪柑面积达 150 公顷，椪柑产量 1600 吨，产值 100 多万元，占全村生产总值的 21.28%，人均纯收入 2540 元，比全市农村居民人均纯收入多 673 元。2005 年，全村椪柑面积增至 253 公顷，产量 8000 吨，产值 900 多万元，占全村生产总值的 66%，人均纯收入 3350 元，比全市农村居民人均纯收入多 1039 元，8 个村民小组组组通公路、户户通有线电视，全村有电话机 85 座、手机 150 部，人均住房面积达 23 平方米，与全市农村居民人均住房面积持平，成为全市民族小康示范村。

万亩椪柑商品基地建设对全市椪柑开发和农村椪柑支柱产业的形成起到示范和拉动作用。1989 年，全市椪柑产量只有 657 吨；1991 年，首次过千吨，达 1375 吨；1997 年，首次过万吨，达 11885 吨；2005 年，达 40416 吨，居全州八县市第三位；2010 年，增至 73278 吨；2011 年，79170 吨；2012 年，97820 吨。

第五节　服务体系创办

1988 年下半年，市民委按围绕服务办实体、有偿服务和自负盈亏以及服务第一的原则，创办以为扶贫开发服务为宗旨、独立核算的新型经济联合体——吉首市椪柑开发服务公司（简称“市椪柑公司”），把贫困山村分散的少数民族农户联结起来共同开发万亩椪柑商品基地，既不打乱农村现行的家庭联产承包责任制，又较好地解决“大市场”与“小生产”的矛盾，走出一条发展适度，规模经营、开发支柱产业、发展商品经济的新路子。1991 年 12 月，市民委在吉首乡鸦溪村建成吉首市椪柑科技示范场(简称“市椪柑示范场”)。市椪柑示范场隶属市椪柑公司,占地4公顷,有1栋261平方米的办公和科技楼、3公顷椪柑科技示范地。1992年,市椪柑示范场有资产421万元。1993年,下属经济实体有椪柑示范场、果品供销公司、民族经济开发服务公司、清真馆和小酒吧。市椪柑公司及其所属5个经济实体固定资产由15万元增至960万元,员工由30多人增至55人。整个系统实行二级核算、分灶吃饭、自负盈亏、自主经营、借贷经营、承包经营、目标管理,定编制、定资金、定任务、定效益、定奖罚,直接或间接地为扶贫开发服务,服务工作贯穿于生产、科技指导、科技培训、科技示范、产品销售等环节,形成市、乡镇、村组服务网,产、供、销一条龙和资金、物资、科技配套服务体系,基本上做到家家盈利。1993年,总产值500多万元,纳税10万元。1998年,市椪柑公司更名为湖南吉首椪柑有限责任公司,配董事长1人、副董事长2人,总经理1人、副总经理2人,工作人员7人。

市椪柑公司与万亩椪柑开发基地的项目农户组成农商经济联合体,为基地建设和项目农户实行资金、物质、技术、生产和流通全过程一条龙配套服务。按市委、市政府规定,市椪柑公司所投放的资金、物质可按扶贫开发和为民办实事列支;受益所获利润可按比例提成用于干部职工的福利;可享受免税照顾和低息或贴息贷款照顾,市财政给予一定的经济支持;可直接经营果业开发所需要的化肥、农药、种苗及其配套物资;公司技术人员下乡下场承包项目开发,除享受本单位职工同等待遇外,按合同承包收入依法纳税后全为个人所有。

按可行性论证要求,每亩基地投资700元。市椪柑公司坚持资金跟着项目走,以物化资、以工化资,段段报账,落实到点到户,分户建卡记账,钱物到位,做到资金投稳,管理配套,服务跟紧。1988年冬,国家紧缩银根,暂停发放外资转贷资金,公司便向市财政借用周转金15万元,保证基地建设正常施工,当年冬至下年春,万亩商品椪柑开发基地开沟压绿定植椪柑苗木面积232公顷,椪柑苗木成活率达95.7%。1990年,筹集扶贫资金40万元,用于扶持基地项目农户培管椪柑。

1988~1990年,市椪柑公司技术人员深入到各项目点指导重点示范户104户。采取室内讲课、现场传技、分乡分片、按村按组举办椪柑栽培培训班15期,培训农民技术员1720人次。以椪柑科技示范场为基地,每年除举办短期培训班外,还吸收边远贫困村组项目点知识青年到场免费边学习、边劳动、边操作,每月还发给他们80元生活费。一年一期,学员结业后回原地进行技术指导,推介椪柑园立体开发经验和科技成果,提高椪柑开发效益。1989年,市民委和市椪柑公司组织项目户9批共1304人次实地参观椪柑栽培技术和管理方法,举办4期农民技术员培训班,共培训783人次。1991年,举办4期椪柑栽培和管理技术培训班,共培训农民技术员2500人次。

基地项目农户在整地、开沟、压绿、椪柑苗木定植和培管等生产环节中所需苗木、农药、化肥、枯饼、激素等物资当地买不到或路程远,市椪柑公司向市农行贷款40万元,提前到外地采购并及时将这些物资运送到各项目点,被项目点誉为“雪中送炭”。1989年,为5个项目点运送椪柑苗木27000多株、农药2.5吨、化肥176吨、枯饼400多吨。1990年,给各项目点共运送椪柑苗木 15 万株、农药 20 吨、化肥 80 吨、枯饼 240 吨。1991 年，给各项目点运送尿素 20 吨、磷肥 10 吨、农药 500 千克、枯饼 60 吨。至 1993 年，累计为项目点运送优质椪柑苗木 250 多万株、化肥、农药 5017 吨、枯饼 780 多吨。

1989 年，市椪柑公司帮助项目户销售椪柑 30 多吨。1991 年初，副市长张书华带领市委宣传部、市民委、市扶贫办、市农业局、市民贸二局、市椪柑公司等部门单位促销人员在北京举行有 13 家新闻单位参加的"吉首椪柑"产品新闻发布会，推介"吉首椪柑"，开辟"吉首椪柑"在首都销售市场。1991 年，市民委集资 59 万元于是年 12 月 20 日动工兴建 1606 平方米的椪柑销售中转库。1992 年，中转库工程竣工，投入使用。1993 年，市椪柑公司、市民族经济开发服务公司、市民族供销服务公司集中资金到各项目点收购椪柑；组织 4 个共 14 人的"吉首椪柑"推销组分别到北京、辽宁、贵州、湖北、长沙等省、市开辟椪柑销售市场，直接或间接推销"吉首椪柑"1500 多吨。1996 年，市民委筹资 700 万元，建成 6000 平方米的椪柑批发大厦。是年，市椪柑公司等 3 家公司为项目农户销售椪柑 1200 多吨。1998 年，在东北、河南省郑州市、贵州省贵阳市、湖南省长沙市和株洲市等地建立"吉首椪柑"销售市场，直销椪柑 2600 多吨，间接销售 3200 多吨。此外，项目农户自行入市销售部分椪柑产品。

2005 年，为适应经济发展的需要，市椪柑公司及其所属经济实体先后改制解体。

第六节　"公司＋农户"扶贫开发模式创立

1988 年下半年，市民委和市椪柑公司创立"公司＋农户"农商经济联合体扶贫开发模式，开发万亩椪柑基地。公司同参与基地开发的 8100 多户农户签订椪柑开发合同，合同期为八年。市椪柑公司包基地建设规划、包技术培训和技术指导及咨询、包贷款投放、包苗木化肥农药枯饼等物资供应、包椪柑产品销售；项目农户出土地、出劳力、出农家肥，按规划标准和技术要求保质保量施工并负责果园培管；实行连片开发、分户经营、分户核算、分户受益；从建园第一年起，项目农户每亩每年给市椪柑公司交服务费 3 元；椪柑树挂果受益后，项目农户将 60％的椪柑产品按当年出园价交给市椪柑公司销售，所获纯利公司与农户按 6∶4 分成，项目农户也可自行将椪柑上市销售，按合同偿还贷款；公司除"五包"外，还包产、包赔。超产部分，所在乡镇政府、公司、技术干部、农户按 1∶3∶1∶5 分成；歉产部分，由公司补足。这种模式，职责分明，风险同担，利益均沾，充分调动各方面的积极性，有效地推进万亩椪柑商品基地建设和椪柑支柱产业的形成。1997 年，全市椪柑产量由 1989 年的 657 吨增至 11885 吨，首次过万吨大关。

1997 年、1999 年，市民委主任魏家瑶分别在国家民委召开的全国扶贫模式海南研讨会和"99 广汕生物杯"全国十大"扶贫状元"扶贫贡献奖表彰大会上介绍吉首市"公司＋农户"扶贫开发模式，这种模式被国家民委定为全国十大扶贫模式之一，向全国推介。

第七节　技术扶贫项目联产承包责任制

1989年，针对边远贫困山区苗族和土家族农民商品意识淡薄、缺资金、缺技术、想富不得富反而变成负债户的情况，市民委在马颈坳镇榔木、太平乡干田、排吼乡芭蕉、丹青乡大兴4个行政村实行技术扶贫项目联产承包责任制，由市椪柑公司与125户承包农户签订承包合同。按承包合同，农户出土地、出劳力、出农家肥，负责椪柑苗木的定植和培管；市椪柑公司出资金、出技术、出农药化肥和枯饼，椪柑苗木定植后连包8年，按土质优劣，每0.07公顷（1亩）累计包产1.6～2吨，欠产部分由市椪柑公司补足，超产部分公司与农户按4∶6分成。当年，定植椪柑苗木60250株，总面积14.33公顷。

2001年，4个行政村椪柑总面积1591公顷，村均106公顷；椪柑总产量1300吨、总产值91万元。2003年，榔木村人均纯收入由2001年的2097元增至2291元、干田村由1017元增至1045元、芭蕉村由987元增至1215元、大兴村由1100元增至1130元。

第八节　挂点和联系点扶贫

一、金山村

1990年，结合农村社会主义思想教育活动，市民委挂点扶贫太平乡金山村。金山村位于太平乡西部，与吉首乡（今峒河街道）樟木溪村交界，全村7组8寨，120户、549人，是个土家族聚居贫困村，有水田24公顷、旱地7.33公顷，宜林坡地360公顷，村民坐“金山”却怨“金山”、嫌“金山”。市民委社教扶贫工作组向村民宣传“坐金山爱金山”，组织村民开发食用菌，增加收入2万元；兴办家庭小果园，开沟压绿3.33公顷，定植椪柑苗木9600多株、假植椪柑苗木15000多株。1990年，全村生产总值由上年17万元增至23.5万元，人均产粮由284.7千克增至364千克，人均纯收入由301元增至410元。

1991年，市民委支援该村化肥505吨、枯饼78吨，椪柑苗木11500株，用于扶贫项目开发。营造用材林240公顷，村办林果场和家庭小果园定植椪柑苗木共11500株，总面积21.33公顷；有12户栽培食用菌，其中1户示范户收入2万多元；资助该村铺架自来水管1430米、修蓄水池5个，解决3个组59户331人饮用水和250头大牲畜饮水问题。

二、排杉村

排吼乡排杉村位于排吼乡东北部，与丹青镇鲫鱼村交界，是个苗族聚居村。1996年，全村

202户、902人，水田41.13公顷、旱地20.67公顷，粮食总产量272.7吨，人均产粮229千克，生产总值94.9万元，人均纯收入680元。

1997年，排杉村被州民委列为全州民委系统扶贫联系点，由市民委挂点扶贫。是年，市民委负责人及挂点人员深入该村登门访问，召开各种座谈会，翻山越岭，调查自然环境，掌握村情。与村干部一起研究制定1997年经济社会发展计划和1997～2000年治穷脱贫奔小康规划。按年度计划，市民委投入扶贫资金29.99万元。其中11万元用于36.67公顷椪柑苗木培管、17.5万元用于当年33.33公顷椪柑开发、12000元用于购买马铃薯种、2500元用于购买姜种和饮水工程、400元用于购买种子和化肥，专款专用，进行椪柑产业立体开发。当年，采取"公司＋农户"扶贫模式，定植椪柑苗木面积40公顷；在40公顷椪柑园里套种马铃薯13.33公顷，烤烟1.33公顷，生姜、花生、黄豆、辣椒等矮秆经济作物20公顷。要求村干部当治穷致富带头人。村长梁从来全家5口人，栽培椪柑苗木面积1公顷，种马铃薯0.27公顷，套种矮秆经济作物0.2公顷，养猪2头、鸡10只，纯收入7200元，人均1440元，比上年增加670元。

1999年，市民委累计投入扶贫资金128万元，高标准高质量定植优质椪柑苗木12万株，面积133.33公顷，全村202户有187户种植椪柑苗木面积125.29公顷，户均0.67公顷、人均0.13公顷，其中63户人均0.2公顷、118户人均0.47公顷，19户人均0.67公顷、2户人均1.33公顷。全村收摘椪柑700吨，入市销售500吨，收入50万元，占全村生产总值60%，种椪柑户户均2090元、人均560元。全村人均产粮由上年的267千克增至365千克，收入由386元增至1100元。3年共解决889人的温饱问题，办实事3件，市民委扶贫工作组3次被评为全市先进扶贫工作组，全村实现脱贫。

三、把金村

位于排吼乡西南部，西与太平乡干田村和夯古村、南与泸溪县潭溪镇接壤，地处偏僻，山多田少，自然寨多，且分散。全村总面积902.05公顷，水田51.07公顷、旱地20.67公顷。1999年，全村240户、997人，其中贫困人口620人，占62.19%，为省定贫困村。2001年，被州民委定为全州民委系统扶贫联系点之一，由市民委挂点扶贫。市民委挂点扶贫工作组进村后着重抓椪柑产业开发和基础设施建设，至2001年，开发椪柑20公顷，通程控电话。2002年，退耕还林106.67公顷，人均纯收入742元。2003年，7千米长的村级公路竣工通车，完成电网改造扫尾工程，实施千亩脐橙样板工程开发，人均纯收入895元。

四、颜家村

位于排吼乡西部，总面积626.87公顷，水田24.6公顷、旱地10.07公顷，4个村民小组、4个自然寨。2003年，全村160户、530人，人均纯收入779元，是省定贫困村，由市政府办、市民族局、市房产局、市工商局、市民贸局共同扶贫。

2003年，市扶贫工作组扶持村民开发椪柑26.67公顷、猕猴桃1.33公顷，退耕还林6公顷，对村公路、组蓄水池和水井进行维修，完成电网改造扫尾工程。2004 年，投入扶贫资金 11 万元，对人饮工程进行改造，建沼气池 25 口，人均纯收入 910 元。

2005 年 12 月，调整行政区划，颜家村与芭蕉村合并为芭颜村，335 户、1328 人，人均纯收入 1107 元。

2006 年，该村继续开发椪柑、猕猴桃等产业，进行人饮工程建设，人均纯收入 1296 元。

五、茶群村

2005 年 12 月，由茶坪村和群力村合并而成。距乡政府驻地下百户 5 千米，太排公路穿村而过。2007 年，辖区面积 14.6 平方千米，水田 73.07 公顷、旱地 42.27 公顷。9 个自然寨、10 个村民小组，361 户、1416 人，人均纯收入 1384 元。

2007～2012 年，市政府办、市民族局、市经信局和市药监局挂点扶持茶群村（为市长李卫国建整扶贫联系点），结合开展创先争优和“学一技，联一户，解一难”活动，以基础扶贫、产业扶贫和素质扶贫为重点，2011 年、2012 年共投入 86 万元扶贫资金，完成 37 栋危房改造工程，扶持特困户 39 户，其中 35 户脱贫，2012 年，全村 361 户、1416 人，人均纯收入 1672 元，人均产粮 367 千克。

第九节 “43331”扶贫工程实施

1992 年上半年，市民委按市委、市政府统筹安排和要求，就边远贫困乡椪柑产业开发问题对排吼、排绸、丹青和太平 4 个特贫乡进行调查研究和可行性论证，包规划、包投资、包技术指导、包人员培训、包产品销售，4 个乡乡政府保证做好动员和组织工作、保证落实开发面积、保证落实开发农户、保证工程施工进度、保证工程质量，市政府与市民委、市民委与乡政府、乡政府与村委会、村委会与村民小组、村民小组与农户层层签订承包合同，在 4 个乡实施“43331”扶贫工程，计划用 4 年时间（1993～1996 年），集资 300 万元，扶持 3000 户贫困户每户开发 3 亩（0.2 公顷）以上以优质椪柑为主的干鲜果致富产业，产业受益后，受益户年均增收 1000 元以上。市民委向市委、市政府呈交《吉首市民委“43331”扶贫工程实施方案》（以下简称《工程实施方案》），并分别向市人大常委会、市政协作专题汇报，市人大常委会和市政协派员实地调研，形成调研报告，经讨论认可。1992 年 11 月 23～28 日，将《工程实施方案》提交市人大五届一次会议讨论，获得通过。市政府将实施这项扶贫工程列入当年必办的 13 件实事之一，委托市民委牵头，责成市计委、市农办、市财政局、市农业局、市林业局、市扶贫办等相关部门协同筹资，配合组织实施。是年 12 月，市委、市政府在排吼乡政府驻地芭蕉村召开有市委、市人大常委会、市政府和市政协，4 个乡党委和乡政府，市直相关部门、相关村党支部和村委会主要负责人、村民代表共 300 多人参加的“43331”工程实施动员大会。会后，4 个乡党委和乡政府按《工程实施方案》和动员大会精神组织3000多户农户全面实施“43331”工程建设。至1993年年末,农户投工18万多个,开沟192.67公顷,压绿4吨,定植椪柑苗木面积173.33公顷。至1996年年末,4个乡共出动劳力3000多个,开沟193公顷,撩壕24万米,压绿肥4万多吨,定植椪柑苗木105万株,面积1866.67公顷,户均0.63公顷,早期定植的椪柑苗木已挂果。1997年,定植椪柑苗木面积188.67公顷,在春秋两季对原定植的椪柑苗木各进行一次培管,用枯饼360吨、化肥120吨、农药1.75吨,当年产椪柑90多吨,户均30千克。农户称这项工程是“民心工程”。

第十节 特困村建设和小康示范村创建

一、特困村建设

排绸乡标锦村距吉首城区100多千米,北与古丈县河蓬乡相连,东和南与泸溪县良家潭乡接壤,西连本乡黄腊村,总面积603.7公顷,其中水田40.47公顷、旱地12.86公顷,林地48.8公顷,土壤由紫砂页岩发育而成,水资源缺乏,十年九旱八灾。2000年,该村辖4个自然寨、5个村民小组,152户、626人,其中劳动力425人,总产值90.02万元,粮食总产量308吨,人均口粮365千克、人均纯收入965元。

2000年,标锦村被州委、州政府列为全州90个边远少数民族特困村之一,由市民委重点扶持建设。

2001年,市民族局投入48万元扶贫资金,修通7.5千米的村级公路,修建12个蓄水池,铺设2万多米长的自来水管道,全村实现通路、通水、通电、通广播电视、通程控电话。2004年,市民族局投入扶贫资金15万元,扶持该村定植椪柑苗木面积4.93公顷、金秋梨2.33公顷、花椒4公顷、中华冬枣2.33公顷。2005年,全村生产总值97万元,人均口粮380千克、人均纯收入1461元。是年12月,该村与三坪村合并为锦坪村。

2002年,根据中共十六大精神和州民委的统一部署,市民族局组织人员深入马颈坳镇团结村调查研究,采取“公司+农户+协会”的经营模式,开展小康示范村活动。2002～2004年,市民族局和马颈坳镇政府共筹资220万元,资助团结村完成农村电网入户改造,修1座电排,铺设200米长的自来水管道,修复2000多米长的团结水库渠道,新建1栋400平方米的村部楼,实现组组通公路,促进民族团结进步和边区稳定。2005年,全村有果园面积67公顷,种蔬菜13.3公顷、烟叶26.7公顷,累计退耕还林253.3公顷,加工、运输、养殖业协调发展,成为市委、市政府在马颈坳镇实施退耕还林和烟叶生产“两个万亩工程”示范基地。全村2472人,人均纯收入2086元。2012年,开发黄金茶60公顷,人均纯收入2394元。

二、民族小康示范村创建

马颈坳镇合群村

该村南邻吉首城区北郊，北靠镇政府驻地溪马，枝柳铁路和229省道穿村而过。1993年，有6个村民小组、174户、774人，是个苗族、土家族、汉族杂居村。有耕地49公顷，其中水田37公顷、旱地12公顷，人均纯收入不足600元，贫困户99户，占全村户数57%。村党支部和村委会带领村民解放思想，改变"唯粮是农"的传统观念，调整产业结构，以科技为依托，以市场为导向，发挥区位优势和交通优势，开发椪柑产业，发展优质苗木生产。1996年，全村椪柑面积40公顷，成为全镇椪柑和苗木生产重点村，人均纯收入2110元，比全市农民人均纯收入多803元，被市政府定为全市民族小康示范村。村干部和村民抓住这一机遇，把椪柑和苗木产业做强做大。2001年，全村椪柑面积80公顷，产量1100吨，产值100万元；育苗木面积36公顷，产苗木1600万株，产值480万元；两项产值占全村生产总值的70%，人均纯收入2815元，比全市农民人均纯收入多948元，组组通公路、通自来水，90%的农户建砖木结构的住房，在镇信用社存款500万元。经过4年的发展，2005年，全村人均纯收入3233元，比2001年多418元，比全市农民人均纯收入多922元，户户通有线电视，有住宅电话100部、手机160部，人均住房面积24.7平方米。2012年，全村187户、1017人，人均纯收入3906元。

河溪镇马鞍村

位于峒河下游、河溪镇北部，距吉首城区7千米、峒河、319国道和G56高速公路出入口约1000米，东与太平乡司马、英勇、金山三村，西北与峒河街道樟木溪村、望江坳村交界，南与本镇阿挪村毗邻，是个土家族聚居村。1996年，全村190户、785人，有耕地56.5公顷，其中水田30.1公顷、旱地26.4公顷，被市政府列为民族小康示范村。

20世纪90年代末，村党支部和村委会发挥区位优势和交通优势，调整产业结构，开发椪柑支柱产业，实行粮食作物和经济作物种植并举、"瓜—稻—菜"连作制，坚持社会主义物质文明和精神文明两手抓、两手都硬。经过几年的努力，至2001年，除两户五保户外，户户建椪柑园，全村开发椪柑51公顷，户均0.27公顷；椪柑总产量641吨，户均3.4吨；产值50万元，户均2660元。西瓜、香瓜种植面积9.67公顷，产量300吨，产值10万余元；蔬菜种植面积52.87公顷，产量691吨，产值13万元；粮食总产量200吨，全村生产总值147.9万元，人均纯收入1496元，村民在银行存款总额30余万元。全村实现通路、通水、通电、通有线电视、通程控电话。村委会经常开展文体活动，组织村民进行唱歌、拔河、篮球比赛，丰富文化生活。是年12月，该村被镇政府评为"全镇双文明目标管理先进单位"和"社会治安综合治理先进单位"。2005年，全村190户、820人，椪柑面积增至55.2公顷，产量689吨，收入82万元。全村生产总值182万元，人均纯收入1609元，人均住房面积28平方米。成年人全部脱盲，其中高中文化86人、初中文化280人、高小文化350人，适龄儿童入学率100%。自来水入户112户，入户率58.95%；有电话机64部、有线电视入户160户，入户率84.21%；用卫星接收电视节目21户，接收率11.05%。

2006～2012年，继续实行“瓜—稻—菜”连作，仍以椪柑和畜牧业为支柱产业，出栏生猪553头、山羊30只、家禽4105羽，蔬菜产量960吨、椪柑产量1390吨、西瓜和甜瓜总产量482吨、油菜籽产量28吨，全村208户、895人，人均纯收入4750元。建村部用房200平方米、物业管理站40平方米、休闲广场2000多平方米、农科教培训基地1000平方米、沼气池100口。

寨阳乡勤丰村

勤丰村是个苗族聚居村，位于寨阳乡西部，距吉首城区13千米，距乡政府驻地寨阳和319国道1千余米，海拔400～600米，总面积1200公顷。1998年，全村153户、752人。249公顷耕地，其中水田42公顷、旱地207公顷，属高山盆地型气候。宜粮、宜菜、宜果。

1998年、1999年，村党支部和村委会立足村情，调整产业结构，夯实经济基础，靠科技引路，从种植经济作物起步，开发果菜产业，成立科技指导小组，开办农民技术学校，设立科技图书室，制定发展规划，确立“种好8分田，管好千亩果，种好千亩菜，封好万亩山”的奋斗目标和“山下种粮种菜，山腰种果，山顶植树种竹”的梯级综合开发战略，集山、水、田、林、路于一体，按起步创业、充实提高和形成规模效益三个发展阶段进行开发，把勤丰建成小康示范村和文明村。

2000年，村党支部和村委会实施梯级综合开发战略，建成8公顷高标准大棚反季节蔬菜基地，全村种反季节蔬菜80公顷，其中西红柿33公顷。2001年，市委、市政府将该村定为民族小康示范村，市科技局将其定为现代农业技术集成应用项目生态农业科技示范园。村党支部和村委会率领村民按市委、市政府和市科技局的要求，朝着既定目标，综合开发，有序推进，初见成效。经过六年的努力，2005年，累计投资283万元，实施科技项目16项次，建设无公害大棚返季蔬菜生产基地147公顷、高标准蔬菜大棚165个；封山育林933公顷，造杉木林33公顷，退耕还林33公顷，开发布朗李和金秋梨15公顷、水蜜桃3公顷、楠竹13公顷；办花卉苗圃、藕煤厂、打砂场、预制场各1个；建蔬菜种植技术培训服务站楼、村小学教学楼各1栋；全村通电、通水、通公路（柏油路面）、通广播电视、通程控电话；村风村貌焕然一新，形成崇尚科学、讲文明、讲团结的氛围；实现生产总值188万元，168户、722人，人均纯收入2400元，比全市农民人均年纯收入多267元，成为全乡“双文明村”。2012年，实现生产总值200多万元，全村168户、775人，人均纯收入4160元。

万溶江乡双河村

2001年，双河村辖8个组、200户、930人，以土家族为主；有耕地65公顷，其中水田40公顷、旱地25公顷；柑橘园85公顷，以水果、瓜果、蔬菜和油料为支柱产业；人均纯收入1790元，比全市农民人均纯收入少77元。是年，被市委、市政府列为全市民族小康示范村。2002年4月，被州委、州政府列为全州小康示范村。村党支部和村委会带领村民发挥地处乾州城郊优势，发展经济作物、蔬菜、水果三大支柱产业。2005年，全村215户、1035人，种植椪柑96.7公顷、金秋梨10公顷、花生9公顷、油菜24公顷、苎蔴2公顷、西瓜和甜瓜14公顷、蔬菜41公顷，出栏肉猪1060头，农业产值325万元，加上其他收入，人均纯收入3702元，比全市农民人均纯收入多1391元；大部分农户新建砖房，人均住房面积56平方米，比全市农村居民人均住房面积多30平方米。成年人全部脱盲，其中高中文化120人、初中文化580人，适龄儿童入学率达100%。实现通电、通公路、通自来水、通电话、通有线电视，有线电视入户率达100%，有一条1.5千米长的环村水泥路面公路。2002～2004年，国家副主席曾庆红、省委书记杨正午、省长周伯华先后视察该村。

2006年1月，万溶江乡并入乾州街道，双河村为乾州街道的一个行政村。2011年11月1日，设立吉凤街道，双河村改为双河社区，隶属于吉凤街道。

双塘镇大坝村

位于镇域中南部，为丘岗区，是个土家族聚居村。2001年，全村120户、520人，耕地面积37.53公顷，其中水田24.17公顷、旱地13.36公顷，以椪柑、生姜、西瓜和香瓜、苎麻为支柱产业，人均纯收入1620元，为全市民族小康示范村。2002年，开发椪柑14公顷，种生姜8.7公顷、西瓜和香瓜10公顷、苎麻7.3公顷，产值58.2万元，人均纯收入2185元。2005年，全村128户、556人，种植椪柑26.7公顷，仍以椪柑、西瓜、香瓜、苎麻、生姜为支柱产业，生产总值88.9万元，人均纯收入2590元。成年人310人中大专以上文化33人、高中文化9人、初中文化46人、高小文化39人。2012年，全村135户、620人，生产总值224.3万元，人均纯收入2943元。

第十一节　武陵山片区区域发展与扶贫攻坚试点先行先试先创

国务院扶贫开发领导小组制定《武陵山片区区域发展与扶贫攻坚规划(2011～2020年)》，确定武陵山连片特困地区包括4省市的71个县(市、区)，其中湖北省11个、贵州省16个、重庆市7个、湖南省37个(湘西自治州8个，怀化、张家界、邵阳、常德、娄底、益阳6市共29个)。片区集革命老区、民族地区、贫困地区于一体，是跨省交界面积大、少数民族聚居多、贫困人口分布广的连片特困区，国土总面积17.18万平方千米。2010年年末，总人口3645万人，其中乡村人口2792万人，占76.6%。

2011年1月30日，省委办公厅印发《中共湖南省委湖南省人民政府关于深入实施西部大开发战略推进湘西土家族苗族自治州加快发展的若干意见》，明确支持加快推进州府吉首建设，着力把吉首市打造成四省市边区区域发展核心增长极，在项目、资金、政策上予以倾斜支持。2011 年 2～12 月，市委、市政府确立打造武陵山区商贸物流中心的发展目标，成立以市人大常委会为主的吉首市商贸物流业发展领导小组，组建专门班子，制定工作规划，编制《吉首市城市商业网点规划》《吉首市物流业发展规划》，撰写《吉首市湘鄂黔渝四省市边区商贸物流中心可行性研究报告》等商贸物流发展规划和可研报告并将其纳入城市总体规划，为吉首市产业导向、发展布局、土地供应提供科学依据。出台《中共吉首市委吉首市人民政府关于支持星级酒店建设的意见》和《中共吉首市委吉首市人民政府关于支持商贸物流业发展的若干意见》，明确对商贸行业发展在税费征收、土地价格、项目服务方面予以全力支持，加快专业市场建设，培育一批影响力大、经济效益好的区域性批发市场。充分利用和整合现有物流资源，重点发展第三方物流业，建设仓储、配送和运输三大平台，构建多层次物流体系。实施城市配送工程，加快城区仓储用地调整，扶持货运龙头企业发展，做大做强一批现代化物流企业，将吉首打造成辐射武陵山片区区域商贸物流中心城市。

2011 年 11 月 15 日，国务院扶贫开发领导小组在吉首召开武陵山片区区域发展与扶贫攻坚试点启动会。中共中央政治局委员、国务院副总理、国务院扶贫开发领导小组组长回良玉在会上强调要认真贯彻《中国农村扶贫开发纲要（2011～2020）》，按照区域发展带动扶贫开发、扶贫开发促进区域发展的基本思路，切实办好武陵山片区区域发展与扶贫攻坚试点，先行先试，积累经验，为全国扶贫攻坚发挥示范引领作用。

2012 年 1 月 8 日，州委常委、市委书记秦国文在市委经济工作会议上的讲话中指出，武陵山片区区域发展与扶贫攻坚试点是吉首发展千载难逢的重大机遇。要求各级党委和政府要把握好这一机遇，快步“行”，大胆“试”，勇于“创”。在编制规划上要先行先试先创，按照城市品牌战略的要求大胆进行区域规划创新，尝试构建“1＋5”城市经济圈，以区域规划的先行先试先创争取项目支持，提高城市的承载与辐射带动能力；在推进项目建设上先行先试先创，以超常速度、超常效率全力以赴推进项目建设，围绕国家和省各项规划，结合吉首市资源、区位、交通等优势，全方位设计高速公路、铁路、水库等重大基础设施、生态建设和民生事业项目，力争一批规模大、投资多、带动力强的项目进入国家计划和省计划；在激活生产要素上先行先试先创，强化资金、土地、人才的保障作用；在创新政策上先行先试先创，抓好政策机遇，既要深入研究，用好用活国家出台的扶贫开发、支持武陵山片区发展与扶贫攻坚、西部开发等项政策，又要潜心钻研，积极争取国家、省、州出台新的支持吉首发展的各项优惠特殊政策，把政策优势转化为发展优势和发展成果。他指出：“武陵山区上升为国家战略，对州、市发展是重大机遇，也是重大挑战。摆在我们面前的不仅是发展质量问题，更是发展速度问题，是能否在武陵山区抢占制高点问题。在这场武陵山区角逐中，我们只有挖掘优势、彰显优势、发挥优势，用优势争取支持、用优势扩大影响，用优势提质发展，才能抢占先机和制高点，确立中心地位，打好‘三张牌’。在武陵山区打好区位牌，用区位优势规划发展，申报项目、申请资金，把区域中心变成经济中心，努力打造武陵山区核心增长极；在湖南省内打好民族牌，深入研究，用好、用足、用活、用透民族政策，着力凸显湘西州和吉首市在省内的特殊地位，争取省委和省政府的理解和支持，努力将民族优势转化为发展优势；在省外区外打好文化牌，充分挖掘、整理、保护、传承和开发民族传统文化，发挥民族文化特有优势，用文化‘软实力’提升产业竞争力和城市影响力，将文化优势转化为经济优势，实现文化率先发展，经济后发赶超。发挥比较优势。打好‘三张牌’，必须敢想敢做，先行先试先创，创新思维，创新措施，创新机制，在先试中率先崛起，在先行中率先突破，在先创中敢为人先。”

2012年3月31日，省委扶贫开发工作会议暨武陵山片区区域发展与扶贫攻坚试点工作推进会在吉首召开。省委书记、省人大常委会主任周强在会上强调要以武陵山区、罗霄山区为重点，以湘西自治州为主战场，大力推进重点区域扶贫攻坚，大力推进贫困地区产业优势升级、大力推进贫困地区基础设施建设，做好新阶段的扶贫开发和武陵山片区区域发展工作，壮大县域经济。省委副书记、省长徐守盛强调要抓好科学规划、抓好基础设施、抓好特色优势产业、抓好基本公共服务。

2012年7月，市委、市政府制定《吉首市发展总部经济若干政策措施意见(试行)》，立足吉首，面向长沙、株洲、湘潭，面向长江三角洲和珠江三角洲，面向北京、天津、唐山等大城市，重点引进即将上市或处于上市辅导期的企业总部及企业的营销中心、采购中心、结算中心等二级机构，已上市公司的投资类、结算类二、三级分支机构，成长性较好的行业龙头企业的财务、投资等二级机构。2012年上半年，市政府就发展总部经济问题与步步高集团达成合作协议，与中联重科形成合作共识，与中铁集团、三一重工等多家大型企业加紧洽谈。7月，武陵财富中心投入运营。长行村镇银行、大湘西物流城等多家地区企业入驻吉首。

2012年9月，省发改委同意将吉首市从省级主体功能区规划省级重点开发区调整为限制开发的省级重点生态功能区。生态功能区主要发展方向是减少林木采伐，恢复山地植被，保护野生物种；享受财政、投资等优惠政策待遇。同时，把吉首市作为全省唯一特殊情况，按国扶县标准，计划每年安排500万元以工代赈扶贫资金，超过其他片区特困县标准。

全州武陵山片区区域发展10大标志工程中吉首市有6个。至2012年年末，已完成“八百里绿色行动”、峒河沿线特色民居改造工程；吉首大环线建设工程、3570套保障性住房建设工程完成年度计划的90%以上；完成大兴寨水库建设工程水利部所有审批项目的前期工作；按计划推进吉首绕城公路前期工作。

全州扶贫攻坚10大民生工程均为吉首工程。至2012年，建成农村低保新农保新农合五保供养保障体系，实现城乡居民养老保险全覆盖；完成3个村共16.5千米长的村间道路硬化工程；基本完成乡镇卫生院和合格村卫生室建设年度任务；农网改造升级和农村能源建设、农村环境综合整治、病险水库治理、移民后期帮扶、农村校舍安全和寨阳小学等义务教育合格学校建设、农村广播电视文化惠民和通信网络建设、农村科技推广和劳动力技能培训以及扶贫助学完成年度任务的90%以上。

全州10个百亿产业中吉首市有8个。2012年，新宇海迪富、高源生化年产6000吨电子级没食子酸项目竣工投产；加快推进大湘西物流园建设；开工建设投资20亿元的矮寨旅游扶贫开发项目、三鑫华瑞公司锰基合金和龙昇公司五氧化二钒及钒系列产品精深加工生产线项目、投资7亿元的步步高新天地购物广场建设项目、投资6亿元的永通汽贸城建设项目；完成并报批湘西农产品物流园计划；开发华立制药产前200吨皂素合成双浠项目工艺。2012年12月24日至年末，乾州古城配套设施和德夯核心景区提质改造工程、谷韵山庄五星级宾馆建设项目分别完成年度任务的86.7%和91%；其他项目加快推进。建于乾州古城的湘西坊能工巧匠创业园内部装修基本完成；乾州古城配套设施逐步完善，城、园、坊三位一体城市发展格局基本形成；吉首市城市品牌精品馆建成开馆。市政府与吉首大学联合建立“武陵山片区区域发展研究中心”，搭建旅游商品产、学、研一体化发展平台；开发公益性岗位2100个，2011年和2012年，安排城镇就业困难人员8000人次。2012年12月24日，乾州古城旅游开发有限责任公司获州财政局、州经信委、州发改委下达湘西自治州2012年培育发展战略性新型产业专项引导资金第一批补助资金150万元，用于湘西坊旅游文化创业园建设项目，建设乾州古城、加工基地、非物质文化遗产园展示基地；市城市综合开发有限责任公司获州财政局、州经信委、州发改委下达200万元培育发展战略性新型产业专项引导资金第一批补助资金，用于吉首地区80000吨/年电解金属锰整合配套设施建设项目。

2012年，实施《吉首市人民政府关于开展村级组织“红色股份”试点工作的意见》，创新党建工作促进经济发展的新模式。“红色股份”由村党支部和村集体经济组织联合创办“红色公司”，采取资金入股、土地入股或其他资产入股的形式参股经营农民专业合作社。“红色股份”资金来源为整合市财政、市扶贫等相关部门部分涉农资金和党内下拨资金，通过签订合同，作为试点村“红色公司”的原始股本，全部投入农民专业合作社，所产生红利归村集体经济所有。亿利德中药材种植专业合作社、富旺春椪柑专业合作社、吉太养殖专业合作社和隘口黄金茶专业合作社为全市第一批“红色股份”试点单位。

2012年，市委、市政府根据《中共湘西土家族苗族自治州委湘西土家族苗族自治州人民政府关于加快发展茶叶产业的意见》做出发展茶叶产业的战略部署。计划从是年起，每年完成66.67公顷茶叶育苗任务和2000公顷茶园开发任务。至2015年，全市茶叶种植面积将达到6666.67公顷，在马颈坳、己略、河溪、双塘、太平、白岩、丹青片、矮寨小河片办8个万亩茶叶示范片，其他乡镇办2～3个千亩示范片，3个街道和市直挂点扶贫单位办百亩示范片。2012年，完成马颈坳镇468.2公顷黄金茶产业开发；开办茶叶育苗、种植和茶艺培训班2期，培训378人，落实茶叶育苗面积77公顷，建成工厂化育苗大棚2200平方米；选定马颈坳镇榔木村为全州茶叶加工园区申报单位，促进农业增产增效。

2012年，结合市情，推出“八景公园”“九业农庄”“十品村寨”现代农业示范性工程（简称“八九十”工程）。按照一个公园一种风景主题、一个农庄一种特色产业、一个村寨一种民族文化风格的总体要求，将德夯、红枫、芙蓉岗、西郊、小溪、花果山、一碗水和南郊8个公园，太阳岛、八月湖、坪朗、隘口、寨垅、枫香、湘西明珠、海螺朝天和大庭9个产业突出的农庄，社塘坡乡齐心村和十八弯村、矮寨镇中黄村、丹青镇清明村、太平乡司马村、双塘镇大兴村、己略乡古者村、寨阳乡勤丰村、排绸乡河坪村和白岩乡白岩村10个特色民居保存完整、苗族土家族文化深厚、民族民俗文化传承基础较好的村寨确定为“八九十”工程，有计划、有步骤地进行开发和建设，优化高效生态产业布局，推动农村经济能快则快又好又快发展。

2012年，市委、市政府先后出台《中共吉首市委吉首市人民政府关于区域经济发展先行先试若干意见》《中共吉首市委吉首市人民政府关于开展村级组织“红色股份”试点工作的意见》，出台《吉首市人民政府关于吉首市发展总部经济若干政策意见（试行）》，市委、市政府制定“零利”经济、城乡一体化低保、基本养老保险、医疗保险体系、土地储备、工业用地、贴息补贴、人才引进、发展总部楼宇经济、基地经济、飞地经济等惠农、培育壮大市场主体、加快城市经济转型的系列措施。认真贯彻上述会议和文件精神，实施各项建设规划和建设工程，落实各项优惠政策措施，实施“农村农业农民计划”和凤巢、凤羽、凤翼“三凤工程”以及创强、聚强、键强“三强行动”，推行督查、巡查、检查、调查、稽查“五查一体”监督管理机制，实行利益倒逼机制和干部“终端考评制”，推行重大项目“市长承诺服务制”和重大项目审批手续政府垫资代办制。有序推进城市50个基础设施建设项目，城区西口、北口和南口道路提质改造项目、峒河文化艺术公园肥桥、爱桥、花桥、醉桥、东环路峒河大桥和乾州小溪桥大桥、吉首城区规划展览馆、人民路特色隔离带安装、城北220kV变电站建设工程先后竣工，投入使用或投产。加快实施机器人产业园等一批新项目，推进“锰东进、锌入园”项目。

第十二节　扶贫成效

1987～2012年，全市累计投入农村基础设施建设扶贫资金2680万元，其中国家投入扶贫资金747万元。至2012年，完成500多个项目，其中新修70条总长300多千米的通村公路、32座公路桥梁、25座便民桥、5处电力工程，不通电的12个行政村已通电；改造150个行政村电网，提高135个行政村的用电质量；维修9座病险水库，新修、维修300处拦河拦溪坝，恢复147公顷水毁农田，新增120公顷口粮田、153公顷旱涝保收农田，贫困村人均旱涝保收农田由180平方米增至227平方米；新建41处人饮工程，铺设18000米长的自来水水管，44个行政村、5500户、27000人饮用清洁水；180个行政村、3万户安装有线电视，18000户开通程控电话。至2012年，全市实现100%的乡镇和96%的行政村通公路，100%的乡镇和85%的行政村通程控电话，100%的乡镇和行政村用上电，100%的乡镇和100%的行政村通有线电视，70%的行政村饮用清洁水。

扶贫村发挥农业资源优势，建立以椪柑为主的水果业，以蔬菜、烟草、药材等经济作物种植业和以家禽家畜为主的养殖业三大支柱产业。开发水果面积9334公顷，其中椪柑6667公顷、脐橙467公顷、柚类200公顷，桃、李、梨、葡萄等鲜果2000公顷。2012年，水果产量13.47万吨，产值1.35亿元，其中椪柑97820吨，产值4000万元。种蔬菜3333公顷，其中蔬菜大棚500个、蔬菜面积27公顷，产值9755万元；种药材800公顷，产值600万元；饲养耕牛25000头、奶牛515头、山羊30万只、生猪10万头、家禽110万羽，畜牧业产值过亿元。建沼气池5000口、省柴省煤灶500个。

通过扶贫开发，至2012年，未解决温饱问题的贫困村由1994年的52个减至20个、贫困人口由1983年的12.8万人减至45390人。全市农民人均纯收入由1989年的416元增至4823元，比全州人均数多594元，居首位。

第四章　特种养殖

第一节　大鲵养殖

中国大鲵，因其叫声似孩子啼哭声，故又叫做“娃娃鱼”，是3.5亿年前与恐龙同一时代生存的濒临灭绝国家二级保护动物，也是最大的两栖类动物，被称为“活化石”。它生活在北纬28°～30°、山间流水零污染、微生物发酵带、土壤中的富硒带和植物群落亚麻酸带三个“自然带”的环境中。湘西穿越无数次大陆漂移，是中国大鲵四大原产地之一。20世纪50年代后，野生大鲵逐渐减少。至20世80年代，很难寻到其踪迹。

2007年夏，中国中央电视台几名记者邀请河溪供销社下岗职工40多岁的苗族陈田佳（排吼乡中百村人）给他们当向导拍摄湘西大鲵专题片。整整一个月，他们跋山涉水，在无数条溪涧寻觅，竟一无所获，无功而返。陈田佳颇感自愧，暗自发誓：我一定要让大鲵在湘西重现，大放异彩。

陈田佳怀着养殖大鲵梦，外出考察，查阅资料，走访专家，得知大鲵是名副其实的“水中人参”“脑白金”“天然解毒剂”和“灵丹妙药”。其营养价值远优于鲍鱼、甲鱼、鱼翅和燕窝；鲵肉蛋白富含18种氨基酸，其中8种人体必不可少，鲵肤含有41%～61.3%的人体最佳祛皱美容胶原蛋白；从其机体中可提取超级抗原PRCA，被国际卫生组织称为“诱导癌细胞凋亡反应因子”。富含二十二碳六烯酸（DHA）和富硒元素。具有保护心血管、抗肿瘤、抗艾滋病、防治贫血、霍乱、痢疾、血经、滋阴补肾、补血行气、延缓衰老、调节甲状腺激素、开发智力、增强视力等功能。人工养殖大鲵销售市场看好，是大中城市宾馆酒店的高档食品、美味佳肴，供不应求。

2007年秋，陈田佳创办湘西腾信农业技术发展有限责任公司（简称为“腾信农技公司”）。投入80万元，租用泸溪县潭溪镇朱雀洞村300米长的地下阴河建设仿生态大鲵养殖基地；投入64万元，购买8000尾大鲵苗。由于缺乏养殖技术，无养殖经验，不到一个月，8000尾鲵苗死了只剩一尾。

陈田佳不因失败而灰心，也不因困难而退缩。深信“被克服的困难就是胜利的契机”。他和合伙伙伴陈和义先后到张家界市向大鲵养殖能手赵继新、大鲵养殖仿生态专家刘大中求教；到湖南农业大学、湖南生物机电学院参加大鲵养殖培训班，学习大鲵养殖技术；参观湖南八百里水产有限公司、湖南省水产科学研究所等企业和科研单位，学成而归。陈田佳投入自己仅有的 80 万元积蓄，购买 1000 尾大鲵苗，精心养殖，成活率达 95％。养殖的大鲵至少要三年才能上市，期间，他安排时间到吉首城区做零工，省吃俭用，挣钱补缺。

2010 年冬，腾信农技公司养殖的用于商品大鲵 2900 尾大鲵重 7100 千克，每千克 700 元，不到一周便销售一空。销往广州、长沙等地，销售额 1000 多万元。陈田佳一夜间，从身无分文穷小伙子成了千万元大老板。同时，腾信农技公司被州政府确定为湘西自治州龙头企业和湘西大鲵救护站。2011 年，投资 100 万元在社塘坡乡黄石洞水库建设第二个大鲵养殖基地。2012 年 6 月至 2014 年春，投入 800 多万元，在己略乡结联村一峡谷里建成一个集大鲵繁殖、科研培训和生态旅游于一体的大鲵生态科技旅游观光园，总面积 3130 平方米。2013 年，观光园接待游客 5000 余人，科普人员 200 余人，销大鲵 3000 尾，重 9000 千克。销售额 1100 万元。2014 年，销售大鲵 3200 尾，销售额 1050 万元。是年，三个大鲵养殖基地总面积 12000 平方米，年底大鲵存 26600 尾，最大个体重 15 千克，总产值 3600 余万元。

2013 年 7 月，陈田佳组织大学毕业生、山区农民、外出打工返乡者成立大鲵养殖合作社，有社员 22 户。至年末，合作社总销商品大鲵 1400 尾，共 4000 千克，销售收入 320 万元，社员每户均纯收入 5 万元。培育大鲵养殖大户 10 户，培训成员 50 人次。

第二节　竹鼠养殖

竹鼠，又名芒洞老鼠、竹馏、芒狸、竹狸、冬毛老鼠，啮齿目科，以山竹为主要食物，兼食芭茅秆、灌木茎根，饲养的竹鼠以配合粗饲料为主食。竹鼠体肥肉多，肉味鲜美，营养丰富，每 100 克鼠肉含粗蛋白 57.78 克、粗脂肪 20.54 克、粗灰分 17.36 克、粗纤维 0.84 克、胆固醇 0.05 克，属低脂肪、低胆固醇肉类，还富含磷、铁、钙、甾类，赖氨酸、亮氨酸、蛋氨酸的含量远高于鸡鸭鹅肉、猪牛羊肉。

养殖竹鼠，一是投资少，可利用山区资源，饲料有保证，且成本低；二是见效快，每只母竹鼠一年能繁殖 2～3 胎，每胎 3～4 只，每只幼鼠一年体重可达 1000 克，市场收购价每 1000 克 120 元，广东、福建等省大中城市 200 元，餐馆酒店高达 400 元；三是销路好，市场缺口大，且供不应求。

排吼乡位于市域东南部，是个苗族聚居的贫困乡。乡域红岩低山区，山峰丛丛、岭谷交错，海拔 150～457 米，气候温润，森林覆盖率 65.5％，山竹、灌木、芭茅遍布，适宜竹鼠养殖。2008 年 10 月，39 岁、在深圳打工 21 年的排吼乡中百村村民陈万东放弃深圳优越的工作和生活条件，带着妻女回到排吼创业。2009 年 8 月 9 日，他投资的 50 多万元购买竹鼠种 60 多只、建设 200 平方米的竹鼠养殖场正式开业。2011 年 11 月，联合 9 户村民成立排吼竹鼠养殖专业合作社；同时，成立排吼乡竹鼠养殖协会。2013 年，养殖竹鼠 6000 只，出售 5500 只，获利 130 多万元。2014 年，养殖场面积扩至 1000 平方米，合作社和协会共有成员会员 354 户，分布在吉首市 3 个乡 6 个村 305 户。泸溪县 1 个乡 5 个村 31 户。古丈县 1 个乡 4 个村 11 户。花垣县 1 个乡 1 个村 7 户，养殖竹鼠 21000 只、销售 18500 只，主要销往广东广州、东莞、深圳等地，获利 289 万元，户均 8163 元，其中增收 2 万至 3 万元的有 80 多户，带动本村 75 户非会员农户脱贫致富，形成了村支部＋合作社＋协会＋农户的治穷致富新模式。

2013 年，排吼竹鼠专业合作社被中共吉首市委组织部确定为“红色股份”专业合作社示范社；排吼竹鼠养殖协会被湖南省科学技术协会评为湖南省先进农村专业技术协会；2014 年，被中国科学技术协会和财政部评为全国科普惠农先进单位。

第三节　蜜蜂养殖

吉首市属中亚热带向北亚热带过度的大陆季风湿润气候，四季分明，年均气温 16℃左右。1 月最冷，平均 4℃左右；7 月最高，平均 28℃左右；≥0℃活动积温 6200℃以上；无霜期 280 天左右。平均地温 18 度左右。年均风速 1.2 米／秒。海拔 300～960 米。年均降水量 1650 毫米左右，70％集中在 4～7 月。有峒河、沱江、万溶江、司马河、丹青河、洽比河、排吼溪、楠木溪等大小溪河 81 条，总长 550 千米。这些自然环境非常适合蜜蜂活动和繁衍。

市域总面积 1078.33 平方千米，林地面积 73969.06 公顷，森林植被覆盖 70％。有维管束植物 1313 种、155 科、565 属，其中被子植物 122 科、506 属、1188 种。柑橘种植面积 833.33 公顷、油菜种植面积 533.33 公顷，油茶和板栗栽培面积 733.33 公顷。

苗族聚居的排绸、排吼、寨阳、丹青、矮寨，土家族聚居的河溪、双塘、太平等乡镇为省级生态乡镇，原始风貌浓郁，自然生态独特，生物资源丰富，是蜜蜂的“生态乐园”。主要蜜源有油菜、板栗、刺槐、狼牙刺、槭树、椿树、鸡柴骨、荆条、柑橘、金银花、桂花树、玫瑰花、油茶、五倍子、满园花、远志、丹参、薄荷、蒲公英、车前子、菊花、荆介、枸杞、山萸、黄芪、柴胡、土党参。

吉首市虽养蜂历史悠久，但多为散养，蜂群数量少，蜜源利用率低，蜂蜜产品品种单一，商品率低，养蜂户单卖，收入低。2012 年，市政府开展村级组织“红色股份”试点工作，由村党支部和村集体经济组织联合创办“红色公司”新模式，建立农民专业合作社。至 2012 年，全市建立蜂业养殖专业合作社 2 个，成员户 78 户，其他养蜂户 280 多户，主要养殖中国蜂和意大利蜂。至 2013 年，全市蜜蜂养殖量 5200 箱，产蜜 17 吨，蜂产品有蜂蜜、蜂王浆、蜂蜡和蜂花粉，蜂蜜有吉首土蜂蜜、油菜花蜂蜜和桂花蜂蜜。吉首蜂蜜是蜜蜂采集野花酿制而成，色泽深、味独特、香甜可口，富含多种能被人体直接吸收的微量元素；由于酿蜜周期长，为药引首选，堪称

“蜜中黄金”，具有润肠、润肺、解毒、养颜、增强人体免疫力等功效，是老人、小孩、女士保健和美容佳品。油菜蜂蜜采集油菜花粉酿制而成，浅琥珀色，略混浊，有油菜花香气，具清热润燥、舒张血管、行血顺气、消肿散淤、活血补身等功能，对肝胆系统病变患者、脾胃虚弱者和疔疮热疖患者具治疗和保健功能。桂花蜂蜜是蜜蜂采集桂花花粉酿制而成，色金黄、质纯净，味特香，富含有机酸、蛋白质、维生素、生物活性物质等营养成分，被誉为“蜜之珍品”。因此，吉首蜂蜜产品深受人们喜爱，供不应求，一般销售价每 1 千克 80～120 元，养蜂专业户年均收入 5000～1 万元，最高 4 万元左右。

第五章 民族自治地方改革开放试验区

1994 年 2 月 16 日，中共湖南省委、湖南省政府批准吉首市为湖南省民族自治地方改革开放试验区。是年 10 月 19 日，批复实施《吉首市民族自治地方改革开放试验区试验方案》(以下简称《试验方案》)。

第一节 试验区设立

一、设立背景

吉首市位于湖南省西部，是湘西土家族苗族自治州州府所在地，全州政治、经济、文化中心，也是湖南省唯一的少数民族县级市。全市总面积 1062 平方千米。

1982 年 11 月 30 日，撤销吉首县，设立吉首市。1993 年，吉首市辖 11 个乡、3 个镇、4 个街道；年末，总人口 24.03 万人，其中以苗族、土家族为主的少数民族人口 16.78 万人，占全市人口的 69.83％；非农业人口 9.21 万人，加上流动人口，城区实际人口超过 12 万人，占全市人口的 49.94％。是年，全市生产总值(按当年价格计算)6.64 亿元，社会商品零售总额 4.57 亿元，财政收入 0.73 亿元，按可比价格计算，分别比 1982 年增长 3.4 倍、7.8 倍和 10.4 倍。城市建设初具规模，城市规划区面积 15 平方千米，建成区面积 8.5 平方千米。

吉首市地处湘、鄂、黔、渝四省市边区腹地，是一个重要的边区城市，交通运输条件明显优于周边各县市，枝柳铁路纵贯南北，是省会长沙至吉首往返的终点站和始发站，是 209、319 国道线的交会处。吉首城区距张家界国际机场 180 千米。旅游资源丰富，融民族风情与自然景观于一体的德夯风景名胜区系湖南省十大风景名胜区之一。优越的区域位置使吉首市具有吸引力和辐射力。改革开放后，市委、市政府因势利导，大力进行市场建设，城市千人平均营业面积达1500平方米，起到联结东部发达地区和西部广阔市场的枢纽和桥梁作用，促进吉首市经济快速发展。1993年，全市商品购销总额22.48亿元，第三产业在全市生产总值中占46.8%。人均生产总值2797元，人均财政收入303元，城乡居民人均储蓄余额1094元，人均社会商品零售总额1902元，均高于全省人均水平。

吉首市经济发展纵向比较虽然很快；但是，由于诸多原因，横向比较，与发达地区的差距越拉越大。要改变这种滞后状况，缩小与发达地区的差距，必须深化改革，扩大开放，改善投资环境，采取优惠政策措施，招商引资，启动内力，振兴民族经济。省委、省人民政府决定将吉首市作为民族自治地方改革开放试验区正是为发展民族地区经济做出的重要决策，实施民族自治地方改革开放试验区试验方案，必将推进吉首市经济社会的快速发展，为促进全省民族自治地方和民族地区经济社会发展提供借鉴。

二、总体构想

以建设中国特色社会主义理论为指针，以《中华人民共和国民族区域自治法》为依据，以改革开放为主线，以繁荣和发展民族经济为中心，充分发挥吉首市的区位优势，坚持以商贸为主体，工农为两翼，重点进行政策的超前性和改革的突破性试验，积极探索各种经济成分并存的混合型经济模式，突出发展个体私营经济和乡镇企业，以城带乡，城乡联动，整体推进，同心协力，自力更生，艰苦奋斗，使试验区的经济和社会各项事业大跨度、超常规发展，率先建立社会主义市场经济体制，实现人民生活达到小康水平的目标。

三、奋斗目标

从1994年起，用7年时间，到2000年，初步建立起社会主义市场经济体制，人民生活达到小康水平。试验分两个阶段进行：

第一阶段（1994～1996年），深化各项改革，抓住改革开放重点和突破口，经济发展有一定速度和规模，经济效益有所提高，温饱问题基本解决，试验区建设形成总体框架。

第二阶段（1997～2000年），在第一阶段取得各项改革成果的基础上，至2000年，将吉首建成湘鄂川黔四省边区重要商贸中心和物资集散中心，财政收入和城乡人民生活水平有较大提高，经济实力有较大增强，城市基础设施比较完善，试验区面貌有较大改观，初步实现城乡一体化，社会主义市场经济体制初步建立，各项指标高于全省平均水平，进入全国中等以上发达地区行列，经济总量实现“再造一个吉首”的目标。经济社会发展主要指标：2000年，全市生产总值20亿元，年均增长18.6%；工业总产值15亿元，年均增长13.7%；农业总产值2.5亿元，年均增长10%；社会商品零售总额15亿元，年均增长18.5%。第一、第二、第三产业间比例由1993年的2：3：5变为1：2：7，非国有经济成分的比重占80%以上。地方财政收入2.5亿元，年均增长10.9%；出口商品供货总值1.2亿元，年均增长10.6%；“三资企业”发展到20家。非农业人口占全市总人口的60%；城市居民人均可支配收入4500元；农民人均纯收入

1500 元；人口自然增长率控制在 10‰以内。

第二节　试验内容

一、改革流通体制，兴商建市，兴商富市

以建设区域性商品批发市场和生产要素市场为重点，坚持统筹规划，合理布局，多家兴办，合理配套，建立健全市场体系，坚持以商贸壮工业、强农业、促科技、兴百业。

突出发展商品市场　按照"大市场、大商业、大流通、大发展"的要求，重点加快服装、布匹、药材、建材、小商品、副食品、粮油、农副土特产品各类批发市场、专业市场和集贸市场建设，试办连锁商店。到 2000 年，全市新建和改造各类市场 20 个。

大力推进国合商业改革，尽快实现"商业市场化"　理顺国合商业产权关系，转换经营机制，鼓励个体私营业主入场经营。采取各种措施筹集资金，将市百货大楼和市妇儿商场改造成大型综合性商场、团结路改造成"商业一条街"。完成商贸城建设，新建吉首市关厢门中心市场。到 2000 年，增加营业面积 20 万平方米以上，将吉首市建成标准高、容量大、功能较全的大型商业群体，成为湘鄂黔渝四省市边区最大的商业中心。

积极发展要素市场　充分利用州府所在地的有利条件，培育金融市场，发展劳动力和人才市场，加快技术和产权交易市场建设，规范和推进房地产市场建设。结合市场的培育和管理，建立健全信息、咨询、经纪、拍卖、公证、会计事务、审计事务、律师事务、资产和信誉评估等市场中介机构，充分发挥其服务、沟通、公证、监督作用。

进一步推进价格改革　采取"放、调、管"相结合的方式逐步建立和完善主要由市场形成的价格机制。能够放开的价格全部放开，企业产品(商品)自主合理定价，建立和完善价格基金制度，坚决制止乱摊派、乱收费，保持价格总体水平的相对稳定。

二、发展非国有经济，形成所有制结构多元化

发展个体私营经济　继续实行"低税收、广税源、轻费赋、促发展"的优惠政策，在 1993 年税收的基础上对专业市场、个体工商业户实行定税制。简化登记手续，放宽经营范围，个体户、私营企业可承包、租赁、兼并、购买国营企业，可向国有企业和集体企业参股。到 2000 年，全市个体私营经济户和从业人员分别达到 2 万户、4 万人，提供财政收入 3000 万元。

取消市辖(区)内的专营商品，全面放开经营项目和品种，允许国有企业、集体企业、个体私营企业公平竞争，不同所有制的企业经营同一品种和同一项目同等享受民族地区优惠政策待遇。

三、改革国有企业产权制度，建立现代企业制度

建立现代企业制度　1994 年，进行试点，三年内对全市国有企业进行公司制改组，将

其改造成股份合作制企业或有限责任公司，力争发展为上市公司。

对基础差、包袱重的企业进行租赁、转体、联合、兼并、拍卖、破产等多种形式的产权制度和经营形式的改革　有的可转办第三产业或将土地使用权依法转让，结合技术改造易地重建成符合现代企业制度的新型企业。

加大企业劳动、人事、分配制度改革的力度　企业有充分的用人自主权，劳动者有择业自主权，彻底打破干部、工人、农民不同所有制之间和城乡及地区之间的各种身份界限。坚持多种分配形式并存，体现效益优先兼顾公平的原则。建立职工能进能出、干部能上能下、工人能升能降的新机制。

逐步解决企业历史包袱　将企业"拨改贷"形成的债务改为"贷改投"，将其部分投资转为国家资本金。逐步剥离企业非生产性的生活服务职能，减轻企业负担。

四、继续深化农村改革

按照市场需求调整农业内部结构　在抓好粮食生产的同时，因地制宜地发展以椪柑、板栗、药材为主的农村支柱产业和庭院经济。加强农村社会化服务体系建设，大力发展"公司加农户"等经济合作组织。到 2000 年，全市农村实现人均 1 亩果、2 亩林的目标，农产品商品率达到 70%以上，优质品率达到 75%以上。

大力发展乡镇企业　对现有乡镇集体企业实行股份合作制改造，新办的乡镇企业一律实行股份制或股份合作制。到 2000 年，全市乡镇企业总产值达到 6 亿元。

逐步改革城乡分治和户籍管理制度，加快农村小城镇建设　推进乡镇合一、镇领导村的行政体制改革，逐步建立以居住地划分城镇人口，以职业划分农业和非农业人口的户籍登记制度，实现城乡一体化管理。小城镇土地管理由政府统一规划、开发和出让，建设用地可一次报批，分批征用。鼓励和促进乡镇企业、个体私营企业参与小城镇建设，鼓励农民带资进小城镇务工经商，繁荣小城镇经济。到 2000 年，全市新发展建制镇 3 个，建制镇人口增加 4 万人。

探索农村集体土地使用权有偿转让制度改革，推行以土地为主体的农村股份合作制　将土地所有权、使用权、承包权实行货币化，使土地折股量促进农村土地使用权有偿转让和开发利用。鼓励私人办农、林、牧、果等场。有组织、有步骤地向外输出劳动力，解决农村剩余劳动力的出路问题。

五、深化科技和教育体制改革

进一步贯彻落实"两个放活"的政策　积极引导和组织科技人员和有专长的干部职工下厂下乡从事第三产业，采取领办、入股、合作等形式推广科技新成果，开发科技新产品，促进乡镇企业、第三产业和农村经济的发展。重奖有突出贡献的科技工作者。

尽快建立与社会主义市场经济相适应的办学体制　坚持以政府办学为主体，放手发动和支持各种社会力量办学。民办学校在校学生享受公办学校在校学生的同等待遇。在抓好九年制义务教育的同时，优化教育结构，加快发展职业技术教育和成人教育，鼓励自学成才。到2000年，普及九年制义务教育，中等职业技术教育招生人数为高中阶段招生总数的6倍以上，所有乡镇都要开设农科教中心。

六、进一步扩大对外开放

积极改善投资环境，增强外商到吉首市投资的信心　抓紧抓好人民南路，大田湾路口和石家冲路口，石家冲桥、光明桥和环城路东桥建设，配合铁路部门抓好火车南站的扩容，配合电力、水利和电信部门抓好22万伏变电站建设，完成“南水北调”第二期工程，加快完成城区万门程控电话扫尾工程，开通国际直播，农村50%的乡镇开通直拨电话。改善投资软环境，实施符合国际惯例的对外经贸政策措施，简化外商投资办企业的审批手续，提高服务质量和办事效率，维护“三资”企业的合法权益。

继续贯彻“以开放促开发，以引进促改造，以外商促外贸”的方针，加大对外开放力度，加快外向型经济的发展　在鼓励引进技术、人才、资金、项目以及开展对口创汇等方面采取一系列优惠政策措施和“让政策跟着项目走”的办法，吸引各地客商到吉首投资兴工经商。到2000年，争取全市“三资”企业发展到20家，合同利用外资1000万美元。

七、加快社会保障制度改革

重点抓好城镇养老保险和失业保险改革，扩大城镇养老保险覆盖面；改革养老金的计发办法，建立统一的和个人账户相结合的新型保险体制，逐步实现养老保险金由单位和个人共同负担。实现城镇养老保险一体化。扩大失业保险范围，建立统一的社会保障管理制度。逐步推行城镇职工医疗保险和工伤保险制度，继续抓好农村居民房屋财产保险、农村计划生育独生子女户和两女户养老保险以及农村居民住房、医疗保险和农村社会养老保险工作。按照国务院的统一部署，积极推进住房制度改革，加快住房商品化、社会化步伐，逐步建立与社会主义市场经济相适应的城镇住房制度。

八、转变政府职能，加强宏观调控

建立健全国有资产管理体制　组建国有资产管理机构，负责监督、管理国有企业的资产，确保国有资产保值增值。切实加强政府对社会经济活动的宏观管理，从运用单一的行政手段转向综合运用经济手段、法律手段和必要的行政手段管理经济。

抓好财税金融体制配套改革　采取有效措施，增加财政收入。1993年和1994年，按照国务院的统一部署，配合银行系统体制改革，将现有国家专业银行改组为普通银行；积极创造条件，争取国家政策性银行在吉首市设立营业机构。继续办好吉首市前程城市信用社，力争办合作银行。改革税收制度，全面推行纳税申报和税务代理制，严格税务稽查制度，争取在1995年前实行新的税收征管制度。

加快机构改革步伐 根据“精简、高效”的原则和“小机关、大服务”的路子，按照省委、省政府的统一部署和要求，根据吉首市的实际完成机构改革任务，做好人员分流，实行政企分开、政事分开。在机构改革的基础上推行公务员制度，提高办事效率。

第三节 综合配套改革措施

一、加强对改革开放试验区试验工作的领导和协调

把改革开放试验区试验工作列入重要议事日程，作为一件大事来抓，坚持以改革开放为龙头，带动经济快速发展。市委、市政府成立改革开放试验区建设领导小组，在省委和州委、省政府和州政府的领导下负责试验区建设的规划、指导、综合、协调和重大改革试点工作。

二、成立吉首市经济体制改革委员会

负责全市改革开放试验区总体试验方案的组织实施，督促各部门制定和落实单项改革方案，指导、督促各部门做好体改工作，落实市委、市政府的重大改革措施。

三、各部门密切配合，形成合力

市计委、市民委、市经委、市财委、市建委、市农委、市乡经委、市外经委、市科委、市教委、市劳动局、市财政局、市税务局、市工商局、市国土局、市审计局、市统计局等部门除主任、局长挂帅外，还要确定一名副职分管体改工作，协调部门间的关系。各部门要制定落实有关单项改革方案，为改革开绿灯，确保各项改革到位和成功。

四、加强宣传工作和舆论导向

积极宣传各项改革的目的、意义、总体设想和奋斗目标，引导广大市民积极支持和参与改革。进一步解放思想，积极稳妥地实施改革方案，敢为天下先，及时总结和推广经验，确保改革目标的实现。

第四节 优惠政策

一、经济管理权限和财税金融优惠

吉首市除享受《中华人民共和国民族区域自治法》规定的各种优惠政策待遇外，按省委、省

政府批准的《实施方案》,在七年内还享有下列优惠政策待遇:享有地级市经济管理权限;财政自收自支,收入全留,不上解,不分成;对企业实行税收目标管理或投入产出大包干,享有减免权;1994～1996年,省财政厅、省计委和省民委每年从中央给少数民族地区的各种专项拨款中切块划拨300万元给吉首市;1994～1998年,省财政厅、省计委和省民委每年给吉首市安排1000万元启动发展资金;省银行每年给吉首市安排部分低息贷款;省直部门安排各项经费时适当向吉首市倾斜;省委、省政府对吉首市民族工商企业生产经营予以照顾。

二、请求帮助解决有关问题

(一)吉首市实行全方位改革开放试验,经州委、州政府同意,报请省委、省政府批准吉首市依据《中华人民共和国民族区域自治法》制定各项优惠政策措施,并行使省、州政府赋予的其他管理职能和权限。请求省委、省政府以文件形式对吉首市改革开放试验区建设优惠政策中经济管理权限予明示。

(二)请求继续执行少数民族优惠政策,对安排扶贫贴息贷款和以工代赈项目时适当倾斜;民贸和民族用品定点生产企业正常流动资金贷款享受优惠利率2.4‰,并减免征收增值税和营业税;对"丰收""星火""燎原"计划的实施优先照顾;帮助解决农村人畜饮水问题;对地方优势产品出口在计划、配额和许可证方面予以照顾;免征农业税;对三类农副产品收购予以定额补贴。

(三)适当扩大吉首市的经济管理权限,建议予以地级市的管理权限,有建设项目审批权、土地管理权、物价管理权、工商行政管理权、外贸进出口权、农转非审批权和机构设置权。

(四)允许吉首市实行财政自收自支,收入全部自留,不上解、不分成,七年内不变。享有一定的税收权限,允许对企业实行税收目标管理或投入产出大包干,享有一定的减免权。

(五)对吉首市改革开放试验区实行资金投入倾斜政策,要求省政府尽力争取国家将改革试点项目安排给吉首市,优先给吉首市安排省级试点项目。从1994年起,省计委、省财政厅和省民委连续五年每年给吉首市安排1000万元启动发展资金;连续三年每年从中央给少数民族地区的各项拨款中切块给吉首市划拨300万元。省银行连续五年每年给吉首市安排部分低息贷款;省直其他有关部门投资适当向吉首市倾斜。

(六)建议国家政策性银行在吉首市设立县级营业机构,在吉首市"前程城市信用社"的基础上组建地方合作银行。

(七)请求省委、省人民政府对吉首市民族工商企业生产经营给予照顾,解决"吉首市卷烟材料厂"户口和"乾州卷烟分厂"厂名称、生产计划和产品销售省外许可证问题。

(八)要求将湘川铁路在吉首接轨。

第五节　方案实施

根据试验目标的要求，试验分两个阶段有序推进。第一阶段，1994～1996年，全面铺开各项改革，抓住改革开放重点和突破口，试验区经济发展有一定速度和规模，效益有所提高，温饱问题基本解决，试验区建设形成大体框架。第二阶段，1997～2000年，巩固和完善各项改革成果，将吉首市建成湘鄂川黔边区重要的商贸中心和物资集散中心，财政收入和城乡人民生活水平有较大提高，经济实力有较大增强，城市基础设施比较完善，试验区面貌有较大改观，各项指标高于全省平均水平，进入全国中等发达地区的行列，在1993年的基础上，经济总量实现再次翻番的目标。

市委、市政府把实施《试验方案》列入重要议事日程，成立由主要领导干部负责的改革开放试验区工作领导小组和吉首市经济体制改革委员会。根据"强农、壮工、活商、兴市"的指导思想和"有利于生产发展、有利于人民生活水平提高、有利于民族团结和社会稳定"的原则，围绕"对外开放，对内搞活"的宗旨，先后制定出台《关于发展个体私营经济的暂行规定》《关于鼓励发展私营企业的若干意见》《关于引资奖励办法》《关于发展专业批发市场暂行办法》《关于搞好山地开发的决定》《关于财政收入目标管理奖罚办法》《关于党政机关办实体人员分流的决定》《关于加快发展乡镇企业的若干意见》《吉首市民族自治地方改革开放试验区若干政策规定（试行）》《吉首市民族自治地方改革开放试验区实施计划》等配套改革试验优惠政策措施。此外，还制定包括工业、农村、人事制度、教育体制、乡镇企业等方面的单项改革试验方案。

抓住改革开放的重点和突破口，改革流通体制，兴商建市，活商富市；改革国有企业产权制度，转换企业经营机制，建立现代企业制度；深化农村改革，加快城乡经济一体化进程；深化科技教育制度改革，推动科技教育发展；加快社会保障制度改革，扩大城镇养老保险和失业再就业的覆盖面；积极改善投资环境，增强外商到吉首投资的信心；继续贯彻"以开放促开发，以引进促改造，以外商促外贸"的方针，加大对外开放的力度，加快外向型经济的发展；转变政府职能，加强宏观调控，提高办事效率；继续实行"低税收、广税源、轻费赋、促发展"的优惠政策；市辖区内除烟、盐专营外，按法律法规全面放开经营项目和品种，允许国有企业、集体企业、个体私营企业公平竞争。经过七年的艰苦奋斗，试验区各项工作取得突破性进展，综合实力明显增强，经济社会持续发展。2000年，全市生产总值19.61亿元（当年价），占《试验方案》奋斗目标98.05%，比1993年增长近2倍，年均增长16.7%；农业总产值2.67亿元（当年价），超过目标69.66%，比1993年增长1.48倍，年均增长11.2%；乡镇企业总产值9.4亿元（现行价），为目标6亿元的1.6倍，比1993年增长2.8倍，年均增长15.6%；工业总产值6.54亿元（现行价），比1993年增长2.6倍，年均增长14.6%；社会商品零售总额11.75亿元，占目标15亿元的78.33%，比1993年增长1.6倍，年均增长7%；第一、二、三产业间比例，1993年为2∶3∶5，目标为1∶2∶7,2000年为1∶5∶4;财政收入9118万元,占目标2.5亿元的36.47%,比1993年增长25.39%,年均增长3.3%(目标为10.9%);人口自然增长率6.23‰(目标为10‰以内);城市居民年均现金收入7095元,比目标多2595元,比1993年多3860元;农民人均纯收入1803元,比目标多303元,比1993年多1013元。《试验方案》规划2000年个体私营企业达2万家,从业人员4万人。至2000年,个体私营企业和从业人员分别由1993年的6894家、11744人发展到8242家、17248人。

至2000年,先后完成人民南路、武陵东路、西环路、团结路人行天桥、武陵山人行天桥、光明高架桥、市二水厂扩容、南水北调、万溶江220千伏变电站等一批重点工程建设项目,城市建成区面积由1993年的9.3平方千米扩展到13.2平方千米,城区水厂日供水能力达10.5万吨,覆盖面积834公顷。

在吉首市改革开放试验效应的带动下,省域民族自治地方紧跟全省发展步伐,以适应社会主义市场经济基础为着眼点,大胆探索,敢于改革,因地制宜地选择发展的突破口和模式,积累了许多成功的经验,先后形成以发展边贸和民营经济为特色的靖州模式、以发展民族风情旅游为特色的凤凰模式、以小城镇建设和农业产业化为特色的龙山模式、以有色金属采炼和第三产业发展为特色的花垣模式,湖南省民族经济实力大为增强,形成"靖州现象""凤凰花垣经验"和"龙山效应",构成湖南省民族经济发展中一道亮丽的风景线。

1996年11月25～27日,省民委和省体改委联合在吉首市召开全省民族自治地方改革开放现场经验交流会。会议总结交流全省民族自治地方近年来在深化改革、扩大开放方面的情况特别是吉首市民族自治地方改革开放试验区贯彻省委1994年21号文件开展改革开放试验的情况,推介吉首、靖州、龙山、花垣、凤凰等县市所取得的经验和成功做法,研究协调和解决民族自治地方深化改革过程中遇到的问题,探讨加大民族自治地方改革开放力度,尽快建立与社会主义市场经济要求相适应的经济管理和经济运行机制的有效途径。

第五篇　民族教育　广播　电视

镇溪军民千户所时期，市域仅有少数私塾。建厅后，清政府为“圣朝同风”，推行“以苗治苗”政策，“化导”苗民，开办屯义学和新义学馆，建立诚书院。光绪二十六年（1900），厅教谕署开办全厅第一所小学乾州高等小学堂。民国时期，市域教育事业较前发展。民国8～13年，全县有国民小学8所，其中中心国民小学4所，教职员工34人，在校学生554人，始建湘西第一所初级中学湖南屯区七县联立初级中学，在校屯苗学生30余人。民国32年1月，市域有第一所完全中学湖南省立第十三中学。民族师范教育始于民国25年7月，省教育厅按省政府决定在所里开办湘西特区师资训练所，首批招生91名，学生半年学习、半年实习，结业后分配到苗区开办特区短期义务教育。至民国38年，全县有小学89所（私立1所），教职员工239人，在校学生7160人，适龄儿童入学率仅21.96%；中学1所，教职员工41人；师范学校1所。乾城县和平解放后，民族教育事业较快发展。1952年，全县有学校110所，教职员工305人，在校学生9223人中学1所；民族师范学校1所，教职员工35人，在校学生528人。1956～1976年，教育教学工作受到历次政治运动特别是“文化大革命”运动的干扰、冲击甚至破坏，发展很不正常，教学质量普遍下降。1978年12月后，拨乱反正，重教育、重科学，民族教育得到健康持续发展。至2012年，市域有各级各类学校120所，教职工7988人、在校学生112071人、毕业31497人。其中：小学24所，教职工1601人，在校学生25454人，毕业4819人，适龄儿童入学率达99.57%；中学19所，教职工1760人，在校学生21941人，毕业6491人；中等专业学校10所，教职工681人，在校学生16661人，毕业4474人；高等院校3所，教职工2285人，在校学生36526人，毕业8558人。通过扫盲工作，至1996年，全市基本扫除青壮年文盲，青壮年非文盲率达99.6%，被评为全州扫盲先进市。

民国26年，市域始见一台干电池收音机。县民众教育馆设收音室。1950年10月，县人民政府设收音站。1952年，县收音站购置扩音机1台、高音喇叭2只，为市域安装最早的高音喇叭。此后，城乡收音站（室）逐步添置收音机和收录机。至1988年，全市有两机30653台，其中农村11079台。1956年，建县有线广播站，借用电话线路进行有线广播。至1970年，全县179个生产大队和971个生产队中有932个通广播，生产队通广播率为95.98%。1992年，市广播站改为市广播电台。1994年,该台停办广播节目。1997年7月,撤销市广播电台。

1975年,州广播局购买的一台上海牌14英寸电子管黑白电视机是市域第一台黑白电视机;次年,省广播局配给该局的一台上海试产的金星牌彩色电视机为市域最早的一台彩色电视机。此后,电视机逐渐增多。至1988年年末,全市有电视机20115台。其中:城区黑白电视机12189台,每100户平均71.6台;彩色电视机5270台,每100户平均35台。农村有黑白电视机2656台,每100户平均8台。20世纪80年代后,电视事业迅速发展,电视机逐年增加,且不断更新换代,覆盖面不断扩大。至2012年,城市居民每100户平均有彩色电视机104台,黑白电视机早已被淘汰,有线电视入户率达100%;农村居民每100户平均有彩色电视机98.57台,黑白电视机也被淘汰,通过实施"村村通"工程,有线、无线和卫星地面接收站三种传输方式,实现无缝隙覆盖,覆盖人口达100%。

第一章 私塾 学馆 书院

第一节 私 塾

明朝正德年间(1506~1521),镇溪军民千户所上涝寨(今峒河街道上老村)苗族宿儒吴鹤潜心家乡民族教育,先后在上涝、三岔坪、燃桐坪、司马溪、溪马、镇溪设帐授徒。清嘉庆二年至道光十七年(1797~1837),塾师聂继志、张昌植先后在乾州办私塾。清末(1911)至民国11年(1922),苗族塾师龙士成、陈大奎、吴焕然、张兴杰、梁庭操分别在新寨(今己略乡地)、下百户(今排吼乡芭颜村)、南方三十涝(今双塘镇团结村)、西乡(今矮寨镇)等苗寨办私塾,以《三字经》《百家姓》《集注增广》《千家诗》《声律启蒙》及四书五经为教材,塾师点读或串讲,学生按要求写字、背诵、默写和作文,对文化程度较高、成绩优秀者每月安排六天吟诗作对。

民国初期,市域教育处于改制阶段,新旧学制交替,新旧教育思想斗争激烈,城乡居民仍留恋旧学,将新学县立学校称为"洋学堂",多数人不愿意把子女送到"洋学堂"就读。因此,乾城县政府虽多次奉湘西巡防军统领陈渠珍责令取消私塾,但私塾仍有增无减,由民国28年的20所增至38年的64所。

1951年1月25日,乾城县人民政府取消所有私塾,将929名(其中苗族346人)学生分别编入当地小学校,部分塾师被留任小学教师。

第二节 学 馆

清乾隆三年(1738),乾州厅署在苗乡三岔坪和寨阳各设蒙馆1所。乾隆六年,在司马溪

(今太平乡司马村)、百里坪(今河溪镇河溪社区辖地)、喜鹊营(今马颈坳镇团结村辖地)和苗乡轨者(今矮寨)各设蒙馆1所。

清乾隆三年,厅署在乾州西关厢和镇溪吴鹤祠各设经馆一所,招收蒙馆或义学修业期满的生童入馆,攻读儒家经典,习作诗文。乾州经馆首任主讲为龙阳举人龙升明。乾嘉苗民起义期间,经馆毁于战事,嘉庆二年(1797)重建。镇溪经馆首任主讲为宁乡县贡生胡师谦。

清嘉庆十二年(1807),傅鼐在湘西苗区实行“屯田养勇”。同时,在乾州厅厅城乾州西关厢、镇溪新街堡及溪马、鸦枝寨、三十涝、大坝坪、百户寨、野茅坪办8所屯义学,招收驻军及屯区农户子弟。另在苗乡庄上坪、树耳寨、龙保寨、瞿家庄、小溪、劳神寨、荡坨、榔培溪、黄脑寨、阳孟寨、莽车各办新义学1所。各蒙馆和义学除讲授传统教材外,还加授《孝经》《小学》,农历每月初一和十五日,焚香宣讲《圣谕广训》,成为定例。

第三节 书 院

清嘉庆十二年(1807),清政府为约束苗民身心,以资化导,在乾城(今吉首)、凤凰、永绥(今花垣)三厅及泸溪、保靖、麻阳三县各设书院一所,书院膏火束修费用从“官赎田”内划拨学田,凤凰厅500亩(33.33公顷)、永绥厅400亩(26.67公顷),乾州、泸溪、保靖、麻阳四厅县各300亩(20公顷)。嘉庆十四年(1809),又从新垦屯苗田中给这六所书院增拨学田100亩(6.67公顷)。

嘉庆十二年,辰沅道伊傅鼐捐资,乾州厅学教谕邓枝麟主修,择乾州城祖师殿旧址,另征民地建“立诚书院”。道光四年(1824),新化县人王者瑞主讲,增修“魁星阁”和“文昌阁”。咸丰十一年(1861),书院毁于兵燹。同治五年(1866),厅同知王应诰在旧址修建讲堂5间、东西斋房8间、正室3间、魁星阁1座,恢复立诚书院。民国14年(1925),熊克武率川军北伐讨袁时,书院又毁于兵燹。

书院原为藏书供祀、讲学之地,清朝中期至末期,书院重政治、轻科技,成为地方官员的台柱、出仕登科的台阶。讲习的基本内容以经学和史学为主,教材一为“博道学”,包括经史学、诸子学、公理学;二为“专门学”,包括公法、律吕、交涉和约章。对“专精之书”必须讲习,对“涉猎之书”则略加浏览;对孔孟“五经”、“四书”必须熟读诵背,连朱熹注释也要背诵如流。重视习字读书,崇尚八股文,读诗、写诗为必修课,生员对唐宋诗词、声律音韵必须熟读牢记,随修业年限逐步研习绝句、律诗、试贴诗。每逢朔望,厅府官员必去书院宣读《圣谕广训》,躬亲讲约,训导生童。乾隆年间,湖南学政钱沣巡视书院课试时,正襟坐厅,事目炯炯,始终不倦,对生童试卷逐字校阅,对“凡字画破体省俗,必与谴责”。

第二章　民族初等教育

第一节　苗义学

湘西土家族地区“改土归流”后，清政府把土司管辖的乾州、凤凰、永绥、古丈坪、保靖、泸溪等苗族聚居区称为“新辟苗疆”，并着力“振兴苗疆文教”，“以正人心，移风俗，化冥顽循骜”，使苗民“归于仁义，中正之途”。乾隆三年，乾州厅同知王玮奉旨分别在乾州城内和镇溪所设立乾州城义学和镇溪所义学，每年给两所义学各拨付藩库廪银40两。嘉庆十三年(1808)，辰沅道伊傅鼐奉湖南巡抚景安令，在乾州、凤凰、永绥、古丈坪、保靖五厅县增设苗义学50馆，其中乾州厅8馆即朗贝溪、陇堡寨、庄上坪、瞿家庄、阳孟寨、黄脑寨、小溪、蟒车各1馆。次年，湖南布政使傅鼐以“苗地通计义学50馆，相距较远，或数十里，或百余里，负笈往返颇劳跋涉”为由，经礼部批准，于嘉庆十五年又在上述五厅县增设“深巢”苗义学20馆，其中乾州厅两馆即劳神寨和树耳寨各1馆。

苗义学行政管理由清王朝中央政府及皇帝严格控制。康熙初年，苗义学始创，聘请外地或厅内文行兼优、文理通明、学问明通者为馆师。康熙四十九年(1710)，湖南巡抚景安依照湖南偏沅巡抚赵申乔巡视、考察苗疆书院、义学馆师诏示制定的《屯苗馆师章程》规定，书院掌教者由道延请品学兼优者主讲，屯苗义学馆由各厅、县令慎选师傅，报道备案查核。由于各厅、县令皆为外地“流官”，他们认为本厅、县士子难以胜任馆师之职，于是便从益阳、长沙等地廪贡生员到苗义学任教，予以优厚待遇。嘉庆年间，每年巡道牌示延请苗义学馆师，择优录取品行端正、文字明通的生童补充馆师或由教职荐举、保送，如有滋生事端者，惟荐举、保送者是问。道光十三年(1833)，辰沅道道伊翟声焕稽查苗义学馆，以收“训迪实效”，预防在苗寨寻衅生事，竟严禁汉人充任苗义学馆师。如馆师不足，应先尽苗生补充，若还不足，再从该馆生员中慎选。光绪元年(1875)，由于屯谷削减，馆师由厅、县遴择品优学粹、齿德佼佼之举人和拨贡充任，不再外聘，免俟程途往返，稽误课程，减少束修支出。

为提高苗义学馆师教读能力，厅学署于每月三日、二十三日将馆师召集到厅学署讲堂，由监院给他们上馆课，四书文、经解各排律一首。厅教职常莅临义学馆稽查考课苗师，按其勤惰，分别奖罚，年终甄别，去劣留优。嘉庆十四年，傅鼐擢升为湖南按察使后，每年秋例行巡察苗疆，督查对苗师的考课、榜示、录用，堵塞私结裙带之风。至清末，苗义学馆馆师绝大多数由苗族廪贡举生员担任，有声望者不乏其人。清政府将乾州、凤凰、永绥、古丈坪四厅和保靖县视为“边缴之区，蛮獠荒僻之薮”，对苗义学教学除适民族特点“讲习有方，董劝有术”外，始终将宣扬“德化”、阐明“圣道”、甄陶“野性”和美化“风俗”放在首位，制定苗义学“学规”，苗义学教学内容为“智、仁、圣、义、忠、和”六德，“孝、友、睦、任、姻、恤”六行，“礼、乐、射、御、书、数”六艺，旨在

“约束苗生身心”,“折其心,而遏其逞”,“化导而绵教思”,使苗生童懂得“孝亲事长之道”,恪守“进退揖让之礼”。为激励苗生勤奋学习,义学于每月初三举行命题试文,奖给优胜者纸和笔。

苗义学馆舍修建、教职馆师薪俸等经费从清政府藩库和屯防租谷中列支。

第二节　“边胞”小学

民国时期,民族教育称为“蒙藏教育”和“边疆教育”。民国18年(1929),国民政府设置蒙教边教机构,创建蒙藏学校。湖南省虽不属边远省份,但湘西和湘南少数民族地区属湖南边远地区,称为“边胞土著特区”。民国24年,省教育厅将少数民族聚居的乾城、凤凰、永绥、保靖、古丈、泸溪、桑植、新晃、城步、通道、江华、桂东等县划为“边远县”,以各县经费支绌、人才缺乏、教育程度比省会及发达各县低为由,为促进边远县小学教育,制定《湖南省款补助边远县份小学教育办法》(以下简称《办法》),各县按《办法》规定在县政府驻地选择县立较优小学1所,每年由省款补助银洋1000元。补助金80%用于教员薪金、20%用于购置教学设备。校长由县政府遴选,报省教育厅委任,必要时由省教育厅直接委任;教员由县政府选调,省教育厅指派省立师范学校一名毕业生前往服务,必要时,全部由省教育厅指派省立师范学校毕业生担任。要求学校成为全县教学楷模,并负责指导全县小学教学工作。如办学不良,成绩太劣,省教育厅即取消其补助费。乾城县政府确定将设于县城乾州的县立模范小学为省款补助“边胞”小学。民国30年,“边胞”小学与县女子小学合并为乾州镇国民中心小学。1950年4月,改名为乾州镇中心小学校。1956年9月,乾州镇中心小学分为乾州镇第一完全小学和第二完全小学。1965年9月,两校并为乾州小学。1976年9月至1987年9月,乾州小学附设初中部。1988年,学校占地0.85公顷、建筑面积2937平方米,教学仪器价值5650元,设小学教学班28个,在校学生1374人,其中苗族329人、土家族676人。

第三节　特区短期义务小学

民国25年(1936),在省政府行政扩大会议上,永绥、乾城、江华、蓝山等县县长和第七、第九区专员以及辰溪区警备司令以“边区特种部族生活习惯特殊,思想锢闭,文化落后,政令推行极为困难”为由,向省政府提交《应急普施教育以期易受同化而固国族》的提案。是年,湖南省第三行政督察专员公署秘书湘西苗族石宏观、凤凰县教育局局长刘佛林,乾城、凤凰、永绥、古丈、保靖五县苗族代表石启贵、龙达三、龙辑伍等人联名向省政府呈交《湘西苗族文化经济建设方案》(以下简称《建设方案》),要求省政府发展湘西民族小学教育,增设短期小学及民众班。

省政府委员会常委会第671次会议讨论、通过了《建设方案》，决定：由地方政府以“强迫”、“诱导”方式促其踊跃入学；各县小学应设法招收特种部族学生并视地方之需要开办短期义务专班；遴选特种部族优秀子弟送入师范学校，培养师资；学生费用依照省教育厅颁布的湖南公立和私立中学特种部族学生免费办法予以免费；实施国防教育和边区特种教育；责饬省教育厅和湘西苗防屯务处主办和实施。

民国26年，省教育厅遵奉省政府指令，实施湘西特区二年制短期义务教育制度。土著特区各县于民国26年下学期开办特区短期义务小学119个班，其中乾城县12个班；民国28年，增设53个班，其中乾城县7个班，所有土著特区短期义务小学经费全由省款开支。

各县教育科按省教育厅要求对特区短期义务小学进行视导检查，督饬有关乡镇公所不得将短期义务小学有名无实。民国27年11月，乾城县政府派教育督导员视导县短期义务小学和特区短期义务小学，发现鸦溪、蟒车、牯牛坪特区义务小学均未开学上课，仅校门悬挂一块校牌，校长只顾按月到县政府领薪水。县政府指令乡长、保长和甲长挨户清查，强迫学生入学，对不听规劝而抗拒者予以警告、罚款等处罚，并派县督导员到各乡督促，逐户逐校调查登记，督令学校开学、学生入校。民国28年上学期，情况稍有好转，小溪、补沙等特区短期义务小学在校学生较前学期增加一倍多。

民国29年8月，各县县政府按国民政府颁布的《国民教育实施纲领》及《湖南省各县保小学校和乡(镇)中心小学校实施办法》，停办湘西特区土著短期义务小学，校产教具由县政府分配给新设的保国民学校，或折价作国民性学校开办补助费。

第四节　苗族中心小学

1949年年末，乾城县苗族人口36913人，占全县人口39%，而苗区仅有中黄乡(今矮寨镇中黄村)一所中心小学，在校学生仅3人，校舍破烂不堪。

1949年11月5日乾城县和平解放后，中共乾城县委、县人民政府宣传、贯彻、落实中共中央的民族政策和教育方针，恢复和发展少数民族地区教育事业，至1952年上学期，全县有苗区中心小学23所，在校学生375人。1953年1月至1956年7月，全县设78个乡，每乡设一所中心小学。1956年7月至1958年9月，撤区并乡，全县设8个乡，每乡设一所中心小学。1958年9月至1984年4月，全市14个农村人民公社各设1所中心小学。1984年4月至2005年年末，全市设9个乡、5个镇，每个乡镇设1所中心完全小学，全市有村小学120所、片小学11所、九年一贯制学校1所，小学教职工924人、在校学生15185人。经调整学校布局，至2012年，全市有乡镇中心完全小学8所、片完全小学4所、村小学15所，教职工1463人、在校学生25454人。

第五节　学前教育

一、幼儿园

民国29年(1940)春,乾城县教育界人士黄穆如和杨濂(女)发起在县城乾州创办市域第一所幼儿园乾州幼儿园,开设音乐、故事、儿歌和生活常识课,次年秋,该园停办。

1955年9月,湘西苗族自治州直属机关幼儿园在吉首镇马坡岭建成开园,为乾城县和平解放后首所幼儿园,入园3~6岁幼儿24人,编成一个混合班。次年,县妇联在吉首镇南开办县幼儿园,配教职工4人,招收幼儿26人,编成一个班。

1958年"大跃进"运动中,农村大办幼儿园,全县幼儿园达162所、168个班、在园幼儿4153人,园长2人、教育员286人、职员3人、工友11人。其中:机关团体办1所,3个班、幼儿92人,园长(主任)1人、教养员3人、职员1人、工友8人;教育部门办1所,3个班,幼儿89人、教养员3人、工友1人;农村160所,具托儿所性质,多由妇女干部代管,163个班,幼儿3792人、教养员280人为不识字、不能干农活的老年妇女。无园址、无园长、无设备。

1960~1962年,国民经济困难时期,农村幼儿园停办。1965年,全州仅有吉首县开办幼儿园22所。

"文化大革命"运动中,幼教工作被视为"修正主义教育路线"而遭到批判,被迫停办,市域只有州幼儿园继续开办。1974年,学"小靳庄",部分公社和生产大队办幼儿班或幼儿园129个(所)。1975年,乾州镇蔬菜生产大队办幼儿园1所,配教养员和保育员3人,入园幼儿73人,编成大、中、小3个班,开设故事、音乐、舞蹈、绘画和体育课,结合开展户外活动。

1978年,教育部颁发《中华人民共和国幼儿教育工作条例》,各园(班)按《条例》统一设语言、文字、计算、生活常识、游戏、音乐、美术和体育课。1979年,苗族聚居的丹青、排绸、排吼、矮寨4个公社,土家族聚居的双塘和太平2个公社,苗族、土家族、汉族等杂居的马颈坳公社和乾州镇办幼儿园共17所,入园幼儿646人,编成20个班。

1980年,教育部颁发《中华人民共和国幼儿教育纲要》,县革委会按《纲要》要求,成立吉首县幼教工作领导小组,将农村幼儿园调整为10所、13个班,在园幼儿446人。从1981年起,幼教工作由县妇联领导改为县教委统一领导,各幼儿园按县教委要求对园舍进行改建、扩建或重建,建成花园式幼儿园,逐步完善生活和教学设施设备,配置电脑、电视机、收录机、电子琴等现代化设备。

1982年冬,市直22个单位捐资17000元,市财政拨款3万元,州教委拨款4万元,在吉首城区西北峒河河畔动工新建市幼儿园。1984年10月,市幼儿园占地面积7333平方米,固定资产66万元,开园招生,按《幼儿教育纲要》设班授课。2005年,在园幼儿148人,设教学班4个,其中大班和小班各1个、中班2个;教职工18人,其中大专学历10人、中专学历4人、高中毕业3人、初中毕业1人。经州教育局评审组评审为州级示范性幼儿园。2006年9月,经州教育局进行等级督导评估为B等,被认定为合格幼儿园。

1989年,市域有幼儿园42所,在园幼儿1164人,市域州幼儿园被定为全州示范性幼儿园,由州教委领导,实行园长负责制。

1991年,市教委贯彻落实湖南省教委颁发的《湖南省示范性幼儿园标准(试行)》,城镇幼儿园办园主体呈现多元化,教育部门通过办好示范性幼儿园加以规范和引导,幼儿教育事业主要由社会力量兴办,民办幼儿园发展较快。是年10月,州教委颁发《湘西自治州幼儿园登记注册规定》,规定任何单位或个人开办幼儿园必须到当地教育行政部门登记并接受办学评估。1999年,实行"幼师资格制度",幼师持证上岗。

2002年,结合本市实际,采取公办与民办相结合的办法,在基本普及学前一年教育的基础上,创办乡(镇)中心幼儿园。2005年,全市有幼儿园42所,在园幼儿7373人,占适龄幼儿98%。从2007年起,公办幼儿园由市教育局管理,民办幼儿园经市教育局审核批准,进行业务督查和考核,民间组织管理局办理许可证。2010年,贯彻落实《湘西自治州人民政府关于加强幼儿教育改革与发展的若干意见》,多渠道发展学前教育。至2012年年末,全市幼儿园发展到61所,教职工增至1136人,招收幼儿5508人,在园幼儿11349人,出园幼儿4420人。其中民办幼儿园59所、教职工983人、招收幼儿4139人,在园幼儿10712人,出国幼儿4021人。

二、学前班

1984年春,万溶江、白岩、丹青、寨阳、排绸、太平、已略7乡办幼儿学前班11个,招收6岁幼儿345人,占农村幼儿数7.5%,学制一年,进行学前常规训练。11月,14个乡中心完小附设学前班。次年上半年,各乡镇办学前班23个,在班幼儿588人,入班率12.6%,按《幼儿教育纲要》统一课表、课时和教学内容。下半年,学前班增至26个、1084人,入班率14.9%。1986年3月,市教委普教股印发《市教委关于加强学前班工作意见和教学基本要求》,要求各班统一课表、课程、课时,严禁使用小学一年级教材,纠正学前教育"小学化"倾向。12月,在全州学前班检查评比中,吉首市学前班教育获总分第一。1987年,班数增至56个、幼儿2618人,入班率达45%。1988年,城区办新蕾、城西、西门、前进、幼芽等6所学前班性质的"幼儿园",共18个班。农村学前班57个,2638人,入班率达46.2%。

1995年,贯彻落实州教委颁发的《湘西自治州幼儿教育学前教育暂行规定》,纠正学前教育"小学化"倾向和以盈利为目的错误做法,办幼儿园管理规范化试点,逐步建立完善学前班登记和管理制度。2000年,贯彻落实《幼儿园工作规程》,整顿城镇学前班,州教委统一下达学前班招生计划,规定城镇各小学不得以任何借口拒绝幼儿园大班已到入学年龄的幼儿入学。2002年,全市办学前班105个,在班幼儿3561人,学前三年受教率29%。2012年,全市有学前班66个,在班幼儿1154人,学前一年受教育率达99.3%。

第六节　民族寄宿制中心小学

湘西州地处边远山区，少数民族居住分散，交通不便，小学生上学路程远，严重影响少数民族地区初等教育的普及和教育质量的提高。为加速民族地区普及小学教育的进程，积累教学经验，带动面上学校，为逐步实现九年制义务教育打好基础，1983 年 3 月，州政府决定统筹安排人力、物力和财力，在民族地区兴办一批民族寄宿制小学，每县市一所，责成州、县、市教委协商选定学校，报州政府审批。是年 6 月 20 日，州政府行文批准吉首市丹青中心小学、龙山县岩冲中心小学、大庸县温塘中心小学等 10 所中心小学为民族寄宿制中心小学。这批学校的前身为创办于清代私塾或民国时期的学校，吉首市苗族聚居乡丹青中心小学属于后者。10 所民族寄宿制中心小学享受省、州、县市政府及相关部门给予的优厚待遇，校舍建设、图书仪器等设施设备及师资队伍得到扩大、充实、加强和完善。1989 年上学期，丹青民族寄宿制中心小学有国家教师 24 名，开办 11 个班，在校学生 396 人(绝大多数为苗族学生)，校舍建筑面积 1450 平方米，图书 250 册，仪器价值 1989 元。

1990～1992 年，市教委、市民委按照 1990 年 2 月 23 日《湖南省教委湖南省民委关于在全省民族地区建设寄宿制中心小学的实施意见》，在少数民族居住分散的边远山区乡镇排绸、排吼、社塘坡、己略、太平、白岩、河溪各建 1 所民族寄宿制中心小学。这 8 所民族寄宿制中心小学(含原办的丹青民族寄宿制中心小学)辐射半径在 5 千米以上，主要解决小学五六年级学生的住校条件问题，要求寄宿生规模 200 人以上。有较好的食宿条件，学生宿舍面积每生不少于 2 平方米，人人有木床或铁床，并为家庭生活十分困难的学生提供被褥和蚊帐；有较完善的生活设施，有满足师生开餐使用的厨房、炊具和食堂；有较好的卫生设施，能保证寄宿生的开水和热水供应，有男女寄宿生澡堂，有蹲位足够的男女厕所；有基本保证师生蔬菜供应的生产基地；有兼职校医、炊事员和管理人员。根据基础教育分级办学、分级管理的原则，以市、乡镇级为主筹资、省、州财政拨付补助专款重点帮助乡镇建好民族寄宿制中心小学。每建好一所民族寄宿制中心小学，省财政补助 3 万元，州财政予以相应补助。创办民族寄宿制中心小学得到相关少数民族地区各族干部群众的拥护和支持。1990 年，白岩乡政府在创办民族寄宿制中心小学的过程中开展献工、献钱、献地、献粮活动，全乡献工 1891 个、献钱 3400 多元、献地 0.62 公顷、献粮 1250 千克。

1990～1995 年，省教委、省民委对民族寄宿制中心小学进行检查验收，各所民族寄宿制中心小学按要求消除危房，添置木质或铁质床铺、被褥和蚊帐、开水桶，划拨蔬菜基地，基本解决学校师生的吃、喝、住问题。是年 12 月 12 日，河溪镇民族寄宿制中心小学在省教委、省民委联合在靖州苗族侗族自治县召开的全省民族寄宿制中心小学建设工作总结表彰会上被评为“规范化民族寄宿制中心小学”。

随着办学条件的改善特别是学生寄宿条件的完善,学校管理工作得到加强。各学校调整和充实领导班子,建立健全各项规章制度,做到教学常规管理和学生生活管理有章可循。教师安心从教,学生安心学习,“一校三中心”即农业培训中心、科技培训中心、教育培训中心作用得到充分发挥,民族寄宿制中心小学成为当地乡镇的样板学校、龙头学校和传播社会主义精神文明的前沿阵地。随着学校管理工作的加强,教学质量稳步提高。1999年,全市基本普及初级教育,适龄儿童入学率达99.47%,在校学生巩固率为98.51%,毕业率为96.86%,小学毕业生升初中的比例达95%以上,超过全州水平。

第七节　希望小学

1993年,中共湖南省委书记王茂林率领省委、省政府及省直有关部门负责人在湘西州调查研究,针对湘西州人才匮乏、劳动者素质低而制约经济社会发展的情况提出治贫先治愚、扶贫先扶智、脱贫致富最根本的是依靠劳动者素质的普遍提高的思路。次年9月,在省直机关单位庆祝教师节的大会上,他提出举全省之力,支持湘西州发展民族教育,动员省直机关和经济效益较好的大中型企业帮助湘西州建设100所希望小学的倡议得到各方响应和支持。10月,省教委办公室印发《湖南省教委共青团湖南省委关于援建湘西自治州首批希望小学的通知》,决定帮助湘西州分批建设100所希望小学,建校资金由省财政按每所学校15万元分两次下拨,地方按1∶1配套筹资。1994年,市委、市政府抓住此次难得的历史机遇,成立吉首市希望小学建设协调领导小组(以下简称“市协调小组”),协调小组设办公室,共青团市委、市教委分别由一名副书记和一名副主任负责希望工程建设工作,贯彻落实州政府关于对全州100所希望小学建设工程实行八项优惠政策措施,多方筹集配套资金,并对希望小学建设在征地、勘察设计、预算编审、工程质量监督、建房材料等方面所需费用予以全免或减半征收。市协调小组贯彻落实《湘西自治州希望小学建设协调领导小组关于加强全州百所希望小学建设管理的通知》精神,规范各项建设程序和工作步骤,加强督查,做好协调工作,及时解决希望小学建设中的突出问题,推进希望小学建设。至1995年上半年,全市筹集“希望工程”建设资金431万元,建设希望小学26所,总建筑面积38750平方米,其中省直扶贫单位捐资161万元,援建希望小学10所,总建筑面积7028平方米。市协调小组通过各种宣传媒体广泛宣传“希望工程”,得到社会各界对“希望工程”的关心和支持,积极为希望小学建设捐款捐物投工。市、乡、村三级筹集配套资金300多万元,农村干部群众献木料387立方米、砂石460立方米、砖6万多块,投义务工45000多个。涌现一批援建希望小学的典型。私营业主梁富顺捐资17万元;中共党员、市政协委员、62岁的寨阳乡曙光村村民周德银出资17600元援建两所希望小学。

1995年9月11日,州委、州政府在吉首乡振武营村举行全州百所希望小学落成典礼。中共中央政治局常委、全国政协主席李瑞环,中共中央统战部副部长郑万通,中共湖南省委书记王茂林等中央和省委、省政协领导干部以及州、市、吉首乡主要负责人参加典礼活动。在典礼仪式上，李主席和郑副部长分别给希望工程基金会捐资4000元和1000元。李主席对州、市负责人说："希望工程大有希望。这几年，你们做了很多工作，要总结经验，继续前进，省委、省政府要组织当地党政部门和社会各界定点支援贫困地区办教育。这种办法很好，可以在短期内取得明显成效，应该总结推广。"

1994～2005年，全市筹集"希望工程"建设资金1153.8万元，其中市外捐资827.5万元、市乡村配套资金326.3万元，建设希望小学42所，在全州率先实现每个乡镇都有希望小学的目标。2005年，全市小学无危房，学校基础设施基本配套，教学质量普遍提高。1994～2005年，在全州小学教学质量评估中，吉首市一直名列前茅；2005年，在全州基础教育综合评估中，吉首市名列第一，适龄儿童入学率达99.84％。苗族聚居的己略乡为特困乡，己略学校原管理较差，教学质量较低，1993年、1994年，学生成绩在全市农村学校倒数第二和第三名。经支教人员和全校教职工的共同努力，学校管理水平和教学质量明显提高。1995年，全市会考，该校六年级语文及格率达100％、优秀率为85.3％，居全市农村中心完小之首；数学及格率达98.7％、优秀率为82.9％，居全市中心完小第二名。

第八节　民族实验小学

市民族实验小学于1997年11月筹建，1999年9月，学校挂牌开学，周永生被公选为校长，聘用80多名教师，成为全州第一所打破原来的用人制度而实行公开选拔校长和招聘教师的学校。1999年9月，学校建成2200平方米的学生公寓，住校学生200人。2002年9月，住校学生450人，开设电脑信息技术和学科整合实验班，成为全州第一所开设英语和电脑课程的小学。2004年，新建一栋3600平方米的学生公寓。

学校按"探求集团运作，打造三湘名校，瞄准全国一流，指向目标接轨"的办学理念，将优质教育资源转化为教育教学优势。2000年，学校被定为吉首大学师范学院教育教学实验基地。2002年，被定为国家基础教育课程改革项目实验学校、教育部"十五"规划重点课题新课程理论与实践实验基地，被省教育厅评为"全省德育工作先进单位"。2003年，被共青团省委定为省青少年教育研究基地。2004年，被省体育局定为省蹦床后备人才培训基地，被团省委列为"红领巾"示范学校。2005年5月，获"湖南省'双合格'优秀示范家长学校"和"州级文明单位"称号，被评为全州管理规范、社会反映好的10所学校之一。是年12月，学校转制，成为全州唯一一所寄宿制民办民族实验小学，占地2.8公顷，有教学楼两栋、综合科技楼一栋、办公楼一栋、学生公寓三栋、学生餐厅3500平方米，可同时容纳2200人一人一座就餐；有篮球场2个，250米环行跑道运动场、足球场、乒乓球场(容纳10张球桌)各一个；有校园网络、校园广播、校园电视、校园监控、校园热水供应五大系统；教室安装多媒体教学设备，各种功能室全部配置一流设备；每间学生寝室有洗漱卫生间，安装电话、空调，24 小时供应热水。学校设小学部和学前教育部，开办教学班 36 个，在校学生 2266 人、教职工 220 人。

1999～2012 年，学校承担国家级课题 5 个，获奖 2 个；省级课题 8 个，获奖 4 个；州级 14 个，获奖 5 个；自研课题 15 个。2004 年 5 月，学校承办教育部交办贫困地区教师综合素质培训现场会。2008 年 4 月，承办湖南省第四届小学校长年会。2012 年 5 月，承办湘西州小学教师专业成长现场会。2009 年 11 月，学校被中国当代语文教学专业委员会评为“全国 A 类语文特色学校”。2011 年 11 月，被省教育厅定为“湖南省示范家长学校”和“湖南省现代教育技术实验学校”，被评为“全省德育工作先进集体”。是年 12 月，被教育部评为“国家级语言文字规范示范学校”。

2010 年 5 月，吉首市民族实验小学隶属湘西从文教育集团。

学校以德立校，创建培养学生自尊、自爱、自强的特色养成教育文化，学校和家长联手培养清正校风和德育环境，学生学传统美德，懂德感恩，自觉奋进。学校自编民族语言、民族常识等教材，开办科技创新、工艺美术等特长班，设 38 项特长培训项目，组建民族歌舞、民族鼓乐、民族服装模特、体育队参加社会相关活动。2008 年 7 月，少儿萨克斯乐团应文化部邀请参加北京世纪坛电视展演，表演的民族风情舞蹈“拉姜糖”在央视 CCTV—7 展播。2012 年 11 月，自编自演苗族舞蹈“织花带”代表湖南省参加烟台中央艺术节展演。在湖南省第 32 届青少年科技创新大赛中科技作品“湘西吊脚楼防山洪冲毁保护装置”和“变废为宝”获一等奖，后者还获全国第 26 届青少年科技创新大赛二等奖。13 年间，学生获各级各种奖项 127 项，其中国家级 6 项、省级 18 项、州级 25 项、市级 78 项。培养出男子体操全国冠军罗永胜、女子蹦床冠军张玉玲等特长尖子人才，间接给北京大学和清华大学输送一些生源。

2012 年，学校改名为吉首市谷韵民族小学，有教职工 230 人，其中国家级和省级骨干教师各 3 人、中学高级教师 1 人、州级和市级学科带头人 15 人，小学高级教师 138 人，教师平均年龄 32 岁。学生来自湘鄂黔渝四省市边区 16 个县市。开设 52 个教学班，在校学生 2409 人。

第三章　民族中等教育

第一节　初中和“普九”教育

一、初中教育

清代，市域无中学。民国 26 年(1937)春，创办市域第一所初级中学“湖南屯区各县联立初级中学”(简称为“湖南屯中”)，附设于湘西特区师资训练所内，面向湘西凤凰、乾城(今吉首)、永绥(今花垣)、保靖、古丈、泸溪和麻阳有屯七县招收屯苗子女 176 人(计划招生 60 名),编成 3 个班,于 10 月 1 日开学,7 日上课。民国 32 年元月,湖南屯中改为省立十三中学。次年春,省立十三中设立高中,成为完全中学,设初中 5 个班,毕业 277 人。至民国 38 年下学期,累计初中毕业生 2993 人,其中女生 311 人。1952 年 6 月 20 日,省立十三中改为"湘西民族中学"。

民国 27 年 8 月,因日军侵占华东地区,国立安徽中学迁至乾城县,在县城乾州设女子初中部。民国 34 年下半年,抗日战争胜利,学校迁回原籍。

1955 年 7 月,县人民政府在团结东路中段峒河东岸建成吉首县吉首中学;9 月,招收初中新生 196 人,编成 5 个班。次年秋,设高中部,成为完全中学(后改为"吉首县第一中学")。1980 年,被县人民政府确定为全县重点中学。1982 年 11 月,改名为"吉首市第一中学"(简称为"市一中");1985 年,被州、市教委定为全州和全市教育科研定点单位。

1958 年"大跃进"运动中,教育事业同样"大跃进",突击办初级中学 23 所,招生 753 人。次年,县教委对公社办初中进行调整,撤销 21 所,保留 2 所即丹青公社初级中学(全日制)和吉首公社群慧初级中学(半日制),在校学生 293 人。矮寨公社中心完小附设初中班。1960 年,马颈坳公社和河溪公社 2 所完小各附设 2 个初中班。是年 11 月,撤销矮寨完小初中班,在矮寨建县二中。1970 年 3 月,州民中下放给吉首县管理,改为县二中(完全中学),原县二中改为矮寨中学。1973 年秋,建在吉首城区南坪山坡的县三中(完全中学)开学,招生 6 个班,计 306 人。1983 年 6 月,县三中改为吉首市民族中学(简称为"市民中"),被列为省重点学校之一。1976 年 9 月,按县革委会关于"读小学不出生产大队、读中学不出人民公社"的要求,乾州小学和吉首公社光明小学分别附设 1 个初中班,寨阳、己略、太平、排绸、排吼五个公社分别办 1 所初级中学。1978 年 8 月,县二中收归州教委管理,改名为"湘西土家族苗族自治州民族中学"(简称为"州民中"),万溶江"五七"中学改为县四中(完全中学);1982 年 11 月,改名为市第四中学;1994 年,停办高中部;2005 年,开设 30 个教学班,在校学生 1300 多人。1979 年 5 月,光明小学停办初中班;县革委会在吉首环城西路建县二中(初中);1982 年 11 月,县二中改名为市二中。1982 年 7 月,县教委制定并实施《整顿提高初中控制发展高中的实施方案》,撤销矮寨、河溪、双塘三所中学高中部,寨阳、毛坪(今白岩)、排吼三所中学停止招生。1984 年 10 月,马颈坳中学改为市五中。次年秋,铁路子弟中学开办:乾州小学和大田湾小学附设的初中班停止招生。

1989 年,全市有普通初级中学 20 所(包括 2 所完全中学初中部),在校学生 5445 人,教职工 943 人。1989～1998 年,市政府采取单列办学、兴办九年一贯制学校、民办学校、子弟学校等形式开办普通初级中学。至 2005 年,全市有普通初中 19 所(包括完全中学和 6 所九年一贯制学校初中部),在校学生 12540 人,教职工 1094 人。经调整,2012 年,全市有初级中学 8 所,在校学生 13520 人,毕业 4182 人,教职工 1029 人。

二、普九教育

1996 年,市政府成立以市长为组长、有关部门负责人参加的普及九年义务教育(以下简称

“普九教育”)领导小组,领导小组制定“普九教育”规划及其实施方案,提出工作目标和任务,出台《吉首市中小学控制学生流失的通知》《吉首市教育费附加征收管理办法》《吉首市义务教育行政执行规定》等配套文件,与各乡镇政府签订“普九教育”责任书,实行党政领导干部工作责任制,建立健全督查和奖励机制,着力推进“普九教育”工作。

1996~1998 年,市政府按照州政府提出的“以乡镇为单位,分年实施,逐年验收,区域推进”的要求,采取“整体推进,重点突破”的办法推进“普九教育”工作。1999 年,经省政府检查,吉首市“普九教育”工作合格,率先在全州基本普及九年义务教育。小学正常适龄人口入学率为 99.47%,小学生和初中生年辍学率分别为 1.49%和 4.49%、毕业率分别为 96.86%和 91.02%。2000 年,“普九教育”工作经州政府年检合格。小学正常适龄人口入学率为 99.13%,小学生和初中生年辍学率分别降至 0.94%和 3.54%、毕业率分别为 98.61%和 98.01%。2001~2004 年,全市继续落实“双线控流”“定期报告”“扶贫助学”“包片挂点”等“普九教育”工作制度,实行校长负责制,层层签订“普九教育”责任书,“普九教育”成果得到巩固。2004 年,全市“普九教育”工作在全州教育督导评估中名列第一。

2006 年,小学适龄儿童入学率为 99.73%,初中阶段入学率为 110.48%,残疾少年入学率为 67.72%,小学生和初中生年辍学率分别降至 0.16%和 2.9%。2007 年,小学适龄儿童入学率为 99.75%,初中阶段入学率为 106.35%,残疾少年入学率为 65.35%,小学生和初中生年辍学率分别降至 0.17%和 4.12%。2008 年,小学在校学生 26724 人,入学率为 99.65%,初中在校学生 4260 人,入学率为 106.36%。2009 年,小学在校学生 26136 人,入学率为 99.73%,初中在校学生 13915 人,入学率为 106.53%。2010 年,小学在校学生 25578 人,入学率为 99.71%,初中在校学生 13624 人,入学率为 104.51%。2011 年,小学在校学生 25376 人,入学率为 99.65%,初中在校学生 13345 人,入学率为 106.64%。2012 年,小学在校学生 25454 人,入学率为 99.74%,初中在校学生 13520 人,入学率为 109.4%。

第二节　民族中学

一、湖南屯区联立初级中学

民国 25 年(1936)春,凤凰、乾城、永绥、保靖、古丈、泸溪、麻阳有屯七县各界人士组成代表团到长沙向省政府提交《湘西苗民文化经济建设方案》,省政府主席何健迫于屯区各界人士的压力,遂召开省政府委员会第 671 次常务会议,会议议决由湘西苗防屯务处办理湘西建设及文化教育事项。

民国 25 年秋,湘西苗防屯务处在乾城县召开有屯七县县长和乾城县屯苗代表以及屯务委员参加的第一次屯务会议。会议议决:每年从屯租中划拨屯谷 11000 石(550 吨)用于办理屯区地方建设和文化教育事业,其中 5000 石用于开办中学及乡村师范学校、5000 石用于推行各县义务教育、1000 石用于公贷；所开办的中学名为“湖南屯区各县联立初级中学”（简称“湖南屯中”），面向有屯七县屯苗；学校于民国 26 年春季开学，招收初中一年一期 1 个班，屯苗学生 60 名，三年内逐期增招新生 1 个班，俾资衔接；所有开办事项由屯务处统筹策划，呈报省教育厅核准备案。

会议议决各项经省政府核准后，屯务处聘请湘西特区师资训练所所长陈庆梅兼任“湖南屯中”校长。陈校长热心发展民族教育，立即筹措，呈请屯务处拨给 5000 石屯谷作学校开办经费。屯务处以屯租入不敷出为由，只年支屯谷 1000 石作为预算。由于办学经费不足，不得不将“湖南屯中”附设于湘西特区师资训练所内。学校虽按时开学，但只招收七县屯苗学生 34 名。开学典礼时，屯区各界人士代表到校祝贺。

民国 26 年 6 月，省政府废屯升科，撤销湘西屯务处，设立湖南省屯租征收局，取消原屯务处议决的各项开支，由屯租征收局负责处理。湘西屯区屯苗各界人士群情惶惑。7 月 12 日，省教育厅厅长朱经农收到七县屯苗代表王文怡等人《呈请照案划拨屯谷办理地方建设文化事业以期平均发展而慰民望呼吁书》，请求于屯务改革后将湖南屯中改为省立中学，使边区子弟享受到教育“均等”的待遇。省政府将屯苗代表呈文转交省教育厅。省教育厅不同意将湖南屯中改为省立中学。由于经费问题未能得到解决，湖南屯中仍附设于湘西特区师资训练所内。

民国 28 年 3 月，省教育厅提请省政府将设于所里的湘西特区师资训练所改为“湖南省立乾城简易乡村师范学校”，任命陈庆梅为校长。民国 29 年上期，省政府训令将湖南屯中独立设置，委派张炯、康庾梅、舒光宝、石宏规、陈庆梅为筹备委员，张炯为筹备主任委员，克日筹备。省教育厅未拨开办费，先由乾城县政府暂借 2000 元，地方绅商捐助数千元作开办费，以乾城县东门外小溪庵为校址，将庵内尼姑、神像迁至太虚洞栖息，将庵堂修葺作校舍，购置校具。是年暑假，学校招收新生和插班生 176 名，编成 3 个班，于 10 月 1 日开学，7 日上课。

湖南屯中独立建校后，省教育厅迟迟不拨建校经费，其他有屯六县也未按规定拨款，学校所需经费全部由乾城县负担。民国 29 年 12 月，张炯致信省教育厅厅长朱经农，要求省教育厅暂拨数千元建校经费，并提出自己决定卸任，请尽早物色校长。朱对张所提要求搪塞拖延，未作答复。民国 30 年 1 月 21 日，张炯致电朱经农，提出在未正式委任校长之前，请委派乾城县县长杨清彰兼任校长；同时，提出“屯中原为苗民设立，其情形特殊，办理也应与普通学校略异，若终定为联立，不但利少弊多，且苗民决难受到实惠”，要求省教育厅对屯中须特殊对待。2 月 10 日，省教育厅电复：“屯区各界联立初级中学筹备委员会工作完竣，应即撤销，委任张星舫先生为该校校长，相应俭同委任状暨联立中学理事会组织大纲，函俯允请担任，早日接收，并拟具理事会章程送行。”对改变学校体制避而不答。6 月 6 日，张炯向省教育厅报告，要求省教育厅遴选校长，以制校务，并推荐校长人选。省教育厅对委任校长之事迟疑未复，只支付建校费 1 万元。8 月 2 日，张炯向朱经农发出最后“通电”，要求速委任校长。8 月 5 日，省教育厅电委杨清彰兼任校长。8 月 24 日，杨到校视事。杨以忙于县务为由，于民国 31 年 2 月辞去校长一职，省教育厅委任陈家鸿为校长。

二、湖南省立第十三中学

民国30年，省政府颁布实施《湖南中等教育改进计划纲要》，规定全省10个行政督察区每区只能设立一所省立完全中学。湖南屯中虽未属省立中学，但其经费实为省教育厅预算支付。省政府以已在溆浦设立省立九中为由，指令撤销屯中。湘西屯区七县苗族上层人士推举乾城县县长、省土地呈报委员、国民党监察中委石宏规为代表到长沙向省政府汇报，以湘西为土著特区为由，要求将湖南屯中改为省立第十三中学，使屯区优秀苗族子弟享受"均等"教育机会，以启迪文化，安定苗疆。省主席薛岳鉴于苗族革屯倒何之威势，唯恐因区区一所省立中学之事重蹈何健覆辙，便同意在湘西特种部族聚居区增设一所省立中学，招收土著民族子弟，开发土著民族文化意识，促进抗战建国方略的实施。民国32年元月，省政府行文将湖南屯中改为省立第十三中学；2月，任命西南昆明联合大学中国文学系毕业生、乾州人向长清为校长。民国32年5月5日，向长清宣誓就职，学校亏欠国币4000元，教室紧缺，步履维艰。他多次恳请省教育厅拨款修建校舍经费均未获批准。在这种情况下，学校不得不把一间教室隔成两间，以敷急用；借用小溪旁军工厂房作师生寝室。民国33年11月，乾州贺杨氏将祖遗两块共2.43亩(0.16公顷)地捐给学校，全校教职工捐资购买杨氏捐地与学校地之间一块1.07亩(0.07公顷)民地，使学校连成一片，便于管理。民国34年8～11月，内迁学校先后迁回原籍，经省教育厅同意，省立十三中接管设于乾州的国立八中女子高中部全部校舍砖木结构平顶房14栋，占地面积8400平方米、建筑面积5040平方米。

民国33年春季，学校设立高中部，成为完全中学。上学期，全校有教员17人、职员15人(女3人)；初中5个班，毕业277人(女6人)；高中1个班，毕业61人，共计毕业338人(女6人)。民国35年7月，学校将初中部迁至原国立八中校址，初中部为省立十三中分校。是年上学期，全校有教员21人、职员18人(女2人)；设初中7个班，毕业341人(女18人)；高中2个班，毕业77人(女3人)，共计毕业264人。下学期，教员23人(女2人)、职员18人(女1人)；初中7个班，毕业306人(女41人)；高中3个班，毕业150人(女12人)，共毕业456人(女53人)。

向长清任职期间，效仿北京大学校长蔡元培兼容并包的办学理念，注重教学质量，整顿、充实教师队伍，聘请一批思想较活跃、追求民主进步、有真才实学的大学毕业生到校任教。其中有北京大学毕业生向远宜(即萧离，古丈县人)及其夫人张萧凤、清华大学毕业生周礼全(乾州人，后为中华人民共和国科学院哲学研究所副研究员)、萧继美(后任中华人民共和国北京钢铁学院教授)、钟启禄(乾州人，后任美国哈佛大学教授)、钟启寿(乾州人，中华人民共和国成立后为沅陵一中省特级教师)、吴鼎新(后任吉首大学副教授、州政协副主席)，西南大学毕业生冯太昆、杨毓民(中华人民共和国成立后任《上海戏剧报》主编)、宁碧波。此外，还从国立八中聘请一些名师到校兼职授课。教职员工薪金因物价和国币波动时而发国币，时而拨公粮，时而国币和公粮兼发。按省政府规定，省立中学公粮由省田赋粮食管理处签拨，学校行政经费由省教育厅签发。民国 33 年 8～12 月，省田赋粮食管理处签批由湘西行署划拨该校教职员工 4 个月公粮，湘西行署指定乾城县政府拨付；乾城县政府以无粮拨付为由，改由行署田政局拨付；田政局以乾城县公务员公粮由溆浦县交抵，应到溆浦县领取；溆浦县政府签拨到远离学校百余里的偏僻乡里领粮，无法运回学校，只得在溆浦将稻谷低价变卖，支付教职工两个月薪金。为解决教职工生计问题，学校向学生家长征收俸米，每生每期 5 斗，约 40 千克。民国 36 年上期，省教育厅“指令”停征俸米。民国 37 年 2～5 月，省教育厅不能按月签发薪俸，所里省银行又克扣迟发，教职工苦不堪言，一些外地名教员陆续离校。是年，全校有教员 24 人(女 3 人)、职员 17 人(女 1 人)；初中 5 个班，毕业 597 人(女 59 人)；高中 5 个班，毕业 476 人(女 29 人)，共毕业 1073 人(女 88 人)。

学校招生尽量收容边胞子弟，至民国 36 年春季，共招收苗族学生 144 人。是年 6 月 6 日，向长清向省教育厅呈文，请求转呈省政府准予保送吴仕斌、龙振武、石兴禄等九名高中毕业生免考直升大学。省教育厅电复，以湘西特种部族教育已于民国 29 年改为国民教育，不再列为边教实施范围和边疆学生待遇办法为由，不同意九名学生免考直升大学。是月 23 日，向长清直接向省教育厅厅长王凤阶呈文，请求准予保送九名品学兼优的高中苗族毕业生升大学，王仍不批准。民国 36 年 6 月，省教育厅发出关于保送体育优等生升大学深造的训令，向长清欣喜若狂，立即保送高中毕业生石兴禄(苗族、后任州民族中学校长)直升国立南岳师范学院、侯连炯直升国立武昌体育师范学校、女生萧上朴直升金陵女子文理学院。保送优秀少数民族高中毕业生升大学开创了湘西民族教育的先河。向长清对湘西民族教育艰难开拓，锐意进取，办学努力，成绩卓著，受到社会各界的称赞和省教育厅的嘉奖。民国 36 年 10 月和民国 37 年秋季，向长清先后被评为省立中学二等校长，晋级，每月加薪 180 元；民国 38 年 3 月 2 日，湘西自卫队统一行动，推翻各县县政府，后称之为湘西“3·2”事变。“3·2”事变，湘西社会动乱，土匪为患，交通梗阻，省立十三中延期至 3 月 24 日才开学上课，休学者达 230 人，招收初中和高中新生各 60 名，多数不能入学。

民国 38 年 7 月 19 日，向长清因患“咯血之病”(肺病)向省教育厅呈文辞职，到长沙向新任省教育厅厅长李麋寿面交辞职报告。8 月 3 日，李厅长同意向辞职，委任钟醒钟继任省立十三中校长。向长清从长沙到北京群众艺术馆从事戏曲研究工作。

民国 33 年上学期至 38 年下学期省立十三中班级教职员及毕业生人数

表 5—3—2—1　　　　单位：个、人

学年度	班级数	初中	高中	教员人数	女教员数	职员人数	女职员数	毕业生人数	初中	女	高中	女
合　计								4401	2993	311	1408	106
民国 33 年上学期	6	5	1	17		15	3	338	277	6	61	

续表 5—3—2—1

学年度	班级数			教员人数	女教员数	职员人数	女职员数	毕业生人数				
		初中	高中						初中	女	高中	女
民国 34 年上学期	7	6	1	14		18	2	278	228	8	50	4
民国 34 年下学期	9	7	2	21		15	2	346	262	11	84	5
民国 35 年上学期	9	7	2	21	2	18	2	341	264	18	77	3
民国 35 年下学期	10	7	3	23	2	18	1	456	306	41	150	12
民国 36 年上学期	10	7	3	23	2	18	1	504	367	51	137	14
民国 36 年下学期	11	7	4	23	2	18	1	555	375	55	180	20
民国 37 年上学期	11	6	5	24	3	17	1	552	301	32	251	18
民国 37 年下学期	11	6	5	24	3	17	1	521	296	22	225	11
民国 38 年上学期	12	6	6	26	1	19	1	243	136	21	107	7
民国 38 年下学期	12	6	6	26	1	17	1	267	181	471	86	12

1949 年 12 月 28 日，乾城县人民政府接管省立十三中。次年元月，委派王成儒代管校务。3 月，省教育厅委任王成儒代校长；下学期，正式委任王为校长。

1951 年 3 月 9 日，省立十三中第一次校务会议议决：工农子女和兄弟民族考生考试分数平均在 20 分以上而无一科为零者，录取。因此，兄弟民族及工农子女考生骤增，学校招生由原定 2 个班增至 3 个班、招生人数由 80 人增至 120 人。4 月 18 日，校务会议议决：家庭经济困难的兄弟民族学生及工农子女学生可享受人民助学金，享受助学金的汉族学生名额不得超过全校学生总人数的 40%，苗族学生不受百分比限制；将班上学生编成学习小组，让学习成绩好的学生帮助学习基础差的苗族学生，以便提高苗族学生的成绩，收到了较好效果。这些做法得到湘西行署文教处的认可和支持。1952 年 6 月 20 日，经省教育厅批准，省立十三中改设为湘西民族中学。

三、湘西土家族苗族自治州民族中学

1952 年 6 月 20 日，省立十三中改为“湘西民族中学”。1953 年 6 月 19 日，湘西民族中学改为“湖南省吉首民族中学”(以下简称“吉首民中”，省属区管)。1968 年 12 月，吉首民中改为“湘西土家族苗族自治州中小学教师训练班”(以下简称“州师训班”)。1970 年 2 月，州师训班改为“吉首县第二中学”(以下简称“县二中”)。1978 年 8 月，县二中改为“湘西土家族苗族自治州民族中学”(以下简称“州民中”)。1983 年 6 月 20 日，州民中被州政府认定为民族寄宿制中学；9 月，学校升格为县处级事业单位，由苗族教师担任校长，建立以少数民族教师为主体的领导班子。

1952年上学期，州民中仅有教室10间、教员宿舍11间、学生寝室2间(危房)、办公室、礼堂、食堂、图书室、厨房、浴室、医药室、疗养室各1间、厕所2间、篮球场2座、排球场1座、沙坑、单杠、双杠、跳箱、跳高架各1个(幅)，无理化仪器。至2005年，学校将20世纪及其以前的校舍全部拆除，先后新建教学综合楼、科技馆、艺术馆、学生公寓、学生食堂、400米环形跑道标准田径运动场和篮球场、盛教亭和校门。2012年，学校占地面积14.47万平方米、建筑面积50963平方米。

20世纪80年代至21世纪初，州民中逐步建立现代办公印刷、内部程控电话网络、闭路电视、录像采编演播、电影放映五大系统、多媒体网络教室、语音教室、物理化学生物实验室、音乐教室、美术教室，学校图书馆藏书6万余册、期刊200多种、音像资料1000多盒、缩微教学资料400多套，实施电化教学，开设电脑课程，使用电脑管理图书和文件资料、学生学籍和成绩。学校成立现代教育技术研究小组，进行课题研究，制作教学软件。教师会操作使用电脑，大部分中青年教师通过电脑应用等级考试。

州民中以“办名校创名校”为办校宗旨，以“以德立校、突出特色、开拓创新、全面发展”和“一切为了学生，为了学生一切”为办学理念，以“诚、朴、勤、勇”为校训，以“将学校办成一所在全国少数民族学校中有发言权、有鲜明民族特色、教学质量较高的重点中学”为奋斗目标，以全面提高学生素质为终极目标，按照省重点中学“改革、实验、示范、高质量、有特色、现代化”的办学要求，坚持“德育为重，教学为主，素质为首，育人为本”的教育原则，改革管理体制、思想政治工作和教学，实施“名校造就名师、名师支撑名校、名师培养高徒”的“名师工程”，建立健全现代学校管理机制和激励机制，开展“民族教育一条龙”实验工作和研究活动，将民族政策和民族团结进步纳入德育教育内容，对学生进行信念、理想和前途教育，全面提高学生素质。1982年下学期，学校降低30～100分从全州边远贫困少数民族聚居区招收少数民族学生，将其编成两个“民族实验班”，根据少数民族学生的特点，坚持“先慢后快，先松后严，先粗后细，先弱后强，先浅后深”的教育原则，采取“快慢相接，松严相交，粗细相补，深浅相连”的教育方法，对少数民族学生进行思想教育和学科教学，帮助他们树立学习信心，克服学习难题，提高学业成绩。二年一期，学校摸底考试，这两个班主课成绩赶上或超过同年级其他班的成绩。1985年，这两个班74名学生参加全省高考预考，40人上线，参加高考，21人被录取。

1996～2012年，学校连年被评为全州中学教学质量综合评估一类学校；学生参加数学、物理、化学、生物全国高中联赛获奖人次名列全州前茅；毕业生毕业会考合格率在98%以上，思想品德合格率和体育合格率达100%；高考平均上线率为90%、升学率为80%；20多名学生数、理、化高考分数名列全州第一；40多人升入北京大学和清华大学。2005年，521名毕业生参加高考，一本上线135人，上线率25.9%，二本及其他上线261人，上线率50.1%；应届土家族女毕业生向小玲以681分(未含20分少数民族优待分)名列全省文科第二(第一名成绩为682分)、全州文科第一。学校曾获国务院、共青团中央、教育部分别授予“全国民族团结进步模范集体”“活跃的中学生先进集体”“全国德育先进学校”等荣誉称号。2011年下学期，以文明习惯教育为重点，以校园环境专项整治为抓手，开展学雷锋主题月教育活动，组织学生到敬老院、福利院和特殊学校慰问，到凤凰县三拱桥乡麻冲村开展情系苗乡“手拉手”活动，给乡中学和村小学捐赠文体用品，结对帮扶乡中学8名品学兼优的贫困学生。参与和谐社区共建活动，为社区困难户捐款和捐物折价共4500元，结对帮助乾州街道小溪桥社区7户贫困户。开展法制教育活动，邀请法律顾问到校作法律报告。开展心理健康教育活动，引进心理健康教育学科带头人到校开设心理访谈室，设置心理热线电话，建立家长QQ群，通过校园网、宣传栏、家校短信平台、心理健康教育讲座等媒介进行心理健康知识宣传，采取开设团体心理辅导课程、个别指导、建立学生心理健康档案，进行贫困学生焦虑厌学心理疏导专项课题研究等措施帮助学生提高心理健康水平。2012年，实施“重心下移，分块管理”的德育管理模式，定岗定责，定点办公，分年级开展德育工作。开展希望工程“一元捐”公益助学和文艺作品爱心义卖活动，共募集爱心款7788.1元，资助高二贫困生。高中二年级师生为两名患重病的学生家长募捐9万余元。继续开展文明社区共建活动，给小溪桥社区困难居民7000元慰问金和大米、食油等生活物资。60名学生参加中央电视台“心连心”艺术团在吉首举行慰问演出。组织高一、高二年级学生开展社会实践和社区服务三次。开展评选优秀学生和读书征文比赛活动，组织学生观看“感动中国人物2012年颁奖典礼”和中共十八大实况录像，进行业余党校和团校培训。学生德育得到发展，文明素质进一步提高。两年中，共有261名学生加入共青团、34名学生加入中国共产党。

教育教学贯彻落实“开放、活动、培训、讲座”八字方针，建立健全专家听课评课和教研员制度，进一步提高办学思想，规范办学行为，实施“青蓝工程”，加强备课工作，稳步推进新课程，全面提高教育教学质量，取得显著成绩。2011年，毕业生参加高考，一本和二本上线879人(其中一本279人)，被一本和二本院校录取732人，其中被北京大学和清华大学录取4人。女生徐婷婷名列湖南省高考文科档第一，文理科七科均居全州首位。2012年，高考一本和二本上线886人，其中一本300人，创历史新高；被一本和二本院校录取765人，其中被北京大学和清华大学录取7人，占全州的50%。学校再次获高考和学科毕业考试质量综合评价省级示范性普通高中组一等奖第一名。

民国25年(1936)至2012年，湖南屯区联立初级中学、湖南省立第十三中学、州民族中学历任校长陈庆梅(兼)、张炯、杨清彰(兼)、陈家鸿、向长清、钟醒钟、王成儒、沙吉吾、杜松秋、石兴禄、余文奎、王本孟(革委会副主任)、谭必文(革委会副主任)、郭远珍、龙复兴、龙文玉、张文孝、梁秋松、张宗富、王斌。

四、乡镇民族中学和市属民族中学

1958年，全县开展“大跃进”运动，突击办民办中学和农业中学24所。1959年，县人民委员会调整民办中学和农业中学，撤销21所民办中学和农业中学，保留丹青公社初级中学(全日制)、吉首公社群慧初级中学(半日制)和万溶江公社初级农业中学。

丹青公社初级中学地处边远苗族聚居区。1978 年 3 月 14 日，为发展民族地区教育，丹青公社初级中学改为丹青民族中学。

1983 年 6 月，州政府统筹安排财力、物力和人力，每县、市选定一所中学为县市民族寄宿制中学。是年 6 月 20 日，行文认定创办于 1973 年 3 月的吉首市第三中学，大庸县第七中学、州民族中学等 11 所中学为市县州民族寄宿制中学。对这 11 所民族寄宿制中学采取倾斜措施，予以优厚待遇，要求办出经验，办出成效。

至 1984 年，全市 14 个乡镇中尚有丹青、排绸、排吼、已略、太平等 9 个苗族土家族聚居乡还没有大专院校少数民族毕业生。1985 年，市民中在校学生中少数民族学生占 68%，且大多数是城镇少数民族学生，边远贫困少数民族聚居区少数民族学生为数甚少，只占在校少数民族学生总数的 20%。为改变这种状况，为边远贫困少数民族地区培养治愚、治贫、致富人才，经市政府和州、市教委同意，从是年起，市民中开设“民族定向班”，每年从州、市政府下达的招生指标中分配一定名额定向招收边远贫困民族地区学生，单独设班，“定向生”必须是吉首籍、必须是农业户口、必须是少数民族；每个“民族定向班”招生 50 名。招生办法一为当地乡政府择优保送，6 个乡每乡保送 3 名、3 个特贫乡每乡保送 4 名。保送生一部分由当地乡政府从应届高小或初中毕业生中选拔，必须品学兼优、成绩名列第一至四名、身体健康；二从少数民族地区考生中择优录取。1985 年下学期，先招收一个民族定向初中班，进行试点，总结经验，再逐年增班。为使民族定向班的学生进得来、留得住、能成才，学校成立以校长杨昌麟为组长的民族定向班领导小组，加强对民族定向班的领导和管理。对班里边远贫困乡家庭经济困难的学生给以特殊待遇，借给被褥蚊帐，帮助他们解决缺钱少粮问题；对低分进、学业成绩差、跟班难的学生选派教学经验丰富的教师任教，并为这些学生购买学习资料，配备电视机，进行电化教学，开展课堂课外教学活动；选派苗族或土家族教师任班主任，增强民族感情，帮助定向班学生克服自卑感，树立自信心，提高学业成绩。首届民族定向班班主任杨正存针对少数民族学生的心理状况和学习情况召开“爱家乡、爱民族、爱学习、争先进”主题班会，激发少数民族学生的民族自豪感和学习兴趣，振奋民族精神，刻苦学习，收到显著效果。该班入学考试的成绩比其他五个平行班的低 20 分，而一年二期期终考试总成绩却超过平行班 12 分，由第六名跃居第一名。苗族学生吴自军进校一个学期总平成绩居同年级第一名，1986 年上学期期中考试，7 门功课每门均在 90 分以上，1985 年下学期至 1986 年上学期，两次被评为全校“三好”学生。1985 年下学期至 1990 年下学期，学校共招收边远贫困苗族土家族聚居乡民族定向班初中 6 个班、学生 300 人，高中 3 个班、学生 150 人；至 1989 年秋季，初中毕业 3 个班、150 人，高中毕业 2 个班、100 人，5 个班 250 名毕业生合格率达 100%；毕业考试总平均分数列全校平行班首位；有 18 人考取大专院校，填补 9 个边远贫困民族聚居区没有大学生的空白，77 人考取中等专业学校。创办边远贫困少数民族地区“民族定向班”被誉为对边远贫困少数民族地区“智力扶贫”的创举。

20 世纪 90 年代末至 21 世纪初，学校以“文化立校、教研兴校、特色强校”为办学理念，以

"博学慎思、明辨笃行"为校训,以"严谨、细致、博爱、卓越"为教风,以"明理、善思、乐学、诚信"为校风。按"学校有特色、教育有特点、学生有特长"的整体思路,将学校办成"领导放心、学生安心、教师舒心、家长称心",校园环境优美、设施一流、教学质量高的品牌学校。坚持人无我有,人有我优,人优我精,人精我特,以发挥艺体特色为基础,充分挖掘土家族苗族传统文化素材,结合高中新课程理念开发校本课程,将学校办成在全国具有鲜明民族特色的民族中学。从实际出发,创新思路,挖掘特色,开拓特色教育之路,推出符合学校实际的"全面合格+特长,整体规划+选择"的分层教学法,把学生分成文化层和特长层,根据特长层学生的爱好把他们组成音乐、美术、体育等特长班,让他们在展示自己特长的过程中找回自信,激发学习兴趣。2009～2012年,通过课程改革实践,基本确定并实施高效自主的"自主互动式"课堂模式,就此与保靖县民族中学多次开展"同课异构"交流活动。通过全校教职工的共同努力,教育教学质量不断提高。2011年,高中二年级学业水平考试合格率达95.6%,比上学年提高11.8%,居州级示范学校第三名;高考本科上线107人,上线率44.1%,比上学年提高6.5%。其中一本8人、二本99人。在吉首市第二十五届中小学田径运动会上,学校初中组和高中组连续五届10年分别获团体总分第一名。在全州"独唱独奏独舞"比赛中有6名学生获一等奖、4名获二等奖、4名获三等奖;在吉首市艺术节中学校选送的4个节目有2个获一等奖、2个获二等奖。2012年,高考上线127人,比上学年多20人。其中:一本18人,比上学年多10人;二本109人,比上学年多20人。高中二年级学业水平考试直升平均分和直升科合格率在全州同类学校中名列第三;初三毕业会考七科实考合格率达99.33%、优秀率为69.71%;初中二年级地理实考合格率达94.52%、生物达90.02%。在全州"独唱独奏独舞"比赛中有10名学生获奖,其中一等奖2人、二等奖5人、三等奖3人。

2012年,学校占地面积由1983年的1.27公顷扩至9.47公顷、建筑面积由599.04平方米扩至33974平方米,绿化面积28371平方米,绿化率达83.51%,有教学楼、艺术楼、科技馆、舞蹈排练厅、8个数字化教室、2个移动多媒体教室、篮球场和田径场、校园局域网和校园广播系统。设教学班55个,在校学生2990多人,其中少数民族学生2690多人,占89.97%。教职工219人,其中专任教师193人、高级教师43人、中级教师88人、硕士研究生18人、州级学科带头人2人、市级教学能手3人、校级学科带头人15人。

1973～2012年,市民中历任校长杨昌麟、娄亚雄、谢开旺。

第三节 民族师范学校

一、湘西特区师资训练所

民国25年(1936)春,省政府迫于湘西土著民族上层人士的要求和倡议,制定《湘西特区教育实施办法之规定》,时值国民政府审计长林云彩在湘西特区考察,林会同石宏规、石启贵等苗族上层人士组成“湘西苗族考察团”，对湘西经济、文化、教育情况进行考察，向省政府提交考察报告，提议设立“湘西特区师资训练所”，为开办湘西特区短期义务小学、发展湘西特区教育培训师资。是年7月3日，省政府第671次常务会议议决：从义务教育经费项下拨款办苗疆义务教育及师资训练所，开办费从是年教育部拨给湖南边疆教育辅助费15000元中拨出5000元，另从民国24年度教育文化费结余项下拨出3万元，再拨临时费35000元，由省教育厅将各项经费按月拨付。省教育厅按议决开办“湘西特区师资训练所”，以乾城县所里镇潕溪书院为所址，任命常德优级师范预科生、曾任常德省立三中教导主任、国民党湖南省党部永绥县特派员陈庆梅为所长。

陈庆梅以“沟通文化，启迪民智，服务湘西特区教育”为宗旨，招收以湘西有屯七县和通道县具初师或初中文化程度的土著学生为主，学生培训结业后回到苗区乡保开办特区短期义务小学。培训期限每期一年，采取在所学习与回县实习开办短期义务小学相结合的办法进行培训。民国25年秋，开办两个班，招生91名，学习半年，分配到各县苗区开办一所特区短期义务小学。省教育厅拨国币1万元给湘西特区师资训练所，师训所按每人每月18元薪资拨给各县特区短期义务小学教师。民国26年春，开办第二期两个班，招生79名，学习一年结业，分到第一期学生任教的学校任教；第一期学生返校，再学习半年结业，再开办97所特区短期义务小学。寒暑假，特区师训所开办两期国民教育师资短期训练班，培训学员79人。至民国27年8月，共办特区短期义务小学教师训练班4期，培训169人，其中苗族86人，开办特区短期义务小学169所。民国28年3月，湘西特区师训所改为省立乾城县乡村简易师范学校。民国31年元月，此校改设为省立第九师范学校。

二、吉首民族师范学校

1953年6月20日，省立第九师范学校改设为湘西第一民族师范学校、湘西民族师范学校（原茶洞师范学校）改为湘西第二民族师范学校。1962年暑假，湘西第一民师与湘西第二民师合并为吉首民族师范学校（以下简称吉首民师），校址在吉首镇东郊鳌鱼峰，学校后依卧牛山，前傍峒河。1966年秋，因“文化大革命”，学校停止招生。1969年，被撤销。1971年恢复。

1962年，吉首民师占地面积74137平方米、建筑面积27000平方米。2000年，分别增至73.67万平方米、32000平方米；有教学楼、科技楼、图书馆、电教中心大楼和音乐大楼各1栋，电脑室4间，每间有电脑25台，50座位语音室1间、连接各教室的25路终端显示闭路电视教学系统1套、美术室和舞蹈排练厅各1间，400米跑道田径运动场1座，图书馆藏书12万余册，形成多元化的教学格局。

吉首民师以“兴校强校、争创省州示范性学校”为目标，坚持“面向小学、面向农村、面向少数民族聚居区”的办学方向，进行办学体制、招生体制和管理体制改革，探索后勤服务社会化的新路子，营造一方安全和优美的育人环境，树立良好的校风、教风、学风，注重师范性，突出民族性，把学校办成少数民族地区小学教师的摇篮。

从1978年起，坚持知识传授与能力训练并重，要求学生练粉笔字、练简笔画、练唱歌、练弹风琴、练说普通话和练体育口令，会写粉笔字、会画简笔画、会弹风琴、会几何作图、会教具制作、会讲普通话、会喊体育口令、会仪器操作。从1985年起，贯彻落实是年《中共中央关于教育体制改革的决定》，改革传统教学体系，实行必修课、选修课、课外活动、教育实践相结合，除开设必修课外，还开设苗文、珠算、声乐和指挥、绘画等八门选修课，成立儿童文学社、书法篆刻组、趣味教学组、电教设备维修组、缝纫编织剪贴组、心理学兴趣组和农村小学实践组，每周开展活动。在20世纪60年代讲读课、讨论课的基础上增设自学自练课、答辩课、教学模拟课、教法比较课、附属小学插教课等课程，改革单一的课堂教学结构。除办好普通师范班外，还开办幼儿班、小学校长培训班等短期培训班，发挥师范学校多功能作用，培养各类教育人才。以附小为实习见习中心基地，把实习点延伸到吉首市矮寨小学、花垣县吉卫小学、凤凰县夺希小学等苗族聚居区农村小学。1987年下学期，学校制定并实行《学生职业技能考评制度》，印发《学生职业技能考评手册》，职业技能考评内容有九大类32项，包括直呼音节、科技制作、创编游戏、手工制作等项目。

从1979年起，为保证教学的师范性和科学性，学校先后制定实行教育实习评分、技能训练考察、第二课堂考察等制度，编印教学文件资料，实现教学管理制度化，坚持每天安排练字课、推广普通话和教唱歌曲的时间。制定《吉首民师关于鼓励通讯报道科学论文（总结）奖励办法的规定》、《吉首民师关于参加各项活动获优秀名次奖励办法的规定》，鼓励教师以教学带动科研、以科研促进教学，将教学与科研纳入"师范性"一体化进行科研，收到较好效果。1989年，教师李冰撰写的《中师语文教学过程目标规划及管理的系统思考》论文获全国首届中师青年教师教育科研论文语文学科一等奖。至1990年，教师编辑、翻译出版著作21部，在省级及其以上报刊上发表论文106篇。同时，参与附小"拼音学话、注音识字、提前读写"语文教学实验、"现代小学数学教学"实验、"挣脱'三个'束缚，集中精力抓教改"等实验。前两项实验分别获湖南省首届中小学教改成果一等奖和三等奖。

学校招生以招收少数民族学生为主，将招生名额分配到州内各县市，动员少数民族学生报考吉首民师，增设苗族简师班和苗语学习班。改革招生制度，实行招生指标到乡镇、就地择优、学生毕业后回原籍任教的定向招生制度。1985～1990年，共招收定向生463名。1990年，普师班484名学生中有定向生236名，占48.76%，逐步改变少数民族聚居区小学教师"派不进，不安心，教不好"的状况。

1983年，学校设14个教学班，在校学生472人，其中：土家族130人，占在校学生数27.54%；苗族152人，占32.2%。教职工110人。1990年，开设教学班22个，在校学生963人，其中土家族和苗族730人，占75.6%。教职工146人，其中：土家族、苗族等少数民族73人，占50%；高级教师13人，占8.9%；讲师34人，占23.29。2000年，开设教学班24个，在校学生1095人，教职工142人，其中：专任教师80人，占56.34%；高级教师25人，占17.61%；讲师46人，占32.39%；硕士课题研究生和特级教师各5人，均占3.52%。开设音乐、体育、美术,外语、幼师、礼仪、干训等专业班。

学校根据民族特点将民族历史、民族英烈、民族物产和民族旅游资源、民族人文地理、风景名胜和民族文化纳入课堂教学和课外活动内容,增强少数民族学生的自豪感,振奋民族精神,坚定学习信念。设立国际主义战士罗盛教烈士事迹及校史展览室,修建集教学性与景观性为一体的建筑群作为德育教育基地。在进行德育教育的过程中注重用富有民族特色的优美环境陶冶学生情操,强化宣传舆论感染。重视少数民族德育教师队伍建设,少数民族德育教师与汉族德育教师团结共事,齐心协力做好德育教育工作。苗族女教师麻显花长期担任政治课教学和班主任工作,精通苗语,熟悉苗族风俗习惯,了解苗族学生心理,针对苗族学生心理状况和性格特征切实做好其思想教育工作。1989 年 9 月,她获得国家教委、人事部、全国教育工会授予"全国优秀教师"称号。每年,学校组织干部和教师深入少数民族聚居区跟踪考察毕业生情况,收集思想政治教材,了解少数民族地区教育状况,利用扎根少数民族地区、献身民族教育的优秀民族教师先进事迹向学生进行爱家乡、爱民族、爱教育的教育,激发毕业生创建先进学校、争当优秀教师的积极性。学校组织学生到少数民族聚居区乡村小学见习、实习、参观,进行教育调整,选定少数民族聚居区乡村小学作参观点和调查点。1985～2000 年,增设民族政策讲座,在民族班和第二课堂开设苗文课,在音乐课教学中补充《苗山谣》和苗族唢呐、土家族"咚咚喹"等民族乐曲,在第二课堂增加苗族接龙舞、土家族摆手舞等舞蹈,在体育教学中补充高脚马、跳方桌等项目,美术教学补充土家族织锦、苗族凿花、剪纸、刺绣等内容,语文教学补充介绍苗族作家沈从文、土家族作家孙健忠等少数民族作家和湘西民族民间文学。1987 年 4 月 26 日,《人民日报》登载本报记者景险峰的通讯《吉首民族师范学校组织学生下乡实习下功夫造就乡村教师》,报道该校面向少数民族地区开展教育活动的情况。

1988 年 6 月,获国家语言文字工作委员会全国新时期语言文字知识竞赛组织奖。8 月,被国家教委评为全国为基础教育培养合格师资先进单位。1989 年,被列为"中国·联合国儿童基金会 1991～1994 年周期合作加强小学师资培训项目学校"。1990 年 11 月,被评为省级文明卫生单位。

至 2000 年,吉首民师为湘西少数民族聚居区培养 35000 多名中小学教师和各类建设人才。毕业生中有 10 人被评为全国优秀教师、89 人成为专家、学者、教授和文艺家,82 人成为县级干部,15 人成为厅级干部。

2001 年 6 月,吉首民师与州教师进修学院合并为吉首大学民族师范学院。

1962～2001 年,吉首民师历任校长向旸、熊漠元、夏炎炎、李建平、彭勇忠。

第四节　中等职业技术学校

吉首市职业中等专业学校(以下简称"市职校")是湘西自治州唯一一所国家中等职业教育

改革发展示范学校建设计划立项学校、国家级重点中等职业学校、国家西部开发重点建设示范性中等职业学校和国家“星火学校”、省级示范性中等职业学校、示范性县级职业中心牵头学校、湖南省外派劳务培训基地。其前身是创办于1986年10月、设在市二中校园内、依附于市二中的市民族幼师职业中学。1988年,市职校被省电视大学定为电视中专教学点。1989年1月,校址迁至吉首乡大田湾。2004年3月,市教师进修学校并入该校。2005年,市职校占地46193平方米,建筑面积30329平方米,教学仪器设备和师生生活设施齐全,图书馆藏书3万余册,有教职工112人,其中专任教师97人、中教高级教师12人、中教一、二级教师40人,设43个教学班,学制二至三年,在校学生2055人,开办幼师、服装制作和营销、计算机应用和维护、电子电器应用和维护、旅游管理和服务、酒店管理和服务、物流管理等专业,以中专学历教育为主,兼办短期职业技术培训、中小学师资培训和大专函授,开办家电操作、服装高速电车操作、酒店服务、电脑使用等短期职业技能培训班,进行综合素质培训、普通话培训、信息技术高级培训、上岗培训、专业技术人员晋级培训、新课程教学培训等10多种教师短期培训,培训教师3270人次,专科及其以上培训209人。

1989年,教育部副部长张保庆、省教委副主任田维泉到校视察,称赞学校管理为“全省一流”。1999年,经省职业教育专家组检查验收,学校被评为全省合格示范性职业中等专业学校。2001年,被省政府评为“示范性职业中专学校建设先进单位”。2002年,被教育部、财政部定为国家西部开发重点建设示范性职业学校。2004年3月,被省政府评为“职业教育先进单位”;4月,被教育部首批调整认定为国家级重点中等职业学校;8月,被科技部认定为首批国家星火计划农民科技培训星火学校。2005年,被州政府评为“全州职成教育目标管理先进单位”,获全州教师培训机构目标管理一等奖。

2004年5月,州《团结报》刊登学校办学成绩和经验的通讯《湘西职教一条龙》。6月,此篇通讯被《人民日报》信息中心《学习与实践》专栏和《中国城市经济》杂志转载。8月,宣传学校的报道文章《职教明珠耀边城》入选中国职业技术教育杂志社编辑的《名校成功之路》一书,校长席金强的治校事迹,徐运芝、罗爱凤、汪晓丽、李巧云等7名优秀教师的先进事迹,龙安康、王宏利、粟群慧、罗贤艺等8名优秀毕业生的成才之路被收入教育部职业技术教育中心研究所编写的《纪念〈中华人民共和国职业教育法〉实施8周年暨教师节20周年中国职业教育成果展示系列丛书》。

学校按“使学生招得进、留得住、学有成、送得出”的办学思路,实施“订单式培养”战略,与吉首大学师范学院、北京现代职业学校、深圳康佳集团、美国希提埃集团等院校和企业合作,拓宽毕业生就业渠道,通过召开毕业生专场招聘会、与沿海地区用人单位签订用人协议,在北京、广东、浙江等省、市设立办事处推荐毕业生就业,毕业生就业率逐年提高。2001年,129名应届毕业生有126人就业,就业率为98%;2005年,500多名毕业生全部被推荐就业。

2012年,学校占地面积8.12公顷,建筑面积77850平方米,其中五层楼的综合实训大楼16000平方米,可同时容纳3000多名学生上课。有教师251人,其中:高级职称64人、中级职称129人,分别占25.5%、51.39%;本科及其以上学历235人,占93.63%。开设学前教育、服装设计与工艺、计算机技术及应用、数控技术应用、酒店服务和管理、旅游服务和管理、电子技术应用和金融事务8个专业,74个教学班,在校学生4501人。其中全日制学历教育在校学生3412人,本年度招生1133人,居全州同类学校首位。学校派出一批教师到上海、江苏、浙江、广东等省市推荐学生就业并做好就业后跟踪服务工作。毕业生852人,就业率100%。

1986~2012年,校长席金强。

第四章 民族高等教育

第一节 综合性大学

吉首大学为市域省属高等综合性大学。1958年3月,国务院批准省政府开办吉首大学。是年9月,省政府在吉首乡大田湾征地20公顷创办吉首大学(以下简称"吉大")。1961年,国民经济调整期间,按国务院指示,省政府将吉大改为"吉首师范专科学校"。1978年8月,国务院批准将该校改为省属综合性大学,校名仍为"吉首大学"。

1984年,省政府批准吉大在吉首乡砂子坳征地53.3公顷建新校区,至1996年年末,省财政累计投入3100万元,新校区基本建成。2005年,学校占地268公顷,建筑面积55万平方米。

1989年,吉大设汉语言文学、英语、数学、物理、化学、体育、音乐7个系,汉语言文学、数学、物理、英语4个系学制4年,其余3个系学制3年,7个系有教研室30个、教职工710人、在校学生1600多人。学校有民族学、中国少数民族经济学、民族传统体育学、生态学、文艺学和伦理学学科硕士学位授予权,被省政府定为湖南省研究生教育创新基地,面向全国28个省、市、区招生。2005年,在校学生25000余人,其中全日制本科和专科学生15000余人,在职教职工1520人,其中专任教师852人、正副教授359人、博士硕士学位367人,11个学科门类涵盖哲学、经济学、法学、教育学、文学、历史学、理学、工学、农学、医学、管理学。学校设文学与新闻传播学院、外国语学院、商学院、医学院、旅游学院、化学化工学院、生物资源与环境科学学院、成人教育学院、国际交流学院、数学与计算机科学学院、物理科学与信息工程学院、师范学院、音乐舞蹈学院、体育科学学院、张家界学院(民营)、美术系、法学系、公共管理系、历史系、大学英语教学部、预科部、少数民族干部培训部等25个二级教学院系部、19个硕士点、48个本科专业、2个教育部第一类特色建设专业、5个省级特色专业、8个省级重点专业、3个省级重点学科、1个国家级实验教学示范中心、11个研究所、5个省部级研究基地、43个实验室,其中2个省级重点实验室,教学仪器设备总值1.18亿元。图书馆建筑面积16000平方米,藏书156万册、中外期刊3267种，建有校园网和校园电台。

吉大始终以为国家培养合格人才为根本任务，全面提高教学质量。1997年，通过国家教委本科教学评估合格。至2005年，先后有近20项课题被列为省级教改课题，有15项教学成果获省级优秀教学成果奖。大学英语、计算机统考过级率列全省同类院校前茅，艺术系在国际和国内大赛中多次获大奖，数学与计算机科学学院学生在全国各类比赛中多次获一、二等奖。

1988～2005年，学校承担国家社会科学基金、国家自然科学基金等国家级课题23项，承担省级课题202项、其他课题150项。研制开发的猕猴桃"果王素"获科技部等五部委联合授予"科技新产品"称号。出版专著110多部、教材和教学用书40多部，《吉首大学学报》自然科学版进入美国"BIOSIS中心"，社会科学版连续两次获"全国百强社科学报"称号并入选《中国人文社科核心期刊》。学校先后被评为"全国民族教育先进集体""全国精神文明建设先进单位""湖南省文明高校""湖南省文明单位""全国绿化模范单位""湖南省园林单位""湖南省优秀事业单位法人""湖南省国家社科基金项目管理创新单位"和"湖南省社会科学规划管理先进单位"。

1991年10月初，第七届全国人大常委会副委员长、政协六届全国委员会副主席、第六届民盟中央主席、著名社会学家费孝通视察吉大，题词"立足实际，发挥特色，办好吉大，振兴湘西"并书写校名"吉首大学"。2001年4月7日，中共中央政治局常委、国务院总理朱镕基视察吉大，称赞"吉首大学是湖南的骄傲"。2003年5月17日，中共中央政治局常委、国家副主席曾庆红视察吉大，评价"吉首大学具有特殊价值"。2005年，先后有尉健行、曾培炎、陈至立、杨汝岱、罗豪才等党和国家领导人到校视察。

2012年，吉大与西北民族大学签订校际合作协议，共创"吉首大学与西北民族大学团结进步示范基地"；招收全国12所高校34个民族1733名预科生，预科生基地综合楼投入使用，教学条件得到改善。实施国家培训计划，初中体育学科示范性培训项目，全年进行各类职业资格培训和职业技能鉴定600人次。与酒鬼酒公司签订合作协议，派出科技特派员20多人、技术指导专家100余人次，开展服务武陵山片区经济社会发展各项工作。省科技厅软科学研究基地"武陵山片区区域发展研究中心"和省高校哲学社会科学重点研究基地"武陵山区扶贫开发研究中心"在该校挂牌成立。编纂出版发行《连片特困区发展报告》蓝皮书。

2012年，招收硕士研究生268人、全日制本科生5534人(含师院909人)。本科文史类和理工类投档线分别高于省控线30分和40分。通过高校就业"一把手工程"省级督查。应届毕业生初次就业率82.49%。奖助学生18000人次，金额2900多万元；发放社会捐赠金、勤工俭学金和特困补助金236万元，资助1000余人。

1958～2012年，吉首大学历任党委书记张岐、王建阁、杨国湘、向宏业、马本立、游俊，副书记胡长胜、彭正鹤、易盛泉、陶恒进、田芦娥、颜学根、李红、马本立、吴俊忠、白晋湘；历任校长毛华初、刘万全、张岐(革委会主任)、张志敏(革委会主任)、王建阁(革委会主任)、易盛泉、张有志、马本立(代，1995)、白晋湘，副校长沙吉吾、吴慕夫、张岐、彭正鹤(革委会副主任)、彭发隆

（革委会副主任）、张福生（革委会副主任）、郝山海（革委会副主任）、龙再宇（革委会副主任）、刘光炎（革委会副主任）、陶恒进、陈秀实、张有志、吴俊忠、杨复兴、吴正保、罗桂庭、张永康、王继红、向诚、胡贤柱、游俊、肖湘愚、李克刚、李宗范、曹晓鲜、赵敏、黎奇升、钟海平、龙先琼、王绯、黄昕。

第二节　民族师范学院

2001年6月，吉首民族师范学校与湘西州教师进修学院合并为吉首大学民族师范学院（以下简称“吉大师院”）。吉大师院是吉首大学二级学院，以原吉首民族师范学校校址为院址。1975～2012年，为湖南西部少数民族地区培养培训23000余名中小学教师和各类优秀建设人才。

2012年，学院占地面积103万平方米，有学生宿舍7栋、田径运动场1个，教学仪器和现代化设施价值1062万元。教职工282人，其中专任教师181人、教授3人、副教授69人、中级职称118人，博士毕业生4人、硕士毕业生69人，常年聘请外籍教师2人、客座教授18人。开设小学教育和学前教育2个本科专业，语文教育、数学教育、计算机科学教育、英语教育、音乐教育、美术教育、体育教育、学前教育、初等教育文科、初等教育理科、五年制小学教育共11个专科专业，在校学生3000余人。

2001～2012年，院长贾维剑，院党委书记刘保国，副院长杨华、周焰、石群勇、刘如云。

第三节　民族职业技术学院

2004年，经省政府批准、教育部备案，州政府将州农业学校、吉首经济贸易学校和州水利电力工业学校合并为全州唯一一所公办全日制普通高等职业技术院校湘西民族职业技术学院（以下简称“湘西职院”）。湘西职院被列入湖南省普通高等院校系列，属州政府管理的副厅级全额拨款事业单位。

2005年，湘西职院占地67.08公顷，分南、北校区和新校区，建筑面积共62000平方米，有电脑室、语音室、多媒体室、种植室、家电维修室、电子商务室、财会模拟室、电子电工电拖室、形体训练房等29个实验实训室，图书馆藏图书15万余册，有田径运动场、足球场等场地，学生公寓配有电话。

有教职工246人，其中专任教师145人、副高及其以上专业技术职称39人、既能从事理论教学又能指导工程实践的“双师型”教师53人，另聘请兼职教师20人，生源以州籍为主，招生范围辐射湘鄂渝黔四省市边区，在校学生3000多人，在籍函授生952人；设7个系部、1个研究所和1个鉴定所即国家职业技能鉴定所，建1个现代农业科技示范园；设湖南大学远程教育湘西教学点、湖南农业大学湘西函授站、湖南商学院湘西函授站和吉首大学函授站；毕业生可获多种职业资格证书。湘西职院在北京、上海、广州、深圳、珠海、长沙等地建立长期稳定的就业基地，毕业生就业率达100%。

2005年11月9日，湘西职院新校区奠基仪式在万溶江乡兴隆村（今乾州街道兴隆社区）举行。新校区占地57.87公顷，规划建筑面积24万平方米，工程总投资2.52亿元，分两期实施。第一期工程投资1.62亿元，于2007年9月20日湘西自治州成立50周年前夕竣工，学院迁至新校区。

2011年，建设项目16项，总投资6961万元，至年末，先后完成院门申抽线绿化亮化美化、院园道路主干道硬化、水电管网、学生第二食堂、学生1号、7号公寓主体、D区教学楼主体、后勤服务大楼主体、排污桥、图书馆室内外装修10项工程建设和体育文化会展中心4.73公顷的征地工作，新区建设被评为全州优秀重点建设项目。

2012年，学院有教职工697人，其中专任教师426人、教授和副教授155人、硕士毕业生和博士毕业生117人、“双师型”教师237人。在各县市建立较稳定的生源基地学校，确保招生工作。招全日制学生3182人，其中三年制大专生643人、五年制大专生1369人，名列全省第一名。在上年开办全国首个“两后生”孤儿学龄教育班的基础上开办全省首个残疾青年学历教育班，招收学生30名。在院学生8000多人。建成省级精品专业1个、省级教学改革示范专业2个，获中央财政支持的重点实验培训基地建设项目4个。在北京、广东、浙江等省市120多家大中型企业建有就业基地，协议就业单位40多个，组织学生校内校外专场招聘会和远程视频招聘会8场，为近2000名学生提供暑期勤工俭学岗位，毕业生就业率达90%，有8%的毕业生升学。111名学生参加社会实践，其中34人被企业评为优秀员工，57人获企业奖励、20人获企业资助。此外，完成“一村一大（大专生）”招生任务181名，在院学员640名；自考本科招生268名，在籍自考本科共476人。先后与州农业局、州水利局、吉首市扶贫办等单位举办农村青年茶叶栽培技术、水利管理员、农民创业等培训班，培训学员200余人次。

2012年，学院基础能力建设被列入技工学校国家中等职业学校基础能力设施建设项目，到位资金1000万元。实施中央财政支持的汽车维修和畜牧兽医两个专业职业教育实习实训基地建设项目。投入216万元，采购教学设备；投入120万元，用于改善实验实训条件；投入50余万元，订购图书2万余册、报刊杂志1000余种。开展院级特色专业和评审工作，评选特色专业3个。

2012年，按“功能布局规范化、办学条件标准化、教学管理信息化、校园生态化”的要求推进新院区建设，完成固定资产投资6300万元，建筑面积增至15.8万平方米，固定资产总值9520万元。文化体育会展中心建设项目被纳入湘西武陵山区区域发展和扶贫攻坚“1115工程”建设项目。是年11月，学院被州住房和城乡建设局评为全州园林式单位。

2012年，组织4681名（人次）学生参加职业资格鉴定，普通话、计算机、英语等各种等级考试和培训，旅游管理系学生在国家导游证资格考试中通过率达84%，比全州平均通过率高

25.8%。1000余名毕业生初次就业率达91%。

2004～2012年，院党委书记吴正有、副书记曹义文，副书记、院长李光寒，副院长段世强、宋清华、罗红、刘辉、杨建平、钟明、符华西。

第五章　成人教育

第一节　扫　盲

清末至民国时期，城乡成年人教育统称为“民众教育”。清末，开设简易识字学塾、识字馆，湘西地区只有永绥厅(今花垣县)和保靖县分别开办半日制或夜读识字学塾和简易识字馆。

民国时期，国民政府废除清政府颁布的关于成人教育的制度。民国元年至17年，教育部训令各县开设平民学校。湘西地区军阀混战，土匪为患，社会动荡，民众苦于生计，成人教育无人过问。民国18年，国民政府中央大学区普通教育处以推行“党化教育”为由将“平民教育”改为“民众教育”。7月，乾城县通俗教育馆在乾州小学办民众夜校，讲授识字课和珠算课，入校就读的商店学徒和失学少年30余人。10月，县教育科将32所私塾改为民众学校，招收345名青年入校就读。民国19年，各区区公所和乡公所办民众夜校共72所，设学问处12处。民国29年，县教育科责成各乡中心国民小学和保校设民众教育班，开办民众夜校，谎报省教育厅全县办民众夜校50所，实际1所未办。民国32年，8个乡公所各办1个成人初级班，8所国民中心小学各设1个成人高级班，全县办妇女班3个、保校成人班35个，应入学58907人，实际只入学10986人，入学率仅18.56%。民国35年，县政府停办民众教育。

1950年冬，乾城县人民政府为使劳动人民在文化上得到翻身，提高基层干部文化素质，责成各区区公所办冬学。11月，全县办冬学189所，设244个班，学员7276人，其中苗族1984人、妇女3910人。1951年，全县有民校77所，设初级班139个、高级班5个，在校学员4593人，占全县人口4.71%，其中苗族1785人，占学员总数的38.86%；识字班18个，601人，其中苗族245人，占40.77%。

1953年，县政府成立扫盲工作委员会，由其负责全县扫盲工作。1956年7月，全县参加扫盲学习的青壮年10426人，占全县人口的9.09%。

1958年4月，县扫盲工委召开6000人的“向科学文化进军誓师大会”，开展突击扫盲运动，搞高指标、瞎指挥，提出“千人教，万人学：万人教，千人学”的口号，全县24184名青壮年文盲(占全县人口的20.23%)有22490人入学，入学率为93%，仅3个月就上报有20004人脱盲，占入学人数的88.95%，宣布全县“基本扫除文盲”。1959年，全县有青壮年30042人，其中文盲半文盲 12225 人，占 40.69%；参加扫盲班学习的有 10441 人，占文盲半文盲人数的 85.41%。扫盲班搞形式，采取“学习内容跟生产内容走，学习组织跟生产组织走，学习时间跟生产时间走”的教学方式，教学效果差。1961 年，县扫盲办公室要求各人民公社和生产大队办“风吹不动，雨打不散，四季常青”的“铁民校”，以《增广贤文》、《百家姓》、《农村识字课本》为教材，时值三年(1960～1962)国民经济困难时期，“铁民校”难以开办，仅限于宣传而已。1963 年 12 月，全县有 3983 人接受扫盲。1966 年 9 月至 1969 年年末，因“文化大革命”，扫盲工作中断。

1970 年，县革命委员会成立县扫盲业余教育委员会，由于扫盲工作缺少工作人员和经费，只得以生产队和街道为单位办文化政治夜校(以下简称“政治夜校”)，组织社员学习《毛主席语录》，全县有夜校 257 所，多流于形式。1971 年，县革委会贯彻州革委会在花垣县下瓦水召开的政治夜校现场会精神，全县政治夜校猛增至 1199 所，57652 人、辅导员 1793 人。1974 年，政治夜校减至 729 所、18898 人，其中扫盲班 559 个、18645 人、辅导员 929 人。1975 年，办政治夜校 762 所，其中扫盲班 55 个、共 1010 人。1976 年，办政治夜校 763 所、30175 人，其中扫盲班 30 个、635 人。通过扫盲教育，吉首公社鸦溪生产大队(今镇溪街道鸦溪村)在全县率先实现青少年和基层干部无文盲。1977 年，乾州镇实现青少年无文盲。1978 年 12 月，双塘公社(今双塘镇)率先在全县实现无文盲社，全县有 45 个生产大队扫除文盲，占全县大队数的 24.59%；全县非文盲率由上年的 74%升至 77%。

20 世纪 80 年代，扫盲教育主要是学文化、学科学。1982 年 12 月，州政府检查验收，全市 22449 名青少年中(占全市人口的 12.46%)文盲半文盲 5599 人，脱盲 21820 人，脱盲率为 97.2%，达到省政府和州政府规定的无文盲县、市标准。1985 年，为提高妇女的文化科学水平，村委会办妇女学文化学科学班(简称“双学班”)47 个，学员 1245 人。1986 年，全市办“双学班”46 个，参学 946 人。5 月，排吼、双塘、太平 3 个乡被评为全州妇女“双学”先进单位。

1990 年为“国际扫盲年”。吉首市有各级扫盲协调小组 207 个，成员 1000 多人，实行政府一线、教育一线的“双线”承包责任制。市政府与乡镇政府、乡镇政府与村委会、市教委与各学区负责人，学区负责人与学校教师、学校教师与学员分别签订扫盲责任书，全面开展扫盲工作，吉首市被评为全州扫盲先进市。1996 年，全市基本扫除青壮年文盲，青壮年非文盲率达 99.6%，经省政府验收合格，被评为全州扫盲工作先进市。1998 年，各乡镇政府各办一所农民文化技术学校，经省、州政府复查验收，全市扫除青壮年文盲工作合格。经过 12 年的教育工作，2010 年 11 月 1 日零时全国第六次人口普查登记，吉首市 6 岁及其以上常住人口 28.42 万人。其中：未上过学的 13451 人，占 4.73%。按民族分组，汉族 6 岁及其以上人口 79405 人。其中：未上过学的 2412 人，占 79405 人的 3.04%；苗族 6 岁及其以上人口 101470 人。其中：未上过学的 7301 人，占 101470 人的 7.2%；土家族 6 岁及其以上人口 100155 人中未上过学的 3691 人，占 3.69%；6 岁及其以上其他少数民族 3225 人，其中未上过学的 42 人，占 73225 人的 1.3%。其他未识别民族 1 人，为初中生。

2010年全国第六次人口普查吉首市各民族性别和6岁及其以上人口受教育程度

表5—5—1—1　　　　单位:人

年　龄	常　住　人　口											
	6岁及其以上人口			未上过学			小　学			初　中		
	合计	男	女	小计	男	女	小计	男	女	小计	男	女
总　计	284259	142341	141918	13451	4190	9261	78424	37692	40732	87560	47271	40289
按民族分组												
汉　族	79405	40868	38537	2412	769	1643	16110	7981	8129	23440	13033	10407
蒙古族	83	33	50	1		1	13	6	7	10	6	4
回　族	793	405	388	8	3	5	100	50	50	155	82	73
藏　族	11	4	7				2	1	1			
维吾尔族	16	6	10				3	1	2	3	2	1
苗　族	101470	50155	51315	7301	2192	5109	35739	17074	18665	31664	17213	14451
彝　族	43	14	29	1	1		9	1	8	16	6	10
壮　族	102	42	60	1		1	6	2	4	30	14	16
布依族	27	12	15				5	1	4	8	4	4
朝鲜族	15	8	7				1	1		3	1	2
满　族	209	108	101	4	3	1	11	10	1	32	19	13
侗　族	635	353	282	19	16	3	96	61	35	135	86	49
瑶　族	473	196	977	2	1	1	18	11	7	34	15	19
白　族	706	358	348	9	3	6	91	48	43	138	63	75
土家族	100155	49730	50425	3691	1201	2490	26208	12439	13769	31865	16719	15146
哈尼族	3		3									
哈萨克族	5	2	3	1	1					1		1
傣　族	4	1	3				2	1	1	2		2
黎　族	29	10	19				1	1		5	2	3
畲　族	7	4	3							2	1	1
高山族	6	5	1				2	1	1	1	1	
拉祜族	2	1	1									
水　族	1		1									
纳西族	1	1										
土　族	33	15	18	1		1	4	1	3	9	2	7
仫佬族	2	2					1	1				
撒拉族	1		1				1		1			
毛南族	1		1							1		1
仡佬族	14	6	8				1		1	4	2	2
锡伯族	4	2	2									
裕固族	2		2							1		1
其他未识别民族	1		1							1		1

续表 5—5—1—1

年龄	常住人口											
	高中			大学专科			大学本科			研究生		
	合计	男	女	小计	男	女	小计	男	女	小计	男	女
总计	50934	26068	24866	29353	14282	15071	23136	12032	11104	1401	806	595
按民族分组												
汉族	16302	8720	7582	9746	4675	5071	10766	5331	5435	629	359	270
蒙古族	20	6	14	11	3	8	26	12	14	2		2
回族	224	108	116	153	78	75	143	79	64	10	5	5
藏族							9	3	6			
维吾尔族	4		4	1	1		5	2	3			
苗族	14799	7548	7251	7768	3851	3917	3963	2146	1817	236	131	105
彝族	6	2	4	6	2	4	5	2	3			
壮族	17	10	7	20	6	14	27	9	18	1	1	
布依族	9	5	4	3	2	1	2		2			
朝鲜族	2	1	1	2	1	1	7	4	3			
满族	49	23	26	54	27	27	52	22	30	7	4	3
侗族	104	62	42	150	54	96	120	69	51	11	5	6
瑶族	76	32	44	94	36	58	234	90	144	15	11	4
白族	181	93	88	153	76	77	122	65	57	12	10	2
土家族	19115	9444	9671	11169	5459	5710	7631	4189	3442	476	279	197
哈尼族	3		3									
哈萨克族							1		1	2	1	1
傣族												
黎族	3	2	1	10	3	7	10	2	8			
畲族				2	2		3	1	2			
高山族	2	2		1	1							
拉祜族							2	1	1			
水族				1		1						
纳西族	1	1										
土族	13	8	5	4	3	1	2	1	1			
仫佬族												
撒拉族							1	1				
毛南族												
仡佬族	1		1	5	2	3	3	2	1			
锡伯族	3	1	2				1	1				
裕固族												
其他未识别民族												

第二节　农民教育

1981年冬，马颈坳公社管委会开办业余农业中学，学员32名，学制2年，讲授农业基础知识、土壤肥料和果树栽培技术课，后增招回乡高中毕业生，学员增至82人。1984年，全市推广马颈坳乡办农校经验，办业余农校14所、农民技术员训练班342期、举办农业技术广播讲座260次，巡回教学521场，学员和其他听众共16700人次。12月，全省乡办农民文化技术学校现场会在吉首召开，与会人员参观马颈坳、双塘、矮寨3所农民业余文化技术学校。

1985年，各乡镇农校办长班共13个、学员391名；中班18个、学员437名；短期训练班97期，培训农民4450名。全市乡镇办农校在州、省大检查中均获总分第一。1986年，乡镇办农校长班12个、4500人；中班24个、561人；短训班115期，培训11067人。全市有359人通过考试获农民技术员职称资格。1989年，14所乡镇农校中有7所有"独立门户"的校舍，全市办长班15个、350人；中班57个、1509人；短训班200期，培训21121人。矮寨镇农校在全省乡办农校测验中获97分，名列第一。1990～2012年，各乡镇政府继续办农民业余文化技术学校，因青年、中年人多外出打工，学员人数锐减。

第三节　农广校

1984年，市政府成立湖南省农业广播电视学校吉首市分校(以下简称"市农广校")。市农广校设在市农村工作办公室(简称为"市农办")内，办校初期，无教学基地，学生通过有线广播听课。1987年，市农广校为副科级单位，编制3名，归口市农办管理，向桂荣任校长。1995年，市财政拨款10万元，征用万溶江民办中学为教学基地。1996年，农业部、吉首市财政各拨款10万元，学校自筹4万元，修建238平方米的教学综合楼，维修旧校舍。2003年，成立吉首市农民素质教育办公室，与市农广校两块牌子、一套人员。2004年2月，成立吉首市农民素质教育领导小组，市委副书记兼任组长、一名副市长兼任副组长，市农办、市农业局、市科技局等15个单位的一名领导干部为小组成员，小组设办公室，与市农广校合署办公。

市农广校学员平时各自收听、收看中央人民广播电台和中央电视台节目课程内容，学校分阶段对学员进行集中辅导和考试，各门功课考试均合格者学校发给毕业证书。1984～2000年，以培养中专毕业生为主。2001年，与湖南农业大学联合实行多层次办学，培养本科毕业生。

1984～2005年，各乡镇每年都有学员入学，吉首、万溶江、己略、矮寨等乡镇学员较多，全校累计入学1248人，毕业1205人，其中本科123人、大专93人、中专989人。第二期学员马颈坳镇吴家贞通过果树专业学习成为“全国青年致富标兵”，被镇政府聘任镇农技站站长。第四期学员河溪橡胶厂职工高耀富被评为“全国优秀乡镇企业供销员”。吉首乡学员吴祖秀带领村民开发林果业，成绩显著，被选为吉首乡副乡长。马颈坳镇农民技术员吴家贞、刘永安、吴善清，通过农广校学习，先后被市农业局聘为农业技术干部。1990 年，全国科教兴农示范交流现场会在吉首召开，中央农广校副校长刘培棣到会并讲话，肯定吉首市科教兴农成果。

2006～2012 年，市农广校贯彻落实中共十七大、十八大精神和中共中央农村工作会议及有关文件精神以及《中共湖南省委办公厅湖南省人民政府办公厅关于进一步加强农民素质教育提高农民科技文化水平的意见》，围绕实现粮食产量稳定和农民持续增收这一中心任务，聘请农业科技人员入户，提供媒体服务，深入农户和田间地头进行农业技术培训，继续抓好 10 公顷蔬菜基地建设，进一步巩固河溪镇阿挪、丹青镇狗咬、烟竹和大坪四个村椪柑管理示范基地的示范工作，累计无偿为蔬菜和椪柑基地农户以及学员发放农技资料和专业杂志 5000 余册（本），培训科技种植专业和示范户 550 多户、村民 15000 余人次。同时，配合中央农广校实行农村适用人才培训“111”计划，与市科技局联合，一手抓农村适用人才培训，一手抓农村转移剩余劳动力就业技能型人才培养工作，累计培训 15000 人。

第六章　广播　电视

第一节　广播网络

一、广播收音

民国 26 年(1937)，奉系军阀东北边防军司令部副官处长杨安铭回乾城县探亲时携带 1 台干电池收音机，是县域最早出现的一台收音机。民国 30 年，县民众教育馆设收音室，购置 1 台环球牌四灯收音机(真空管坏，不能使用)。次年 11 月，该室自装三灯全波段收音机 1 台。

1950 年 10 月，乾城县收音站配置绿壳交流电收音机 1 台。1952 年，购置 60 瓦扩音机 1 台、高音喇叭 2 只，其中 1 只安装在县人民政府机关内，为县内安装最早的高音喇叭。1955 年下半年，购置交流电收音机和 300 瓦扩音机各 1 台，在县城乾州架设 2 杆程千米的广播专线，安装高音喇叭 3 只、舌簧喇叭 20 只，配给小溪桥等八个农业生产合作社业余收音站直流电收音机各 1 台。此后，收音机逐步增加。1957 年，80 台；1964 年，103 台；1975 年，618 台；1985 年，20174 台；1988 年，全市有收音机和收录机 30635 台，其中农村 11079 台。

二、农村有线广播

1956 年、1957 年，县人民委员会根据中央广播事业局制定的“依靠群众，充分利用现有条件，因陋就简，逐步正规，先到村社，后到院户”的农村广播网建设方针，建县有线广播站。该站建立后，配300瓦（县收音站移交）和50瓦扩音机各1台，交流电收音机、电唱机各2台、录音机、电话机各1台（部），自制操作台、控制箱各1张（个）。借用农村电话线路245杆程千米，投资铁线、喇叭，农业社自筹木杆，出劳力，架设专线126杆程千米，在13个乡、镇有电话机的地方安装舌簧喇叭145只。1958年3～7月，在其余7个乡、镇借用电话线路79千米，架设专线9.5杆程千米，安装舌簧喇叭50只，实现乡乡通广播。随着农村电话事业的发展，1959年，全县喇叭发展到346只。8月，县广播站与邮电部门配合，排除有线广播对邮电线路的串音干扰。1960年，县站购北京牌500瓦扩音机1台。是年，建吉首镇广播站，县站配给该站300瓦扩音机1台。建矮寨、吉首、马颈坳、丹青3个公社简易广播站，各配给改装的直流电扩音机1台。1961年春，县广播站首次对全县农村有线广播网（以下简称“农网”）进行全面整顿，建立维修收听联络网点65个，基本上做到每只喇叭有1名收听联络员。同时，撤销吉首镇、矮寨公社等5个社、镇广播站。1962年，县广播站首次举办业余广播维修员技术训练班，培训业余广播维修员14名。1965年，建矮寨公社广播站（1966年停办）和万溶江公社兔岩大队广播室，各配60瓦扩音机1台，架设县至兔岩生产大队广播专线8杆程千米（与电力线共杆），开始在住在电话机旁的部分社、队干部家里安装喇叭，至1968年年末，全县入户喇叭增至672只，广播通到生产大队。

1969年6月，县革委会根据《湖南省革命委员会关于迅速普及农村广播网的指示》精神，成立发展农村广播网领导小组。当年，建成万溶江和太平两公社广播站，分别配100瓦和40瓦扩音机1台。1970年，建成双塘等11个社、镇广播站，社塘坡站配25瓦扩音机1台，其他10个社、镇站各配150瓦定阻抗扩音机1台。公社以下网路建设，万溶江和双塘两公社自筹资金，其他14个社、镇由省、州广播部门扶持，架设广播专线869杆程千米，除丹青公社至鲫鱼等3个生产大队仍借用电话线路外，其余公社以下广播节目信号均用专线传输，所有生产大队和971个生产队中的932个队均通广播，入户喇叭2872只。同时，省广播局、县财政局各拨款15000元，修建县广播站技术和办公用房一栋450平方米。县广播站将扩音机更换为1台GY275瓦X2，配增音机1台，全县扩音总功率增至3640瓦。还试制69—2型载波发射机、分路放大器各1台、接收机8台、低高通滤波器12套，在8个有电源的公社安装载波设备，用载波传输广播节目信号。因农村邮电线路质量差，远距离传输信号困难，加之自制的滤波器性能不稳定，除万溶江公社外，其他公社在1975年前陆续停止使用。

1972年，建己略和排绸两广播站，各配150瓦定阻抗扩音机1台。生产大队广播室增至12个。县广播站又增添GY275瓦X2扩音机2台，其中1台为备份机。全县扩音总功率增至4850瓦。随着入户设备不断增加，县、社、镇广播设备也相应更新或完善。1973～1975年，万溶江广播站将100瓦扩音机更换为300瓦，太平广播站将40瓦扩音机更换为100瓦，另13个广播站各更换为275瓦扩音机1台。有1个公社广播站配601型录音机，2个公社广播站配收音机各1台，县广播站配430型超外差式收讯机1台。生产大队广播室增至29个，全县扩音总功率增至6050瓦,入户喇叭增至10067只。1976年,吉首镇广播放大站建立,配275瓦扩音机1台。生产大队广播室增至33个,全县扩音总功率增至6910瓦。是年秋,架设县至寨阳、乾州至社塘坡广播专线17.1杆程千米。1977年6月,县委成立广播专线建设领导小组,至10月,架通县至其他社、镇广播专线104杆程千米,建成以县广播站为中心,以公社放大站为基础,以专线传输为主的农村广播网。是年,马颈坳和寨阳两公社广播站修建机房共236平方米,马颈坳、寨阳各增配1台275瓦扩音机,矮寨增配1台300瓦扩音机。1978年,县广播站增购430型超外差式收讯机1台,首次购置1台半导体单卡收录机作采访用;自制设备,对4个公社的广播试行遥控;生产大队广播室增至44个,全县扩音总功率增至7800瓦,为生产大队播音室、全县扩音总功率最多、最大的一年;入户喇叭增至16652只。但在普及农村广播网特别是公社以下网路建设的过程中,急于求成,片面追求进度,加之器材供不应求,技术力量不足,因而建网质量不高,有的地方头年建,二年垮,三年不通话。

1979年,县广播局根据中央广播事业局颁发的《农村有线广播技术标准与技术管理规程》开始整顿、巩固、提高农村广播网络,至1981年,集资12.85万元,投工16000个,对近三分之一的机房、传输和用户设备进行整顿。经整顿,寨阳公社勤丰生产大队网路达到甲级标准,入户设备更换为3瓦动圈喇叭。县至社的广播专线一线两用,既传输广播节目信号,又用于电话、开电话会。1982年,县广播局对全县农村广播网络进行普查。全县原架设的专线990杆程千米,有246杆程千米因满自然寿命而垮掉;入户喇叭减至10100只,生产大队广播室减至1个,全县扩音总功率为7035瓦。县广播局进行以建设高标准广播专线为重点的整网工作,至1985年,有4个乡、镇架设圆形水泥杆、线径4毫米的甲级线路126.5杆程千米;同时,新建一栋1251平方米的广播综合楼,其中技术和办公用房683平方米。因吉首为贫困市,加上这一时期,农村思想工作有所放松,广播系统存在重电视轻广播的倾向,有关部门对农村广播网的整顿和提高缺乏支持,致使一部分网路和入户设备年久失修,通播率和喇叭入户率大幅度下降。1986年,村、组通播率由100%分别降至68%和58%;入户喇叭5400只,入户率由1979年的65%降至16%。是年,市人大常委会办公室印发《吉首市人大常委会关于加强农村广播建设的议案的决议》,市委、市人民政府切实加强对农村广播网的整顿。1986～1988年,市财政局和省广播电视厅分别拨20万元和3万元专款给市广播电视局,修建50瓦调频发射台1座,实行有线与无线相结合,取代亟待更新的市至乡的广播专线;按部颁标准,标准化、系列化地更换市广播站的机房设备;更新乡以下广播专线190杆程千米,入户喇叭增至10048只,其中动圈喇叭4686只,占47%。河溪镇网路达到州广播电视局规定的标准化乡、镇网路的各项指标,并有镇至新建等两个行政村的线路,实现一线两用,既通广播,又通电话。有3个行政村恢复广播室,全市有线广播扩音总功率为5400瓦。

三、中波转播台

1970年9月,州6903中波无线广播转播台(以下简称"6903台")在社塘坡人民公社三岔坪生产大队(今社塘坡乡三岔坪村)破土动工。次年12月,90平方米、50千瓦广播发射机地下机房、1049平方米职工宿舍和办公用房建设工程竣工,全台占地2.9公顷。1972年7月,发射机附属工程无线电信号收信台万溶江人民公社接丰生产大队(今乾州街道接丰社区)建成。1973年2月1日,“6903台”试播。1974年7～9月,架设一座112米高的中型无线电广播发射塔,10月1日,开始转播湖南人民广播电台中波节目,覆盖吉首、凤凰、花垣、保靖、古丈、泸溪五县38万人。1979年9月,正式转播省电台节目。1984年2月,“6903台”迁至万溶江乡小河坪(今乾州街道属地),发射机改用10千瓦,发射塔两座,高90.75米;12月26日,正式转播,覆盖周边人口28万人,其中吉首市15.8万人,占全市人口的78.8%。

1971年1月,州广播局在吉首镇雷公坡知青场建711实验台。1973年1月15日,711实验台开始转播中央人民广播电台和湖南人民广播电台节目,覆盖人口11.9万人。1982年9月,该台改为中波转播台。1985年12月,711台保留机构名称和人员编制,设备和转播业务移交给6903台。2003年,6903台有干部职工35人,其中专业技术人员7人,有10千瓦中波发射机1台、1千瓦实验机6台,每天广播转播时间11个小时45分,覆盖吉首、泸溪、古丈、凤凰、花垣、贵州铜仁松桃、重庆秀山等县市,理论覆盖人口500余万人。

1995年、2005年,6903台两次被省广播电视厅、州广播电视局评为省、州广播电视先进单位。1998年,被省广播电视厅评为“湖南省广播电视技术维护先进台站”。1999年,被州委评为“湘西州双文明建设先进单位”。

2004年,因开发乾州新区,6903台迁至凤凰县竿子坪乡湾溪村。

四、广播电视站　广播电台

1985年,各乡镇分设广播站,定编共28名。1986～1992年,市广播电视局与乡镇政府共同管理乡镇站,以市局管理为主。1993～2012年,以乡镇政府管理为主,市广播电视局与乡镇政府共同管理人事,市广播电视局负责农村广播电视网络的技术规划和业务指导,乡镇广播站增加电视管理业务,改名为乡镇广播电视站(以下简称为“乡镇广电站”)。

1988～1991年,河溪、吉首、万溶江、寨阳、社塘坡、丹青、排吼、太平8个乡镇先后建成水泥杆线路广播网。1991年,乡镇以下农村广播专线总长710.3杆程千米,其中入级的水泥杆路专线502.2杆程千米,入户喇叭11719只,入户率37.4%,喇叭音响率84.1%。

1992年2月22日,经省广播电视厅审批,市广播站改为市广播电台。6月16日,市广播电台被定为副科级事业单位,核定事业编制25名。7月5日,市政府主持召开市广播电台成立大会。市广播电台通过98.8兆赫的调频广播频率,覆盖全市城乡,向市民呼号广播。1994年,停办广播节目。1997年7月,市广播电视局根据省委办公厅和省政府办公厅文件精神撤销市广播电台。

五、广播专线、调频广播覆盖

1988年,吉首市广播信号依靠市至乡镇广播专线传输。1989年,设立市调频广播发射台,为事业机构，发射台隶属市广播电视局，定事业编制5名，转播中央人民广播电台和省人民广播电台节目，发射市广播站节目信号到各乡镇广播站。1989年，市调频广播发射台在自办广播节目信号传输方式上改专线馈送为专人送节目带上台播放，调频广播发射台按市站节目时间表自行转播上级电台节目。3月24日，为提高自办广播节目信号传输的音响效果，将市站机房播放节目带专线馈送信号改为专人送带上坡，由调频台播放节目馈送发射，明显改善自办广播节目的音响效果。市调频广播发射台原只有一台50瓦的调频发射机，购买一台100瓦调频发射机作备份机、一台10千伏安的变压器作备用。1992年12月，市财政拨专款52000元，用于修建市调频广播发射台75平方米的生活用房。

1994年，因停办广播节目，市调频广播发射台全部转播上级电台节目。1997年7月，市调频台全面终止调频广播发射业务。

第二节　电视网络

一、城区电视网络及用户

1975年，吉首城区收看电视节目必须从高坡上架设长馈线和天线进入电视机，才能收看雪峰山信号。1978年5月，州广播局在吉首火车站后坡鼻子岭建7602电视转播台，覆盖吉首城区。1985年1月，州广播局在吉首东门坡花果山建电视转播台，转播中央一套、湖南、湘西电视台共三套节目。1986年11月，增加电教节目。

1992年8月4日，市广播电视局（以下简称“市广电局”）动工建设城区有线电视网络工程，至9月中旬，建成300兆赫的邻频传输网，128杆程千米电缆主干线辐射城区东西南北四个方向，开通中央台1套、2套等6套卫星电视节目。9月26日，正式开播吉首市电视节目。此后，自办“吉首新闻”“山城写真”等电视栏目。1995年4月31日，市广电局实行“局台合一”。

1998年，吉首城区同时存在的州、市两张电缆电视网均已达到或超过使用年限，急需升级改造。为减少网络升级改造中的重复投资、重复建设，州有线电视台与市广电局（台）共同贷款联合对网络进行升级改造，将各自原有的电缆电视网升级改造为750兆赫的光缆和电缆混合电视网。主干线光缆网沿南北向人民路架设并向东西向辐射，南起乾州，北至振武营，东起青山湾，西至狮子庵，按用户分布情况分区域安装65个光节点，分别连接州市原有的电视用户。主干线采用240芯光缆，长72杆程千米，支干线长256杆程千米。1999年春节，吉首城区网络升级改造第一期工程和第二期工程先后完工，光缆、电缆混合电视网基本建成。2000年，750兆赫的宽带网可传送40多套电视节目，开展多媒体服务，有线电视网络用户12000户，入户率27.27%。2001年11月12日，市广电局以有线网络为资产与州有线电视台和湖南电广传媒股份有限公司联合筹建“湘西自治州电广宽带信息网络有限公司”(以下简称“州网络公司”),吉首城区有线电视网络用户全部由州网络公司提供服务和管理。

2003年10月,市广电局筹资800多万元,在乾州新区动工兴建市广电网络播控中心。2005年6月,该中心大厦落成。6月23日,举行大厦落成暨局(台)机关乔迁大厦庆典。城区有线电视用户增至51603户,入户率达100%。

二、农村电视网络及用户

1981年、1982年,白岩、社塘坡、排绸、马颈坳、双塘4个人民公社采用从高坡上架设长馈线和天线进入电视机方式收看电视。1984～1987年,矮寨、马颈坳、河溪、双塘、丹青五乡镇在坡头建乡镇级3瓦电视小差转台。1988年,电视覆盖全市人口15.31万人,覆盖率为71%,其中农村86100人,覆盖率为59%。

1992年,万溶江、吉首、河溪、马颈坳、双塘5个乡镇广播站先后架设乡镇站电视网络,万溶江、吉首、河溪3个乡镇广播站网络按300兆赫邻频传输设计,可播出10套以上电视节目,其余9个乡镇广播站于1993～1996年先后建网。万溶江、吉首、双塘、排吼、太平、社塘坡、河溪7个乡镇广播站均按300兆赫邻频传输设计,网络器材与市台城区网基本相同,其余7个乡镇广播站为隔频传输网,所用器材为低档产品。

2000年,马颈坳镇广播站电视网络超过使用年限,严重老化,加之管理不善,全部垮掉。8月,市广电局将该站改由局直管,投入6万多元,把旧网更新改造成300兆赫的邻频传输网,重新开通10套电视节目。双塘镇广播站自筹资金,将镇网与大部分村网联网,扩大镇网络的覆盖范围,大部分村民能收看到套数更多的电视节目。是年,社塘坡乡广电站也对部分网络进行改造。14个乡镇广电站新建的有线电视网络干线电缆总长135杆程千米,用户电缆总长352.5杆程千米。是年,全市农村有线电视用户由1992年的3000多户增至13092户、入户率由8.93%升至35.98%。2005年,农村电视入户率40%,电视人口综合覆盖率为90.8%。

2010年,对第二批村村通工程进行验收,完成“村村通”40个盲点和320套直播设备的安装任务。加快建设无线数字电视工程项目,基本完成有线电视数字化转换,提高覆盖率。

2012年,全市广播电视系统有职工127人,其中管理人员5人、编播人员18人、技术人员24人、其他人员80人。电缆总长760杆程千米,电视综合覆盖29.53万人,覆盖率为97.8%。

三、农村卫星地面接收站

居住边远村寨的少数民族村民收不到卫星电视节目。为解决这一问题,“卫星地面接收站”(俗称“家庭套站”)应运而生。家庭套站设备简单轻便,易安装,价格便宜,农民能承受,可转换收看10套以上的电视节目,基本能满足边远少数民族村民的需求。1995年,边远村寨出现家庭套站。至2005年年末,全市农村有卫星地面接收站943个,其中乡级站12个、村级站

53个、村村通站79个、家庭套站799个。至2012年,农村卫星地面接收站逐渐减少,被有线电视取代。

四、城区电广宽带信息网络

2001年12月21日,州网络公司成立。省、州、市广电部门共同投资5000万元。其中:州广电局、市广电局合为一个股东,占州网络公司51%的股份;湖南电广传媒公司占49%的股份。在州、市广电局所占的51%股份中,按总资产评估,州广电局占55%,市广电局占45%。州网络公司主要从事广播电视节目传输和网络增值业务。2005年,有员工83人,其中高级技术职务1人、中级技术职务9人、初级技术职务26人。

2002年4月至2004年初,州网络公司累计投资1700多万元,对城区网络进行升级改造,网络主干线全部在地下管道铺设,对用户网实行套管入户,对用户实行计算机可寻址管理。网络为750兆HFC(光缆和铜轴电缆混合覆盖)双向宽带网,光缆长度1760芯千米,电缆干线长度250千米,光节点96个,覆盖吉首城区、乾州街道和附近的吉首乡、万溶江乡、寨阳乡、马颈坳镇,覆盖面积30多平方千米,覆盖人口20余万人,用户49000余户,传输中央、省、州共46套电视节目。公司还先后开展电路出租、宽带上网等增值业务,成功收购电广旅行社,托管广电报社,形成"一业为主、多业发展"的经营格局,经营收入和利润大幅度增长。2001年,经营收入450万元;2002年,701万元;2003年,1110万元;2004年,1260万元;2005年,1266万元;2006～2012年,1384万～1500万元。2001年,利润10万元;2005年,189万元;2006～2012年,215万～310万元。

2002年,州网络公司和州广电局共投资1200多万元,建成州广播电视播控中心大楼,经营和服务条件大为改善。

五、农村电广宽带信息网络

2002年11月6日,市广电局组建市电广宽带信息网络有限责任公司(以下简称"市网络公司"),属国有独资企业。市网络公司以乡镇有线电视网络建设为重点,通过实施城乡联网工程,农民也能收看到城区的电视节目。公司采用240芯光缆联网,实现联网乡镇节目传输光纤化。至2005年年末,市网络公司联通万溶江、寨阳和社塘坡三乡,矮寨、双塘、河溪和马颈坳四镇部分行政村的有线电视网络,发展农村有线电视用户5000户。对各乡镇有线电视前端机房和电视传输设备进行普查和维修,排除故障隐患。通过调查研究,提出进一步理顺管理体制、对乡镇广播电视站实行垂直管理的意见,被市委、市政府采纳。

2006～2012年,着力实施"村村通"工程,稳步实施无线覆盖工程,建无线数字电视节目发射塔,推进农村电视数字化平移工作,逐步实现由小网向大网、由模拟向数字、由单向向双向、由用户看电视向用户用电视的转变,通过有线、无线和卫星三种方式的传输,实现无缝隙覆盖,覆盖率达100%。

六、调频电视转播台

市域调频电视转播台为州7602调频电视转播台（以下简称“7602台”）。7602台位于吉首城区东门坡，担负湖南卫视、中央人民广播电台一、二台、湘西电视台和湖南人民广播电台节目信号的传输任务。2005年，7602台有电视发射机7台，电视发射功率2.25千瓦；调频发射机2台，发射功率1.05千瓦；省、州广播电视微波传送设备2套，覆盖吉首、泸溪、凤凰等县（市）；有干部职工28人，其中10人被聘任初级及其以上专业技术职务。

7602台在广播电视节目传输和转播工作中始终把安全优质播出放在首位，做到“安全、优质、低耗、高效”，没有出现任意插播节目的情况，没有自办节目，没有播出“飞”字广告，没有随意改动台内设备技术参数和发射功率，每周坚持维护设备，1989～2012年，台内停播率控制在每100小时5.7秒以内。

第三节　居民电视机拥有量

1975年，州广播局购买的一台上海牌14英寸电子管黑白电视机是市域最早的一台黑白电视机。次年，省广播局给州广播局配一台上海试产的金星牌彩色电视机是市域最早的彩色电视机。20世纪80年代后期，随着经济社会的发展进步，电视异军突起，迅速发展，电视机逐年增多。1987年，吉首城区居民平均每100户有彩色电视机32台；农村居民平均每100户有黑白电视机2台。1991年，城市居民平均每100户有彩电53台；农村居民平均每100户有黑白电视机24台、彩电2台。2000年，城市居民平均每100户有彩电114台；农村居民平均每100户有黑白电视机28台、彩电48台。至2012年，城市居民平均每100户有彩电104台；农村居民平均每100户有黑白电视机2.86台、彩电98.57台。城市居民住户的电视机多为液晶电视机，荧屏面大，机体薄而轻，挂在墙上，占空间小，黑白电视机早已被淘汰。通过有线、无线和地面卫星接收站（边远山村）三种传输方式实现无缝隙覆盖。城乡居民可接收10套以上电视节目，全市电视覆盖达100%。

1981年，州教学仪器站购置的一台索尼V—5630PS大3/4摄像机，是市域最早的一台摄像机。至20世纪90年代末，除一些单位因工作需要购置摄像机外，家庭较富裕且爱好摄像的城乡居民也购买摄像机作家庭用或外出旅游用。1999～2001年，城市居民每年平均每100户有摄像机2台；2002～2005年，每年6台；2006年，2台；2007年，8台；2008年，16台；2009～2011年，每年18台；2012年，增至22台。2010年，农村住户平均每100户有摄像机4台。

1987～2012 年吉首市城乡居民电视机拥有量

表 5－6－3－1　　　　　　　　　　　　　　　　　　　　单位:台/100 户

年 份	电视机	城市居民	农村居民	年 份	电视机	城市居民	农村居民
1987	黑白		2	2000	黑白		28
	彩色	32			彩色	114	
1988	黑白			2001	黑白		57
	彩色	35			彩色	120	35
1989	黑白		14	2002	黑白		60
	彩色	38			彩色	117	47
1990	黑白		14	2003	黑白		46
	彩色	48			彩色	118	70
1991	黑白		24	2004	黑白		34
	彩色	53	2		彩色	120	80
1992	黑白		30	2005	黑白		21
	彩色	75			彩色	118	87
1993	黑白		24	2006	黑白		14
	彩色	85			彩色	116	91
1994	黑白		32	2007	黑白		9
	彩色	92			彩色	112	98
1995	黑白		48	2008	黑白		10
	彩色	98			彩色	102	95
1996	黑白		59	2009	黑白		3
	彩色	100			彩色	102	97
1997	黑白		73	2010	黑白		
	彩色	100			彩色	100	74
1998	黑白		86	2011	黑白		
	彩色	116	6		彩色	98	107
1999	黑白		74	2012	黑白		2.86
	彩色	132	10		彩色	104	98.57

第四节　广播电视节目

一、广播节目

民国31年(1942)11月，乾城县收音室开始收音，每天收听中央广播电台新闻及讲演节目270分钟。收听人数200多人。民国33～38年，停止收听。1950年10月，县收音站建立，每天晚上记录中央台新闻，次日送县领导传阅并印刷200份，发给有关单位。1957年8月，县广播站每天播音4次5小时，其中城区早、中、晚3次3小时，农村1次1.5～2小时。转播中央和省广播电台节目，播放吉首新闻。1962年，每天播音3小时10分，其中城区早、晚各1次，2小时，农村晚上1次，1小时10分。1965年，农村增加早晨1次播音，与城区同时进行。1966年10月至1967年8月，为免受"文化大革命"冲击，停止自办节目。1972年，对农村播音改用普通话。1978年，县城至农村广播专线全部架通，对农村播音与县城同时进行，农村4小时播音，县城比农村多一次即中午播音1小时。1979年9月，每天播音时间由5小时增至6小时15分。节目有《新闻》《一周要闻》《科学与生活》《农村生活》《青少年之友》《信息》《学习与思考》《为你服务》《五彩星空》《文学欣赏》《山城夜话》《周末文艺》《音乐》。1980～1988年，以新闻改革为重点，按"实、快、新、短"的要求，强调新闻报道实事求是，增加地方戏曲等节目。

1989年，市广播站每天坚持早、中、晚3次播音。因季节的变化，在播出时间上依据中央台和省台的播出时间作相应调整。全天播音5个小时45分。6时20分至7时20分，先后转播中央台及省台新闻，7时20分，播出"每周一歌"；7时25分，播报"吉首新闻"；7时40分，播出专题节目；7时55分，播出"为您服务"；12时，转播省台"新闻综合"及专题节目；18时55分，节目预告，转省台节目后于19时20分至19时50分播出本站文艺节目，接着转播省台"天气预报"、中央台"各地新闻联播"及省台专题节目；21时，重播"吉首新闻"及专题节目；21时35分，播音结束。

市广播站自办节目有新闻性节目"乡镇新闻联播"和"时事广播"。1988年，将"一周播报"改为"一周瞭望"。1990年，广播宣传力求把握"一要稳定，二要鼓励"的基调，突出正面宣传。全年来稿中反映社会稳定、表彰鼓励、治理整顿、深化改革及社会主义精神文明和社会主义物质文明建设方面内容的占80%以上。1991年，为庆祝中国共产党成立70周年，市广播站开展"在鲜红的党旗下"征文活动，开辟"先锋颂""群芳谱""社教天地"等专栏。1992年2月22日，经省广播电视厅审批，市广播站改为市广播电台(以下简称"市广电台")。为配合撤县设市10周年庆祝活动，市广电台开展"山城十年路"征文活动，全年新闻节目用稿5318篇，为1989年的1.5倍，创历年新闻节目用稿数的最高纪录。1993年，市广电台将13个广播节目调整为6个，保留"吉首新闻"，部分广播新闻稿件与市有线电视台电视新闻节目共用。从1993年起，广播节目逐渐淡出，仍保留"吉首新闻"，突出为全市改革开放和经济建设服务的内容。

1989年1月至1997年7月，自办教育性广播专题节目主要有“学习与思考”“科学与生活”“农家顾问”“峒河之声”“青春芳草地”。“青春芳草地”以青少年为对象，以和青少年谈理想、谈人生为主要内容。1991年，“青春芳草地”增设“谈谈我自己”和“平凡岗位普通人”两个小栏目，青少年听众纷纷来信来稿，反映较好。广播文艺节目有推介新歌的“每周一歌”、以播放吉首市地方戏曲为主的“空中戏台”、以播放民间故事为主要内容的“山城夜话”、以文学赏析为主的“五彩星空”、以相声为主的“说说唱唱”和主持人综合性文艺节目“欢乐周末”。1993年，调整节目，保留“五彩星空”和“欢乐周末”两档广播文艺节目。1997年7月，根据是年省委办公厅和省政府办公厅34号文件精神，撤销市广播电台，广播业务由湘西州广播电台代理。

二、电视节目

1975年1月至1992年8月，利用州电视网络和乡镇自办网络，收看中央和省、州电视节目。1992年9月，市有线电视台(以下简称“市有线台”)成立。是年9月26日、27日，市政协全会、市人代会先后开幕，市有线台成立后首播节目是宣传两会的特别报道电视节目。

从1993年起，电视节目播出时间一般是每天18时50分预告节目内容，19时转播中央电视台“新闻联播”，接着依次播出“吉首新闻”(初办时每周二、四播出两档)、“点歌台”“百业窗”“广告”“文艺专题”“家庭剧场”(播出省电视剧制作中心提供的电视剧)，每晚共播出4个多小时。

1995年，市有线台开通11套电视节目，播出时间从当天6时50分至次日凌晨2时。1997年，播出电视节目由15套增至19套。1998年，市有线台对吉首城区有线电视网络进行升级改造，将原300兆赫电缆网改造升级为750兆赫的光缆和电缆混合电视网，开通电视节目40套。

市有线台自办电视节目主要有“吉首新闻”“特别报道”“山城写真”。1998年5月，市针织厂职工向元芝获悉自己在湖南省武警总队服役的儿子麻力军即将随部队开赴江西省九江市灾区抗洪抢险的信息后，决定前往抗灾前线看望儿子，鼓舞战士们抗灾斗志。市广电局获悉后，副局长、市有线台副台长杨建新、记者杨震携带摄像机陪同向元芝风雨兼程赶到抗洪抢险前线跟踪采访，编制连续报道稿片《兵妈妈——向元芝》。此稿片先后在江西省和湖南省两电视台以及中央电视台播出后，反响强烈，实现市有线台电视新闻稿片在中央电视台播出零的突破。1999年，播出吉首新闻170期，播发稿件1020件；在省电视台上稿6件、州电视台上稿33件。在省州广播电视优稿优节目评比中，市有线台广播专题《一位军人母亲的情怀》获全省优稿优节目二等奖；节目主持人彭琳获省新闻学会、省播音研究学会授予播音与主持二等奖。电视专题《问渠哪得清如许》获全州人大好新闻一等奖。2001年8月28日，根据州委办2001年32号文件精神，市有线台改为湘西电视台吉首频道。

2003年，湘西电视台吉首频道田琳、张俊、陈绪芝等记者编辑创作的社教电视专题片《周老爹和他的银杏树》在全国少数民族题材专题节目评比活动中获“骏马奖”二等奖、全州文化大奖。2004年,吉首频道在“吉首新闻”栏目中开设“崛起的新区”“开发大湘西,建设新吉首”等10余个专栏,进一步加大对全市改革开放和经济建设的宣传力度。2005年,吉首频道对所有栏目进行改版,以“吉首新闻”为龙头,对原有栏目进行大幅度调整,增设法制类栏目“平安吉首”、经济类栏目“房产天地”等专题。全年编发新闻240期、专题90期,用稿2400多件;在州级媒体上稿263件、省级媒体上稿76件。《眼镜农民李昌茂》《阿妈回家》在全省优稿优节目评比中获三等奖。是年11月中国第六个记者节前夕,吉首频道记者田琳被评选为全州“十佳记者”。

2010年,“吉首新闻”强化时政新闻和重大新闻力度。开辟“城市品牌大家谈”“州市共建共管”“与文明同行”“百姓呼声”“平安吉首”“吉首好人”“爱心拼百分——干群心连心”等栏目,宣传政策,反映民生,强化舆论监督。全年播新闻稿件2360条,上州电视台新闻189条,上省电视台58条,上中央新闻媒体8条。

第六篇　卫　生

清代(1644～1911),厅域只有六家中药店(铺),中医药人员甚少,而巫师却有二三百人。贫困苗民患病多请巫师敬神驱鬼“治病”,有的凭单方或验方自采草药或请草医治疗,有的无医无药,听天由命,疾病流行,病死率高。

民国时期(1912～1949),市域卫生事业虽有所发展,但农村仍然缺医少药或无医无药。至民国38年,仅城区有卫生机构3个、17人、病床20张,少量显微镜、高压消毒锅、压力喷雾器、注射器、压力针、刀片、钳子、镊子等医疗器械,草医160多人。天花、霍乱、麻疹等烈性传染病常发生,痢疾几乎每年发生流行,肺病、病毒性肝炎成为“不治之症”,夺去了成千上万人的宝贵生命。

乾城县和平解放后,卫生事业有了很大发展。1950年,全县人口平均每1000人仅有卫生人员0.3人。2012年,全市有卫生机构404个、床位3390张、卫生人员4473人,其中卫生技术人员3675人,全市人口平均每1000人有卫生技术人员12人,无医无药、缺医少药的历史已一去不复返,天花、霍乱、麻疹等烈性传染病早已绝迹,肺病、病毒性肝炎、痢疾等传染病得到有效防治,不再是“不治之症”,各民族的健康得到保障,身体素质不断提高。

第一章　疫病防治

全市疫病防治工作贯彻执行《中华人民共和国传染病防治法》,坚持“预防为主,防治结合”的方针,进行各类传染病的监测、流行病学调查、计划免疫和卫生宣教工作,按月进行疫情动态分析,掌握传染病流行规律,有效地控制地方病、寄生虫病的发生和霍乱、结核病、性病等传染病的传播,发病率逐年下降。1989年,各类传染病发病2326例,病死8例,发病率1059.5例/10万人,死亡率3.64例/10万人,病死率0.34%。2005年,法定防治传染病发病1241例,病死1例,发病率433.9例/10万人,死亡率0.35例/10万人,病死率0.08%,分别比1989年下降625.6例/10万人、3.29例/10万人和0.26%。

2006年,无重大疫情和公共卫生事件发生。发生法定传染病1116例。其中:乙类传染病

974例,发病率329.93例/10万人;丙类182例,61.65例/10万人。

2007年,未发生重大传染病及二代病例,报告法定传染病病1717例,发病率579.55例/10万人,比上年下降48.53%。出现新发涂阳结核病人131例,复治涂阳病人22例;发现涂阳结核病人141例;接诊可疑肺结核病人844人。

2007年,完成娱乐场服务员80人、结核病患者80人、两劳人员490人、吸毒人员135人的HIV监测任务,共检测HIV抗体19705份,发现HIV抗体初筛阳性52例,经省、州CDC确认40例。项目工作开展率100%、完成及时率100%。年内发现HIV40例,其中感染者14例,AIDS病人26例,比上年上升110.52%,死亡12例。12月12日,启动实施美沙酮项目。全市12个乡镇除白岩乡外,其余已实现疫情网络直报,传染病疫情报告及时率达100%,年内对41例伤寒病例进行个案调查,均为散发病例,未引起疫情暴发流行。复查瘫风病存活病人73人,检查病人家属565人,线索调查170个自然村、200349人,未发现复发者和感染者。完成发热血片任务472张,未检出悉疟疾病例。监测碘盐458份、尿样80份,8～14岁儿童549人,甲状腺肿大率15.48%,超出基本消除甲病指标。

2008年购买3万余元消毒药品,对7所中小学校、12所幼儿园和部分疫情乡镇的房屋及路面进行消毒,消毒房间812间、消毒面积44440平方米。报告并治愈病例173例。

2009年,疟原虫抗体检测91份,定期监测外环境水样108份。接诊可疑肺结核病人1363人,免费拍X线胸片1077人次,发现肺结核病人270例。

2010年,制定《吉首市2010年霍乱伤寒副伤寒监测实施方案》和《传染病各项疾病防治方案》,开展霍乱防治、水井消毒情况、肠道门诊业开展情况、传染病漏报率调查等督导工作,加强传染病疫情监测和报告管理,疫情网络直报率达100%,各医院常年开设发热门诊,进行疫源监测和搜索。全年无霍乱、鼠疫、人禽流感发生。

2012年,各乡镇卫生院每月常规运转一次,做好传染病疫情报告和个案调查工作,及时处理疫点,严防重大传染病的发生和扩散。

至2012年年末,累计报告手足口病2527例,及时组织专业技术人员到疫点调查和消毒,防止疫情暴发流行。全市无甲类和其他重大传染病发生。

第一节　机　构

清代,厅域只有6家中药店,中医药人员甚少。民国27年(1938),县域始有2个卫生机构即中央卫生署所里公路卫生站,卫生人员7人;国民党军政部一三四后方医院,100多人,后迁出。民国38年,全县有卫生机构3个即县卫生院、县卫生院所里分院和宏恩医院所里分院,卫生人员共17人,其中卫生技术人员只有4人,仅宏恩医院所里分院有病床20张,设备简陋。

乾城县和平解放后,卫生事业发展较快。1950年,全县仅有卫生机构2个、卫生人员17人,全县人口平均每1000人只有卫生技术人员0.3人,设备仍简陋。经过30多年的建设,1982年,全市卫生机构发展到93个,床位数增至664张,人员增至1383人,其中卫生技术人员 1075 人，全市人口平均每 1000 人有卫生技术人员 0.6 人。在此基础上，着力加强卫生事业建设，加快卫生事业发展。1990 年，卫生机构首次过 100 个，达 105 个、床位 991 张、人员 1917 人，其中卫生技术人员 1487 人，全市人口平均每 1000 人有卫生技术人员 6.67 人。2007 年，市疾病防控中心和市人民医院分别成立突发公共卫生事件应急处理机动队和医疗救治分队，由 60 名专业人员组成。

2012 年，卫生机构达 404 个、床位数 3390 张、卫生人员 4473 人，其中卫生技术人员 3675 人，全市人口平均每 1000 人有卫生技术人员 12 人。

第二节　预　防

一、机　构

民国 32～37 年，县卫生院确定一名护士兼管防疫工作，既无设备，又无措施，无济于事，传染病在城乡特别是农村时有发生，蔓延流行，病死率高。

1957 年 9 月，县人民卫生院改为县卫生防疫站，配工作人员 22 人。1968 年 10 月，该站被撤销；1970 年 10 月，恢复。1974 年，各公社卫生院配一名卫生防疫专干。1975 年，县卫生防疫站新建办公楼一栋，650 平方米，站设卫生组、防疫组、化验组和办公室。1980 年，组改为科，配防疫车一辆。1982 年，增设卫生宣传科，全站 33 人，其中卫生技术人员 27 人，包括流行病主管医师 2 人、劳动卫生主管医师 1 人。是年 11 月，吉首镇卫生防疫站并入市卫生防疫站。1988 年，市卫生防疫站占地 4156 平方米，设计划免疫科、传染病防治科、学校卫生科、环境卫生科、食品卫生科、卫生宣传科、食品卫生监督所、办公室和预防门诊部，共 47 人，其中卫生技术人员 34 人。配备分光光度计 2 台、显微镜 9 台、冰箱 12 台、培养箱 3 个，自动分析天平、极普仪、电疗仪、酸度计、高压消毒器、X 光机、摄像机各 1 台(件)、照相机 3 部。无菌室能进行水质和毒物分析，能监测食品和环境空气中有害物质，能培养细菌，能分离鉴定部分自然疫源和病菌，能进行职业病、地方甲状腺肿病、寄生虫病、生化等一般卫生防疫检查，对市域发生的急性传染病和流行病例及时登记、建卡、上报，对法定传染病和流行病做到早发现、早隔离、早治疗。

1993 年，省、州、市财政共拨专款 60 万元，用于修建 1230 平方米的吉首市卫生防疫站检验大楼，更新检验设备，添置气相色谱仪、电子吸收仪、电子天平等仪器。1997 年，市卫生防疫站升格为副科级单位。2003 年，市卫生防疫站和市人民医院分别设立艾滋病初筛实验室。2004 年，建立市卫生防疫检验中心，由其承担水质和毒物分析、病菌分离鉴定和理化检验任务。2005 年 10 月，根据国务院关于卫生监督体制改革的精神，撤销市卫生防疫站，设立市疾病预防控制中心和市卫生监督所，市卫生局原公共卫生监督所并入市卫生监督所。

2006 年 7 月 24 日，乡镇防病保健所更名为“公共卫生服务与管理办公室”。聘任 106 名乡村医生为卫生监督信息员，纳入乡镇“公共卫生服务与管理办公室”。

2007年下半年，设立峒河、镇溪、乾州三个街道社区卫生服务中心，业务用房共1680平方米，共配备工作人员67人，其中医师38人、护士21人、医技药剂5人、其他3人，负责27个社区、15个行政村共17.49万人的卫生服务工作。11月下旬，三个服务中心分别开展工作。

二、爱国卫生运动

1952年，城乡首次开展爱国卫生运动。1953年3月，开展春季爱国卫生突击月活动，进行饮水消毒、改造水井和厕所、建垃圾围，铲除杂草，堵塞鼠洞，制定爱国卫生运动公约。1958年3～4月，全县出动11万人次，开展4次爱国卫生突击月活动，翻盆倒罐，清除垃圾，疏通沟渠，改建厕所和畜圈，除苍蝇、蚊子、臭虫和老鼠四害。1959年3月，开展万人灭蚊运动。1971年和1972年，农村开展以改造厕所、猪圈、牛栏和水井以及清理垃圾为主要内容的爱国卫生运动，排吼公社中百生产大队（今排吼乡中百村）被评为全省爱国卫生运动先进单位。1973年3月，全县开展"灭鼠保粮、灭鼠防病"运动，灭鼠2万多只。1974～1979年，农村开展以管水管粪为主要内容的卫生治本工作，改造水井642口，改建和新建厕所6461个、牛栏824间、猪圈7035间、炉灶6725个。1983年3月，全市城乡开展"讲文明、讲礼貌、讲道德、讲秩序，心灵美、行为美、语言美和环境美"为主要内容的文明礼貌月活动，重点治脏，净化美化环境。是年11月，吉首镇、万溶江和马颈坳三个公社开展全民灭鼠活动，灭鼠4万余只。吉首市在全州爱国卫生运动评比中名列前茅。1983～1988年，市人民政府、市爱国卫生运动委员会（简称"市爱卫会"）围绕建设文明卫生城市这一重点，坚持依法治城，强化城市管理。1985年，市人民政府出台《吉首市城市环境卫生管理办法》和《关于禁止随地乱丢乱倒废弃物的通告》，着力治脏、乱、差，参加全省爱国卫生运动流动红旗竞赛活动，获地辖市竞赛组第二名。1986年，爱国卫生运动向绿化、美化和净化方向发展，全市有10个单位被评为省级文明卫生单位、5个被评为市级文明卫生单位。是年年末，吉首市在全省爱国卫生检查评比中获地辖市乙组第一名。1987年、1988年，市人民政府贯彻落实《国务院关于加强爱国卫生运动工作的决定》，加大爱国卫生工作力度，将市爱卫办升格为副科级单位，市爱卫办工作人员由6人增至9人，给吉首乡和万溶江乡各配爱卫专干1名，将城乡接合部纳入城区卫生管理体系。1990年，市爱卫会筹资80余万元，修建保险街、公安路，整治吉星排水沟，整修九条小街巷道；各单位共筹资39万元，植树种花，绿化美化环境。在湖南省城市卫生检查评比中，吉首市名列第三，被省爱卫会评定为"卫生达标单位"。

1991年，综合整治环境卫生，在州爱卫会成员部门目标管理考核中，吉首市得91分。1992年，开展大街小巷卫生、单位庭院卫生、居民户卫生、吉首城区峒河两岸卫生整治活动。4月和9月，各街道办事处发动群众开展爱国卫生运动，清扫环境，治理卫生死角，疏通沟渠，清运吉首城区峒河两岸和铁路两旁垃圾。在全省城市卫生检查评比中，吉首市被省爱卫会评定为"卫生达标单位"，市爱卫办被评为全省爱卫先进单位。

1997年6月21日、25日、27日，全市开展三次爱国卫生运动，有438个单位、22000余人投入治理脏、乱、差活动，扫除卫生死角垃圾，疏通沟渠，清除吉首城区峒河两岸和铁路两旁的白色污染和垃圾。2000年，强化市容卫生管理，规范城区主街道垃圾管理，整治交通秩序，加强建筑渣土管理。市委、市政府从市交警、城建、爱卫办等20多个单位抽调250余名干部组建城市管理综合执法队，执法队拆除370户、1111间、21670平方米违章建筑物和1599处户外营业棚，收缴1085把太阳伞，拆除2910处占道经营摊位，整治城区乱张贴广告及不规范广告牌328处(块)。在第四次全国城市卫生检查中，吉首市获“湖南省卫生城市”称号。2001年，重点开展单位庭院卫生检查评比活动。按15%的比例给城区卫生工作做得好的单位挂“红牌”，按5%的比例给卫生工作做得差的单位挂“黑牌”。2003年，对城区主干道实行全天候清扫保洁，对修车、洗车行业规范管理，全面清理破旧招牌、不规范的立式招牌、广告牌、店牌和在墙上乱贴的广告等宣传品(时称“牛皮癣”)。2004年，重点开展卫生城市创建工作。成立以州委常委、市委书记徐克勤任组长，州、市有关领导干部任副组长的创建工作领导小组，市直23个职能部门与市政府签订创建省级卫生城市目标管理责任书。市财政先后投入环卫设施建设资金230万元，新建垃圾中转站5座、垃圾房15座，改建密封式垃圾房100座，添置垃圾运输车4辆。社会捐资60多万元，修建一座面积80平方米的公共厕所。市政府筹资385.3万元，硬化红旗路、乾州供销社路、水厂路、打叶复烤厂路等16条小街小巷，取缔占街经营摊位881个。1990～2005年，市爱卫会开展32次环卫治理和爱国卫生运动。2005年3月，吉首市获省爱卫会授予“湖南省卫生城市”称号。

2007年，开展“门前三包”(包卫生、包绿化美发、包秩序)联合执法整治、环卫万人整治、城区临街面饮食店卫生专项整治、废旧物品收购点清理整治、洗车点整治、主次干道及小街小巷硬化等工作。上门上户宣传发动9400余次；清理卫生死角面375次，清运垃圾2711吨，建垃圾围92个、垃圾中转站2座，签订“门前三包”责任书单位447个、临街门店9022个；查处车辆乱停乱放300余次；取缔或暂扣出店经营、占道经营物品430余件；纠正占道经营3416起，取缔或规范夜市210户，拆除违章建筑物200余间、广告条幅75条；投入资金700多万元，硬化东山林场、荣昌、市计生委、巷子港、桐油坪等路41条，总面积65100平方米，组织开展“爱卫月”“世界环境日”和“世界卫生日”宣传教育活动，受教育10余人次。在团结广场开展万人素质教育签名活动。投放毒鼠药物3吨，在城区各单位灭鼠、灭蟑、灭蚊、灭蝇，保持省级除“四害”先进市荣誉。

2008年，全市创建文明卫生单位157家，其中省级78家、州级42家、市级37家。投入资金12000元，拆除城区违章建筑物100平方米，清除残存垃圾60余吨，疏通下水道粪渣3吨。在城区开展万人整治环境卫生活动，清运垃圾411吨，清理死角死面507处，疏通沟渠66条，清除“牛皮癣”(乱贴广告)2762处。开展文明社区、文明单位、文明家庭创建活动，评出文明社区、文明单位、文明家庭400个(家)。

2009年，开展环境综合治理和春秋两季灭鼠、灭蟑、灭蚊、灭蝇工作，城区鼠密度由2.96%降至1.28%，达到国家控制范围以内，在全省城市卫生检查中合格，保持除“四害”先进市。

2010年，全市有临街单位252个、门店338个，均签订“门前‘三包’责任书”。继续开展文明卫生单位创建活动，全市创建省级文明卫生单位78个、州级文明卫生单位22个、市级文明卫生单位15个。城区“四害”密度控制在国家标准内，保持除“四害”先进市称号。

2011年，在乾州南门开展为期两个月的市容环境和交通秩序综合整治工作，拆除违章摊棚253个，规范占道经营274处，处罚出店经营170户，罚金13800元；清除违章占道堆物放材料78处。整改餐饮店15家、停业整改8家、取缔10家、滨江路、燕子路等路段违章洗车、修车点18家。

2012年，市爱卫办与256个城区临街单位、3556个临街门店签订“门前‘三包’责任书”，开展门前“三包”和主次干道整治工作。对出店或占道经营的1200家商店进行批评教育，扣押商品或其他物资500余件，罚款1万余元；查处违规停靠的机动车158辆，罚款3000元。8～12月，对城区“牛皮癣”全部清理。全年投放0.005％溴鼠灵8吨、灭蟑饵剂15000小包、灭蟑针剂1200支、灭蟑胶饵430盒、灭蚊药剂155千克、高效氯氰菊酯药液275千克，城区“四害”密度继续控制在国家标准范围内，继续保持除“四害”先进市称号。

三、行业卫生

工业卫生

1974年，县卫生防疫站对县塑料厂16名从事印花作业三年及其以上的工人进行体检，发现均有不同程度头昏、呕吐、食欲下降症状。7月，对州汽车保修厂和州机床厂、县电机厂和县农机厂57名苯作业工人进行体检，发现53人有头昏、头痛、失眠多梦、记忆力下降、视力模糊、肝脏肿大等症状。调查一部分有粉尘车间和打岩场，发现大部分作业点粉尘浓度超过国家标准，机械打岩粉尘总浓度超过124倍。1977年，给10家工厂的87名苯作业工人体检，查出苯中毒观察对象12人，复查27名可疑矽肺病人，发现一期矽肺病人1人。此外，还调查52家工厂的废水、废气、废渣的排放情况，测定重点工厂喷漆车间空气中苯的浓度，发现多数超过国家标准。1978年，对吉首城区机械制造、化工、电力、建材、地质勘探等41家工业企业的车间卫生情况进行调查，发现县电机厂总装车间和州汽车保修厂大修车间空气中苯的浓度都超过国家标准。州七一化工厂漂白粉车间空气中氯气浓度超过标准46.4倍。团结报社印刷厂铸字车间空气中铅的烟浓度超标8.7倍。州七0化工厂粉碎出料包装车间空气中三硝基甲苯含量超标60.9倍。1979年，对州、县34家全民和集体所有制工厂，对接触铅、苯、汞、三硝基甲苯的552名工人进行职业病普查，确诊为观察对象或吸收者31人，慢性职业中毒17人。县鱼苗鱼种场蓄电池厂焊接点空气中铅烟浓度超过最高容许度2715倍，投产不到5年，职业中毒率就达61.56％。1980年，在州、县属厂矿及社办企业14个点进行调查，查出10个点铅、苯、沙尘、二氧化硫等有害物质含量超过国家标准。有关部门对上述查出的职业病患者均及时治疗，并调整其工种，改善劳动环境，落实防毒防尘措施。州汽车保修厂采用静喷漆工艺，使喷漆场所空气中苯含量降到国家最高允许浓度以下。市民族五金厂抛光车间各台抛光机都有局部抽气除尘装置。绝大多数工厂给接触有害物质的工人发劳保物质，多数工厂确定专人抓卫生和建档建卡工作。1986年，州职业病防治所成立，有工作人员36人，其中医务人员31人，病床20张。1986～2012年，州职业病防治所对工业企业工人进行矽肺病及工业中毒防治工作。

饮食业卫生

民国时期，县卫生院负责食品卫生管理工作。民国31年，巡视杂货、肉食、饮食店及摊贩的卫生状况，但未采取措施，食品不卫生问题仍得不到解决，食物中毒现象常有发生，痢疾、伤寒等传染流行。

1953年，县人民卫生院开始对熟食、屠宰、旅社等行业实行卫生管理。1965年，县卫生防疫站开始给服务行业人员体检。1973～1988年，开展饮食、副食、肉食卫生监测和监督工作，对不宜从事食品工作的人员督促有关部门调换工种或调动工作。1979年，48个单位建立食品卫生制度，增设食品消毒池、蒸汽消毒柜、消毒锅、四防保管室共163个(口)，购置取食品钳夹、防尘防蝇纱罩、卫生筷箱及专用运输工具。1980年，全县有卫生监督员268人，添置卫生基本设施1196件。对机关食堂炊事员、采购员、管理员和零散食品从业人员进行健康检查并在个体茶水摊抽样检查311个样品。

从1974年起，防疫站进行冷饮卫生监测工作。冷饮生产单位须取得卫生许可证才能生产冷饮品，生产过程中随时接受防疫站进行产品卫生检验。1975年，吉首冰厂因产品不符合卫生要求而停产，经整顿、试产后，6种产品均达到卫生标准。1980～1988年，防疫部门对全县、市各冰厂的厂房、车间和门市部的设施、工具、容器、原料配方均进行卫生审检和监测。经检验，冰棍中砷、铅、铜含量都在国家规定范围内。对零售人员经体检合格后发给健康证，冰厂凭证发货。对运输、贮藏、出售等环节都加以监督检查，防止冷饮食品中毒现象发生。

2006年，全市有食品生产经营单位1770家，从业4810人，全年监督8053家次，合格7822家次，合格率97.13%，监督覆盖率100%；体检培训从业人员4068人，因“五病”调离97人，调离率100%；3月，举办1期食品生产经营业主培训班，培训200余人。对40家罚款共35200元，取缔51家，收缴销毁无营业执照、无卫生许可证、无从业人员健康证、无生产日期及过期假冒伪劣食品3820千克。

2007年，审批批发食品卫生许可证432家、公共场所许可证106家，公共卫生行政处罚328家次，罚款6900元。其中：食品卫生处罚315家次，没收销毁不合格食品230千克；公共场所等处罚13家次。查处医疗机构违法违规行医行为130起，罚款87480元。食品生产经营户、公共场所和学校卫生监督覆盖率100%，监督合格率97.33%，户监督频次达5.55次/年；预防性设计审查57户，合格率达100%；参与竣工验收57户，均合格。监测22类食品532件次，合格率95.48%。发生食物中毒事件一起(市二小)，发病16例，无人员死亡。全年，出动执法人员2156人次，查处制造、销售假冒伪劣食品、化妆品、饮用水等与人健康相关的产品9种，货值5000元，停产经营5户，取缔生产加工窝点2个，立案查处1起，已结案，无移送司法机关查处案件。

2008年，审批发放食品卫生许可证634份。对4963名食品从业人员进行体检，合格率为99.2%；查出禁忌症93人，均调离岗位；给4668人发健康证，持有效健康证率为96%。全市食品卫生生产经营户卫生监督覆盖率达100%，出动卫生监督员545人次，检查食品卫生情况，取缔非法生产、加工经营食品摊贩27户，收缴无生产厂家、无厂址、无生产日期、无保质期、过期和伪劣食品400余千克，货值7000余元。2008年，食品卫生监督覆盖率达100%，无重大食品卫生事故发生。

2009年1～10月，进行食品微生物检验69份、水样水质检验101份、餐具消毒检测512

份、伤寒杆菌血液培养30份、大便细菌培养34份，硬化指标检测食品样48份、水样46份；食品从业人员体检4820人，检出“五病”阳性180人，均调出食品行业单位，发给4640名体检合格人员健康证。

2011年，开展食品安全系列整治活动，检查食品生产经营单位1716家，查处食品安全违法案件107起，涉案金额18.5万元。检测三类食品致病菌和化学污染物食品样76个，监测城区周边水井水质15口。

2012年，对食品安全情况进行专项检查10次。3月15日，市食品安全委员会在吉首城区新一佳超市广场和吉首商业城广场举办食品安全和打假成果展，散发宣传资料4000余份，接受咨询6500人次；在台儿冲垃圾处理场集中销毁伪劣食品货值38万元。全年抽检蔬菜样品916个，合格896个，合格率97.8%；抽检水果样品19个，均合格；产地检疫生猪3万余头、牛羊11000余头(只)；检疫定点屠宰生猪6万余头、牛羊8万余头(只)；瘦肉精检测均合格。

学校卫生

民国31年，县卫生院给1278名学生进行健康检查。

1962年，县防疫站在吉首民族中学、吉首民族师范、吉首一中和4所完全小学学生中进行生长发育情况调查，体检3675人，对不良习惯和疾病予以矫治。1964年，对5所中小学和3所幼儿园的3092名学生和幼儿进行多发病调查。1976年，在6所中小学学生中进行视力、砂眼、蛔虫和龋齿病(下简称“四病”)调查，在学校中推行眼保健操和保健牙刷，防治“四病”。1978年，在城乡8所中小学进行生长发育情况调查，给3990名学生测量身高、体重、胸围、坐高，并对4所中小学的教室作卫生调查。次年，对吉首一中食堂作膳食调查602人次。1980年，在城乡22所中小学中选择132间教室作卫生保健调查，近视率达14.91%。在吉小(今市一小)和育红小学(今市二小)检查1181人，查出861人有蛔虫寄生，寄生率达72.9%，均予治疗。1988年，全市2所大学、5所完全中学、7所初级中学、8所中等专业学校均设医务室，2所职业中学有1所设医务室。1989年1月至2005年10月，市卫生防疫站对53所中小学校15.78万名在校学生中的11.49万人进行健康监测，占应监测人数的72.81%；10.49万人服药驱蛔虫，占应监测人数的91.3%；23844人视力低，且患沙眼、龋齿、贫血等学生常见病、多发病。至2005年，全市各级各类学校均有医务室。

2006年4月，对41所学校及托幼儿机构学生食堂和幼儿食堂以及校园周边食品摊点进行一次全面检查，抽检各类食品465件，合格429件，合格率为94%。城镇学校食堂量化管理率达94%，农村寄宿制学校食堂量化分级管理率为60%。

2007～2012年，学校卫生监督率达100%，监督合格率在97%以上。

饮水卫生

1、自来水监测　1957年，县卫生部门对吉首镇简易自来水采样检查，确认水中各种金属含量符合卫生要求，每毫升水中细菌总数4700个，每升水中大肠杆菌群23300个。1980～2012年，市卫生防疫站、市卫生防疫检验中心和卫生监督所坚持自来水监测制度。每年，采水样4次，每次检测24个项目，主要饮水指标细菌总数、大肠杆菌数、耗氧量、PH值、重金属离子含量均符合卫生标准。

2、**井水监测** 1979年，全县常用水井843口，应改建754口，已改建525口，占应改数69.63%。1980～2012年，市卫生防疫部门抽查乾州、双塘、社塘坡、寨阳等街道、乡、镇水井。采水样20份，经化验，属中等硬水18口、软水2口，色度、浑浊度和气味合格率都在85%以上；铁、锰、铜、锌含量均达到国家标准；细菌总数、氨氮和氯化物合格率依次为42.8%、75%和95%；亚硝酸氮、耗氧量、氢离子浓度合格；水源未被人畜粪便污染。

3、**水源监测** 1959年，州卫生防疫站在峒河吉首段自来水厂采水点采水样化验，每毫升水中细菌总数4600个，每升水中大肠杆菌群多于23800个，各种金属含量符合卫生要求。1983年，在峒河吉首段不同地点不同时间采河水化验，每升水耗氧量在17.03毫克以上，每毫升水中细菌总数2710～5050个，每升水中大肠杆菌群含量3000～5000个。1977～1981年，在该段设桐油坪、州纸厂、河溪三个监测面、六个采水点，于枯水和丰水期采水样28次、230份，进行水质监测，结果表明：河水呈中性，微褐，色度超过国家标准，为中等软水，接近中等硬水；氢化物、酚、砷、汞、铅、铬均被检出，检出率挥发性酚为21.6%、砷为11%；细菌总数及大肠杆菌群均为100%，分别超过国家饮用水卫生标准219.3倍和7932.3倍。各监测断面都受到不同程度的污染。据测定，每日约有4000吨含有害物质的废水排入峒河吉首段。1977年、1978年，县防疫站对万溶江进行水源调查和水质分析，下游河水最近水点中的氢化物和汞含量分别超过地面水卫生标准5倍、9倍，游离性氯和细菌总数分别超过饮用水卫生标准5倍、3099倍。1978～1988年，市(县)人民政府责成污染源单位和城建等有关部门筹款，在污染严重的河段两岸居民区安自来水管，解决居民饮用水问题。全市有集中式供水单位4家，管水人员83人。每年，供水单位对他们进行健康体检。1990～2005年，市卫生防疫站设立饮用水质量监测点9个，每月对水源水、管网水、末梢水各抽检一次。16年监测资料表明，城区自来水水质达到国家规定的GB5749—85生活饮用水卫生标准。2001年，市政府划定保护城区生活用水水源区域，禁止在峒河上游洗澡、放鸭，落实专人负责收集两岸垃圾，确保水源水卫生质量。2002年，全市有城区水厂3家、农村水厂1家，市卫生防疫站对4家水厂共检测水样1073件，合格率达100%。2003～2012年，每月对全市9个水质监测点抽样监测1次；2003年5月、6月"非典"防治期间各监测2次，全年检测水样108件，合格率达100%。2005～2012年，每年对上述4家水厂的从业人员进行体检和培训，全部合格，均获有效健康证；监测水质样品，合格率达100%，无环境污染水源事件发生。

公共场所卫生

从1989年起，对全市公共场所进行卫生监测，至2005年，监督覆盖率达100%，监督频率3.59次/户；对从业人员进行健康检查15125人次，健康检查率97.16%；核发公共场所卫生许可证3583份；进行公共用具消毒监测9472件次，合格9093件次，合格率为96%。

2005年，全市有旅店73家、娱乐场所514家、公共浴室10家、理发美容店136家、游泳场所2处、茶馆34家、其他服务行业268家。公共场所单位卫生许可证和从业人员健康证持证上岗率达100%。

2008年，发放公共场所卫生许可证143份，公共场所卫生监督覆盖率达100%，无重大卫生事故发生。

2011年，开展打击非法行医、非法采血供血、黑诊所专项整治活动，查处2家非法行医的医疗机构和2起“两非”案件。对486家监管单位现场监督510次，监督覆盖率100%。

2012年，对348家公共卫生监管单位现场监督510次，监督覆盖率达100%，监督频次为1.5次/家。重点督查民营医院4家、综合门诊部6家、个体诊所6家，现场下达卫生监督文书10份，限期整改1家。聘用卫生监督协管员30人、卫生监督协管信息员157人。4月1日，市卫生监督所对全市唯一的集中式餐具消毒店进行全面检查。

第三节　治　疗

清代及民国时期，市域居民生活和卫生条件差，霍乱、天花、麻疹、痢疾、伤寒、虐疾等疾病流行，患者死亡甚多。民国28年7～9月，霍乱在全县流行。苗族聚居的中阿(今矮寨镇、寨阳乡部分辖地)、河溪、新民(今寨阳乡勤丰村、社塘坡乡三岔坪村等地)为重疫区，中阿乡下补点(今寨阳乡补简村属地)、补沙(今矮寨镇重武村属地)、矮寨等寨死亡率达10%。镇溪乡坪山坡李家寨(今镇溪街道坪山坡村)20户、170人，病死20人、病死率11.76%，有的全家死亡。民国38年，霍乱、天花流行，中阿乡树耳寨(今寨阳乡树耳村)在1个月内就病死80余人。

县人民政府成立后，县卫生防疫和医疗部门贯彻“预防为主，防治结合”的方针，进行流行病学调查、副霍乱监测、细菌培养、病毒分析、血清学研究、计划免疫、食品卫生、劳动卫生、学校卫生和环境卫生管理，开展地方病、寄生虫病、肺结核病和皮肤病防治以及卫生宣传工作。1980～1988年，每年按月进行疫情动态分析，掌握传染病流行规律，落实防疫措施，使传染病得到有效控制，烈性传染病绝迹，大部分传染病发病率逐年下降。1950年，白喉、流行性脑膜炎、百日咳、麻疹、痢疾、伤寒、副伤寒、疟疾、斑疹伤寒患者12941例，病死5例，发病率137.1例/10万人，死亡率5.3例/10万人，病死率0.04%。1988年，上述各病患者2331例，病死3例，发病率109例/10万人，比1950年下降126.2例/10万人；死亡率1.4例/10万人，比1950年下降3.9例/10万人；病死率0.13%，比1950年上升0.09%。1989年，各类传染病发病2326例，病死8例，发病率1059.5例/10万人，死亡率3.64例/10万人，病死率0.34%。2005年，法定防治传染病发病1241例，病死1例，病死率为0.08%；发病率433.9例/10万人，死亡率0.35例/10万人，分别比1989年下降625.6例/10万人和3.29例/10万人。2012年，发病1434例，发病率48.9例/10万人，比2005年上升51例/10万人；病死16例(均为艾滋病人和艾滋病感染者)，死亡率5.41例/10万人，比2005年上升5,.06例/10万人；病死率1.12%，比2005年上升1.04%。

一、天花防治

天花俗称“烂痘子”。民国时期，县内每年发生、流行，患者病死率高，幸存者多麻脸或瞎眼。民国21年，外地行医者在县内“吹痘”，既不科学，又不安全。民国28年，县卫生院始行接种牛痘。民国30年、34年，共种痘4299人，发病减少。县人民政府成立后，每年都给儿童种痘。1950年，发生天花14例，死1例。1951年，全民普种牛痘，病5例，死3例。此后，每隔6年普种1次。1952年以后，县境天花绝迹。从1981年起，停种牛痘。

二、霍乱防治

民国28年，县境霍乱大流行，县卫生院首次给303人注射霍乱菌苗。民国30、34年，免费注射7470人。民国33年，霍乱又大流行，无力防治，病死率高，镇溪乡樟木溪老屋场（今峒河街道樟木溪村）22户，122人，仅半月就病死29人。

1950年起，进行霍乱接种，此后未发现此病。20世纪80年代后期，市域流动人口增加，为防患于未然，1982年，市人民政府成立霍乱防治指挥部，组建48人的防治机动队，购置设备，制定扑灭疫情的预案和防疫措施，市医院常年开设肠道门诊。8月8日至12月底，市卫生防疫站坚持24小时值班。1994年9月1日，万溶江乡金坪村（今乾州街道金坪村）霍乱暴发流行，波及7个乡镇24个村寨，这是1950年后市域首次出现霍乱疫情。疫情发生后，市霍乱防治指挥部和防治队迅速启动防治预案，市公安、农机、交警、交通、工商等相关部门封锁乾州农贸市场及疫区；卫生部门就地集中抢救病人，对疫源进行消毒，检查传染源，对高危人群进行预防性服药。10月底，疫情得到彻底控制，无一人死亡。1995年、1998年、2000年，分别发病22例、79例和3例，疫情得到及时控制，病人得到有效治疗。2009年，设外环境水样霍乱监测点20个，采集监测水样100份，均为阴性。对自来水公司管网水和末梢水样、各大酒家水产品和海产品30份样本进行监测，未发现异常现象。2001～2012年，未出现霍乱疫情。

三、流行性脑脊髓膜炎（流脑）防治

1950～1988年，除1950年、1952年、1957年未发病外，其余36年均发病，共1200例，死亡90例，病死率为7.5%。1966年1月30日，州砖瓦厂发生第一例病人，州、县卫生防疫站立即派7名医务人员赶到疫点，进行空气消毒和服药预防，组织打扫室内外环境。2月，吉首城区开展烟熏活动，进行大面积药物喷洒消毒。1月31日至4月底，抽调8名医务人员轮流值班，用磺胺溶液给行人喷喉41976人次，单位组织喷喉15999人次，用石碳酸对来自疫区的车辆进行消毒，用漂白粉悬挂于候车室进行空气消毒，从而控制了疫情，至年底，全县只发病8例，且无1死亡。1967年、1968年“文化大革命”期间，“红卫兵”大串连，人口流动频繁，疫情失控，流脑暴发流行，发病数分别为184和168例，病死数分别为17例和8例，发病率分别为146例/10万人和132例/10万人，死亡率分别为13.98例/10万人和6.34例/10万人，病死率分别为9.2%、4.8%。1981年，发病124例，病死11例，发病率70.47例/10万人，死亡率6.25例/10万人，病死率8.87%。患者分布于12个社镇、52个生产大队、15家厂矿。县人民政府召开广播大会、防疫专干会，发动干部群众切实做好防疫工作。县卫生防疫站抽出6名防疫专干，深入重疫区，采取综合防治措施。此外，给吉首镇和乾州镇13000名学生注射流脑菌苗。此后，常抓不懈，控制了流脑的蔓延流行。1982～1987年，共发病190例，死亡11例，病死率

5.79%。1988年,发病4例,死亡1例,发病率1.87例/10万人,死亡率0.47例/10万人,病死率25%。1989~2005年,除1991年、1994年、1997年、2001~2003年、2005年外,其余各年共发病28例,死亡3例,病死率10.71%。2006~2012年,除2006年、2008~2010年、2012年外,其余5年共发病4例,无1例死亡。

四、麻疹防治

麻疹俗称"油麻"。1950年以前,绝大多数人患此病,儿童发病率和病死率最高。

1950~1988年,每年均发生,共发病14377例,死亡268例,病死率1.85%。1959年,全县掀起"大跃进"运动高潮,人口流动频繁,麻疹大流行,发病2435例,死亡124例,发病率2037.74例/10万人,死亡率103.77例/10万人,病死率5.09%。全县医疗防疫部门和湖南医学院卫生队医务人员全力防治,扑灭了疫情。1963年、1965年,此病又一度流行,分别发病1210例和3241例,死亡20例和63例,发病率分别为1111.61例/10万人、2728.93例/10万人,死亡率分别为18.37例/10万人、54.1例/10万人,病死率分别为1.65%、1.94%。1966~1977年,有散发病例。1979~1988年,儿童普遍接种麻疹疫苗,发病率大幅度降低。1979年,发病40例,发病率23.69例/10万人;1988年,发病1例,发病率0.47例/10万人,比1979年下降23.22例/10万人。1989年3月,以乡镇为单位全程预防接种麻疹疫苗。1993年,各乡镇政府将每月进行一次接种麻疹疫苗改为每两个月接种一次。1989~2005年,全市应接种麻疹疫苗0~7岁儿童39899人,接种37603人,接种率94.25%。1989~2005年,除1989年、1990年、1999~2003年外,其余10年共发病469例,仅1992年死亡6例,总病死率1.71%。2012年,发病17例,发病率5.94例/10万人。2006~2012年,每年均发病,共374例,无1例死亡。2006年、2008年,发病最多;2010年、2011年,发病最少,各1例。2012年,发病2例,发病率0.68%。2006年,应接种2255人,实接种2178人,接种率96.59%;2007年,应接种2939人,实接种2716人,接种率92.4%;2008年,应接种3074人,实接种2937人,接种率95.5%;2009年,应接种2829人,实接种2716人,接种率96%;2010年,应接种4825人,实接种4811人,接种率99.71%;2011年,应接种2570人,实接种2529人,接种率98.3%;2012年,应接种3819人,实接种3798人,接种率99.45%。

五、骨髓灰质炎防治

1959年、1960年、1964~1967年、1969~1972年,共发病57例,年发病数最多23例、最少1例。1964~1972年,少年儿童普遍服用小儿骨髓灰质炎减毒活疫苗。1973~2012年,无此病病例报告。

六、流行性感冒(流感)防治

1959~1984年,除1959年外,每年均发生,共发生67809例,年均2250例。1970年,全县性流行,患者16509例,发病率12164.57例/10万人。1973年,县卫生防疫站培制流感化学减毒活疫苗1100毫升,重点在水库、铁路施工工地、学校、幼儿园和人群较集中的地方预防接种。

1975 年，流感又在全县流行，患者 11537 例，发病率 7359.74 例/10 万人。县卫生部门采取中西医结合的方法，进行预防服药、点鼻、喷喉，发动群众打扫环境，很快控制了疫情。此后，发病例数逐年减少。1976 年，发病 5025 例，发病率为 3122 例/10 万人；1981 年，1086 例，发病率 617.14 例/10 万人；1984 年，10 例，发病率 5.29 例/10 万人。1985～1988 年，无病例。1989 年、2005 年，分别发病 15 例和 1 例，无 1 例死亡，发病率分别为 0.46 例/10 万人、0.35 例/10 万人，无 1 例死亡。2006～2012 年，除 2006 年外，共发病 428 例，各年发病率分别为 2007 年 1.01 例/10 万人、2008 年 2.36 例/10 万人、2009 年 87.8 例/10 万人、2010 年 21.71 例/10 万人、2011 年 12.27 例/10 万人、2012 年 16.53 例/10 万人，无 1 例死亡。

七、伤寒防治

1989～2005 年，每年均发生伤寒，共发病 3548 例，经治疗无效死亡 2 例，病死率 0.06%。发病最多的是 1989 年，780 例，发病率 360 例/10 万人；经治疗，无 1 例死亡。最少的是 1999 年，41 例，发病率 15 例/10 万人；经治疗无效，死 1 例，病死率 2.44%。2004 年，发病 51 例，发病率 17.88 例/10 万人；无死亡病例报告。2009 年 1～9 月，市域卫生部门报告伤寒病人 10 例、疑似病人 100 例、重点人群发病 30 例，对 10 例出院病人进行追踪监测，均无死亡病例报告。2006～2012 年，每年均发生，共发病 146 例，经治疗，无死亡病例。2012 年，发病 4 例，发病率 1.35 例/10 万人，无死亡病例。

八、副伤寒(烧热病)防治

1950～1988 年，每年均发生，共 4026 例；经治疗无效，死亡 7 例，病死率 0.17%。1950 年、1951 年，卫生医疗条件尚未得到改善，发病率仍很高，分别发病 453 例和 365 例，发病率分别为 479.94 例/10 人万和 373.96 例/10 万人。1952～1980 年，年发病不到 100 例。最少为 1957 年，仅 1 例，发病率 0.84 例/10 万人；最多为 1969 年，92 例，发病率 72.86 例/10 万人。1979 年，发病 48 例，发病率 2.84 例/10 万人。河溪公社持久生产大队到底溪生产队(今河溪镇持久村到底溪组)水源型副伤寒暴发流行，持续 38 天，发病 28 例，发病率为 19600 例/10 万人。1981 年，全县发病 127 例，发病率72.17例/10 万人。4 月 9 日至 7 月 25 日，排吼公社排杉生产大队第七、第八生产队(今排吼乡排杉村第七、第八组)水源型副伤寒流行，发病 75 例，发病率 34090 例/10 万人。1982 年 4～12 月，全县发病 108 例，发病率 59.95 例/10 万人。双塘公社联合生产大队第一、二、三生产队(今双塘镇联合村)发病 60 例，发病率 540.81 例/10 万人；吉首公社鸦溪、上佬生产大队(今镇溪街道鸦溪社区、峒河街道上佬村)发病 26 例，发病率 375.8 例/10 万人，均为水源污染所致。市卫生防疫站发动疫区群众，对水井和水缸用漂白粉消毒，提倡喝开水，对厕所用敌敌畏杀蛆灭蝇，进行伤寒三联苗接种，对病人隔离治疗，有效地控制了疫情。撤县设市后，经济活跃，流动人口增多，发病呈上升趋势。1983 年，发病 179 例，发病率 97.77 例/10 万人；1988 年，427 例，发病率 199.67 例/10 万人，比 1983 年上升 101.9 例/10 万人。1989～2012 年，副伤寒共发病 51 例，无死亡病例。

九、钩端螺旋体病防治

1966年，首次在县内流行。1966年8月1日至1967年1月1日，发病379例，发病率315.94例/10万人；死亡8例，病死率2.11%。1967～1985年，除1978年、1980年外，每年均发生，共395例。1973年10月，市卫生防疫站进行钩端螺旋体病流行病学调查，证实鼠类尤其是黑线姬鼠是主要传染病源，其排泄物污染田水、河水，使下水者感染发病。1979年，矮寨公社联盟生产大队（今矮寨镇德夯村）钩端螺旋体病流行，狗为主要传染源，发病22例，发病率5.1%；死亡2例，病死率9.09%。通过开展爱国卫生运动灭鼠，进行药物消毒，给农民注射钩端螺旋体菌苗，有效地控制了此病的发生。1981～1985年，仅发病6例。1986～1988年，未发病。1990年、1993年，各发病1例，发病率分别为0.45例/10人万和0.42例/10万人；1992年，发病2例，发病率0.85例/10万人。1994～2009年，无病例报告。1996年11月，卫生部认定吉首市为“无钩端螺旋体病市”。2010年，发病1例，发病率0.33例/10万人；2012年，发病3例，发病率1例/10万人。

十、肺结核防治

又称肺病、痨病、童子痨，潜伏期长，乾城县和平解放前，患者病死率高，被视为“不治之症”。乾城县和平解放后，卫生医疗条件得到逐步改善，此病不再是“不治之症”。1976年，县卫生防疫站对双塘公社大幸生产大队（今双塘镇大幸村）2个月以上人群进行肺结核调查，检查1051人，受检率94.94%。发现患者70人，患病率6.66%，其中14岁以下患者60人，占85.71%；陈旧性肺结核12人、肺外结核2人、可疑患者29人。1978年，县卫生部门抽调20名医务人员与省结核病院卫生工作队组成结核病流行病学抽样调查工作队，于8月18日至9月15日在寨阳公社（今寨阳乡）进行调查，设寨阳、回光、坪朗3个爱克斯光胸透集中检查点，全社检查8037人，占总人口91.1%，发现活动肺结核患者137人，患病率1.71%。其中14岁以下患者29人，占患者总数21.17%；15～64岁96人，占70.07%。对患者验痰查菌87人，发现肺结核菌阳性15人，人群开放率为1.68%。1989～1997年，报告未分型病例593例。1989～2005年，全市累计报告肺结核病人3464例，其中涂阴病人1464例、涂阳病人1313例、未痰检病例94例。1993～2001年，市卫生部门利用世界银行贷款实施“吉首市结核病控制项目”，共接诊病人8523人，免费检查、治疗、管理活动性肺结核1269例，治愈1193例，治愈率94%。1997年，省政府设立“农民肺结核病治疗救济金”。1998年，全市利用救济金治疗433例新发涂阴肺结核病人。2002年8月至2004年12月，全市实施世界银行贷款——英国捐赠结核病控制项目，共接诊病人2624人，发现、治疗活动性肺结核762例。2005年，接诊可疑结核病人1066人，免费查痰1590人、透视X胸片1020人。按州卫生局要求，全市建立六个查痰点，配备六台新显微镜，培训工作人员，开展检痰工作。2009年11月16日，发现结核病人270例，全年接诊结核病人1363人。2011年，报告疑似结核病人996例，发现结核病人252例，结核病人报告率、追踪到位率和系统管理率均达100%，筛查率为98%。2012年，发病315例，无1例死亡，发病率106.52例/10万人。

十一、病毒性肝炎防治

乾城县和平解放前，缺医少药，病死率高；乾城县和平解放后，卫生医疗条件改善，病死率低。1959～1988年，发病4621例，死亡3例，病死率为0.06%。发病最多为1959年，833例，占总病数18.03%，发病率697.1例/10万人.经防治，发病率呈下降趋势。1960～1983年，发病率最高为1980年，发病268例，发病率155.8例/10万人，比1959年降低541.3例/10万人；最低为1970年，8例，发病率0.74例/10万人，比1959年降低696.36例/10万人.20世纪80年代中期，由于城镇流动人口增多和饮食业的发展，发病率上升。1986年，发病459例，发病率248.21例/10万人，比1983年上升206.14例/10万人。20世纪80年代后期，加强防治工作，发病率又呈下降趋势。1988年，发病173例，发病率80.9例/10万人，比1986年下降167.3例/10万人。1989～2005年，每年均有此病发生，累计发病5516例。最多是1991年，590例，发病率257例/10万人；最少为2004年，发病148例，发病率51.89例/10万人。2009年，乙肝五项检测534人。2006～2012年，累计发病1108例，死亡2例，病死率0.18%。最多为2006年，发病221例，发病率77.14例/10万人，死亡1例，病死率0.33%；最少为2011年，发病99例，发病率32.84例/10万人。

十二、流行性出血热防治

1972年，首次发现病例，除丹青、排绸、排吼3个公社外，其余13个公社、镇均发病，共31例，发病率21.4例/10万人；死1例，病死率3.2%。主要病区为吉首镇和万溶江公社。虽进行防治，但每年仍有发生。1973～1988年，发病333例，年均20.8例。最多为1983年，发病53例，发病率28.95例/10万人；最少为1975年和1988年，各5例，发病率分别为3.19例/10万人和2.34例/10万人。累计死14例，病死率4.2%。病死率最高为1973年，15%；最低为1981年，3.1%。1975、1976、1977、1979、1980、1985、1987、1988八年，无死亡病例。1989～2005年，只有1989、1990、1991、1993、1996、1998～2000、2002九年共发病42例，死亡1例，病死率2.38%。2006～2012年，只2007年发病2例，发病率0.69例/10万人；2010年，发病1例，发病率0.34例/10万人.均无1例死亡。

十三、疟疾防治

俗称“打摆子”。乾城县和平解放前，流行广，发病率高。民谣称：“八月谷子黄，摆子鬼上床；十有九人病，无人送药汤。”乾城县和平解放后，县人民政府对患者免费治疗，县卫生防疫站采取流行季节预防服药、现症病人休止期和远期复发根治以及杀虫剂滞留喷洒灭疟蚊等抗疟措施，1958年的发病率由1950年的8927.08例/10万人降至220例/10万人。“文化大革命”期间，防疫工作曾一度被削弱，疟疾又普遍流行。1971年、1972年，分别发病10445例和10410例，发病率分别为7320例/10万人和7190例/10万人。1972～1976年，县卫生防疫站每年组织专业队调查疫情，对病人进行登记、造册和冬春季休止期抗复发治疗，在发病率10%以上的生产队开展全民性预防服药和药物灭疟蚊活动。1970～1988年，发病67832例，年均发病3570例，应治112347例，已治103567例，治疗率为92.18%。其中：足量100448例，治疗率为96.99%；不足量3119例，治疗率为3.01%。1987年，对106例疟疾患者和疑似病人以及370名家属用乙胺嘧啶和伯胺喹啉实行八日治疗，患者全日足量99例，家属全日足量333例。此外，设七个血检站，对5039名发热病人进行血检，发现阳性23人。从1973年起，发病率逐年下降。是年，发病9955例，发病率6700例/10万人；1979年，1887例，发病率1120例/10万人，1988年，仅155例，发病率70例/10万人。1989～2006年，1989年和1990年各发病4例，发病率分别为1.82例/10万人和1.78例/10万人；1991年，3例，发病率1.31例/10万人；1993年，3例，发病率1.25例/10万人；2003年，1例，发病率0.35例/10万人，共12例，无1例死亡。

十四、狂犬病防治

1979～1988年，全市有500多人被家犬咬伤，发病14例，均死亡。1980年，发病6例，死6例，发病率、死亡率均为3.49例/10万人。县革委会印发灭狗文件，开展三次灭狗活动。县卫生防疫站组织7人到万溶江、马颈坳、丹青、排绸四个公社和吉首镇重点疫区发动群众灭狗。是年，发病4例，均死亡，发病率和死亡率均为2.27例/10万人。1982年5月，县人民政府和吉首镇人民政府分别出台预防狂犬病的文件，召开吉首城区各单位、居委会和郊区生产大队负责人会议，部署预防工作，组织31人在全县开展两次杀狗活动，全县家狗约7000只，捕杀380只。此后，又开展几次灭狗活动。市卫生防疫站对被狂犬咬伤的人进行狂犬疫苗接种，降低了发病率。1982年、1985年，未发病。1983年、1984年，各发病2例，均死亡，发病率分别为1.09例/10万人和1.06例/10万人。1986年、1987年，各发病1例，均死亡，发病率分别为0.5例/10万人和0.49例/10万人。1988年，发病2例，均死亡，发病率、死亡率均为0.94例/10万人。1989～2005年，仅1989年发病2例、1991年发病2例，均死亡。2006～2012年，共发病5例，均死亡。其中2006年和2011年各1例、2007年3例。

十五、痢疾防治

乾城县和平解放前，每年均发生和流行，由于缺医少药或无医无药，病死率在60%以上。乾城县和平解放后，通过改造饮水设施，讲究饮食卫生，对病人实行隔离治疗等卫生防疫措施，虽每年都有发病，但发病率、死亡率、病死率大幅度降低。1950～1988年，每年均发病，累计41114例，年均1054例；累计死亡47例，病死率0.11%。1950年，2751例，发病率2914.6例/10万人；1973～1977年、1980～1988年，每年都在1000例以上。1988年，1881例，发病率879.5例/10万人，比1950年降低203.5例/10万人.1950年、1988年，各死亡2例，死亡率分别为2.12例/10万人和0.94例/10万人；病死率分别为0.07%和0.11%。1988年春夏旱，痢疾发病例数占传染病发病总例数74.8%，比1987年上升4.5%，病例分布城乡。发病率城区最高，为2058.9例/10万人；吉首乡次之，为860.7例/10万人；河溪镇居三，为515.1例/10万人；丹青乡，为484.7例/10万人；己略乡，为337.7例/10万人；寨阳乡，为311.4例/10万人；马颈坳镇，为307.9例/10万人；万溶江乡，为301.7例/10万人；双塘乡，为213.2例/10

万人。20岁年龄组发病最多,占痢疾总病例数16.26%;25岁组次之,占12.01%;30岁组居三,占11.54%;15岁、35岁、40岁组分别占8.39%、8.39%、7.54%;5岁、8岁组,分别占0.32%、0.37%。农民发病401例,占痢疾发病总例数60.84%。6~9月,发病最多,1265例,占总例数67.25%。20世纪80年代末至21世纪初,饮食业发达,流动人口增多,1989~2012年,每年虽有痢疾发生,但呈减少趋势,累计发病8892例,死亡5例,病死率仅0.06%。1989年,发病980例,发病率446.39例/10万人;病死4例,死亡率1.82例/10万人、病死率0.41%。2012年,发病103例,发病率34.83例/10万人,无1例死亡。

十六、地方性甲状腺肿大(简称“地甲病”)防治

吉首是中度碘缺乏区,地甲病患者较多。1979年,普查129393人,占1岁以上人数92.03%,占全县人口83.29%;发现患者11664人,患病率9.01%。寨阳公社患病率最高,达41.99%;已略公社次之,为18.46%;矮寨公社居三,为16.51%;万溶江公社最低,为2.09%。患者中,弥漫型占总病例的86.5%;结节型及混合型分别占9.3%和4.2%。1981年,县卫生防疫站在已略公社求产和红坪两个生产大队检查922人,发现患者168人,口服碘油丸816人。对食盐和饮用水源采样测定含碘量,全县购进碘盐68.6吨,居民普遍食碘盐,有效地控制地甲病的发生。1982年2~11月,对已略、太平、双塘3个公社、15个生产大队、87个生产队分轻、中、重三个病区进行检查,共检查8801人,发现患者487例,服碘油丸2426人。在全县居民中继续提倡食碘盐。

经多年采取居民普遍食用碘盐、对特需人群投放碘油丸等防治措施,患病率明显下降。1989~2005年,检测碘盐7410份,合格7151份,合格率为96.5%。1998年4月,卫生部委托省卫生厅、州卫生局考核验收吉首市地甲病防治工作,确认吉首市达到国家消除碘缺乏病标准。1999年,监测13158人,其中甲状腺肿大932人,肿大率为7.08%;患病率由1991年的13.2%下降到4.75%,尿碘水平每升大于100克的达100%。

2009年,检测9个乡镇、36个行政村288份食盐样品,合格274份,合格率95.15%。

十七、头癣防治

1982年,在疟疾、钩虫病、血丝虫病、地甲病和头癣普查中,查出头癣患者196人,其中黄癣43人、白癣153人,均免费治疗。9月,卫生部门组织110名医务人员,在16个社、镇、410个单位、20所小学检查23111人,实验率99.04%;发现头癣患者60人,占被查人数0.26%,其中黄癣19人、白癣40人、黑癣1人.对患者用外擦内服灰黄霉素治疗。

十八、麻风病防治

1950年以前,被视为“不治之症”,患者令人害怕,不与其接触,死后被焚尸。此后,县人民政府采取措施防治此病。1959年3月1日,县人委会卫生科在河溪公社铁岩生产大队硬寨生产队(今河溪镇铁岩村属地)设麻风病医疗站,配工作人员3人,后增至9人,划拨水田5.33公顷、旱地3.33公顷、油茶山6.67公顷,配给耕牛、农机具、打米机、三用机、电影放映机。病人本

着“劳动自养”的原则，轻病人按劳分配，重病和劳力较弱者，分配不足部分由国家补助。1987年，撤销该站。

1973年，县革委会成立癞风病普查领导小组，抽调1231人，于8月中旬至9月底在7岁以上人群中开展普查工作，检查70744人，受检率为72.9%。县卫生局癞风病检查专业队对141名可疑人员进行细胞学和病理学检查，确诊患者26人。1974年，县革委会成立癞风病防治委员会。1979年，组织755名领导干部、技术人员和基层干部三结合的普查队，检查121477人，受检率为94.6%，确诊患者39人，其中瘤型7人、结核型22人、介线型10人。1959～1986年，全市发现癞风病277例，入站治疗210例，治愈166例，治愈率79%。

2009～2012年，市域尚有麻风病人5例(原有3例、新发现2例)，其中1例停药观察、其余4例均按MDT方案治疗，病情稳定。

十九、恙虫病防治

1984年，在马颈坳镇和己略乡边远山区发现恙虫病5例，死1例。1985年、1986年，各发病1例；1987年、1988年，各发病2例。此后，未发现病例。

二十、丝虫病防治

吉首是中低度斑氏丝虫病流行区，流行范围波及94.2%的行政村。1989～1996年，市卫生防疫站对马颈坳、丹青、太平、白岩和排吼5个乡镇22个村12017人进行病原学横向监测，查出微血阳性28例，确定马颈坳镇几比村为全省丝虫病监测点，每年在该点进行病原学蚊媒和血清学纵向监测工作。1996年，该点血检96人，解剖蚊媒1057只，未发现阳性。1990～1996年，全市无丝虫病例报告。1996年11月，卫生部认定吉首市为“消灭丝虫病市”。

二十一、艾滋病防治

1995年，吉首市被省卫生厅定为艾滋病监测哨点。至2005年，全市完成哨点监测HIV检测2000人份，未发现阳性。2003年，在市医院、市卫生防疫站建成艾滋病初筛实验室。1996年1月，首次发现艾滋病病毒HIV感染者。1997～2004年，经检测，共发现HIV感染者5例、艾滋病例2例，均死亡。2004年，实施安全套推广项目，至2005年，共发放安全套6000只。2005年，成立市艾滋病工作委员会，在市疾病控制中心设性病艾滋病防治科和高危人群干预工作队，各乡镇、街道分别建立防保所。进行安全套使用率基线调查和艾滋病知识知晓率基线调查，使用率和知晓率分别由2004年的28.9%、18.4%上升到80.5%和60.4%。2005年，发病1例，已死亡。2006～2012年，每年均发病，共发病112例，死亡95例，病死率84.82%。2006年，发病9例，发病率3.14例/10万人；死亡4例，死亡率1.4例/10万人、病死率44.44%；2012年，发病18例，发病率6.09例/10万人；死亡12例，死亡率4.06例/10万人，病死率66.67%。2009年，派出8名专业人员参加国家级和省级、4人参加州级业务培训，举办3期共54人次艾滋病防治知识培训班。1～10月，检测HIV抗体28980人份，经州CDC确认53例；发现HIV/AIDS101例，均建档；发现居住市域的HIV/AIDS病人24例，进行个案流行病学调查和密切接触者监测，均及时网报和进行流行病学调查；存活41例，3例查寻无人，失访3例，随访35例，随访率为95.12%；免费抗体治疗11例，免费给HIV感染者发放安全套400余只、消毒液2件，免费做细胞检测29人次、病毒载量检测6人次。2011年，检测27300人，发现阳性病例89例。

二十二、非典型肺炎预防

2003年2月中旬，国务院公布非典型肺炎（以下简称“非典”）疫情，要求全国各地切实做好“非典”防治工作。市委、市政府按照省委和州委、省政府和州政府关于严防死守、防止“非典”传播的总体要求，成立以市委书记负总责、市长任总指挥、八名市级领导干部为副指挥长的“非典”防治工作总指挥部，下设一室七组，广泛宣传防“非典”知识，落实各项综合预防措施。市政府拨付防治专项经费145万元，购置医疗器械、药品、防护用品，设立14个乡镇隔离留观所和发热门诊，堵源截流，3837人参与疫情排查工作，排查各类人员80多万人次，排查覆盖面达100%；接诊发热者197人，出动“非典”防治专用车111辆次、机动队员568人次，处置可疑疫情461次，全市未发现一例“非典”病人。市卫生局先后被省政府和州政府评为“防‘非典’先进集体”。

二十三、禽流感预防

2004年1月，国务院公布人感染高致病性禽流感（以下简称“禽流感”）疫情，要求各级地方政府认真做好禽流感防治工作。2月2日，市委、市政府成立禽流感防治指挥部，制定《吉首市高致病性禽流感防治应急预案》，市卫生局成立人高致病性感染禽流感防治机动队，制定《吉首市预防人感染高致病性禽流感工作方案》，印发宣传资料5000余份，采取预治措施，配合畜牧和工商部门加强石家冲农贸市场管理，安排5名消毒人员进行现场指导，对1800多平方米的禽畜交易场所进行消毒，为直接接触家禽人员接种流感疫苗100多人次，对市畜牧养殖场实施禽流感疫情监控和检查。10月25日，矮寨镇大兴村出现家禽疫病。10月27日，市卫生局禽流感防治机动队调查组到该村调查，落实水井消毒、人员监控和重点人群预防服药等防治措施。10月31日，州、市领导干部检查大兴村防治工作，对全市预防禽流感工作作出指示。是日22时，市卫生局党组召开会议，成立黄福红任组长的市卫生局应急工作领导小组，实行局领导干部分片指导督察责任制，市卫生防疫站成立37人组成的禽流感防治机动队，邀请州疾病防控中心技术人员对65名防治人员进行培训。11月1日，市卫生局召开全市卫生院院长、防保专干、街道爱卫专干会议，布置禽流感防治工作；派出12人的卫生防疫工作队，与当地干部一起对矮寨镇大兴村、双塘镇联盟村、马颈坳镇团结村三个疫点的重点人群进行医学观察，落实水井消毒措施。同时，启动市卫生系统突发公共卫生应急预案，开设15个发热门诊，实行零报告制度，全市医疗卫生单位逐日上报发热病人就诊情况，强化急性呼吸道病例监测工作，做到早发现、早报告、早隔离、早治疗。至11月6日，对重点人群217人每人每日测两次体温，发放预防药品200瓶；疫点上的14个集中式供水池和19口水井由专人负责消毒，共用消毒药品漂白粉精片6件；全市报告呼吸道感染发热病例58例，全部排除人感染禽流感。

二十四、甲型 HINI 流感防治

2009 年，成立吉首市甲型 HINI 流感防控领导小组和甲型 HINI 流感专家防治组，制定防治预案，对市域各级各类学校和幼儿园师生员工进行有关防治知识教育。1 月 1 日至 11 月 18 日，确诊甲型 HINI 流感病人 83 例，经治疗，无死亡病例报告。

吉首市 1950～1988 年急性传染病发病情况(一)

表 6—1—3—1　　单位：人

年份	天花		白喉		流脑		百日咳		麻疹		流感		痢疾		伤寒副伤寒		病毒性肝炎		脊髓灰质炎	
	患	死	患	死	患	死	患	死	患	死	患	死	患	死	患	死	患	死	患	死
1950	14	1	93	3			364		854				2751	2	453					
1951	5	3	46		17		148		528				1464		365					
1952			1				38		297				898	17	73					
1953			3		2		14		51	3			1122	1	8					
1954			1		1		648	6	12				680		26					
1955			5		1		52		681	1			621		79	1				
1956			4		2		139	1	851	1			707		13	1				
1957			1				211		177				490		1					
1958			8		3		18		43				641		7					
1959			13	2	99	5	68	1	2435	124	853		1201		19		833		1	
1960			11	3	22		153		110	2	40		438	4	26		151		23	
1961					2				215	1	62		72		30		47			
1962			1				501		251	5	92		59		42		35			
1963			5	1	3		770	10	1210	20	448		427	1	16		95			
1964			13	2	15		9		390	7	104		726		76		34		12	
1965			23	6	5	1	4		3241	63	6385		1019		48		195		1	
1966			10	2	9		3		58	1	100		845		43		129		3	
1967			8		184	17	15		1		913		584		14		38		3	
1968			2		168	8	28		16		997		84		18	1	35			
1969			7		52	5	29	1	600	19			37	1	92	1	11		1	
1970			3		51	4	5		27	1	16509		192	3	21		8		2	
1971			3		40	2	324		60	1	1000		448	1	20		78		8	
1972			1		69	7	865		68		3921		897		27		120		3	

续表 6—1—3—1

年份	天花		白喉		流脑		百日咳		麻疹		流感		痢疾		伤寒副伤寒		病毒性肝炎		脊髓灰质炎	
	患	死	患	死	患	死	患	死	患	死	患	死	患	死	患	死	患	死	患	死
1973			7		20	4	458	2	468	11	2565		1747	3	42		112			
1974			53	5	35	1	690	2	48		5241		2681	2	34		140			
1975			63	8	27	6	607	1	68		11537		1669	3	30		133	1		
1976			41	2	25	2	225		17		5025		1482	2	8		111			
1977			15	2	22	1	946		38		6447		1315		8		117	1		
1978			1	1	8	1	1104	1	939	6	1432		906	1	6		76			
1979			1		13	4	154		40		1583		562	2	48		165			
1980			5		26	1	6		20		1283	1	1103		22		268			
1981			4	2	124	11	14		33		1086		1717		127		52			
1982			1	1	44	2	54		45	1	82		1455	1	108		50			
1983			2	1	47	3	4		117		93		1114		179		77			
1984			1		27	2	14		122		10		1698		156		164			
1985					24	1	6		127	1			1917		365	1	411			
1986			2		30	1	8		62				1665		269		459			
1987					18		1		2				1800	1	680	2	304			
1988					4	1	1		1				1881	2	427		173	1		

吉首市1950～1988年急性传染病发病情况(二)

表 6—1—3—2　　　　单位:人

年份	乙型脑炎		疟疾		斑疹伤寒		出血热		钩体病		狂犬病		(一(二)表合计		
	患	死	患	死	患	死	患	死	患	死	患	死	患	死	
1950			8426										12955	6	
1951			4684		4								7261	3	
1952	1		823										2123	17	
1953			1429		1								2630	4	
1954			1245		1								2614	6	
1955			3194										4633	2	
1956	2	2	4009										5727	5	
1957			7381										8261		

续表 6—1—3—2

年份	乙型脑炎		疟　疾		斑疹伤寒		出血热		钩体病		狂犬病		(一(二)表合计		
	患	死	患	死	患	死	患	死	患	死	患	死	患	死	
1958			1770										2490		
1959			50										5572	132	
1960			26										1000	9	
1961			965										1394	1	
1962	11	7	2959		2								3953	12	
1963	6	1	2783		2								5765	33	
1964	13	2	6888		3								8283	11	
1965			7458		1	1							18380	71	
1966	11	1	75						379	9			1665	13	
1967	42		191						166	6			2159	23	
1968	21		28						10	2			1407	11	2～8 月
1969	10	1	75						21	1			935	29	7～12 月
1970	3		8137		8				64	1			25030	9	3～12 月
1971	22	3	10445						31				12479	7	
1972	47	7	10410				31	1	22				16481	15	
1973	21		9955				20	3	23				15438	23	
1974	37	7	6211		9		18	1	18	1			15215	19	
1975	17	3	5575		2		5		9	1			19742	23	
1976	9	1	2855				8		1				9807	7	
1977	7	4	2316				8		1	1			11240	9	
1978	9	1	2563				26	1					7069	12	
1979	6		1887				18		23	2			4500	8	
1980	11		1423		1		12				6	6	4186	8	
1981	4		1179				32	1	1	1	4	4	4377	19	
1982	24		1640				37	3	1				3511	8	
1983	2		706				53		1		2	2	2397	8	
1984	7		326				27		1	1	2	2	2555	5	
1985	9		169				22		2	1			3052	4	
1986	6		113			1	27				1	1	2642	3	
1987	4		42				15				1	1	2867	4	
1988	3	1	17				5				2	2	2514	7	

1989～2005 年吉首市传染病发病情况(一)

表 6—1—3—3　　　　单位:人

年份	霍乱		肝炎		甲型	乙型	丙型	未分型		痢疾		细菌性		阿米巴性		未分型	
	病	死	病	死	病	病	病	病	死	病	死	病	死	病	死	病	死
合计	225	1	5516	1	3128	1894	31	463	1	7908	4	6872		56		980	
1989			475		475					980	4					980	
1990			554		508	46				900		891		9			
1991			590		525	65				749		734		15			
1992			344		292	52				407		399		8			
1993			341		286	55				356		355		1			
1994	121	1	387		254	133				326		321		5			
1995	22		221		123	98				1131		1131					
1996			363		157		4	202		768		766		2			
1997			361		233	127	1			546		543		3			
1998	79		375		129			246		273		270		3			
1999			210		66	140	4			321		320		1			
2000	3		184		48	136				223		219		4			
2001			210		6	202	2			145		143		2			
2002			278		2	275	1			229		228		1			
2003			281		2	275	4			229		228		1			
2004			141	1	15	114	4	8	1	105		105					
2005			201		7	176	11	7		220		219		1			

1989～2005 年吉首市传染病发病情况(续一)

续表 6—1—3—3　　　　单位:人

年份	伤寒		流脑		乙脑		麻疹		淋病		梅毒		肺结核		—	+	未检痰	未分型	
	病	死	病	死	病	死	病	死	病	死	病	死	病	死	病	病	病	病	死
合计	3548	2	28	3	154	9	469	6	2337		123		3464		1464	1313	94	593	
1989	780		7	1	8	1			46										
1990	509	1	4	1	18	4													
1991	321				18	1	43		130										

续表 6—1—3—3

年份	伤寒		流脑		乙脑		麻疹		淋病		梅毒		肺结核						
															一	+	未检痰	未分型	
	病	死	病	死	病	死	病	死	病	死	病	死	病	死	病	病	病	病	死
1992	685		3		10		178	6	110		1								
1993	372		3		11		12		103		12								
1994	186				9		20		132		4		99					99	
1995	125	1	2		8		63		132		4		99					99	
1996	116		3		12		88		108		5		137					137	
1997	67				6		13		132		3		258					258	
1998	55		1		16		9		124		2		345		163	182			
1999	41		1		12				253		6		361		189	172			
2000	45		3	1	4	1			302		14		364		162	202			
2001	69				9	1			382		15		300		152	148			
2002	27				6				195		14		348		204	144			
2003	51				2				101		8		414		232	182			
2004	53		1		3	1	26		49		4		301		196	72	33		
2005	46				2		17		38		31		438		166	211	61		

2006～2012 年吉首市传染病发病情况(一)

表 6—1—3—4　　单位：人

年份	霍乱		肝炎									痢疾							
					甲型		乙型	丙型		未分型				细菌性		阿米巴性		未分型	
	病	死	病	死	病	死	病	病	死	病	死	病	死	病	死	病	死	病	死
合计			1099	2	60	1	695	242	1	63		984	1	984	1				
2006			221	1	23	1	165	27		6		157		157					
2007			187		16		109	41		13		165		165					
2008			176		11		113	35		14		154		154					
2009			145	1	3		87	40	1	5		149		149					
2010			130		3		86	27		5		125	1	125	1				
2011			99		2		53	30		6		131		131					
2012			150		2		82	42		14		103		103					

2006～2012 年吉首市传染病发病情况(续一)

续表 6—1—3—4　　　　单位:人

年份	伤寒		流脑		乙脑		麻疹		淋病		梅毒		肺结核		—		+		未检痰	未分型	
	病	死	病	死	病	死	病	死	病	死	病	死	病	死	病	死	病	死	病	病	死
合计	146		4		15	1	374		129		855		2221	9	825	2	995	7	397		
2006	53				5		119		29		71		287	2	91	1	119	1	78		
2007	41		3				56		32		85		326	1	134		101	1	91		
2008	22				2		191		20		110		320	2	90		138	2	92		
2009	9				4		4		20		104		314	2	114		157	2	31		
2010	9				3	1	1		7		166		337		136		157		43		
2011	8		1				1		7		140		332	2	131	1	156	1	43		
2012	4				1		2		14		179		315		129		167		19		

1989～2005 年吉首市传染病发病情况(二)

表 6—1—3—5　　　　单位:人

年份	疟疾		出血热		狂犬病		百日咳		新生儿破伤风		猩红热		钩端螺旋体		炭疽	
	病	死	病	死	病	死	病	死	病	死	病	死	病	死	病	死
合计	14		42	1	3	3	1		17		4		4		3	
1989	4		8		2	2					1					
1990	4		14	1							1		1		2	
1991	3		4		1	1										
1992													2			
1993	2		5										1			
1994									2							
1995									3							
1996			1						3						1	
1997									1							
1998			1						1							
1999			2				1		2							
2000			4						1							
2001																
2002			3													
2003	1								2							
2004									1		1					
2005									1		1					

1989～2005 年吉首市传染病发病情况(续二)

续表 6—1—3—5　　单位:人

年　份	艾滋病HIV感染者		艾滋病		腮腺炎		结膜炎		感染性腹　泻		风疹		流行性感　冒		表(一)、(二)合计	
	病	死	病	死	病	死	病	死	病	死	病	死	病	死	病	死
合计	5		3	3	230		23		292		2		16		24431	33
1989													15		2326	8
1990															2007	7
1991															1859	2
1992															1740	6
1993															1218	
1994					53		12		4						1355	1
1995					8		3		23						1844	1
1996	2														1607	
1997					15										1402	
1998					20				28						1329	
1999					4										1214	
2000					22										1169	2
2001					6										1136	1
2002					15										1115	
2003					15		3		8						1115	
2004			2	2	8		2		56		1				754	4
2005	3		1	1	64		3		173		1		1		1241	1

2006～2012 年吉首市传染病发病情况(二)

表 6—1—3—6　　单位:人

年　份	疟　疾		出血热		狂犬病		百日咳		新生儿破伤风		猩红热		钩　端螺旋体		炭　疽	
	病	死	病	死	病	死	病	死	病	死	病	死	病	死	病	死
合计	1		3		5	5			4		4		2			
2006					1	1			3							
2007			2		3	3			1		1					
2008																
2009											1					
2010			1		1	1					1		1			
2011											1					
2012	1												1			

续表 6—1—3—6

年份	艾滋病HIV感染者		艾滋病		腮腺炎		结膜炎		感染性腹泻		风疹		流行性感冒		表(一)、(二)合计	
	病	死	病	死	病	死	病	死	病	死	病	死	病	死	病	死
合计	74	11	112	95	833		550		1727		61		448			
2006	5		9	4	74				103		5					
2007	9		23	13			504		246		1		27			
2008	14	2	16	15	122		1		265		1		7			
2009	11		17	20	220		3		275		9		262			
2010	13	4	11	16	101		35		218		17		65			
2011	13	1	18	15	104		5		271		4		37			
2012	9	4	18	12	212		2		349		24		50			

第四节　计划免疫

1989年，全市预防接种生物制品14种，其中儿童基础免疫接种生物制品6种。3月，按卫生部的要求，全市以乡镇为单位全程预防接种儿童基础免疫麻疹活疫苗、脊髓灰质炎活疫苗、卡介苗和百白破三联菌苗(以下简称“四苗”)，预防接种率达到第一个85%的工作目标。1990年，市政府成立吉首市计划免疫领导小组，省、州、市共拨3万元专项经费，更新第一代计划免疫设备，添置冰排、冷链箱等设备。1991年，市卫生局、市卫生防疫站制定工作方案及实施措施，加强对1989～1990年出生儿童的预防接种工作。1993年，全市各乡镇将每月实行一次计划免疫冷链运转改为每两个月一次。1996年，市政府制定《吉首市1996～2000年传染病防治工作规划》，将靶疾病发病率控制在国家规定的范围内，按省卫生厅要求，进一步巩固消灭脊髓灰质炎和计划免疫成果。1996年，全市0～7岁儿童卡介苗、百白破三联菌苗、糖丸、麻疹活疫苗、乙肝疫苗(以下简称“五苗”)和小儿麻痹症、麻疹、百日咳、白喉、破伤风、乙肝、结核病的计划免疫以乡镇、村为单位，预防接种实现第二个85%的目标。

通过加强儿童计划免疫的预防接种工作，儿童发病率普遍降低。1989～2005年，小儿脊髓灰质炎和靶疾病监测均无病例报告。1999年，经过卫生部评审，吉首市达到消灭脊髓灰质炎的标准，计划免疫工作名列全州前茅。

2006年1～10月，儿童计划免疫接种率卡介苗99.28%、糖丸94.24%、百日咳96.16%、麻疹疫苗93.28%、乙肝疫苗接种94.36%。“五苗”全程接种率92.3%。在市疾病防控中心设立艾滋病初筛实验室，进行该病病毒抗体初筛检测5682份，初筛阳性12例。对现有5例感染者和病人随访8次。11月，发现和治疗管理肺结核病人274例，监测碘盐546份、尿碘162份。2007年，以乡镇为单位进行六次冷链运转，儿童免疫规划“五苗”接种率达95.7%。2008年1～2月，接种糖丸11000人次。5月20日至6月20日，接种麻疹疫苗11685人。

2009年1～10月，全市应接种卡介苗、糖丸、百日破、麻疹、乙肝、流感、乙脑疫苗的儿童30771名，实种29435名，接种率96.66%；应接种ODV、DVT、MV的儿童2774名，实种2750名，接种率99.13%。2010年，各种免疫规划疫苗报告接种率卡介苗99.44%、A群流脑疫苗98.95%、乙脑疫苗99.2%、甲肝疫苗98.83%，接种监测报告覆盖率95%。2011年，实施安全接种，各种免疫规划疫苗接种率为97%。2012年，卡介苗应接种1734人，均接种；脊灰疫苗应接种8236人次，实接种8186人次，接种率为99.39%；百日破应接种8297人次，实接种8247人次，接种率为99.56%；A群流脑疫苗应接种4202人次，实接种4136人次，接种率为98.43%；乙脑疫苗应接种4567人次，实接种4467人次，接种率为97.81%；甲肝疫苗应接种2267人次，实接种2203人次，接种率为97.18%，强化免疫接种率为97%。

1989～2005年吉首市儿童“五苗”接种情况

表6—1—4—7　　单位：人

年份	卡介苗			百白破三联菌苗			糖丸			麻疹活疫苗			乙肝疫苗		
	应接种	实接种	接种率%	应接种	实接种	接种率%	应接种	实接种	接种率%	应接种	实接种	接种率%	应接种	实接种	接种率%
合计	57106	55676	97.5	152482	147270	96.58	151859	146728	96.6	62210	59288	95.3	89310	83870	93.9
1989	3098	3046	98.32	3085	2969	96.2	3085	2980	96.6	3085	2949	95.6			
1990	4316	4241	98.26	4321	4283	99.12	4321	4300	99.51	4213	4040	95.89			
1991	6203	5971	92.26	5779	5634	97.49	5902	5755	97.51	4680	4517	96.52			
1992	759	751	98.95	688	664	96.51	856	812	94.86	199	134	67.34			
1993	3085	3046	98.7	3085	2969	96.2	3085	2980	96.6	3085	2949	95.6			
1994	1382	1381	99.93	3795	3178	83.74	4026	3385	84.08	673	603	89.6			
1995	421	412	97.86	1607	1505	93.65	1686	1613	95.67	711	622	87.48			
1996	3034	3007	99.11	3033	2907	95.85	3033	2919	96.24	3033	2844	93.77			
1997	2610	2467	94.52	8191	7905	96.51	8210	7934	96.64	2942	2807	95.41			
1998	2864	2707	94.52	8221	7812	95	8315	7976	95.92	2681	2541	94.78			
1999	2325	2285	98.28	7219	7129	98.75	7255	7166	98.77	2356	2339	99.28			
2000	2197	2115	96.27	6117	5947	97.22	6174	5780	93.62	1904	1837	96.48	5498	3780	68.75
2001	2434	2233	91.74	6470	6064	93.7	6494	6217	95.73	2422	2194	90.59	5034	4240	84.2
2002	1757	1660	94.48	5248	5010	95.46	5298	5086	96	1802	1646	91.3	4378	3904	89.17
2003	2294	2246	97.91	6444	6163	95.64	6470	6182	95.55	2186	2082	95.24	6725	6225	92.57
2004	2108	2076	98.48	6030	5690	94.36	6147	5784	94.09	1887	1732	91.79	5720	5542	96.89
2005	2326	2298	98.8	6919	6526	94.32	7144	6719	94.05	2040	1767	86.62	6860	6425	93.66
2006	1861	1852	99.52	6636	6549	98.69	6578	6469	98.34	2255	2178	96.59	6235	6178	99.09

续表 6—1—4—7

年份	卡介苗			百白破三联菌苗			糖丸			麻疹活疫苗			乙肝疫苗		
	应接种	实接种	接种率%	应接种	实接种	接种率%	应接种	实接种	接种率%	应接种	实接种	接种率%	应接种	实接种	接种率%
2007	1797	1768	98.3	7759	7344	94.2	7680	7313	95.2	2939	2716	92.4	74.65	6970	93.4
2008	1856	1812	97.6	7843	7526	96	7759	7431	95.3	3074	2937	95.5	75.77	7163	94.5
2009	1825	1765	96.88	7726	7344	94.2	7593	7313	95.2	2829	2716	96	7293	6970	95.57
2010	2674	2661	99.5	12972	12951	99.84	12690	12632	99.54	4825	4811	99.71	10624	10613	99.9
2011	1483	1479	99.7	8955	8921	99.6	8439	8416	99.7	2570	2529	98.3	6791	6770	99.7
2012	2397	2397	100	14339	14280	99.59	13619	13566	99.61	3819	3798	99.45	9110	9090	99.78

第二章　妇幼保健

第一节　机　构

1953 年 5 月以前，市域无卫生保健机构，1953 年 5 月，吉首县妇女婴幼儿保健站成立（简称为“县妇幼保健站”）。此后，时撤时并。1975 年 4 月，恢复县妇幼保健站。是年 5 月，各人民公社卫生院配 1 名妇幼保健专干。1979 年，县妇幼保健站设简易病床 20 张。1980 年，设妇科和幼儿门诊，设备逐步完善，业务水平不断提高。至 1988 年，配有电冰箱、显微镜、氧气瓶、电动吸引器等设备，能进行血液和大小便常规化验、阴道细胞学检查、子宫脱垂和简单尿瘘修补、计划生育等手术。2005 年，全市有母婴保健技术服务机构 16 个、78 人，14 个乡镇卫生院共配妇幼专干 18 人，村级妇幼保健员和接生员 206 人；有“爱婴医院”6 所、产科达标医院 7 所。市妇幼保健站在职干部职工 29 人，其中中级和初级卫技人员 15 人、大专学历 8 人，设病床 10 张，有新生儿抢救台、200 毫安心仪机、胎心监护仪、B 超机、麻醉机、综合手术床、妊高症监测系统、尿液分析仪、酶标仪、半自动生化分析仪、全自动洗板机、心电监护仪、荧光治疗仪、电子阴道镜、乳腺治疗仪、三分群半自动血液细胞分析仪等设备，能进行阴道细胞学检查、B 超检查和乳透检查，可动剖宫产、人流产等手术。2006 年，认真贯彻《中华人民共和国母婴保健法》，进行“母婴保健技术服务执业许可证”和“母婴保健技术服务考核合格证”的认证审查。全市有 48 名产科和儿科医生获得“母婴保健技术服务合格证”。

2007 年 4 月，市妇幼保健站改为市妇幼保健所。2011 年 4 月，该所改为市妇幼保健院，仍隶属于市卫生局。2012 年，购置彩色多普勒超声诊断仪、全自动生化仪等临床诊断设备。

第二节 新法接生

民国29年,县卫生院在城镇进行少例新法接生。次年,派3名助产士到省妇婴训练班学习半年,3人结业后回到县卫生院和乡卫生所担任产前检查和产后访视工作。民国31年,举办“接生婆”训练班3期,培训47人,每人发给一简易接生袋。“接生婆”结业后,回乡担任新法接生工作,新法接生婴儿47人。

1951年,全县成立8个接生小组(站)。县卫生部门办新法接生员训练班1期,培训22人,讲授新法接生知识。1954年,组(站)增到12个。1958年,建生产大队妇产院22个,设产床63张。1963年,成立接生(站)组20个。次年,县卫生部门为其配发产包等用具243个(件)。

1978年,办接生员学习班3期,培训297人,配发产包234个、出诊箱184个。经培训,接生员一般能掌握孕产妇常见病急救方法,能处理一般性难产。

1958～1982年,接生员的报酬由生产队误工补工,并适当补贴。此外,每接生一个婴儿,收费1元,归接生员所有或交生产队记工分。实行家庭联产承包责任制后,接生员的报酬由产妇支付。通过推行新法接生,1988年,全市新法接生率为93.8%,吉首、万溶江、寨阳等乡达97.4%;产妇和新生婴儿死亡率分别为10‰和8.5‰.城镇孕妇一般进行孕期检查,住院分娩。

1989～2005年,市财政投入100多万元,用于改善各乡镇卫生院产科及产房条件。至2005年,马颈坳、万溶江等七所乡镇卫生院产科建设达标。市妇幼保健站举办村级接生员(保健员)业务培训班64期,培训16384人次,受训人员能掌握摸底建卡、产前检查、筛查高危产妇、护送住院分娩、产后访视和婴儿生长发育监测六大技能。2000～2005年,给88名特困产妇救助39750元并降低住院分娩收费标准。2005年,新法接生率从1988年的93.8%上升到99.67%,住院分娩率达91.38%。2006年,给115名特困产妇经济救助41350元,住院分娩3235人,住院分娩率达96.51%;新法接生3333人,新法接生率99.43%。2007年,孕产妇3008人,住院分娩2968人,住院分娩率达98.67%。孕产妇死亡1例,死亡率0.03;婴儿死亡12例,死亡率0.4%。给164名特困产妇经济救助41146元,建卡2983人,建卡率99.17%;系统管理2975人,系统管理率98.91%;2008年,孕产妇3556人,系统管理3420人,系统管理率95.24%;分娩3591人,其中住院分娩3420人,住院分娩率95.24%;新法接生3448人,新法接生率95.88%。孕产妇死亡1例。成功抢救孕产妇15例。救助特困孕产妇住院分娩534例,救助费11.9万元。2009年,全市孕产妇3148人,住院分娩3071人,分娩率达97.12%,死亡1例,死亡率31.62例/10万人,救助费18.36万元。2010年,全市分娩孕产妇3235人,死亡4例,死亡率0.12%。其中住院分娩3226人,住院分娩率99.72%,无死亡;住院分娩补助18.02万元,人均55.86元。2011年,全市孕产妇3214人,住院分娩3153人,住院分娩率98.1%,住院分娩补助1630人,共补助48.9万元,补助率达100%。孕产妇死亡率控制在33.37例/10

万人以内。2012 年,1783 名孕产妇住院分娩补助 53.49 万元。

第三节 妇女保健

民国时期,县卫生院兼负妇女保健工作。民国 31 年 3 月,产前检查 12 人,产后检查 10 人;诊治妇科病 2 例、产科 7 人。

中华人民共和国成立后,妇女保健工作由县妇幼保健站负责。1973 年,开始进行妇科病普查普治工作。1976～1988 年,重点普查普治子宫脱垂和尿瘘。确诊子宫脱垂 282 例,免费治疗 254 例,治疗率 90%,治愈 231 例,治愈率 90.9%;确诊尿瘘 12 例,免费治疗 11 例(1 例拒治),均治愈。

1989～2005 年每年“三八”国际妇女节,市妇幼保健站在城乡开展妇女保健宣传日活动,累计发放保健知识宣传资料 10 万余份,在街头、墟场咨询服务 26 次,深入 8000 余户家庭向妇女进行健康教育,普查妇科病 18 次,计 19251 人次,查出各类妇科病患者 3427 人,患病率为 17.8%;治疗 3187 人,治疗率 93%;治愈 3109 人,治愈率 97.55%。2009 年,对全市妇女健康普查 2165 人,检查率 27.46%,查出妇科病 1033 人,患病率 47.71%。是年,对全市妇科病进行普查,筛选 1876 人,患病 655 人,患病率为 35.45%,其中患阴道炎 296 人、子宫颈炎 312 人,其他妇科病 57 人。

第四节 婴幼儿保健

民国时期,县卫生院虽为儿童做过一些健康检查,矫治疾病,但不经常。民国 31 年,举行儿童健康比赛,给 467 名儿童体检。

从 1953 年起,每逢“六一”国际儿童节,卫生部门均为婴幼儿进行健康检查,开展评比活动。1970～1988 年,经常进行婴儿体检和疾病矫治工作,免费为 16597 名 7 岁以下儿童驱蛔治疗。1953～1981 年,每年为儿童种牛痘。1953～1988 年,进行白喉、百日咳的预防注射。1958～1988 年,使用卡介苗,进行结核菌素试验。1964～1988 年,进行小儿麻痹症糖丸投服工作。1986～1988 年,注射麻疹疫苗。1972～1988 年,连年进行各种预防注射。1981 年,县防疫站制定《儿童计划免疫程序》,对婴幼儿实行基础免疫和加强免疫,使用小儿麻痹症糖丸、麻疹、流脑、乙脑、百日咳、卡介苗儿童免疫制品,根据儿童免疫程序,及时、全程、足量接种,控制传染病的发生和流行。

1953 年 1 月,第三区竹寨乡农民张元凤办全县农村第一个托儿所。至年底,农村组织农忙托儿所和抱娃娃组 61 个,入托儿童 227 名。1958 年,幼儿工作在“大跃进”运动影响下,全县办托儿所 579 个、幼儿园 354 所，有保育员 2728 名，入托儿童 15296 名．由于发展过快，很不巩固。1978 年，经过调整，全县有托儿所 108 个、幼儿园 28 所。1988 年，城区（不包括州直）有托儿所、幼儿园 41 所，学前儿童 1184 人，入托 1164 人，入托率 98.3％。

1989～2005 年每年“六一”国际儿童节，卫生部门为婴幼儿进行健康检查。2000～2005 年，以降低新生儿死亡率和消除新生儿破伤风为目标，对新生儿进行系统管理，做好新生儿出生后的各种疫苗接种工作。2004 年、2005 年，对入园幼儿进行体检，幼儿肥胖率分别为0.02％和0.09％，贫血率分别为 6.7％和 0.2％，龋齿发生率分别为 4.8％和 3.2％。2011 年，对 45 家托幼机构 7198 名在园幼儿进行健康检查，确诊贫血 1260 人，占 17.5％；肥胖 511 人，占7.1％。2012 年，对 47 家托幼机构 7677 名在园幼儿进行健康检查，确诊贫血 1397 人，占18.2％；肥胖 668 人，占 7.9％。是年，对 33 所小学和幼儿园 30321 名在校学生和在园幼儿进行氟化泡沫预防龋齿工作。

第五节　卫九项目

1999 年 10 月，吉首市被省政府批准列入国家“世界银行贷款第九个卫生项目（以下简称“卫九项目”）实施县市。该项目主要是建立完善的妇幼保健体系，消除新生儿破伤风，降低孕产妇和新生儿死亡率。2000 年 4 月，项目正式启动，全市三级妇幼保健网络得到巩固和完善。至 2005 年 12 月，项目总投入 192.36 万元人民币，其中世行贷款 152.18 万元、国内配套资金 40.18 万元；项目支出 118.98 万元，其中妇幼保健综合服务费 21.24 万元、家庭社会参与和健康教育费 24.14 万元、妇幼卫生服务管理和信息系统建设费 29.89 万元、卫生人员培训费42.5 万元、医疗财务援助费 12092 元，（含分发给市人民医院、市妇幼保健站、14 个乡镇卫生院医疗器械购置费），尚余 73.38 万元。2006～2012 年，抓住“降消”和卫 LX 项目，认真落实《中华人民共和国母婴保健法》，加强孕产妇和消除新生儿破伤风的系统管理。

第三章　健康教育　农村初级保健

第一节　健康教育

1990 年，以健康知识宣传为内容，开展城区中小学卫生手抄报、墙报、美术、摄影、书法作品评选活动,10个单位被评为“优秀单位”,91名中小学生和工作人员被评为优秀个人。在全州健康教育检查评比中,吉首市被评为先进集体。

1991～2005年,幼儿园、小学校普遍开设幼儿、小学生卫生课;市健康教育所培训食品、公共场所从业人员及尘毒作业人员。1992年、1997年,市健康教育所先后在吉首乡溪头村和矮寨镇德夯村进行健康示范教育,完成14个村、44个组基本情况调查和卫生基础调查,对乡村医生和接生员进行卫生法规、业务知识和健康知识培训,采取放电影、发放卫生宣传资料、办卫生展板等形式对村民进行健康宣传。1992年,市爱卫会参加全州卫生宣传展板评比活动,获三等奖。

2002年,市卫生防疫保健部门在全市中、小学生中开展“拒吸第一支烟”签名活动。2003年,全市出动宣传车793辆次,深入城乡开展防非典型肺炎(以下简称“非典”)工作,举办防“非典”知识讲座860期,印发宣传资料22万份,悬挂横幅、张贴标语14196张(条),办黑板报、墙报1311期。

1990～2005年,市健康教育所工作人员深入乡村、社区单位、学校、医院、厂矿和商店,广泛开展健康教育宣传工作。2005年,经问卷测试,市民健康知识知晓率和健康行为形成率,学生分别为94%和87%,农民分别为85%和77%。

2004年、2005年,市卫生防疫保健部门把健康教育工作纳入社区服务管理,重点抓健康教育,全市健康教育网络覆盖率达100%。全市各级各类学校都开设健康教育课,新闻媒体和文艺团体配合进行健康宣传,湘西电视台吉首频道开辟《健康与你同行》专题节目,在团结广场开展万人素质教育签名活动,编印健康教育资料5万余份。每年开展爱耳日、结核病防治日、世界卫生日、计划免疫日、碘缺乏日、营养日、世界控烟日、爱牙日、高血压防治日、艾滋病防治日、性病防治日和“九亿农民健康行动”宣传活动。州、市夕阳红文艺队在街头墟场表演文艺节目,进行健康宣传教育。2006年,健全健康教育网络。2008年,为遏制手足口病的流行,成立手足口病防控领导小组,印发《手足口病防治知识手册》8万余册。在“爱卫月”里,组织城区医疗卫生单位开展义诊咨询宣传,免费测血压1000余人。展板宣传画40余副,印发健康教育宣传资料2万余份,接受咨询10万余人次。2009年,城乡建立健康教育领导小组483个,配备专职或兼职人员483人,全市健康教育网络覆盖率达98%。在“爱卫月”和卫生节日在城区开展义诊咨询宣传活动,印发健康教育宣传资料2万余份,咨询10余万人次。在全省城市卫生检查中,随机测试20名居民和住院病人,健康知识知晓率均为85%;企业和机构单位工作人员健康知识知晓率分别为82%和88%。在是年5月31日第21个“世界无烟日”中开展“无烟青少年”宣传活动,印发控烟知识资料2万余份,吸烟人群由15%降至10%。

2009年,成立吉首市手足病甲型HINI流感防控领导小组,制定《手足口病甲型HINI流感预防措施》及《防控手足口病甲型HINI流感健康教育方案》,印发有关知识手册10余万份。在团结广场开展“三湘农民健康行”义诊咨询活动,印发《吸烟有害健康》《结核病预防知识》《儿童计划免疫》《吸毒有害》《麻风病防治》等资料 4 万余份，义诊 2 万余人次。

2010 年，全市配备健康教育专兼职人员 658 人，网络覆盖率达 100%；在“3·24”世界结核病防治日、“5·15”碘缺乏病宣传日发放宣传资料 16000 余份，广泛进行宣传教育。城区居民健康知识知晓率为 80%，健康行为形成率为 75%。

2012 年，组织中小学学生上街开展“小手拉大手、做文明市民”宣传劝导活动，向市民发放《居民健康手册》和《致广大市民的一封信》。营造人人讲卫生、讲文明、讲规范、讲秩序的良好氛围。

第二节　农村初级保健

1997 年，市委、市政府成立农村初级卫生保健（以下简称“农村初保”）工作领导小组，召开书记办公会和市长办公会四次，专题研究农村初保工作，制定《吉首市 2000 年人人享有卫生保健实施规划》，全面开展农村初保工作。

1997 年，从市直医疗卫生单位抽调 12 名卫生医务人员，由市卫生局副局长带队到寨阳乡连续三个月办试点。投入农村初保专项经费 15 万元，用于农村改厕购买水泥 300 吨。州卫生局安排农村初保专项经费 4 万元，各乡镇卫生院及市直医疗卫生单位自筹资金共 50 万元，确保农村初保各项工作的开展。11 月初，省卫生厅初保评审组评审验收，确认吉首市农村初保工作各项指标达到农村初级卫生保健最低限标准，获总分 90.02 分，实现市委、市政府提出的 1997 年农村初保工作“一役达标”的目标。1998～2005 年，农村初保一直保持验收达标成果。2006 年，投入 119.5 万元，完成社塘坡、太平、双塘三所乡镇卫生院扩建、迁建任务，总建筑面积 1547 平方米；完成 106 个标准村卫生室建设。2007 年，总投资 195 万元，为马颈坳、丹青、排吼三乡镇卫生院拆建和已略和吉首两所卫生院扩建；11 月中旬，完成村卫生室建设任务，经州卫生局验收合格。11 月 22 日，各院完成建设任务，总面积 2179.7 平方米，维修改造 643 平方米。是年，市财政投入 20 余万元，将 62 个村卫生室纳入合格村卫生室建设，为每个室购置医疗器械 15 台件。2008 年 7 月，完成 5 所村卫生室建设，经验收合格。2009 年，成立农村改厕所工作领导小组，制定《吉首市 2009 年国家补助农村户厕所改造工程实施方案》，建立农村改厕所技术指导队，印发有关资料 1 万余份。2009 年，实施国家改厕项目在吉首市稳步推进，完成改厕 1200 座，其中寨阳乡回光村 367 座、曙光村 316 座、马坳村 225 座，镇溪街道桐油坪村 292 座，经省验收合格，并向全州推广。2009 年，全市 138 个行政村中有合格卫生室 133 个，每室有 1 名乡村医生和 1 名保健员。2010 年，完成改厕 2000 座。2011 年，新建村卫生室 11 个，总投资 44 万元。改造农村厕所 2000 座。2012 年，完成河溪镇新建村、丹青镇狗咬村、排绸乡河坪村、社塘坡乡三岔坪村、吉凤街道捧捧坳村 5 个村卫生室、马颈坳中心卫生院和排绸卫生院周转房建设。

第三节　新型农村合作医疗

2006 年 1 月 1 日，启动新型农村合作医疗制度，成立市农村合作医疗管理中心，为全额拨款副科级事业单位，核定事业编制 23 名，属市卫生局管理。至年末，全市参加新型农村合作医疗 12.9 万人，其中城市特困居民 1201 人，农民参加合作医疗率达 77%，筹集合作医疗基金 604.82 万元。全年核报门诊病人 2783 人次，补偿 58500 元；核报住院病人 5409 人次，补偿 323.85 万元。农民参加合作医疗率达 84%。2007 年，12.98 万名农民自愿参加合作医疗，参加合作医疗率达 85%，筹集合作医疗基金 6614 万元；核报住院病人 7882 人次，补偿 522.47 万元；核报门诊病人 5249 人，补偿 20.72 万元。至年末，登记参加合作医疗 14.1 万人，筹集个人参加合作医疗资金 141.02 万元，参加合作医疗率达 94.89%.2008 年年末，有 6265 名农民参加新型农村合作医疗，累计参加合作医疗 14.33 万人，参合率为 96%；交纳参合资金 272.14 万元，累计 1146.66 万元。核报住院病人 7130 人次，补偿 717.27 万元。2009 年，全市有 13.61万名农民参加农村新型合作医疗，参加合作医疗率为 96%，交纳参加农村新型合作医疗资金 272.14 万元。核报住院病人 7130 人次，补偿 717.27 万元。至 2011 年年末，全市有 15.6 万名农民参加新型农村合作医疗，参加率达 99.33%；累计交纳参加合作医疗资金 3590.05 万元；累计补偿 49304 人次，补偿 3154.32 万元。农村“五保户”在市、乡镇医疗机构住院补偿率达 100%，免费救治先天性心脏病参加合作医疗儿童 2 人、白血病病人 1 人。至 2012 年年末，全市有 15.99 万人参加农村合作医疗，参加率达 99.39%。累计补偿 39060 人次，补偿金额 4669.47 万元；二次补偿 310 人，补偿 231.79 万元；大病特殊门诊 163 人次，补偿 41.86 万元。政策范围内补偿率为 78%。吉首市新型农村合作医疗管理中心被省卫生厅评为“湖南省新型农村合作医疗管理先进单位”。

第四节　建立农村居民健康档案

2011 年，在农村建立居民健康档案 13.8 万份，建档率达 50.5%；2012 年末，给 29057 名 65 岁及其以上老人建立健康档案并将档案纳入规范化管理；城乡居民建健康纸质档案率为 73%。省卫生厅将吉首市列为全省农村卫生信息化建设试点，启动试点工作。组织开展以基本医疗、基本公共卫生和卫生综合管理为主要内容的农村卫生信息系统人员操作培训，给农村医疗卫生单位配备电脑及配套设备 150 台。

第四章　民族医药

第一节　苗族医药

从原始社会至清朝初期，市域苗区盛行苗医苗药。清雍正年间，传入少量中医中药。民国时期，传入少量西医。20 世纪 50 年代后，西医逐步发展，中西医结合，苗医苗药得到相应发展。

1958 年，农村普遍建立联合诊所，掀起“大采、大种、大用”中草药热潮，要求“家有药圃，队有药山，社有药场”。20 世纪 50 年代至 21 世纪初，开展苗族医药挖掘、整理和研究工作，取得了显著成绩。1958～1972 年，吉首镇中医院苗族中医秧时雨（1889～1974）推陈出新，研制“二陈汤”，治疗痰症、气滞、积滞、食滞、咳嗽、腹胀、胸闷、恶心呕吐、头昏心悸等疾病；研制“四物汤”加减量，治疗妇科病；研制“化后汤”，治疗胆、肾、膀胱和尿道结石症；研制“化虎汤”，治疗疽痛、疥疖。这些药汤治疗上述各种病症均收到良效。他还根据病因、病理、病状和天气变化情况用“全、细、实、合”四诊法辨证施诊，对症下药，疗效也颇佳。

山区苗民夏天野外劳作常被毒蛇咬伤致死。1972～1977 年，吉首县卫生局民族蛇伤科研小组根据民族民间秘方研制成功蛇药“一点白”和“大金刀”。前者治疗血循环毒类毒蛇咬伤，后者治疗神经毒类和混合毒类毒蛇咬伤，共治疗被烙铁头、五步蛇、眼镜蛇、眼镜蛇王、金环蛇、银环蛇、蝮蛇、竹叶青及不明蛇类咬伤者 223 人，治愈 219 人，治愈率 98.2%。

建在吉首城区的州民族中医院民族医药和肝肠科是重点特色专科。2001 年，结肠炎专科被中国中医药管理局列为全国 14 个重点民族医药专科专病建设项目之一。肝肠科应用民族药剂“龟龙丸”治疗慢性非特异性结肠炎、“水桃十味汤”加减治疗重症肝炎、“三金化石汤”治疗结石病，疗效好。1986～2005 年，该院对民族医药进行挖掘、整理、继承和提高，获省级民族医药科技进步奖 4 项、州级奖 5 项，研制的“木瓜舒肝冲剂”获国家批准文号，出版民族医药科技专著 5 部，发表和交流民族医药论文 400 多篇。2006 年，成立重点专科建设领导小组，制定重点专科工作规划，加强民族重点特色专科研究工作，成效显著。苗医土家医脾胃病专科和土家医医肝病专科被定为国家级重点专科，针灸理疗科被定为湖南省重点专科，推拿科被国家中医管理局列为国家“十二五”计划重点专科建设项目，急诊科是全省首批急诊科建设达标科，妇科在民族中医“望、闻、问、切”四诊辨证的基础上借助先进的诊疗设备准确地为患者诊断，创建治疗女性常见病中医辨证诊疗新模式，应用和推广拔罐、艾灸、穴位敷贴、刮沙、小儿推拿、膏方等民族中医药服务技术，“冬病夏治”三伏贴、三九贴等治疗技术日臻完善。先后承担国家中医药管理局和省级科研项目30余项,获各科技奖20项。自主研制民族药剂5种,其中“木瓜舒肝冲剂”获国家药品批准文号。整理出版民族医药专著2部、合作出版专著6部,其中《中国民族医药泡制集成》填补国内同类研究空白。

1997年,湘西民族民间医药研究会副会长、中华中医学会会员、市籍苗族医生张学友(1948年生)撰写的《癌症临床论治经验》论文获卫生部、中国医疗国际交流促进会、医疗保健专业委员会授予荣誉证书,《腰椎间盘突出与坐骨神经论治经验》和《张学友小儿肺门淋巴肿大论治经验》论文在《中医杂志》上发表,他被中华五行研究会聘为名誉教授。村小学苗族教师龙胜清(1953年生)业余学研跌、打、损、伤苗族医药,纳百家之长,创苗家之医,擅长治疗骨折,尤以治疗粉碎性骨折见长,1980～2012年,利用业余时间治愈粉碎性骨折130多例,一般性骨折不计其数。

第二节　土家族医药

土家族医术诀窍,口授耳闻,且多为单传,传儿不传女,故绝技失传甚多。

清末至民国时期,草医亦农亦医,为人治病。1969～1981年,农村实行合作医疗,多数土家族草医经培训成为“赤脚医生”,乡镇设立卫生院,实行以西医为主、中医西医结合的农村医疗体制。居住城镇的土家族病人到州、市人民医院,州、市民族中医院或诊所治疗。

第七篇　民族文物古迹 民族旅游文化

20 世纪 80 年代至 2012 年，市文物所在市域挖掘出土文物 663 件，征集文物 174 件，其中国家二级文物 12 件、三级文物 103 件。古迹 24 栋(座、处)，其中国家级 1 座、省级 6 栋。

市域民族文化底蕴深厚，旅游资源丰富，旅游景点多。主要景点景区有西部苗族聚居区的矮寨奇观景区、峒河两岸国家级峒河湿地公园、苗族土家族汉族等民族杂居的乾州有乾州古城。

第一章　民族文物古迹

第一节　文　物

一、文物发掘

1980 年 8 月 13 日，吉首公社(今镇溪街道)岩壳山发现一处窖藏，出土古代铜币重达 67.5 千克。经鉴定有 39 种、77 品。有汉五珠、重 25 克；有新莽货泉，唐开元通宝、唐乾元重宝，南唐通宝、宋元通宝、太平通宝、南宋绍元宝等古钱币。所有出土铜币均藏于州博物馆。

1981 年 8 月 28 日，万溶江公社双河生产大队第五生产队(今吉凤街道双河社区)社员(今为居民)在黄土园整理屋场时发现一个窖藏，挖得虎钮錞于 4 件、铜壶 1 件。所有铜器藏于州博物馆。

1992 年，市文物保护专干在鸦溪 12.3 公顷的新区建设项目施工中完成 45 座近代墓葬的抢救性发掘，为研究湘西少数民族的葬制提供珍贵的资料。

1995 年 3 月初，州、市考古发掘人员进入州电业局向阳坪(原猫儿坳)基建施工场地展开 400 平方米的抢救性文物发掘工作，挖掘出土的实物资料和地层关系证明，峒河流域吉首城区段早在三四千年前的商周时期就有古人繁衍生息；出土的网坠证明，捕鱼是古人谋生的主要手段；出土的铁锸（生产工具）证明，战国时期（公元前475至公元前221年），市域已有人类活动；诸多柱洞为古代房屋建筑的遗迹；首次在全州发现商周纹饰精美的青铜残片。

1995年8月、9月，乾州火车站在万溶江乡兔岩村（今乾州街道兔岩社区）征地4.8公顷扩建货站。州、市联合考古队在征地范围内进行约2000平方米的战国遗址发掘工作，发现一条废弃的水沟和一处灰坑，挖掘出土石钵、石锤、陶器残片、铁锸、黑底戳印鱼纹陶罐残片等文物，后者备受专家关注。

1996年，实施人民南路砂子坳至原市化工厂田家园路段拓宽工程，在万溶江乡小溪桥村村委会（今乾州街道小溪桥社区）屋基脚下掘出乾州清同治四年（1865）建造的“周氏节孝石坊”80％的原构件。

1998年3月，在振武营湘泉酒厂229省道吉首段扩建工程工地进行宋代遗址发掘。6月，市文物所在319国道河溪大桥改建工程工地进行抢救性发掘时有重大发现，省考古研究所闻讯后速派专家赶到现场指导发掘工作。因工期紧迫，对该工区只进行50平方米的解剖取样式重点发掘。这是一处位于峒河和沱江交汇台地的贝丘遗址，内陆十分罕见，贝壳钙化，遗存丰富，仅犀牛、虎、豹、野猪、鹿、狼等各类野生动物化石就有10多种，文化层堆积至4米深处仍未见底，且层位多，无间断。通过对11个层位的发掘，大量的实物史料把吉首的历史追溯到距今6800多年的高庙文化历史时期，即新石器时代的早期或旧石器时代的晚期；20种兽骨化石和成堆的贝壳鱼骸足以说明先民以狩猎、捕鱼、捞虾为生；彩料石的发现证明市域人类社会已发展到自然分工的氏族社会，人类已掌握一定的绘画技艺和对美的追求。由于工程两次塌方，发掘工作被迫停止。

1999年上半年，完成229省道吉首段的文物发掘工作。是年7月，完成河溪教场遗址农贸市场改建工程战国遗址的文物发掘工作。是年，对苗疆边墙吉首段进行全面调查。2000年4月、5月，市文物所会同有关部门进行苗疆边墙（南长城）终点喜鹊营调查；5月15日，在《团结报》上发表《中国南方长城终点——喜鹊营》。

2001～2003年，市文物所先后完成乾州新区边云坡和燕子岩现代墓葬、乾州新区小河坪商周遗址发掘工作和乾州新区台儿冲垃圾场公路沿线的调查、勘探与发掘工作。搜集明末清初服饰等工艺文物7件。2005年，在河溪发掘青铜器一件，经专家鉴定为国家二级文物。

二、文物征集

1989年12月，市文化馆追征流失在社会上的五件汉代出土青铜器。经文物专家鉴定，一件錞于和一件编钟为国家二级文物，一件錞于、一件铜铣和一件铜釜为国家三级文物。1990年，市文化局局长袁祖琪、文物专干冯尧喜被评为“全省《中华人民共和国文物保护法》宣传周先进个人”。

1995年7月，杨家坪劳改农场捐赠完整而精美的一件汉代编钟，系吉首乡大田村肖家坪（今峒河街道大田社区属地）出土，经鉴定为国家三级文物。10月中旬，在鸦溪采石场发现一具完整的剑齿象化石，可惜采石工人在采石时将化石弄碎，仅数枚臼齿和膝盖处的股、髌、胫骨可辨。1996年8月2日，州水泥制品厂从一口古井里掘出一个完整的青花瓷碗，市文物所及时将此碗征集入库，填补该所元代文物藏品的空白。1999 年 8 月 4 日，杨家坪劳改农场发现完整剑齿象化石，疏于现场保护，致使化石破碎不全。9 月 9 日，市棉麻土产公司陈善尧捐赠一件汉代铜铣，为国家三级文物。11 月 22 日，己略乡龙舞村苗族村民吴初珍夫妇捐赠出土的殉葬品唐、宋瓷碗。经修复，瓷碗较完整的只有四个，一个铁鼎，锈蚀较严重。2002 年 2 月 17 日，太平乡金山村大堂坡组土家族村民田儒文修整田坎时发掘东汉、两晋时期的七件窖藏青铜器，其中三足钵二件、弦纹铜鐎斗一件、三铺首铜铣二件、铜铣一件、铜盆一件。三足钵型精美，三铺首铜铣在湘西甚少，件件均为珍品。经文物专家鉴定，一件弦纹铜鐎斗、二件三铺首铜铣为国家二级文物，其余四件为国家三级文物。市文物所将七件青铜器征集入库。2003 年 3 月 25 日，双塘镇坨丰村七组土家族村民熊大军在村口山洞捕蛇时从一窖藏中发掘五件汉代青铜器，其中錞于一件、铜钲一件、鍪一件、铣二件(其中一件为双耳铣)。经文物专家鉴定，铜钲为国家二级文物，其他四件为国家三级文物。市文物所将这五件文物征集入库。

2004 年，全市征集文物 68 件，其中有清朝光绪年间的水冲石砚，清朝末期的绣花鞋、十字挑花枕巾、蓝靛印花被面、船型鞋、长须帐帘、丝绸帐帘、门帘、腰包、苗族衣服、苗族裤子。2006 年，征集文物 80 件。2007～2012 年，未征得文物。

三、文物保护

文物保护单位

1991 年 12 月 10 日，市政府公布乾州文庙、溇溪书院、吴八月故居遗址等 12 处首批市级重点文物保护单位。2000 年 9 月，市文物所向省、州政府递交乾州文庙、溇溪书院、河溪教场遗址、大地遗址 4 处重点文物保护单位的申报材料。12 月 23 日，市政府公布杨家祠堂、杨岳斌故居等 6 处第二批市级重点文物保护单位。2002 年 5 月 19 日、2003 年，省政府先后将乾州文庙和溇溪书院定为省级重点文物保护单位(后者于 2006 年正式公布)。

1996 年，乾州文庙、观音阁、伏波宫、罗盛教纪念园林及吴鹤祠(即溇溪书院)达到有记录档案、有保护标志、有四至范围、有保护机构(以下简称“文物四有”)的要求。2002 年 8 月，杨家祠堂、杨岳斌故居、乾州城隍庙、罗荣光故居、东山草堂达到“文物四有”的要求，重立乾州文庙保护标志。

1989～2012 年吉首市省级州级市级重点文物保护单位

表 7—1—1—1

类　别	文物名称	年　代	地　址	级　别
古建筑	溇溪书院	明代	吉首城区	省级
古建筑	乾州文庙	清代	乾州	国家级
古建筑物	杨岳斌故居	清代	乾州古城	省级
古建筑物	罗荣光故居	清代	鸦溪	省级

续表 7—1—1—1

类　别	文物名称	年　代	地　址	级　别
古建筑物	湘川公路死事员工纪念碑	民国	矮寨镇矮寨村	省级
古建筑物	中黄乡公所		矮寨镇中黄村	省级
古建筑物	九福堂		乾州古城	省级
遗址	河溪教场遗址	新石器早期	河溪镇河溪村	州级
遗址	吴八月故居遗址	清代	社塘坡乡坪云村	州级
遗址	大地遗址	商周	吉首乡大田湾村肖家坪	市级
遗址	河溪古城遗址	清代	河溪镇河溪村	市级
遗址	三王庙遗址	无考	吉首乡鸦溪村	市级
墓葬	杨氏三墓	清代	吉首乡坪山坡村	市级
古建筑物	伏波宫	无考	吉首城区	市级
古建筑物	杨家祠堂	清代	乾州古城	市级
古建筑物	观音阁	清代	乾州	市级
古建筑物	乾州城隍庙	清代	乾州	市级
古建筑物	小河庵(云谷寺)	清代	河溪镇河溪村	市级
古建筑物	九龙沟塔	清代	社塘坡乡龙牙村关候村	市级
古建筑物	东山草堂	民国	吉首城区	市级
墓葬	河溪革命烈士墓	1950.1	河溪镇黄莲溪村	市级
遗址	喜鹊营	清朝	马颈坳镇团结村	市级
古建筑物	继兰楼	清朝	乾州古城	市级
古建筑物	贺华阳故居	清朝		市级

文物库藏

1997 年，市文化局给市文物所无偿划拨 160 平方米的办公场地、文物库房、值班室和陈列室。2003 年，市文物所自筹资金整修近 30 平方米的陈列室。2005 年 10 月，市文物所随市文化局迁至乾州市政大楼附右楼，办公用房 520 多平方米、库房 70 多平方米。

至 2012 年，市文物所库藏文物 837 件，完成文物藏品的建档立账和专家定级工作，其中国家二级文物 12 件、国家三级文物 103 件。

1989～2012 年国家二级文物吉首市库藏情况

7—1—1—2

序号	文物名称	年代	质地	来源	发掘人
0004	战国几何纹双钮铜甬钟	战国	铜	吉首城区岩壳出土	
0020	汉绳纹甬铜编钟	汉代	铜	1985 年城区石家冲漆树弯发掘	刘向群
0021	战国虎钮铜錞于	战国	铜	1985 年吉首城区石家冲漆树弯发掘	刘向群
0031	汉弦纹铜鐎斗	东汉	铜	2002 年太平乡金山村大堂坡田儒文发掘	田儒文
0035	汉三铺首三鱼纹铜铣	东汉	铜	2002 年太平乡金山村大堂坡田儒文发掘	田儒文
0036	汉三铺首三乳足三鱼纹铜铣	东汉	铜	2002 年太平乡金山村大堂坡田儒文发掘	田儒文
0038	战国云纹环钮扁柱甬铜钲	战国	铜	2003 年双塘镇坨丰村发掘出土	熊大军
0112	清朝“所里水冲金石杭子玉刊”“万丈光芒”乾州“三门开”石砚	清朝	石	乾州居委会上交	
0114	民国时期“丙寅冬”杨味蔬刻“夜半钟声到客船”水冲石砚	民国	石	乾州居委会上交	
0139	民国时期牡丹纹象牙镜托	民国	象牙	乾州居委会上交	
0195	民国时期“百皋珍藏”木质带合盖罗盘	民国	木	河溪公社上交	
0267	元朝镂雕果核水晶“朝珠”	元朝	果核水晶	1995 年 5 月，花垣县排料乡补好村村民石远富从“夫妻合葬墓”中掘出	共 98 粒，国家一级文物为 108 粒

第二节　古迹选介

一、乾州文庙

清雍正七年(1729)，乾州厅同知沈元曾主持修建乾州文庙。清雍正十一年(1733)，厅同知张钟捐资修建崇圣祠。清乾隆六十年(1795),文庙毁于战火,唯崇圣祠留存。清嘉庆六年(1801),厅同知阎广居主持重修文庙。清道光十七年(1837),厅同知杨镇源主持续修。清道光二十六年(1846),厅同知邹荫楠主持扩建左侧宽地。清咸丰年间(1851～1861),厅同知叶永泰主持续修。清光绪十三年(1887),清朝陕甘一品总督、抗法英雄、乾州厅冲角营(今寨阳乡曙光村)苗人杨岳斌捐资维修,一切设施均如旧制,全部存留。

乾州文庙占地面积4886.9平方米,建筑面积1430平方米,建筑格局为中轴线上五间三进。第一进有影壁、正门、棂星门、泮池、状元桥;第二进有戟门、乡贤和名宦两祠、东西两庑、循拜墀(石级台阶)、上大成殿的御路;第三进为崇圣祠,是祭祀孔圣父母之地。西侧前有头门,后有明伦堂(俗称"老师衙门")、学署(1989年被乾州粮站拆除)、文昌宫(又名尊经阁)。

乾州文庙为歇山穿斗抬梁式木构架结构,叠楼翘角,风铃飘摇,石木雕刻,工艺精湛,龙凤栩栩如生。额枋上的"五龙捧圣"和"双凤朝阳"集中反映湘西少数民族的智慧,格局和规模堪称孔庙之典范,是江南孔庙中不可多得的民族瑰宝。乾州文庙是乾州古城三大古建筑物之一,距2012年已有283年,是典型的清式砖木建筑物。

20世纪50年代初至2002年5月,乾州文庙被乾州粮站占用。2002年5月21日,市政府决定将乾州文庙和乾州古城作为文化旅游产业开发项目,预算修缮费300万元,计划5年内完成。2005年1月,启动主体建筑大成殿的修葺工程,预算修葺费90多万元,当年投入40多万元,上层修复工程基本竣工。翻砂烧制的筒瓦、脊砖、兽面滴水和沟头使该殿更显古色古香;新复原的样木雕花撑拱、雀替和原保留的龙凤额枋把整个建筑物衬托得更加精美;破损的天花板、藻井、拱(卷)棚、窗棂修复后更添几分姿色;整个木构件经刷油后更显古朴典雅。

2013年3月,乾州文庙被定为国家级文物保护单位。

二、潕溪书院

潕溪书院,又名鹤公祠,所里(今吉首)人称为新文昌阁,为省级文物保护单位,位于吉首城郊峒河东北岸边的吉大民族师院内。明正德八年(1513),明朝苗族教育家吴鹤在此开设蒙馆。清康熙五十四年(1715),设镇溪所学。清雍正十二年(1734),开设学宫。清乾隆三年(1738),设镇溪书院。乾隆六十年(1795),书院毁于兵燹。清嘉庆十二年(1807),重修,袭用乾州的"潕溪书院"名。清咸丰十年(1860),书院再次毁于兵燹。清光绪十八年(1892),镇溪所徐光翥(字凤翱,曾出仕浙江)邀集当地绅士,募集资金,主持重建潕溪书院。书院留存至今。

书院属仿苏杭园林建筑结构,曲径通幽,院中有院,飞檐斗拱,一院三庭。前为朱红八字门厅,照壁墙一堵,正中为明伦堂;左侧为大成殿,"鳌鱼石"卧于院中;右侧为吴鹤祠,后为学署及公寓。新建文昌阁于书院左侧,叠楼三层,飞檐六族,雕梁画栋,风吹铃响。书院依山傍水,四周古木参天,硕大紫藤攀树。春天,六株红梅争艳;秋天,十四株金桂飘香。楼阁院宇静雅宜人,为山城久负盛名的景观和名胜。

第三节　古文化遗址

乾州街道兔岩社区,新石器时代文化遗址面积在8000平方米左右,文化堆积厚1.2米。

有石器、陶器出土。采集的陶片有黑衣灰陶、夹砂黑陶、夹砂红陶、泥质红陶，纹饰有戳印纹、绳纹、弦纹，器物有新石器时代的罐及商代的釜、罐。

寨阳乡曙光村峒河北岸一台地，东西南临峒河，高于河床2米，北抵庙坡，有商周文化窑友潭遗址，面积约3000平方米，文化堆积厚0.4～1米，暴露灰坑1个，采集有商周时期的夹砂褐陶残片及汉代绳纹陶和编织纹坛残片，属商周与汉代时期文化遗迹共存。

峒河街道大田社区峒河北岸一台地，高出河床5米，有商周文化那峒遗址，面积约4000平方米，文化堆积厚0.4～0.6米，暴露有灰坑，采集陶片有泥质黑皮陶，纹饰有绳纹、叶脉纹，器形有壶、罐，另采集有琉璃珠一颗，属战国时期文化遗址。

汉代及汉以后文化遗址有乾州街道金坪村上河遗址。此处遗址地处万溶江南岸台地，面积约4000平方米，文化堆积厚0.4米，土质呈灰褐色，采集有泥质灰陶，纹饰有黑衣纹、方格纹、绳纹、条纹，器形有钵、碗、盆、缸、罐。

汉代及汉以后文化遗址还有乾州街道漩潭社区尖角园遗址。此处遗址地处万溶江东岸台地，面积约3000平方米，文化堆积厚0.4米，呈灰色土质，采集文化遗物有泥质红陶、泥质灰陶，火候较高，素面，少数淡黄色釉，可辨器形有缸、碗，属唐代文化遗址。

第二章　民族旅游文化

第一节　矮寨奇观景区

一、奇谷——德夯大峡谷

苗族聚居区矮寨地处云贵高原与武陵山脉相交所形成的武陵大峡谷中段，是典型的喀斯特岩溶峡谷地貌，由玉泉溪、德夯冲、大龙洞、小龙洞、峒河五大峡谷构成，全长48千米、宽1.5～3.5千米，海拔680～966米、相对高度400～600米，谷内峰多、谷多、溪多、洞多、瀑布多，悬崖峭壁、山道幽幽、流水潺潺，苗寨深藏，被誉为“神奇谷”“神秘谷”和“神仙谷”。真是“奇谷多秀色，空水共氤氲”。

二、奇瀑——德夯流纱瀑布

位于德夯九龙溪悬崖处，距德夯苗寨3千米，瀑高216米，是全国落差最大的瀑布。丰水期，滚滚溪水飞流直下，泻入崖下九龙潭，吞云吐雾，声如巨雷，震撼山谷；少水期，溪水飘下悬崖，溅珠落玉，似轻纱拂面，珠帘挂门，如细雨绵绵，洒落碧潭。庐山瀑布“飞流直下三千尺，疑是银河落九天”，而流纱瀑布“飞流直下三千丈，莫非金龙赴深潭”。

20世纪末至21世纪初，市旅游局完善旅游设施，改善观瀑环境，修观瀑石板路，砌瀑布调节坝，建望瀑台，整治潭边环境，让游客看好玩好。

2011年4月，流纱瀑布入选"2011游客最喜爱的中国十大瀑布旅游胜地"。同时入选的还有黄果树瀑布、黄河壶口瀑布、德天瀑布、九寨沟瀑布群、庐山瀑布、镜泊湖瀑布、罗平九龙瀑布、诸暨五泄瀑布和三峡大瀑布。

三、奇寨——德夯苗寨

德夯苗寨位于矮寨镇中部，深藏在德夯大峡谷深处，全寨144户、492人，是一个苗族聚居村，苗族风情浓厚，是湖南省唯一集自然风光与苗族风情于一体的国家级重点风景名胜区，被誉为"天下鼓乡"。

德夯苗寨依山傍水，四周山势跌起，悬崖峭壁，山峰重叠，竹木青青，溪水潺潺，四季如春，气候宜人。古老的接龙桥把两个自然寨连为一体。寨里，吊脚楼鳞次栉比；溪边，筒车嘎呀；碾坊里，碾盘飞转，苗族妇女唱歌、浣溪纱。

1994年10月18日、19日，市政府在德夯举办民间民俗艺术节，民间艺人表演傩戏、花灯舞、苗族鼓舞、上刀梯、气功、百狮舞等苗族传统节目，让25000多名观众大饱眼福。2002年9月8～10日，省体育局、州政府主办，市政府在德夯承办国际攀岩精英邀请赛，中国、美国、俄罗斯、马来西亚、韩国、菲律宾等国攀岩精英应邀参加比赛和表演。是月14～16日，省民委、州政府主办，市政府在德夯承办"首届中国·德夯苗鼓节"，海南、云南、贵州、广西、湖南、湖北、重庆等省、市、区21支苗鼓队150名苗族鼓舞手参加苗族鼓舞比赛，德夯民族艺术团苗族鼓舞手龙菊献被评为第四届"苗族女鼓王"。

2003年5月，湖南卫视主持人在德夯举办"穿越德夯大峡谷"活动，品尝奇谷的奇、峻、秀、美。2005年10月1日，中国第一个鼓文化博物馆在德夯开馆。是年11月19日，中央电视台1套《半边天》栏目在德夯摄制《女鼓王黄娟》专题片；是月24日，专题片先后在中央电视台1套、2套、7套频道播出。

四、奇路——湘川公路矮寨坡段

湘川公路（长沙至重庆）矮寨坡段位于矮寨镇矮寨坡，距吉首城区20千米、长6.5千米，为湘川公路之要隘，矮寨特大悬索桥横跨其上，被誉为"中国公路奇观"。该路段于民国25年（1936）动工修筑；次年，工程竣工。坡路以15道回头曲线呈"之"字形盘坡而上，升坡高度440米，路面平均坡度7.3%，最大坡度12%，水平距离不足1000米，回头弯半径达不到标准要求，急转弯处外侧修转车台7座，挡土墙最高达30米。在海拔880米115＋347垭口处架一座石墩木面天桥，桥长8.8米、宽5.5米、孔径5.8米。汽车爬坡时先从桥下过，后往桥上行；下坡时先从桥上过，后往桥下行。公路竣工时，为纪念筑路死难民工，在坡路上部一回头弯处竖"湘川公路死事员工纪念碑"。

1966年11月，交通部门将天桥改建成石拱桥，桥面拓宽至7米，荷重15吨。此后，多次对坡路进行改造。1988年1月20日，市人民政府在天桥外侧小山顶上立一铜像，省长熊清泉为铜像书名为"开路先锋"，铜像内侧修上山小径，供游人上山观景。

2001 年 4 月 7 日上午，国务院总理朱镕基偕夫人劳安一行从下榻的州民族宾馆乘汽车去花垣，车开到矮寨时沿坡路行至矮寨坡顶停了下来，朱总理下车，极目楚天舒，俯瞰矮寨坡，只见一条盘山公路像一条巨龙在险坡上蠕动，似一根银链在崇山峻岭中闪烁，感慨万千，不禁回首 57 年前经此地到永绥(今花垣)求学的情景，潸然泪下。

五、奇桥——矮寨特大悬索桥

矮寨特大单跨悬索桥位于矮寨大峡谷矮寨村头北，横跨矮寨峡谷和湘川公路矮寨坡段，距德夯苗寨 4.3 千米，是湘渝高速公路重要通道、跨越大峡谷的特大型桥梁、控制性工程，由湖南省属监管企业湖南路桥建设集团公司独家承建，于 2007 年 10 月开工建设；2012 年 3 月，工程竣工，总投资近 13 亿元。是年 3 月 31 日，省委、省政府在大桥东岸举行矮寨特大悬索桥暨湘渝高速公路吉首至花垣茶洞段通车仪式。

矮寨大桥为钢桁加劲梁悬索桥，主缆孔跨布置为 242 米＋1176 米＋116 米，主跨 1176 米，主桥设 8％的单向纵坡、2％的横坡；桥面宽 24.5 米，桥面距峡谷底部高度 355 米。大桥主体结构由索塔、锚碇、主缆、吊索和钢桁加劲梁构成，钢桁加劲梁宽 27 米、高 7.5 米，全桥设 69 个节段，标准节段重 150 吨。受地形限制，桥两端直接与隧道相连。

矮寨大桥地处云贵高原与沅麻盆地的交界处，桥位气候多变，地质复杂，地势险要，山高坡陡，谷深洞多，溶洞、裂隙、危岩体等不良地质十分发育，给大桥施工带来很大困难。桥下为深切峡谷，溪小水少，水路不可利用，且沟底距桥面高差大，不可垂直起吊加劲梁，采用其他三种贯用的钢桁桥架设方法也无法移植钢桁加劲梁。路桥工程技术人员反复研究探索，首创世界“轨索滑移法”。此外，还创造三项世界第一：大桥主跨 1176 米，为跨大峡谷悬索桥，创世界第一；首次采用塔、梁完全分离的结构设计方案，创世界第一；首次采用岩锚吊索结构，并用碳纤维作预应力筋材，创世界第一。矮寨特大悬索桥与世界最大跨径斜拉桥——苏通大桥、世界跨海最长大桥——青岛海湾大桥、世界最大跨径拱桥——重庆朝天门长江大桥一起成为世界路桥奇观和中国路桥的骄傲。

矮寨大桥抗震力强、抗压力强、抗风力强。恒载约 4 万吨，活载近 3000 吨，汽车荷载产生的振动较小。在钢桥梁两头还设置减振阻尼器，有效地减小钢桥梁的振动，保持桥面的稳定性，汽车在桥面上行驶时人几乎感觉不到晃动。大桥设计基准风速为每秒 34.9 米，可抵抗 12 级风。

2010 年，市政府着力培育世界第一悬索桥世界级旅游品牌。湖南省高速公路管理局将悬索桥景点列入建设计划，投资 1.2 亿元，高标准建悬索桥旅游观光带。前期已投入 6000 万元资金，完成观光台悬索桥、基地三通一平、绿化、土石方量、土石方回填等建设项目。

矮寨特大悬索桥在矮寨上空跨越险峻的德夯大峡谷，云山雾罩。远看，桥身恰似赤龙凌空；近看，大气非凡，令人叹为观止；夜晚，桥灯闪闪，如彩带当空舞，美不胜收。2012 年 7 月 4 日，《人民日报》头版头条以《“中国跨度”越天堑》为题对中国桥隧建设成就作了详细报道，并把矮寨特大悬索桥照片作为压题大图展示。报道中写道：“在武陵山区，世界第一跨峡谷悬索桥——湖南湘西矮寨特大悬索桥如神女红绸，在 355 米的高空飞架德夯大峡谷。2012 年通车的矮寨大桥，凌空主跨长达 1176 米，车行其上，崇山峻岭近在咫尺，车外云蒸霞蔚，如临仙境。”大桥建成后特别是 2012 年国庆长假期间，众多游人慕名专程到矮寨，一览奇桥，大饱眼福，赞不绝口。

第二节　乾州古城

万溶江、天星河（又称“山民抗冲溪”）分别由南向北、由西向东流，把四面环山的小盆地划为三块陆地，恰似《易经》中的乾卦，两溪河间的陆地为洲，“乾州”因此得名。

乾州古城位于万溶江畔、吉首经济开发区核心部位，距吉首 7 千米，为苗族、土家族、汉族等民族杂居区，有 4200 多年历史。在夏朝和商朝时期（约公元前 2070 至公元前 1064 年），土著民族先民就在此地繁衍生息。秦汉时期（公元前 221 至公元 220 年），这里是重要的商埠码头，乾州、浦市、里耶、茶洞是湘西四大古镇之一。明清时期（1368～1911），这里逐渐成为苗疆边地政治、军事、经济、文化中心。

乾州十里盆地，四周山峦叠嶂，苍松翠柏，绿树成荫。万溶江、岷抗冲溪穿城而流，枝柳铁路、209 国道穿城而过，交通便利。

乾州古为苗疆要塞之地，石城墙垣逶迤回环 1980 米，城内有十里古街，城中有十里河道，城外有十里边墙，名胜古迹繁多，民族文化沉淀深厚。有文庙、观音阁、节孝牌楼、万溶江画舫观光、北门、三门开、胡家塘及古民居群、古双眼井、九福堂、罗荣光故居、杨岳斌故居、三王阁、风雨桥、抗日文化纪念馆、人民广场、湘西非物质文化遗产园等旅游景点；有“春”文化、“巫傩”文化、民俗文化，有阳戏、辰河高腔等剧种；有四月八、六月六、玩龙灯、耍狮子、赶秋对歌等民俗节庆活动。

乾州古城是吉首经济开发区四大区之一，规划面积 1.5 平方千米（核心区保护面积 0.47 平方千米，风貌协调区面积 2.3 平方千米），以保护古城风貌和发展旅游业为主。2004 年，市政府出台《乾州古城历史文化街区保护规划》，乾州古城保护开发领导小组启动古城保护与开发工程，乾州古城保护开发有限责任公司按修旧如旧、新建仿古的要求进行古城保护和开发，重点做好民居建筑物仿古改造、管线入地铺设、街巷青石板铺设、文物单位修缮和河东吊脚楼、湘西民俗文化街及风雨桥开发。大汉控股集团开发锦绣乾城特色商品一条街。2005 年，乾州古城历史文化街区获省政府批准为省级历史文化街区。经三年多的保护和开发，2007 年 9 月中旬，乾州古城试行对外开放，至年末，接待游客 10 余万人次。2009 年，市委、市政府以乾州古城为平台，深入开展“中国优秀旅游目的地城市”创建活动，打造“游湘西、奔乾城”文化旅游品牌。是年 10 月 26～28 日，州委、州政府，市委、市政府在乾州古城举办“湘鄂黔渝四省市边区首届民族民间旅游商品暨民间工艺大师评选大赛”，四省市边区 15 个县、市、区 5 大类 667 件（套）名优特民族民间旅游商品和 315 人（户）民间工艺名师名匠参展参赛，其中 186 人参评民间工艺大师，有 46 件作品获奖，46 人被评为民间工艺大师。至 2012 年年末，乾州古城保护和开发项目累计完成投资 1.96 亿元，其中政府投资 8100 万元、改造责任单位投资 2600 万元、招商项目业主投资6300万元、群众自发投资1300万元、其他1300万元，完成22栋重点民居的修缮、21处单位房屋和420栋民居的改造。文庙、杨家祠堂、杨岳斌和罗光荣故居修缮、河东古民居建筑和古客栈、2200平方米的湘西百工坊精品展示馆、吊桥、三门开、北门、景观茶楼等保护和开发项目建设工程先后竣工，陆续登场亮相。

总长8千米的6条古街道，修旧如旧；81处文物保护单位成为旅游景点。修旧如旧的南城门“三门开”是游客争相留影的绝好景点。三门开是一座月城，屹立在万溶江西岸，因城开三门而得名“三门开”，成为我国古城建筑史上的绝品，极具观赏价值。

在保护与修缮乾州古城时，市政府在古街区里设立“‘湘西坊’旅游文化创业园”和“湘西非物质文化遗产园”。2007年10月国庆黄金周期间，“‘湘西坊’旅游文化创业园”基本建成并向游客开放。此后，每天游客3000人左右。“湘西坊”五大功能区即湘西民族民俗文化展演区、湘西民族百工坊展示区、湘西特色旅游商品区、湘西特色餐饮小吃一条街、明清特色古街区成为游客必到的景区、必看的景点。2008年5月10日，黄永玉先生题写园名的“湘西非物质文化遗产园”开园，接待游客。2011年10月1日，乾州古城正式进入旅游市场对外开放。

第三节　国家级峒河湿地公园

吉首峒河国家级湿地公园地处湖南省西部边陲，坐落在湘西土家族苗族自治州首府所在地，东南邻泸溪县，西靠花垣县，南邻凤凰县，北接保靖县和古丈县。焦柳铁路、湘渝高速公路、209和319国道在吉首交会，吉首至凤凰县高速公路竣工通车，交通便利。市域峒河两岸及八仙湖水库第一重山脊以内为湿地公园的规划范围。根据规划范围，围绕峒河水系，由西向东呈带状分布，西起峒河源头小龙，东止河溪镇新建村与泸溪县潭溪镇松柏潭村交界处。总面积14591.7公顷。涉及矮寨镇、寨阳乡、峒河街道、镇溪街道、河溪镇、双塘镇，2012年，常住总人口20.74万人。地理坐标为东经109°30′31.3″～109°50′33.3″、北纬28°8′42.2″～28°28′16.9″，东西相距60多千米，南北延伸20多千米。地貌西北高、东南低，中部较平坦，以低山和中低山地貌为主。园区内海拔最高处是高起山，海拔811米；最低是河溪镇藕丝溪口，海拔142米；一般海拔300～600米。西部和西北部可溶性碳酸盐岩类遭强烈溶蚀，形成独特的孤峰、峰丛、溶洞、地下河等岩溶地貌，山高、谷深、峰丛林立。中部岩溶丘陵蜿蜒起伏，地势较为平缓。东南部是沅麻盆地一部分，地势较低。

公园有紫色砂页岩、石灰岩、板页岩等成土母岩，土壤主要为紫色土、红壤、黄壤、红色石灰土和黑色石灰土，呈微酸至中性。

水系因地质构造呈格子状，主支干流大都遵循构造方向发育，境内溪河稠密，河床狭窄，水势湍急，最大坡降度为64.5%，长度在50千米以上的河流有6条，均属沅水支流，主干流为沱江和峒河，主要支流有万溶江、司马河、洽比河。各干流和支流从地势高的西部和北部分别向中部和南部盆地汇集流入峒河。

峒河国家湿地公园属中亚热带山地季风湿润气候，四季分明，有“春多寒潮，夏少酷热，秋高气爽,冬有霜雪"的特点。多年年均气温 17.3℃,无霜期 299 天,年均降水量 1419.3 豪米,年均日照数 1444.2 小时。

峒河国家湿地公园位于中亚热带常绿阔叶林带,植物区系既有大量的亚热带种类,又有热带和温带成分。有集中成片的天然林,植物种类丰富,古树名木多,特别是德夯植物多样性,种类繁多,有维管束植物 180 科、602 属、1142 种。其中:蕨类植物 25 科、54 属、101 种;裸子植物 8 科、14 属、16 种;被子植物 147 科、534 属、1025 种(双子叶植物 125 科、435 属、861 种;单子叶植物 22 科、99 属、164 种)。国家重点保护植物 14 种,其中国家一级保护植物 4 种、二级保护 10 种;中国珍稀濒危保护植物 12 种;另外,被列入国际公约保护的植物名录 CITES 附录Ⅱ的兰科植物 12 种。在这些珍稀濒危保护植物中,闽楠(Phoebebournei)在河溪镇海拔 200—500 米的沟谷地带形成大面积完好的群落;榉树(Zelkovaschneideriana)在矮寨镇等地海拔 350 米的地方形成小面积的群落。其中有湿地植物 64 科、134 属、232 种,包括蕨类植物 9 科、9 属、11 种;被子植物 55 科、125 属、221 种(双子叶植物 41 科、84 属、169 种;单子叶植物 14 科、41 属、52 种)。分布在峒河流域的池塘、水库周围和流速较缓的河段两岸以及山沟溪流的湿地植物种类富集、分布类型多样,具有重要的保护和研究价值;同时,还具有较高的景观观赏价值,是保护和开发湿地公园的基础。

园区有野生脊椎动物 256 种,其中水生脊椎动物 33 种(鱼类有 4 目 11 科)和野生陆生脊椎动物 223 种(两栖类 18 种、爬行类 27 种、鸟类 89 种、兽类 33 种)。在同类型公园区中物种更具多样性。有国家一级重点保护野生动物 2 种即金鹏和白颈长尾雉;国家二级重点保护动物有大鲵、虎纹蛙、普通鵟、红腹锦鸡、草鸮、红隼、大灵猫、水獭等 23 种。这些动物以野生鸟类和兽类为主。大鲵、金鹏、白颈长尾雉、白冠长尾雉、勺鸡、獐等野生珍稀动物属濒危物种,近于灭绝。候鸟资源较为丰富,89 种鸟类中有候鸟 29 种,其中冬候鸟 17 种、夏候鸟 12 种,主要以湿地鸟类为主,其中鹭科鸟类和鸻鹬类鸟类为优势类群。有 30 种湿地类型鸟类,主要以白鹭、牛背鹭、池鹭、褐河乌、红尾水鸲、灰背燕尾、白额燕尾、蓝矶鸫等鹭科鸟类和喜水域环境的雀形目小型鸟类为主。人们在峒河沿岸遇见率高,而且这些鸟类体态轻盈、羽毛美丽,颇具观赏性,是开展生态旅游必不可少的珍贵资源。鱼类以马口鱼、餐条、麦穗鱼、鰕虎鱼等溪河小型鱼类为优势类群。公园内溪河和水库养殖业以网箱养鱼为主,主要养殖经济价值较高的鲤鱼、鲫鱼、青鱼、草鱼、鲢鱼、鳙鱼、南方大口鲶鱼、黄颡鱼、钱斑鳜。此外,还引进美国斑点叉尾鮰鱼等鱼种。

园内自然景观有神奇的地貌、迷人的水文、珍稀的生物及古朴的驷马峰、画屏峰、孔雀开屏、盘古峰、玉泉门、腊梅林、流纱瀑布、玉带瀑布、银练瀑布、峒河,引人入胜。游人沿峒河坐车游览,不仅可领略"青山簇簇水中生""车在青山里穿行"的风景,还可饱赏"山青、水秀、洞奇、风情"吉首旅游四大特色。

人文景观有湘川公路矮寨坡段奇观、峒河艺术公园、八仙湖千年悬棺、小溪森林生态保护区、矮寨苗家和矮寨特大悬索桥,体验峒河国家湿地公园厚重的历史文化和浓郁的苗族土家族风情。

21 世纪初,市政府实施"生态立市"战略,着力打造"城市之肺""城市之肾",进行 13333 公顷环城生态圈建设和峒河湿地公园建设。2008 年冬至 2009 年春，投入 2200 万元资金，在交通要道、峒河两岸、城区主要街道及其四周实施“八百里绿色行动”，13333 公顷环城生态圈全面建成，绿化美化面积 933 公顷，城市绿化覆盖率和城区绿化率分别为 32.89%和 27.11%。

2009 年 11 月上旬，国家林业局湿地保护管理中心专家评审组对峒河湿地公园进行实地考察，对市政府申报工作进行评估。2010 年 1 月 9 日，吉首峒河湿地公园获国家林业局批准为国家湿地公园建设试点单位，成为湖南省九大湿地公园之一、湘西自治州首块湿地公园。确定公园面积 9253.78 公顷，其中湿地面积 2850.89 公顷，占公园总面积 30.81%。湿地类型丰富，包括河流湿地 392.8 公顷、水库水塘湿地 472.10 公顷、滩涂湿地 1507.59 公顷、农田湿地 478.4 公顷。由宽谷河流、河漫滩涂、河心洲、草本沼泽和库塘、沟渠、水田等人工湿地复合湿地系统、森林生态系统、湘西农耕文化、民俗风情和民族文化系统组成。湿地公园景观与德夯苗族鼓舞、矮寨坡公路奇观、湘渝高速公路矮寨特大悬索桥、乾州古城、八仙湖等旅游景点形成互补，相得益彰，争奇斗艳。

公园规划的期限为 2010～2019 年，2010～2014 年为近期规划，2015～2019 年为中远期规划。

一、布局结构

峒河国家湿地公园的总体布局结构为“一线一点三区”。“一线”即峒河中轴线，包括从峒河源头的矮寨镇小龙村起至下游河溪镇新建村止，“一点”即河溪镇八仙湖水库，“三区”即保护恢复区、合理利用区、管理服务及宣教展示区。三大功能分区根据地域、地形、地貌、湿地环境特征和景点分布分别划分为子系统。

功能分区情况

表 7—2—3—3　　　　单位：公顷

功能区	序号	功能小区	面积
保护恢复区	1	矮寨生物多样性保护区	1722.73
	2	小溪森林生物多样性保护区	198.86
	3	楠木溪森林生物多样性保护区	409.10
	4	寨阳水禽保护区	1765.32
合理利用区	5	峒河生态游览区	2813.17
	6	司马河漂流垂钓区	645.18
	7	八仙湖水上游乐区	1650.78
管理服务及宣教展示区	8	管理服务及宣教展示区	48.63
总面积			9253.78

二、景观构成

自然景观

峒河国家湿地公园内，山川连绵，河道纵横，有大龙洞天下第一洞瀑、小龙洞、峒河水系、八仙湖水库等较具观赏价值的自然景观。

人文景观

根据公园内自然和人文景观合理利用区分为三个小区：

峒河生态游览区 峒河在公园内的长度60多千米，多年平均流量23.4立方米/秒，两岸神奇的地貌景观、迷人的水文景观位于公园中部和东部，是公园的主体部分，面积2813.17公顷。主要有沿河风光带、太阳岛休闲园、天外来仙、吉首城区潕溪书院、伏波宫、一心阁、老年宫、青少年宫、向阳坝、峒河艺术公园、峒河小游园、盆景园，峒河大桥、文溪桥、向阳桥、向阳街、肥桥、爱桥、花桥、醉桥、吉首大桥、吉首峒河环城大桥把人民中路联成一圈，有望江楼、科技城、向阳坝、水晶宫、小天鹅音乐广场点缀其间，周边配置齐全，交通便利，游客可借助桥、街、路、船来去自由，游玩随意。小溪生物多样性保护区、传统民居建筑风格的古街和革命烈士墓等文物古迹以及纪念地。瀑布飞泻、溪流纵横、群峰秀丽、花草奇异，优美的自然风光固然令人赏心悦目，然而饱览浓郁的苗族风情、古朴的人文习俗、秀丽的田园风韵更给人流连忘返。矮寨民族风情资源主要有水碾、古渡、筒车、织布机、石板桥和吊脚楼、苗族“四月八”“跳鼓舞”“三月三歌会”“赶秋”“接龙”“苗岭情歌”，无不吸引中外游客。苗寨深藏在青山绿水间，点缀一幢幢灰瓦石基吊脚楼、一条条平整的石板路、一座座精巧的石拱桥、一群群赤足红装的浣纱苗女，展现一派田园诗情画意。德夯景区开发的“苗家做客”“拦门对歌”“敬酒”“苗家跳歌晚会”“歌舞会”“苗族鼓舞”“灯火送客”等30多个旅游项目可供游客观赏或参与，游客还可体验古老的榨油、织布、碾米等操作，感受古朴厚重的民族风情。

司马河漂流垂钓区 位于公园东北部，以司马河为中心，面积645.18公顷。区内青山绿水，环境幽雅。春游水光山色，夏游山明水秀，秋冬游层林尽染、五彩斑斓、溪水幽幽。司马河长13.83千米，九曲十八湾，如玉带飘舞，似翡翠含情。河水水质优良，是水生植被、鱼类、鸟类栖息的佳境，是观鸟、赏鱼的理想之地。有的河段河水静如潭，有的是急流险滩，宜于垂钓和漂流活动。著名画家张一尊故居便是司马村。

八仙湖水上游乐区 八仙湖位于公园西南部的河溪镇域，是20世纪70年代在沱江下游修建水库形成的人工湖。湖为不规则的长条状，最长9千米，最宽100余米，水面416公顷。周边群山苍翠，峰峦连绵，山中土家寨炊烟袅袅，自然而和谐，湖中小岛在烟波里沉浮，时隐时现，神奇致极。湖岸线曲折多变，突显山水奇姿。八仙湖千年绝壁悬棺，更显神秘色彩。桃花吐芳，白鹭翱翔，令人赏心悦目。总面积1650.78公顷。重点建设大坝观光区和水上游乐中心，主要开展水上游乐活动。八仙湖大坝建于1978年，坝顶弧长197.6米，坝高39米，库容4080.34万立方米，年发电量2800万千瓦。

第四节 湘西州非物质文化遗产园

湘西是土家族苗族聚居区，有绚丽多姿的民族民间歌舞、流光溢彩的传统戏曲、琳琅竞秀的手工技艺品、广博深厚的民族民间习俗。这些世代传承的土家族和苗族文化是湖湘文化的重要组成部分。2004年7月，湘西州被湖南省政府列为第二批中国民族民间文化保护工程综合试点单位。州政府和各县市政府按试点要求制定规划和实施方案，发挥政府主导、社会参与的作用，加大资金投入，采取各种形式和有力措施把非物质文化遗产保护工作和旅游业开发有机地结合起来，广泛开展非物质文化遗产的普查、整理、保护、展示、传承、开发、申报等项工作，促进地域经济文化的发展和交流。2010年5月，文化部批准设立全国第六个、湖南省首个国家级文化生态保护试验区武陵山区湘西土家族苗族文化生态保护试验区。至年末，湘西州有各类非物质文化遗产项目3000多个，经申报审批的国家级项目24个、省级50个、州级199个；有国家级非物质文化遗产传承人18人、省级非物质文化遗产传承人44人、民族民间工艺大师30人。

州、市人民政府牢牢地把握这一历史机遇，充分利用得之不易的非物质文化遗产整理和保护成果，当机立断，快马加鞭，在有4200多年历史、省级历史文化保护街区乾州古城建设武陵山区湘西土家族苗族文化生态保护试验区基地之一的乾州古城创建全州首座非物质文化遗产园湘西州非物质文化遗产园。

2011年5月10日，湘西州非物质文化遗产园在乾州古城揭牌开园。该园由非物质文化遗产展示展览馆、湘西坊、百工坊、百味坊、非遗文化广场、民族民间工艺品展销中心、民族歌舞演艺中心、民族博物馆、湘西民间工艺民族服饰及旅游产品一条街、民族特色饮食和民族特色产品一条街、民族传统体育运动场、传统节日祭祀巫傩和民族民间绝技演艺场、山寨特色客栈等场所组成，集非物质文化遗产巡演、观赏、娱乐、体验、消费于一体，让游客大饱眼福和口福。

首批入园的国家级非物质文化遗产传承人有苗族鼓舞传承人、第二代苗族女鼓王石顺民（吉首市人）、湘西苗族民歌王陈千钧（男，苗族，吉首市人）、中国非物质文化遗产杰出传承人民间工艺美术家叶水云（女，土家族，凤凰县人）、土家族摆手舞传承人张明光（男，土家族，龙山县人），省级非物质文化遗产传承人有湘西苗族民歌传承人吴腊保（女，苗族，吉首市人）、乾州春纸扎艺术家滕昭云（男，汉族，吉首市人），民族民间工艺美术大师有中国优秀土家族织锦工艺大师叶丽萍（女，土家族，龙山县人）、水冲石砚雕刻艺术家杨光三（男，土家族，吉首市人）、菊花石雕刻艺术家佘军（男，苗族，泸溪县人）、巫傩面具雕刻艺术家吴兴知（男，苗族，吉首市人）、烙画工艺美术家李燕飞（男，土家族，吉首市人）、湘西鬼才当代“鲁班”李宏进（男，土家族，永顺县人）、湘西粘贴画工艺美术师彭林（男，土家族，吉首市人）、湘西苗画美术家梁德颂（男，苗族，保靖县人）、湘西棕编工艺美术家宋彪（男，苗族，古丈县人）、土家族绣花鞋工艺美术家李九云（女，土家族，龙山县人）、湘西黄金茶茶王向天明（男，土家族，保靖县人）。

湘西州非物质文化遗产园聚集一批国家级和省级非物质文化遗产传承人以及民族民间工艺美术大师，被誉为“聚宝盆”“活宝贝园”。

第八篇　民族事务

20世纪50年代至21世纪初，全市各级党组织和人民政府、各族干部和民族事务部门认真宣传、贯彻、执行民族政策法规，紧紧围绕“共同团结奋斗，共同繁荣发展”的民族工作主题，认真做好民族成分更改及审核、民族团结、民族体育、民族特色村寨建设等项民族事务工作，坚定不移地维护民族团结，凝心聚力地推进各民族和睦相处、和衷共济，全市平等、团结、互助、和谐的社会主义民族关系不断巩固和发展，各民族维护国家统一和民族团结、促进改革开放和社会和谐的坚定性和自觉性不断增强。经济健康发展，社会日益进步。

第一章　民族工作机构

第一节　市人民政府民族工作机构

1950～1983年，民族事务由市（县）人民政府办公室管理。

1984年1月，市政府办公室内设民族事务组。1985年2月，市民族事务组与市侨务办公室（简称“市侨办”，副科级）实行两块牌子、一套人员，合署办公，编制5名，内设宗教事务办公室（简称“市宗教办”）。

1987年7月23日，成立吉首市民族事务委员会（以下简称“市民委”，正科级）。

市民委下辖椪柑开发公司、椪柑科研示范场、民族经济开发公司、民族供销服务公司、清真馆、民族研究所。1988～2007年，下属单位除民族研究所外，其余的先后停办；市民族研究所定编5名，实有8人。1997年，市侨办和市宗教办分出。2011年1月，市宗教事务局（为副科级单位）划归市民族局管理。

2001年3月，市民委更名为市民族事务局（简称“市民族局”），定编4名，实有6人。2012年，市民族局定编6名，实有9人。市民族研究所定编5名，实有8人。

吉首市(县)民委、民族局领导干部名录

表8—1—1—1

姓名	性别	民族	籍贯	行政职务	任职时间
魏家瑶	男	白族	桑植县	主任	1987.7～1993.5
石家文	男	苗族	吉首市	主任	1993.5～1997.9
石长忠	男	苗族	吉首市	主任	1997.9～2000.9
李　莉	女	苗族	泸溪县	局长	2000.11～2010.12
周吉潭	男	汉族	吉首市	局长	2011.1～
吴兴隆	男	苗族	吉首市	副主任	1987.7～1990.3
龙超凡	男	苗族	花垣县	副主任	1987.7～1997.6
张月富	男	苗族	吉首市	副主任	1992～1997
张真齐	男	土家	吉首市	副主任	1998.3～2000.8
扶卫萍	女	土家	永顺县	副主任	1999.9～2003.6
刘　琳	男	土家	永顺县	副局长	2001.3～
吴书凯	男	苗族	吉首市	副局长	2003.6～2007.10
周　婷	女	土家	永顺县	副局长	2011.2～2012.12
韦先群	男	土家	桑植县	副局长	2012.12～
钟海琳	女	土家	宁乡县	宗教局长	2011.12～

第二节　市人大常委会及市政协民族工作机构

1991年12月至1997年4月，市人大常委会设立民族侨务工作委员会(简称“民侨工委”)，1997年4月，将民侨工委与教育科学文化卫生工作委员会合并为教育科学文化卫生民族侨务工作委员会(简称“教科文卫民侨工委”)。

民侨工委主任龙文焕(苗族1996.3～1997.4)；副主任龙文焕(苗族1993.1～1996.3)。

教科文卫民侨工委主任徐绍平(汉族1997.4～11)，龙文焕(苗族1997.11～2001.12)，侯志勇(汉族2002.5～10)，余长年(汉族2003.3～2004.9)，宿波(土家族2004.9～2008.1)，田冠菊(女汉族2008.1～)；副主任龙文焕(苗族正科级1997.4～11)，田冠菊(女汉族2004.4～2008.1)。

1992年2月，市政协增设民族宗教委员会。1997年12月，将提案工作委员会与民族宗教委员会合并为提案法制民族宗教委员会。2002年12月，将提案法制民族宗教委员会改为提案法制民族宗教群团委员会。2005年12月，将提案法制民族宗教群团委员会分设为提案委员会和民族宗教法制群团委员会。

民族宗教法制群团委员会历任主任曾纪嗣(汉族1992.5～1995.3)，彭仕荣(土家族

1995.3～1997.12),石兴忠(苗族 1998.1～2005.2),向宏琼(女土家族 2005.2～2007.12),王卫华(女土家族 2010.3～);副主任杨必祥(汉族 1992.5～1994.12),王淑芬(女汉族 2002.6～2007.12)。

第二章　民族政策法规宣传

第一节　民族政策法规宣传教育

1950 年 1 月至 1952 年 4 月,中共乾城县委、乾城县人民政府在城乡广泛宣传《中华人民共和国共同纲领》中关于"中华人民共和国各民族一律平等"的规定。

1952 年 4 月 21 日,湖南省人民政府(简称"省政府")决定成立湘西苗族自治区。5 月,县政府在城乡开展民族自治宣传教育工作,重点宣传成立湘西苗族自治区的条件、必要性和重大意义。6 月,召开乾城县第二届第一次各界人民代表会议,把宣传贯彻民族政策,成立湘西苗族自治区的重大意义作为会议的一项重要内容,介绍湘西苗族族源、迁徙、历史和现状,宣讲实现国内各民族一律平等、实行民族区域自治、振奋民族精神的重要性和湘西各族人民特别是苗族人民对成立湘西苗族自治区应抱的态度以及建设新湘西所肩负的历史重任。7 月,分选区召开选民大会或选民代表会,依法选举产生 85 名出席湘西苗族自治区第一届第一次各界人民代表会议的代表,其中苗族代表 57 名,占 85 名代表的 67.06%。

1957 年 1 月 3 日,中共中央统战部行文明确土家族为单一民族。6 月 3～13 日,中共吉首县委、吉首县人民委员会组织由县委、县人委、县直机关 27 名苗族、土家族、汉族干部组成少数民族访问团。访问团分为四个访问组,分别到土家族、苗族居住区访问,宣传中共中央的民族政策,开展访问活动和调查研究工作。第一访问组由副团长、湘西民族中学土家族教师黄穆如带领,先后到以田姓为主的小庄(今乾州街道小庄村)、吉庄(今乾州街道吉庄村)、金坪(今乾州街道金坪村)三个乡和乾州镇(今乾州街道)访问;第二访问组由副团长、副县长、南下入乾汉族干部高硕华带领,到溪马镇(今马颈坳镇溪马社区)和米坡乡(今马颈坳镇米坡村)访问;第三访问组到所里镇(今吉首)和河溪、太平、司马(今太平乡司马村)三个乡访问;第四组由苗族副县长陈千文(排绸乡人)带领到排绸、排吼、丹青三个乡(丹青现为镇)访问。全团共访问 10 个乡、3 个镇的 41 个农业生产合作社。各访问组进村入户,采取"讲、谈、访、查、演"的形式广泛深入地开展访问宣传活动。"讲"即白天召开社员大会,讲中共中央的民族政策,实行土家族苗族联合自治,推动民族团结进步,加快社会主义建设的重大意义。"谈"即召开当地有声望、熟悉本地民族情况的老人座谈会,向他们了解有关情况,倾听他们对实行联合自治的意见。在座谈会上,河溪乡土家族劳动模范向大发唱道:"一根筷子易折断,一把筷子折断难;土家苗汉团结紧,共同建设新家园。""访"即访问组成员登门拜访一些因故不能参加社员大会或老年座谈会的知名人士和社会贤达,向他们宣传政策,了解情况。"查"即查阅族谱家谱等资料,搜集有关情况。

“演”即晚上访问团文工队和当地业余剧团或民族民间艺人联合演出，寓访问于乐，与民同乐。一位土家族男歌手唱道：“五黄六月望风凉，十冬腊月望太阳；土家盼望共产党，好比伢儿盼爹娘。”访问期间，有的村寨扎松门，挂红灯笼，社员倾寨出动，手执三角彩旗，夹道欢迎访问团光临。

访问结束后，访问团及时向县委、县人委会汇报访问情况并写出《吉首县少数民族访问团访问我县土家族情况报告》和《中共吉首县委吉首县人委关于实行土家族苗族联合自治的提案》，分别上报中共湖南省委、省人委会，中共湘西苗族自治州委、湘西苗族自治州人委会，提交将于11月下旬至次年初召开的吉首县第二届第一次人民代表大会审议。

“文化大革命”期间，民族事务工作受到冲击，一度停止运转。

1984年，法规宣传教育提上议事日程。是年5月31日，第六届全国人大第二次会议讨论通过《中华人民共和国民族区域自治法》(以下简称《民族区域自治法》)。6月至1989年9月，市委、市政府主要负责人在全市乡镇党委、乡镇政府，市直部、办、委、局负责人会上宣讲《民族区域自治法》；举办专题学习班4期，265人；召开座谈会两次，21人；报告会两次，350人；印发《民族区域自治法》250本；市有线广播站举办专题栏目，广为宣传。

1988年，市民委按要求如期完成州民委和州委宣传部下达的《改革中的湖南少数民族》征稿任务，组稿13篇(含照片)，其中被国家级报刊采用4篇、省级报刊采用7篇。市民委撰写1万多字的调查报告《偏僻落后民族地区要开放才能进步》，被国家民委主办的《民族研究》杂志采用。

1990年，市委、市政府召开各乡镇党委和乡镇政府、街道党委和街道办事处、市直科级单位主要负责人会议，传达贯彻全国、全省和全州民委主任会议以及中共中央总书记江泽民、国务院总理李鹏、省委书记熊清泉在会上的讲话精神，做好安定团结工作和民族工作。市民委会同市委宣传部、市广电局举办有35名骨干通讯员、12名苗歌手参加的通讯员和苗歌手学习班；张贴宣传标语250张，办黑板报17块，给各级报刊投稿132篇，其中被国家、省、州级报刊采用25篇、市广播站采用78篇，市民委被省《民族工作》编辑部评为全省优秀撰稿单位。

1991年，市委书记武吉海、市长石远章在全市300多名科级干部会上宣讲中共十三届七中全会和全国民族团结进步表彰大会精神。市民委会同市委宣传部召开14名业余骨干通讯员座谈会，学习江泽民总书记、李鹏总理关于民族工作的讲话，总结通讯工作，交流撰稿经验，布置通讯工作任务。全年投稿(含照片)40多篇(幅)，其中被国家级和省级报刊采用17篇(幅)。组织15名苗族歌手自编自唱苗歌54首，歌颂中国共产党的民族政策，歌唱改革开放，歌唱吉首经济社会的发展；将这些稿件和苗歌择优制成音带，发给乡镇广播站和农贸市场播音室播放。

1993年1月，市委主要领导干部在市乡两级干部会上宣讲《民族区域自治法》、《民族自治条例》。市民委印发宣传资料43本，与市广播电台签约联合举办《民族区域自治法》和民族团结进步专栏，每周安排5分钟时间播放专题节目。拨出专款资助丹青、排绸、排吼、己略、社塘坡、矮寨等苗族聚居乡镇开展民族传统节日文化活动，宣传民族政策和民族团结进步工作。组建民族通讯报道组。通讯员深入实际，调查研究，撰写稿件，被省级及其以上报刊杂志采用35

篇幅（含照片），为《湖南少数民族妇女》一书撰写乾州幼儿园园长黄玉霞（女、土家族）等5名少数民族先进典型材料。

1994年，市民族通讯组在各级报刊杂志发表文章25篇、刊载照片28幅，除所刊载的报刊杂志付稿酬外，市民委还加倍付稿酬共1956元。其中吴家清的通讯报道《吉首实施扶贫开发》、石绍刚的摄影作品《苗族科技示范户吴家贞》、姚芳的摄影作品《狮子爬高桌》在《人民日报》上发表；刘柱石的《土家致富引路人》《苗族农民梁富顺捐款17万元办学》《吉首市民委为“希望工程”捐款20万元》，周吉涓、张湘河合作的《办好民族自治地方改革开放试验区》和《“打天下”的土家汉子》，向民航的《丹青苗家科技兴农》（摄影）在《湖南日报》上发表；刘云亭和黄郦合作的广播稿《凤生求学》在中央人民广播电台播出；刘柱石的《土家“华佗”》在湖南广播电台播出；刘建东和李会成合作的《民族地区扶贫资金投入运作中的障碍》、梁乔保的《民族贸易优惠政策落实情况》和《民贸在呼唤》、石绍刚的摄影作品《苗族农户丰收还款图》分别在《农经理论与实践》《民族贸易研究》《湖南民族工作》《中国城乡金融》上发表。

1995年，民族通讯组在各级报刊杂志上发表通讯文章19篇、照片27幅，获稿酬1426元、奖金644元。

1996年，市民委与市广播电台举办专题联播节目，每周安排30分钟时间重点宣传《民族区域自治法》和贯彻执行省委1994年21号、23号文件精神的情况；组织38名民族歌手编唱苗歌和土家族歌427首，在“三月三”“清明歌会”“四月八”“赶秋”“重阳”等民族传统节日演唱，受教育面达48000多人次；民族通讯组被市、州、省、国家级报刊杂志和广播电台采用稿件（含照片）248篇（幅），其中省级及其以上37篇（幅）。

1997年，市民委与市广播电台举办《民族区域自治法》讲座2次，受教育8000多人。组织丹青、排绸两乡8名苗歌手在“三月三”“清明歌会”等民族传统节日编唱苗歌184首，听众达18000多人次。

1998年，与市人大常委会教育科学文化卫生民族侨务委员会会同市广播电台举办中共十五大精神讲座专题节目6次。加强民族通讯报道组工作，被各级报刊杂志采用稿件12篇、照片14幅，其中被《人民日报》《民族工作研究》《民族团结》采用4篇、照片5幅；被《湖南日报》、《民族论坛》等报刊采用8篇、照片9幅，给省、州、国家民委和新华社报送民族工作信息及资料18篇，被采用4篇。组织48名苗族和土家族歌手编唱苗歌、土家族歌376首，宣传中共十五大文献和民族政策法规，受教育5800多人次。

1999年，民族通讯组在各级报刊杂志上稿16篇、照片20幅，获稿酬850元。谭凯文的通讯报道《吉首搭建跨世纪发展跳板》被《民族论坛》采用；吴家清的通讯报道《吉首椪柑结硕果》被《民族团结》采用；向民航的摄影作品《市蔬菜局副局长吴英录考察蔬菜基地》、《苗乡春耕忙》分别在《人民日报》和《湖南日报》上发表；石绍刚的摄影作品《苗家喜晒丰收谷》在《中国水利报》上发表。

2000年，市民委会同市文化局和乡镇文化站举办民族歌手培训班3期，培训民族民间歌手48人次，编唱苗歌、土家歌876首，受教育58000多人次。市民族通讯组由12人增至15人，撰稿（含照片）68篇（幅），其中上国家级报刊10篇、省级报刊26篇、湘西州《团结报》32篇。

每月，市民委与市广播电台联办2次专题节目，每次15分钟。召开1次有18人参加的少数民族座谈会，传达国家和省民族工作会议精神。完成州民委分配的《民族团结》和《民族论坛》各200份的征订任务。

2001年2月28日，中华人民共和国主席江泽民发布第46号主席令，颁布实施中华人民共和国第九届全国人民代表大会常务委员会第二次会议通过修改后的《中华人民共和国民族区域自治法》(以下简称《民族区域自治法》)。市民族局印发宣传资料200本，在城区主要路段、路口悬挂横幅10条，组织吉首城区老年人剧团和学生100余人利用双休日上街宣传，出动宣传车在城乡市场巡回全文播放《民族区域自治法》，观众和听众达4万多人次。排吼乡等16个单位在州、市电视台点歌祝贺《民族区域自治法》颁布实施。在民族民间传统节日活动中，组织民族民间业余剧团、苗歌队和山歌队宣传《民族区域自治法》。11月，市人大常委会、市政府组织市农委、市经委、市财委和市文教四个系统46名负责人学习《民族区域自治法》，结合本部门、本单位实际，对《湖南省实施〈中华人民共和国民族区域自治法〉的若干规定修正案征求意见稿》(以下简称“若干规定修正案”)提出修改意见和建议，写出专题材料参加省人大常委会在靖州县召开的《若干规定修正案》修改工作会议。12月，根据全国人大常委会和省委、省政府有关会议精神，市政府确定每年3月为宣传学习《民族区域自治法》活动月。12月7日，省委、省政府召开电视电话会并行文将《民族区域自治法》纳入“四五”普法内容。

2002年3月6日，市民族局给市委、市政府呈交宣传、学习《民族区域自治法》六条建议和意见，购买60本《民族区域自治法》单行本发给有关领导干部和民族工作联络员学习。

2003年10月，市民族局参与市人大常委会检查市财政局、市经贸局、市建设局、市交通局、市教育局、市文化局等18个单位学习、宣传、贯彻、执行上述法规条例的情况，撰写《吉首市贯彻〈民族区域自治法〉推进教育卫生发展》和《吉首市实施民族政策法规情况的调查报告》，提出进一步宣传、贯彻、落实民族政策法规的意见。

2004年，市民族局制定《〈民族区域自治法〉颁布实施20周年宣传教育活动方案》，在湘西电视台吉首频道开设为期七天的“吉首20年”“民族政策耀双河”专题栏目，宣传吉首市贯彻执行民族政策法规促进民族地区经济社会发展所取得的成就。组织实行民族工作联络制成员的单位开展送政策、送法规进社区、下农村活动，在城区要道路口和县市交通要道交界处挂横幅、贴标语，进行宣传。5月28日，会同市教育局和市文化局在团结广场举办专场文艺演出，观众3000余人。

2005年，市委、市政府传达、宣传、贯彻中共中央、中共湖南省委、中共湘西州委先后召开的民族工作会议精神，结合吉首市情况，要求全市各级领导干部在经济社会发展和民族工作中牢牢把握“共同团结奋斗，共同繁荣发展”新阶段民族工作的主题，牢牢把握牢固树立和落实科学发展观的方针，牢牢把握全面建设小康社会的目标，牢牢把握努力构建社会主义和谐社会的任务，牢牢把握制定“十一五”规划的机遇，牢牢把握不断提高党的执政能力的要求；做到民族理论政策的学习和宣传有新突破，促进少数民族和民族地区加快发展、实现各民族共同繁荣的政策措施有新突破，民族工作法制化建设有新的突破，民族工作社会化有新突破。通过学习，明确奋斗目标，增强做好民族工作的信心。

2006年，继续在全市干部群众中开展《民族区域自治法》颁布实施20周年宣传教育活动。市委办、市政府办、市民族局联合召开有市委、市人大常委会、市政府、市政协分管、联系民族工作的领导干部和领导小组成员以及市直国家机关、乡镇政府、街道办事处负责人、民族工作联络员参加的协调会，研究民族工作。组织民族特需用品定点生产企业和民族贸易企业的法人代表学习和座谈中共中央和省委、州委民族工作会议精神。印发民族政策法规资料1000余份、《民族政策法规汇编》300余本，组织干部群众学习《民族区域自治法》《国务院实施〈中华人民共和国民族区域自治法〉若干规定》《湖南省实施〈中华人民共和国民族区域自治法〉的若干规定》和民族理论知识，组织63人参加国家民委、司法部和全国普法办举办的民族政策法规知识有奖竞赛，利用民族传统节日活动宣传民族政策法规。

2007年，贯彻落实中共中央、中共湖南省委、中共湘西州委、中共吉首市委先后召开的民族工作会议精神，组织干部群众学习《民族区域自治法》《国务院实施〈民族区域自治法〉若干规定》、《湖南省实施〈民族区域自治法〉若干规定》等民族政策法规及民族理论知识，印发相关资料1000余份。全市有63人参加国家民委、司法部、全国普法办联合开展的全国民族政策法律法规知识有奖竞赛活动。

2008年7月7日，市人大常委会召开全市民族区域自治法执法检查动员大会，对《民族区域自治法》、《国务院实施〈民族区域自治法〉的若干规定》和《湖南省实施〈民族区域自治法〉的若干规定》执法检查工作进行动员，做出部署安排。市民族局配合执法检查，印发《民族政策法规选编》300多本，利用民族传统节日活动宣传民族政策法规，组织有关单位对宣传、贯彻、落实民族政策法规情况进行一次检查，撰写检查报告。

2009年7月6日，市民族局召开民族政策法规知识有奖竞赛活动动员大会，开展民族法律法规有奖知识竞赛，35个市直机关单位411人参加，3人获一等奖，1人获二等奖。7月11日，配合省、州、市人大常委会开展民族团结进步活动，州民委和市民族局联合乾州街道古城社区在市人民广场举办民族团结进步构建和谐社区文艺演出暨民族知识抢答赛，抢答正确者当场获纪念品，抢答正确率达95%。10月29日、30日，市委、市政府、市民族局组织开展“亲民爱民为民政策咨询”活动，印发《湖南省实施〈民族区域自治法〉的若干规定》1500份、《民族政策法规汇编》300本。

2010年、2011年，分别举办一期民族工作联络员培训班，市直单位、乡、镇、街道45人参加培训，学习民族理论、民族政策、民族工作。全年开展12次民族政策宣传进社区活动。印发宣传资料300本；推荐马颈坳镇政府和梁通尧分别为全省第五次民族团结进步模范集体和模范个人；配合省、州、市人大常委会开展民族团结进步活动，先后8次在湖南经视、红网、《民族论坛》、湘西频道、吉首频道宣传民族团结进步模范集体和模范个人。把民族理论、民族政策、民族知识宣传教育纳入市委党校中青年干部培训班的教学内容。

2012年，市委把学习、宣传、贯彻民族法律法规政策理论知识纳入市委中心学习组学习内容，列为市委党校中青年后备干部和科级干部培训班教学内容，先后举办民族法律政策学习班50余期，各类干部培训班设立民族法律政策课时200余个；组织开展“民族法律法规政策教育宣传月”活动，宣传和倡导“少数民族离不开汉族、汉族离不开少数民族、各民族也互相离不开”

的思想，在农村墟场、重大节庆活动现场设立民族团结进步教育宣传台 40 余次，出动宣传车 200 辆次，分发民族法律政策资料 1 万余本；发动 35 个市直机关单位 500 余人参加民族法律法规有奖知识竞赛活动，全市上下形成讲政策、讲团结的良好氛围。市民族局制定《吉首市民族法制宣传第六个五年规划》，广泛开展民族法规宣传工作，全年被各级媒体采用通讯稿件和新闻照片共 98 篇(幅)，其中被国家民委采用 4 篇、被省民委采用 32 篇、被湘西民族网采用 50 篇(幅)、被吉首市政府网和红网采用 5 篇。市民族局与市委党校签订《民族政策法规培训教育合作协议》，继续把民族法规政策、民族理论和民族知识纳入中青年干部培训班和科级干部培训班教学内容。

第二节　尊重少数民族习俗

中华人民共和国成立前，历代封建王朝在湘西实行民族压迫和民族歧视政策，苗族人民处于不平等的地位。

中华人民共和国成立后，全市(县)各级党委、各级人民政府贯彻执行中共中央的民族政策和国家的法规，尊重苗族人民的风俗习惯。在苗族地区工作的汉族干部注意民族团结，尊重苗族的饮食、服饰、住房、婚嫁、家庭、节庆、礼仪、丧葬等习俗、信仰崇拜和禁忌，夜晚不打口哨、进屋在火炕边就坐不踩三脚架、不坐夯告、不振龙室，何时何地不骂娘、不讲破口话。

1955～1956 年，湘西苗族自治州人民委员会在农业合作化运动中，根据苗族人民的风俗习惯规定："神牛"(祭祀牛)、"风水林"、"风水树"不入社，棉花地、妆奁树适当保持私有；坟地由丧家自行选择。

20 世纪 50 年代后期至 70 年代后期，少数民族风俗习惯被视为"旧思想、旧文化、旧风俗、旧习惯"，禁止调年、三月三、清明歌会，四月八、赶秋、跳香等民族传统节庆活动，废除各种民族习俗。20 世纪 80 年代后，深化改革，挖掘弘扬优良的民族民间文化，帮助少数民族人民继承发扬优良习俗，摒弃陈规陋习，广泛开展民族传统节日活动，丰富各族人民的文化生活。按照国家有关法规，尊重和保障苗族在政治生活中使用本民族语言的权利，苗族公民和其他各民族公民一样有权使用本民族语言进行诉讼。

第三章　民族优惠政策

第一节　财政优惠

一、收支差额补助

1950 年、1951 年，乾城县财政收入大于支出。1952 年，收入小于支出，上级财政共补助

79145.78 元。1953 年、1955 年、1956 年，收入小于支出，上级补助 162.39 万元，占同期财政收入的 80.59%。1958 年，省人民委员会制定并实施《湖南省民族自治地方财政管理暂行办法》，给民族自治地方增加支出基数 7%～8%作为特殊照顾，吉首县获上级财政补助 99.26 万元，占全州获上级财政补助金额的 8.1%、当年县财政收入的 67.62%。

1959 年，批判"民族特殊性"，民族自治地方同汉族地区一样实行"总额分成"的财政体制，财政收支差额补助减少，吉首县只获此项补助 20.62 万元，占当年县财政收入的比例降至 11.17%。1960 年，获 44.5 万元，占当年县财政收入 22.89%。1961 年，县人委会退赔 1958～1959 年人民公社平调劳动力、平调私人财物（时称为"一平二调"）平调款 69.97 万元，吉首县获上级财政补助增至 101.62 万元，占当年县财政收入 70.68%。

1963～1979 年，省财政厅按《中华人民共和国财政部和民族事务委员会关于改进民族自治地方财政管理的规定（草案）》增设"民族机动金"，湘西自治州预备费高于其他地区 2%，对民族贸易企业给予自有资金、利润留成和价格补贴照顾。由于调整国民经济，压缩财政开支，上级财政补助相应减少。1962～1965 年，累计获上级财政补助 183.35 万元，年均 45.84 万元，比 1958～1961 年年均数少 22.01 万元。

1980 年，省人民政府对民族自治地方实行"划分收支，定额补助"的财政体制，核定全州财政收支基数和定额补助，州政府对固定收入和调剂收入之和大于支出包干基数的吉首和龙山两县实行"调剂收入比例留解包干办法"，不再设上级财政差额补助收入项；1983～1988 年，对收大于支的吉首和凤凰两县市实行"定额上解包干，超收分成"的办法；1988 年，吉首、凤凰、龙山三县市财政收入均大于支出，定额上交州财政，不再设"上级财政差额补助收入"项。从 1989 年起，州对县市实行核定收支、乡级包干、定额上交、超收分成、节余留用、差额补助和专项追加的财政体制。2001～2011 年，各年获上级财政补助金额 2001 年为 2800 万元、2002 年为 7018 万元、2003 年为 14689 万元、2004 年为 18868 万元、2005 年为 10370 万元、2006 年为 10206 万元、2007 年为 15748 万元、2008 年为 50037 万元、2009 年为 62353 万元、2010 年为 87163 万元（含专项追加）、2011 年为 21620 万元。2012 年，从财政预算收入中上划中央级收入 17961 万元、省级收入 6255 万元.

二、少数民族义务教育助学金

1980 年 10 月，省财政厅根据《中华人民共和国教育部和民族事务委员会关于加强民族教育工作的意见》，在民族自治地方包干经费中安排少数民族教育专项补助费。1981～1994 年，湘西自治州八县市和州教委每年各得民族教育专项补助费 20 万元。1994 年，省委办公厅、省政府办公厅印发《中共湖南省委湖南省人民政府关于少数民族和民族地区发展经济和社会事业若干优惠政策的通知》，规定 1995～2000 年，将省财政安排给民族自治地方的民族教育专项补助费改为少数民族义务教育助学金，用于少数民族特困户子女学杂费补助，专款专用。2000 年，省政府办公厅印发《湖南省人民政府关于加快少数民族和民族地区经济社会发展若干优惠政策的通知》，规定 2000～2012 年，省财政继续给民族自治地方和享受民族自治地方待遇的县市区每县市区每年安排 40 万元少数民族义务教育助学金。

1981～1999年，省财政每年给吉首市少数民族义务教育助学金（以下简称“助学金”）20万元，解决3000名少数民族贫困学生（以下简称“贫困生”）的入学难问题。2000～2012年，吉首市每年发放助学金40万元，共解决34306名贫困生入学难问题。2004～2011年，各年解决入学难问题的贫困生人数依次为：2004年，2644人；2005年，2785人；2006年，3678人；2007年，6647人；2008年，5145人；2009年，1230人；2010年，1250人；2011年，1255人。2012年，市民族局、市教育局、市财政局根据省民委、省教育厅、省财政厅制定的《湖南省少数民族义务教育助学金管理使用办法（试行）》和第六次全国民族工作会议精神，对农村义务教育阶段家庭经济困难、符合补助条件的学生，小学生每人每年按500元、初中生按625元的标准补助，共发放助学金40万元，补助贫困生615人。

1989年，市民委投入6万元帮助社塘坡乡中心完小、排吼乡群力村小学和市二完小修建和扩建3间共1478平方米的教室，修建1栋700平方米的教师宿舍、1栋100平方米的师生食堂，为771名师生改善生活和教学条件。1990年，投入1万元帮助乾州幼儿园扩建场地，建房300平方米。1992年，会同市教委资助寨阳、排吼和太平三个乡修建寄宿制小学各1所；帮助矮寨镇联团村、己略乡联林村修建村小学各1所，共解决142名学生上课拥挤问题；扶助太平乡夯古村重建被大风吹倒的1栋教学楼，使学校恢复上课。

1992～2012年，每年还投入10万元用于中小学校危房改造和校舍建设，共投入200万元，维修学校11所、新建5所。

2004年11月，确定市民族中学为全市民族传统体育项目训练基地，为培养民族传统体育人才提供条件。

三、民族事业补助费

1963年，吉首县获上级财政安排少数民族地区补助费49931元，占全县财政收入的3.15%、财政支出的4.54%。1973～1979年，累计获此项经费75.09万元，占同期财政收入的3.03%、支出的2.46%。1981～1986年，累计获此项经费58.7万元，占同期财政收入的1.22%、支出的0.77%。

1984～1995年，吉首市累计获省财政下拨民族事业补助费50.2万元。各年金额依次为：1984年，6万元；1985年，25000元；1986年，16000元；1987年，8000元；1988年，45000元；1989年，8万元；1990年，35000元；1991年，48000元；1992年，63000元；1993年，42000元；1994年，52000元；1995年，28000元。此项补助费主要用于补助少数民族地区发展经济社会事业及其贷款贴息。先后补助马颈坳镇15000元，用于建4公顷的板栗良种场，育板栗苗25000株；建农贸市场4371平方米；补助市羽绒厂8万元，修建1栋3层楼共640平方米的厂房；补助市童帽厂2万元，购电动缝纫机11台、五线包边机1台；补助市纺织品公司6000元，用于20万元的贷款贴息；补助乾州小学1万元，建1栋130平方米的教师宿舍，为5名教师解决住房问题；补助市民族中学25000元，修建1栋14间489平方米的学生宿舍，为154名定向班少数民族学生解决住宿问题；补助市阳戏团5000元，购服装35套、电器7台（件）；补助市椪柑公司5万元，征地60平方米，建椪柑示范场；补助己略乡联林村5000元，架设电线4.7千米，解决6个村民小组140户、710人用电问题；补助丹青乡2000元，建乡林果场，开发椪柑4.7公顷；补助双塘乡3000元，修教室1077平方米、浴室40平方米，解决280名师生上课和洗澡问题；补助社塘坡乡卫生院3000元，修建院用房；补助德夯景区管理所1万元，购金毛狮2匹、银饰品4套、民族服装42套。市民委安排10.3万元，补助扶贫建房498栋、30155平方米，解决2314人住房问题；补助修建8所农村小学校舍共1952平方米；修桥2座；接待省内外和国外到市进行民族交往和考察3890人次。

2000年，省政府颁布实施《关于加快少数民族和民族地区经济社会发展若干优惠政策》，在民族地区设立民族事业补助费，根据行政区少数民族人口数和民族工作的需要确定补助金额。2004年，吉首市获民族事业补助费15万元，达到全市少数民族人口（不包市域州直机关单位少数民族人口）省定1元的标准。2001～2004年，将少数民族事业补助费纳入每年财政预算10万元。从2005年起，按照全市少数民族人口人均1元的标准纳入财政预算。

2000年1月1日起，全市干部职工按其工龄长短每月分别享受民族地区津贴20元、40元、60元。

四、少数民族医疗费减免

1985～1994年，为防治少数民族地区地方病，省卫生厅在全省民族地区实行少数民族医疗费减免政策，给湘西自治州所辖县市和其他民族自治县每县市每年5万元。

1994年，省委办公厅印发《中共湖南省委湖南省人民政府关于少数民族和民族地区发展经济和社会事业若干优惠政策的通知》，规定“八五”计划末期（1995年）至“九五”计划期间（1996～2000年），省财政继续在民族自治地方设立少数民族医疗费减免项目，每县市区每年10万元。

2000年，省政府办公厅印发《湖南省人民政府关于加快少数民族和民族地区经济社会发展若干优惠政策的通知》，规定2000～2010年，省财政继续给民族自治地方和享受民族自治地方待遇的每个县市区每年20万元专款，用于特困少数民族医疗费减免。

2001～2003年，市民族局会同市卫生局、市财政局每年发放少数民族医疗费减免15万元，累计救助特困少数民族病人1901人。2004～2012年，每年发放20万元（2009年为17.1万元），累计救助特困少数民族病人2026人。各年救助特困少数民族病人人数依次为：2001年，870人；2002年，650人；2003年，381人；2004年，317人；2005年，211人；2006年，441人；2007年，114人；2008年，108人；2009年，186人；2010年，156人；2011年，175人；2012年，318人。

第二节　税收优惠

1951年，县财政科按规定对苗族农户农业税降一级税率征收。1952年，对苗族聚居乡应征公粮不足150千克的农户不论其阶级成分均按6折征收；150～300千克的，按7.5折征收；

300 千克以上的，按 9 折征收。民族杂居乡每户应征公粮在 250 千克以下的，按 9.5 折征收；250 千克以上的，不折不减。对贫雇农，按 8 折征收；对中农按 9.5 折征收；对地主和富农，全额征收。1953 年，苗族聚居乡（苗族人口占全乡人口 50%以上）的苗族和汉族农户均享受农业税减免待遇；苗汉杂居乡仅苗族农户享受农业税减免待遇；对纯汉族聚居乡农户不予减免。1954 年，按湘西苗族自治区人民政府制定的《农业税少数民族减免办法》，对苗族聚居乡（苗族人口占全乡人口 30%以上）的苗族和汉族农户均减征；对杂居乡只减征苗族农户；对贫困乡苗族人口占全乡人口虽达不到 30%，但临乡为减免乡，经县人民政府审查，报经湘西自治区人民政府批准，仍按苗族聚居乡予以减免。税率在 10%以下的，减免应征税额 25%；税率在 11%以上的，减免应征税额 15%；对生产生活特别困难的农户经群众评议和县人民政府批准，酌情多减或者全免；对减免户中的地主富农本人不予减免。1957 年 10 月，湘西土家族苗族自治州人民政府修订农业税减免办法，不再实行民族减免而实行区域性减免。1984 年，省人民政府根据《中共中央中华人民共和国国务院关于帮助贫困地区尽快改变面貌的通知》精神，从是年起，连续五年免征湘西自治州所辖 10 县市的农业税，对已征收的 1984 年农业税逐级核免，退还到户。从 2005 年 1 月 1 日起，免征农业税。

从 1953 年起，对少数民族农户自产自销农副产品不论交易额大小均免征临时营业税。

1954 年，省人民政府、州人民政府按“既要尊重少数民族的风俗习惯，又要减轻少数民族的负担，有利于加强民族团结，逐步提高少数民族的经济生活”的原则，对少数民族予以屠宰税、工商税、商品流通税和货物税减免照顾。从是年 1 月 1 日起，税务部门对户主自养、自宰、自食牲畜限量免征屠宰税，对少数民族在春节期间宰杀“三自”牲畜每头免征 4 千克屠宰税，对少数民族结婚宰杀自养生猪全免税；治丧时，无论自养或买生猪宰杀均免屠宰税；少数民族和汉族农民向国家交售生猪每头免屠宰税 4 千克。1956 年，为鼓励少数民族农户发展生猪，国家将屠宰税率从 15%降至 13%，并对病死可食或因病“赶刀”体重在 35 千克以下的牲畜免屠宰税。1957 年，州人民政府放宽宰杀牲畜限量。春节期间，各族人民宰杀自养、自食或分食牲畜每头免屠宰税 10 千克，建房宰杀生猪每头免屠宰税 5 千克，婚丧宰杀牲畜每头免屠宰税 10 千克。1966 年，又将屠宰税率由 13%降至 8%。1973 年，州革委会将“从价从量，依率计征”改为“按头定额征税”，猪、牛每头 3 元，羊每只 0.3 元。从 1980 年 1 月 1 日起，每年农历十二月，农户宰杀生猪自食，每头征税 1.5 元。20 世纪 50～80 年代，将国营企业和合作企业之间的购销业务视为内部调拨，不征收工商税；对供销合作社营业税减 20%征收，并免征 1 年所得税；对手工业生产合作社，第一年减征 60%的营业税，减征 60%的两年所得税；对新办的社队（乡镇）企业免征 1 年的工商税和 3 年的所得税。对少数民族建房自有自用或亲友赠送的原木免征货物税。对其自酿自饮的白酒酌情免征货物税，对少数民族自烧用于自建住房的砖瓦免征货物税，每人每年免征 3 市斤食油货物税。1986～1991 年，省人民政府和省税务局先后行文规定：对民族地区新办集体企业免征产品税、增值税和营业税 5 年；对在民族地区开办企业的省外企业单位开办企业 5 年以上的，除烟、酒、化妆品等高税率产品外，予以一年至二年的产品税减免；对少数民族特需用品减半征收批发营业税。从 1994 年 1 月 1 日起，实行“分税制”，征税优惠主要有以下七个方面：对国有商业企业和集体商业企业批发零售肉、禽、蛋、水产品和蔬菜的增值税以1993年为基数,超过部分先征后返;对国有粮食企业经营的政策性粮油免税;对国有企业和集体企业购销再生资源先征后返70%的税额;对利用煤矿石、煤渣等三废材料生产的墙体材料免税;对批发零售种子、种苗、化肥、农药、农机等农业生产资料免税;对校办工厂、民政福利企业的产品生产和销售环节先征后返;对饲料、农膜、部分化肥、农药、三薪材料综合利用的产品生产和销售环节免税。对民族地区新办企业从投产之日起,连续3年免征所得税,期满后,纳税确有困难的,经税务机关审核,按税务管理体制报经批准,再减半征收所得税2年。其他企业因特殊情况纳税确有困难的,按此程序减征或免征所得税2年。对市内属国家鼓励类的内资企业和外商投资企业在一定期限内按15%的税率征收企业所得税。对公路建设用地比照铁路和民航用地免征耕地占用税。对内资和外商投资鼓励类产业及优势产业项目在投资总额内进口自用技术设备按国家有关规定免征关税和进口环节增税。

第三节　民贸优惠

1963年10月23日,商业部、财政部批准吉首、古丈、凤凰、花垣、保靖、永顺、龙山七县为民族贸易地区(次年1月20日补批泸溪县),县民贸局系统的企业和州直二级批发部门享受民族贸易各项优惠政策待遇。1991年,国家民委、商业部、中国人民银行等部委批准州属八县市继续享受民族贸易各项优惠政策待遇。

1963年1月1日起,吉首市(县)民族贸易获得自有流动资金、利润留成、收购三类农副产品价格补贴三项照顾。

1963～1979年,县财政依据国家财政拨给自有流动资金的规定,按批发企业商品资金的50%、零售企业(含基层供销社)商品资金的80%、商办工业定额流动资金的80%、这些企业的非商品资金的100%予以拨补。1981年,改拨补为贴息,予以优惠利率照顾。1981～1986年,月息为0.33%;1987～1995年,月息为0.24%。1996年、1997年,停止贴息。1998年,中国工商银行和中国农业银行对民贸企业予以贷款贴息照顾,执行比正常的一年期流动资金贷款利率低二点八八个百分点的优惠利率政策。1982年、1983年,全市民贸企业获银行核定优惠利率贷款分别为696万元和767万元,享受优惠利息分别为13.4万元和14.4万元,减免各种税款分别为58.3万元和78.7万元,其中所得税分别为43000元和88000元。1992年、1993年,享受银行贷款优惠利息分别为22万元和13万元,减免各税款分别为33万元和94万元,其中所得税分别为2万元和4万元,享受农副产品价格补贴均为20万元。1998年,全市民族贸易企业和民族特需用品定点生产企业(简称“两民企业”)获得优惠贴息贷款146万元。2000年,全市24家“两民”企业享受流动资金优惠利率贷款2500多万元,优惠金额60多万元;获得增值税返还12万多元、农副产品收购价格补贴金额40万元。2001年,23家“两民”企业享受贷款贴息20万元、优惠利率资金83000元、农副产品收购价外补贴60万元。2002年,市民族烟材有限公司获税收返还24万元。2004年,前者享受银行贷款贴息10.4万元,后者享受银行贷款贴息25.3万元,民贸企业享受银行贷款贴息101.7万元。2005年、2006年,全市民贸和民族特需用品贷款贴息68万元。2008年,12家民贸和4家民族特需用品定点生产企业享受银行贷款贴息485万元。2009年,13家民贸和4家民族特需用品定点生产企业享受银行贷款贴息399.6万元。2010年,21家“两民”企业享受银行贷款贴息540万元。2011年,23家“两民”企业享受银行贷款贴息996.25万元。2012年,25家“两民”企业享受银行贷款贴息1054万元。

1963～1979年,民族地区利润留成比例按20%执行;1980～1982年,此比例提高到50%,比省内汉族地区高32.5%。1983年,“利改税”后,不再给利润留成照顾而予以减征所得税照顾。

1963～1979年,三类农副产品补贴品种和销售价格由省人民政府核定,将差额补贴列入财政预算,按收购量差额价补贴。1980年,省人民政府将按实际收购量差额补贴改为财政包干补贴。2008年,15家“两民”企业获三类农副产品价格补贴140万元。

第四节　考生优惠

1952～1965年,大专院校招生对工农兵子弟和少数民族以及华侨考生在考试成绩与汉族考生相等的情况下优先录取。

1966年5月至1976年10月“文化大革命”期间,大专院校招生被视为“修正主义”招生制度而被废除,实行“无产阶级”的招生制度,一度取消文化考试,宣扬交白卷“英雄”,突出“无产阶级政治”,把政治条件放在首位,严格政治审查,以工人子女、贫下中农子女和工农兵为主要招生或推荐对象,推荐“小学的底子”、“中学的牌子”的工农兵学员上大学被称为“掺沙子”,其任务是“管理大学、改造大学”,让大学牢牢掌握在“无产阶级”手中。

1984～2012年,对少数民族考生和民族地区考生(以下简称“两种考生”)予以降分照顾,少数民族考生降低1～2个分数段、民族地区的考生降低1个分数段录取。此外,还实行委培、定向招生。1984年5月31日起,按照《中华人民共和国民族区域自治法》和国务院有关规定,民族高等院校举办民族班和民族预科,专门或主要招收少数民族学生并继续实行定向招生、定向分配。高等院校和中等专业学校招收新生时对两种考生适当放宽录取标准和条件,对人口较少的少数民族考生给予特殊照顾;录取时,根据情况,加分或降分录取。每年高考前夕,市民族局会同市教育局等相关职能部门深入学校对“两种考生”资格进行审核,给少数民族聚居区少数民族考生加分20分、聚居区汉族考生加分10分。全市每年有100多名优秀学生因享受加分优惠待遇而被高等院校录取。1997年,经加分照顾,全市有509名高中和初中毕业生分别被大中专院校录取。其中:大学本科54人,比上年多3人;专科108人,比上年多14人;普通中专347人,比上年多23人。

第五节　金融优惠

市民族五金厂为国家民族特需用品定点生产企业,享受金融优惠待遇。自1960年5月组建至 2012 年年末，累计获银行贷款贴息 102 万元。

2001 年，23 家民族贸易企业和民族特需用品定点生产企业（简称“两民企业”）享受银行贷款贴息 83000 元。2002 年，市民族五金厂获银行贷款贴息 18 万元、技改资金优惠贷款贴息 20 万元。2003 年，2 家“两民企业”享受银行贷款贴息 62.8 万元。2004 年，2 家“两民企业”享受银行贷款贴息 101.7 万元。2005 年，2 家“两民企业”享受银行贷款贴息 34 万元。2007 年，核定市橡胶厂、市民族五金厂、市民族卷烟材料有限公司等 6 家工业企业为少数民族用品定点生产企业，共享受银行贷款贴息 25 万元。2008 年，全市 11 家民族贸易企业、4 家民族特需用品定点生产企业共到位银行贷款贴息 489 万元、技术改造贴息 54.6 万元、享受银行贷款贴息共 315 万元。2009 年，全市“两民企业”19 家，其中民族贸易企业 15 家、民族特需用品定点生产企业 4 家，有 13 家“两民企业”享受银行贷款贴息共 399.6 万元。

2010 年初，市委、市政府成立民族贸易企业民族特需用品定点生产企业领导小组，组织人员对“两民企业”进行调查，为衔接“十二五”计划期间（2011～2015 年）国家对民族自治地方优惠政策做好前期工作。是年，有 24 家“两民企业”进入 2010 年湘西自治州享受民族贸易贷款优惠利率企业行列，有 21 家“两民企业”享受银行贷款国家贴息共 540 万元。

2011 年，市民族局与“两民企业”衔接，及时指导 28 家“两民企业”进行申报，1～9 月，有 23 家“两民企业”享受银行贷款国家贴息共 759.05 万元。

2012 年年初，市民族局组织人员对市属规模工业企业进行前期调查摸底、专业指导和技术包装工作。同时，加大衔接力度，主动汇报，争取省、州对州府吉首的政策支持，6 家民族特需用品定点生产企业完成申报工作。市民族局、市经信局联合行文，发动企业做好申报资料，市民族局负责申报资料的审核和技术指导工作。至是年年末，全市 28 家“两民企业”经申报被列入民族贸易企业范围，享受银行贷款贴息 1000 万余元。

为做好服务工作，市民族局确定一名副局长负责动态管理，建立“两民企业”信息资料库，定期或不定期跟踪服务，每季度最后 1 个月 15 日前后对“两民企业”进行提醒服务，督促“两民企业”做好银行贷款国家贴息申报工作；20 日前，交市民族局审查签批，再上报相关银行审定，予以贷款。全市有 28 家企业申报“两民企业”均获批准，至年末，享受银行贷款贴息 1054 万元。

2012 年 6 月 28 日，省民委党组成员、副主任赵仁秀先后深入市域湘西自治州边城醋业科技有限公司、市石磊文化传播有限公司、市宗南重工有限公司检查指导民族贸易企业和民族特需用品定点生产企业，对三家企业在民族等部门支持下所取得的成绩予以充分肯定。同时，强调在“十二五”期间申报民族贸易企业和民族特需用品定点生产企业过程中要给予优惠政策倾斜，促进州府吉首的发展。

第六节　帮扶优惠

一、扶贫建房

1983年2月，1984年1月、4月，中共中央总书记胡耀邦先后3次视察湘西土家族苗族自治州，指示全州各级党委和人民政府要关心少数民族的生活，把解决少数民族的住房问题当作社会主义精神文明建设的大事来抓，尽快解决他们的住房问题。

1983年11月至1986年4月，市委和市政府、乡镇党委和乡镇政府、村党支部和村委会分别成立扶贫建房领导小组；召开扶贫建房会议，传达贯彻胡总书记的指示精神；市、乡两级共抽调120名干部深入村组调查无房户、危房户、拥挤户和茅房户（简称“四房户”）情况；制定扶贫建房实施方案，定任务、定标准、定资金、定责任；加强领导，实行乡镇包村、村包组、党员干部包户的扶贫建房责任制；合理安排，分类指导，有序推进；发动部门支援、群众帮工帮料，多方筹资；扶建扶志，调动扶建对象建房和发展生产的积极性，全面开展扶贫建房工作。至1986年4月上旬，全市扶贫建房任务581户，已建房498户，占任务数的85.71%，其中排吼、排绸、丹青3个乡和马颈坳镇超额完成任务。498户中，无房户140户，占完成数的28.11%；危房户141户，占28.31%；拥挤户167户，占33.53%；茅房户50户，占10.05%。新建498栋住房中：砖瓦房28栋，占5.62%；木瓦房470栋，占94.38%。建房总面积30153平方米，解决2369人的住房问题，人均住房面积12.73平方米。总投资72.91万元，每平方米平均24.18元。其中：各级财政32.11万元，占总投资额的44.04%；乡镇政府资助29560元，占4.05%；干部群众捐资66561元，占9.13%；建房户自筹31万元，占42.78%。干部群众帮工42470个（其中民兵帮工25072个）、帮木料582立方米、砖瓦178980块（匹）、沙石607立方米，共折价91410元，其中民兵捐资43536元。

1983年11月至1986年4月吉首市扶贫建房情况

表8—3—6—1　　　　　　　　　　　　　　　　单位：户、人、元、平方米

乡镇名称	扶建任务户数	已解决“四房户”户数					完成任务%	未完成户数	新建住房							
			无房户	危房户	拥挤户	茅房户			户数	砖瓦房户	木瓦房户	总面积	总投资	每平方米造价	解决住房人口	人均住房面积
合计	581	498	140	135	167	56	85.71	83	498	28	470	30153	729130	24.18	2369	12.73
丹青	48	50	21	10	17	2	104		50		50	2970	67720	22.80	260	11.42
排绸	48	50	7	13	26	4	104		50		50	3288	63950	19.50	229	14.36
排吼	48	58	27	9	20	2	120		58		58	3057	84769	27.80	245	12.48

续表 8—3—6—1

乡镇名称	扶建任务户数	已解决“四房户”户数	无房户	危房户	拥挤户	茅房户	完成任务%	未完成户数	新建住房							
									户数	砖瓦房户	木瓦房户	总面积	总投资	每平方米造价	解决住房人口	人均住房面积
河溪	40	27	6	16	2	3	67	13	27	3	24	1815	39220	21.60	119	15.25
太平	39	37	24	3	9	1	94	2	37	1	36	2665	37895	14.22	253	10.53
白岩	40	37		22	10	5	92	3	37		37	1760	43750	24.86	132	13.33
马颈坳	47	37	22	10	4	1	78	10	37	1	36	2100	38030	18.10	96	21.88
己略	40	43		17	20	6	107		43		43	2225	46570	20.93	211	10.55
吉首	36	23	15	5	1	2	63	13	23	6	17	1230	129476	105.26	97	12.68
寨阳	37	33	4	8	17	4	89	4	33	8	25	2030	44960	22.39	155	13.1
矮寨	48	41	10	3	19	9	95	2	41	1	40	2852	48280	17	259	11.01
双塘	38	23	2	6	9	6	60	15	23	1	22	1412	34860	24.69	77	18.34
万溶江	40	10	2	3	3	2	75	30	30	5	5	688	18400	26.80	48	14.33
社塘坡	37	29		10	10	9	78	8	29	2	27	22088	31250	15	188	11.75

二、棉絮和纯棉布赊销

20 世纪 80 年代初，为帮助少数民族贫困户解决缺衣少被问题，国家给少数民族地区纯棉布和棉絮(简称“两棉”)赊销照顾。1984 年 12 月 18 日，市人民政府行文将“两棉”赊销控制人数指标 60800 人下达各乡镇。市民委牵头，会同市财贸办、市民贸二局、各乡镇人民政府开展“两棉”赊销工作。按贫困户每人赊销棉絮 2 千克、每千克 3.6 元，纯棉布每人赊销 10 米、每米 2.28 元的标准落实到户到人。至 1985 年 4 月，全市累计给 24238 户、60795 人(分别占农户总数的 83.38%、农业人口的 45.71%)赊销纯棉布 78.26 万米，总金额 139.31 万元；赊销棉絮 136884.05 千克，总金额 43.03 万元。两项合计赊销金额 182.34 万元，人均 29.99 元、户均 75.23 元。

1984 年 12 月至 1985 年 4 月湘西自治州“两棉”赊销情况

表 8—3—6—2　　　　单位：万人、人、万元、元、米、千克

县市名称	控制人数	控制金额	实际赊销					纯棉布		棉絮		两项合计金额
			户数	户均人	占农户%	人数	占农业人口%	长度	金额	重量	金额	
合计	122	3660	422404	2.9	75.67	1219932	47.76	16947110.9	29400644	4458093.4	7250337	36650981
吉首	6.08	182.4	24238	2.5	83.38	60795	45.71	782608	1393072	273768.1	430302	1823374

续表 8－3－6－2

县市名称	控制人数	控制金额	实际赊销					纯棉布		棉絮		两项合计金额
			户数	户均人	占农户%	人数	占农业人口%	长度	金额	重量	金额	
花垣	11.68	350.4	34869	3.35		116774		1608799.7	2866055	395600	625000	3491055
泸溪	9.58	287.4	33034	2.9		95800		1663100	2385174	296300	481900	2867074
凤凰	15.56	466.8	48383	3.22		155600		2554400	3985832	444150	681521	4667373
永顺	13.64	409.2	60050	2.27		136387		1670771	3327549	492600	751055	4078604
大庸	7.52	217.5	27570	2.63		72504		967295.2	1723569	300326	453161	2176730
龙山	18.15	544.5	63684	2.85		131500		2428356	4323031	772500	1120000	5443031
桑植	21.58	647.4	71885	3		215829		2558060	4821861	871400	1738624	6560485
保靖	12.83	384.9	36795	3.49		128253		1908800	3176926	426421.3	672074	3849000
古丈	5.65	169.5	21896	2.58		56490		804921	1397555	185028	286700	1694255

第七节 民族资金管理

一、少数民族发展资金管理

少数民族发展资金由省民委和省财政厅共同管理，审批权在省，实行省级项目管理。每年，省民委根据民族自治地方和享受民族自治地方待遇的 17 个县市区贫困人口、少数民族人口、人均财力、资金使用效益等因素将当年资金计划下达有关市、州和县、市、区，享受此项待遇的县、市、区按照资金性质和使用范围组织项目考察、评估、论证和申报，市、州民委和市、州财政局审核、汇总后，联合行文上报省民委，省民委审核后再送省财政厅审定，然后两家联合行文下达，对资金项目实行报账制管理，由项目执行单位按实际实施进度到所在县、市、区民委审核，再到财政专户领取项目资金。2000 年，财政部、国务院扶贫开发领导小组、国家发改委联合颁布《财政扶贫资金管理办法(试行)》，将少数民族发展资金纳入财政扶贫资金体系管理。

1984 年起，市政府分工常务副市长兼管民族事务工作，把好项目审查关和资金管理关。每年年末，例行召开一次市政府常务会议，总结少数民族发展资金的使用和管理情况，讨论下年项目申报工作。

吉首市少数民族发展资金由市财政局管理，项目和资金指标由市民族局掌握和落实；双方审查，局长签字，财政拨款，互相监督，专款专用。对用于种植业的无偿发展资金实行项目与资金挂钩，投物不投钱或以物折钱；对无偿发展资金实行合同管理，市民委、市财政局同项目乡镇政府、乡镇政府和乡镇财政所同项目农户分别签订合同，乡镇政府和乡镇财政所包放、包收、包效益；市农业、民贸、民政部门抽调技术干部和管理人员进行技术指导和督促检查，发现问题，及时解决。1985 年，市民委和市财政局给已略乡投放 2 万元民族发展资金用于建设猕猴桃基地，而该乡只用 1 万元嫁接猕猴桃 58 株，而另 1 万元存在农村信用社，没有专款专用。检查发现后，市民委及时把这 1 万元存款调拨给该乡夯坨村上夯坨组用于修建饮水工程，解决 52 户、234 人的饮用水和 47 头大牲畜的饮水问题，使该组告别“听天由命，靠天吃水”的历史。对用于养殖业的发展资金由农户申报，村委会筛选，乡镇政府审批，签订合同，按合同投放和管理。

1988 年，市民委对历年投放的 283.4 万元支援不发达地区发展资金进行清理，分项登记，建卡入档。同时，收回到期有偿资金 62000 元。1991 年，对 1989～1991 年省民委拨给的开发资金实行按投资节节施工、节节报账管理。1996 年，清理公司、场、馆等经济实体资金使用情况，建立资金使用档案，偿还省、州民委下拨到期的周转金 35 万元。

1989 年 10 月 8 日至 11 月 4 日，市民委、市财政局、市审计局安排人员到 32 个行政村、29 个国家机关和企事业单位，对 1987 年、1988 年支援不发达地区发展资金投放、使用和管理情况进行检查，发现绝大多数项目做到专款专用，使用合理，管理到位，效益较好。收回有偿资金 15 万元，用于椪柑开发。

2001 年，市民族局会同市财政局将少数民族发展资金单列设账，单独核算，实行报账制管理。对呈报项目实地考察，分析论证，把好立项关；资金投入后，按施工进度分期付款；工程竣工后，会同财政部门跟踪检查，实地验收，达到质量要求的，予以结账；达不到要求的，责成项目单位返工，合格后方予结账，把好施工质量关；要求项目单位对小项目当年施工，当年完工；对大项目早施工，早受益，把好效益关；加大督查力度，保证资金用在项目上，不被挤占，不被挪用，做到专款专用。2005 年，市民族局建立健全项目库，对本系统财政分配资金实行微机申报，简化审批程序，节约人力、物力和财力。

二、少数民族义务教育助学金和少数民族医疗减免费管理

1994 年，省委、省政府行文规定，从 1995 年 1 月 1 日起，将省财政安排给民族自治地方的民族教育补助费改为少数民族义务教育助学金，由各级民族工作部门商同级财政部门管理，专款专用。2002 年 5 月，省民委、省教育厅组成联合调查组对民族自治地方和享受民族自治地方待遇的 17 个县、市、区少数民族义务教育助学金的管理和使用情况进行专题调查，发现此项经费到位率只有 58.4%，有的未将此项经费列入财政预算。这一问题引起省人大常委会的重视，将其列为当年义务教育执法检查中的“九大典型事件”之一，移交省政府督办。2003 年 1 月，省民委会同省教育厅和省财政厅制定并实施《湖南省少数民族义务教育助学金使用管理办法(试行)》，对资金的性质、补助对象、审批程序、资金管理、监督和检查都做出明确规定。由于这些经费是通过省财政以抵扣下级财政上交或与其他拨款合在一起的方式运作，未单列和封闭运行，而民族地区由于财政困难，常将各项经费捆在一起用于保基本运转，难以保证专款专用，致使此项经费一直没有完全按资金用途落实到贫困学生手中，相当部分被挪作他用。2004 年，为保证这项经费完全落实到位，充分体现中国共产党和人民政府对少数民族贫困群众的关心，省民委和省教育厅经省人民政府批准，从当年起，对民族自治地方和少数民族人口过半县的少数民族义务教育助学金实行财政单列、封闭运行、专项调度、跟踪管理，确保资金到位和专款专用，任何部门或单位都不得擅自截留、挪用。对此项资金安排不到位或截留、挪用的县、市、区，省财政厅扣减其当年的少数民族义务教育助学金。

2002年1月，市民族局报请市委、市人大常委会、市政府将少数民族义务教育助学金列入财政预算，被批准。从当年起，市政府将此项经费列入财政预算，足额将20万元助学金拨到市民族局账上，市民族局会同市教育局制定资金使用管理办法，资金使用和管理逐步制度化和规范化，专款专用，无截留或挪用现象。2004年，吉首市在全州率先足额落实到位少数民族义务教育助学金40万元，补助少数民族贫困学生2644人，人均151元。是年6月24日，市民族局和市教育局在寨阳中学召开少数民族义务教育助学金公开发放大会，由市人大常委会副主任谷金凤、市政府副市长吴弟明当场给68名苗族特困生发放助学金。寨阳乡新溪村苗族特困女学生吴莉莉代表受助学生上台发言："我家里人多田少，阿妈常年害病，靠阿爸一人劳动养家，交不起学杂费，快要离开学校、告别老师和同学、失学回家的时候，市政府给我们雪中送炭，发放民族助学金。今后，我们一定克服困难，努力学习，长大后好建设我们的国家。"谷金凤副主任含着热泪紧紧握着她的手："孩子，放心吧，党和政府会帮助你们的。"在场的20名学生家长情不自禁地长时间鼓掌，并放鞭炮，以示谢意。是年，全市发放少数民族义务教育助学金40万元，资助少数民族贫困学生2842人。2011年3月16日、18日，市民族局和市教育局联合检查组检查己略乡、矮寨镇和双塘镇中小学校少数民族助学金发放情况，受检学校做到规范管理，张榜公布，足额公开发放。

2002年5月，省民委、省卫生厅组成联合调查组对民族地区各县、市、区少数民族医疗减免费使用管理情况进行调查。2003年1月，根据调查情况，结合民族地区的实际，制定《湖南省民族医疗减免经费管理使用办法(试行)》，对经费的性质、补助对象、审批程序、管理、监督和检查都作出明确规定。由于此项经费是通过省财政厅以抵扣县、市、区上交或与其他拨款合在一起的方式运作，未单列和封闭运行，而民族地区财政困难，将各项经费捆在一起用于保基本运转，难以保证专款专用，致使这项经费一直未能按用途落实到贫困少数民族患者手中，相当一部分被挪作他用。为保证这项经费完全落实到位，专款专用，2004年4月，省财政厅、省民委、省卫生厅联合发出《关于少数民族医疗减免费管理使用办法的通知》，规定从2004年1月1日起，省财政厅对少数民族医疗减免费实行财政单列、封闭运行、专项调度，跟踪管理，任何部门或单位都不得擅自截留或挪用，对此项经费安排不到位或截留挪用的县、市、区，省财政厅将如数扣减其当年的少数民族医疗减免费。

2004～2012年，市财政局、市民族局按规定将每年20万元(2009年为17.1万元)少数民族医疗减免费全部落实到位，专款专用，跟踪管理，无截留、无挪用现象。

第四章　民族成分确定、更改及审核

第一节　民族成分确定及更改

1957年上半年，吉首县人委会组织人员到河溪、太平、双塘、毛坪(今白岩)、万溶江、马颈坳、乾州、吉首等乡镇进行民族成分调查，按国务院规定确定全县有土家族2779人，占全县总人口2.34％。此后，土家族人口逐年增加，2012年增至10.37万人，占全市人口34.11％。

1982年，国务院人口普查领导小组、公安部和国家民委联合发出《关于恢复或改正民族成分的处理原则的通知》中规定的审批权限是在全国进行人口普查的特定条件下规定的，不完全适合正常工作中执行。鉴于此，1986年2月8日，国家民委办公厅发出《中华人民共和国民族事务委员会关于恢复或改正民族成分问题的补充通知》(简称《补充通知》)，规定个人恢复或改正民族成分由县级民族工作部门审批。一个村或街道相当一些户集体要求恢复或改正民族成分由自治州、地级市的民族工作部门审批。一个较大范围的地区的群众要求恢复或改正民族成分，由省、自治区的民族工作部门调查，报经省、自治区人民政府审定后，报请国务院有关部门核准。户籍管理部门凭县及其以上民族工作部门出具的证明给予办理恢复或改正民族成份的手续。

1986年，市民委按《补充通知》规定，对申请改正民族成分且持有村委会或居委会及乡镇政府签署意见的村民小组证明的个人予以办理改正手续，对个别有疑问的另行查证落实，再作处理。是年，审批改正民族成分54人，其中改正为土家族34人，占审批数的62.96％；改正为苗族18人，占33.33％；改正为其他少数民族2人，占3.71％。丹青乡(今丹青镇)烟竹村陈万业世代为苗族，1965年参军时填报苗族；转业到湖南省有色金属勘察队二四五队工作时由于户口的转移，由苗族变成土家族；后从该队调到湖南省安化县工作，其民族成分由土家族变成汉族。1986年8月8日，他致函吉首市民委，要求改正民族成分。市民委受理后即派员到丹青乡调查，证实他是苗族，遂将其民族成分改正为苗族。1987年，恢复、改正民族成分500余人。1989年，改正民族成分17人。1992～2009年，各年更改民族成分人数依次为：1992年，60人，其中苗族23人，占38.33％；土家族35人，占58.33％；其他少数民族2人，占3.34％。1993年，270人，其中苗族84人，占32％；土家族173人，占64％；回族13人，占4％。1994年，83人，其中苗族36人，占43.37％；土家族45人，占54.22％；回族2人，占2.41％。1995年，137人，其中苗族47人，占34.31％；土家族71人，占51.82％。1997年，更改218人。1998年，更改146人。2003年，更改120人。2006年，更改182人。2007年，更改164人。2008年，更改198人。2009年，更改148人。2010年，更改85人。2011年，更改122人。2012年，更改125人。

第二节　考生资格审核

1991年，市民委将考生民族成分审核工作列入议事日程，按规定审核报考普通高校学生民族成分321人，其中苗族138人，占42.99％；土家族177人，占55.14％；白、回、满等民族6人，占1.87％。1993年，审核565人，其中苗族198人，占35.04％；土家族256人，占45.31人；回、白、瑶、蒙古等族10人，占1.77％；汉族101人，占17.88％。1994年，审核1026人，其中苗族463人，占45.13％；土家族521人，占50.78％；白、回、侗、瑶、布依、黎、锡伯、满等族42人，占4.09％。1996年、1997年、1998年、2000年，依次审核2100人、990人、997人、992人(大专生330人、中专生662人)。2001年，审核两种考生资格530人。2003年，审核864人。2006年，审核1589人。2007年，审核1789人。2008年，审核1543人。2009年，按省民委

1994 年 24 号和 2001 年 9 号文件精神审核两种考生资格 1775 人。

2010 年，采取媒体宣传、会议传达、举办培训班等多种形式宣传省民委 2009 年 1 号文件精神，复印湘族通〔2009〕1 号文件 78 份，发给市直相关职能部门、吉首城区高三 55 个班级。先后在市政大楼和市教育局大屏幕上宣传湘族通〔2009〕1 号文件精神达半个月之久。举办普通高校考生民族成份审核工作培训班，学习传达省、州有关会议精神，组织全市高中三年级班主任、年级组长、分管副校长学习湘族通〔2009〕1 号文件，要求班主任及时组织学生学习 1 号文件精神。在市电视台进行为期一周的宣传并发布电视讲话，成立两种考生民族成分资格审核工作领导小组，分管民族工作的副市长任组长，市民族局局长、市教育局局长任副组长，市民族局、市教育局、市公安局、市纠风办等部门的一名负责人为成员，抽调人员合署办公，分工负责，教育部门负责考生信息采集，公安户籍管理部门负责考生户口审核，民族部门负责考生民族成份审核，纠风办负责审核工作监督。统一印制表格 5000 份，发给市区高考学生填报。共审核 2364 人，其中少数民族考生 2071 人，占 87.61%；汉族考生 293 人，占 12.39%。

2011 年，市民族局及相关部门坚持以人为本，转变作风，州市联合，部门联动，上门服务，全程监督，切实加强审核工作，为广大考生服务，确保两种考生的合法权益，让学校、家长、考生都满意。审核 2752 人，其中少数民族考生 2439 人，占 88.63%；汉族考生 310 人，占 11.26%；散居非农少数民族考生 3 人，占 0.11%，审核对象无一例差错。

2012 年 2 月 9 日，市政府分管教育的副市长在全省普通高校招生享受民族优惠政策考生资格审核工作会议上作题为《坚持以人为本，服务广大考生》的发言。市委、市政府成立两种考生民族成份资格审核工作领导小组，成员单位市民族局、市教育局、市公安局、市纠风办共抽调 12 名工作人员，合署办公。市财政安排专款 4 万元，用于两种考生资格审核工作。2 月 17 日，市民族局牵头组织召开全市普通高校招生享受民族优惠政策待遇考生资格审核工作会议，安排部署审核工作。2 月 18 日至 3 月 1 日，在湘西电视台吉首频道举办“湖南省普通高校招生中享受民族优惠政策考生资格审核操作办法”专题宣传栏目。审核工作期间，州、市相关部门联合办公，进校上门开展审核工作。市民族局局长周吉潭带领局班子成员深入吉首城区各高考报名点进行督促检查，及时解决审核工作中的重点和难点问题。邀请家长、市人大代表和市政协委员现场督察，确保审核工作公正、公开。审核工作领导小组统一印制表格，分发给吉首城区高三学生及社会考生。3 月 10～18 日，领导小组工作人员先后深入州民中、吉首一中、市民中、湘西博雅高级中学现场办公，查看考生民族成分审核表是否齐全正确；查看考生所填的民族成份是否与父或母一方相符；查看户口簿与考生表格所填的情况是否一致；查看户口迁移是否符合要求；查看基层单位证明意见与户口有无差错，杜绝“人情”审核现象。审核工作结束后，将审核结果在市政府网站和市教育局网站公示，各学校及班级张榜公示，确保考生民族成份审核质量。全市审核 2975 人，其中聚居区少数民族考生 2617 人，占 87.97%；聚居区汉族考生 354 人，占 11.9%；散居杂居少数民族考生 4 人，占 0.13%，无一例差错。做到州市相关部门满意、学校满意、考生家长满意、考生满意。

第五章　少数民族干部培养及使用

第一节　少数民族干部培养

1949 年 11 月至 1953 年 7 月，中共乾城县委贯彻落实中共中央关于培养选拔少数民族干部的方针和政策，以培养普通政治干部为主、迫切需要的专业技术干部为辅；既培养少数民族干部，又适当培养少数民族地区及在少数民族地区工作的汉族干部。在建立基层人民民主政权、征粮支前、剿匪反霸、镇压反革命、土地改革等运动中吸收、培养一批苗族干部和汉族干部。1949 年 11 月下旬，县人民政府派员到苗族聚居的新坪乡三岔坪村招收苗族学员。经过宣传发动，石元星、石冬生、廖迎送等苗族知识青年报名应招，考试合格，被送到县干部训练班学习。1950 年 2 月，这批学员结业后，石元星被分到新坪乡参加征粮支前、减租减息、剿匪反霸工作。1950 年，他加入中国新民主主义青年团；1952 年 7 月，加入中国共产党，由一区财粮助理员升任一区区长。1952 年 8 月至 1960 年 12 月，任吉首县人民委员会县长。1985 年 1 月至 1990 年 3 月，任州政协副主席。至 1953 年 7 月，全县培养苗族干部 65 名，其中县级干部 2 名、科级干部 14 名、科员 49 名、妇女干部 4 名。少数民族干部文化低、缺乏工作经验，在培养少数民族干部工作中，县委分管干部工作的负责人对他们要求过高过急，求全责备，忽视对他们的培养和使用。1953 年 5 月 15 日，《人民日报》刊登批评中共吉首县委不重视培养提拔少数民族干部的《读者来信》，引起县委的高度重视，县委及时向中共湘西苗族自治区委呈交检讨报告，作自我批评，提出改正意见并按区委的指示切实改进和加强这方面的工作，做到认真挑选、真正了解、积极培养、大胆使用少数民族干部，大批少数民族干部迅速地成长起来，人数逐年增加，所占比例相应上升，素质不断提高。1954 年，全县少数民族干部 69 人，占全县干部数的 16.55％；1955 年，152 人，占 24.48％；1956 年，253 人，占 31.16％。253 人中：女干部 31 人，占妇女干部总数的 20.3％；中共吉首县第一届委员会 17 名委员和候补委员中苗族干部 8 人，占 47.06％；5 名县委书记、副书记中苗族 2 人，占 40％。

1957～1976 年，吉首县和全国各地一样经历“反右派”“反对右倾思想”“社会主义教育”“文化大革命”等政治运动，一批各级各族干部受到打击迫害，得到不公正的待遇，甚至蒙受不白之冤。

20 世纪 70 年代末至 90 年代，贯彻 1978 年 12 月 18～22 日召开的中共十一届三中全会精神后，全党工作重点转移到社会主义现代化建设上来，加强各级干部的思想建设、作风建设和组织建设，加强青年干部特别是少数民族干部的培养和选拔工作，实施《吉首市跨世纪领导干部评议选拔工程》，在全面提高现有领导干部素质的同时抓紧培养和选拔优秀年轻干部和少数民族干部，按照干部队伍“革命化、年轻化、知识化、专业化”（简称“四化”）方针和德才兼备原则，明确培养和选拔条件，采取“小步快跑、重点培养、适时挑选”的办法培养选拔少数民族干部，紧紧围绕扶贫攻坚和经济建设中心，坚持培训与使用相结合的方针，用科学理论武装少数民族干部，用现代文化知识和人类创造的优秀文明成果充实少数民族干部，用中共的优良传统和优良作风教育少数民族干部，成熟一个，启用一个，给少数民族干部压担子，让他们挑大梁，使他们脱颖而出。生于1953年1月的市籍苗族青年武吉海经过党组织的培养教育和本人的奋发努力，从一名下乡知青、县工程公司木工队副队长逐步成长成研究生、优秀中共党员和优秀少数民族副省级领导干部。

2001～2005年，市委根据《中共湘西土家族苗族自治州委关于湘西自治州2001～2005年培养选拔少数民族干部工作意见》（以下简称《意见》），把培养选拔少数民族干部列入议事日程，切实加强对少数民族干部工作的领导，把此项工作纳入干部队伍和领导班子建设的总体规划，制定实施方案，当作事关大局的战略任务抓紧抓好。坚持干部队伍“四化”方针和德才兼备原则，坚持“三支队伍”一起抓，坚持“稳定、充实、提高”并举，造就一支德才兼备、数量充足、结构合理、素质高的少数民族干部队伍。按《意见》中提出的主要目标和具体要求，在干部队伍建设中，少数民族干部继续保持与少数民族人口所占比例大体一致；市政府组成人员中少数民族干部所占的比例不低于60%；注意选拔和培养少数民族干部担任市委书记和市长；市人大常委会尽量选配一些少数民族干部担任主任或副主任、常委会委员，市人大常委会所属工作部门尽量挑选一些少数民族干部；市人民法院和市人民检察院领导成员配备适量的少数民族干部，其所占比例不低于三分之一；配备市直单位和乡镇领导班子时尽量选配少数民族干部。有计划地培养一批懂经济会管理的少数民族企业管理干部，为振兴民族经济提供强有力的组织保证；努力建设一支适应吉首市各项事业发展的少数民族专业技术干部队伍；注意培养选拔少数民族妇女干部和少数民族非中共党员干部。

着力提高少数民族干部队伍的整体素质。到2005年，全市少数民族干部具大专及其以上文化程度的要达到80%；大学本科毕业生要达到30%；市级领导班子成员中大专及其以上文化程度的要达到90%；熟悉财税、经贸、法律、经济管理的少数民族干部要有较大幅度增加。是年，全市少数民族干部具有初级专业技术职称资格的比例基本达到全省的平均水平、中级的达到40%、高级的达到5%。形成梯次年龄结构，老、中、青年龄结构合理。市级后备干部要达到大专及其以上文化程度，其中本科文化程度要达到40%以上。注重选拔培养30岁左右的市级少数民族后备干部，熟悉宏观经济、企业管理、财税、证券、法律、科技、营销、经贸的干部要达到一定数量。

为实现主要目标，达到上述要求，市委对少数民族干部进行岗前培训、任职培训、学历培训和理论培训，进行继续教育和业务进修；鼓励和支持少数民族干部参加电大、函大、业大学习或自学考试。2005年前，对没有进党校培训的科级及其以上少数民族干部分期分批安排到各级党校进行一次理论培训。市级党政领导干部在任期内由州委安排到州委党校进行一次为期两个月的理论培训。从2001年起，市委每年选派10名以上少数民族干部到乡镇挂职或任职锻炼；选派一定数量的少数民族干部到经济发达地区挂职锻炼、见习和参观学习或到上级领导机关和经济综合部门挂职见习；给优秀、有潜力、年轻的少数民族干部特别是后备干部搭平台、压担子；对长期在一个地方或部门工作的少数民族干部进行异地交流或岗位轮换，使他们在实践中经受锻炼，提高宏观决策水平和解决实际问题的能力；每年从高等院校挑选一些优秀少数民族毕业生到基层工作；破格提拔特别优秀的少数民族干部；鼓励、支持少数民族干部参加各级领导班子职位公开选拔录用。

2012年，市委选派14名35岁以下的少数民族优秀干部到省直对口单位进行为期一年的跟班锻炼。

为切实做好少数民族干部培养选拔工作，市委每年至少一次听取有关部门的工作汇报，研究解决工作中遇到的问题。全市各级党委和相关职能部门分工负责，互相配合，做好少数民族干部的培养和选拔工作。组织部门负责牵头、综合和协调；统战、人事和民族部门深入调查研究，主动反映情况，提出建议，推荐人选；教育部门制定和完善民族教育规划；财政部门在预算内安排足额的少数民族干部培训经费，保证培训工作顺利进行。

第二节　少数民族干部使用

1949年11月，38名南下入乾州干部和在征粮支前、减租减息中吸收一批优秀苗族青年送到沅陵专署学习，培养使用首批地方少数民族干部。20世纪50年代初，在剿匪反霸、镇压反革命和土地改革运动中吸收一批干部特别是苗族干部。1953年5月3日，《人民日报》登载批评中共吉首县委不重视培养提拔苗族干部的《读者来信》，县委对此引起重视，及时向中共湘西苗族自治区委作书面检查，表示接受党报的批评，切实加强工作，做到对苗族“真正了解，积极培育，大胆提拔”，破格把苗族优秀干部提拔到县级领导岗位上。至1954年，全县有苗族干部69名，占干部总数17%，其中科级及其以上领导干部15人。1956年，全县有苗族干部253人，占干部总数31.8%，其中苗族妇女干部31名，占妇女干部总数20.3%。股级以上干部中，苗族占34.6%。中共吉首县第一届委员会委员、候补委员17名，其中苗族3名；县委正副书记5名，其中苗族两名。

1963年6月至1965年11月，州委和县委在城乡社会主义教育运动中培养锻炼使用一批干部。“文化大革命”后期，把厂矿企业“以工代干”的职工转为干部。1988年，全市少数民族干部占干部总数59.5%；科级及其以上领导干部中少数民族干部占58%。

1989年，全市国家机关、企业和事业单位共有少数民族干部2034人，其中国家机关少数民族干部有19人任处级职务、218人任科级职务。

1995年，市委和市人事部门贯彻执行《中共中央关于党政领导干部选拔任用工作暂行条例》，坚持党管干部的原则，按干部队伍革命化、年轻化、知识化、专业化和德才兼备的标准任用干部。实行公开选拔、竞争上岗、公示、公推直选、票决等制度，按民主推荐、民主评议、民意测验的程序考察考核和选拔任用干部。全市4282名干部中少数民族干部2886人，占67.4%。其中：行政机关少数民族干部677人，占行政机关干部数66.11%；全民事业单位少数民族干部1808人，占67.21%；全民企业单位少数民族干部337人，占59.33%。

2001年年末，全市行政机关干部1375人，其中少数民族干部1015人，占73.82%，与全市少数民族人口占全市人口73.08%的比例接近；全民事业单位干部4423人，其中少数民族干部3303人，占74.68%；全民企业单位干部707人，其中少数民族干部436人，占61.76%。

2001年，市委常委11人中少数民族7人，占63.64%；书记由苗族干部担任，副书记7人中少数民族6人，占85.71%。2005年，书记仍由苗族干部担任；副书记6人中少数民族5人，占83.33%；常委16人中少数民族11人，占68.75%。2012年，市委书记由汉族干部担任；副书记2人中苗族和土家族各1人；常委11人中少数民族8人，占72.73%。

2001年，市人大常委会主任由土家族干部担任；副主任6人中少数民族4人，占66.67%；女干部1人，占16.67%。2005～2011年，市人大常委会主任先后由3人担任，其中苗族1人、土家族2人；副主任6人，均为少数民族干部，其中苗族2人、土家族3人、白族1人（女）。办公室和6个工作委员会主任7人中少数民族干部5人，占71.43%。2012年，市人大常委会主任由汉族干部担任；副主任5人，均为少数民族。办公室和6个工作委员会主任7人中少数民族干部5人，占71.43%。

2001年，市人民政府市长由土家族干部担任；副市长8人中少数民族6人，占75%。2005年，市长仍由土家族干部担任；副市长7人中少数民族干部6人（苗族4人、土家族和满族各1人），占85.71%；女干部1人（满族），占14.29%。2012年，市长由苗族干部担任；副市长11人中少数民族8人，占72.72%。

2001年，市政协主席由苗族干部担任；副主席6人中少数民族4人，占66.67%；女干部1人，占16.67%。2005年，市政协主席仍由苗族干部担任；副主席5人中少数民族4人，占80%；女干部1人，占20%。2012年，市政协主席由土家族干部担任；副主席5人，均为少数民族。

2001年，全市14个乡镇党委书记先后由28人担任。其中少数民族23人，占82.14%；少数民族女干部1人，占3.57%；副书记先后由78人担任。其中少数民族68人，占81.18%；68人中女性6人，占78人的7.69%。乡镇长先后由27人担任。其中少数民族26人，占96.3%；26人中女性2人，占27人的7.41%。2005年，14个乡镇党委书记先后由19人担任。其中少数民族14人，占73.68%；副书记先后由52人担任。其中少数民族44人，占84.62%。乡镇长先后由22人担任，其中少数民族18人，占81.82%。2012年，全市12个乡镇党委书记12人中少数民族8人，占66.67%；副书记26人中少数民族23人，占88.46%；副书记中女性4人，占15.38%。乡镇长12人中少数民族11人，占91.67%；女性2人，占16.67%。

2005年，全市行政机关、企业和事业单位共有少数民族干部5090人，比1989年增加3056人，增长150%。1165名行政机关干部中少数民族干部911人，占78.11%，与全市少数民族人口占全市人口75.01%的比例接近。其中有31人担任处级职务、692人担任科级职务；全民事业单位3884名干部中少数民族干部3022人，占77.81%；全民企业单位251名干部中少数民族干部147人，占58.57%。

2007年年末，全市491名市、乡、镇、街道科级领导干部中少数民族381名，占77.6%。

2012年年末，全市行政机关干部1662人中少数民族1280人，占77.02%；各级领导干部1086人中少数民族838人，占77.16%。838人中正处级4人，占0.48%；副处级36人，占4.3%；正科级210人，占25.06%；副科级588人，占70.17%；硕士研究生及其以上学历11人，占1.31%；本科学历383人，占45.7%；专科学历299人，占35.68%；中专(含高中)学历139人，占16.59%；初中及其以下毕业生6人，占0.72%；30岁及以下35人，占4.18%；31～35岁118人，占14.08%；36～40岁130人，占15.51%；41～45岁176人，占21%；46～50岁159人，占18.97%；51～60岁220人，占26.26%；中共党员785人，占93.68%；非党派53人，占6.32%。

第六章　民族团结

第一节　民族团结工作

乾城县和平解放后，市(县)委、市(县)政府和市民族局(民委)认真贯彻落实中共中央的民族政策，坚持共同发展和共同繁荣的民族工作方针，巩固和发展平等、团结、互助的社会主义民族关系，做好民族团结进步工作，推进民族自治地方经济社会发展。1988年4月、1991年3月、1999年9月、2005年5月，市人民政府四次被国务院评为“全国民族团结进步模范集体”；1990年10月、1991年3月、1994年9月，市民委主任魏家瑶先后获国务院授予“全国民族团结进步模范”称号、被省委办公厅和省政府办公厅评为“全省民族团结进步先进个人”；1998年，市民委分别被国家民委、省政府和省民委评为“全国民族团结进步模范集体”“全省民族团结进步模范集体”。1999年，市长徐克勤被评为“全国民族团结进步模范个人”。

1995年5月、10月，白岩乡雅致村、沙坪村与古丈县默戎镇龙鼻嘴村、坪坝乡万岩村、李家村因边界问题发生两起重大群体性械斗事件，经双方县市和乡镇政府以及县市民委调处，化解了矛盾，平息了械斗，边区村民和谐相处。

马颈坳镇团结村与古丈县默戎镇龙鼻嘴村接壤，两村为土家苗汉杂居村，村民同住一座山，同饮一方水，同耕一处地。20世纪90年代中期，边区盗伐滥伐山林、非法贩运木材的问题严重，双方为此常发生纠纷，互不让步。1996 年 2 月，矛盾激化，发生一起有 1000 余人参与的重大群体性斗殴流血事件，S229 公路交通一度中断。经双方县市政府和镇政府以及县市民委及时调处，开展边区治安整治工作，事件虽得以平息，但矛盾并未完全化解，安全隐患仍然存在，村民仍耿耿于怀，心有余悸，有亲不敢走，有插花地不敢种，有菜不敢卖，有车不敢开。团结村仅运输一项就损失 20 多万元。为化解双方矛盾，实现边区民族团结，经济发展，社会进步，两县市民委按吉首市委、吉首市人民政府和古丈县委、古丈县人民政府以及州民委的指示和要求商定在两村分别办边区民族团结示范点，制定并实施《吉古边区民族团结实施方案》，联合召开两县市民委主任、两镇党委书记和镇长、两村村支书、村委会主任、村秘书会议，两村主干和德高望重老年人座谈会，两村村党支部和村委会分别召开村民会，学习中共中央总书记江泽民在 1990 年视察新疆时所作的"汉族离不开少数民族，少数民族离不开汉族，各民族之间也相互离不开"的指示，追昔抚今，话团结，讲友谊，看行动，争当团结的模范。此后，龙鼻嘴村举办"赶秋节"，团结村举办"边区民族团结文化艺术节"和"边区民族团结联谊活动"，两村联合营造一片民族团结林，共建一座民族团结亭，同竖一块民族团结碑，碑上刻《民族团结公约》。团结村给龙鼻嘴村提供优质椪柑苗木 2 万余株、优先给龙鼻嘴村供应团结水库水。2001 年，两县市民族局联合在团结村和龙鼻嘴村创办"吉古边区民族团结示范点"；示范点被省民委定为全省首批八个民族团结示范点唯一联办民族团结示范点，启动马颈坳镇省级民族团结示范点各项建设。是年 11 月 1 日，省民委在马颈坳镇镇政府驻地溪马举行省级民族团结示范点授牌大会，州委和州政府、吉首市委和市政府、古丈县委和县政府、两镇党委和镇政府主要领导干部到会祝贺。2003 年 9 月 23 日，两县市民族局、两镇政府联合在团结村喊娘坳修建一座高 6.8 米六角形、刻有团结友好碑文和两村《民族团结公约》的"民族团结亭"工程竣工。

矮寨镇与凤凰、花垣、保靖三县接壤，是一个苗族聚居镇，与周边县乡镇各族群众互相往来，经常开展有益于团结的各项活动。2001 年，为加强边区民族团结，市民族局、镇党委和镇政府在镇政府驻地矮寨召开四县市边区民族团结座谈会，建立边区民族团结联席会议制度，研究讨论边区经济社会发展和民族团结进步问题，采取相应措施，巩固、发展各民族平等、团结、互助的社会主义民族关系。2003 年 2 月 10 日，市民族局、矮寨镇政府和保靖县夯沙乡政府在矮寨镇平年村举办吉首籍爱国名将杨岳斌诞辰 180 周年暨迎春活动。2004 年 4 月 15 日，市民族局在吉首、花垣、凤凰三县市交界处矮寨镇吉好村举办民族团结图片展览和民族文化体育活动，共庆边区民族团结。2006 年 10 月 20 日、2007 年 12 月 21 日，市民族局与己略乡政府先后在己略乡龙舞村举行吉首市首届和第二届"民族大团结文化周"启动仪式，吉首市和保靖县 5 个乡、镇、街道各族群众欢聚一堂，庆祝各民族团结进步。2007 年，马颈坳镇政府与古丈、保靖两县周边乡镇政府召开联席会议，建立健全三县市六乡镇边区联谊联防制度，共同营造边区政治稳定、民族团结、经济发展、社会进步的新局面。2009 年 7 月 6 日，市民族局召开"民族团结进步行"启动会议，组织开展"民族团结进步行"系列活动。9 月 26 日，市"民族团结进步行"领导小组和市委宣传部主办，市民族局、市建设局、市文化局、市档案局协办，市摄影家协会承办“庆祝中华人民共和国成立60周年摄影展”，在市政大楼前坪场展出120幅摄影作品，展示在中共民族政策照耀下吉首市城乡面貌焕然一新、欣欣向荣、民族团结、社会进步的生动局面。在湘西州《团结报》发表《围绕团结进步主题扎实推进民族工作》的调研文章，获《团结报》“民族团结进步行”征文三等奖。市民族局会同湘西电视台深入马颈坳镇团结村、矮寨镇中黄村和德夯村、丹青镇清明村拍摄《湘西色彩民族团结花最美》专题片，在湘西电视台设专栏进行系列报道。市民族局投入5万元资助民族团结示范点马颈坳镇团结村开发金银花3.33公顷，全村金银花种植面积达53.33公顷，年收入200万元。2010年，配合省、州、市人大常委会开展“民族团结进步行”活动，先后8次在湖南经视、湘西电视台综合频道和吉首频道播放民族团结进步模范单位和模范个人先进事迹。2011年，市民族局先后在马颈坳镇团结村、乾州街道古城社区、矮寨镇民族中心完小、湘西州边城醋业科技有限公司建立民族团结进步创建示范点，做到机构、队伍、资金、方案、宣传阵地、办公场所六到位，创建活动进机关、进学校、进乡村、进企业。继续办好团结村民族团结示范点，扶持该村进行村级公路建设、基础设施维修、发展金银花支柱产业，硬化村公路2.5千米、村间道路3千米，金银花种植面积增至100公顷。

2012年，市民族局制定、实施《吉首市民族团结进步创建活动实施方案》，实行农村与城市、机关与社区、学校与企业结合，在全州率先建立马颈坳镇团结等村民族团结进步示范片，在镇溪街道商业城社区、乾州街道古城社区创办城市民族团结进步创建工作示范点，在矮寨镇民族中心完小创办民族团结进步校园活动示范点，建一支师生苗鼓队、设一个双语教学班，办一块宣传栏，辟一面民族文化宣传墙，在湘西州边城醋业科技有限公司创办民族团结进步企业示范点，创建活动不断向纵深发展。实施国务院于2011年11月批准的《武陵山片区区域发展与扶贫攻坚规划(2011～2020年)》，以建设扶贫攻坚示范区、跨省协作区、民族团结进步模范区、国际知名生态文化旅游区为载体，创建武陵山区民族团结进步模范区，开展民族团结进步进机关、进企业、进社区、进村寨、进学校活动15场次。

2000年12月11日，市委、市政府召开有200多人参加的“吉首市第一次民族工作会议暨民族团结进步表彰会”，传达贯彻1999年9月国务院召开的全国民族工作会议暨民族团结进步表彰大会精神，出台《中共吉首市委吉首市人民政府关于进一步加强民族工作的决定》，表彰双塘镇政府、石家冲街道办事处、寨阳乡勤丰村村委会、马颈坳镇团结村村委会、市财政局、市公安局等15个全市民族团结进步先进单位和向红翠、石长忠、胡先芝、钟克文、杨佳兰等38名全市民族团结进步先进个人。2006年12月6日，市委、市政府召开全市民族工作会议暨第二次民族团结进步表彰会，参加会议的有全市各级领导干部代表、民族工作联络员、先进单位代表和先进个人共250人。会议传达贯彻全国、全省、全州民族工作会议精神，总结前五年、安排后五年的民族工作，出台《中共吉首市委吉首市人民政府关于进一步加强民族工作的决定》，首次把州府吉首城市民族工作列入议事日程，将城市民族工作专项经费纳入财政预算。会议表彰10个民族团结进步先进单位和25名先进个人。2012年10月23日，市委、市政府召开全市民族工作会议暨第三次民族团结进步表彰会。州委和州政府、州民委，市委和市政府，市人大常委会、市政协、市人武部，各乡镇党委和政府、街道党委和街道办事处，市直科级单位领导干部，民族工作联络员、先进单位代表和先进个人近300人参加会议。会议表彰市检察院、市教育局、峒河街道办事处、社塘坡乡政府、矮寨镇联团村村委会、湘西州边城醋业科技有限公司等15个民族团结进步先进单位和王晓明、田冠菊、李向阳、彭炎林、舒忠诚、张献青、杨七斤等36名民族团结进步先进个人。州委常委、市委书记秦国文在讲话中要求全市各级干部和各族人民坚持以科学发展观为指导，紧紧围绕“共同团结奋斗、共同繁荣发展”的民族工作主题，借助国家武陵山片区区域发展与扶贫攻坚试点的东风，以“四化两型”为引领，坚持“三一三”总体发展思路，全面实施城市品牌战略，筑牢基础，聚焦优势，彰显特色，壮大实力，努力把吉首打造成武陵山片区核心增长极，开创民族团结进步事业的新局面。他强调，在当前形势下，民族团结进步创建工作要负重奋进，拼搏创新；要抢抓机遇，率先突破；要加强领导，狠抓落实。

第二节　民族团结建筑物

一、团结路

原为湘川公路吉首城区故道，西起石家冲铁路桥，东至红旗门花岛。1957年，为庆祝湘西土家族苗族自治州成立而扩建，故名团结路。路长1290米、宽9＋5米/2，中段为城区中心商业区。2003年5月，分段改造，共投资132.8万元，路宽19米，其中车行道10米、人行道4.5米/2，石家冲铁路桥至吉首大桥段长860米，水泥路面；吉首大桥至红旗门花岛段长430米，炒砂路面。

二、团结水库

马颈坳镇团结村是一个苗族、土家族和汉族杂居村，与古丈县默戎镇龙鼻嘴村毗邻。1971年9月，吉首县革委会在该村境内动工修一座小1型水库，以当时的团结生产大队队名命名为团结水库。1977年12月，水库工程竣工，大坝为土质坝，高30米、长130米，总投资63.1万元，其中国家投资60.1万元。

三、团结路人行天桥

州庆40周年重点工程项目之一。桥位于团结路和人民北路交叉处。长沙交通设计研究院设计，省蓝天建筑公司施工。1997年5月21日开工，7月28日竣工，造价280万元。桥梁用钢材焊接而成，分为13个拼装段，主桥为“十字形”斜交桥梁，净宽3米，上下梯道净宽2米。在人行天桥的交叉点处竖高杆灯1座(后拆除)。因其横跨团结路，故名团结路人行天桥。

四、团结广场

位于镇溪街道砂子坳州委机关和人民南路之间，为湘西州重点工程、吉首市撤县设市 20 周年献礼工程和典型民族建筑物之一。因吉首是州府驻地，全州政治、经济、文化中心，故名团结广场。占地 4500 平方米，2001 年 10 月 10 日动工兴建，2002 年 9 月 8 日竣工，耗资近 4000 万元。广场由绿化区、中心平台、喷泉区、中间大道、曲径小道、棕色民族浮雕墙、少数民族人物塑像构成，古树相映，奇石点缀，绿草添花，象征民族团结，社会和谐。

五、团结亭

2003 年 6 月 18 日，吉首市与古丈县两县市民族局联合在马颈坳镇团结村喊娘坳修建“民族团结亭”。9 月 23 日，工程竣工，两县市政府领导干部、民族事务局、两镇党委、镇政府负责人、两村干部和村民代表、州民委领导干部以及参加全州民族工作流动现场会的负责人近千人参加工程落成庆典。“民族团结亭”高 6.8 米，为六角形，有 6 根粗大的钢筋水泥圆柱，圆柱之间镶嵌麻石座凳。亭中置石鼓一面，鼓面分别镌刻团结友好碑文和两村民族团结公约，落款“吉首市民族事务局、吉首市马颈坳镇人民政府，古丈县民族事务局、古丈县默戎镇人民政府”。

第三节　民族交往

1986 年，市民委按热情节俭的民族交往原则，接待省内外 14 批 2097 人到市域进行民族考察。1989 年，接待湘、鄂、川、黔 4 省 33 个县市和美、日、新加坡等国，香港和澳门共 1200 多人到市旅游观光和进行民族考察。1991 年，接待国务院、国家民委、江苏省南京市、黑龙江省哈尔滨市、青海省海南藏族自治州、贵州省遵义地区和铜仁地区、云南省楚雄彝族自治州、湖南省常德地区和怀化地区、四川省黔江地区等市、州、地区 17 个经济考察团，各方工作人员共 986 人。1996 年，接待云南省昆明市、贵州省贵阳市和遵义市、湖北省利川县、内蒙古自治区、吉林省延边朝鲜族自治州、湖南省麻阳苗族自治县等 13 个考察团，国家和湖南省民委 6 个调查团，共 2100 多人。1997 年，接待内蒙古自治区、黑龙江、辽宁、湖北、广东、广西五省和州内 13 个民族考察团组共 210 多人。1998 年，接待黑龙江省佳木斯市，湖北省来凤、咸丰和鹤峰三县，湖南省永州市和怀化市等地 14 个民族考察组共 76 人，国家民委、省民委工作组 6 个共 59 人，州内民族工作干部 83 人，接待并配合中央电视台在吉首市拍摄“公司＋农户”电视新闻专题片。2000 年，接待广西壮族自治区和贵州、四川、湖北 3 省 4 个民族考察团、组共 28 人，省内 3 个民族考察组共 16 人，国家、省、市民族工作干部 68 人，接待市区来信来访少数民族 189 人次。

2002 年，接待黑龙江省和湖南省张家界市民族考察团 20 人。2003 年 11 月，市民族局派员参加在贵州省遵义市召开的湘、鄂、黔、渝四省市边区民族工作年会，在会上介绍吉首市民族自治地方经济社会发展情况及民族工作情况。2004 年 10 月，参加在凤凰县召开的四省市边区第 27 次民族工作年会，在会上交流《原生态民族文化保护与开发》一文。2009 年 3 月 15 日，市民族局和张家界市永定区民族局在吉首召开民族政策法规贯彻落实情况交流会，总结工作，交流经验并就如何打好民族品牌、用足、用好、用活民族优惠政策，加快民族自治地方和民族地区经济社会发展，促进民族团结进步进行探讨。2012 年 3 月，接待新疆维吾尔自治区政协、区民族事务局一行 28 人在吉首交流民族团结进步创建工作情况，客人参观省级民族团结示范点马颈坳镇。是年 5 月 8 日，接待吉林省延边朝鲜族自治州州府驻地延吉市民族宗教局一行 10 人在吉首市考察民族宗教工作。

第四节　城市少数民族流动人口服务管理

2001 年，市政府成立城市民族工作领导小组，分管民族工作的副市长任组长，民族、公安、工商、城市管理、市场管理、劳动等部门各一名负责人为小组成员，日常工作由市民族局牵头进行。领导小组每季度召开一次会议，定期对不稳定因素进行排查、摸底，发现问题，及时解决。从 2001 年起，每年组织宣传队伍在城区用群众喜闻乐见的方式宣传《民族区域自治法》、《中华人民共和国城市民族工作条例》等法律法规。2002 年，印发宣传资料 1 万余份，开展“我为吉首添光彩争做荣誉市民”活动。充分发挥城市民族工作联络员作用，发现问题，及时处理，把城市民族矛盾解决在萌芽状态，避免外来少数民族流动人口群体性事件发生。2007 年 11 月，新疆维吾尔自治区和田县 7 名维吾尔族人违反吉首城市管理规定，在吉首城区随意摆摊做烧烤生意。城市管理执法人员耐心规劝，他们仍不听从；城管人员只好没收其烤具，双方发生争持。市民族局获悉，立即派员及时赶到现场，会同城管部门进行调处，终于化解矛盾纠纷，对方按市民族局和城管部门规定进行烧烤营业。2009 年 10 月 19 日下午 5 时，四川省阿坝藏族羌族自治州黑水县瓦钵乡曲瓦村藏民王 XX、五 X 等 7 人因市行政执法局镇溪执法队不同意他们在汽车南站人行道区域摆摊经营，他们不听从，与执法人员争吵并以“民族问题”到市民族局上访，情绪激动，态度过急。市民族局启动城市民族工作应急预案，及时向市委、市政府、州民委汇报。局长李莉一方面晓之以理，动之以情，耐心向他们讲清吉首市城市管理规定并给他们安排食宿；另一方面，召开执法局等有关部门临时会议，研究解决问题的办法。因王 XX、五 X 等人来自四川省地震灾区，遂将他们按灾民对待，发给救助金，帮助他们解决实际困难。7 人深受感动，颇觉自愧，乐意按城管规定摆摊经营。

2001～2012 年，市民族局调处城市民族问题事件 6 起，涉及城市管理、经商、行医卖药等问题。

吉首是贵阳—重庆—宜昌—长沙—柳州 500 千米半径内城市网络的中心点。21 世纪初，随着吉首市经济建设的发展和地理区位优势的凸显，外来流动人口逐年增加，2011年，全市52720名流动人口中少数民族25833人，占49%。2012年3月，国家民委将吉首市定为全国第三批城市少数民族流动人口管理服务体系建设试点城市。市委、市政府成立以市委副书记、市政府市长李卫国任组长的吉首市少数民族流动人口服务管理体系建设试点工作领导小组，民族、公安、工商、税务、财政、教育、卫生、人口计生、城管、交通等市直职能部门为成员单位，领导小组办公室设在市民族局内，市民族局局长周吉潭兼任办公室主任，负责日常协调工作。领导小组制定《吉首市少数民族流动人口服务管理体系建设实施方案》。市民族局出动两辆宣传车在城区进行为期一周的宣传，印发宣传资料5200余份，在湘西电视台吉首频道、吉首新闻网、湘西民族网、湖南民族网、红网等媒体和网站进行宣传报道。市民族局牵头，公安、人口计生、城管、街道、社区等部门定期对全市流动人口进行清理，摸清全年外来少数民族人口有20批，共1500多人次，绝大多数是维吾尔族和藏族。对外来少数民族流动人口按其来源地、姓名、性别、民族、宗教信仰、从业情况造册登记，建立信息资料库。州委常委、市委书记秦国文主持召开吉首市城市少数民族流动人口服务管理体系建设试点工作汇报会，要求对少数民族流动人口服务管理工作切实做到底子清、情况明，措施落实，杜绝群体性事件发生。责成市劳动和社会保障局(以下简称为"市劳动社保局")对少数民族流动人口进行就业培训。市劳动社保局先后举办烹饪、电焊、酒店管理、汽车驾驶等各类技术培训班24期，培训少数民族流动人口学员2300人。在市第二中学开办"优教班"，先后有50多名少数民族流动人口的子女入班学习，为部分少数民族流动人口解除后顾之忧。

在条件较为成熟的乾州街道古城社区、镇溪街道石家冲社区和峒河街道办少数民族流动人口服务管理示范点，人口计生、公安、工商、劳动社保等市直单位为少数民族流动人口提供优质服务，采取一系列优惠政策措施。对在吉首市居住1年以上的少数民族流动人口予以3000元及其以下城镇居民医疗保险和少数民族医疗减免费；对生活和就业困难的少数民族流动人口独生子女户、农村两女结扎户成员安排公益性就业岗位；对在吉首市就读家庭困难的少数民族流动人口子女予以少数民族义务教育助学金；对因重大自然灾害造成生活困难的少数民族流动人口予以特困生活救济；免费为少数民族流动人口提供就业培训；免费为少数民族流动人口办理居住证并准予办理汽车驾驶证和机动车登记，使少数民族流动人口感受到民族大家庭的温暖和人民政府的关怀。

少数民族流动人口来自全国各地，语言、风俗习惯、宗教信仰等方面都不同。在不违反国家政策和法律法规的情况下，对不同的人群采取不同的管理方法。对从新疆、西藏到吉首务工经商的少数民族流动人口，符合条件的，税务部门予以纳税优惠，城管部门按有关规定划出地段给他们经商，工商、劳动社保等部门给予优质优先服务；社区管委会人员主动上门访问，了解他们的生活情况，尽最大可能地为他们排忧解难，使他们自觉按市政府规定经商。

外来少数民族流动人口是一个特殊群体，他们之间也会发生一些属于人民内部矛盾的纠纷。针对这种情况，有关职能部门密切配合，定期或不定期地排查外来少数民族流动人口中的不稳定因素，将各种矛盾纠纷化解在萌芽状态，避免矛盾激化和事件发生或升级。2012 年，全市发生涉外少数民族流动人口事件由 2011 年的 15 起减至两起，均得到妥善处置。

为了加强少数民族流动人口的管理，市民族局牵头，会同有关部门同新疆维吾尔自治区和田县、四川省阿坝藏族羌族自治州黑水、茂县等县民族局建立联系机制，互通信息。在吉首大学的少数民族学生中挑选 5 名维吾尔族和藏族学生组成翻译服务队，疏通语言，便于各少数民族之间的友好交流。

第五节　民族工作联络员制

2002 年 6 月，经市委、市政府批准，市民族局在全州率先建立民族工作联络员制度，14 个乡镇、4 个街道、22 个工作局和 6 个相关单位为民族工作联络员制单位，由 45 名副科级干部担任民族工作联络员。他们履行自己的职责，广泛深入进行《民族区域自治法》和《湘西自治州自治条例》的学习宣传和贯彻实施，加强民族优惠政策的贯彻落实；支持、协调和帮助民族地区发展经济；广泛开展民族团结活动，进行“汉族离不开少数民族，少数民族离不开汉族，各民族之间也相互离不开”的思想教育；做好城市民族工作，妥善处理外来少数民族流动人口关系。7 月 11 日，市民族局召开首次民族工作联络员会议。至年末，召开民族工作联络员会议 3 次，举办联络员培训班 1 期，培训 45 人。

2006 年，市委办印发《中共吉首市委吉首市人民政府关于进一步加强民族工作的决定》，成立吉首市民族工作领导小组，市政府市长任组长，一名副市长和市委统战部部长任副组长，市委办、市政府办、市财政局、市民族局等单位为成员单位，领导小组设办公室，由市民族局局长兼任主任，制定领导小组工作职责，建立健全全市民族工作联络员制度。

2009 年，市民族局深入到 45 个成员单位对民族工作联络员进行考察和调整。2010 年 1 月 7 日，领导小组召开全市民族工作联络员会议，布置全年民族工作任务。同时，举办民族工作联络员民族理论、民族政策和民族工作知识培训班。2011 年 7 月 21 日、22 日，市民族工作领导小组召开全市民族工作联络员会议暨培训班开学典礼，乡、镇、街道、市直单位 45 名联络员、民族团结示范点、乾州街道古城和镇溪街道商业城两社区负责人参加会议。会议总结 2010 年民族工作情况，安排 2011 年民族工作任务。会议采取以会代训的方式，请吉首大学教授就《国际形势与民族问题》和《民族文化的保护传承与利用》作专题讲课。会后，组织联络员进行异地考察。在乾州街道古城社区创办湘西州首个社区民族工作示范点。

2012 年，进一步明确全市科级单位 45 名民族工作联络员工作职责，召开联络员会议，落实民族工作常抓机制。

第六节　文明社区创建

2006年9月，乾州街道古城社区、东门社区和胜利村合并成乾州街道古城社区。社区面积2.3平方千米，14个居民小组，3162户、10627人，区内驻州、市直单位19个，社区下岗职工和失地农民较多，低保户309户、786人，优抚户10户。

2011年7月，市民族局在乾州古城社区创办湘西自治州首个文明社区民族工作示范点。

2012年，州委副书记、州委统战部长郭建群先后7次到社区指导和谐文明社区创建工作。州民委、州旅游局、州台办、民盟州委、州工商联和市委统战部等单位领导干部多次深入社区调查研究，走访50户贫困户，送慰问金27000元。市民族局、市财政局投入50万元资金，为社区办公楼添置设备；另拨35000元作办公经费。给168名60周岁及其以上非农业人口每人每月养老保险金55元，为138名60周岁及其以上农业人口老人交付农村养老保险金155元，为938名失业人员办理"失业登记证"，对120名失业人员进行45天的职业技能培训。多次组织文艺爱好者利用双休日或节假日在乾州古城和人民广场表演地方戏剧。2012年，社区党支部被评为吉首市创先争优先进党支部、全省党建与基层建设先进单位，社区获"湖南省文明社区"称号。

第七章　社会事务

第一节　民族教育和卫生工作

一、"双语"教学

1985年上半年，市民委在矮寨镇办苗文教学试点，开设阳孟、坪孔、补育3个苗文班，共有学员101人，其中男学员54人、女学员47人；15岁以下18人、16～20岁66人、21～25岁13人、26岁以上4人；高中毕业生3人、初中毕业生17人、小学毕业生17人、小学三年级56人、不识字8人，均为苗族。阳孟班40人，其中男24人、女16人；15岁以下5人、16～20岁28人、21～25岁5人、26岁以上2人；高中毕业生1人、初中毕业生2人、小学毕业生12人、小学三年级23人、不识字2人。坪孔班25人，其中男17人、女8人；15岁以下8人、16～20岁17人；高中毕业生1人、初中毕业生8人、小学毕业生3人、小学三年级12人、不识字1人。补育班36人，其中男17人、女19人；15岁以下8人、16～20岁18人、21～25岁8人、26岁以上2

人；高中毕业生1人、初中毕业生7人、小学毕业生2人、小学三年级21人、不识字5人。

1987年10月28日至1988年1月3日，市民委在矮寨镇德夯村办第一期苗文学习班，学员21人。其中：男13人、女8人；中老年10人，年纪最大66岁、最小18岁，为苗族；中师毕业生1人、高中毕业生8人、初中毕业生5人、小学毕业生7人。在学习班筹备和开办过程中，州民委拨给办班经费，给学员赠送苗文课本，派员监考和阅卷打分。市民委负责人和工作人员多次到德夯落实办学场所、教师聘请等工作。州政协委员、市人大代表石美群（女、苗族）利用晚上时间到德夯做学员思想工作，鼓励他们学好苗文。村委会免费给苗文班提供场所，尽力帮助解决其他问题。10月28日，州民委主任龙廷光、副主任叶立吉，副市长符兴猛，市民委副主任吴兴隆、龙光荣到德夯参加开学典礼，勉励师生教好学好苗文。13人参加结业考试，及格12人，其中90分以上8人、80分以上4人。

1989年1月3日至3月6日，市民委在德夯办第二期苗文学习班，分两个阶段教学。第一阶段，1月3～21日，学习苗文语音，进行两次测验；第二阶段，2月5日至3月6日，重点学习课文内容，进行结业考试、验收、评优奖优。本期除开设苗文课外，还开设苗文科技课和音乐舞蹈课。

2008年，吉首市被州民委列为全州五个汉语、土家族语或苗语（简称“双语”）教学试点县市之一。市民族局通过调查研究，确定矮寨镇民族中心完全小学为“双语”教学试点，开设苗语教学班，采取课堂授课与课外活动相结合的方式进行“双语”教学，分段测验，年终测评，收到较好效果。是年，该校被评为全州“双语”教学试点工作第一名。

2011年3月18日，市民族局局长周吉潭一行到矮寨镇民族中心完全小学调研，就“双语”教学工作与学校负责人和教师代表商讨。6月22日，州教科院专家到该校检查“双语”教学工作，认为该校“双语”教学工作成绩显著，令人满意。6月24日，湖南省郴州市桂阳县民族宗教局一行7人到吉首市考察“双语”教学工作，交流有关情况。市民族局投入3万元资金扶持该校开展民族文化进校园活动，继续办好一个“双语”教学班，组建一支苗族鼓舞队，办一块宣传栏，建一面民族文化宣传墙。

二、扶贫建校、资助妇女“双学”和乡镇卫生院建设

1988年，市民委投入2万元扶贫建校资金补帮助边远民族特贫乡排绸乡中心完全小学建1栋8间共561平方米的校舍，学校在校学生由119人增至417人，其中寄宿生298人。给该乡河坪村投入5000元，加上学校危房折价费，新建1栋258平方米的校舍，解决全村96名适龄儿童入学问题。资助市农业局和市扶贫办开办农业技术培训中心，为农业开发项目和边远贫困村培训农民技术员190人次。

1989年，市民委投入6万元扶贫建校资金帮助社塘坡乡中心完全小学、排吼乡群力小学和市第二小学新建或扩建教学楼3栋共1478平方米、教师宿舍1栋700平方米、师生食堂1栋100平方米，为771名师生改善教学和生活条件。

1992年,市民委投入扶贫建校资金39500元补助新建寄宿制小学3所、农村小学3所、农村初中1所。其中己略乡联林村小学建校舍1栋156平方米,为110名学生和3名教师解决教学和住宿问题。给矮寨镇农业广播学校妇女“双学”班投入600元,帮助95名农村苗族妇女学文化、学技术。

1992年,投入2万元补助排吼和排绸两乡修卫生院;为排吼乡12名苗族病人补助医药费共500元。2003年,市民族局给马颈坳镇卫生院投入向国家民委申请到位的30万元财政扶贫资金,镇卫生院自筹15万元,修建1栋2层楼共1000平方米的门诊综合楼。是年10月10～30日,投入少数民族医疗费减免3万元,与市卫生局、市残疾人联合会联合在万溶江乡卫生院实施“视觉康复行动”,组织眼科医生为全市105名倒睫、胬肉眼疾患者实施手术,使他们恢复视觉。术后,市民族局对他们进行回访,询问术后情况。

第二节　民族古籍收集整理和汇编

1985年2月,市政府成立乾嘉苗民反清斗争历史资料汇编工作领导小组,确定两名苗族干部负责资料的收集、整理和汇编工作。至年末,基本完成战地调查和资料的收集工作。1986年6月,完成《吴八月传说故事集》书稿;9月,将书稿付梓成书。拍摄乾嘉苗民反清斗争古战场遗址照片50套。1987年,抽调6名苗族干部,收集苗族风情和吴八月的故事资料,出版共12万字的《苗族风情》和《苗族椎牛古歌》。

1987年5月3日、4日,农历“四月八”(5月5日)活动前夕,市政府与省社会科学院历史研究所在吉首召开来自全国各地170多名专家学者和苗族代表参加的苗族历史文化学术讨论会,与会人员向大会提交论文和资料80余篇。会后,龙文玉、龙生庭、朱强生、符兴猛、吴兴隆、吴荣臻、隆名骥对论文进行初审,省社科院历史研究所所长伍新福将初审入选的论文修改编纂成《苗族文化论丛》稿,1989年6月,湖南大学出版社将书稿出版。全书收编论文37篇,共30.4万字。其中:关于苗族信仰崇拜的论文11篇,82400多字;苗族风俗习惯9篇,52900多字;苗族文化12篇,85800多字;苗族语言3篇,20200多字;苗族历史人物1篇,6760字。

1991年、1997年,市民委先后收集民族古籍资料3万余字和52000余字。1998年,收集民族古籍资料37000余字。2000年,收集整理民族古籍资料18万字,超过州民委下达任务数5万字。

2002年,市民族局收集关于中华人民共和国成立前乾城县历史事件、乾州古城和人民生活状况、乾城县和平解放、建立人民政权、剿匪反霸、土地改革、抗美援朝、实行民族区域自治、互助合作、苗族文化、文物古迹等内容的文章41篇、18万字,汇编印刷成《深山苗岭见太阳》一书。收集民族古籍资料30万字,完成《湘西苗族建筑习俗》一书篇目设计;2003年,完成资料收集工作;2008年,完成撰稿工作。书稿设苗族建筑与文明、苗族住房建造习俗、防卫建筑、公共建筑、水利建筑、农副产品加工工具打造、建筑美学等19章，共23万字。

2003～2008年，进行民族戏曲、民族音乐、民间舞蹈、民间文学普查和采风，搜集、抢救散落在民间的民族古籍40余件、50余万字。

2011年3月，刘琳总策划，周吉潭、罗毅然主编，砂刚编著、摄影的《诗情的苗岭——中国湘西苗族风情》书稿。是年10月，书稿由中国戏剧出版社出版。全书100万字(含照片版面)，由诗、文和377幅黑白照片组成，其中苗族住房照片54幅、苗族服饰照片28幅、苗族习俗照片75幅、苗族爱情照片9幅、苗族节日活动照片44幅、苗族生产照片71幅、苗族生活照片10幅、苗区交通照片15幅、苗族工艺照片23幅、苗族文化照片20幅、苗族风情照片26幅、苗族古迹照片2幅，配诗歌17首、文章38篇。

第三节　民族文体活动开展

1987年5月3～5日，吉首市苗族传统节日“四月八”活动筹备小组举行“四月八”活动。活动分两个阶段进行：3日、4日，市政府与省社科院历史研究所联合在市政府机关举办苗族历史文化学术讨论会，来自全国各地研究苗族历史文化的专家学者和苗族代表共170多人参加讨论会，部分与会人员在会上作专题发言，提交论文和资料80余篇。5月5日，在吉首城南郊砂子坳举行盛大椎猪祭祖活动，邀请花垣、凤凰、保靖、古丈、泸溪五县苗族代表充当“大舅”“二舅”“三舅”“四舅”和“五舅”，活动内容有拦门讨歌、跳柳旗鼓、接龙舞、猴儿鼓舞、上刀梯、民族气功、椎猪等项目，参与和围观者近万人。在椎猪仪式上，市长武吉海致欢迎词，省人大常委会副主任石邦智、全国人大常委会民委副主任吴向必先后讲话，贵州省省长王朝文致贺电。

1988年10月21～23日，市民委协助德夯风景名胜区管理所在德夯举办民族旅游“椎牛”活动，供游客和当地村民观赏。

1994年，市民委资助河溪镇龙舟队参加在湖南省汨罗县举行的世界龙舟赛，该队获四等奖。

2001年6月、11月，资助马颈坳镇政府和该镇团结村村委会分别举办苗族传统节日活动，表演苗歌对唱、苗族鼓舞、苗族武术、耍狮子等节目，观众近万人。

2002年10月，市民族局会同市体育局组织市民族体育代表队参加湖南省第五届少数民族传统体育运动会，参赛6个项目，获1金，实现金牌零的突破。2006年11月25日，组织40人的市民族体育代表队参加在张家界市举办的全省第六届少数民族传统体育运动会，参加板鞋竞速、高脚马、押加、射弩四个项目的角逐，获金牌、铜牌各1枚。2007年，组团观摩在广东省广州市举办的全国第八届少数民族传统体育运动会。2011年11月2～8日，组成78人的市民族体育代表团参加在湖南省郴州市举办的全省第七届少数民族传统体育运动会，参加高脚马、秋千、蹴球、毽球、押加、板鞋、射弩、陀螺8个项目的竞赛和1个项目的表演，获金牌7

枚、银牌6枚、铜牌1枚和集体道德风尚奖，金牌数超过参加全省历届少数民族运动会所获金牌的总数。

2004年4月21日（农历三月三日），市民族局赞助排绸乡政府1万元民族节庆活动经费，与乡政府在标锦村举办全乡首届“三月三”苗歌山歌邀请赛。吉首市排吼乡和丹青镇、古丈县河蓬乡、泸溪县良家潭乡20个行政村8000余人到场观看旁听苗歌、山歌、秋千、拔河、踩高脚马、打陀螺等民族民间文体竞赛。

2006年12月8～17日，市民族局按“政府引导，市场运作”的原则，在吉首商业城广场举办吉首市首届民族传统特色饮食文化周活动，110个参展单位现场演示民族传统饮食绝技，吉首20家餐饮名店的厨师现场烹饪美味佳肴，观众竞相品尝山珍海味、苗家菜、土家菜和北方小吃，津津有味，赞不绝口。评委会的3名特一级厨师、1名特二级厨师和1名嘉宾按“色、香、味、意、形、养”俱佳的要求，采取品尝打分的方式评选出6个“民族传统特色饮食名店”和“民族传统特色菜肴”一、二、三等奖。期间，宣布成立吉首市民族传统特色饮食协会。

2007年8月22日，市民族局资助德夯旅游公司在德夯举办苗族传统节日“赶秋”。百名盛装的苗族妇女载歌载舞，唱“秋公秋婆”，颂五谷神，“法师”穿街行营，踩犁口、上刀梯；嘉宾贵客“吃新”，庆五谷丰登。

2011年，市民族局先后与相关镇镇政府联合组织开展矮寨镇农历正月初四“百狮会”、马颈坳镇和河溪镇正月十五“钢火烧龙”、丹青镇“清明歌会”和河溪镇农历六月六（公历7月5日）“龙舟邀请赛”活动。

2011年9月23日，市民族局向八届市人大常委会第32次会议汇报全市民族工作情况。会议根据有关法规规定，审议通过关于设立市级少数民族发展资金和少数民族文化专项资金的建议，印发《吉首市人大常委会第32次会议关于听取全市民族工作情况的意见》，率先在全州设立民族文化专项资金，按全市少数民族人口人均1元的标准纳入每年财政预算，列入市民族局账户。

2012年3月5日，市民族局与市妇联联合举办“庆三八迎市庆”民族文化演艺活动，26支民族文化演艺队登台献艺演出。4月30日晚，参与市政府主办的第六届全国体育舞蹈公开赛暨吉首首届广场健身舞比赛，北京、武汉、广州等市高等院校和团体的59支体育舞蹈队伍共1000多人参加比赛。5月1日，举办“庆五一迎市庆”干部职工广播体操赛。7月5日，投入3万元民族文化资金与寨阳乡政府联合举办寨阳乡第四届民族文化艺术节活动，全乡13个行政村的13支民族文化演艺队到场演出民族民间传统文艺节目。组织民族文化30年发展流动宣传彩车，宣传撤县设市30年吉首文化事业所取得的成绩。市庆活动期间，市民族局3名领导班子成员全程陪同省、州、市宾客观看各种活动，游览吉首民族旅游风光。

第四节　民族服饰推广

1989年，市民委进行民族服装改革，试制男女青少年和学生民族服装10套，参加湘西自治州民族服装改革大奖赛，获单项一等奖和集体二等奖。

2003 年，市委、市政府贯彻中共湘西州委办公室 2003 年 6 号文件精神，成立民族服饰推广工作领导小组，市民族局、市文化局、市旅游局、市教育局为成员单位，负责民族服饰推广和保护工作。利用民族法律法规宣传月和世界非物质文化遗产宣传日等活动举办民族服饰知识竞赛、民族服饰展和图片展，在旅游区进行民族服饰专项演出，展示民族服饰异彩；提倡市级领导干部每人定做一两套民族服装，要求他们在州市逢 10 年庆典、参加农历正月初三迎春、丹青清明歌会、苗族“四月八”等节庆期间和重大接待活动中着民族服装；州级及其以上领导干部到民族特需用品定点生产企业视察或调研时，企业法人及接待陪同人员须着民族服装。

2004～2012 年，以一个风景名胜区（点）、一条旅游线、一条民族工艺品销售街、一批旅游接待宾馆、一批民族特色村寨为重点，先后在国家级风景名胜区德夯、矮寨镇中学和小学、湘西美术学校、乾州古城、矮寨镇中黄村和涉外旅游接待宾馆推广民族服装 3500 套。采取政府拨一点、有关单位投一点、受益者出一点的办法，每年筹集 5 万～10 万元资金用于民族服饰推广工作。先后投入 20 万元，对口支持湘西州金华果服饰有限公司、万溶江针绣专业合作社、矮寨镇大兴寨村和吉龙村刺绣生产基地开发民族服饰，增强民族服饰企业竞争力。

2012 年 8 月 9 日，市人民政府在《切实加强民族服饰推广繁荣民族文化内涵》一文中指出：民族服饰保护意识不强，缺乏全局意识，尚未形成政府行为；只强调政府行为，缺乏发动各个层面，难以形成合力；民族服饰保护标识不明，规格不统一，形形色色，五花八门。近年来，吉首市政府积极抓好民族服饰推介：一是强化引导，成立了工作领导小组，利用民族法律法规宣传月活动和世界非物质遗产宣传日等活动开展民族服饰知识、图片展，在景区开办民族服饰专题演出。特别是在州市逢十庆典、每年正月初三迎春、丹青清明歌会、苗族“四月八”等一系列民族节庆以及重大接待活动中，要求领导干部和群众身着民族服装。二是突出重点，优化服务。先后在德夯景区、矮寨中小学、湘西美校、乾州古城、矮寨重武苗寨以及涉外旅游接待宾馆推广民族服饰 3500 余套。三是加大扶持，扩大发展。采取政府拨一点，受援单位投一点，受益者出一点“三个一”资金筹措办法。每年政府投入 5 万元～10 万元资金用于民族服饰推广。同时，投入 20 万元对口支持湘西州金毕果服饰有限公司、万溶江针绣专业合作社及矮寨镇大兴和吉龙村刺绣生产基地。

第五节　民族文化旅游精品打造

21 世纪初，市委、市政府结合山区特点、民族特色、时代特征，依托丰厚的民族文化底蕴，以“百年路桥奇观、千年苗寨风情、万年峡谷风光”和“游湘西·奔乾城”品牌为核心，打造民族文化旅游品牌，提升文化旅游品位。通过搜集整理独特的文化习俗，先后开展“苗家做客”“苗家拦门”“苗家跳歌晚会”“苗族鼓舞”“苗族服饰展”“土家钢花烧龙”“苗家百狮会”“巫傩绝技”

民族习俗活动。在三月三、四月八、赶秋节、清明歌会、六月六等民族传统节日以歌舞等民族艺术形式举办民族民间艺术节、苗歌节和苗族鼓文化节，形成“东歌（排绸、排吼、丹青三乡镇山歌苗歌）、西鼓（矮寨镇苗族鼓舞）、南戏（双塘镇地方阳戏、傩戏）、北狮（马颈坳镇耍狮子）、中春（乾州春会）”的民族文化格局。先后投入 2 亿元资金，开发乾州古城和建设民族旅游基础设施。至 2012 年，完成乾州文庙、杨岳斌故居、胡家塘、九福堂、观音阁、城隍庙的修缮，挂牌保护 76 栋典型古民居，完成罗荣光故居、蓢伯赞寄居房等 18 栋重点民居的修缮、21 处单位房屋和 312 栋民居的仿古改造，建筑总面积 65000 平方米。推介、打造社塘坡、寨阳、矮寨三乡镇具有历史文化和民族文化的村寨，三乡镇先后获“中国民族文化艺术之乡”称号。

第六节 校园民族文化 “谷韵之声”合唱团

一、校园民族文化

2011 年，市民族局在矮寨镇民族中心完全小学创办民族文化进校园试点，开展民族文化进校园活动。聘请国家级和省级非物质文化遗产传承人为教师给学校师生讲授民族文化课，开展讲苗语、唱苗歌、打苗鼓、跳摆手舞系列民族文化活动。投入 3 万元资金帮助该校组建一支师生苗鼓队，购置 8 面苗鼓（2012 年，苗鼓增至 40 面）。苗鼓队中的老师先学后教，师生勤学苦练鼓技，推陈出新，精益求精，逐步成为全州最大一支苗鼓演出队，实现“让苗鼓队走出大山、使优秀民族文化之花绽放全国全世界”的愿望。至 2012 年，这支苗鼓队先后在矮寨特大悬索桥通车典礼仪式和“德夯之夜·激情交响音乐会”上，在“谷韵吉首首届广场舞蹈大赛暨全国舞蹈大赛”、“迎市庆·关注留守儿童大手牵小手游乾州古城"等活动期间登台表演苗族鼓舞，展示民族特色文化，让观众大饱眼福；中央电视台新闻频道、湖南卫视、《民族论坛》杂志等多家媒体进行系列报道，扩大示范点的影响。其他学校也相继开展民族文化进校园活动。市铁路中学开展学苗语、唱苗歌活动；丹青民族中学聘请吉首市著名苗歌手国家级非物质文化遗产传承人陈千均（丹青镇鲫鱼村人）到校给学生教唱东部山歌和“爬可连”（前者以汉语为歌词、后者以东部苗语为歌词）。

二、“谷韵之声”合唱团

2012 年 3 月，市民族局协助镇溪街道办事处砂子坳社区居委会组建一支草根合唱团——吉首“谷韵之声”民族民间合唱团，合唱团成员由爱好文娱活动、能歌善舞的退休干部职工和社区居民组成。

2012 年 5 月 1 日，吉首“谷韵之声”民族民间合唱团应中央电视台音乐频道“歌声与微笑”栏目组邀请到中央电视台梅地亚演播大厅激情献歌。这是吉首市首家到北京在央视演唱的草根民族民间合唱团。是年8月18日，该团正式挂牌成立。12月中旬，应邀参加奥地利共和国首都维也纳第三届国际中老年合唱艺术节活动，在维也纳金色大厅演唱《木叶吹啊吹》《苗疆是个好地方》《苗家'六月六'》等苗族歌曲，博得观众热烈掌声，获银奖。

第七节　民族文化产业建设

2011年，市委、市政府制定《吉首市民族文化创意产业规划》(简称《文化产业规划》)。《文化产业规划》以打造"世界的吉首"，占领中国民族文化品牌高端市场为发展目标，以文化旅游业和会展博览业为重点，结合现有文化产业，推动非物质文化遗产项目产业化，开展吉首地方特色产业，发展休闲娱乐、教育培训、研发设计、文化传媒、软件设计、动漫游戏等产业，争取用8年的时间打造1条文化"硅谷"，创建2个文化产业基地，建设3个文化创意景点片区，推出6个文化创意产业重大项目，建设17个重点项目，形成规模，确立优势，实现构筑武陵山片区文化创意产业高地、打造武陵山片区核心增长极的目标。2012年3月15日，市委、市政府邀请有关专家学者会聚吉首，讨论《文化产业规划》。大家就发展民族文化产业的重要性、必要性和可行性，如何打造吉首文化"硅谷"等问题进行分析论证，认为市委、市政府充分挖掘吉首民族文化资源发展潜力，加强民族文化产业研究，提升转化力度，将吉首市民族文化产业做出规模、做出品牌是切实可行的。州委常委、市委书记秦国文表示，在文化强市的大潮中，市委、市政府一定全力以赴地实施《文化产业规划》，务必做到"塑魂、挖根、创牌、提神、强力"，使吉首真正成为武陵山文化片区的中心点，把吉首民族文化品牌推向世界舞台。

2011年6月至2012年5月，市委、市政府聘请湖南省城市规划设计院、湖南省城市学院城市规划与建筑设计院、湘西太阳树民间文化研究发展有限公司先行设计《吉首市武陵山区文化产业园概念规划设计》(简称《规划设计》)。《规划设计》体现市委、市政府提高民族文化产业水平，抢占并保持民族文化制高点，让吉首民族文化从"流出"走向"输出"的指导思想，立足吉首市的山区优势、民族特点、时代特征，立足武陵山片区区位优势，将吉首武陵山民族文化产业园(简称"民族文化产业园")打造成立足湘西、辐射武陵山片区的支柱产业。《规划设计》在对文化产业园的空间布局和功能分区作全局性分析的基础上，结合实际，从背景分析、产业定位、产业划分和发展模式四个方面对吉首市民族文化产业的发展进行综合梳理和定位，体现武陵山片区浓郁的民族文化和厚重的古城历史文化，突出将园区打造成武陵山片区民族文化会展中心、非物质文化遗产传承中心和民族影视中心为主导的文化产业园区的核心功能。专家们提出，作为一个概念性规划，在设计中要把握住可实施性和可操作性，做到民族文化产业发展与经济效益相结合，理顺事业和产业、民族和现代、湘西辉煌历史和一般历史、社会效益和经济效益、创意和传承、大格局和本土六大关系，用战略的眼光制定出一个科学性与可操作性兼备的民族文化产业园区规划。民族文化产业园的发展要以产业为出发点和落脚点，从市场的角度出发，区分冷热民族文化，对民族文化产业园的开发进行风险控制，有步骤、分阶段地对产业园进行持续开发，着力打造重点核心和龙头文化产业，提升民族文化产业园内的科技含量，最终形成具有高产值效益的高端文化产业品牌。州委常委、市委书记秦国文对专家们的意见表示认同。他强调，吉首市武陵山区民族文化产业园的发展要立足区内，辐射区外，充分挖掘民族文化产业园的发展优势和特色，在产业发展上既重商品，更重作品；既要明确其商品属性，更要注重内容的开发，提升产品的文化价值利润空间。同时，他指出民族文化产业园的发展关键在于强化内核，羽化边缘。

第八章　民族特色村寨建设

第一节　建设规划

2010 年 1 月，市委、市政府以城市品牌建设为背景、民族文化风情为亮点，围绕集乡村度假、生态观光、文化体验于一体的民族特色村寨建设实施民族特色民居改造工程。组织市、乡镇街道、村组人员对市区 319 国道峒河沿线州委党校至德夯段、湘渝高速公路吉首段、209 国道吉首段、永(顺)吉高速公路吉首段、吉首大环线、镇溪街道小溪村和振武营村、社塘坡乡齐心村、矮寨镇中黄村、马颈坳镇团结村和隘口村、排绸乡河坪村等特色村以及乡村旅游点民居情况进行调查摸底；聘请省城市规划设计院专家实地勘查，委托该院编制《吉首市特色民居保护规划实施方案》(简称《实施方案》)和《吉首市特色民居改造设计方案》(简称《设计方案》)，计划对 7 个乡镇的 57 个行政村 556 个自然寨特色古民居进行改造，总投资 1.5 亿元。

这两个方案按照"规划先行、政府引导、修旧如旧"的原则，围绕民族特色、时代特征、绿色生态和文化内涵的要求进行编制。针对不同类型、不同结构的村寨，在保持整体风格一致的前提下，确保每个村寨各有千秋；对于历史文化建筑物、质量较好和风格典型的传统民居及厅堂建筑物在不改变其原状并保持其历史风貌的前提下进行修缮或对个别部件加以更换，修旧如旧；对结构完整、外观保存良好的其他重要历史建筑物和典型民居建筑物，在不改变其原有主体结构、建筑外观和空间格局的前提下，重点改造其内部；对影响较大的传统建筑物采取移植或利用历史建筑物的构建重建，保持其造型、色彩、规格与周边特色民居协调一致，移植或重建如旧。

第二节　规划实施

2010 年 1 月，市委、市政府成立民族特色村寨保护改造规划建设领导小组，实行市级领导干部包村、市直相关部门配合、乡镇干部入村包户的民族特色村寨建设机制，开展民族特色村寨民居保护改造工作。在施工过程中，技术人员深入工地，进行技术指导，及时发现和解决出现的各种问题，确保工程质量。资金投放和使用做到“渠道不变，统筹协调，统一安排，捆绑使用”。实行点与面相结合、文化产业开发与特色村寨建设相结合、农村整脏治乱与绿化行动相结合、拆除违章建筑物与控制违章工程相结合、传承传统民族文化与发展现代民族文化相结合，以矮寨镇中黄和德夯、峒河街道小溪和振武营、社塘坡乡齐心、排绸乡河坪、马颈坳镇团结和隘口以及寨阳乡坪朗九个村寨为示范点，统一规划、统一设计、统一建筑风格，集中修建，将乾州古城和九个民族特色村寨建设示范点建设成具有民族特色的旅游名村、生态名村和文化名村；将峒河流域沿线、319 国道和 229 省道吉首段沿线可视面和市域高速公路沿线重点路段村寨打造成民族特色民居长廊、生态长廊和文化旅游长廊。在完善施工方案、施工信息收集和反馈、项目决策工作方面做到及时、准确、连续，推进工程快速实施；施工时，要求主管部门、相关乡镇政府和村委会、施工队和项目农户到现场察看；市委、市政府督查室和领导小组办公室对民族特色村寨民居保护改造工作进行督促、检查和验收并将其纳入督查、检查、调查、巡查和稽察内容，坚持周报表、月调度、半年总结、年终验收制度，将验收结果纳入相关乡镇、街道和市直单位年终综合考核内容。至 2012 年年末，累计完成投资 7520 万元，改造民居 1650 栋。基本完成市域 319 国道、229 省道、高速公路重点路段和峒河吉首至矮寨段沿岸可视面民族村寨民居改造工程，对古苗寨 57 栋古民居建筑物进行修缮或改造。

第三节　重武古苗寨建设

矮寨镇中黄村重武古苗寨深藏于武陵山脉之中，距吉首城区 15 千米，山清水秀，自然景观独特，苗族文化历史悠久，苗族古建筑群保护完好，现有独具特色的古民居建筑物 57 栋，是湘西自治州最具典型性和代表性的纯苗寨，也是全州少数民族原生态保存最完好的古苗寨之一，其中石氏建筑群最为典型。该建筑群建于民国 13 年(1924)，全部按照苗族风格修建，五柱八挂或五柱九挂，有行条、椽皮，青瓦盖顶和压脊，两面倒水。一栋民宅门外总长 14.3 米，墙裙用一指三钻 29～100 厘米石板嵌砌，高 1 米、长 1000 余米、门口宽 2.48 米，两扇大门高 2.8 米、宽各 1.32 米，门槛高 67 厘米，石门石墩高 40 厘米、边长 30 厘米、厚 3.7 厘米，房屋外进深 9.6 米、高 11 米，为五柱八挂木结构，进深 8.8 米，堂屋搁行条、铺木板，两侧为木板卧室。一栋十五级踏步上右侧 1.18 米处有长 3.8 米、高 2 米拱侧门；从侧门进入二栋，有 6.8 米长的垛，置花坛。从岩板坪上五级踏步到二栋。二栋阶檐长 11.8 米，五柱九挂，中柱直径 60 厘米，堂屋宽 4 米，两侧木房各有花鸟彩绘。

三栋右侧前有一块岩板坪，三级踏步，长阶檐。阶檐长 16.2 米，伏口 2.4 米，直径 60 厘米。从三栋左侧进四栋。侧门长 2 米、高 1.5 米。侧门外保坎高出岩坪场 80 厘米。从岩坪场上七级踏步进四栋，阶檐长16.8米，进深8.9米。

四栋左侧上方为绣花楼。楼长11.5米、进深5.5米、高10.2米，共4层，内房门多为圆开，宽约2.2米。一层过道两侧是粮仓，二层是花栏杆吊脚，三层楼有前门后门与正屋相连，站在四楼可俯视整个寨子。全村有民居古建筑57栋、200多间、13000平方米，其中清代建筑物12栋，另有水车、水碾。

2010年，市民族局给重武投入25.8万元少数民族特色村寨建设补助资金，帮助该村改造苗族住房3栋、铺设青石板路1.8千米，建村卫生室1个、60平方米。2011年，投入此项补助资金23.2万元，修建苗寨牌楼、水坝、水碾各1座，硬化通村道路5千米，改造厕所32个。成立重武苗族文艺演出团，订制纯棉苗族服装200套，专题演出5场、参与各类演出10场。10月16日，州民委在重武召开全州民族事务系统民族特色村寨建设和民族工艺品开发工作现场会，推介重武苗寨的经验。

2012年3月15日，市政府召开常务会，专题研究民族特色村寨建设问题。5月25日，成立吉首市矮寨镇中黄村特色民居保护与规划领导小组，市政协主席石家文(苗族)任组长，市委常委、常务副市长王跃，市政府副调研员谷纲要任副组长，市政协秘书长，市民族、市房产、市城乡建设、市国土、市旅游五局局长，矮寨镇党委书记、市财政局副局长、市文物局局长为领导小组成员，领导小组设办公室，负责民族特色村寨建设日常工作，确定谷纲要专抓民族特色村寨建设。村党支部和村委会将民族特色村寨建设和民族团结进步工作列入重要议事日程，纳入全村经济社会发展计划，制定各种规章制度。5月31日，市民族局局长周吉潭、副局长周婷带领相关人员到重武古苗寨就民族特色村寨建设问题进行调研。7月，省城市规划设计院专家一行应聘对重武苗寨进行为期一周的实地勘查。在此基础上，按市委、市政府的指导思想、基本思路、主要奋斗目标和要求编制《吉首市矮寨镇中黄村重武苗寨保护与开发详细规划》(简称《详细规划》)。

《详细规划》将古苗寨的人文景观与自然景观融为一体，古建筑物呈梯级形，错落有序，相得益彰，具有较高的观赏价值；新建筑物保持古建筑物特色，仿古性强，与村寨整体建筑物协调；对村内古建筑物、古树、古井挂牌保护；对旧房屋加以修缮，对不协调的房屋进行改造；对水井、厨房、厕所、电路进行改造；对村道进行硬化。发展以黄金茶为主的特色产业，建设农业生态观光园。市民族局筹资95万元，整合其他相关部门资金205万元，采取“公司＋农户”经营模式育黄金茶苗10公顷；计划投资200万元，建无公害蔬菜基地6.67公顷，建农业观光索道1条、原生态休闲亭5座、观光道路若干条；计划投资40万元，重点给6栋砖瓦房(已完成)和部分民房“穿衣戴帽”，修旧如旧；计划投资20万元，铺寨内青石板路。至2012年年末，已铺青石板路2.1千米；修一条从苗寨山脚到山腰青石板路；计划投资10万元，在寨旁山腰建一座旅游观光亭；计划投资10万元，修一座拦河坝、一个清水码头，修水车20架，完善牌楼附属设施。全寨森林覆盖率已达95％，各户屋前屋后栽花、种草、植果树，安置灭火器；寨内修了排水沟、简易化粪池和消防水池。

2012年11月18日，市民族局在重武开展苗族传统特色美食展示活动。全村有200多名苗族村民将自产的农副产品和纯天然野生植物调料烹制成20桌美味佳肴，色、香、味、意、形、养具佳，经特邀嘉宾和村民评委品尝，评出“最具苗族特色美食家庭”和“最具苗族特色菜肴”。

第九章　调研及通讯工作　宗教事务管理

第一节　调研工作

1998年，市民委把调研工作提上议事日程，召开各种座谈会7次，参加座谈74人次，对“两民企业”享受民族优惠政策待遇的情况进行调查，撰写调查报告两篇，共18000多字，分别呈交市委、市政府，州民委、省民委和国家民委，为“两民企业”争取到位优惠贴息贷款146万元。2000年，撰写调查报告6篇，被州民委采用1篇。

2001年，撰写调查报告4篇，被州《团结报》《湘西工作》《州政协报》各采用1篇。2002年，组织调研组人员深入14个乡镇、23所中学和小学、14所乡镇卫生院对办公、住房、教学、医疗条件进行调查，召开各种座谈会85次，撰写调查报告5篇，其中《吉首市三项民族经费落实情况的调查报告》和《乡镇干部住房及办公条件亟待改善》分别获全州民委系统调研文章一等奖和三等奖。2003年，撰写调研文章3篇，其中《吉首市抓好招商引资工作的几点做法》和《吉首市人大常委会调查人员到市民族局调研民族工作》被《湘西工作》采用。

2005年，撰写调研文章4篇，其中《吉首市社会经济实现六个跨越式增长》、《湖南省吉首市“科技兴市”实现跨越》被国家民委采用。

2006年，撰写调查报告5篇，其中《发挥检察职能促进民族团结》和《围绕团结发展主题提高资金投放效益》在《湘西工作》上发表。

2007年6月27日，调研文章《湘西州三县市联手创办（建）边区联防机制》。11月13日，调研文章《吉首市采取三大措施推进城市民族工作》被湖南民族网采用。10月8日，调研文章《吉首古丈联手创办（建）边区联防机制》被湘西民族网采用。

2008年3月、4月，根据《政协湘西自治州委员会关于开展少数民族和民族地区优惠政策在我州贯彻落实情况的调研方案》，组织有关单位开展一次检查调研活动，找出存在的问题及其原因，提出整改建议。5月5日，州政协调研组在吉首市调研时肯定吉首市的调研工作。2008年7月，配合市人大常委会对全市贯彻执行《民族区域自治法》等法规情况进行专题调研，撰写《吉首市贯彻执行〈民族区域自治法〉的情况汇报》《关于我市落实民族优惠政策的调查报告》《吉首市少数民族发展资金管理使用情况的调查报告》《吉首市民族民间工艺品开发情况调查报告》。

2009年，调查报告《保护留存古村寨建筑物刻不容缓》被湘西民族网采用。

2011年，市民族局成立由局长周吉潭任组长的民族信息调研工作领导小组。调研文章《湖南省吉首市多项举措推进民族城镇建设》、《湖南省吉首市全力打造民族地区工业经济》被国家民委网采用，《吉首市在"求"字上下功夫推进民族团结示范点建设》被湖南民族网采用，《吉首市采取五项措施推进高考民族优惠政策考生资格审核工作》《吉首市加大少数民族特色村寨建设力度》《吉首市采取四项措施扎实推进民族信息工作》《吉首市"四抓"民族团结创建活动》被湘西民族网采用。

2012年，调研文章《吉首市实现率先发展的思考》《吉首市大力实施民族自治地方贫困学生救助工程》《吉首市突出五个重点着力推进民族旅游业发展》《吉首市坚持"四个突出"推进民族工作新发展》《吉首市切实加大武陵山片区试点工作衔接力度》《吉首市着力发展民族文化产业积极打造文化"硅谷"》《吉首市着力开发矮寨景区民族风情》《吉首市搭建"四个平台"促进少数民族群众就业》《吉首市全力推进武陵山区核心增长极建设》被湖南民族网采用。

第二节　通讯工作

从2000年起，民委系统把通讯工作提上议事日程。是年，市民委通讯报道组撰写通讯报道文章收集信息22条，其中被国家民族团结特快信息采用2条、省民委采用9条、州民委采用7条；新闻及其照片68篇(幅)，其中被国家级报刊采用10篇(幅)、省级采用26篇(幅)、湘西州《团结报》采用32篇(幅)。

2001年，市民族局把通讯报道工作列入议事日程，继续巩固民族通讯报道组，加强与市委办公室、市政府办公室、市人大常委会办公室、市政协办公室及各乡镇政府的联系，通讯报道和调研人员增至18人，撰写通讯稿件23篇，其中被《中国民族报》采用3篇、《中国民族》杂志采用1篇、省民委采用3篇、州民委采用6篇。拍摄照片和撰写新闻稿件116篇(幅)，其中被国家级报刊采用48篇(幅)、省级报刊采用18篇(幅)、州级报刊采用50篇(幅)。

2003年，通讯《吉首市发展第三产业成效显著》《吉首至常德高速公路即将开工》《吉首市民族局开展"百户小康示范"取得成效》《吉首三家高新技术企业银企融资过亿元》《吉首市中小学学校全面实行人事和分配制度改革》被《湖南民族工作通报》采用；《吉首市民族局举办迎春文体活动》《吉首市民族局开展"百户小康示范"取得成效》《吉首市助学金使用发放实行规范化管理》《马颈坳镇卫生院开工建设》《国务院副总理曾培炎视察团结村》《省民委主任石昌禄考察排杉村》《省民委副主任赵仁秀来湘西州检查工作》《视觉康复行动》《吉首市举行清明歌会宣传〈民族区域自治法〉》被《湘西民族工作》采用。

2004年，被各级报刊采用通讯21篇。其中：被国家民委采用8篇，即《吉首市经济呈现良好的发展态势》《吉首市着力培育10家“过亿超千”工业企业》《吉首市全面启动乾州古城保护与开发工作》《吉首市重点建设提速奔小康脚步加快》《湘西吉首“十一”黄金周旅游进账2983万元》《吉首市采取硬招支付农民工工资》《中国残联/嘉道理慈善基金会吉首市合作项目正式启动》《吉首市政府与美国CTI国际集团联合实施人才培训项目签约》；被《湖南民族工作通报》采用9篇，即《吉首市选送贫困家庭农民青年到高等院校进行劳务就业培训》《湘西州吉首市帮助农民增收有成效》《吉首市着力培育10家“过亿超千”工业企业》《吉首市实施三大战略拉动农民增收》《吉首市招商引资成效显著》《民营经济挑起吉首市发展大梁》《吉首市为农村教育发展开辟绿色通道》《吉首市采取硬招支付农民工工资》《湖南秋千蹴球赛在湘西州举行》；被《湘西民族工作》采用4篇，即《〈远山鼓谣〉获中国“映山红”民间戏剧节金奖》《吉首市少数民族独生子女户晚年享受“退休金”待遇》《吉首市民族局组织民族企业学政策找商机》《吉首市确定5月为〈民族区域自治法〉颁布实施10周年宣传月》。

2005年，撰写通讯报道11篇。其中：被国家民委采用4篇，即《湘西州吉首市社会经济实现六个跨越式增长》《湘西州吉首市350万元帮助困难群众过春节》《湖南省吉首市“科技兴市”实现跨越》《吉首市获“湖南省2004年文明城市”称号》；被省民委采用2篇，即《湖南省加分选调高校少数民族毕业生到基层工作》《吉首市义务教育助学金公开发放惠及近万名贫困学子》；被州民委采用5篇，即《吉首市全面启动民族民间文化遗产保护工程》《吉首市荣获“湖南省2004年文明城市”称号》《吉首市突出工作重点抓好州庆项目建设》《吉首市向工业企业高级管理人员颁发“绿卡”》等通讯报道。

2006年，被各级报刊和网络采用通讯报道19篇。其中：被国家民族信息网采用1篇，即《湘西州吉首市采取三大措施推动社会主义新农村建设》；被《湖南民族工作通讯》采用1篇，即《吉首市累计完成财税总收入21305万元》；被《民族论坛》采用1篇；被《湘西民族工作》采用6篇，即《吉首市“三项民族经费”管理使用成效显著》《吉首市认真为“两种考生”护航》《吉首市民族局认真学习贯彻州委民族工作会议精神》《吉首市少数民族发展资金管理使用取得良好效益》《吉首市公开发放少数民族义务教育助学金》《吉首市公民个别更改民族成分工作措施得力》；被湘西民族网采用6条，即《吉首市新型农村合作医疗群众得实惠》《吉首市300余万元光彩资金助推新农村建设》《吉首市民族局积极创办各类经济协会为农民服务》《吉首市隆重开展“民族大团结”文化周活动》《吉首市苗家儿女共度“九九重阳节”》《省民委副主任田代武考察吉首古丈边区民族团结》；被湘西政务公开网采用3篇，即《吉首市民族经费管理使用成效好》《吉首市民族局积极创办各类经济协会为农民服务》《吉首市新型农村合作医疗群众得实惠》。

2007年，被各级报刊网络采用通讯报道24篇。其中：被国家民委网采用3篇，即《吉首市大力实施农村远程教育成效显著》《吉首德夯苗族传统“赶秋”节闹响山旮旮》《吉首市整村推进扶贫成效显著》；被《湖南民族工作》采用2篇，即《吉首市2006年经济社会发展成效显著》《湘西州三县市联手创办边区协调机制》；被湖南民族网采用10篇，即《吉首市2006年经济社会发展成效显著》《吉首市城市建设成效显著》《吉首市着力打造民族文化旅游成效显著》《湘西州三县市联手创办边区协调机制》《湘西州吉首市万余人享受低保政策》《吉首市"十一"黄金周旅游收入创新高》《吉首市采取三大措施推进城市民族工作》《"神秘湘西香醋"获国际食品博览会金奖》《吉首市民族团结文化活动开展有声有色》等；被《湘西民族工作》第二期采用3篇，即《吉首市民族局用好用活民族发展资金》《吉首市民族局全面贯彻落实国家省州民委工作会议精神》《吉首市采取三项措施推进民族成分更改工作》；被湘西民族网采用6篇，即《吉首市民族局开展"深入基层搞调研排忧解难促发展"活动》《吉首市举办"三月三"歌会热闹非凡》《湘西吉首市九福堂苗族博物馆隆重开馆》《吉首古丈联手创办边区协调机制》《吉首德夯苗族传统"赶秋"节闹响山旮旮》和《吉首市民族事务局着力抓建整扶贫村建设初见成效》。

2008年，被各级杂志网络采用通讯报道25篇。其中被国家民委网采用2篇、被《湖南民族工作通讯》采用1篇、被湖南民族网采用8篇、被《湘西民族工作》采用11篇、被湘西民族网采用11篇。

2009年，被各级杂志网络采用通讯报道25篇。其中：被《湖南民族工作》采用1篇，即《湘西州民委举办文艺表演暨民族法律法规知识抢答赛》；被湖南民族网采用3篇，即《吉首市狠抓民族团结示范点农业适用技术培训》《吉首市着力打造湘鄂渝黔边区民族文化展示中心》《湘鄂渝黔边区首届民族民间旅游商品暨民间工艺大师评选大赛圆满结束》；被《湘西民族工作》采用5篇，即《吉首市狠抓民族团结示范点农业适用技术培训》《吉首市与永定区开展民族政策贯彻落实情况交流》《吉首市启动苗族文化进校园传承传播系统工程》《"民族团结进步行"全面启动》《吉首市掀起学习民族政策法律法规高潮》；被湘西民族网采用16篇，即《吉首市矮寨镇民族完全中心小学在2008年全州双语教学试点工作中夺魁》《吉首市重武古苗寨民族文化活动丰富多彩》《吉首市"四个到位"做好"两种考生"资格审核工作》《吉首市民族局建整扶贫工作获佳绩》《吉首市召开民族贸易和民族特需用品定点生产企业会议》《吉首市民族局全面学习贯彻州民委工作会议精神》《吉首市民族事务局深入开展学习和实践科学发展观活动》《吉首市狠抓民族团结示范点农业适用技术培训》《吉首市启动苗族文化进校园传承传播系统工程》《吉首市举办油茶栽培技术培训班》《吉首市"民族团结进步行"拉开帷幕》《保护留存古村建筑物刻不容缓》《围绕团结发展主题扎实推进民族工作》《吉首市隆重举办民族传统特色餐饮大赛》《吉首市隆重举办建国六十周年摄影展》《湘鄂渝黔边区首届民族民间旅游商品暨民间工艺大师评选大赛圆满闭幕》。

2010年，被各级报刊网络采用通讯报道50篇。其中：被《民族论坛》采用《乾州：盛世复苏的传奇》等14篇；被湖南民族网采用7篇、被湘西州《团结报》采用4篇，即《团结聚力量和谐促发展》《吉首健儿省民运会上摘首金》《苗家人民欢度"四月八"》《丹青清明歌会》；被湘西民族网采用26篇，被《湖南民族工作通讯》采用信息1条，被《湘西民族工作》采用2篇，即《吉首市着力推进吉首泸溪边区民族团结工作》《吉首市召开民族信息调研工作座谈会》。

2011年，成立由局长周吉潭任组长的民族通讯工作领导小组，创办《吉首民族工作动态》，出刊18期，发挥民族联络员作用，进行业务培训，落实任务和奖励制度。被各级刊物网络采用通讯报道31篇。其中：被国家民委网采用8篇，即《湖南吉首采取措施推进高考民族优惠政策考生资格审核工作》《德夯“玛汝”在吉首市德夯景区隆重登台》《湖南省吉首市多项举措推进民族城镇化建设》《湖南吉首市隆重举办“六月六”龙舟赛》《湖南省吉首市启动激情周末民族文化活动》《湖南省吉首市全力打造民族地区工业经济》《湖南省吉首市启动高中阶段贫困学生免交学费教育》《湖南吉首市组织省州市人大代表深入民族特色村寨调研》；被湖南民族网采用17篇，即《吉首苗乡百狮会》《吉首市“十一五”期间民族工作成绩斐然》《吉首市采取五项措施推进高考民族优惠政策考生资格审核工作》《吉首市切实加强少数民族义务教育助学金管理》《吉首市在“求”字上下功夫助推民族团结示范点建设》《德夯“玛汝”在吉首市德夯景区隆重登台》《吉首市抓少数民族特需用品生产工作》《湖南吉首市实施教育强市战略取得阶段性成果》《湖南省吉首市多项举措推进民族城镇化建设》《湖南吉首市举办民族工作联络员培训班》《首届中国德夯国际山地户外旅游活动在吉首市隆重举行》《吉首市全力打造民族地区工业经济》《吉首市民族法制宣传教育工作成效显著》《吉首市组织省州市人大代表深入民族特色村寨调研》《吉首市人大常委会听取全市民族工作情况汇报》《国家民委负责人来湘调研武陵山区民族教育发展情况》《吉首市率先设立县级少数民族文化专项资金》；被《湖南民族工作》采用1篇，即《吉首市“十一五”期间民族工作成绩斐然》；被三湘统战网采用2篇，即《吉首市民族法制宣传教育工作成效显著》和《吉首市举办民族工作联络员培训班》；被中国湘西网采用1篇，即《吉首市“十一五”期间民族工作成绩斐然》；被《湘西民族工作》采用3篇，即《吉首市“十一五”期间民族工作成绩斐然》《州市民委联合召开吉首地区“两民企业”银企座谈会》《吉首市举办民族工作联络员培训班》；被湘西民族网采用16篇，即《吉首市矮寨镇百狮闹新春》《吉首市“十一五”期间民族工作成绩斐然》《吉首市采取五项措施推进高考民族优惠政策考生资格审核工作》《吉首市切实加强少数民族义务教育助学金管理》《州市民委联合召开吉首地区“两民企业”银企座谈会》《吉首市加大少数民族特色村寨建设力度》《桂阳县民族宗教局一行来吉首市考察“双语双文”教学工作》《吉首市隆重举办“六月六”龙舟赛》《吉首市集中培训民族工作联络员》《吉首市民族法制宣传教育工作成效显著》《吉首市采取四项措施扎实推进民族信息工作》《吉首市人大常委会听取全市民族工作情况汇报》《国家民委负责人来湘西调研武陵山区民族教育发展情况》《吉首市“四抓”民族团结创建活动》《吉首市率先设立县级少数民族文化专项资金》《全州民族特色村寨建设工作流动现场会在八县市召开》。

2012年，被各级各类网络杂志采用通讯报道和图片共88篇（幅）。其中：被国家民委网采用4篇，即《吉首市选派14名少数民族年轻干部赴省锻炼》《湖南省吉首市讨论〈吉首市民族文化创意产业规划〉》《湖南省委书记周强考察湘西州吉首市民族景观开发建设工作》《湖南省吉首市成立武陵山区首个县级旅游业商会》；被《湖南民族论坛》采用6篇，即《吉首市切实抓好民族考生审核工作》《吉首市选派14名少数民族年轻干部赴省锻炼》《走进惹巴拉》《苗家欢度四月八》《重武古苗寨城市边缘的“世外桃源”》《武陵山区民族文化产业园进入全省文化创意产业重点园区名录》；被省民委网采用23篇，即《吉首市大力实施民族自治地方贫困学生救助工程》

《吉首市民族工作成效显著》《吉首民族文化进机关活动结硕果》《吉首保靖两县市共谋团结发展大计》《吉首市选派14名少数民族年轻干部赴省锻炼》《吉首市积极开展社会管理创新工作》《吉首市创先争优突出改善民族地区民生》《吉首市召开少数民族流动人口服务管理体系建设汇报会》《湖南省委书记周强考察吉首市民族景观开发建设工作》《延边朝鲜族自治州延吉市民族宗教局一行到湘西州考察社区民族团结进步创建工作》《吉首市倾力服务民生促和谐》《吉首市实施高中阶段免学费教育》《吉首成立武陵山区首个县级旅游业商会》《吉首市全力推进武陵山区核心增长极建设》《吉首市规划建设武陵山区文化产业园》《国家民委直属机关党委常务副书记金星华到吉首市调研民族工作》《吉首保靖两县市三乡联谊会共促民族文化发展》《吉首市获"最美绿色生态休闲旅游名市"称号》《湘西州民委党组书记杨骏到吉首市检查指导民族工作》《省民委副主任赵仁秀深入吉首市检查指导民族贸易工作》《吉首市民族文化丰富群众生活》《吉首市苗族群众"赶秋"热闹非凡》《吉首市狠抓民族服饰推广工作》《吉首市列入省级限制开发重点生态功能区》;被湘西民族网采用50篇、吉首市人民政府网采用5篇。

第三节　宗教事务

一、管理机构

1988年1月至1997年7月,市民委分工一名干部兼管全市宗教事务工作。

1997年7月30日,成立吉首市宗教事务局(以下简称"市宗教局",副科级机构),为市委、市政府管理宗教事务的职能机构,归口市委统战部管理。1998年4月28日,市宗教局归口市政府办公室管理。2002年,核定市宗教局事业编制2名,人员按公务员制度管理。2011年1月,市宗教局归口市民族局管理。

1997～2012年,市宗教局历任局长龙金姐(女 苗族 1998年3月～2001年11月)、陈开漾(女 苗族 2001年11月～2007年11月)、刘琳琅(女 土家族 2007年11月～2012年2月)、钟海琳(女 土家族 2012年2月～)。

二、宗教场所和宗教活动

明洪武三十年(1397)设立镇溪军民千户所前,佛教从泸溪县传入市域,建万溶江小溪庵、小庄金龙庵、乾州皮罗寺、社塘坡半冲武山庵、排吼把金回龙庵。清朝时期,除上述寺庵外,还有乾州天星庵、双塘杨家寨岑楼寺、衡山庵、双江寺、双塘阴上云雾庵、紫荆坪鹤天庵、镇溪桐油坪金刚洞庵和狮子庵。各寺庵均住僧尼。僧尼平日做佛教"功课",遇农历二月十八日、六月十八日、九月十八日办"观音会",七月办"中元会",冬月办"太阳会",举行盛大佛事活动。其费用来自"信士"(信徒)捐赠、佛事活动收入和平时募化。清咸丰至光绪年间(1851～1908),较有名的寺庙有40座：兴隆庵(即竹园庵，乾州城西接龙桥)、静云庵(乾州城外，毁于民国14年)、天星庵(乾州城西)、枇杷庵(即岑楼寺)、双江寺(乾州街道双河社区)、清平寺(今吉首厂坪)、白云庵(吉首)、补落庵(马颈坳)、回龙庵(即金龙山庵)、云雾山庵(双塘镇阴上)、土姜坡庵(双塘镇土姜坡)、窑人山庵(双塘镇双塘村)、夯坨庵(双塘镇夯坨峰)、云谷寺(河溪镇小河庵)、大河庵(河溪镇河溪社区)、啸天龙庵(河溪镇河溪社区)、灵鹫寺(寨阳乡马坳)、奇峰寺(社塘坡乡西门口)、大庄庵(河溪镇张排寨)、观音山(武山)狗儿寨庵(双塘镇狗儿寨)、阿挪庵(河溪镇阿挪)、上垴庵(峒河街道上老)、振武营庵(峒河街道振武营)、西灵寺(镇溪街道鸦溪社区)、竹园庵(镇溪街道鸦溪社区)、毛坪庵(白岩乡毛坪)、回龙庵(排吼乡把金)、中风山庵(白岩乡毛坪)、金刚洞庵(吉首)、狮子庵(镇溪街道桐油坪社区)、文溪庵(峒河街道光明社区)、望乡寺(峒河街道望江坳)、天平山庵(白岩乡毛坪)、金龙山庵(乾州街道小庄)、静云寺(乾州街道兔岩社区)、小溪庵(乾州街道小溪桥社区)、挂牌山庵(河溪镇河溪社区)、水井坳庵(太平乡高坝)、奇木田庵(太平乡老树村)。

民国1～30年，寺庵数量与清朝时同。民国31年，增至74座、僧尼106人。僧尼平日除做“功课”和过佛教节日外，还到民间治病、施药。

乾城解放初，县委贯彻党的宗教政策，僧尼生活得到保障，有的还俗，成家立业，从事生产劳动；有的由农业合作社、人民公社“五保”；削发为僧尼者几近绝迹。寺庵因年久失修而朽坏，或因无僧尼居住而被改作他用。1982年，落实宗教政策，宗教界代表僧普芳(女)被选为市政协委员。1988年，市境有教徒18名(其中新教徒3名，外地流入9名)。1986～1988年，僧尼和中老年信士自发重修石家冲清平寺、河溪云谷寺、乾州街道天星庵、小庄金龙山庵、双塘镇云雾山庵、峒河街道光明社区清佛寺、峒河街道振武营庵、峒河街道望江坳望乡寺等11座寺庙。

民国26年(1937)，沅陵县基督教堂派牧师汤善秋到乾城县乾州设乾州分堂，建“福音堂”，乾州分堂设乾州、所里和马颈坳3个支堂，共有教堂8处，职业人员13人。民国34年，汤离走，陈心传、陈生洪负责乾州分堂、熊叢和梁通庆分别负责马颈坳和乾州支堂宗教事务，由牧师、准师和教师掌握基督教活动。平时，进行“教育捐”；每周三，作“祷告”；周五，学《圣经》；周日，作大礼拜，讲《圣经》，行“荣捐”。每年11月25日，例行过“圣诞节”。从1951年起，停止教会活动。1953年，市域只有李志高1人登记为基督教。

民国37年，张远泽开办天主教，设教堂1处，有6人入教，无教会活动。

1949年，市域有基督教教堂8处、天主教教堂1处、寺庙50处、房屋490间，宗教职业人员231人。

20世纪50年代中期，市域尚存宗教场所19处、149间，宗教职业人员25人，其中尼姑12人、基督教徒13人；有工资收入2人、从事农业生产15人、亲属抚养3人、“五保户”5人。1982年，调查确定宗教房产3处、16间。至2012年，经市政府批准的寺、庙、庵、堂、宫、阁宗教活动场所共29处，其中佛教活动场所22处，80%分布在城区。狮子庵位于峒河街道桐油坪社区、天平寺位于峒河街道望江坳村、清佛寺位于峒河街道姚家岭社区、天门寺位于峒河街道云庄社区、雷公寺位于峒河街道新桥社区、三合宫位于镇溪街道、清平寺位于峒河街道牛岩社区、竹园庵位于镇溪街道鸦溪社区、普济寺位于镇溪街道坪山坡村、鸦溪天王庙位于镇溪街道鸦溪社区、太虚寺位于乾州街道小溪桥社区、天心庵位于乾州街道接丰社区、观音阁位于乾州街道兔岩社区、观音堂位于乾州街道古城社区、普灵寺位于乾州街道兔岩社区、兴乾寺位于乾州街道小庄村、枇杷庵位于乾州街道金坪村、双江寺位于吉凤街道双河社区、青龙寺位于乾州街道狮子社区、天王行宫位于乾州街道营丰社区、八仙宫位于乾州街道漩潭社区、城隍庙位于乾州街道古城社区、云谷寺位于河溪镇河溪社区、山泉寺位于河溪镇河溪社区、白云寺位于河溪镇马鞍村、圣会寺位于矮寨镇德夯景区、紫云庵位于双塘镇坨丰村、百福寺位于社塘坡乡社塘坡村、排绸天王庙位于排绸乡河坪村。

三、宗教事务管理

1988 年，市民委会同市委统战部和市公安局对宗教人员进行普查，逐人登记造册。全市有佛教教徒 18 人，其中新教徒 3 人、市域老教徒 6 人、外地流入 9 人。

1989～1992 年，一些迷信职业者冒以宗教名义进行封建迷信活动，一些地方一度滥建庵堂、庙宇，极个别共产党员竟信教并进行封建迷信活动，影响很坏。1993 年 5 月，市委统战部、市民委、市公安局先后对河溪、万溶江、吉首、双塘等乡镇的宗教情况进行调查，这些乡镇共有庵堂庙宇 25 处、房屋 36 栋、80 余间，住庙人员 36 人，其中教徒 27 人。25 处中经批准的有 7 处，18 处属于滥建。

1994 年 6 月，市委统战部、市民委根据中共中央总书记江泽民关于“民族宗教无小事”的指示和国务院颁布的《宗教活动场所条例》组织联合调查组，调查宗教情况。全市有庵堂寺庙 43 处，其中城郊及吉首乡、万溶江乡、双塘镇和河溪镇共 32 处，占庵堂寺庙总数的 97.6%，占地 10 公顷，有房屋 54 栋、120 余间；常住 32 人，其中宗教职业者 24 人(和尚 8 人、尼姑 15 人、基督教牧师 1 人)、皈依弟子和居士各 20 余人。43 处庵堂寺庙中，经市政府及有关部门批准的只有 7 处，即云谷寺、狮子庵、清佛寺、清平寺、太虚寺、天星庵、观音阁，其余 36 处由“头人”在民间“集资”自发修建，未经申报登记，无征地批准手续。和尚朱万贵(永顺县人)及其女朱月云和侄女在建在万溶江乡小庄村境内的金龙山庵“修行”，一庵住和尚尼姑 5 人。市委统战部、市民委将上述情况写成调查报告呈交市委、市政府并按市委、市政府的批示组织人员拆除滥建且进行封建迷信活动的庵堂寺庙。1996 年，市委党校按市委的要求将党和国家有关宗教的法规、政策和知识列为党校教学内容。市委统战部、市民委再次联合对全市庵堂寺庙情况进行调查，进一步宣传国家的宗教法规和宗教政策。

1997 年 7 月 10 日，市委副书记王祯云主持召开全市专项治理滥建庵堂寺庙和露天佛像工作会议，副市长石家文在会上作题为《提高认识，下定决心，搞好滥建庙宇和露天佛像的专项治理工作》的报告。同时，宣布成立吉首市宗教事务管理工作领导小组，市委副书记王祯云任组长，副市长石家文、贾明忠，人大常委会副主任易小琴，市委统战部部长杨昌顺任副组长。领导小组在市民委内设办公室。各乡镇相应成立领导小组，分区域、分重点开展治理滥建庵堂寺庙和滥建露天佛像活动。市宗教局采取电视、广播、墙报、办培训班、开座谈会等形式进行宣传，对列入治理范围的68处宗教场所进行整治。

1997年10月，成立吉首市宗教事务专项治理领导小组，市委副书记王祯云任组长、副市长石家文任副组长，市委统战部、市民委、市公安局等单位负责人为成员。对滥建庵堂寺庙进行清理。全市建庵堂寺庙57处，通过清理，拆除17处、改作他用30处、待定10处。

1998年，市宗教局对全市纳入管理的宗教活动场所进行审核，对符合法规及条件的予以正式登记，条件不完备的作临时登记。到2005年年末，全市正式登记佛教场所23处、地方民间信仰神庙5座、道教宫观1座、佛教团体1个，佛教教职人员31人、散居乡村正一派道士29人；基督教聚会点2处，牧师2人，教徒400人，其中"受洗"350人。2001～2012年，对正式登记的宗教活动场所和认定的所有宗教教职人员进行年检，年检率分别为93%和100%。按国家法律法规和政策规定，协助各宗教场所成立宗教活动场所管理小组，建立宗教场所管理制度、宗教场所财务管理制度和宗教场所安全保卫制度，对居住在活动场所的人员进行造册登记管理。在宗教人员中开展"爱国爱教好、民主管理好、遵纪守法好、服务社会好、环境美化好"的"五好"教育活动，不断增强他们自我管理、自我约束的意识。2003年7月，琵琶庵尼姑释心净被评为全省佛教界"五好"个人。

1999年5月12日，市宗教局召开宗教界人士座谈会，强烈谴责以美国为首的北约暴行，学习国家副主席胡锦涛发表的电视讲话。参加座谈会的18名僧尼纷纷表示：坚决拥护中国政府的严正声明。7月26日、10月29日，分别召开全市宗教界人士代表座谈会，强烈谴责"法轮功"邪教组织。到会僧尼一致表示要引导信教群众同"法轮功"邪教组织划清界限，拥护中共中央的英明决策，积极配合政府揭批"法轮功"邪教组织的歪理邪说，抵制境外敌对势力的渗透，做到严格按照教规办事，维护社会稳定。2002年10月中旬，河南、常德等地一些假僧人到吉首进行非法活动，诈骗群众钱财。市宗教局接到群众举报后立即向市政府和州宗教局报告。州宗教局局长尚玉芝、市宗教局局长陈开漾到现场向假僧人宣传宗教政策和法规，促使其主动离开吉首。

2002年，各宗教场所负责人与市宗教局签订《吉首市宗教事务管理责任书》，实行责任管理，明确市宗教局与宗教教职人员和场所负责人的责任。是年，社塘坡乡社塘坡村拟建一座"天王庙"，建筑材料已备齐。市宗教局发现后，立即与乡政府联系，及时加以制止。全市制止此类行为3起，市宗教局受理宗教界信访案件60多件次，件件得到妥善处理和满意答复。2003年修建湘渝高速公路常德至吉首段时，太虚寺的道路、水井、凉亭等建筑物被占或被拆除，市宗教局为维护该寺的合法利益，与常吉段高速公路建设指挥部反映此情况。2004年初，公路指挥部查实后按规定付给太虚寺补偿款3万多元，问题得到妥善解决。

2000年9月28日，《湖南省宗教事务管理条例》(以下简称《条例》)颁布实施。2001年，市政府办公室发出《关于认真学习贯彻〈湖南省宗教事务管理条例〉的通知》，各乡镇政府、街道办事处、市直单位组织干部职工学习《条例》。市宗教局在城区主要路段悬挂横幅，把500本《条例》小册子分发给各乡镇政府、街道办事处及市直有关单位，在有宗教场所的乡镇、街道和宗教活动场所张贴宣传标语200余张、《条例》30张，组织15处宗教活动场所管理小组的100多名管理人员学习《条例》。基督教聚会点负责人组织200多名基督教教徒学习《条例》，基督教牧师时英凤唱苗歌宣传《条例》。2004年8月9日，各乡镇、街道和市直有关单位分管宗教工作的负责人和宗教管理专（兼）职干部参加全市宗教工作座谈会。会上，市宗教局局长传达省宗教工作会议精神，通报全市宗教工作情况。市委副书记吴文钊，市委常委、市委统战部长黄正忠，市人大常委会副主任谷金凤，市政协副主席黄福全参会并讲话。会议对新形势下出现的新问题进行分析，提出建议和意见。2005年3月，国务院颁布《中华人民共和国宗教事务条例》（以下简称《宗教条例》）。市宗教局5次组织宗教界人士学习《宗教条例》，培训宗教人员180人次、乡镇政府和街道办事处以及市直兼职宗教管理干部120人次，共分发《宗教条例》小册子120本、印发《宗教条例》宣传资料500份，以会代训乡镇、街道和市直有关单位兼职宗教管理人员120人，先后6次组织宗教场所负责人和宗教管理小组成员学习《宗教条例》。2005年，市道教场所三合宫住持石寺贵在场所内办15期黑板报，宣传《宗教条例》。通过学习和宣传活动，信教群众和宗教职员加深对党和国家有关宗教法规、政策和《宗教条例》的理解，自觉遵守《宗教条例》和宗教法规，服从政府管理。2006年4月，向160多名乡镇和市直单位兼职宗教管理干部贯彻全国、全省宗教工作会议精神。2006年，先后3次组织160多名宗教职业人员及宗教信徒集中学习《宗教条例》及相关法规。2012年4月26日至5月5日，市委统战部、市宗教局组织人员对全市宗教情况进行调查。通过调查，掌握宗教场所和宗教职业人员的基本情况，对45名宗教职业人员实行养老和医疗保险。2007～2012年，采取各种形式向宗教职业人员及宗教信徒宣传中共十七大精神。

四、救灾扶困

1998年，吉首市遭特大洪灾。刚成立的市佛教协会响应市政府关于抗洪救灾的号召，向全市佛教界发出《吉首市佛教协会赈灾倡议书》，州宗教局将《吉首市佛教协会赈灾倡议书》转发全州宗教管理部门及宗教界。1998年、1999年，灾区收到宗教界捐款4000余元、新棉被35床、衣物1000余件。基督教市妇幼保健站聚会点教徒资助社塘坡乡三岔坪村3名苗族失学儿童，竹园庵、普灵寺僧尼分别收养两名弃婴。澳门特别行政区筹委会成员、澳门基督教会宣道堂港澳区联合会主席蓝钦文牧师一行救助白岩乡着落村50名苗族、土家族和汉族儿童学习，从1998年秋季起，四年一循环，每一循环每年给每名学生补助学费200元，第一个循环援助200名学生共4万元。

1999年4月，全国政协常委、中国佛教协会副会长、厦门南普陀寺方丈、长沙岳麓山寺方丈、厦门南普陀寺慈善事业基金会会长释圣辉率领中国佛教协会理事、福建省佛教协会副会长、福建省政协委员、厦门市佛教协会会长、南普陀寺监院、南普陀寺慈善事业基金会副会长释理文法师及慈善基金会副秘书长释圣伟法师，长沙议科贸发展公司总经理刘桂英居士和省佛协会居士学修委员会方文生、护生部主任陈春香居士先后考察吉首联谊中学、乾州民族幼儿园、太虚寺等学校和重点寺庙，给太虚寺赠送价值50万元的玉佛一尊。刘桂英、方文生、陈春香3位居士分别代表长沙福乐园房地产开发有限公司总经理思维先生（刘桂英居士的儿子）和省居士学修委员会给乾州民族幼儿园赠送3万元维修园舍经费。2000年“六一”儿童节前夕，市佛教协会将价值1000多元的学生运动服送给56名贫困儿童，太虚寺长期供养两名五保老人和两名孤儿。2002年11月，省佛教基金会秘书长袁芳谏等人捐资18000元救助市一中30名少数民族贫困学生。是年，基督教市妇幼保健站聚会点救助13名学生，共资助学费11800元、捐衣裤1800套。2004年元旦，竹园庵僧人释续让、居士田景娟、杨水玉等人为白岩乡紫金村和桥六村赠送新棉被62床、衣裤6000多件，市政协委员、天心庵主持释圣成为社塘坡乡一贫困户赠送2床新棉被。2004年1月和2005年1月，琵琶庵尼姑释心净两次给泸溪县桃子溪村村民共赠送衣裤560多套、皮鞋77双。2006年8月，湘南地区遭水灾，全市宗教人士给灾区捐款7000多元，居全州宗教界捐款首位。2010年4月，青海省玉树县发生地震，市宗教局组织市域宗教界人士开展“关注灾区献爱心行动”，为灾区捐款11550元。

第四节　寺庙选介

一、鸦溪三王庙

传说，鸦溪富户杨老栋家有一独生女杨穆英，长得花容月貌，年方二八，尚未婚配。

一天，穆英于鸦溪水井洗衣，不慎将金戒指掉入井中，立即伸手捞取，忽被金龙卷入水中，带回龙宫，与其婚配，后生三子。长子杨福金、次子杨福银、三子杨福雅。

三兄弟自幼习武，成人后武艺超群。某年，众匪聚于奇梁洞内，杨氏三兄弟得知，主动请缨前往剿匪，杀匪九千，匪患灭，民安宁。

皇帝闻知大喜，招三兄弟进京赏功。帝听谗言，唯恐杨氏三兄弟功高盖主，日后生变，难以制服。于是，赐三兄弟鸩酒一坛、财宝无数，令其回到家中再开坛饮用。

三兄弟喜归，回到桃源白马渡时，酒兴大发，遂开坛饮酒。大哥饮少，面呈黄色；二哥次之，面呈红色；三弟饮得最多，面呈黑色。三人均中毒身亡。

三兄弟尸体被当地人抛入河中，逆水漂流而上，直至鸦溪溪中。穆英见子尸，悲痛万分，声泪俱下，口喷鲜血而死。

三兄弟虽身亡，然其魂不散，怒气冲天，到皇宫与帝论理。帝惶恐不安，只得分封三兄弟为宣威助顺灵应保安靖远王、绥远王和镇远王，分别赐黄、红、黑旗各一面，令其各领一方，管天地，管阴阳，谥封其母为太后。百姓感恩三兄弟除暴安良有功，建三王庙（又称“天王庙”）于鸦溪，以作纪念，供人祭祀，传袭至今。

鸦溪三王庙始建于清道光十六年(1836)。民国元年(1912)被毁，翌年重建。20世纪50年代末被拆除，1993年，再次重建，但规模不如前大。

鸦溪三王庙出处另说是东汉时期的竹王三郎神，故又称为“竹王庙”。

人们祭祀鸦溪三王的神名是敕封武宣威助顺灵应靖远王、绥远王、镇远王、龙家圣主、木易神婆、十二衙官、十二衙将、辰州土地、掌善掌恶仙官。三王庙的宗教活动除平时祈福平安外，还有每年农历三月三日的“娘娘戴花”法会，主供龙宫太后娘娘神；每年农历六月一日，三王庙举行的“鸦溪开庙门”法会。相传，小暑前巳日至小暑后辰日为三王被害之期，人们遂将此期定为“封斋日”。在“封斋日”期间，庙内忌食荤，关闭庙门，到开斋日方荤供，开启庙门。后来，改为每年农历六月初一为“开庙门”法会日。农历七月七日，举行“接桥”法会，接通阴阳桥梁，为信士接福纳祥。另外，每年农历正月头、腊月尾，信众还到庙祭祀。正月头为祈新年福，腊月尾为年底谢恩祭。

祭祀供品分为大供、中供和小供。大供用猪或牛或羊，附加鸡、鱼，称为“三牲之供”；中供用猪头、猪尾巴，附加鸡、鱼，称为“猪头供”；小供只用刀头肉三斤六两(1800克)，称为“刀头供”。祭祀时，祭祀人都祭供香纸、蜡烛、酒饭或糍粑、水果、草鞋等供品，富裕者还摆些妇女银饰、鞋袜、衣裙，剪多束长钱纸马，张扬声势。

庙会一般由当地德高望重、“法力”高强的师公坛班主持。届时，吹角鸣号，敲锣打鼓，火炮连天，踏罡步斗，行兵布阵，立营结界，张灯扬幡，迎神接驾，交牲上熟，祈福平安，贺吉迎祥，呈现一派热烈、隆重、神秘、庄严的景象。

二、狮子庵

狮子庵位于吉首城区西郊2千米处的狮子山山头，因山得名。该山如雄狮伏卧，昂首望空，故名狮子山。山北临峒河，险峭如削，古木参天，倒影河中。古庵深藏山头，悬于崖上，每当晴晨雨天，云雾缭绕，风光旖旎，故有“狮岫秋岚”之称，为清代乾州厅八景之一。

狮子庵历史悠久。明嘉靖时，于乾州哨东建小溪庵；明万历年间，于镇溪(今吉首)西建狮子庵。狮子庵由朝廷拨银兴建，庵宇正殿高大雄伟，佛像雕塑精致，殿内金碧辉煌，供奉三圣佛像，庄严肃穆，香火旺盛，佛事频繁。历代祖师传承大乘佛教，佛门弟子弘法不倦。相传，山腰原有两座古墓，各建有石雕舍利塔，为开山祖师(法号失佚)墓。原庵碑记七代祖师俗姓潘，法名慧慈大和尚。清乾隆三十四年(1769)，从镇溪书院院长胡师谦撰写的《募修冲角营卧云桥碑记》获悉，当年狮子庵住持是大松和尚。后孙仁元斋士到峨眉山修习佛经，研习武功，接替大松和尚主持庵事。

狮子庵风光秀丽，久负盛名，常有文人名士登庵造访。清咸丰十一年(1861)，太平天国翼王石达开西征路经狮子庵时曾登庵造访。民国10年(1921)，贺龙将军曾到庵闲游，对该庵风光和所处地形大加赞赏，还在庵内抽签卜卦，寺僧为其解签，留下一段鲜为人知的谶语。

从建庵至民国24年(1935)，该庵均为僧伽主持庵事。民国25年，龙山县里耶46岁的何氏尼姑任狮子庵住持，同她入庵的有师弟宋道文。民国30年(1941)，相继有鸦溪杨氏和镇溪周氏在庵剃度为尼，法名分别为慧海、本德，庵内有四尼姑。

1952年土地改革时，将庵田分给当地农民，四尼姑以种杂粮蔬菜和微薄香火收入度日。1958年，四尼姑被接纳为人民公社社员，在当地生产队劳动，仍住庵内。1966年秋“文化大革命”时，“红卫兵”入庵捣毁所有佛像，砸断全部古碑，烧毁庵内其他物件，数百年古庵毁于一旦。庵毁后，四尼姑迁居山下湘川公路旁的生产队屋，在生产队劳动。

1993年，群众自发集资重建庵宇。因资金不足，难以完工，香港女士杨希民捐资13000元人民币续修，工程竣工。老尼姑释本德主持庵务。1996年，市宗教局批准狮子庵为合法佛教庵寺。

2003年，释心全主持庵务。2004年，修成宽2米、长65米的上庵山道，市诗词学会于道旁建诗词书法碑林。

三、太虚寺

清《乾州厅志古迹卷》载：“太虚禅林即小溪庵，城东三里。溪山环绕，林木苍翠，一厅胜境。建自前明，碑碣犹存。”由于这座古庵被认为是景冠全厅大小八景，所以被誉为“太虚胜境”。

清康熙初年，寺中“万古流芳”碑文载：“明嘉靖时，建庵于此。”可见，太虚寺至今有450余年历史。

太虚寺传承中华汉传佛教大乘八宗(天台、三论、法相、华严、津、禅、密、净土)中的禅宗，属于禅宗五家七派(沩仰、临济、曹洞、云门、法眼、杨岐、黄龙)之一的临济宗脉。清初起，有15名师言教德行流传至今。包括康熙十二年(1673)化助扩庵，中兴寺院，奠定太虚寺四殿三院金碧辉煌基业，勒石“万古流芳”的行僧通圣大师和他的徒弟心慈、心慧。康熙二十五年(1686)邀请辰州知府刘应中游洞观寺，陪护宣介溪山胜境的博生法师。咸丰元年(1851)，乾州岁贡、六年进士饶阳智等文士结社赋诗的寺僧瑞龄上人。清末至民国时期，有可银、可仙、可志、可超四位尼师及其徒弟符志、符亮、符学、符能、符慈、符祥六位尼师弘法于此。仅以此庵院传承至今，昭示乾州太虚寺宗脉绵远。

太虚寺内现存的康熙十二年中兴碑“万古流芳”是镇寺之宝。辰州知府刘应中撰的《游乾洞记》、咸丰岁贡饶阳智的诗《游太虚禅林赠瑞龄上人》等诗文都使太虚寺成为一座文化品位较高的佛教寺庙。

清光绪二十六年(1900)，乾州厅厅署借寺办乾州厅立高等小学堂。民国时期，湘西有屯七县和省教育厅在该寺先后办湖南屯区联立初级中学和省立第十三中学。

1991年，在离太虚寺原地址以北约500米处重建太虚寺。历时12年，建成横开三孔的山门、圆通两侧的前院，仿原山门式样的弥勒天王殿及高耸的魁星楼；正院正中建大雄宝殿，对面配韦驮宫(省去旧日祖师殿及五谷神龛)，东西配以祖堂寮房和斋堂香积厨。后院正中设观音殿，东西配以客堂和地藏殿，周围建垣墙。寺前有三条林荫石径通人民南路。1998年，中国佛教协会圣辉大师一行到寺视察，赠送价值50万元的玉佛一座，是年秋，玉佛上座开光。

第九篇 人 物

魅力吉首、神奇大地哺育苗族、土家族、汉族、满族等各族人民；各族人民携手并肩，风雨同舟，保卫祖国，建设祖国，开发吉首，建设吉首，谱写一篇篇历史新篇章，涌现一批批英雄模范和能工巧匠。吴鹤、吴八月、杨岳斌、罗荣光、黄召棠、田耕之、石启贵、黄穆如、张一尊、石德明、石元星、石元晋、赵小琼、刘明祥等人是其中的杰出代表。人民创造历史，历史不会忘记人民。

一、人物传(以卒年为序)

吴 鹤

吴鹤(生卒年无考)，苗族，明代辰州镇溪上涝(今峒河街道上老村)人，教育家，曾长期受教于王阳明，与余姚的钱德洪、山阴的王畿同为王阳明高徒。

明正德年间，宦官刘谨掌司礼监权。王阳明因逆其道被贬往贵州龙场驿(今修文县治)，在前往贵州途中经辰州(今沅陵)时，辰阳郡守于虎溪专建"松云轩"，请王阳明讲学，"辰人士董道夫环侍讲席"。吴鹤心羡之，往虎溪，为王门生。王从贵州调任江西庐陵知县，吴鹤复千里追随，两次在王门深造。

吴鹤追随王阳明多年，虽推崇其"致良知之学"，却不赞成其政治立场。他在江西时，曾与一寺僧友好在一起讲经论道。僧甚知当朝政局及王阳明的立场，遂以枣子、梨子、食盐、生姜、西瓜诸品相赠。吴鹤始感奇异，后反复揣摩，顿悟"禅机"，明其寓意是早(枣)离(梨)俺(盐)姜(江)西(瓜)，不要再追随王阳明。

吴鹤笃志求道，不乐仕进，毅然听从僧友劝告，回到故里。不久，果如僧友所料，王阳明凭出谋划策镇压赣南农民起义和定"辰濠之乱"的"功绩"升任南京兵部尚书，受封"新建伯"。此后，吴鹤不再去找王阳明，一心致力于"教训其乡里子弟"，先后在故乡上涝和附近的司马溪、然坳、三岔坪等地开馆授业，不计束脩，虽牧夫竖子，皆授其教，深得乡民敬重。

吴鹤有诗文遗稿若干卷，曾由族人吴应璠保存至乾隆六十年散失。乾隆中期，辰州司马江蔗畦读其遗稿后说："笔墨甚高，文亦正嘉的派。"此后，城步训导向宗乾(乾州厅人)得阅其稿，记得有制艺《晋文公谲》一节和诗《岳阳楼观潮》、《滕王阁集饮》二题，甚赞其成就。

吴鹤在苗乡办学多年，积劳成疾，卒于家，葬于镇溪（今吉首）城东里许。清咸丰年间，各族人民为纪念他，捐资在镇溪城东鳌鱼坡（今吉首大学师范学院院址）修建鹤公祠，立吴鹤碑，开设镇溪书院。

吴八月

吴八月（1728～1796），又名吴世宁，男，苗族，祖籍凤凰厅（今凤凰县）大杉木寨，乾州厅坪垄寨（今社塘坡乡坪云村）人，是苗族反清起义的领袖。

吴八月幼时上过学，能读会写；青年时好武术，被附近半冲寨苗巫师石老喜的独生女石娘柳相中入赘，跟随岳父习文练武，学巫术，取法名吴法领。岳父去世后，他继承四百多担谷田土的家产，后任苗寨百户长。妻生四子，名依次为廷玉、廷英、廷礼、廷义，凭其亲自训教，儿皆识字，擅长武术。

清康熙年间，朝廷对楚、黔苗区实行“改土归流”，加强对苗民的统治，大量圈占苗民土地，使苗民生活日益困苦。乾隆年间，清廷加重苗民赋税、劳役，“客民”中的地主、富商也以地租和高利贷盘剥苗民。大肆兼并苗民土地，使苗民“收获甫毕，盎无余粒”。

吴八月与湖南省永绥厅（今花垣县）黄瓜寨石三保、凤凰厅鸭堡寨吴陇登、贵州省松桃厅大寨寅石柳邓等人在黄瓜寨召开紧急会议，决定于乾隆六十年（1795）二月七日在乾、凤、永（绥）、松四厅同时起义，因起义计划被松桃协都司书办杨芳窥悉，都司孙清元领兵三百名偷袭大寨寅，石柳邓只得于正月十六日提前起义，石三保于十八日在黄瓜寨举旗响应。吴八月旋串联坪垄附近的关保溪、龙爪溪、两岔溪、抱木营、天星寨等十六寨苗民于二十一日起义。正月二十三日，吴八月率义军攻破乾州厅城。厅同知宋如椿逃回衙署，交署印给巡检江瑶，令其赴辰州求救，即拔剑自刎。江抱印逃跑，被义军擒获。

破城后，吴八月提出“穷苦兄弟跟我走，大户官吏我不要”，以昭示百姓。接着挥师东进，围攻泸溪县城，不克。遂向沅水两岸进发，一举攻克重镇浦市，又分兵攻打桐山（今辰溪县属地）、麻阳和镇竿（今凤凰县城）。苗民起义如火如荼，遍及湘、黔、川边区十余厅、县。二月十三日、十四日、十五日，清廷急调云贵、湖广、四川总督领兵18万人，由云贵总督福康安统率，分四路向四厅义军进剿，遭到义军顽强抵抗。

四月中旬，湖广总督福宁率领6000多名清兵，从泸溪进攻乾州，行至泸溪县狗爬岩时，遭吴八月义军伏击被歼，福宁匿于辎重而逃。

因清兵人多势众，围剿愈烈。吴八月年逾花甲，打仗多由儿子轮番出阵，其运筹果断，谋略过人，深受苗民拥戴。八月间，各路义军首领公举他为“吴王”。吴八月封石柳邓为开国将军、石三保为护国将军、吴天半为翻天将军、石乜妹为超男将军、自称为“吴三桂后（世）”，以号召远近苗民反清。

后来，清廷改用“剿抚兼施”和“以苗治苗”的政策和策略，用封官晋爵、赏赐钱粮、密遣苗奸打入义军内部的办法收买和分化起义队伍。清兵大肆宣传“凡苗酋投降者，皆许奏赏官秩花翎;散苗投降者优以金帛”。吴陇登在义军失利后欲投敌,吴八月对其行迹早有察觉,从坪垄等寨派出一支义军加强鸭堡寨防卫,监视吴陇登,不使其降敌。

十月,清军攻破天星寨,进而大举进剿鸭堡寨。吴八月未料吴陇登已暗中投降清军,在吴陇登的假约之下,于十一月三日欣然应约去卧盘寨商议战事,吴陇登的亲信趁机引清兵将吴八月捉拿绑献清营。吴八月在清军大营几经劝降不屈,屡遭酷刑,对吴陇登的投降升官,只说他是个“求得活命的叛徒”。

嘉庆元年(1796)三月二十五日,吴八月受酷刑后被脔割(切肉块)示众,壮烈牺牲。

杨岳斌

杨岳斌(1822～1890),原名载福,男,苗族,清道光二年农历十一月生,乾州厅冲角营(今寨阳乡曙光村)人。陕甘总督,抗法英雄。

杨岳斌少年习骑射。道光二十六年(1846),由行武考补湘阴汛外委。二十九年,受清廷赏戴蓝翎。不久,升任宜章营千总。

清咸丰三年(1853),曾国藩在湘督办团练,治水师于衡州,调杨岳斌为右营官。杨在征剿太平军中参与攻湘潭,取岳阳,掠武昌,克九江,在长江流域奔突千里,深得曾国藩和清廷赏识,连年升官至提督。清同治元年(1862),西北爆发回民反清起义,同治三年七月,清廷任命杨为陕甘总督,赏一等轻车都尉世职,加太子少保衔,令其率部镇压回民起义。时值杨驻军江西,所部属水师中极少陆队,于是杨上奏朝廷获准,回湘招募兵勇。次年二月,杨令总兵彭楚汉、杨明海在湘乡、衡山等地招募兵勇5000名,组成十营陆队,于二月十六日从省城长沙出发,取道汉水赴陕甘,于五月抵达目的地。时逢陕甘回民起义声势浩大,百姓饥荒,兵勇困顿万状,且缺粮草,同治五年三月,杨部发生兰州兵变,布政使林之望上奏杨“未能防范”,清廷将杨降职留任。六月,杨又因在泾州私拆林的上疏奏折,朝廷将其革职留用,改派左宗棠任陕甘总督,继续镇压回民起义。次年五月,杨岳斌以病为由,辞职还乡。

清光绪十年(1884)十月,法国侵略军在台湾基隆登陆,台北府告急。清廷为解台之危,复诏杨岳斌协助闽浙总督左宗棠办理军务,赴台抗敌。十二月,杨获准在乾州及辰、沅等地募兵十二营,共6000人,领湖南巡抚庞际云所筹饷银83000两,起程赴福建。十一年正月,杨与左宗棠议定,驻师福建泉州,一面密遣清兵百余名乘轮船停泊海口待命,一面假电奏请朝廷准予缓师渡海,让法军窃悉,以被麻痹。所部则由秀涂口夜渡台湾海峡,一举成功。杨抵台后,立即筹划台南防务,支付饷银,就地募勇万余人,连日操练,协同巡抚刘铭传部进攻基隆,与法军激战。将法军打败,法国政府议和赔款,于是年五月撤离台湾。杨岳斌于九月奉诏班师,回到乾州养亲。建杨氏义仓、办义学、置义地、刻印《陆公集》,捐修文廊、书院,筹添乾、凤、永(绥)、保乡试考棚,在镇溪峒河桥下方修义渡一处。每逢歉年,还出资平粜,赈济饥民。

光绪十六年(1890)六月二十七日,杨岳斌病卒于家。遗体运到长沙,于次年三月葬于河西乡(今望城县)白箬铺西五里墩莲花塘月形山,乾州冲角营葬有其衣冠塚。清廷追赐其太子太保衔,谥勇懿,照总督例赐恤。

其母向氏、妻罗氏皆诰封一品夫人，长子正仪为二品顶戴，任福建督粮道，任次子懋仪为江苏候补道、三子谱仪为长沙县学生花翎道衔、候选郎中。

罗荣光

罗荣光(1833～1900)，字耀庭，生于清道光十三年(1833)，男，土家族，乾州厅鸦溪人，新疆喀什噶尔提督，民族英雄。

咸丰初年，罗荣光由武童投入曾国藩湘军，因与太子军作战有“功”，连升把总、守备、参将。同治元年(1862)，随李鸿章淮军至上海。光绪二年(1876)，被派驻天津，任大沽协副将，赐号果勇巴图鲁。光绪十四年(1888)，升任天津镇总兵。光绪二十六年，升任新疆喀什噶尔提督，因遇战事，经朝廷批准，未赴任。

光绪七年(1881)，罗在大沽创建水雷营，教授将士布雷和化电测量等军事技术，在渤海湾口和海河口修筑北炮台二座、南炮台三座，架铁炮100余门，驻兵2000名。

光绪二十六年农历五月，英、美、法、俄、德、日、意、奥八国联军以保护洋商洋教为借口，在大沽口海面集结38艘军舰。六月初，沙俄舰队从旅顺向大沽增运2000多名海军陆战队。八国联军用火车从山海关运兵6000名到塘沽。2万多名八国联军从水路逼近大沽，妄图占领天津，进取北京。此时，罗已接到调任提督的圣旨，为抗击侵略者，他毅然请求留守大沽。在营官、管带、哨长会上慷慨陈词：“人在大沽在，地失血祭天!”部署防务，加强战备。一面派专差飞马天津，向直隶总督裕禄禀报大沽局势，请速发援兵；另一方面，派专人赴北洋水师，商定一旦战争爆发即由海神庙河湾处夹击敌舰。大沽海口水深岸曲，水雷密布，南北两岸炮台密切监视，严阵以待。八国联军不敢贸然进犯。六月十六日上午，八国联军司令官派人谒见天津直隶总督裕禄，谎说“只驶入四五艘舰船泊于海口，并无他意”。裕禄竟然答应敌人的无理要求，命令开放海口水道，让敌舰驶入。罗荣光得知大惊且极愤，立即赶到天津总督府，要求裕禄收回命令，力阻敌舰入内。这时，探子回报，以沙俄主力舰“机略号”为首的五艘敌舰已接踵驶入海口，乘势包围泊于于家堡附近河湾处的北洋水师。贪生怕死的水师统领叶祖桂竟下令舰船撤退。罗闻讯愤怒已极，迅速回到大沽，命令炮台封锁海口，引弦待发。是日下午5时，八国联军特使、俄国水师参赞和充当翻译的英国通事乘小船来到大沽口南岸清军营盘，对罗骄横地说：“拳匪(义和团)焚烧教堂，中国政府不但不用力剿办，竟然在海口安水雷，明有与各国为难之意。俄、英、法、德、意、奥、日、美八国联军责令清兵让出大沽南北两岸炮台营盘，疏通天津和北京道路；否则，后果自负!”。罗荣光义正词严地回答：“义民起事，那是你们欺压中国百姓的结果！大沽口是我大清水域，布雷设防是天经地义，要我让出炮台，那是妄想!”他们见罗态度强硬，便拿出各国水师统领的联合“通牒”，“限令炮台守军在十七日凌晨两点之前无条件交出南北两岸炮台，不然，将用武力夺取”。罗听后满腔怒火，夺过“通牒”，撕成两半甩于地，令清兵将两个洋人赶出主炮台议事厅。

六月十六日，夜幕降临，大沽口血战，一触即发。罗荣光严令五营六哨严阵以待。八国联军的舰只在茫茫夜色中秘密行驶。三艘敌舰向大沽口南岸逼近；驶入海河的五艘敌舰从于家堡河湾偷偷靠近主炮台；另有几艘敌舰开到海神庙附近，将炮口对准万年桥清军营盘，封锁铁锚桥，切断炮台的援兵和弹药供给。

是日夜11时，离“通牒”限定的时间还有3个小时，敌舰突然用炮火轰击南北岸各炮台。敌海军陆战队乘小艇分左、中、右三路直赴南岸炮台。罗荣光在主炮台上沉着指挥清军奋勇还击，激战6个小时，清军伤亡惨重，炮台失守。罗长叹道：“一将无能，累死千军，北炮台失守，南炮台又陷重围，都是我罗荣光的罪过！”叹罢，回到家中，拔刀杀眷属，自言“毋令辱于敌手”，遂出赴难，一仆随从，不知所终。他日，在炮台下寻得其尸和仆尸。没三日，天津陷落。罗遗体被运回乾州，葬于鸦溪。

傅良佐

傅良佐(1873～1924)，字清节，男，汉族，吉首市乾州人，官至民国陆军总部次长。祖父傅丞基系江西移民迁居乾州。父傅锡畴，钦加五品衔候选知县。

傅良佐少年时期在乾州读私塾。清光绪二十年(1894)，考入梁启超、熊希龄在长沙创办的时务学堂。不久，学堂因清廷干涉而停办，傅旋考入北洋武备学堂。此时，傅被袁世凯练兵小站选为50名赴日本留学生之一，并任领班，在日陆军士官学校第三期学习，与蔡锷、蒋方震、吴光新等人同学。毕业回国后，在北洋京畿军队供职。徐世昌任东三省总督时，傅被调任东三省督练处参议，因督办吉林至长春铁路拒绝清宫总管李莲英的索贿而遭谴责，被调回北京任陆军部科长。民国元年(1912)，任民国大总统府军事处处长。民国2年，出任察哈尔副都统，兼多伦、蓟榆镇守使。不久，调任陆军高等军事裁判处处长。期间，拒绝钟颖的重金贿赂，将钟绳之以法，把受钟诬陷而被关押在北平陆军监狱的陈渠珍释放出狱。民国5年6月，傅良佐被国务总理兼陆军总长段祺瑞升任陆军总部次长，被称为“皖系军阀四大天王”(徐树铮、傅良佐、靳云鹏、曾毓俊)的决策人物之一。民国6年7月，张勋拥戴宣统皇帝复辟，段祺瑞组建讨逆军，委任傅为讨逆军参谋长。傅与各国公使协商，暗地领军由永定门长驱直入京城，平定复辟变乱，傅被授予“冠威将军”称号和陆军上将衔。

民国6年8月，傅良佐调任湖南督军，因直系与皖系两军阀在湖南争斗，皖系败，傅良佐于11月退回北平。民国8年，段祺瑞任边防督办，委任傅为参谋长。民国9年，直皖战争爆发，皖系败，傅灰心失望而退居京、津家中，在天津文殊寺院修佛念经，于民国13年(1924)病逝，灵柩运至北平，初葬于南苑傅家庄，后迁葬于北平别墅旁。

黄召棠

黄召棠(1879～1928)，字聘珍，原名儒林，谱名其华，清光绪五年(1879)八月生，男，土家族，乾州厅所里(今吉首)人，留日农学家。

黄召棠童年读私塾，于祖籍江西省清江县考取秀才，勤奋攻读，矢志于农。清末，由于朝廷腐败，帝国主义列强侵略日益猖獗，有识青年多立志于振兴中华，留学东洋和西洋，学习救国本领。黄认为“立国之本在于农”，抱“兴农救国”愿望，于光绪三十二年(1906)自费留学日本。始在东京弘文学院学习日文，旋于宣统元年(1909)七月考入鹿儿岛高等农林学校，专攻农艺化学。留日期间，对孙文、黄兴、宋教仁等革命党人的义举深表同情，尤与宋教仁乡谊私情甚笃，常有书信往来。民国元年，他毕业回国，回归故里，与乡友邓子猷、杨文舫等人办民立小学于所里文昌阁。此后，任教于北京农业专门学校，与北洋政府林农总长陈振先、良友许叔畿、吴觉农、蔡邦华等人创建“全国农学联合会”，陈任会长，黄任副会长，慷慨捐资数千元，以解经费之拮据。他察觉北洋政府旨在扩军争权，不事建设，毅然离京南下，先后在江西省农业专科学校执教，兼任农事实验场场长、湖南省甲种农业学校校长，兼主持农事实验场工作，先后在江苏省和安徽省两所农业专科学校及浙江大学农学院等院校任教，琢教英才，孜孜不倦，十数年如一日。教学之余，还经常参加农学会活动，与同仁相聚，潜心切磋农艺科学，探索兴农强国之路。

民国8年，黄召棠在为祖母病逝回籍奔丧期间，在所里东门坡(今镇溪公园)修建“东山草堂”茅舍三间，将自己从外地带回的茶叶、湖桑、刺槐、桃、李等良种树苗植于东门坡，在杉木湾植杉树10万余株，为改进家乡林业做示范。

他对中医和西医也颇有兴趣，曾指导弟黄慕琼学习中医，熟读名医张仲景全集的伤寒论。后来，慕琼成为当地名医。

民国17年7月，他抱病回家休养，治疗不愈，与世长辞，葬于所里城北姚家岭。民国25年，为表彰他在培养农艺人才和发展农业科学所做的贡献，中华农学会设立黄聘珍纪念奖学金。今中国科学院生物学部常务委员、农业现代化研究委员会副主任侯学煜研究员在大学攻读时撰写关于农业土壤研究的论文，曾获该奖学金5000元。

田耕之

田耕之(1907～1938)，又名田耘，原名田景星，小名乐声，男，土家族，吉首市乾州人。国民党陆军少将，抗日英雄。民国14年(1925)考入北伐军随营学校，后为黄埔军校第六期学员。毕业后，分配在国民革命军十一师任排长。民国19年，回家治母丧，被陈渠珍委任为新编三十四师模范营上尉副营长。后离职去江西，任国民革命军九十八师一营少校营长。民国26年，率部到河南开封，与日军作战负伤。伤愈后，重返前线，任十三师三十七旅三十七团中校副团长。后在豫、皖、鄂等省转战抗日有功。次年，升任上校团长。是年秋，日军出动海军和空军进攻武汉，田耕之率部奉命沿粤汉铁路南撤，在湖北蒲圻县赵李桥设防，阻击日军尾追入湘。在与日军作战中，他沉着指挥，苦战三天，连续打退敌人多次进攻。敌机对田部阵地轮番疯狂轰炸，田耕之身先士卒，率部与冲上来的日军展开肉搏战，后被敌机轰炸阵亡。当晚，该团组织敢死队，夜袭日军，从敌占阵地夺回田耕之遗体。战区司令部将田的英雄事迹上报国民政府军事委员会，军事委员会追授他陆军少将衔。遗体运回原籍安葬。当灵柩运到乾州时，专员张炯率政府官员及各界人士出城迎柩，在黑神庙设灵，举行隆重的公祭仪式，立碑位于忠烈祠。

石明顺

石明顺(1872～1953),乳名白铭,清同治十一年(1872)农历九月十四日生,男,苗族,树耳寨(今寨阳乡树耳村)人,银匠。

石明顺家七代为银匠。他读过两年私塾,14 岁从父学银匠手艺,25 岁时已熟练掌握铸、锻、焊、雕、扎等工艺,能制作苗族妇女喜爱佩戴的银项圈、手镯、牙签、裙链、银绦、耳环、戒指和小孩花帽上的十八罗汉、福禄寿喜等大小银首饰品,尤以妇女佩戴的披肩和银冠著称。披肩和银冠构造复杂,工艺精细,一般银匠不能制作。石明顺以祖传绝技,先把五根银条锤成兰草形薄片,中间有叶脉,再将薄片轻敲成扁圈,圈面上精雕细刻各种花纹图案,齐整边缘,使五个大小扁圈套成天衣无缝的月牙形披肩。对银冠的制作,他用一根一头孔大、一头孔小的铜管,将要焊的零件置于油灯火焰旁,对着火焰吹气喷火焊接处,掌握火候,功深艺巧,所焊接的百余个细小零件既结实又美观,因此顾客盈门,生意兴隆。

那时,苗寨山乡会制作披肩和银冠的人极少。平年寨(今矮寨镇平年村)一家富户嫁女,需要的银器大都已制作,唯有披肩非请石明顺不可。永绥县(今花垣县)补豪寨一富户娶媳妇,急需制作披肩和银冠,只好出重金,派人爬山涉水到树耳寨请他加工制作。

石明顺一生从事银器加工制作,1953 年去世后,侄儿石绍春继承其苗银饰工艺,后失传。

石启贵

石启贵(1896～1959),字霖苏,号子荣,又名岩山,竹林居士,清光绪二十二年(1896)生,男,苗族,民族学学者,乾州厅仙镇营(今乾州街道云丰社区)人,祖籍永绥厅(今花垣县)。

石 12 岁读私塾,16 岁入乾州厅高等小学堂。民国 7 年(1918),考入湖南群治政法专门学校自治讲习科。民国 15～22 年,在乾城县模范小学和女子小学任教。

民国 22 年春夏间,中央研究院院长蔡元培派该院历史语言研究所凌纯声、芮逸夫两教授到湘西考察苗族问题。石经乾城县政府介绍,协助凌、芮在乾城、凤凰、永绥三县苗区进行为期 3 个月的考察工作。凌、芮离开湘西时,委托石代为完成考察任务。9 月,中央研究院聘请石为湘西苗族补充调查员,并给他邮寄参考资料和照相器材。那时,湘西虽交通闭塞,匪患多,民族压迫和民族歧视严重,但他“不慕浮名不畏难,芒鞋竹杖遍山间”,只带一书童步行深入乾城、凤凰、永绥、古丈、保靖五县苗区进行调查,细看、多问、勤记,对湘西苗族诸多问题都作详细记录和深入研究,还实地拍摄了许多有价值的相片。

民国 25 年,他和龙辑五、龙达三、石宏规等苗族知名人士向湖南省政府呈交《湘西苗族文化经济建设方案》。省政府根据此方案,于 7 月给湘西拨银圆 35000 元,用于苗区义务教育。11 月,省教育厅根据省政府的决定,在所里创办“湘西特区师资训练所”,委任他为湘西苗族教育劝导员。他积极参与师资训练所的创办,并任教学工作。次年,他被省政府派任湘西苗族宣慰员,深入乾城、凤凰、永绥、泸溪、古丈、保靖、麻阳七县苗区宣传孙中山先生关于开化边胞的政策。

他在湘西苗区调查期间还在各级报刊发表一些有关湘西苗族历史、文学、苗汉民族关系等方面的文章，以消除社会各界对苗族同胞的偏见。民国29年，他将多年调查的材料进行整理，写成36万字的《湘西土著民族考察报告书》《湘西苗族考察纪要》和《苗乡风土民情》手稿。这些手稿全面地反映湘西苗族社会的历史和现状。民国35年、36年，他以湖南“土著”民族（苗族）代表的身份两次到南京参加国民代表大会，呼吁国民政府要遵照孙中山先生遗训，在《中华民国宪法》上确定“国内各民族一律平等”的条文，并和云南等省的土著民族代表联合向大会提交有关民族问题的提案40多条。

1951年元月，中南行政区军政委员会兄弟民族访问团访问乾城县时，石启贵受聘为顾问，协助访问团深入苗乡开展访问工作，并按访问团的要求于是年底写成20多万字的《湘西兄弟民族介绍》稿，献给县人民政府。

1959年5月，石病故。生前还著有《苗医验方》《兽医指南》《龙廷久武术秘传》《民族速记学》《速记讲义精详》《苗汉训诂学》《苗语初析》《苗语文法解》《苗文草创》《苗语声韵学》《苗族歌韵大全》《苗汉民族通》《解放民歌集》等书稿，除《湘西土著民族考察报告书》和《湘西兄弟民族介绍》书稿珍藏于吉首市档案馆外，其余均散失。所存遗稿，由其长子石建中等人整理成48万字的《湘西苗族实地调查报告》，于1986年12月由湖南人民出版社出版。1987年，《报告》获中南五省优秀图书奖。

黄穆如

黄穆如（1891～1965），谱名增荣，字少岩，清光绪十七年（1891）生，男，土家族，乾州人，从事教育，湘西自治州原副州长。

黄全家靠父母经营旅栈和豆腐业为生。黄8岁入私塾，民国3年3月，考入湖南省第一师范学校。民国7年毕业后，回家乡从事教育工作，至民国28年，先后任乾城县第一高等小学、县立模范小学教员和校长、湘西屯区七县联立初级中学教员、县教育局局长，以育才为己任。在任教期间，他以“穷苦斗”为校训，向学生宣传省一师校友毛泽东刻苦学、勤为径的学习精神，鼓励学生奋发读书，学以致用，成才为民；主张废除体罚制和灌入式教学，推行启发式教学法；对学生不论贫富，不分民族，一视同仁。

民国28～31年，黄穆如任乾城县县立民众教育馆馆长，以“组织民众，培植地方文化教育事业”为宗旨，办图书、报刊阅览室和墙报、图片展览，组织演戏队，丰富民众文化生活。

1950年1月至1956年11月，黄先后在省立第十三中学、吉首民族中学任教。

1956年11月，他在吉首县第二届人民代表大会第一次会议上当选为县人民委员会副县长，分管文教工作。1957年9月，在湘西土家族苗族自治州第一届人民代表大会第一次会议上当选为州人民委员会副州长。先后任中国人民政治协商会议第一至第四届委员会委员、湖南省第二届人大代表、州第一、二、三届人大代表，州第一、二、三届政协副主席。1965年12月，在吉首病逝。

张一尊

张一尊(1902～1973),谱名耀定,别名铁湘,字也军,号太虚樵者、一心居士,生于清光绪二十八年(1902)一月七日,男、土家族,太平乡司马村坪里河人。中国画马四杰之一。

张一尊童年在司马溪寨读私塾,河边那匹拉磨的白马深深地吸引着他。他常独自一人默立马旁,看马吃草、饮水、打滚,如痴如醉,并用小树枝在沙滩上学画马。

他 9 岁时到离家 15 千米远的县城乾州读书,寄宿在外祖母家。外祖母家附近经常有驮棉花和盐巴的驮马过路,他一听到马铃声就急忙从屋里跑出来看驮马。有一次,他竟跟驮马走了十多里路。他常用手指在手掌上学画马,有时在课堂上也偷偷画,被老师打手板。为了画马,他学马叫,学马打滚,同学们都叫他"马迷"。

民国 11 年,他从沅陵联立中学毕业后到长沙谋事。在长沙四十九标考入马济所办的武卫军事学兵营。结业后从军,曾任连长、营长、少校副官、中校主任、上校科长。民国 23 年,他所在的四路军奉命改编,因他既不是保定军校、又不是黄埔军校毕业生,所以被列为编外上校附员。戎马倥偬的生活中,他仍念念不忘画马;编余在家后,便一心专攻书法和绘画。其间,得到两湖知名的石刻家黄铁庵指点,进步更快。

民国 26 年 7 月,正当他准备去日本举办个人书画展览时,卢沟桥事变爆发,他取消东渡日本留学计划,被湖南省政府派到乾城县接任保安暂编团团长职务,后又兼任沅陵防空少将副司令。民国 31 年 1 月,他在成都中央军校高教班学习结业,军事部门曾几次发电报要他回军任职,他以患心脏病为由而推辞。此后,他周游全国各地名胜,专司画画,以画马和画山水著名,兼工诗词、书法,出版《张一尊画集》。在上海、南京、杭州、重庆、贵阳、桂林、长沙、衡阳等地举办个人画展,作品参加全国多届美展。他虽没进过美术专业学校,但潜心研究古法、融唐、元、明、清各大家之精髓于一炉,推陈出新,不落前人窠臼。最为世人所称道的是他画马时,只用腹稿,常先画马尾,再画马身,后画马头,巧用笔墨,顷刻成画,画出的马神形兼备,寓神于形,栩栩如生。代表作有《三骏图》《八骏图》《万马奔腾》,他被誉为中国画马"四杰"之一。

中华人民共和国成立后,他曾为中国美术家协会会员、湖南省文联委员、湖南省美术工作者协会主席、中国美术家协会湖南省分会主席,被选为湖南省第一、二、三届人民代表大会代表。

1973 年 3 月 28 日,张一尊在长沙病故。

石冬生

石冬生(1931.12～1980),民国 20 年(1931)12 月生,男,苗族,吉首市社塘坡乡三岔坪村人,初中文化,中共党员。为乾城县和平解放后第五任县人民政府县长。

1949 年 12 月,石冬生在吉首县一区工作。1951 年 4 月,任共青团吉首县委干事。1952 年 7～12 月,任吉首县一区区政府副区长。1953 年 1 月至 1955 年 3 月,任吉首县公安局副局长。1955 年 4～8 月,在辰溪地委干校学习。1955 年 9 月至 1956 年 7 月,在中共湖南省委党校学习。1956年7月至1959年8月，任吉首县公安局副局长。1959年8月至1960年9月，在上海政法学院学习。1960年10～11月，任吉首县公安局局长。1960年12月至1961年3月，任吉首县人民政府县长。

1950年，石冬生在一区工作期间曾立功受奖，1954年，出席省公安厅功模代表大会并获奖受表彰。1961年3月，在整风整社运动中被错误罗织"反革命罪状"，定为"二石反革命集团"，判处8年徒刑。1980年9月13日，得到平反昭雪，但石冬生在得到平反时已于是年9月前含冤在狱中去世，年仅49岁。

石德明

石德明(1912～1982)，民国元年8月16日生，男，苗族，农民，麻苟坡(今寨阳乡排乃村属地)人。中共党员，省劳动模范。民国10年，因生活所迫，随父背井离乡到社塘坡、双塘、乾州等地给地主放牛、当长工。民国26年，他在乾州肖家做工时，与肖家奶妈周生妹成婚，生育三男一女。

1949年11月5日晚，石德明和其他贫苦人怀着喜悦的心情手持火把到小溪桥"接官厅"欢迎中国人民解放军四野十三兵团四十七军一三九师四一六团某部进驻乾州城。1950年，县城乾州成立农民协会，他任农会主席。土地改革时，他兼任评议员，为贫苦农民分配胜利果实提出公平合理的意见，自家也分得房屋和田地。

1951年，县人民政府号召干部、群众开展爱国增产运动，他带头响应。入冬，他发动群众义务修筑小河坪拦河坝，每天早出工，晚收工，争挖基脚，抢干重活。在他的带动下，附近七个村寨的干部群众齐心协力，仅用两个月的时间就完成筑坝任务。施工期间，有人邀他去附近省立十三中学(今州民族中学)挖土方，说是半月可得一石米，他说："政府号召我们搞爱国增产运动，修水利发展生产是大事，莫说是半月一石米，就是一日一石米我也不会去啊！"继续坚持修水利工程，终于修通一条800米长的水渠，保证20公顷稻田的灌溉。次年春，他被群众选为水利模范，出席省农业劳动模范代表大会。

1953年1月28日，他加入中国共产党。担任村党支部书记后，工作劲头更大。1954年，县人民政府号召学习省农业劳动模范李呈桂种水稻的经验，他积极响应，发动全村农民种丰产田，并组织四户贫农在小河坪种丰产示范田，又带领家人种0.12公顷水稻实验田，单产分别比上年增产50%和70%。此后，他发动群众参加生产互助组，建立初级农业生产合作社和高级农业生产合作社，任组长、社长。五次被评为省、县农业劳动模范，受到省、县人民政府的表彰，人们都称他"石劳模"。他生产带头，工作积极，九次当选为州、县人大代表，两次当选为中共吉首县代表大会代表。1982年1月30日病逝。

石邦藩

石邦藩(1900～1984)，字东屏，清光绪二十六年(1900)生，男，苗族，乾州厅树耳寨(今寨阳乡树耳村)人,国民革命军中央航空兵第二队“独臂将军”,抗日英雄。

石邦藩幼年丧父,随母下堂,跟养父石金山在北京读书,后考入国民革命军教导团,民国10年毕业,入保定航空学校学习架机技术。修业期满后,任国民革命军第三军航空队队副。民国16年,任国民革命军中央航空兵第二队副队长,后升任队长。民国20年9月18日,日本帝国主义发动侵华战争(史称“九一八事变”),疯狂轰炸南满铁路,炮击北大营,继而侵占沈阳。次年1月28日,又肆意进攻淞沪,把侵略魔爪伸向东南沿海地区。石邦藩奉命率中央航空兵第二队七架“容克”47式驱逐机驻防南京,后驻防杭州。2月26日拂晓,日寇六架轰炸机、九架战斗机从驶入杭州湾的“能登吕号”航空母舰上起飞,偷袭笕桥航空学校。石邦藩闻讯立刻驾“容克”7号机与中央航空兵六队分队长赵普明所驾的“可塞”机同时腾空拦截敌机。敌机采取分头包围的战术向“容克”机进攻,石邦藩沉着应战。顷刻间,一架敌机进入“容克”7号机射击圈,石立即开炮,敌机中弹起火,坠毁于杭州湾外,其余敌机见势,仓皇出逃。随即,敌九架战斗机又相继袭来,石邦藩继续与之周旋。由于敌众我寡,“容克”7号机中弹68发,石虽左臂中“达姆”弹受伤,但他忍着剧痛,与敌机决一死战,在“可塞”机的配合下,机灵地向敌机连续射击,击毁敌机三架,另六架落荒而逃,笕桥航空学校和“乔司”空军机场得以保全。

战斗结束后,石邦藩因左臂伤势严重而截肢,被誉为“独臂将军”。国民政府军总司令致电慰问并为他颁奖。上海一家烟草公司特精制“邦藩牌”优质香烟销往全国各大城市,以纪念“独臂将军”石邦藩驾机歼敌的卓越战功。1984年,石邦藩病逝于台湾。

向长清

向长清(1915～1985),民国4年生,男,土家族,吉首市乾州人,民国29年7月,毕业于北京大学,原省立第十三中学(简称“省立十三中”)校长。

向长清的父亲为小学教师,一家人靠父亲微薄的薪水度日。生长在地瘠民贫、苗族土家族汉族杂居、隔阂尚多、交通梗阻、民智未开之地的向长清目睹同属青年聪秀子弟而多半无力升学,即便是中产之家虽可勉强负担,但远道跋涉,所资不济,多中途辍学,对他们饱尝求学之艰苦深感同情。他大学毕业后毅然返回故里,矢志教育工作,曾先后任省立第九师范学校和湖南屯区各县联立初级中学(简称“湖南屯中”)教务主任。民国32年1月,湖南屯中改为省立十三中。按省教育厅规定,任省立完全中学校长必须是大学本科毕业生,向长清既是大学本科毕业生,又是当地人,热心家乡教育事业,对创办湖南屯中功不可没。据此,省政府于是年4月下旬任命他为省立十三中校长。5月5日,向长清到校宣誓就职,接收一个负债4000元国币的“烂摊子”,任重道远,举步维艰。他攻坚克难、竭力尽智,披荆斩棘,不负众望,将省立十三中创办好,使地方“聪秀子弟”“边胞子弟”有享受均等教育机会,为湘西土著特区社会培养中坚人才,以启迪特区文化。

向长清在北京大学读书时对校长蔡元培很崇拜。受命省立十三中校长后效仿蔡校长“兼容并包”的办学方针,聘请教员不论政治信仰,只重其真才实学。先后从昆明西南联合大学聘请一批毕业生充实教师队伍。教师队伍中有乾城县国民党党部书记闵宗海兼任童子军课,乾城县政府原教育科科长、后任三青团乾城县分团干事的秦文权兼授音乐和图画课，国民党军官向世凤兼任军训教官，中国共产党外围组织民族解放先锋队队员北京大学同学向远宜（萧离，古丈县人）及其妻张萧凤，思想“左”倾的清华大学毕业生周礼全（吉首市人，中华人民共和国成立后任中国科学院哲学研究所副研究员），有西南联大毕业生冯太昆、杨毓珉（中华人民共和国成立后任《上海戏剧报》主编）和宁碧涛，有清华大学毕业生萧继美（中华人民共和国成立后从美国回国任北京钢铁学院教授）、钟启录（吉首市人，曾在美国哈佛大学任教）、钟启寿（吉首市人，中华人民共和国成立后为沅陵一中省级教师）、黄穆如（吉首市人，后任湘西土家族苗族自治州副州长）、吴鼎新（花垣县人，后任吉首大学副教授、湘西自治州政协副主席）等人，还从国立八中聘请一些有名望的教师到校兼职授课。他允许“左”倾思想的传播，保护进步教师，对学生进行进步思想教育，在每周纪念国父孙中山先生会上多让“左”倾思想教师演讲。民国 37 年 7 月，向长清向省教育厅呈文揭发省军管区司令部委派的学校军训部主任王谟殴打学生、辱骂女生的问题，要求将王调离学校，在向的强烈要求下，军管区司令部不得不将王调离。向的怒斥弹劾之举深得全校师生称赞。

民国 33 年春季，省立十三中设高中部，在向长清主持下学校每年招生尽量招收“边胞子弟”。民国 36 年春，全校有苗族学生 144 人。是年上学期，学校高中部首届第一班学生毕业，向长清先后两次向省教育厅呈文，请求转呈省政府准予保送首届高中班九名苗族毕业生免考直升大学。省教育厅以湘西特区早已改为国民教育，不再列为边教实施范围为由，不予照准。向长清极力为少数民族力争享受高等教育权利，造就苗疆建设人才之良苦用心实堪钦佩。民国 37 年 6 月，向长清接到省教育厅关于保送体育尖子高中毕业生直升大学的通知后欣喜若狂，立即保送高中毕业生石兴禄（苗族、花垣县人，州民中原校长）、侯连炯、萧上朴（女，吉首市人）分别直升国立南岳师范学院、金陵女子文理学院，开创湘西自治州民族教育史上保送高中毕业生直升大学的先河。

向长清对湘西民族教育艰难开拓，呕心沥血，治校有方，绩效显著，受到省教育厅和地方各界人士赞誉。民国 36 年 10 月 1 日，被评为全省省立中学二等校长，晋升一级，为六级，加月薪 180 元。民国 37 年秋，又晋升一级，为五级，又加月薪 180 元。

民国 38 年上半年，向长清与当地进步人士拟投奔革命未果，遂于是年 7 月辞去省立十三中校长职务，举家辗转到刚解放的北平（后改为北京），投身于新中国的文化教育事业，先后在北京市业余艺术学校和群众艺术馆工作。1962 年，被调到北京戏曲研究所从事戏曲研究，先后撰写《文心雕龙浅释》《诗品注释》《历代诗话》《三国志与三国戏》《周代社会性质商讨》等学术专著共 100 余万字，参与编写 150 余万字的《京剧剧目词典》。

1985 年，向长清在北京病故。

石元晋

石元晋（1902～1987），清光绪二十八年六月生，男，苗族，吉首市白岩乡人，高小文化，农民，中共党员，是吉首市唯一参加长征的老红军。

民国22年(1933)3月,石元晋在永顺县参加中国工农红军。1934～1935年,石在长征途中任班长。1935～1936年,在西安358旅716团步兵排任排长。1936年,在贵州溪口加入中国共产党。1937～1943年,在晋西根据地716团机枪连任连长。1944～1948年,在山西省西部支队任副官主任。1948～1949年,在山西省代县晋西北军区兵站任站长。1950年,南下在湖南长沙荣誉军人休养院休养。1951～1957年,在长沙市民政局协助工作。1958～1968年,在湖南省荣誉军人休养院休养。1968～1987年,在吉首市老干所休养。1987年10月病逝,享年85岁。

秦明道

秦明道(1926～1997),字达五,号武陵一翁、恋山翁,民国25年(1926)3月生,男,土家族,吉首市乾州人,山水画家。曾为中国老年书画研究会会员、中国美术家协会湖南分会会员,曾任山东菏泽书画研究院名誉院长。

民国21年,秦明道入乾州模范小学读书,毕业后考入湖南屯中,毕业后在乾城县模范小学任教。1955年,调到古丈县文化馆从事专业美术创作。

秦明道自幼嗜艺成癖,青少年时代曾师从一代画马名家张一尊,后又得到著名画家黄永玉指导,所作山水画尊崇传统,创造出一种宜于表现武陵山区石灰质岩溶地貌的"滚笔皴"技法,形成独特的绘画艺术风格。画作作色高雅,笔墨苍秀,点泼兼施,酣畅淋漓,灵气俊逸,尤其善作云雾托山,被誉为"笔墨神奇",给人以氤氲缥缈云蒸雾腾之感,犹入仙境。他的花鸟画姿态万千,色彩亮丽,内含丰润,疏密虚实得当,令人赏心悦目,百看不厌。

他创作的《峰秀谷翠》《江山丽》《红叶颂》《万山丛中》《夕照明》等作品曾在北京参展。1986年,《夕阳山外山》获湖南省美展作品二等奖;1987年,《源远流长》获湖南省美普奖;《游子情》获"洞庭杯书画大赛"三等奖,《梅》获湖南省"腊梅大赛"一等奖;1990年,《四季常青》获湖南省美展二等奖;1991年,《关山阵阵苍》获中华人民共和国成立42周年湖南省美展二等奖;1995年,作品《武陵烟云》和《人在画图中》被中国民族书画院收藏。1996年,《云瀑奇观》载入《世界华人文学艺术界名人录》。

秦明道曾多次举办个人画展,作品流传至美国、日本、新加坡等国和台湾省以及香港,被国内多家博物馆及海内外著名人士收藏。在中华民族书画艺术大展暨表彰大会上,秦明道被评为"民族优秀艺术家"。香港《收藏天地》对其国画艺术作专题介绍,他的创作艺术传略收入《中国当代美术家名人录》《当代书画篆刻大辞典》,作品收入《世界当代书画作品选》等10多部巨著。

1997年12月,秦明道病故。

刘明祥

刘明祥(1948～2003),民国37年生,男,汉族,吉首市镇溪街道人,初中文化。

1969 年，刘明祥应征参加中国人民解放军。是年 9 月，加入中国共产党。1971 年 2 月，刘退伍，被安排在吉首县公安局工作，历任治安股副股长、户政股股长、副科级侦查员、局党委委员、纪委书记。

1989～1994 年，刘明祥任户政股股长期间正是办理农业户口转非农业户口的时候，很多人登门求情"农转非"，他都热情接待，从不收取礼金礼物，并告诫家人："不准接受别人送的任何钱物，不准用我的名义办任何私事，对客人送的钱物绝不能收受"。家人牢记在心，从不收取礼金礼物。他从不利用职权为亲戚解决"农转非"问题。1996 年，他身患绝症，仍以顽强的毅力同病魔斗争，生命不息，工作不止。1998 年，红旗门派出所干警制止两名州级领导干部子弟在大街上借醉酒寻衅闹事，这两名子弟不服，竟给这两名州领导干部谎报被派出所干警殴打、关押。刘明祥查清事实真相后，给派出所干警撑腰，主持公道。1999 年，一民警酒后驾车，撞伤行人，不仅不赔礼道歉，反而借酒装疯，谩骂被撞伤的行人。刘明祥知情后，训斥这位民警："酒后违章驾车，知法犯法，你对得起帽上的国徽吗？"责令他给被撞伤者支付医疗费 1 万元。

1990 年、1991 年，刘明祥先后被评为全省、全国颁发居民身份证先进工作者；1992 年，被州政府记二等功一次；1998 年，分别被评为省、州纪检干部先进个人；2002 年、2003 年，先后被公安部和省纪委推介为全国、全省公安干警和纪检干部学习的典范。2004 年，公安部追授他"全国二级英模"称号。

赵小琼

赵小琼(1960.1～2005.1)，1960 年 1 月生，女，土家族，湖南省永顺县人，中专文化，中共党员，吉首市残疾人联合会原理事长。

1981 年 7 月，赵小琼毕业于湖南省化工学校，被分配到湘西自治州七 0 化工厂工作，至 1989 年，18 次被评为全州先进工作者。1990 年 1 月至 2005 年 1 月，先后任吉首市环保局环境监测站站长、市环保局副局长、吉首乡党委副书记和乡长、市残疾人联合会理事长。

1997 年 6 月下旬，赵小琼因骨癌接受医疗手术，右腿装置两块 23 厘米长的钢板。病情稍被控制后，她就立刻回到乡政府，继续组织村民开发山地、修通村公路。1999 年，因病情恶化，她只得接受右腿高位截肢手术。病魔的折磨及家庭的变故都没能磨灭她的坚强意志和人生理想。她在日记中写道："即使翅膀断了，心也要高高飞翔！"截肢 3 个月后，为能重新工作，她刻苦练习假肢走路，自学电脑操作技术，以"秋阳大姐"为网名，在网上与众多残疾人谈生活、谈人生、谈理想，鼓励他们顽强地生活，还经常通过网络推介湘西风土人情和物产。

2001 年 5 月，赵小琼调任市残联理事长。上任后，她拄着拐杖到乡镇和街道走访残疾人，了解他们的生活情况，倾听他们的意见。多次办残疾人学习班，培训残疾人事业工作骨干，帮助残疾人制定康复计划，建立残联在乡镇一级的工作网络体系，为残疾人排忧解难，取得显著成绩，市残联两次被省残联评为全省残联工作先进单位。

2002 年 7 月 16 日，她刚出院就不顾身体极度虚弱，执意驱车到排吼乡茶坪村看望失学孤儿陈波、陈花兄妹，并把兄妹俩接到自己家中，给他俩买衣服，把他俩重新送进学校学习。

为改善残疾人康复环境，赵小琼计划建市残疾人康复中心，向市委汇报，得到市委的支持。市委责成市国土局无偿划拨0.2公顷地、市规划局和市建筑设计院无偿提供相关服务。为解决康复中心建设项目资金问题，她多次拄着拐杖挤上火车，不顾疲劳和病痛到北京向中国残联国际部汇报，争取项目资金。

2003年，赵小琼的癌症再次发作，癌细胞转移到肺部和手掌。8月，她住进广州中山医科大学第一附属医院，只住院86天。接连三次接受多方位的断腿15厘米残端切除、肺部肿瘤切除和右手掌切除手术。她每次手术刚醒时就给中国残联国际部负责人打电话，询问项目审批情况。极度虚弱的病体尚未得到休养她就迫不及待地回到单位继续工作。断腿残端截了，右手掌没了，只剩下一条腿、一只手、半边肺，她以顽强的毅力每天坚持坐着轮椅上下班。由于右腿高位截肢和右胸两根肋骨被切除，身体重心全压在左侧，她坚持用电脑打印3万多字的《吉首市残疾人康复中心项目建议书》。因长期操作电脑，椅子座位左边被她坐成"凹"形。

为争取市残疾人康复中心项目，赵小琼带病乘火车三上北京向中国残联汇报，受尽旅途中的疲惫艰辛，只有一次睡卧铺。陪她的同事劝她别坐硬座，她说："能省的钱就要省，为残疾人多办点实事。"她最后一次到达北京中国残联国际部时，傅克礼主任看到她疲惫不堪的样子，被她忘我工作和顽强的精神所感动，当即果断与香港嘉道理慈善基金会联系得229万元人民币，支持吉首市残疾人康复中心项目建设，赵小琼激动地流下了热泪。

2005年1月5日，赵小琼病情恶化，不幸逝世，年仅45岁。

2005年3月18日，中共湘西自治州委办公室印发《中共湘西自治州委关于向赵小琼同志学习的决定》。3月下旬，中共湖南省委批准将赵小琼作为全省重大先进典型推介。4月下旬，经州委、州政府同意，州妇联追认赵小琼为全州"三八红旗手"。5月10日，省妇联授予她"三八红旗手"称号。2005年年末，她被评为湖南省十大新闻人物之一。

石元星

石元星（1929～2007），民国18年生，男，苗族，吉首市社塘坡乡三岔坪村人，中师文化，中共党员，第七届州政协副主席。

1949年11月，石元星在乾城县人民政府举办的地方干部培训班受训。结业后，被分配在一区人民政府工作。1952年7月，加入中国共产党。是年8月，当选中共一区委委员，遂被任命为乾城县人民政府县长。1953年4月，任吉首县人民政府县长。1956年12月至1961年5月，任中共吉首县委副书记、县长。在1958年"人民公社化"和"大跃进"运动中，他领导万余名民工日夜苦干，修建吉首县第一座水库跃进水库（小Ⅰ型）。1960年12月，水库工程竣工。

1960年，县委贯彻落实中共中央转发河南省信阳地区整风整社的"经验"，集训、关押犯"五风"错误的干部，石元星对这种做法持不同意见。他在吉首公社光明大队（今峒河街道五里牌社区）检查生产时见到大队干部被集训、被关押的情况，认为这是不应该的。在1960年"整风整社"运动中，石元星被罗织"反革命罪状"，错定为"二石反革命集团"（包括县公安局长石冬生，故称"二石"）。报经省委认定，州中级人民法院判处石元星13年徒刑，直至1980年9月13

日此案才得到平反昭雪，恢复其党籍，石元星被安排在州林业局任副局长。1985年1月至1990年3月，任第七届州政协副主席。1990年10月，石元星退休。2007年8月，石元星病逝。

吴天忍

吴天忍(1939.7～2010)，民国28年生，男，苗族，吉首市社塘坡乡坪云村人，国家二级电影导演。

1956年10月至1959年9月，吴天忍在中央民族学院(今中央民族大学)附中高中班读书。1959年10月至1964年9月，在北京电影学院导演系就读。1964年10月至1999年6月，在上海电影制片厂工作，先后任场记、副导演、导演。1999年6月，吴退休。

吴在任副导演期间，曾参与导演《苦恼人的笑》《小街》《城南旧事》等影片。担任导演期间，先后执导《寸草心》《枪口下的红桃皇后》《五0八疑案》《致命的深渊》《天王盖地虎》《烛光里的微笑》《小象西娜》等影片和《造屋的风波》《颜大招亲》《秦淮世家》《红军女儿队》《李济深北行》《刑警哥儿们》《历史的选择》《中考的日子里》《陕北来的娃》等电视连续剧100多部。执导的学校题材影片《烛光里的微笑》获中国电影金鸡奖最佳儿童片奖、最佳女主角奖、文化部优秀故事片奖、全国妇女儿童基金会金牛奖、全国影评人协会影评人奖和长春国际电影节优秀影片奖。

1987年5月3日、4日，吴天忍应邀参加市委、市政府在吉首举行的“苗族历史文化学术讨论会”;5日(农历四月八日)，参加在吉首城郊举办的苗族传统节日“四月八”活动。

2010年，吴天忍病逝。

周礼全

周礼全(1921～2008)，男，汉族，吉首市乾州人，哲学硕士，中国社会科学院哲学研究所学术委员会主任、研究员。国务院学位委员会哲学学科评议组成员，金岳霖学术基金会学术委员会主任，中国逻辑学会第二至第四届会长、第五届中国逻辑学会名誉会长，中国逻辑与语言研究会顾问。

民国30年，周礼全考入西南联合大学哲学系。民国35年，大学毕业，考入清华大学研究院哲学系，师从金岳霖教授，于民国38年毕业，获哲学硕士学位，留校任教。1952～1954年，在北京大学哲学系任教。1955年，调到中国科学院哲学研究所工作。1970年5月至1972年6月，下放到河南省息县“五七”干校“劳动改造”。是年7月，回到北京。1976年10月，“文化大革命”运动结束，周重新工作。

1983年3月，周礼全任《中国大百科全书哲学卷》编委、逻辑编写组副主编。1988年，在中国社会科学院哲学研究所学术报告会上作《黑格尔辩证逻辑的形式主义》的演讲，应邀出席在旧金山举行的美国哲学会年会，作题为《1978年以来中国马克思主义哲学的巨大变化》的演讲。1990年，他主持国家社科基金“七五”项目《逻辑——正确思维和成功交际的理论》在杭州进行初稿讨论；主持国家社科基金项目《逻辑百科辞典》的编辑工作并在北京密云召开讨论会。

是年 10 月，在武汉大学作题为《哲学家的使命》的演讲。

周礼全所著《模态逻辑引论》是中国第一部论述模态逻辑的专著。他出版的专著还有《论概念发展的两个阶段》《黑格尔辩证逻辑》；合著《逻辑通俗读本》，后被翻译成日文和哈萨克文出版，主编《形式逻辑》(统稿)；译著有《逻辑与演绎科学方法论导论》《语义学引论》《指号、语言和行为》；发表的主要论文有《我的答复》《形式逻辑应在马克思主义指导下大力修正》《〈“所以”〉中的几个主要问题》《哲学研究》《亚里斯多德关于推理的逻辑理论》《形式逻辑应该尝试分析自然语言的具体意义》《亚里斯多德论矛盾律和排中律》《几种预设》《逻辑与语言研究》《逻辑与语言新论》。

1986 年 12 月，周离休。2008 年 6 月，周礼全病逝。

二、民族团结进步模范

1988 年 4 月、1991 年 3 月、1999 年 9 月、2005 年 5 月，市人民政府四次被国务院评为“全国民族团结进步模范集体”；1990 年 10 月、1991 年 3 月、1994 年 9 月，市民委主任魏家瑶先后获国务院授予“全国民族团结进步模范”称号、被省委和省政府评为“全省民族团结进步先进个人”；1998 年，市民委分别被国家民委、省政府和省民委评为“全国民族团结进步模范集体”“全省民族团结进步模范集体”。1999 年，市长徐克勤被评为“全国民族团结进步模范个人”。

魏家瑶

魏家瑶，民国 22 年(1933)8 月生，男，白族，湖南省桑植县人，中共党员。原市民委主任，市政府督导员，全国民族团结进步先进个人。

1950 年 2 月，魏家瑶参加工作，至 1994 年 1 月，先后任桑植县城关镇镇长、吉首县马劲坳人民公社党委副书记、社塘坡人民公社党委书记、吉首市政府办公室主任、市农委主任、市民委主任、市政府督导员。1994 年 1 月，退休。

1979 年，魏家瑶坚决贯彻落实中共十一届三中全会精神，在社塘坡公社推行大包干到户农业生产责任制，充分调动干部和社员的生产积极性。是年，农业生产虽受不同程度的自然灾害，但全社仍获全面丰收，粮食总产量 3240 吨，创历史最高纪录，比上年增产 365 吨；集体和私人养牛 1353 头，比上年多 403 头；私人养猪 4495 头；全社农业总产值 148 万元，比上年多 44 万元；社队企业总产值 145 万元，比上年多 95 万元；除完成公粮任务外，还卖给国家超产粮 330 吨，社员人均口粮由上年的 270 千克增至 320 千克。他在社塘坡公社任职期间蹲点做样，下地劳动，试种并推广马铃薯 130 公顷，当地干部社员亲切地称他为“洋芋书记”。吉首市马铃薯的引进和推广，他功不可没。

1988 年 8 月，魏家瑶由市农委主任调任市民委主任，受市委、市政府委托，经市委、市政府同意，将他任市农委主任时向世界银行申请到位的 398 万美元开发贷款用于椪柑开发，选择吉首、万溶江、马劲坳等5个郊区乡镇的65个村为万亩椪柑商品基地，创办以扶贫开发为宗旨、政企分开、独立核算的椪柑开发服务公司(以下简称“椪柑公司”)。椪柑公司与基地8000多户项目农户组成农商经济联合体，椪柑公司对基地统一规划，实行连片开发、分户管理、集约经营，椪柑树挂果受益后，项目农户按当年椪柑出园价将60%的椪柑产品交公司销售，所获利润公司与项目农户按六四分成。经过几年的实践和完善，逐步形成以“五包、五保证、五合同”为主要内容的全国十大扶贫模式之一的“公司十农户”扶贫开发模式。1997年6月全国扶贫模式海南研讨会，1999年“广汕生物杯”全国十大“扶贫状元”扶贫贡献奖表彰大会分别推介吉首市民委探索创新“公司＋农户”扶贫开发模式的经验和魏家瑶的扶贫事迹。

1992年，魏家瑶又受市委、市政府委托，承担在太平、排绸、排吼、丹青四个边远苗族及土家族特贫乡实施“43331”扶贫致富工程重任，计划用4年时间，集资300万元，帮助3000户农户，每户开发3亩以上优质椪柑，受益后人均年增加收入1000元。经过各方共同努力，至1996年，开发椪柑面积1000多公顷，初见效益，当地干部群众称“43331”工程是“民心工程”“德政工程”。

1990年10月，魏家瑶获国务院授予“全国民族团结进步模范”称号；1991年3月，被省委、省政府评为“全省民族团结进步先进个人”；1993年4月，获州政府记大功一次；1994年9月，再次获国务院授予“全国民族团结进步模范”称号；1999年10月，获中国扶贫基金会授予“全国扶贫贡献奖”。

附　　录

一、重要文存

(一)国家民委关于恢复或改正民族成分问题的补充通知

现在,我国恢复或改正民族成分的工作,除个别情况外,已基本完成。但近期,有些地区又有部分人要求恢复或改正民族成分。其中有的有正当理由,而有的民族特征已消失,却不恰当地追踪溯源,以谱碟、姓氏等为依据,要求恢复或改正民族成分;有的甚至弄虚作假,更改民族成分。出现的这些倾向和错误做法,不利于贯彻党的民族政策,影响民族团结。为此,经商公安部同意,特作如下通知。

一、1982 年,国务院人口普查领导小组、公安部、国家民族事务委员会联合发出的《关于恢复或改正民族成分的处理原则的通知》中的审批权限是在全国进行人口普查的特定条件下规定的,在正常工作中现改为:凡属个人恢复或改正民族成分的,由县级民族工作部门审批;一个村或街道的相当一些户集体要求恢复或改正民族成分的,由地区(自治州、地级市)的民族工作部门审批;一个较大范围的地区的群众要求恢复或改正民族成分的,由省、自治区有关部门进行调查,经省、自治区人民政府审定后,报请国务院有关部门核准,户籍管理部门凭县以上民族工作部门出具的证明,给予办理恢复或改正民族成分的手续。

二、对《关于恢复或改正民族成分的处理原则的通知》中的第三条规定,补充说明如下:隔代要求恢复或改正民族成分的,首先改变父或母的民族成分,父母已故的,可依据生祖父母或生外祖父母一方的民族成分,再根据本人的意见确定;生祖父母和生外祖父母均已亡故的,则不再纵向追溯或横向援引。

三、凡带有一定群众性的要求恢复或改正民族成分的,必须具有作为某一民族的明显特点,如语言、文化和风俗习惯等,特点已经消失的,一般不再变更民族成分。

四、恢复或改正民族成分是一项政策性、科学性很强的工作，且情况复杂，影响面广。各地有关部门一定要坚持实事求是的原则，认真研究变更民族成分的科学依据。尤其涉及的人数较多，且有关方面意见不一致时，更要持慎重态度，充分地听取各方面意见，严格执行有关规定。同时，要加强宣传教育，做好思想政治工作，坚决反对和抵制不正之风。

国家民委

一九八六年二月八日

(二)中共吉首市委　吉首市人民政府关于进一步加强民族工作的决定

(2000年12月11日)

为了深入贯彻落实中央和省、州委民族工作会议精神，进一步搞好民族工作，推进民族团结进步事业，加快我市经济和社会发展，特作如下决定。

一、充分认识新形势下民族工作的重要性　当前，我们正面临着新一轮扶贫攻坚、西部大开发、加大WTO和全球经济一体化等历史机遇。各级党委、政府一定要从战略的高度深刻认识民族工作的重要性，下定决心，抓住机遇，扎扎实实搞好民族工作，采取强有力的举措推动我市经济社会快速发展。

二、进一步明确我市民族工作的指导思想　坚持以邓小平理论和江泽民"三个代表"的重要思想为指导，以经济建设为中心，扩大对外开放，狠抓扶贫攻坚，调整产业结构，发展壮大民族经济，为实现全市各项事业快速健康发展而努力奋斗。

三、加强基础设施建设　要结合国家宏观经济政策和西部大开发，围绕提升城市化水平，积极争取和组织实施一批具有战略带动作用的交通、水电、通讯(信)、能源等重要项目。抓好长渝高速公路、209国道二级标准公路、1828线吉首段等项目工程的各项工作，加大乾州新区的开发力度，加快城市道路网络建设，拉开城市发展大格局。加快城乡电网改造，实现城乡用电同网同价，提高供电质量。加强农田水利建设，继续实现口粮田建设工程。切实加强小城镇建设，加速城乡一体化。加快通信和信息网络建设，推进我市信息化进程。

四、调整优化产业结构　在巩固果、畜、烟、菜四大支柱产业的基础上，大力实施一乡一业、一村一品的特色产业工程，推进科技进步，提高农产品规模和质量，加速农业产业化。以产权制度改革为核心，以发展民营经济为方向，积极稳妥地推进"两个置换"工作，深化国有工商企业改革。进一步创造宽松环境，坚决执行优惠政策，发展壮大民营经济，鼓励民营企业主租赁、购买国有、集体工商企业，盘活存量资产，不断扩张民营经济总量；大力创办民营科技园，发展高新技术产业，提高民营经济科技含量，提升民营经济档次。充分利用我市历史悠久，旅游资源丰富的特点，大力发展旅游业，积极推介以德夯风景区为龙头的旅游品牌，开发旅游热线，加快组建旅游企业集团，提高管理和服务水平，培养和发展我市以民族风情为特色的旅游产业。

五、加强精神文明建设，全面推进各项事业快速发展　紧扣经济建设这个中心，加强精神文明建设，为扶贫攻坚和改革开放提供强大的精神动力和智力支持。要加大科技投入，加强技术引进和推广工作，鼓励支持科技人员创办实业。加大教育经费投入，巩固提高“两基”成果，加大教育改革和调整力度。加快发展医疗卫生事业，搞好市、乡镇、村三级医疗防保网络建设，逐步实现人人享有初级卫生保健。坚持计划生育，控制人口增长。进一步加强乡镇文化辅导站的建设，积极支持各族群众开展文明健康的民族传统文化体育活动。重视发展民族福利事业，建立、完善城乡最低生活保障制度。

六、切实加大扶贫攻坚力度　继续实行挂点扶贫，由市直单位挂点帮扶和派出工作组驻村抓帮扶工作，加强贫困村村级领导班子建设，因地制宜选准路子，抓好以吉首乡林木山村、马颈坳镇竹寨村、合群村、寨阳乡勤丰村的小康示范村工作，在全市广大农村掀起比、学、赶、帮的扶贫攻坚热潮。

七、积极改善特困村群众的生产生活条件　要从财政、扶贫、以工代赈、民政和省拨通村公路资金等多种渠道，筹集资金帮助偏远贫困村实现通水、通电、通广播电视、通电话、通村公路。切实帮助解决偏远特困村子女入学难的问题，省财政每年安排给我市的少数民族义务助学金的40%、希望工程失学儿童救助金的30%以及市财政安排的义务助学金要用于解决特困户儿童入学难。省财政拨给我市的医疗减免费的40%用于特困户的医疗费减免。

八、认真贯彻执行民族优惠扶持政策　要按照湘发〔2000〕19号、湘政发〔2000〕8号、州发〔2000〕35号、州发〔2000〕36号文件要求，把少数民族补助费列入财政预算。除省财政每年安排给我市的少数民族义务教育助学金和少数民族医疗减免费外，市财政每年预算安排义务教育助学金19万元、少数民族医疗减免费5万元，由市民委、财政、教育、卫生部门统一安排。继续实行农副产品收购价外补贴，每年由市财政安排40万元拨给收购农副产品的供销企业，专款专用。我市的民族贸易企业和国家认定的少数民族特需用品定点生产厂家所需要的流动资金贷款优惠利率及增值税返还，按上级有关规定，由银行、财政及民委具体协商落实到位。国家拨给我市退耕还林粮食差价补差资金，用于发展林业，保护自然生态环境。要加强民族资金的管理和使用，所有各项民族资金都必须专款专用，实行报账制度，严禁挤占挪用，财政、民委和审计部门要切实加强跟踪管理。

九、落实提高民族地区补助标准　根据上级文件精神，将原每人每月20元的少数民族地区补助费适当提高为：工龄30年以上者，每人每月补足80元；工龄20年～29年者，每人每月补足60元；工龄为19年以下者，每人每月补足40元。经费来源，原有20元由市财政支付，新增部分由所在单位支付。对有清真饮食习惯的少数民族干部、职工，由所在单位每人每月补贴生活费10元。

十、做好少数民族干部的培养、选拔和使用工作　各级领导班子成员的组成必须严格按照《民族区域自治法》的规定，要与少数民族人口比例大体保持一致，不断加强少数民族干部的培养和锻炼，提高其整体素质，以适应各项建设事业不断发展的需要。

十一、关心重视民族工作，把民族工作列入重要议事日程　全市各级党委、政府要经常听取民族工作汇报，调查研究，解决问题。乡镇要充分发挥农村基层组织的战斗堡垒作用，组织和带领各族群众搞好民族团结，推动各项建设事业的快速发展和社会文明进步。

十二、要抓好民族政策法规的学习和宣传　各级党委、政府和各部门要认真组织学习，全面贯彻落实民族政策和法规。广大党员、干部特别是领导干部要带头学习，宣传民族政策，熟悉和掌握民族政策，尤其要创造性地用好、用活、用足民族政策，加快我市经济社会发展。

十三、要加强民族工作督查　由市委、市政府督查室会同市民委，每年要进行1～2次督查，对民族工作及民族政策、法规落实情况并予以通报。凡因工作不力造成政策不落实的，要追求领导责任，造成重大失误的要严肃进行查处。

十四、要关心和支持民族工作部门开展工作　进一步强化民族工作部门统筹协调的工作职能。认真履行执行民族政策和开展民族工作的职责。民族工作部门的机构设置和人员编制，要与民族工作任务相适应。要从政治上关心民族工作干部的成长和进步，加强民族工作干部的培养、选拔和交流。民族工作部门要进一步加强自身建设，创造性地开展工作，为各级党委、政府当好民族工作的参谋助手。

（此件发至各乡镇、街道、市直局以上单位）

(三)吉首市少数民族流动人口服务和管理规定

第一章　总　则

第一条　为了规范少数民族流动人口服务和管理工作，保障少数民族流动人口的合法权益，促进经济发展和社会和谐，根据国家有关法律法规的规定，结合本市实际，特制定本规定。

第二条　本规定所称少数民族流动人口是指离开常住户口所在地县级行政区域到我市居

住的少数民族人员。

第三条　少数民族流动人口的合法权益受法律保护。全社会都应当尊重少数民族流动人口，禁止歧视少数民族流动人口。少数民族流动人口与常住人口应当相互尊重、和睦相处。

第四条　各乡镇人民政府和街道办事处负责本辖区内的少数民族流动人口服务和管理工作，并建立流动人口服务和管理工作机制和工作责任制。市直民族、公安、城市管理行政执法、人口计划生育、劳动保障、民政、教育、卫生、税务等有关部门依照职责分工负责少数民族流动人口服务和管理的相关工作。

第五条　街道办事处、乡镇人民政府具体组织实施流动人口综合服务和管理工作，社区、居(村)民委员会予以协助。

第二章　流动人口服务

第六条　市人民政府将少数民族流动人口的流动就业、社会保障、义务教育、疾病预防控制、妇幼保健、计划生育、法律服务、治安管理等工作纳入当地公共服务范围统筹安排，并将相应经费纳入财政预算。

第七条　加强流动人口信息系统建设，建立少数民族流动人口信息资源共享机制，方便少数民族流动人口办理务工、购房、租房、社会保障等事务。

第八条　禁止针对少数民族流动人口就业设置歧视性限制，禁止干涉用人单位合法招用少数民族流动人口，禁止针对少数民族流动人口就业或者用人单位招用少数民族流动人口设置收费项目。

第九条　市人民政府设立的公共就业服务机构应对有就业愿望的少数民族流动人口免费提供就业政策法规咨询、职业信息、职业指导和就业登记等服务；劳动保障行政部门应当监督用人单位维护少数民族流动人口的合法权益。少数民族流动人口可以在居住地参加专业技术职务任职资格考试、职业(执业)资格考试或者鉴定，按照有关规定享受职业培训和职业鉴定补贴。鼓励考试、鉴定机构对经济困难的少数民族流动人口减免考试、鉴定费用。

第十条　市人民政府教育行政部门应将少数民族流动人口教育纳入当地教育事业发展规划，指导和督促中小学校做好少数民族流动人口义务教育工作，保障少数民族流动人口享有与常住人口平等接受义务教育的权利。

第十一条　市人民政府人口计划生育行政部门应向育龄流动人口宣传人口计划生育政策法规、避孕节育、生殖保健、优生优育知识，向育龄少数民族流动人口提供与常住人口同等待遇的计划生育服务。

第十二条　市人民政府卫生行政部门应当在流动人口中开展妇女儿童健康教育和艾滋病、结核病等重大传染病防治工作，向少数民族流动人口提供与常住人口同等待遇的预防接种和传染病防治服务，并对少数民族流动人口集中的公共场所定期开展卫生监督检查。

第十三条 市人民政府公安机关已对科学确定流动人口落户条件，及时为申请落户并符合落户条件的少数民族流动人口办理户口迁移手续。少数民族流动人口可以在居住地申领机动车驾驶证、办理机动车登记。公安机关应当及时受理、调处涉及少数民族流动人口的治安纠纷。

第十四条 用人单位应当遵守劳动法律法规，与被招用的少数民族流动人口签订劳动合同，为少数民族流动人口提供安全卫生的劳动环境、办理工伤保险和其他依法参加的社会保险、及时支付劳动报酬，保障流动人口的合法权益。

第十五条 用人单位为少数民族流动人口提供的饮食、居住场所应当符合国家规定的卫生和安全条件。

第十六条 用人单位应当依法保障少数民族流动人口参加或组织工会的权利。在工会活动中，少数民族流动人口享有与常住人口同等的权利。

第十七条 市人民政府有关部门对流动人口的投诉应当及时处理，不得拖延、推诿；对不属于本部门职责范围内的投诉应当及时向少数民族流动人口告知有权处理的部门。

第十八条 市人民政府司法行政部门应当组织开展少数民族流动人口法制宣传教育和纠纷调解工作，引导少数民族流动人口依法维护合法权益。

第十九条 少数民族流动人口在社会主义建设事业中作出突出贡献的，由当地人民政府或者有关部门给予表彰、奖励。

第二十条 鼓励单位和个人对少数民族流动人口提供帮助。

第二十一条 少数民族流动人口户口所在地基层组织应当维护少数民族流动人口在户口所在地的合法权益，对户口所在地少数民族流动人口的未成年子女给予必要的照顾。

第三章 流动人口管理

第二十二条 实行少数民族流动人口暂住登记制度。少数民族流动人口应当按照下列规定进行暂住登记，并由登记责任人或者单位在登记后 3 日内向当地公安机关或者通过街道办事处、乡镇人民政府向公安机关申报。

（一）少数民族流动人口租住房屋的，由房屋出租人在流动人口入住时进行登记。

（二）少数民族流动人口就业并由用人单位提供住所的，由用人单位在流动人口受聘时进行登记。

（三）少数民族流动人口入学并在学校住宿的，由学校在少数民族流动人口入学时进行登记。

（四）少数民族流动人口在救助机构住宿的，由救助机构在少数民族流动人口入住时进行登记。

（五）其他16周岁以上的少数民族流动人口由提供住宿的单位、个人在少数民族流动人口入住时进行登记。少数民族流动人口在宾馆、酒店、旅店、招待所等旅馆住宿的，按照国家有关规定进行住宿登记，并将登记信息报送公安机关。

第二十三条　申报流动人口暂住登记应当提供流动人口身份证复印件、住所证明。流动人口是育龄妇女的，还需提供户口所在地人口计划生育行政部门签发的流动人口婚育证明。

第二十四条　实行流动人口居住证制度对拟居住30日以上年满16周岁的流动人口，在申报暂住登记后6日内，由公安机关或者由公安机关通过街道办事处、乡镇人民政府发给“居住证”。少数民族流动人口凭“居住证”在居住地享受相关服务，办理相关事务。

第二十五条　“居住证”的有效期分为1年、3年、5年。有效期满后需要继续居住的应当在有效期届满前办理延期手续。居住地址发生变更的，应当在7日内办理变更登记。

第二十六条　实行房屋租赁登记备案制度房屋出租人向少数民族流动人口出租房屋应当签订房屋租赁合同，并在签订房屋租赁合同之日起3日内持下列材料到当地房屋管理部门或者通过街道办事处、乡镇人民政府向房屋管理部门办理登记手续。

（一）房屋所有权或者使用权证明。

（二）房屋租赁合同。

（三）房屋出租人身份证明。

（四）房屋承租人以及承租人共同居住者的身份证件复印件。出租委托代管房屋的，须提交委托人授权出租的证明。出租共有房屋的，须提交其他共有人同意出租的证明。

第二十七条　少数民族流动人口承租房屋应当如实说明租住人数，出示身份证件，填写承租人员信息登记表。共同居住人员发生变更的，要及时告知房屋出租人。

第二十八条　房屋出租人应当遵守下列规定：

（一）不得将房屋出租给无身份证件的流动人口。

（二）发现少数民族流动人口利用出租房屋从事违法活动的，须及时报告当地公安机关或者其他有关部门。

（三）保障房屋符合安全条件。

（四）依法交纳相关税费。

第四章　法律责任

第二十九条　政府有关部门和工作人员在少数民族流动人口服务和管理工作中有下列行为之一的，依法给予行政处分；构成犯罪的，依法追究刑事责任。

（一）不按照本规定为少数民族流动人口提供服务。

(二)违反本规定向少数民族流动人口收取费用。

(三)其他玩忽职守、滥用职权、徇私舞弊的行为。

第三十条 违反第二十二条规定,不及时申报流动人口暂住登记的,由公安机关责令限期改正;逾期不改正的,处以200元以上500元以下罚款。

第三十一条 违反第二十六条规定,不及时办理房屋出租登记备案手续的,按照国家有关规定予以处罚。

第三十二条 对违反本规定的其他行为依法应当给予处罚的,由有关部门依法处罚。

(四)国务院总理朱镕基的题诗

说明:2001年4月8日上午,朱总理听完州、县、市党政主要领导干部的汇报后谈论的第一个问题就是要改善环境。他语重心长地说:"当前,湘西包括张家界和怀化关键是要改善生态环境,除了退耕还林这个很重要的政策措施外,还要抓农村能源结构调整。湘西地区如果到处都是草木葱茏、参天大树,那时旅游业发展起来是最大的门路,到凤凰去游历史文化名城,才有兴趣呢。"后挥笔作诗一首:

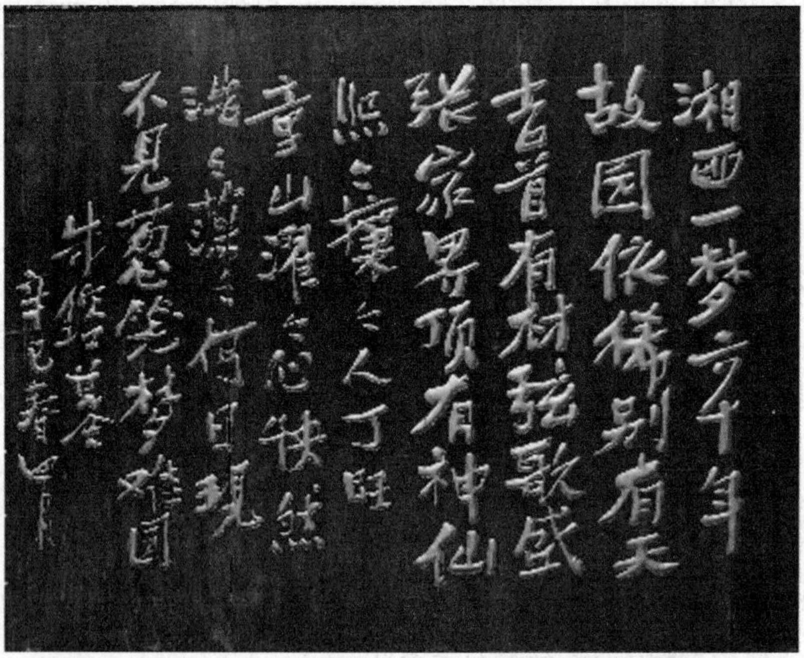

湘西一梦六十年,　　故园依稀别有天。
吉首有材弦歌盛,　　张家界顶有神仙。
熙熙攘攘人丁旺,　　童山濯濯心秧然。
浩浩荡荡何日现,　　不见葱茏梦难圆。

二、编写民族志文件

吉首市民族事务局文件

吉族字〔2011〕16号

吉首市民族事务局

关于成立《吉首市民族志》编纂工作领导小组的通知

各股室、下属各单位：

编纂《吉首市民族志》是一项极具历史意义而又十分复杂的系统工程。为切实加强编纂工作的领导，保证编纂工作的顺利进行和质量要求，经局党组研究决定，同意成立《吉首市民族志》编纂工作领导小组。领导小组成员如下：

组　长：周吉潭

副组长：周　婷

成　员：刘　琳　石永良　杨先贺　张献青　胡沛雯

领导小组下设办公室，由周婷同志兼任办公室主任，负责编纂工作日常事务。

吉首市民族事务局

2011年4月18日

报：市委、市政府、州民委

抄：市委统战部、市史志办、市档案局、市扶贫办、市发改局、市统计局、市公安局、市教育局、市文化局、市卫生局、市财政局、市体育局

发：本局各股室及下属单位

吉首市民族事务局文件

吉族字〔2013〕3 号

吉首市民族事务局

关于调整《吉首市民族志》编纂工作领导小组的通知

各股室、下属各单位：

编纂《吉首市民族志》是一项极具历史意义而又十分复杂的系统工程。为切实加强编纂工作的领导，保证编纂工作的顺利进行和质量要求，经局党组研究决定，同意调整《吉首市民族志》编纂工作领导小组。调整后的领导小组成员如下：

组　长：周吉潭

副组长：刘　琳

成　员：钟海琳　韦先群　吴建湘　张　凯　杨先贺　时海洋　胡沛雯

领导小组下设办公室，由刘琳兼任办公室主任，负责编纂工作日常事务。

吉首市民族事务局

2013 年 1 月 18 日

报：市委、市政府、州民委

抄：市委统战部、市史志办、市档案局、市扶贫办、市发改局、市统计局、市公安局、市教育局、市文化局、市卫生局、市财政局、市体育局

发：本局各股室及下属单位

感谢信

昌麟、千往两位撰稿编纂同志：

市民族局周、刘两位局长特别是周局长上任不久就决定组织编纂市民族志，真诚邀请你两位老同志出马担此重任。你俩年岁已高，特别是昌麟同志身患多病，多年来都在市里埋头修志，费心费神，真太辛苦了，本应在家好好休闲养生，尤其是老伴更希望你在家养息。你和千往怀着深厚的民族感情，顶着各方面压力，毅然应聘。在市民族局的关心和支持下，你俩竭尽全力，不懈地工作，潜心撰稿，精心编纂，从 2012 年 9 月到 2014 年 7 月不到两年时间就完成了市民族志评审稿的撰写和编纂工作，不久将付印成书。你两和市民族局为全市各民族人民办了一件实事、好事，也为我实现了夙愿。在此，我作为市民族局的一位老同志特向你们深表谢意！

魏家瑶

2014 年 7 月 28 日

魏家瑶系原市民委主任、市人民政府督导员。

三、志稿审查意见

吉首市史志办公室文件

吉史字〔2015〕1号

吉首市史志办公室、市委统战部等五单位关于《吉首市民族志》审稿批复

市民族事务局：

你局报来的《吉首市民族志》送审稿，已经我办和市委统战部等五单位审查，同意《吉首市民族志》交方志出版社审查，公开出版发行。

审稿验收人员：

市 史 志 办：徐绍平、曹彩云

市委统战部：向仍乾

市 统 计 局：宿　波

市 保 密 局：曾　晨

市 档 案 局：萧秋宾

吉首市史志办公室

2015年2月2日

方志出版社对《吉首市民族志》评审意见

初审：冯松

审稿日期：2015 年 5 月 28 日至 2015 年 6 月 8 日

《吉首市民族志》用丰富、翔实的资料，客观、真实地记述了湖南省吉首市苗族、土家族等少数民族，以及汉族自有记载以来至 2012 年发展、繁荣的历程。其间，吉首市面对各种困难和挑战，不等、不靠，用足、用好、用活民族优惠政策，发展优势产业，各项事业发生了翻天覆地的变化。全书共分苗族、土家族、其他民族、民族经济、民族教育广播电视、卫生、民族文物古迹民族旅游文化、民族事务、人物九篇，卷首有序言、凡例、总述、专记，卷尾设附录、后记。此部民族志的出版，对于研究湖南吉首各民族历史，探索发展规律，制定重大决策，以及教育后代，造福后世，鼓舞人民，都有着深远的意义。

《吉首市民族志》书稿资料翔实，层次清晰，语言流畅，体例完备，编校质量高。为使志稿更加完美，还有一些需要商榷后修改的地方，.... 本书稿经修改后，可以公开出版。

复审：卫家雄

审稿日期：2015 年 6 月 8 日至 2015 年 6 月 11 日

湖南省湘西土家族苗族自治州吉首市是以苗族、土家族为主体的少数民族聚居市。《吉首市民族志》是吉首首部民族志、为《吉首市志》丛书之一。志书用简明的文字详今略古记述了苗族、土家族等少数民族的源流、迁徙聚居吉首的历程，抨击了历代统治者对少数民族压迫、歧视、掠夺的政策。致使苗族、土家族等少数民族千百年来生活在水深火热之中，政治地位极其低下。那里有压迫，那里就有反抗。吉首的少数民族历史上曾不乏一次又一次的抗争。尤其是民主革命时期，少数民族与汉族同胞一道积极投入反帝反封建，抗击外来侵略者的斗争中，为新中国的建立功勋永著。中华人民共和国成立后，在党的民族政策的指导下，吉首各族人民走上了幸福的康庄道，经济生活不断改善，政治地位得到提高，各民族平等和谐相处。中共十一届三中全会改革开放的春风吹拂吉首大地，在中国特色社会主义理论体系的指导下，吉首市党委、政府积极贯彻党的民族政策，努力学习社会主义民族理论，带领吉首各族人民奋力向前奔小康。30 多年的进取，吉首改天换地，经济飞跃发展，民生大为改善，各族人民更加团结、平等相处,为完全建成小康社会正努力向前,明天会更美好。

《吉首市民族志》采用篇章节结构,体裁完备,指导思想正确,文字表述简洁明晰,有浓厚的民族特点、地方特点,时代感强,内容丰富,编排得当。民情风俗的介绍给读者留下深刻的印象,是一部了解吉首民族历史与现状,"资政、存史、育人"功能较强的地方民族文献。

终审:冀祥德

审稿日期:2015年6月12日至2015年6月22日

《吉首市民族志》较全面地记述了湖南省吉首市苗族、土家族等少数民族,以及汉族自有记载以来至2012年发展、繁荣的历程。编纂者以辛苦的努力为人们了解、研究吉首各民族历史、探索发展规律提供了有重要价值的历史资料,有较大出版价值。

四、吉首市与其他民族自治州州府县市对比资料

全国30个民族自治州简况

省(自治区)名	自治州名	成立时间	首府所在县市名
四川省	甘孜藏族自治州	1950年11月	康定县
	凉山彝族自治州	1952年10月	西昌市
	阿坝藏族羌族自治州	1953年1月	马尔康县
青海省	玉树藏族自治州	1951年12月	玉树县
	海南藏族自治州	1953年12月	共和县
	海北藏族自治州	1953年12月	海晏县
	黄南藏族自治州	1953年12月	同仁县
	海西蒙古族藏族自治州	1954年1月	德令哈市
	果洛藏族自治州	1954年1月	玛沁县
吉林省	延边朝鲜族自治州	1952年9月	延吉市
云南省	西双版纳傣族自治州	1953年1月	景洪市
	德宏傣族景颇族自治州	1953年1月	潞西市
	怒江傈僳族自治州	1954年8月	泸水县
	大理白族自治州	1956年11月	大理市
	红河哈尼族彝族自治州	1957年11月	蒙自县
	楚雄彝族自治州	1958年4月	楚雄市
	文山壮族苗族自治州	1958年4月	文山县
	迪庆藏族自治州	1959年9月	香格里拉县
甘肃省	甘南藏族自治州	1953年10月	合作市
	临夏回族自治州	1956年11月	临夏市
新疆维吾尔自治区	巴音郭楞蒙古族自治州	1954年6月	库尔勒市
	博尔塔拉蒙古族自治州	1954年7月	博乐市
	昌吉回族自治州	1954年7月	昌吉市
	克孜勒苏柯尔克孜藏族自治州	1954年7月	阿图什市
	伊犁哈萨克族自治州	1954年11月	伊宁市
贵州省	黔东南苗族侗族自治州	1956年7月	凯里市
	黔南布依族苗族自治州	1956年8月	都匀市
	黔西南布依族苗族自治州	1982年5月	兴义市
湖南省	湘西土家族苗族自治州	1957年9月	吉首市
湖北省	鄂西土家族苗族自治州	1983年12月	恩施市

2012年全国30个民族自治州州府县市基本情况

单位:平方千米、万人

县市名称	区域面积		建成区面积		年末总人口		城镇化率(%)	
	绝对值	排位	绝对值	排位	绝对值	排位	绝对值	排位
湖南省湘西土家族苗族自治州吉首市	1078	27	26.8	15	29.57	16	72.2	4
吉林省延边朝鲜族自治州延吉市	1748	25	35.36	10	52.37	6	79.4	3
云南省楚雄彝族自治州楚雄市	4433	13	38.88	6	51.3	8	59.2	11
云南省红河哈尼族彝族自治州蒙自县	2228	23	30.1	12	38.19	13	61.2	9
云南省文山壮族苗族自治州文山市	2977	17	27	14	46.76	11	55.2	13
云南省西双版纳傣族自治州景洪市	6959	10	24.05	16	40.88	12	50.6	16
云南省大理白族自治州大理市	1815	24	44.5	5	60.99	4	60.9	10
云南省德宏傣族景颇族自治州芒市	2987	16	17	19	37.19	14	41.3	23
云南省怒江傈僳族自治州泸水县	2938	18			17.72	20	30.8	26
云南省迪庆藏族自治州香格里拉县	11613	6			14.65	21	42	22
贵州省黔西南布依族苗族自治州兴义市	2911	19	38	7	83.05	1	47.3	18
贵州省黔东南苗族侗族自治州凯里市	1306	26	67	1	50.04	9	61.3	8
贵州省黔南布依族苗族自治州都匀市	2274	22	24	17	48.05	10	53.6	15
四川省凉山彝族自治州西昌市	2657	20	36	9	63.54	3	54.8	14
四川省甘孜藏族自治州康定县					13.25	23	49	17
四川省阿坝藏族羌族自治州马尔康县	6639	11	5	24	5.6	28	44.6	20
湖北省恩施土家族苗族自治州恩施市	3927	14	31.5	11	80.86	2	46.4	19
甘肃省临夏回族自治州临夏市	89	29	27.5	13	24.34	19	83.4	2
甘肃省甘南藏族自治州合作市	2290	21	8.98	22	9.18	25	65	7
新疆克孜勒苏柯尔克孜自治州阿图什市	15499	4	8.4	23	25.44	18		
新疆巴音郭楞蒙古族自治州库尔勒市	7267	9	65	2	55.15	5		
新疆博尔塔拉蒙古族自治州博乐市	7956	8	18.9	18	26.56	17		
新疆昌吉回族自治州昌吉市	8215	7	49.31	3	37.04	15	67	5
新疆伊犁哈萨克自治州伊宁市	761	28	37	8	51.53	7	66.9	6
青海省海西蒙古族藏族自治州德令哈市	27700	1	16.59	20	7.51	27	59.1	12
青海省海南藏族自治州共和县	17252	2	49	4	13.33	22	42.9	21
青海省海北藏族自治州海晏县	4853	12			3.6	30	90	1
青海省黄南藏族自治州同仁县	3275	15			9.07	26	32.5	25
青海省玉树藏族自治州玉树县	15715	3			10.93	24		
青海省果洛藏族自治州玛沁县	13378	5	12	21	5.18	29	41	24

2012年全国30个民族自治州州府县市主要经济指标及排位

单位:万元

县市名称	生产总值				其中:第一产业增加值			
	绝对值	排位	增速%	排位	绝对值	排位	增速%	排位
湖南省湘西土家族苗族自治州吉首市	961465	16	10	26	51640	18	3.9	24
吉林省延边朝鲜族自治州延吉市	2826605	3	11.4	25	52294	17	5.4	21
云南省楚雄彝族自治州楚雄市	2208943	6	13	21	221000	7	7.4	9
云南省红河哈尼族彝族自治州蒙自县	1028512	15	16.4	10	179010	10	20.6	1
云南省文山壮族苗族自治州文山市	1406442	8	15.2	15	149922	12	6.8	15
云南省西双版纳傣族自治州景洪市	1249101	11	15.8	12	292981	5	6.5	17
云南省大理白族自治州大理市	2551705	5	15.5	13	194557	9	7	13
云南省德宏傣族景颇族自治州芒市	637998	18	12.5	24	170170	11	7.6	8
云南省怒江傈僳族自治州泸水县	261534	24	12.9	22	37994	22	6.3	18
云南省迪庆藏族自治州香格里拉县	708262	17	16.8	7	38146	21	7.3	10
贵州省黔西南布依族苗族自治州兴义市	1999603	7	16.6	8	205940	8	11.5	4
贵州省黔东南苗族侗族自治州凯里市	1192333	13	18.9	3	79431	14	6.9	14
贵州省黔南布依族苗族自治州都匀市	1101648	14	15.4	14	79682	13	9.3	5
四川省凉山彝族自治州西昌市	3340455	2	14.6	18	344443	2	4.7	22
四川省甘孜藏族自治州康定县	409844	20	6.9	28	37781	23	1.2	28
四川省阿坝藏族羌族自治州马尔康县	165473	28	13.5	19	17649	27	3.2	26
湖北省恩施土家族苗族自治州恩施市	1230958	12	16.9	6	227548	6	6.2	19
甘肃省临夏回族自治州临夏市	390313	21	15.1	16	32928	25	7.7	7
甘肃省甘南藏族自治州合作市	235053	25	16.4	11	15883	29	6.6	16
新疆克孜勒苏柯尔克孜自治州阿图什市	279690	23	15	17	44560	19	6	20
新疆巴音郭楞蒙古族自治州库尔勒市	5914147	1	8.3	27	353996	1	19.7	2
新疆博尔塔拉蒙古族自治州博乐市	1273255	10	21.8	2	293470	4	3.8	25
新疆昌吉回族自治州昌吉市	2603609	4	16.5	9	331988	3	7	12
新疆伊犁哈萨克自治州伊宁市	1367965	9	13.1	20	63567	15	1.3	27
青海省海西蒙古族藏族自治州德令哈市	473385	19	22	1	28770	26	19.4	3
青海省海南藏族自治州共和县	351427	22	17.3	5	60508	16	7.1	11
青海省海北藏族自治州海晏县	141724	29			13445	30		
青海省黄南藏族自治州同仁县	179646	26	12.6	23	35717	24	4	23
青海省玉树藏族自治州玉树县	92192	30			43806	20		
青海省果洛藏族自治州玛沁县	176686	27	18.2	4	16393	28	7.9	6

续表

县市名称	第二产业增加值				工业增加值			
	绝对值	排位	增速%	排位	绝对值	排位	增速%	排位
湖南省湘西土家族苗族自治州吉首市	332575	15	9.2	26	273298	13	9.2	24
吉林省延边朝鲜族自治州延吉市	1291890	4	11.8	24	1170302	3	11.5	22
云南省楚雄彝族自治州楚雄市	1281042	6	15.2	23	1080085	5	14.5	20
云南省红河哈尼族彝族自治州蒙自县	529692	9	16.9	19	453813	9	16.7	16
云南省文山壮族苗族自治州文山市	698953	8	19.4	12	558106	8	20	9
云南省西双版纳傣族自治州景洪市	407981	13	18.4	16	224806	14	23.3	6
云南省大理白族自治州大理市	1283017	5	16.8	20	1058966	6	15	19
云南省德宏傣族景颇族自治州芒市	204139	19	16.5	22	153215	19	15.9	18
云南省怒江傈僳族自治州泸水县	94016	24	18.7	15	65085	23	17	15
云南省迪庆藏族自治州香格里拉县	296996	17	19.3	14	167450	18	19.1	10
贵州省黔西南布依族苗族自治州兴义市	803965	7	19.3	13	719238	7	18.3	12
贵州省黔东南苗族侗族自治州凯里市	428070	12	20	11	303365	11	17.7	14
贵州省黔南布依族苗族自治州都匀市	446609	11	22.5	7	282980	12	18.1	13
四川省凉山彝族自治州西昌市	1691091	2	17.9	18	1350818	2	16.5	17
四川省甘孜藏族自治州康定县	187203	20	6.8	28	113703	21	7.9	25
四川省阿坝藏族羌族自治州马尔康县	25044	30	20.3	9	9752	27	6.3	27
湖北省恩施土家族苗族自治州恩施市	473954	10	21.3	8	413927	10	18.4	11
甘肃省临夏回族自治州临夏市	84308	25	18.3	17	49030	25	21.8	8
甘肃省甘南藏族自治州合作市	58061	27	31.1	1	50173	24	31.2	2
新疆克孜勒苏柯尔克孜自治州阿图什市	65594	26	23.2	6	42615	26	23.4	5
新疆巴音郭楞蒙古族自治州库尔勒市	4692684	1	6.9	27	4193313	1	7	26
新疆博尔塔拉蒙古族自治州博乐市	304989	16	30.5	2	205866	15	26.5	3
新疆昌吉回族自治州昌吉市	1302901	3	23.4	5	1103014	4	25.7	4
新疆伊犁哈萨克自治州伊宁市	363570	14	16.6	21	184220	16	10.3	23
青海省海西蒙古族藏族自治州德令哈市	260376	18	29.3	3	174376	17	37.3	1
青海省海南藏族自治州共和县	170072	21	24.2	4	114743	20	22.5	7
青海省海北藏族自治州海晏县	102490	23			87757	22		
青海省黄南藏族自治州同仁县	27338	29	11.3	25	9653	28	13.1	21
青海省玉树藏族自治州玉树县	39278	28						
青海省果洛藏族自治州玛沁县	117291	22	20.3	10				

续表

县市名称	第三产业增加值				人均生产总值			
	绝对值	排位	增速%	排位	绝对值	排位	增速%	排位
湖南省湘西土家族苗族自治州吉首市	580090	11	11	24	31537	12	9.1	24
吉林省延边朝鲜族自治州延吉市	1482421	1	11.3	21	54165	3	10.3	23
云南省楚雄彝族自治州楚雄市	706901	8	10.7	25	37297	10	12.6	19
云南省红河哈尼族彝族自治州蒙自县	319810	17	13.6	13	24413	22	15.8	11
云南省文山壮族苗族自治州文山市	557567	13	11.7	19	28826	14	13.6	16
云南省西双版纳傣族自治州景洪市	548139	14	18.8	4	23770	23	15	15
云南省大理白族自治州大理市	1074131	3	15.3	9	38774	9	17.4	7
云南省德宏傣族景颇族自治州芒市	263689	18	11.9	18	16197	25	11.9	20
云南省怒江傈僳族自治州泸水县	129524	24	10.5	26	14078	27	10.5	22
云南省迪庆藏族自治州香格里拉县	373220	16	15.8	7	40537	8	16	10
贵州省黔西南布依族苗族自治州兴义市	989726	4	29.2	1	25519	19	15.2	14
贵州省黔东南苗族侗族自治州凯里市	684832	9	19.6	3	24638	21	18.1	6
贵州省黔南布依族苗族自治州都匀市	575357	12	11.1	23	24946	20	15.6	12
四川省凉山彝族自治州西昌市	1304921	2	13.2	15	45325	7	10.5	21
四川省甘孜藏族自治州康定县	184860	20	7.9	28	31097	13	4.2	27
四川省阿坝藏族羌族自治州马尔康县	122780	25	13.8	12	28286	15	13.5	17
湖北省恩施土家族苗族自治州恩施市	529456	15	18.1	5	16151	26	15.6	13
甘肃省临夏回族自治州临夏市	263077	19	15	11	13725	28	17.5	6
甘肃省甘南藏族自治州合作市	161109	23	13.1	16	25647	18	22.3	2
新疆克孜勒苏柯尔克孜自治州阿图什市	169536	22	15.1	10	10951	29	13	18
新疆巴音郭楞蒙古族自治州库尔勒市	867467	7	10.4	27	103336	1	6.7	26
新疆博尔塔拉蒙古族自治州博乐市	674796	10	27.9	2	48120	6	22.2	3
新疆昌吉回族自治州昌吉市	968720	5	11.4	20	54017	4	16	9
新疆伊犁哈萨克自治州伊宁市	940828	6	12.4	17	27246	17	8.7	25
青海省海西蒙古族藏族自治州德令哈市	184239	21	11.3	22	59173	2	3.9	28
青海省海南藏族自治州共和县	120847	26	13.4	14	27759	16	29.6	1
青海省海北藏族自治州海晏县	25789	29			50980	5		
青海省黄南藏族自治州同仁县	116591	27	15.5	8	19111	24	19.5	4
青海省玉树藏族自治州玉树县	9108	30			8432	30		
青海省果洛藏族自治州玛沁县	43002	28	17.1	6	34078	11	16.9	8

2012年全国30个民族自治州州府县市财政收支及排位

单位:万元

县市名称	一般预算财政收入				财政一般预算支出			
	绝对值	排位	增速%	排位	绝对值	排位	增速%	排位
湖南省湘西土家族苗族自治州吉首市	71238	17	16.6	19	173824	19	28.4	12
吉林省延边朝鲜族自治州延吉市	664800	1	19.3	17	362705	6	20.5	19
云南省楚雄彝族自治州楚雄市	203648	8	18.4	18	286300	15	32.6	8
云南省红河哈尼族彝族自治州蒙自县	175661	10	7.1	23	81451	28	7.8	25
云南省文山壮族苗族自治州文山市	192584	9	28.2	11	220856	16	10	23
云南省西双版纳傣族自治州景洪市	171975	11	20.5	15	328363	10	24.8	15
云南省大理白族自治州大理市	326619	5	20.3	16	350008	7	24.3	16
云南省德宏傣族景颇族自治州芒市	62980	18	39.1	6	307516	14	70.8	1
云南省怒江傈僳族自治州泸水县	28309	21	7.2	22	127142	22	33.6	6
云南省迪庆藏族自治州香格里拉县	122468	14	—2.9	24	445776	3	12.6	22
贵州省黔西南布依族苗族自治州兴义市	350668	4	30.8	9	410313	5	38.8	4
贵州省黔东南苗族侗族自治州凯里市	311329	6	55.2	2	333300	8	44.7	2
贵州省黔南布依族苗族自治州都匀市	168516	12	37	7	307947	13	22.9	17
四川省凉山彝族自治州西昌市	298940	7	24.3	14	414076	4	22.9	18
四川省甘孜藏族自治州康定县								
四川省阿坝藏族羌族自治州马尔康县	10193	25	29.3	10	101548	24	39.8	3
湖北省恩施土家族苗族自治州恩施市	158070	13	32.3	8	319793	12	29	11
甘肃省临夏回族自治州临夏市	51187	19	11.8	21	172280	20	35.2	5
甘肃省甘南藏族自治州合作市	26612	22	44.3	4	91797	25	16.5	20
新疆克孜勒苏柯尔克孜自治州阿图什市	41093	20	48.3	3	329375	9	30.4	9
新疆巴音郭楞蒙古族自治州库尔勒市	361014	3	24.4	13	470068	2	15.7	21
新疆博尔塔拉蒙古族自治州博乐市	85087	16	40.1	5	187256	17	32.7	7
新疆昌吉回族自治州昌吉市	456996	2	12	20	574370	1	25.7	13
新疆伊犁哈萨克自治州伊宁市					326906	11		
青海省海西蒙古族藏族自治州德令哈市					156571	21	29.6	10
青海省海南藏族自治州共和县	14492	23	55.5	1	178583	18	—7.7	26
青海省海北藏族自治州海晏县	11192	24			76520	29		
青海省黄南藏族自治州同仁县					116218	23	9.6	24
青海省玉树藏族自治州玉树县					91354	26		
青海省果洛藏族自治州玛沁县	87862	15	25.3	12	87862	27	25.3	14

2012 年全国 30 个民族自治州州府县市工农业总产值及排位

单位:万元

县市名称	工业总产值				农林牧渔业总产值			
	绝对值	排位	增速%	排位	绝对值	排位	增速%	排位
湖南省湘西土家族苗族自治州吉首市	686406	13	0.4	24	84901	19	3.6	24
吉林省延边朝鲜族自治州延吉市	2309928	6			86756	17	12.7	11
云南省楚雄彝族自治州楚雄市	2303183	7	14.8	19	344441	6	7.4	17
云南省红河哈尼族彝族自治州蒙自县	1959330	8	9.3	22	280145	9	23.7	3
云南省文山壮族苗族自治州文山市	1442966	9	30.9	4	244815	12	7.3	18
云南省西双版纳傣族自治州景洪市	414083	16	23	9	507133	3	7.2	19
云南省大理白族自治州大理市	3009700	4	22.8	10	339553	7	19.5	4
云南省德宏傣族景颇族自治州芒市	544782	15	23.2	8	252489	11	8.1	15
云南省怒江傈僳族自治州泸水县	260217	21	25	7	58350	20	30.1	1
云南省迪庆藏族自治州香格里拉县	354698	18	19.9	15	57284	21	13.5	9
贵州省黔西南布依族苗族自治州兴义市	2780800	5	20.6	14	313922	8	17.8	5
贵州省黔东南苗族侗族自治州凯里市	923958	12	15.9	17	151086	13	7	21
贵州省黔南布依族苗族自治州都匀市	1416862	10	22.5	11	140014	14	13.8	8
四川省凉山彝族自治州西昌市	3207000	3	11.2	20	565615	2	4.7	23
四川省甘孜藏族自治州康定县	186600	24	9.7	21	49278	23	1.6	27
四川省阿坝藏族羌族自治州马尔康县	20300	29	26.6	6	26143	27	3.3	25
湖北省恩施土家族苗族自治州恩施市	975600	11	22.1	13	379949	5	7.7	16
甘肃省临夏回族自治州临夏市	188331	23	17.4	16	41215	26	8.5	14
甘肃省甘南藏族自治州合作市	149310	25	32.5	2	19452	28	13.3	10
新疆克孜勒苏柯尔克孜自治州阿图什市	142673	27	22.4	12	88995	16	10.1	13
新疆巴音郭楞蒙古族自治州库尔勒市	6278408	1	8.5	23	646500	1	12.6	12
新疆博尔塔拉蒙古族自治州博乐市	310439	19	27.1	5	264588	10	6.5	22
新疆昌吉回族自治州昌吉市	3258900	2	31.4	3	407140	4	7	20
新疆伊犁哈萨克自治州伊宁市	636300	14			112612	15	1.9	26
青海省海西蒙古族藏族自治州德令哈市	370989	17			47588	24	24	2
青海省海南藏族自治州共和县	266500	20	15.3	18	86742	18	14.9	7
青海省海北藏族自治州海晏县	208900	22			18908	29		
青海省黄南藏族自治州同仁县	22400	28	119.6	1	46735	25	15.2	6
青海省玉树藏族自治州玉树县					50018	22		
青海省果洛藏族自治州玛沁县	144200	26	-6.9	25				

2012年全国30个民族自治州州府县市固定资产投资社会消费品零售总额及排位

单位：万元

县市名称	全社会固定资产投资总额				社会消费品零售总额			
	绝对值	排位	增速%	排位	绝对值	排位	增速%	排位
湖南省湘西土家族苗族自治州吉首市	533339	20	9.2	25	565100	11	13.4	24
吉林省延边朝鲜族自治州延吉市	2033493	4	30.7	18	1724055	1	12.7	26
云南省楚雄彝族自治州楚雄市	1188806	10	30	19	784765	5	17.1	15
云南省红河哈尼族彝族自治州蒙自县	722110	15	35.5	12	289974	15	20	2
云南省文山壮族苗族自治州文山市	1121475	11	29.2	21	650269	7	20	4
云南省西双版纳傣族自治州景洪市	1270784	9	23.7	22	445099	13	18	12
云南省大理白族自治州大理市	1659139	6	32.7	15	854365	3	20.8	1
云南省德宏傣族景颇族自治州芒市	590078	18	37.2	10	264745	16	20	5
云南省怒江傈僳族自治州泸水县	217600	26	32.7	16	95461	21	19.3	7
云南省迪庆藏族自治州香格里拉县					217559	18	18.5	9
贵州省黔西南布依族苗族自治州兴义市	1810002	5	47.1	8	845653	4	11.7	27
贵州省黔东南苗族侗族自治州凯里市	2241560	3	72.4	3	674222	6	16.8	19
贵州省黔南布依族苗族自治州都匀市	1057499	12	50	6	436554	14	15.9	21
四川省凉山彝族自治州西昌市	2653731	2	0.8	26	1489322	2	17.9	14
四川省甘孜藏族自治州康定县	837695	14	29.8	20	97753	20		
四川省阿坝藏族羌族自治州马尔康县	250047	25	31.5	17	52971	26	13.3	25
湖北省恩施土家族苗族自治州恩施市	861098	13	22.9	24	588400	10	18.7	8
甘肃省临夏回族自治州临夏市	390232	22	49.3	7	243067	17	18.2	11
甘肃省甘南藏族自治州合作市	346860	23	62.5	4	88300	22	18	13
新疆克孜勒苏柯尔克孜自治州阿图什市	250743	24	76.4	2	66137	25	14.8	23
新疆巴音郭楞蒙古族自治州库尔勒市	3005945	1	23.5	23	648276	8	18.5	10
新疆博尔塔拉蒙古族自治州博乐市	602222	17	111.4	1	183506	19	17.1	17
新疆昌吉回族自治州昌吉市	1381846	8	35	13	647122	9	17.1	16
新疆伊犁哈萨克自治州伊宁市	1607572	7			544652	12	15	22
青海省海西蒙古族藏族自治州德令哈市	717875	16	34.5	14	66584	24	20	3
青海省海南藏族自治州共和县	400635	21	44.8	9	86989	23	16.7	20
青海省海北藏族自治州海晏县	88861	29			8641	29		
青海省黄南藏族自治州同仁县	108858	28	35.7	11	20702	27	19.4	6
青海省玉树藏族自治州玉树县	567353	19			12087	28		
青海省果洛藏族自治州玛沁县	151303	27	59.2	5	5849	30	16.8	18

2012 年全国 30 个民族自治州州府县市城乡居民收入情况

单位:元

县市名称	城镇居民人均可支配收入				农村居民人均纯收入			
	绝对值	排位	增速%	排位	绝对值	排位	增速%	排位
湖南省湘西土家族苗族自治州吉首市	17980	20	10	25	4831	21	16.1	20
吉林省延边朝鲜族自治州延吉市	22013	3	12.6	17	10064	2	12.3	25
云南省楚雄彝族自治州楚雄市	20970	6	13.2	15	6060	16	17.8	12
云南省红河哈尼族彝族自治州蒙自县	20504	7	17.9	2	5777	17	18.5	9
云南省文山壮族苗族自治州文山市	20002	9	12.1	22	5410	18	15.4	22
云南省西双版纳傣族自治州景洪市	18372	16	13.7	14	7574	8	18.4	11
云南省大理白族自治州大理市	20391	8	15.1	9	7709	6	19.9	5
云南省德宏傣族景颇族自治州芒市	18069	19	12.2	21	4877	19	16.2	19
云南省怒江傈僳族自治州泸水县	14120	27	16.5	7	3059	27	15.7	21
云南省迪庆藏族自治州香格里拉县	21896	4	9.1	26	4867	20	19.4	6
贵州省黔西南布依族苗族自治州兴义市	19472	10	14.5	11	6389	12	18.4	10
贵州省黔东南苗族侗族自治州凯里市	18831	13	12	23	6081	15	14.5	24
贵州省黔南布依族苗族自治州都匀市	19338	11	13.9	12	6543	11	16.6	17
四川省凉山彝族自治州西昌市	23440	1	15.2	8	9018	4	17	15
四川省甘孜藏族自治州康定县								
四川省阿坝藏族羌族自治州马尔康县	22900	2	15.1	10	6630	10	23.2	3
湖北省恩施土家族苗族自治州恩施市	16993	23	13	16	4619	22	17	16
甘肃省临夏回族自治州临夏市	11428	29	17.1	4	6376	13	18.7	8
甘肃省甘南藏族自治州合作市	13867	28	17.5	3	3702	25	16.2	18
新疆克孜勒苏柯尔克孜自治州阿图什市	15058	26	27.8	1	3521	26	31.9	1
新疆巴音郭楞蒙古族自治州库尔勒市	18100	18	16.5	6	13356	1	17.5	13
新疆博尔塔拉蒙古族自治州博乐市	17864	21	16.8	5	10003	3	17.3	14
新疆昌吉回族自治州昌吉市	18314	17	10.6	24				
新疆伊犁哈萨克自治州伊宁市	16955	24						
青海省海西蒙古族藏族自治州德令哈市	21187	5	12.3	19	7963	5	21.8	4
青海省海南藏族自治州共和县	15968	25	12.3	20	6668	9	18.9	7
青海省海北藏族自治州海晏县	18426	15			7705	7		
青海省黄南藏族自治州同仁县	18642	14	12.5	18	4537	23	14.5	23
青海省玉树藏族自治州玉树县	18894	12			3951	24		
青海省果洛藏族自治州玛沁县	17405	22	13.8	13	6172	14	30.9	2

五、国家级省部级劳动模范先进工作者名录

姓名	出生年月	民族	工作单位	获奖时间	获奖名称	授奖单位	级别
魏家瑶	1933.8	白	市政府	1994.9	全国民族团结进步模范	国务院	国家级
高耀富	1963	土家	市橡胶厂湘西州边城醋业科技公司	2008.11	全国优秀农民工	国务院	国家级
周　鸿	1974.10	土家	市自来水厂管道维修队	2010	全国劳动模范	国务院	国家级
刘胜春	1970.8.15	汉	市公安局交管大队事故处理中队	2012.5	全国优秀人民警察	中央军委公安部	国家级
于成聪	1975.3	汉	成聪软件公司	2012.7	全国就业创业优秀个人	国务院	国家级
邬世骅(女)	1928.1	汉	市三小	1956.5	全省先进生产者	省政府	省级
熊节安	1931.11	汉	市计委	1958.6	全省先进工作者	省政府	省级
梁仁能	1927.1	苗	市供销联社	1958.7	全省先进生产者	省政府	省级
覃自安	1928.3	土家	市公路管理局	1958.7	全省先进生产者	省政府	省级
龙绍良	1930.12	苗	马颈坳供销社	1959	省劳动模范	省政府	省级
陈和忠	1931.12	土家	市检察院	1958.8	全省先进工作者	省政府	省级
王贤能	1935.6	土家	吉首一中	1960	文教劳动模范	省群英会	省级
张正前	1938.7	土家	双塘乡坨丰村	1978.1	全省卫生工作先进个人	省政府	省级
黄光宪	1936.4	土家	马颈坳镇米坡村	1980.1	省农业劳动模范	省政府	省级
陈千长	1946.7	苗	排吼乡中百村	1988.3	省农业劳动模范	省政府	省级
张正连	1947.5	土家	原市制革厂	1989.4	全省特等劳动模范	省政府	省级
施满风(女)	1950.10	苗	市环卫处	1995.5	全省先进工作者	省政府	省级
韩宗仙(女)	1947.9	苗	社塘坡乡社塘坡村	2000.5	省劳动模范	省政府	省级
张才仲	1957.3	土家	白岩乡着落村	2005.4	省劳动模范	省政府	省级
陈双平	1978.3	汉	湖南老爹农业科技开发有限责任公司	2005.4	省劳动模范	省政府	省级

续表

姓 名	出生年月	民 族	工作单位	获奖时间	获奖名称	授奖单位	级 别
陈道云	1969.8	土家	市农业局土肥站	2006.12	岩溶山区旱作农业集雨节水综合技术研究湖南省科技进步三等奖	省政府	省级
王　娟(女)	1956.1	苗	市药监局	2007.2	湖南省基层十佳局长	省政府	省级
师明社	1962	土家	市委政法委	2007.6	2003～2006 年全省社会治安综治先进个人(一等功)	省委、省政府	省级
陈道云	1969.8	土家	市农业局土肥站	2008.5	湖南省“五四”青年奖章获得者	省政府	省级
程虹波	1979.10		市农业局经作站	2008.10	全省科技进步二等奖	省政府	省级
吴四清	1963.9	苗	市信访局	2011.1	一等功	省委、省政府	省级
欧阳立谋	1965	汉	市城市供水总公司	2012.6	2010～2012 年全省创先争优优秀共产党员	省委	省级
王淑民(女)	1935.7	汉	市经委	1956.5	全国先进生产者	全国总工会	部级
石根秀(女)	1912.4	苗	矮寨供销社	1956.4.8	功模	全国功模大会	部级
吴家清	1934.11	苗	吉首县电影放映队	1957.4	全国电影发行先进工作者	文化部	部级
周新元	1946.7	汉	万溶江乡兔岩村	1979.9	全国“三八”红旗手	全国妇联	部级
周胜芝(女)	1949.12	回	市信用联社	1981.4	全国金融系统“三八”红旗手	中国农业银行	部级
石珍明	1942.12	苗	社塘坡学区	1983.2	全国优秀教师	教育部	部级
吴兴华(女)	1936.9	苗	社塘坡乡三岔坪村	1983.9	全国“三八”红旗手	全国妇联	部级
石光华	1948.11	苗	己略乡己略村	1991	全国造林绿化劳动模范	全国绿委会、人事部	部级
田水秀(女)	1945.5	土家	糖酒副食品公司	1992.5	“五一”劳动奖章	全国总工会	部级
杨秀元	1945.7	汉	市公路局	1994.10	全国交通系统劳动模范	人事部、交通部	部级
谢芳明	1944.3	苗	吉首商场	1994.12	全国内贸系统劳动模范	内贸部	部级

续表

姓名	出生年月	民族	工作单位	获奖时间	获奖名称	授奖单位	级别
李家厚	1950.12	汉	市人汽公司	1998.5	“五一”劳动奖章	全国总工会	部级
尹活生	1945.9	汉	市教育局	2001.9	全国教育系统先进工作者	教育部、人事部	部级
徐绍平	1957.6	土家	市科委	2004.10	全国科技管理系统先进工作者	科技部、人事部	部级
袁菊英(女)	1951.11	汉	市委组织部	2004.11	全国人事档案先进工作者	中组部	部级
张　民	1963.2	土家	市工商局	2004.11	全国工商系统先进工作者	人事部、工商总局	部级
陈道云	1969.8	土家	市农业局土肥站	2006.12	湘西州旱农业集雨节水技术推广全国农牧渔业丰收二等奖	农业部	部级
王宏华	1973.12	汉	市气象局	2006.3	质量优秀观测员	中国气象局	部级
江　波	1961.5	汉	市气象局	2006.3	质量优秀观测员	中国气象局	部级
向　艳(女)	1977.6	土家	市气象局	2007.3、2012.5	两次被评为全国质量优秀观测员	中国气象局	部级
夏永华(女)	1981.2	土家	市气象局	2007.3	全国质量优秀观测员	中国气象局	部级
潘永佳	1964.8	土家	市林业局	2007.8	全国绿化奖章获得者	全国绿化委员会	部级
龙治才	1964.3	苗	市畜牧水产执法大队	2007.11	全国渔政工作先进个人	农业部	部级
杨佳兰	1964.8	土家	市环保局	2010.3	第一次全国污染源普查工作先进个人	国务院第一次全国污染源普查领导小组办公室、环保部、国家统计局、农业部	部级
吴　飞	1970.6	土家	市气象局	2011.3	全国质量优秀报测员	中国气象局	部级
吴　浩	1969	苗	市交警大队	2011.6	全国第四届“我最喜爱的十大人民警察”、全国公安系统一级英雄模范	公安部、人社部	部级
王本质	1974.9	土家	市气象局	2012.5	全国质量优秀测报员	中国气象局	部级
李嘉慧(女)	1957.8	土家	市政协	2012.5	中国国际旅游商品大赛金奖	国家旅游协会、浙江省政府	部级

六、全国人口普查吉首市各乡镇街道民族人口数

1990年第四次全国人口普查吉首市各民族分布情况

单位:人

单位	合计	汉族	蒙古族	回族	维吾尔族	苗族	彝族	壮族	布依族	朝鲜族	满族	侗族	瑶族
全市合计	230614	67138	47	501	7	90874	26	53	26	1	171	390	115
石家冲街道	30807	13340	24	190	3	6628	6	14			58	96	35
峒河街道	19024	8959	4	84		4125	17	20	19	1	21	71	17
红旗门街道	18205	8441	16	124	1	3527	3	6			56	115	49
乾州街道	10613	3803		37		2381		11	1		4	30	8
矮寨镇	13118	303				12663						7	1
马颈坳镇	15936	6994		2		5525						6	
河溪镇	10802	4066		6		801						7	
吉首乡	22079	9972		46		6327		2	4		9	32	5
万溶江乡	18313	5007	3	8	3	4067					18	24	
双塘乡	11738	497		4		1637			2			2	
寨阳乡	9860	1534				7927					5		
社塘坡乡	8270	614				6675							
己略乡	7239	43				7172							
太平乡	6079	249				966							
白岩乡	9782	3179				2072							
丹青乡	6091	19				6054							
排绸乡	6782	9				6773							
排吼乡	5876	109				5554							

续表

单位	白族	土家族	哈尼族	傣族	黎族	畲族	高山族	水族	土族	仡佬族	锡伯族	裕固族	未识别民族
全市合计	745	70491	7	1	2	2	3	3	5	2	2	1	1
石家冲街道	349	10053	7	1	2								1
峒河街道	99	5581									2		
红旗门街道	171	5693							1	2			
乾州街道	63	4263				2	2	3	4			1	
矮寨镇	2	146											
马颈坳镇		3409											
河溪镇		5922											
吉首乡	33	5649											
万溶江乡	19	9164											
双塘乡		9595					1						
寨阳乡	7	387											
社塘坡乡		981											
己略乡		24											
太平乡		4864											
白岩乡		4531											
丹青乡	2	16											
排绸乡													
排吼乡		213											

2000 年第五次全国人口普查吉首市各民族分布情况

单位：人

单位	合计	汉族	蒙古族	回族	维吾尔族	苗族	彝族	壮族	布依族	朝鲜族	满族	侗族	瑶族	藏族
全市合计	294297	75112	69	662	54	112856	39	74	26	12	186	660	268	6
石家冲街道	63567	23838	28	270	12	14809	8	30	3	2	58	292	132	1
峒河街道	40060	14693	14	144	8	10498	22	17	10	3	58	109	28	
红旗门街道	33484	15071	13	155	5	7335	1	10	4	6	53	126	82	1
乾州街道	20129	5905	5	67	5	4850		8	4		15	68	16	
矮寨镇	13702	218		1	1	13244		1				1		
马颈坳镇	17419	4034		3	4	6235		2	3			9	4	
河溪镇	11064	3158		4		1193						11		1
吉首乡	11419	3630	4	12	12	4694				1		21	6	
万溶江乡	12598	1566				3224					2	14		
双塘乡	11543	212		1		1736						1		
寨阳乡	10185	1116			1	8546	1							1
社塘坡乡	8193	99	1		3	6505			1					
己略乡	7489	61		1		7389	1							1
太平乡	6141	61	1		1	709								
白岩乡	9435	1327		2	1	2072		1	1			4		
丹青乡	5809	19	1	1	1	4418	3					1		
排绸乡	6421	15	2	1		5735	1	5						1
排吼乡	5639	89				6377	2					3		

续表

单位	白族	土家族	哈尼族	傣族	黎族	畲族	高山族	水族	土族	仡佬族	羌族	锡伯族	俄罗斯族	裕固族
全市合计	935	103242	9	4	6	1	4	4	33	15	2	3	2	2
石家冲街道	413	23635	1	1	4	1	1		3	12	2		2	2
峒河街道	193	14244		3				1	10			3		
红旗门街道	175	10427							20					
乾州街道	90	9092	1					3						
矮寨镇		236												
马颈坳镇	4	7121												
河溪镇	1	6696												
吉首乡	26	3013												
万溶江乡	26	7762			2									
双塘乡	3	9586	1				3							
寨阳乡	3	513	4											
社塘坡乡	1	1582	1											
己略乡		36												
太平乡		5386	1											
白岩乡		3681												
丹青乡		48												
排绸乡		16								3				
排吼乡		186												

2010 年第六次全国人口普查吉首市各民族分布情况

单位：人

单　位	合计	汉族	蒙古族	回族	维吾尔族	苗族	彝族	壮族	布依族	朝鲜族	满族	侗族	瑶族	藏族
全市合计	302065	81680	86	844	17	109005	46	104	30	16	220	674	486	12
峒河街道	68245	22713	20	222	2	22195	31	34	19	7	69	200	95	
乾州街道	50838	11752	2	163		13611	2	15	4	2	34	110	35	2
镇溪街道	97844	38437	64	453	14	22631	12	50	6	7	116	335	351	10
矮寨镇	11411	172				11161							1	
马颈坳镇	14666	3194		1		5679		2			1	7		
河溪镇	9031	2459		5		1005		1				11	1	
双塘镇	9366	200			1	1541	1							
丹青镇	3386	12	4			3371		1						
寨阳乡	8966	1375				7145		1				8		
己略乡	5043	14				5020	1							
社塘坡乡	6778	132	1			5477						1	1	
太平乡	3224	52				464	1							
白岩乡	6334	1116	1			2892			1			2	1	
排绸乡	3909	11	2			3894	1							
排吼乡	3024	41				2919	2						1	

续表

单位	白族	土家族	哈尼族	哈萨克族	傣族	黎族	畲族	高山族	拉祜族	水族	纳西族	土族	仡佬族	撒拉族	毛南族	锡伯族	裕固族	其他未识别民族
全市合计	747	107976	3	5	4	30	7	8	2	1	1	35	15	1	1	4	2	1
峒河街道	204	22408	3		1	11	3					1	2			3		
乾州街道	186	24905				3	1	2		1		1	7	1				
镇溪街道	348	34939		5	2	16	3		2		1	32	6			1	2	
矮寨镇		77																
马颈坳镇	1	5779										1						1
河溪镇	2	5544						3										
双塘镇		7620						3										
丹青镇		1													1			
寨阳乡	3	434																
己略乡	1	8																
社塘坡乡		1167																
太平乡		2708																
白岩乡		2321			1													
排绸乡	2	2																
排吼乡		63																

七、谜　底

1. 水稻　　2. 牙齿　　3. 蟋蟀

4. 灯光　　5. 梯子　　6. 眼睛

7. 公鸡　　8. 玉米　　9. 棕树

10. 唱戏　　11. 大门　　12. 风筝

13. 燕子　　14. 魏　　15. 庙

16. 夫

后 记

2011年4月，吉首市人民政府成立《吉首市民族志》编纂领导小组，启动《吉首市民族志》编纂工作，聘请两名退休干部原《吉首市志（1989～2005）》总编和副总编担任撰稿和总纂工作，领导小组办公室安排办公场所，配置电脑、打印机等设备，将修志经费申报列入市财政预算，做到领导、机构、经费、人员和办公条件五到位。

2011年5～6月，撰稿和总纂人员按照方志要求，结合吉首市的实际，精心设计篇目并反复修改，做到篇目结构完整、特点突出、特色鲜明。篇目内容涵盖民族族称和来历、民族人口、民族关系、民族文学艺术、民族旅游文化、语言文字、民族体育和医药、民族习俗、信仰崇拜和禁忌、民族经济、民族教育、广播、电视、文物古迹、民族事务工作和人物，突出整体性；设《专记》，分别记述中共中央总书记胡耀邦、全国政协主席李瑞环、国务院总理朱镕基访问苗寨苗家；设《湘西土著民族考察报告》《中国历届苗族女鼓王》《民族旅游文化》《城市少数民族流动人口服务管理》《民族特色村寨建设》《边贸会及西部开发·湖南吉首经贸洽谈暨商品展销会》等章节，突出民族特色和地方性；设《民族经济》篇，突出经济建设这一重点；设《民族自治地方改革开放试验区试验方案实施》章，突出时代特征；设《民族事务》篇，突出民族团结进步基础工作。根据篇目，深入调查研究，广征博采，收集整理文字资料190余万字，为撰写志稿奠定坚实的基础。

2011年6月，按照《国务院方志工作条例》和中国地方志指导小组制定的《中国地方志书质量规定》，遵循横分纵述的原则撰写志稿。纵述史实，不断主线，反映事物发展变化的基本情况；横分门类，不缺要项，不缺当地的主要事物、事物的主要方面及发展的重要阶段，突出地反映吉首市独特的资源优势、特色民族经济、特色民族文化等地情特点，彰显吉首市人无我有、人有我优、人优我精的区位优势。期间，征求专题意见、专家意见、领导干部意见，反复修改，四易其稿，完成初稿编纂工作。2013 年 1～3 月，对志稿进行深加工，精雕细刻，形成评审稿。2014 年 7 月 28 日，市政府办公室召开《吉首市民族志》评议会。会后，总纂人员根据评议意见对志稿又进行修改，志稿经市史志办、市委统战部、市统计局等五单位审批；2015 年 6 月 22 日，由方志出版社同意出版发行；是年 8 月，由武汉兴德林工贸有限公司印刷成书。全志书 71 万余字，除《总述》《专记》《附录》和《后记》外，设 9 篇、46 章、193 节，附彩色照片 65 幅、黑白照片 1 幅，吉首市政区图、吉首市民族分布图各 1 幅。志书指导思想明确，政治观点正确，内容齐全，文字简练，语言流畅，文风朴实，行文规范，特点突出，特色鲜明，集思想性、政治性、资料性、知识性、科学性和可读性于一体，有很高的存史、资政、育人价值。

编修方志，为世修志，为业存史，为人写传，不胜光荣之至。两名撰稿总纂人员虽年逾古稀，但毅然肩负历史重任，以大局为重，克难攻坚，不辞辛苦，潜心于志，默默笔耕，既承担资料收集整理、志稿撰写、编纂任务，又兼任志稿打印和校对以及部分彩色照片的拍摄工作，四年如一日，精神可嘉，功不可没。

市委、市政府大力支持《吉首市民族志》编修工作。中共吉首市委副书记、市长李卫国为本志作序；州民委、市史志办对修志工作予以有益的指导；市档案馆、市统计局、市卫生局等单位热情给撰稿总纂人员提供资料；市民族局切实做好各项协调工作和服务工作，使修志工作顺利进行；市史志办公室、市保密局、市委统战部、市档案局、市统计局和方志出版社对志稿认真地进行了终审验收，确保志书质量。在此，我们一并表示衷心感谢！

《吉首市民族志》虽付梓成书，但因其时限长、内容多、工作量大、标准高、时间短，加之编修人员年迈，贻误或不当之处诚有难免，敬请民委系统、相关部门和社会各界专家学者、同仁及读者不吝赐教。

《吉首市民族志》编纂领导小组

2015 年 8 月